조선중기
오경학의 실천적 분화와 비판

조선중기 오경학의 실천적 분화와 비판

【조선경학사상사 연구 시리즈 6】

초판 1쇄 인쇄 2025년 2월 21일
초판 1쇄 발행 2025년 2월 25일

지은이 / 한림대학교 태동고전연구소 편
인쇄 / 북토리

펴낸곳 / 도서출판 동과서
경기 고양시 일산서구 송파로 151번길 24
등록번호 / 제22-405호

D.K.S. Publishing Co.
24, Songpa-ro 151 beon-gil, Ilsanseo-gu,
Goyang-si, Gyeonggi-do, Korea

전화 / (02)333-7533
팩스 / (02)6280-2353

값 38,000원

ISBN 978-89-6525-154-5 (94140)
978-89-6525-140-8 (세트)

태동고전연구총서 6

조선중기 오경학의 실천적 분화와 비판

【조선경학사상사 연구 시리즈 6】

한림대 태동고전연구소 편

이 저서는 2020년 대한민국 교육부와 한국연구재단의 지원을 받아 수행된 연구임. (NRF-2020S1A5B8103756)

* 필진 소개 (가나다순)

강경현(姜卿顯) :

연세대학교에서 철학박사학위를 취득하고, 강원대학교 윤리교육과 조교수를 거쳐 현재 성균관대학교 유학동양학과 조교수로 재직하고 있다. 저서로 『퇴계 이황의 리(理)철학: 지선(善) 실현과 자기완성』(2022)이 있고, 번역서로 『퇴계 선생이 엮은 옛사람들의 마음 닦기』(공역)가 있으며, 「천명(天命)에 대한 조선유학의 주목과 퇴계(退溪) 해석의 철학사적 의의」(2017) 등의 논문이 있다. kangkh@skku.edu

김수경(金秀炅) :

중국 북경대학교에서 문학박사학위를 취득하고, 현재 국립공주대학교 한문교육과 부교수로 재직하고 있다. 저서로 『한국시경학개요(韓國詩經學槪要)』(2021)(공저)가 있고, 번역서로 『고적정리개론』(2013)(공역)이 있으며, 「이정(二程) 시경학의 조선시대 수용 양상」(2021), 「다산 정약용의 '상(象)'—언어 인식과 『시』 해석 구도를 중심으로」(2023) 등의 논문이 있다. dansill@hanmail.net

서세영(徐世榮) :

한국외국어대학교에서 철학박사학위를 취득하고, 현재 한림대학교 태동고전연구소 연구원으로 재직하고 있다. 번역서로 『결별과 회귀』가 있으며, 「조선후기 복수론(復讎論) 연구 –정조(正祖) 시기 복수사건과 판결을 중심으로-」(2024), 「영조(英祖) 초기 『논어(論語)』 경연의 특징」(2024), 「순자의 '악(惡)' 개념과 악인(惡人)에 관한 연구」(2017) 등의 논문이 있다. hogodang@naver.com

엄연석(嚴連錫) :

서울대학교에서 철학박사학위를 취득하고, 현재 한림대학교 태동고전연구소 교수로 재직하고 있다. 저서로 『조선전기역철학사』(2013)가 있고, 번역서로 『심경주해총람(상 · 하)』(공역)이 있으며, 「여헌 역학사상의 경위설과 분합론의 도덕실천적 의미」(2021), 「최명길의 「중용관견」에 나타난 경학적 특징과 문화다원론적 지평」(2020) 등의 논문이 있다. yseom05@nate.com

윤상수(尹相洙) :

연세대학교 철학과를 졸업하고, 일본 도쿄대학(東京大學)에서 박사학위를 받았다. 현재는 인하대학교 등에서 강의를 하고 있다. 논문으로 『科挙の学から経史の学へ—黃宗羲からみた明末清初の学術転換の一様相—』(박사논문, 2011), 「명유학안(明儒學案)의 양명학관(陽明學觀) 재고」(2012), 「한원진의 인심도심론」(2022) 등이 있으며, 번역서로 『명유학안(明儒學案) 역주(譯註)』 1(공역, 2023) 등이 있다. vigo73@gmail.com

이경구(李坰丘) :

서울대학교에서 문학박사학위를 취득하고, 현재 한림대학교 한림과학원 교수로 재직하고 있다. 저서로 『조선후기 안동김문 연구』(2007), 『17세기 조선 지식인 지도』(2009), 『조선후기 사상사의 미래를 위하여』(2013), 『조선, 철학의 왕국 -호락논쟁 이야기』가 있고, 다수의 논저와 역서가 있다. neost35@hallym.ac.kr

이원석(李遠碩) :

서울대학교에서 철학박사학위를 취득하고, 현재 전남대학교 철학과 교수로 재직하고 있다. 공저로 『성리와 윤리』(2020)가 있고, 번역서로 『인학본체론』(2021), 『주희의 역사세계』(2015) 등이 있으며, 「정조와 윤행임의 「대학장구 서문」 해석과 인물성동이 논쟁」(2021), 「성현(成俔)의 『춘추』 이해와 문명 -야만의 구도」(2021) 등의 논문이 있다. wonseok.lee73@gmail.com

이은호(李殷鎬):

성균관대학교에서 철학박사학위를 취득하고, 현재 성균관대학교 유교철학문화콘텐츠연구소 책임연구원으로 재직하고 있다. 번역서로 『상서고문소증(1~4)』(2023), 『상서학사』(2016)가 있으며, 「이환모(李煥模)의 서전기의(書傳記疑)에 보이는 해석의 다양성」(2021), 「상서고문소증(尙書古文疏證)의 논증방법 -논어(論語)를 이용한 상서 고문 변위(辨僞)」(2020) 등의 논문이 있다. warmgun@hanmail.net

이해임(李海任) :

서울대학교에서 철학박사학위를 취득하고, 현재 상산고 철학 교사로 재직하고 있다. 저서로 『21세기 유교 연구를 위한 백가쟁명 2: 정상과 이상의 대결 역사』(공저, 2019)가 있고, 「허형(許衡)과 정몽주(鄭夢周)의 화이관(華夷觀) 연구」(2021), 「최명길(崔鳴吉)과 조익(趙翼)의 경전 해석 경향과 그 의의: 『사문록』, 「맹자기의(孟子記疑)」를 중심으로」(2020) 등의 논문이 있다. yihaem@gmail.com

조정은(趙貞恩) :

런던대학교 소아스에서 철학박사학위를 취득하고, 현재 한국항공대학교 인문자연학부 조교수로 재직하고 있다. 저서로 『최명길의 사문록 역해와 심층 연구』(공저, 2022)가 있고, 「권근의 『예기천견록』 중 「악기」편 분석 -체재 재편과 독해 관점을 중심으로」(2021), 「노자의 역설과 무위통치」(2024) 등의 논문이 있다.
jungeunjo@gmail.com

차영익(車榮益) :

고려대학교에서 문학박사학위를 취득하고, 현재 한림대학교 태동고전연구소 연구교수로 있다. 저서로 『당시 사계 봄을 노래하다』(공저)(2018)가 있고, 번역서로 『리링의 주역강의』(2016)가 있으며, 「동파역전(東坡易傳)에 나타난 소식(蘇軾)의 정감론(情感論)적 윤리설」(2018), 「소식(蘇軾)의 황주(黃州)시기 시문(詩文)에 나타난 주역(周易)적 사고」(2023) 등의 논문이 있다. hotpig7295@hanmail.net

한정길(韓正吉) :

연세대학교에서 철학박사학위를 취득하고, 현재 한림대학교 태동고전연구소 연구교수로 재직하고 있다. 저서로 『동양고전 속의 삶과 죽음』(공저, 2018) 등이 있고, 역서로 『전습록』(공역, 2001) 등이 있으며, 「태주학파 왕간의 '안신'설에 기초한 경세사상」(2019), 「정제두 「대학설」의 특성과 그 경학사상사적 의미」(2019), 「왕수인의 경세사상」(2017) 등의 논문이 있다. philohan@hanmail.net

| 서설 |

본 저서는 2020년 한국연구재단에서 지원하는 대학중점연구소 사업의 과제로 '조선시대 경학사상사에 대한 문화다원론적 비판 연구 -패러다임의 변이와 동요, 전환을 중심으로'라는 과제의 제2단계에 이루어진 조선시대 오경(五經) 경학사상에 관한 두 권의 연구 결과물이다. 이 저서는 지난 2022년 6월에 본 연구주제로 도서출판 동과서에서 간행한 『조선경학의 문화다원론적 이념과 실천』(태동고전연구총서 1), 『조선경학의 문화다원론적 심화와 대안』(태동고전연구총서 2)의 조선시대 사서(四書) 경학 사상에 관한 연구를 이은 오경(五經)에 관한 후속 연구 성과물이다.

본 연구는 '문화다원론적 비판'이라는 연구 방법론에 바탕하여 조선시대 경학사상사의 특성을 규명하려는 목표를 설정하였다. '조선경학사상사'란 조선에서 이루어진 사서오경(四書五經)을 중심으로 한 유가 경전에 관한 다양한 해석에 반영된 사상의 특성과 그 사적(史的) 전개양상을 의미한다. '문화다원론'이란 진리와 문화의 다양성과 특수성을 인정하는 입장에서 서로 다른 지역과 민족이 가꾸어 온 고유의 문화를 특화시켜 나갈 필요가 있음을 주장하는 이론이다.

조선은 중국이나 일본과 구분되는 독특한 문화를 가꾸어 왔다. 따라서 차별화된 조선만의 고유한 문화가 반영된 경학사상사의 특성을 말할 수 있어야 한다. '조선시대 경학사상사에 대한 문화다원론적 비판 연구'란 문화의 다양성과 상대성을 인정하는 바탕 위에서 조선의 고유한 문화가 반영된 조선경학사상사의 특성을 규명하는 연구이다.

1단계 연구에서는 『논어』·『맹자』·『중용』·『대학』의 사서를 대상으로 조선경학사상의 특성을 살펴보았고, 2단계 연구에서는 오경(五經), 즉 『시경』·『서경』·『주역』·『춘추』·『예경』(『의례』·『주례』·『예기』의 삼례)에 대한 조선 경학가들의 연구 성과물을 그 연구 대상으로 하였다.

사서가 주희가 구성한 성리학의 형이상학적 원리의 근거가 되는 경전이라면, 오경은 정치적 이념과 제도 및 실천 규범의 구체적 내용으로 구성되어 있는 만큼 유학의 이념을 구체적 형식을 통하여 실행하는 원칙과 내용을 담고 있는 저술이라고 할 수 있다. 이 점에서 사서의 원리적인 내용을 점검하고 나서, 구체적 제도와 규범을 담고 있는 오경을 연구하는 것은 본 연구과제의 핵심 주제인 문화다원론에 좀 더 접근할 수 있는 방법과 절차라고 할 수 있다. 특히 사서와 오경은 상호 근거가 되는 내용으로 일관된 체계가 형성되어 있는 만큼, 1단계 사서에 대한 연구에 이어서 2단계 오경에 대한 연구를 진행하는 것은 필수적이라고 할 것이다.

본 연구는 문화다원론적 비판 연구라는 주제를 설정한 만큼 다음과 같은 연구방향을 제시하였다. 첫째는 문화 간 상대성과 고유성, 평등성 이념에 따른 비판적 연구를 지향한다. 둘째는 경학사상사의 여러 조류와 주제를 수평적 시각에서 비교 연구를 진행한다. 셋째는 경학과 경세론, 역사현실의 연속성의 양상을 체계적으로 해명한다. 넷째는 통시적 역사현실의 상대적 문화 지평에 대응한 이론적 특색을 규명한다. 다섯째는 문화권 사이의 상대성과 다양성에 근거한 이론적 특수성을 규명한다. 이러한 방향에 따른 연구는 기존의 경학 연구 수준을 크게 높여줄 것으로 기대된다.

구체적으로는 각각 경전마다의 특수성에 따라 특색 있는 연구주제를 설정하였다. 먼저 『시경』은 문화사적 각도, 사상사적 각도, 새로운 자료를 통한 융합적 연구에 중점을 두었다. 『서경』은 성리학, 고증학적 경학사상의 관점, 경연을 중심으로 하는 연구 주제를 설정하였다. 『주역』은 상수, 의리, 선천역, 역학계몽에 내포된 다원론적 함의를 연구하는 데 목표를 두었다. 『예경』은 주자학적 리학, 예기정의, 명물도수의 연원고증, 예악론에 대한 연구에 초점을 맞추었다. 『춘추』는 관점서례, 천인관계론, 춘추필법, 자연천, 예(禮)개념 형성에 대한 다원론적 관점으로 연구 방향을 설정하였다.

본 연구는 조선경학사상사를 구성하는 여러 학자, 학파적 이론을 주류와 비주류, 중심과 주변 같은 위계적 평가를 넘어 수평적·상대적 시각에서 해명하였다. 또한 학자 또는 학파가 처했던 시대적, 문화적 지평의 특수성에 따른 문화다원론적 또는 상호 문화적 대응의 관점에서 학설의 고유하고 특수한 의미를 해명하였다. 그리고 문화적 상대성과 다양성을 인정하는 관점에서 중국 또는 일본과 대비되는 조선의 고유한 문화가 반영되어 있는 조선경학사상사의 특성을 규명하였다. 특히 조선시대 경학사상사를 사상이 형성되는 특수한 문화적 배경에서 해명하고, 형이상학, 심성론, 실천론이 시대에 따라

동요하고 전환하는 양상을 분석하며, 경전해석을 둘러싼 여러 지평 개념을 통하여 이론적 다원성을 해명한 점에 독창성을 갖는다.

본 저서는 『조선시대 오경학의 경세적 이념과 제도』와 『조선시대 오경학의 실천적 분화와 비판』이란 제목으로 연구과제 2단계 2년 동안의 연구 성과를 두 권의 책으로 간행한 것이다. 먼저 『조선시대 오경학의 경세적 이념과 제도』는 2부로 나누어서 제1부를 '이념과 실천'이라는 주제로 구성하고 여섯 편을 수록하였다. 제1편은 '이정(二程) 시경학의 조선시대 수용 양상 -조선시대 시경학에서의 정자학과 주자학의 길항(拮抗)-', 제2편은 '권근의 『주역천견록(周易淺見錄)』에 나타난 상수학적 방법론 -오징(吳澄)의 『역찬언(易纂言)』과의 관련성을 중심으로-', 제3편은 '조선 초기 경학사상사에서 권근의 『예기천견록』 중 「악기」편이 갖는 의의', 제4편은 '퇴계 이황의 『경서석의』의 저변에 대한 일고', 제5편은 '조호익 『역상설(易象說)』의 역학사상과 그 위상', 제6편은 '장현광의 태극설과 경위설의 문화다원론적 재조명 -『여헌선생성리설』의 이론적 해명을 중심으로-'이다. 제2부는 '경세와 제도'라는 주제로 구성하고 여섯 편을 수록하였다. 제1편은 '허형(許衡)과 정몽주(鄭夢周)의 화이관(華夷觀) 연구 -『공양전(公羊傳)』의 화이관을 중심으로', 제2편은 '『서천견록』을 통해 본 권근의 서경관 -근엄(謹嚴)과 흠(欽)을 중심으로-', 제3편은 '권근 『예기천견록』 「곡례」편의 체제에 관한 연구 -『의례경전통해』와 『예기찬언』과의 비교를 중심으로-', 제4편은 '성현(成俔)의 『춘추』 이해와 '문명 대 야만'의 구도 -성현의 「왕자불치이적」 분석을 중심으로', 제5편은 '조선시대 경연(經筵)에서 『상서(尙書)』 강독의 의미 -조선 전기 경연 자료를 중심으로', 제6편은 '『조선왕조실록』의 『춘추』 기사 분석과 국왕별 용례'이다.

이어서 『조선시대 오경학의 실천적 분화와 비판』도 2부로 나누어서 제1부를 '분화와 대립'이라는 주제로 구성하고 일곱 편을 수록하였다. 제1편은 '조선 중기 『춘추』 해석의 두 가지 양상 -은공(隱公) 원년 및 11년 조목에 대한 신민일의 해석과 조익의 비평을 중심으로', 제2편은 '미수(眉叟) 허목(許穆)의 시경관 연구', 제3편은 '송시열 춘추관 연구', 제4편은 '하곡 정제두의 예제 인식에 나타난 문화다원론적 의의', 제5편은 '병와(瓶窩) 이형상(李衡祥) 『시경』 독법의 확장성과 다층성', 제6편은 '조선시대 경연에서 『서경』「우공」편 강독의 의미', 제7편은 '이만부의 『역통(易統)』과 『역대상편람(易大象便覽)』의 역학적 특징과 문화다원론적 지향'이다. 제2부는 '비판과 쇄신'이라는 주제로 구성하고 여섯 편을 수록하였다. 제1편은 '한원진의 인심도심론 -'형기'에 관한 논의를 중심으로-', 제2편은 '조선시대 경연에서 『예기』「악기」가 논의된 양상 -숙종·영조조를 중심으로-', 제3편은 '이환모(李煥模)의 『서전기의(書傳記疑)』에 보이는 해석의 다양성', 제4편은 '두실(斗室) 이환모(李煥模)의 홍범관 연구', 제5편은 '『서경』 형(刑) 개념에 관한 정조(正祖)의 이해와 적용', 제6편은 '정조의 『춘추』 이해와 정치적 활용'으로 이루어져 있다.

각권의 구체적 내용을 요약하면 다음과 같다.

먼저 제1권 『조선시대 오경학의 경세적 이념과 제도』에 수록된 제1부 제1편은 '이정(二程) 시경학의 조선시대 수용 양상 -조선시대 시경학에서의 정자학과 주자학의 길항(拮抗)-'을 다루었다. 이 편에서는 주자『시』설과 정자『시』설의 차이에 대한 조선시대 학자들의 수용 양상을 검토하여 조선시대 시경학에 구현된 문화다원론적 면모를 검토하였다. 정자와 주자의『시경』해석은 '의미를 지나치게 부여한 과도한 해석'과 '평이한 해석'이라는 차이점이 있다. 주자 시경학과 이정 시경학의 길항 관계에 대한 고찰은 조선시대 성리학자들의 시경학에 내재한 다양한 층차를 이해하는 데뿐만 아니라 성리학적 경학 풍토가 강한 조선시대의 경학연구에서 기존 성리학자의『시경』설을 어떻게 새롭게 활용하는가를 살피는 데에도 유용함을 확인할 수 있다.

제2편은 '권근의『주역천견록』에 나타난 상수학적 방법론 -오징의『역찬언』과의 관련성을 중심으로-'를 다루었다. 이 편은 권근(權近)의『주역천견록(周易淺見錄)』에 나타난 상수학적 방법론을 오징(吳澄)의『역찬언(易纂言)』과의 관련성을 중심으로 해명하였다. 권근의『주역천견록』이 정자의『이천역전(伊川易傳)』과 주자의『주역본의(周易本義)』를 계승하고, 이 저술들에 결여된 상수역학적 방법론을 제시한 오징의『역찬언』을 비판적으로 계승하고 있음을 밝혔다. 요컨대,『주역천견록』을 단순한 의리학적 역학서가 아니라 상수학적 방법론을 포함하여 의리학과 상수학을 절충한 역학서로 규정하였다.

제3편은 '조선 초기 경학사상사에서 권근의『예기천견록』중「악기」편이 갖는 의의'를 검토하였다. 이 글에서는「악기」를 수양론으로 독해하는 권근의 관점이「악기」본래의 맥락에 충실한 관점은 아니지만, 조선 초기의 성리학 기반 위에서 자기 수양을 강조하는 방향에서「악기」를 재해석하는 관점을 제시하는 의의가 있음을 해명하였다. 권근의『예기천견록』중「악기」편은 자신의 관점에서 경전

의 체제를 재편하며 경전에 유연하게 접근하고, 수양론을 강조하며 성리학적 시각에서 경전을 재해석하는 조선 초기 경학사상의 한 특징을 보여주었다. 이 편은 권근이 외적인 정치제도적 관점에서라기보다 「악기」 구절들에 내포되어 있는 수양론적 의미를 부각시키고 있는 점에서 「악기」가 심성수양론적 의미를 강하게 내포하고 있음을 강조하였다.

제4편은 '퇴계 이황의 『경서석의』의 저변에 대한 일고'를 다루었다. 이 편은 『경서석의』의 발간이 지니는 경학사적 의미를 해명하였다. 퇴계의 『경서석의』는 이전 시대의 자유롭고 다양했던 해석에 대해 통일적이고 표준적인 해석 기준을 마련하는 방향성을 가지는 점에 특징이 있다. 『경서석의』 집필의 의미를 찾는다면 독서와 학습에 대한 자신의 신념과 사우들과의 강학에 의한 연마, 여러 의견을 수용하고 결론을 내리는 데 있어서 유연한 본인의 성격, 나아가 한 편의 저작을 완성하는 데 있어서 신중한 저술 습관 등이 두루 적용된 점에 있다고 할 것이다.

제5편은 '조호익 『역상설(易象說)』의 역학사상과 그 위상'을 검토하였다. 이 편은 조선 중기 조호익의 『역상설』에 나타난 상수역학적 특징을 조선시대 역학의 다원론적 관점에 기초하여 조선의 『주역』 경학사의 한 흐름을 해명하였다. 조호익은 『주역』에 대한 정이의 의리역학적 목적의식과 주희의 점서(占筮) 원형에 대하여 긍정하면서, 정이와 주희를 넘어 상수역학의 해석방법을 적극 수용했다고 보았다. 조호익의 이러한 상수학적 방법론은 조선 후기의 신후담, 정약용의 상수학적 방법론으로 이어지는 조선 전기의 중요한 매개가 된다. 그가 한대 상수역학으로부터 정이, 주희를 넘어 원대 역학자에

이르기까지 다양한 상수역학적 지평을 포괄하는 것에는 문화다원론적 시각이 내포되어 있다.

第6편은 '장현광의 태극설과 경위설의 문화다원론적 재조명 -『여헌선생성리설』의 이론적 해명을 중심으로-'를 조명하였다. 이 편에서는 장현광 역학(易學)을 구성하는 핵심 이론으로서 경위설(經緯說)에 내포되어 있는 문화다원론적 의미를 재검토하였다. 장현광은 리기를 경위설로 해석하여 경과 위가 불변의 보편성과 함께 변화하는 상황에서 표준적 시의성을 가지는 것으로 해석하였다. 그는 리기의 경위를 그대로 따라 행하는 것을 표준적인 위(緯)를 갖춘 성현의 일이라고 하였다. 장현광의 경위설은 불변하는 경과 함께 변화하는 상황을 시의성에 맞게 처리하는 것으로서 '위(緯)'가 특수성과 다양성을 포괄할 수 있는 의미를 가진다는 점에서 현실적 경험 상의 다원성을 수용하고 있다.

다음으로 제2부 제1편은 '허형(許衡)과 정몽주(鄭夢周)의 화이관(華夷觀) 연구 -『공양전(公羊傳)』의 화이관을 중심으로'를 다루었다. 이 편은 중국에서 이민족 통치자를 섬기는 한족인 허형의 화이관은 성리학을 이해하는 데에 어떤 작용을 하는지, 그리고 변방이자 이민족인 정몽주의 화이관은 성리학을 인식하는 데에 어떤 역할을 하는지에 대해 비교 분석함으로써 그 의미와 의의를 밝혔다. 요컨대, 정몽주는 정주성리학을 엄밀하게 분석하고 계승함으로써 지역적, 종족적 한계를 극복하는 문화 중심의 화이론을 정립했다. 다시 말해 정몽주는 종족과 지역적 다양성을 포용하기보다 엄격한 문화적 관점에 따라 정리함으로써 당시 폐단을 척결하는 데에 정주학이라는 보편성을 제시했다.

제2편은 '『서천견록』을 통해 본 권근의 서경관 -근엄(謹嚴)과 흠(欽)을 중심으로-'를 검토하였다. 이 편은 『서경』의 '근엄(謹嚴)함'에 대한 믿음과 '흠(欽)'에 대한 강조를 중심으로 권근이 『서경』을 어떻게 인식하고 있는가를 고찰하였다. 권근은 산서설에 근거하여 공자가 산정한 이상 『서경』은 엄정한 필법과 일관된 구성 등을 지니고 있을 것이라고 전제하고, 그 '근엄한' 필법과 구성 등에 담겨 있는 공자의 의도를 읽어내려 하였다. 권근은 『서경』에 담겨 있는 성인의 마음을 '흠'으로 파악하고, 이에 근거하여 흠을 『서경』의 전체라고 규정하였으며, 한 걸음 더 나아가서 흠이 『서경』의 전체일 뿐만 아니라 오경의 전체라고 주장했다.

제3편은 '권근 『예기천견록』 「곡례」편의 체제에 관한 연구 -『의례경전통해』와 『예기찬언』과의 비교를 중심으로-'를 다루었다. 이 편은 권근이 『예기』 「곡례」편의 경문을 장·절로 분류하고 재배치하는 방식을 주희와 오징의 그것과 비교 검토함으로써 권근 『예기』 연구의 특징과 그 경학사적, 문화다원론적 의의를 규명하였다. 『예기천견록』은 『예기』를 경과 전의 체계로 조직하는 주희의 경학 연구 방법, 공부와 효과, 그리고 존양 공부와 성찰 공부를 구분하는 주희의 공부론을 『예기』 「곡례」편의 체제를 구성하는 데 적극적으로 활용했다. 나아가 『예기천견록』을 저술할 때 주희의 『의례경전통해』와 오징의 『예기찬언』을 참조하지 않았는데, 이것은 『예기천견록』이 그만큼 독창적인 작품이라는 것을 의미한다.

제4편은 '성현(成俔)의 『춘추』 이해와 문명 대 야만의 구도 -성현의 「왕자불치이적」 분석을 중심으로-'를 살펴보았다. 이 편은 성현

(成俔)이 송대의 소식(蘇軾)이 관직생활 초기 조정에 제출했던 「왕자불치이적론(王者不治夷狄論)」을 모방하여 지은 「왕자불치이적(王者不治夷狄)」에 내포되어 있는 화이론을 해명하였다. 성현이 소식과 달리 이적을 위협적인 정치적 실체로 간주하면서 이적과 외교적 회합을 했던 까닭은 이적의 정치적·물질적 욕구를 일시적으로 충족시켜 줌으로써 궁극적으로 국가의 안전을 도모하기 위해서였으며, 그는 이러한 왕의 정치 행위를 "덕치"로 정당화하였다. 이 편에서 이적을 중화와 동등하게 수평적으로 이해하고자 하는 것은 문화적 다원성의 관점에 따른 것이다.

제5편은 '조선시대 경연(經筵)에서 『상서(尙書)』 강독의 의미 -조선 전기 경연 자료를 중심으로-'를 검토하였다. 이 편은 경연의 텍스트 가운데 경연에서 진강된 유가 경전 가운데 『상서』에 주목하여 조선의 군신들에게 공유된 『상서』 이해의 한 층위를 규명하였다. 『상서』가 진강된 조선의 경연은 『상서』라는 유가 경전을 중심으로 인정이라는 유가 정치의 목표와 그것의 실현을 위한 공치라는 뚜렷한 방법적 지향을 공유하였다. 경연은 성군과 현신이 왕정의 두 도덕적인 정치적 주체의 자격과 역할에 관한 생각을 공유하는 자리였다. 조선 전기의 통치구조가 성학(聖學)을 중심으로 하는 성리학적 이상을 경연이라는 제도의 확립을 통하여 실현하고자 했다는 사실은 당시의 중국과 대비되는 정치문화적 다원성을 드러내는 의미를 갖는다.

제6편은 '『조선왕조실록』의 『춘추』 기사 분석과 국왕별 용례'를 검토하였다. 이 편은 『춘추』가 담고 있는 의리 정신을 조선 초기부터 말기에 이르기까지 왕대별로 활용한 분야와 강조점을 『조선왕조실록』의 『춘추』 기사 분석과 국왕별 용례를 통하여 점검하였다. 왕

대별로 시대적 여건의 차이와 강조점의 차이, 그리고 정치경제 사회 문화의 여러 영역에 대한 『춘추』의 활용 정도의 차이 등이 존재했다. 이 편은 문화다원론적 방향에서 『춘추』의 현실적 적용 문제를 해명하는 의미를 지닌다.

이어서 『조선시대 오경학의 실천적 분화와 비판』에 수록되어 있는 글들의 주제와 내용을 요약하면 다음과 같다.

제1부 제1편은 '조선 중기 『춘추』 해석의 두 가지 양상 -은공(隱公) 원년 및 11년 조목에 대한 신민일의 해석과 조익의 비평을 중심으로'를 다루었다. 이 편은 신민일(申敏一)의 『춘추쇄설(春秋瑣說)』과 그에 대한 조익(趙翼)의 비평을 중심으로 조선 중기 『춘추』 해석의 한 양상을 규명하였다. 신민일은 호안국의 은공 평가를 비판하면서 은공을 옹호하면서 은공의 양국(讓國) 의지보다도 그가 부친 혜공의 의도에 따르려 했다는 점을 중시하여 효의 원칙을 더 부각시켰다. 반면에 조익은 법제의 계위 원칙과 봉건제의 공공성을 강조하였다. 곧 신민일은 조익의 견해와 달리 종법제의 계위 원칙과 효가 충돌할 때 후자를 우선시해야 한다는 원칙을 제시한 것이며, 이는 조선 중기 『춘추』 해석의 다양성을 드러내는 것이기도 했다.

제2편은 '미수(眉叟) 허목(許穆)의 시경관 연구'를 검토하였다. 이 편은 17세기에 활동했던 미수(眉叟) 허목(許穆)의 『시경』에 관한 인식을 살펴보고 그 문화다원론적 특징을 규명하였다. 허목은 도학 곧 주자학의 범위를 크게 벗어나지 않으면서 한대 이전까지의 공자 유학의 원의를 찾으려고 노력하였다. 『시경』도 기본적으로 주희의 『시집전』을 따르되 『모시』의 풍자의 기능에 주목하여 당시 치도(治道)의

회복을 도모하였다. 본성과 감정에 있어서는 주희의 성정론을 그대로 받아들여 내성외왕의 성리학적 체계를 계승하고자 하였다. 그러나 주희의 『시집전』이 여전히 주도적이었던 17세기에 모시와의 절충, 현실문제의 해결을 위한 모색, 자기의 견해를 주장하는 방식으로 고학을 강조한 점 등은 주희와 차별화된다.

제3편은 '송시열 춘추관 연구'라는 주제로 검토하였다. 이 편은 『공양전』의 대일통(大一統)을 중심으로 종족, 지역, 문화라는 측면에서 기자 동래로부터 송시열 당대까지 조선이 중화를 이룩한 국가임을 천명하는 송시열의 춘추관을 검토하였다. 송시열의 춘추대의는 조선이라는 민족성이나 그 문화를 지키는 데 목적이 있는 것이 아니라, 중국으로부터 도래한 유학을 보편문화로 인식하는 것이며, 유학의 보편성이 육학과 같이 군주의 마음에 있는 것이 아니라 주자학에서 말하는 이치라는 객관적 표준에 있음을 강조하는 것에 있다. 송시열의 춘추관은 조선 정주학, 양명학과 같은 유학의 다양성과 함께 정주학의 각기 다른 해석 가능성을 가늠하는 하나의 기준점 역할을 한다는 데서 철학사적 의의를 지닌다.

제4편은 '하곡 정제두의 예제 인식에 나타난 문화다원론적 의의'를 검토하였다. 이 편은 하곡(霞谷) 정제두(鄭齊斗)의 예제(禮制) 인식에 나타난 문화다원론적 의의를 밝히는 데 목적을 두었다. 정제두는 의례와 제도로서의 예를 존숭하는 조선의 주자학적 예교 문화를 수용하면서도, 그것을 보다 간략화하여 실천하기 쉽게 만들었으며, 또 국가전례에서 국제인 『경국대전』과 『오례의』를 존숭함으로써 상복을 빌미로 한 권력 투쟁을 막고자 하였다. 정제두는 양명학자임에도 예에 관한 많은 언급들을 남기고 있는데, 이는 그가 조선의 독특한

주자학적 예교 문화의 토대 위에서 학문을 했기 때문이며, 여기에서 정제두의 예제 인식에 나타난 문화다원론적 의의를 간파할 수 있다.

제5편은 '병와(瓶窩) 이형상(李衡祥) 『시경』 독법의 확장성과 다층성'이란 주제를 검토하였다. 이 편은 병와 이형상의 『시전강의』 분석을 통해 그의 『시경』 독법이 지닌 성격과 특징을 고찰하여 한국 시경학에 구현된 문화다원론적 면모를 살핀 것이다. 병와의 『시경』론에는 논의 내용과 체재 형식면에서 병와의 인식이 반영된 '층첩식(層疊式, layered) 구조'의 특징이 적극 구현되어 있다. 병와의 층첩식 주석 구조는 주석의 '내용-형식' 간, '내용' 내부, '형식' 내부에서 발생하며 각 구조 사이에 이질적인 성격이 공존하는 형태를 보인다고 보았다. 이 편에서는 병와가 사시설(四始說)을 사조사시설(四祖四始說)로 확장함으로써 『시』학 개념 인식의 확장적 면모를 보여주었음을 밝히고 있다.

제6편은 '조선시대 경연에서 『서경』 「우공」편 강독의 의미'를 주제로 다루었다. 이 편은 조선 전기 조세 제도와 조선 후기 경연에서의 『서경』 「우공」편 논의를 검토하였다. 조선의 경연에서 「우공」편이 위정자의 인정 지향의 마음 위에서 국가 공간의 개발과 파악, 생업 제안과 진작, 풍성한 국토와 풍요로운 민생에 최적화된 공간의 완성을 그려내고 있음을 읽어냄으로써, 「우공」편을 수기와 인정을 아우르는 유가 왕정의 실제적 전범의 하나로 해석하였다. 이 편은 조선의 경연제도를 조선이라는 유교 국가가 동아시아 문화의 역사적 전개 과정 속에서 경학적, 경세학적 지향과 특징을 담아냈던 하나의 틀로서 조망하였다.

제7편은 '이만부의 『역통(易統)』과 『역대상편람(易大象便覽)』의 역학

적 특징과 문화다원론적 지향'을 주제로 다루었다. 이 편은 이만부의 『역통』과 『역대상편람』에 나타난 역학적 특징과 그 문화다원론적 함의를 해명하였다. 이만부의 『역통』은 「원역」부터 「획역」까지는 일원적 원리[太極]에서 괘효의 상(象)으로 연역되어 나아감으로써 상수역의 관점이 두드러진다면, 「연역」에서 「익역」까지는 물상과 괘획의 상(象)에서 인사(人事)의 도덕적 실천과 정치적 질서로 나아감으로써 의리역의 관점이 중심이 된다. 이만부는 『역통』의 도설을 통하여 상수역학적 견해를 제시하면서도 의리역학적 요소를 함축하였고, 『역대상편람』을 통해서는 군주의 통치를 위한 수양과 경세의 방법론을 제시하였다.

다음 제2부 제1편은 '한원진의 인심도심론 -'형기'에 관한 논의를 중심으로-'라는 주제를 검토하였다. 이 편은 한원진(韓元震)의 인심도심론을 그의 존재론 개념으로서 '형기'에 대한 해석에 초점을 맞추어 살펴보았다. 한원진은 황간, 채침 같은 주문(朱門)의 고제(高弟), 진덕수, 왕백, 허겸 등 남송말과 원대를 대표하는 주자학자들이 모두 '주자의 본지'를 오인하여 '형기'를 '마음의 기'로 간주하였다고 비판하였다. 그는 또 이황이 '형기'를 '기발의 기'로 오해하여 인심을 기발, 도심을 리발이라고 주장함으로써 주자의 본지를 잃어버렸다고 비판하였다. 한원진의 이러한 관점은 바로 주희의 관점을 절대화하고자 하는 소명이 작용한 것으로 당시 학술 문화적 다원성을 엿보게 한다.

제2편은 '조선시대 경연에서 『예기』「악기」가 논의된 양상 -숙종·영조조를 중심으로-'를 다루었다. 이 편은 『예기(禮記)』「악기(樂記)」

편이 경연(經筵)에서 논의된 양상을 살피며 조선경학사상사에서 특징적으로 나타난다고 평가할 만한 「악기」 강론의 고유한 관점을 해명하였다. 조선시대 경연에서 악에 대한 논의는 현실에서 행해지는 악을 바로잡는 시무적 논의에서 왕의 수양을 강조하는 성리학적 수양론으로 큰 흐름이 이어졌다. 「악기」 강론도 이 흐름 속에 있으며 숙종과 영조조 경연에서는 왕의 수양이 논의의 중심을 차지하였다. 이처럼 조선시대 경연에서 「악기」가 강론된 양상은 제도 정비가 시급한 현안이었을 전기의 상황과, 성리학에서 강조하는 수양론에 대한 탐색이 심화되었을 후기의 상황을 반영하고 있다.

제3편은 '이환모(李煥模)의 『서전기의(書傳記疑)』에 보이는 해석의 다양성'을 검토하였다. 이 편은 채침의 『서집전(書集傳)』의 일부 경문과 주석의 해석에 관한 내용을 점검한 이환모의 『서전기의(書傳記疑)』의 특징을 해명하였다. 이환모는 『서전기의』에서 주자설과 채침설이 서로 어긋나는 부분에 대해서 언급한 부분이 많은데, 대부분 주자설을 지지하였지만, 일부 주자설의 과도함을 지적한 점은 주자의 해석을 무조건적으로 수용한 것은 아님을 잘 보여준다. 또 이환모가 관본 언해본의 언해와 주석의 불일치 혹은 독법의 오류 등을 지적한 것은 경해(經解)의 정확성과 아울러 해석의 다양성을 추구하는 열린 학문의 자세를 보여주는 것이었다.

제4편은 '두실(斗室) 이환모(李煥模)의 홍범관 연구'를 주제로 검토하였다. 이 편은 『서전기의』 「홍범」편 변설을 통한 이환모의 「홍범」 해석의 특징을 해명하였다. 그는 오행(五行)의 리(理)로서 홍범(洪範)을 파악하였고, 주자설과 채침설의 비교를 통한 비판적 독서법을 추구하였다. 그는 채침의 『서집전』만을 고집하지 않고, 「황극변」, 『주자

어류』, 『서경대전』 등에 보이는 주자의 설을 두루 참조하여 주로 채침설을 비판하였다. 그는 나아가 자신만의 독창적 해석을 통한 해석의 다양성을 추구했다. 『서전기의』 「홍범」편의 18개 항목 가운데 10개 항목 이상에서 경문에 대한 주관적인 판단과 독창적인 견해를 피력하고 있음을 발견할 수 있다.

제5편은 '『서경(書經)』 형(刑) 개념에 관한 정조(正祖)의 이해와 적용'을 규명하였다. 이 편은 국가통치에서 덕치와 예치가 주 역할을 담당하고 형정은 보조적인 역할을 한다는 유가 예치 법사상의 원형을 제시한 『서경』의 형(刑) 개념에 관한 정조의 이해를 검토하였다. 정조는 『서경』에서 제시된 흠휼과 무형 등의 이념을 실제 형정에서 실현하고자 하였다. 형정 관련 법제서를 편찬하며 형 집행의 기본정신을 『서경』에서 근거한 '신중함'으로 제시하였으며, 흠휼의 정사를 시행할 때 호생지덕을 발휘하여 "죽게 된 가운데서 살리기"를 구하였다. 이 편은 정조가 흠휼의 정신을 자신이 갖추어야 할 덕목으로 삼고 이를 실현하기 위해 힘쓴 것으로 평가하였다.

제6편은 '정조의 『춘추』 이해와 정치적 활용'에 관하여 검토하였다. 이 편은 조선 후기 춘추의리의 사상적, 정치적 담론에서 중요한 위상을 갖는 정조의 『춘추』에 대한 견해를 검토하였다. 정조는 절대적인 이념의 위치에 군주의 의리 해석권을 올려놓았다. 군주가 토죄와 은전을 적절히 행사할 수 있는 토대를 마련한 것이므로 군주는 왕실에 대한 과격한 처분이나 과열된 정치 공방을 적극적으로 조정하거나 바꿀 수도 있었다. 정조의 권도론과 분의론 등은 상황과 처지의 인정이라는 점에서 다원성을 긍정하지만, 존왕론은 전제적이다. 정조가 『춘추』에서 절대적인 이념이 아니라 시중, 권도, 분의를

인정한 것은 전진적이지만, 정치 현장에서 정조의 논리는 참여자의 해석과 논의를 제한했고 공의(公議)를 차단할 위험이 있었다. 이 점에서 정조의 『춘추』 이해와 활용은 다층적 함의를 갖는다.

전체적으로 본 저서는 조선 전기부터 조선 후기 학자 또는 학파에 대한 이해와 경전 주석과 해설을 통하여 각각 처한 시대의 문화적 지평의 특수성에 따라 문화다원론적 또는 상호문화적 대응의 관점에서 각각의 학설이 지니는 고유하고 특수한 의미를 해명하였다. 따라서 대부분 경전에 대한 단순한 해석 연구보다 특정한 경세론적 또는 형이상학적 이론을 제시한 학파의 연관성, 수양론적 의미, 정치 문화적 양상 등과 연관하여 검토하고, 여기에 내포되어 있는 문화다원론적 의미를 탐구한 점에서 학문적 의미를 갖는다.

조선 후기는 중국으로부터 고증학이 전래되고, 새로운 경험주의적 학풍이 확산되고 경세론적 제도 확립을 위주로 하는 실학적 흐름이 형성되면서 성리학의 형이상학적 이기론과 심성수양론이 한편으로 심화되면서 다른 한편 새로운 방향을 추구하는 흐름이 나타났다. 이러한 가운데 조선시대 경학에 대한 이 연구 저술은 조선시대 전반에 걸친 경학사상적 흐름을 잘 살펴볼 수 있는 내용들을 다루고 있는 만큼, 이러한 다양한 흐름을 이해하는 데 중요한 기준을 제공해 줄 것이다.

본 저서는 연구과제에 참여하여 연구를 수행한 모든 연구원들의 열성적인 토론과 연구가 있었기 때문에 출간될 수 있었다. 연구에 참여하여 원고를 작성하신 강경현, 김수경, 서세영, 윤상수, 이경구, 이원석, 이은호, 이해임, 임재규, 조정은, 차영익, 한정길, 함영대, 황병기 등 모든 연구원들의 노고에 깊이 감사드린다. 아울러 여러 가지 번거로운 과정에도 불구하고 품격을 갖춘 저술을 출간해 주신 동과서 출판사의 황병기 박사님께도 각별히 감사드린다.

2024년 5월 25일

한림대 태동고전연구소 소장 엄연석 識

차 례

제2부 비판과 쇄신 327

제1부
분화와 대립

조선 중기 『춘추』 해석의 두 가지 양상

-은공(隱公) 원년 및 11년 조목에 대한 신민일의 해석과 조익의 비평을 중심으로-

이 원 석

* 이 글은 『태동고전연구』 제48집(한림대학교 태동고전연구소, 2022.06)에 게재한 동명의 논문을 본 저서의 간행 취지에 맞춰 일부 수정한 것이다.

1. 머리말

이 장은 신민일(申敏一, 1576~1650)의 『춘추쇄설(春秋瑣說)』과 그에 대한 조익(趙翼, 1579~1655)의 비평을 중심으로 삼아, 조선 중기 『춘추』 해석의 한 양상을 규명하고자 한다. 주지하다시피, 『춘추』는 노나라 궁정의 연차력(年次曆) 여백에 기록된 주요 사건을 바탕으로, 공자가 포폄(褒貶)의 의도를 담아 필삭을 가해 새롭게 정리해 냈다고 알려진 역사서이다.[1] 다만 기록이 너무 간결하고 용례의 일관성이 부족하며 탈간(脫簡)·착간(錯簡)이 의심되는 곳이 있어 이미 전국(戰國) 시대부터 『춘추』에 대한 해설이 시도되었고, 이후 『춘추좌씨전』, 『춘추공양전』, 『춘추곡량전』 등 이른바 춘추삼전(春秋三傳)이 성립되었다. 특히, 세 전(傳)을 통합하여 경문(經文)을 해석하려는 사조가 당대(唐代)의 조광(趙匡)·육순(陸淳)·담조(啖助)에 의해 시작되었고 이런 경향은 송대에도 이어져 수많은 독자적 연구물이 배출되었으며[2] 호안국의 『춘추호씨전』이 그 정점에 있다고 할 수 있다.

이 글이 중점을 두어 검토할 『춘추쇄설』은, 신민일이 주희(朱熹)의 『춘추』관에 근거해 호안국(胡安國)의 『춘추전(春秋傳)』을 비판적으로 검토한 후 대안적 해석을 제시한 글인데, 1648년 그가 영흥 부사(永興府使)가 된 후에 완성된 만년의 저작이다. 신민일은 우계(牛溪) 성혼(成渾)의 외손녀[3]와 혼인한 후 스물세 살까지 성혼에게 배웠고[4] 포저

1) 野間文史, 「春秋經文の性格」, 廣島大學東洋古典學研究會 編, 『東洋古典學研究』 第一集, 1996. 92쪽.

2) 佐藤仁, 『宋代の春秋學 -宋代士大夫の思考世界』, 東京: 研文出版, 2007. 43~44쪽.

3) 신민일의 부인은 성혼의 사위인 宋文濬의 딸이다. 宋時烈, 『宋子大全』 卷174, 「滄浪成公墓碣銘 -幷序」 참조.

조익과 학문적으로 밀접하게 교류하였으며[5] 1649년에는 조익의 추천으로 대사성에 오른 인물이다. 『춘추쇄설』은 "은공 11년 겨울 12월 임신일, 공이 훙거했다[隱公十一年, 冬十二月壬辰, 公薨.]"는 조목을 필두로 『춘추』의 30여 조목에 대한 비판적·독창적 해석을 수록하고 있다. 조익은 그 가운데 18개 조목에 대해 비평을 제시하여 양자의 해석 차이를 드러내었다.

이 장은 『춘추쇄설』 제1조목인 은공(隱公) 훙거(薨去) 조목을 집중적으로 분석했다. 필자가 이것을 주요 분석 대상으로 삼은 까닭은, 김동민이 지적했다시피 "은공 조목이 춘추학 분야에서 논란이 가장 많은 부분이어서 해석자가 이 조목을 어떻게 해석하는지에 따라 그의 학문적 특성과 정치적 성향을 파악할 수 있기"[6] 때문이다. 신민일 역시 이 조목에 관한 해설에 많은 지면을 할애했다. 필자는 제반 연구 성과를 참고하되 『춘추공양전』과 『춘추곡량전』의 사상적 차이를 드러낸 바탕 위에서 신민일의 해석에 내재한 사상적 지향과 그가 대면했던 여러 가지 논점을 밝히려 했다.

---

4) 成渾, 『牛溪集』, 「牛溪年譜補遺」 卷3에는 신민일이 성혼을 위해 지은 제문이 있다. 張維, 『谿谷集』 卷4, 「化堂說」도 신민일이 우계 문하에서 공부했다고 기록하고 있다. 한편, 金長生, 『沙溪全書』 卷47, 「門人錄」에도 신민일 항목이 있다. 따라서 신민일은 청년기에 성혼에게 배우고 이후 김장생 문하에 나갔을 것이다.

5) 예컨대 신민일의 「중화도설(中和圖說)」에는 조익이 고쳐 준 도설이 부기(附記)되어 있으며, 「與浦渚台兄書」는 조익이 고쳐 준 도설에 대해 다시 질문한 글이 게재되어 있다. 또한, 「論浦渚大學說」은 조익의 『대학장구』 경(經) 1장과 誠意章에 대한 설을 논하고 있다.

6) 김동민, 「『春秋』 三傳과의 비교로 본 胡安國 『춘추』 해석의 특징 -『春秋』 「隱公」 조목의 쟁점을 중심으로-」, 『양명학』 37, 2014, 331~332쪽. 이 논문은 은공 원년 조목에 대한 호안국의 해석이 『춘추곡량전』과 유사하다는 점을 규명한 바 있다.

필자가 분석하기로, 신민일은 이 조목을 분석하면서 두 가지 의문을 제시했다. 첫째, 은공의 즉위에 대해 어째서 『춘추』는 "즉위"라는 용례를 사용하지 않았는가, 둘째, 은공의 훙거를 기록한 이후 어째서 은공을 장사지낸 기록이 없는가 하는 것이다. 필자는 이 두 가지 사항에 대한 신민일과 조익의 논의를 분석 대상으로 삼되, 기타 조목에 대한 두 사람의 견해도 충분히 참고하여 논거로 활용할 것이다. 본고는 또한 신민일과 조익의 춘추에 대한 새 해석상의 차이에 문화다원론적 시각이 내포되어 있음을 검토하고자 한다.

2. 은공(隱公) 원년 및 11년 조목의 해석

1) 『춘추공양전』의 해석

본론에 들어가기에 앞서, 춘추삼전 및 『사기』 등의 해설을 종합하여 은공의 즉위에 얽힌 내용을 요약하면 다음과 같다. 노나라 혜공(惠公)은 정비(正妃)에게서 적장자를 얻지 못하자 천첩 성자(聲子)로부터 서자 은공을 얻었고, 한참 뒤 본래 자기 아들 은공의 부인이 될 송나라 공주 중자(仲子)를 차지해 그녀로부터 서자 환공을 얻었다.[7] 혜공은 환공에게 양위하고 싶었으나 환공의 나이가 어렸기 때

7) 『史記』에는 다음과 같은 말이 실려 있다. 혜공은 적부인에게서 아들을 얻지 못했고, 천첩 성자(聲子)에게서 아들 식고(후일 은공)를 낳았다. 식고가 송나라 무공의 둘째 딸인 중자(仲子)를 아내로 맞게 되었는데, 그 여자가 아름다워 빼앗아 아내로 삼아 아들 윤(환공)을 낳았다. 또 윤을 태자로 삼았다. 그러나 혜

문에 뜻을 이루지 못했고, 결국 노나라 대부들의 추대로 은공이 제후가 되었다. 은공은 적절한 시기가 되면 환공에게 양위하려고 하였다. 이런 은공에 대해 『춘추좌씨전』은 "[은공은] 즉위해서도 환공을 받들었다"[8]라고 하며, 또한 은공의 즉위에 대해 『춘추』 경문(經文)이 "즉위(卽位)"라고 표현하지 않은 까닭은 은공이 단지 섭정자(攝政者)로 자기 규정했기 때문이라고 보았다.[9] 『춘추좌씨전』에 따르면, 은공은 비록 노나라의 임금으로 즉위하였으나 실질적으로는 환공이 임금이며 그 자신은 섭정에 불과하다고 의식했던 셈이다.

『춘추공양전』도 『춘추좌씨전』과 마찬가지로 은공에게 양국(讓國)의 의지가 있었다고 하여 그를 긍정적으로 평가한다. 『춘추공양전』은 은공의 즉위 사건에 대해 공자가 "즉위"라는 표현을 써주지 않았던 것은 은공의 의도를 이뤄주기 위해서였다고 한다. 은공의 의도란 장차 환공이 성장하면 그에게 제후의 자리를 돌려주는 것이었다. 은공은 자신의 직위가 임시적이었음을 잘 알고 있었다는 것이다. 그럴 수밖에 없는 까닭은 은공의 배다른 동생인 환공의 지위가 은공보다 높았기 때문이다.[10] 은공의 어머니 성자(聲子)는 환공의 어머니 중자(仲子)보다 지위가 낮았으므로 은공의 지위도 환공보다 낮다. 따라서 혜공의 사망 이후 즉위했어야 할 사람은 은공이 아니라 환공이었다는 것이다. 『춘추공양전』은 한 걸음 더 나아가 "자식은 어머니가 귀

공이 죽었을 때 윤의 나이가 어려 노나라 사람들이 식고를 옹립하여 섭정하게 했다.

8) 『左傳譯注』(李夢生 撰, 上海古籍出版社, 1998), 「隱公」, 〈傳〉, "是以隱公立而奉之."

9) 『左傳譯注』, 「隱公元年」, 〈傳〉, "不書卽位, 攝也."

10) 『春秋公羊傳譯注』(王維堤, 唐書文 撰, 上海古籍出版社, 1997), 「隱公元年」, 〈傳〉, "公何以不言卽位? 成公意也. 何成乎公之意? 公將平國而反之桓. 曷爲反之桓. 桓幼而貴, 隱長而卑."

함으로써 귀해지고, 어머니는 자식이 귀해짐으로써 귀하게 된다"라는 것이 『춘추』의 일반 원칙이라고 하여 은공의 양국 의지를 정당화했다.[11]

이렇듯 환공이 즉위했어야 했으나 은공이 대신 즉위할 수밖에 없던 이유에 대해 『춘추공양전』은 다음과 같이 정당화한다. 첫째, 은공과 환공 사이에는 신분적 차등이 있었으나 그 정도는 크지 않았으므로 국인(國人)에 의해 그 점이 심각히 인지되지 않았다. 둘째, 은공은 나이가 많은 데다 현명했기 때문에 대부 층의 지지를 얻었다. 셋째, 자신이 즉위하지 않는다면 미래에 환공의 즉위도 장담할 수 없다는 것을 은공은 인식했다. 넷째, 환공이 곧바로 즉위한다면 대부 층이 환공을 돕지 않을 수 있고 심지어 권력을 농단할 수 있다고 은공은 판단했다.[12] 종합하자면, 은공은 춘추 시대 존비(尊卑)의 원칙을 잘 알고 그것에 기꺼이 따르려는 의향이 있었으며, 그 원칙이 잘 지켜지게끔 하기 위한 정세 판단 능력도 보유했다는 것이 『춘추공양전』의 판단이다.

그다음, 은공의 장례에 대해 "장(葬)" 자를 쓰지 않은 것에 대해 『춘추공양전』이 어떻게 대답했는지 살펴보자. 『춘추좌씨전』에 따르면, 공자 휘(公子翬)라는 인물이 은공을 찾아와 환공을 제거해 버리자고 제안하였는데 은공이 이를 거부하자, 공자 휘는 자신의 음모가 탄로 날 것을 두려워하여 역으로 환공을 찾아가 은공을 살해하자고 모의했다. 공자 휘는 환공의 묵인을 얻어 마침내 은공을 살해했다.

---

11) 上同, "隱長又賢, 何以不宜立? 立適以長不以賢, 立子以貴不以長. 桓何以貴? 母貴也. 母貴則子何以貴? 子以母貴, 母以子貴."

12) 上同, "其爲尊卑也微, 國人莫知, 隱長又賢, 諸大夫扳隱而立之, 隱於是焉而辭立, 則未知桓之將必得立也. 且如桓立, 則恐諸大夫之不能相幼君也. 故凡隱之立爲桓立也."

『춘추좌씨전』은 은공이 사망했음에도 불구하고 그의 장례 기록이 없는 것에 대해 "임금의 상례로 장사 지내지 않았기 때문"이라고 주석했다.[13]

이에 비해 『춘추공양전』은, 공자가 은공의 죽음을 위해 장례 치렀던 사실을 숨기기 위해서 "장" 자를 쓰지 않았을 것이라고 답한다. 그렇다면 은공을 위한 장례에 무언가 결격이 있었을 것이다. 그 결격이란 은공 시해의 주범인 공자 휘를, 은공의 자식과 신하들이 처벌하지 않은 상태에서 장례를 치렀던 데서 생긴 것이라고 『춘추공양전』은 추정한다.[14] 왜냐하면, 공자 휘가 처벌당하지 않았다는 것은 은공의 신하나 자식이 각각 제 역할을 해내지 못했다는 것을 의미하며, 이렇듯 신하답지 못한 신하와 자식답지 못한 자식이 은공의 장례를 거행했다고 하더라도 은공의 영령이 그 장례를 흠향했을 리 없기 때문일 것이다. 따라서 은공을 위한 장례는 기실 형식적 절차에 불과하고 진정한 의미의 장례는 거행되지 않은 것이나 마찬가지이므로 공자는 차라리 장례 지낸 사실을 숨기고자 "장" 자를 써주지 않았다고 『춘추공양전』은 보았다. 그러니까 『춘추공양전』에 따르면, 공자는 은공의 장례 사건에 대해 "장" 자를 써주지 않음으로써 그 신하와 자식의 비례(非禮)를 꾸짖은 셈이다.

13) 『左傳譯注』, 「隱公11年」, 〈傳〉, "不書葬, 不成喪也."

14) 『春秋公羊傳譯注』, 「隱公11年」, 〈傳〉, "隱, 冬, 十有一月, 壬辰, 公薨. 何以不書葬. 隱之也, 何隱爾. 弒也. 弒, 則何以不書葬. 春秋君弒賊不討, 不書葬, 以爲無臣子也. 子沈子曰, 君弒, 臣不討賊, 非臣也, 不復讎, 非子也, 葬, 生者之事也, 春秋君弒賊不討, 不書葬, 以爲不繫乎臣子也."

2) 『춘추곡량전』의 해석

『춘추곡량전』도 『춘추공양전』과 마찬가지로 은공의 즉위 사건에 공자가 "즉위"라고 써주지 않은 이유를 묻는다. 그리고 『춘추공양전』과 똑같이, 공자가 은공의 의도를 파악하여 "즉위"를 써주지 않았다고 한다. 은공의 의도란, 배다른 동생인 환공이 장성하면 제후 자리를 물려주는 것이었다.[15] 그런데 은공이 환공에게 양위하려는 계획이 정당하지 않다고 보는 점에서 『춘추곡량전』은 『춘추공양전』과 결정적으로 다르다. 은공의 계획이 정당하지 않은 까닭은, 그가 '은혜 베풂'이라는 "작은 도"에 치중한 나머지 대의(大義)를 소홀히 했기 때문이다.

> "[은공이] 환공에게 양위하는 것은 바른 일인가?" "바르지 않다." … "은공은 선한데, 그가 바르지 않다고 [당신이] 여기는 까닭은 무엇인가?" "춘추는 의를 중시하되 은혜 베풂을 중시하지 않으며, 도를 믿되 사악을 믿지 않는다. 효자는 아버지의 선행을 선양하고 악행을 드러내지 않는다. 선군(혜공)이 환공에게 나라를 주려 한 것은 바르지 않으며 사악하다. 그렇다 하더라도 혜공은 사악한 마음을 이겨서 은공에게 나라를 주었다. 은공이 이미 선군의 사악한 뜻을 탐지한 가운데 마침내 환공에게 나라를 주고자 하였으니, 그것은 아버지의 악을 이루어주는 것이다. 형제는 천륜이다. 아들의 자격은 아버지로부터 받고 제후의 자격은 왕으로부터 받는다. [은공은] 이미 [형으로서 동생에게 양보하여] 천륜을 폐한 데다가 아버지이자 왕도 잊어버림으로써 작은 은혜를 베풀었으니 '소인의 도'라고 한다. 은공 같은 사람은 천승(千乘)의 나라를 가볍게 여기고, 도를 실천

---

15) 『春秋穀梁傳』, 「隱公元年」, "公何以不言卽位? 成公志也. 焉成之? 言君之不取爲公也. 君之不取爲公, 何也. 將以讓桓也."

하지 않은 사람이라고 할 수 있다."[16]

은공은 혜공의 서자이지만 맏아들이므로 종법제에 비추어보아 제후가 되기에 하등의 결격을 지니지 않을 뿐 아니라, 이미 대부 세력에 의해 제후로 추대되었으며, 왕 즉 천자가 그에게 작위를 수여했다. 따라서 봉건제 및 종법제의 대의(大義)상 노나라의 정통이 될 자격을 갖춘 인물이다. 이런 은공에게 제후의 위(位)는 마음대로 양도할 수 있는 사사로운 자리가 아니라 공공(公共)의 자리이다. 환공에게 양위하고자 한 은공은, 『춘추곡량전』의 표현대로라면 "천승의 나라를 가볍게 여기고 도를 실천하지 않는 사람"인 것이다.

물론, 은공보다 더 문제가 있는 인물은 그 부친인 혜공이다. 왜냐하면, 혜공은 종법제의 대의에 따르지 않고 둘째 아들인 환공에게 양위하려는 의도가 있었기 때문이다. 하지만 그런 혜공조차도 공공연하게 대의를 어길 수 없었으므로, "사악한 마음을 이겨서" 은공에게 양위했다. 그렇다면 은공은 혜공의 사욕 극복 의지에 부응하여 제후 자리를 굳건히 지켰어야 한다. 그렇게 하지 않고 "작은 은혜를 행하는 것"에 급급하여, 제후 자리를 동생인 환공에게 물려준 것은 아버지인 혜공의 선행, 즉 자신에게 양위한 행위를 후대에 칭찬받게 만드는 것이 아니라, 오히려 그의 최초 악한 의도를 사후(死後)에 실현해 준 꼴이 된다. 게다가 형과 동생의 자리를 뒤바꾸는 비인륜적

16) 上同, "讓桓正乎. 曰不正. …則隱善矣, 善則其不正焉, 何也. 春秋貴義而不貴惠, 信道而不信邪. 孝子揚父之美, 不揚父之惡. 先君之欲與桓, 非正也, 邪也. 雖然, 旣勝其邪心以與隱矣. 已探先君之邪志, 而遂以與桓, 則是成父之惡也. 兄弟, 天倫也. 爲子, 受之父. 爲諸侯, 受之君. 已廢天倫, 而忘君父, 以行小惠, 曰小道也. 若隱者, 可謂輕千乘之國, 蹈道則未也."

행위를 한 것이다. 그래서 『춘추곡량전』은 은공이 "이미 천륜을 폐한 데다가 아버지이자 왕도 잊어버린" 인물이라고 평가한다.

그렇다면, 은공의 의도가 정당하지 않았는데도 어째서 공자가 은공의 의도를 이루어주는 식으로 서술했는가 하는 점이 의문으로 떠오른다. 『춘추곡량전』은 이에 대해, 공자가 "장차 환공을 악한 사람으로 만들려고"[17] 했기 때문이라고 한다. 환공이 악한 까닭은, 은공이 자신에게 자리를 물려주려 한 것을 알면서도 그를 신뢰하지 않고 공자 휘의 은공 시해에 관여했기 때문이다. 다시 말해서, 공자는 은공이 왕위에 오른 사건에 대해 "즉위"라고 써주지 않음으로써, 장차 환공에게 양위하려 한 은공의 선한(그렇지만 정당하지는 않은) 의도를 부각하고, 그럼으로써 환공의 악행을 상대적으로 도드라져 보이게 하려는 효과를 거두려 했다는 것이 『춘추곡량전』의 판단이다. 물론 그렇다고 하여 은공의 양위 계획이 정당화될 수 없다는 점도 『춘추곡량전』은 강조했다.[18] 한편, 『춘추곡량전』은 은공의 장례에 대해 "장(葬)" 자를 써주지 않은 이유에 대해서는 『춘추공양전』과 동일한 설명을 하였다.

은공 원년 조목에 관한 『춘추공양전』과 『춘추곡량전』의 해석 차이를 요약해 보자. 『춘추공양전』은 은공을 양국(讓國)의 현인(賢人)으로 간주한다. 은공은 국(國)을 환공에게 양도하려 했다는 점에서 은혜로운 사람이고, 양보하려는 사양지심(辭讓之心)을 갖추었으므로 맹자적(孟子的) 의미에서 예(禮)를 아는 사람이다. 게다가 은공은 정세 판단 능력을 갖춘 심모원려의 지략가이기도 했다. 『춘추공양전』은

17) 上同, "隱不正而成之, 何也. 將以惡桓也. 其惡桓, 何也. 隱將讓而桓弑之, 則桓惡矣."

18) 上同, "隱, 冬, 十有一月, 壬辰, 公薨. 公薨不地, 故也, 隱之, 不忍地也, 其不言葬何也, 君弑賊不討, 不書葬, 以罪下也, 隱十年無正, 隱不自正也, 元年有正, 所以正隱也."

은공의 원수를 갚지 못한 그 신하와 자식들을 집중하여 비난한다. 반면 환공에 대한 직접적 비판은 보이지 않는다.

이에 비해 『춘추곡량전』은 은공의 양국 의도가 선한 것이기는 하지만 바른 것은 아니었다고 평가한다. 은공의 즉위는 종법제상 아무 문제가 없는데도 은공이 환공에게 양위하려 했던 것은 나라를 사적 소유물로 생각하여 타인에게 증여하려는 것에 지나지 않을뿐더러 부친 혜공이 최초에 품었던 악한 의도를 도리어 현실화해 주는 행위라고 한다. 이처럼 은혜 베풂을 사사로운 행위로 보고 종법제의 공적 원칙성을 강조하는 것은 후일 소식(蘇軾)의 「유개와 정홍 중 누가 더 현명한가?[劉愷丁鴻孰賢]」에서 다시 제기되기도 했다.[19]

3) 호안국의 해석

호안국은 사실관계에 대한 파악부터 『춘추공양전』 및 『춘추곡량전』과 다르다.

국사는 시정을 기록할 때 반드시 즉위 사건을 기록하지만, 은공에서

19) 蘇軾, 『東坡全集』(四庫全書版) 券40, 「劉愷丁鴻孰賢」, "天子與諸侯, 皆有太祖, 其有天下一國, 皆受之太祖, 而非己之所得專有也. 天子不敢以其太祖之天下與人, 諸侯不敢以其太祖之國與人, 天下之通義也. 夫劉愷, 丁鴻之國, 不知二子所自致耶. 將亦受之其先祖耶. 受之其先祖, 而傳之於所不當立之人, 雖其弟之親, 與塗人均耳. 夫吳太伯, 伯夷, 非所以爲法也." 소식은 이 글에서 한(漢)의 범엽(范曄)의 주장을 근거로 삼았는데, 범엽의 조부 범녕(范寧)은 『춘추곡량전집해(春秋穀梁傳集解)』의 저자였다. 한편, 조선의 성현(成俔)도 「劉愷丁鴻孰賢」을 모방하여 지은 글에서 소식과 동일한 논조로 주장했다. (成俔, 『虛白堂文集』 卷11, 「劉愷、丁鴻孰賢」.)
(한국고전종합DB, ITKC_BT_0072A_0340_010_0010_2016_005_XML)

> 그것이 빠진 까닭은 중니가 삭제했기 때문이다. 옛날에 제후는 대를 이어 분봉지(分封地)를 물려받았으니 안에서 반드시 계승받는 것이 있었다. 작위와 영토는 천자로부터 받았으니 위로부터 반드시 부여받는 것이 있었다. [은공이] 안으로는 선군으로부터 나라를 잇지 못하고, 위로는 천자로부터 명을 받지 못한 상태에서 여러 대부가 은공을 끌어당겨 옹립하자 마침내 왕위에 올랐다. 이것은 분쟁의 씨앗을 만든 것이고 찬탈과 시해가 일어난 원인이다. 『춘추』는 첫머리에서 은공을 비판함으로써 대법을 밝혔다.[20]

『춘추공양전』과 『춘추곡량전』은 은공의 즉위에서 절차적 문제가 있었다고 말하지 않았다. 오히려 『춘추공양전』은 은공의 어짊을 강조했고 『춘추곡량전』은 혜공이 사욕을 극복하고 은공에게 양위하였다고 분명히 말했다. 하지만 호안국은 은공이 혜공으로부터 정식으로 양위받지 못했고, 즉위 당시에는 천자에 의해 공(公)으로 인정받지 못했다고 보았다. 이렇듯 절차적 정당성에 문제가 있다는 것을 알았다면 아무리 대부가 자신을 추대하려 한다 해도 한사코 사양하는 것이 올바른 태도이지만, 은공이 제후의 위(位)에 오르고 말아 환난의 시초가 되었다고 호안국은 보았다.

> 은공이 나라를 양보하여 정도(正道)로 왕위에 오르지 못한 결과를 초래한 것은 혜공의 죄이다. 환공이 은공을 시해하려 했으나 기미를 일찍 차단하지 않은 것은 은공 자신의 잘못이다. 이미 간신이 은공과 환공 사이를 이간질하여 걱정할 만한 일의 징조가 나타났는데도 은공은 "토구에

---

20) 胡安國, 『胡氏春秋傳』 卷1, 「隱公元年」, "國史主記時政, 必書即位之事, 而隱公闕焉, 是仲尼削之也. 古者, 諸侯繼世襲封, 則內必有所承, 爵位土田受之天子, 則上必有所稟. 內不承國於先君, 上不稟命於天子, 諸大夫扳已以立而遂立焉. 是與爭亂造端而簒弑所由起也. 春秋首絀隱公以明大法."

> 집을 짓고 거기서 노년을 보낼 것이다."라고 말했으니, 이것은 주저하면서 시간을 끈 것이고 일찍 변별해 내지 못한 것이다. 마침내 은공이 시해를 당한 것도 마땅하다.[21]

호안국은 혜공의 죄도 묻고 있으나 비판 대상은 어디까지나 은공이다. 위 인용문에서 호안국은 두 가지 면에서 은공을 비판하고 있다. 첫째, 은공은 정세 판단 능력이 부족했다. 공자 휘의 음모를 일찍 변별하지 못했다는 것이다. 둘째, 은공의 양국 의지도 강하지 못했다. 은공은 공자 휘 앞에서, 즉각 나라를 양보하겠다는 의사를 밝히지 않고 주저하는 모습을 보였기 때문이다. 호안국은 이렇듯 『춘추공양전』의 관점을 정면으로 부정하고 있다. 이것은, 은공의 양국 의지는 (정당하지는 않지만) 선하기는 하다고 평가한 『춘추곡량전』에 비해서도 한층 엄격한 비판이라고 할 수 있다.[22]

한편, 호안국은 은공의 죽음에 대해 "장(葬)" 자를 써주지 않은 이유에 대해 새로운 논점을 제기하고 있다.

> 노나라 사서의 옛 문장은 필시 사실에 기반하여 기록되었을 것이다. "공홍(公薨)"은 중니가 직접 쓴 것이다. 옛날에 사관은 정직을 임무로 여겨서 나라가 싫어하는 것을 피하지 않았다. 반면 중니는 옛 사서를 필삭할 때 성인의 마음으로 판단했다. 그래서 노나라 군주가 시해를 당하면 삭제하고 기록하지 않았다. 왜냐하면, 나라의 역사에서 한 관원의 신조와

---

21) 胡安國, 『胡氏春秋傳』 卷3, 「隱公11年」, 〈冬十有一月壬辰公薨〉, "致隱讓國, 立不以正, 惠公之罪也. 致桓弑君, 幾不早斷, 隱公之失也. 既有讒人交亂其間, 憂虞之象著矣, 而曰使營菟裘, 吾將老焉, 是猶豫留時, 辨之弗早辨也. 其及也, 宜隱公見弑."

22) 그러나 사사로운 은혜 베풂을 비판하고 종법제의 원칙을 강조했다는 점에서 호안국의 견해는 『춘추곡량전』과 가깝다. 김동민도 그 유사성을 지적한 바 있다. 김동민, 앞의 논문, 351쪽.

> 춘추 만세의 법도는 그 쓰임이 진실로 다르기 때문이다. "시해"라고 기록하지 않는 것은, 신하가 군부(君父)를 위해 그 악을 감추는 예절이 있음을 보여준다. 장지를 기록하지 않는 것은, 신하가 군부를 위해 그 진심을 없애지 않는 충성심이 있음을 보여준다. "장(葬)"이라고 쓰지 않는 것은, 신하가 군부를 위해 '적을 토벌하고 원수에게 복수하는' 의리가 있음을 보여준다. … 적이 토벌되지 않고 원수가 보복당하지 않은 상태에서 "장(葬)" 자를 써주지 않는다면, [적을 토벌하고 원수에게 보복하기 위해] 상복을 입은 채로 이엉을 덮고 자고 창을 베고 자는 일이 끝나지 않을 것이다. 이런 법도로 적을 토벌하는 것은 지엄하다. 그러므로 "춘추가 완성되자 난신과 적자가 【두려워했다.】"라고 한다.[23]

『춘추공양전』은 은공의 죽음에 대해 공자가 어째서 "장(葬)" 자를 써주지 않았느냐고 묻고, 은공의 원수를 갚지 않은 그 신하와 자식들을 비난하기 위해 그렇게 했다고 자답하였다. 이렇듯 『춘추공양전』이 강조한 것은 난신적자(亂臣賊子)의 토벌이라는 대의였고 사실의 적시 여부는 부차적 관심 대상이었다. 그런데 호안국은 위 인용문 서두에서 사실의 적시 문제를 먼저 다루었다. 그는 『춘추』가 어째서 역사 서술의 객관성과 어긋나는 서술 방식을 취했는지 설명하려 했다. 이는 역사 서술의 객관성에 대해 호안국에게 나름대로 자각적 의식이 있었음을 보여준다. 일반적 "국사(國史)"의 덕목은 객관성이다. 이런 국사는 그 나름의 가치가 있다. 그러나 『춘추』는 이를테면

---

23) 胡安國, 『胡氏春秋傳』 卷3, 「隱公11年」, 〈冬十有一月壬辰公薨〉, "魯史舊文必以實書. 其曰公薨者, 仲尼親筆也. 古者, 史官以直為職, 而不諱國惡. 仲尼筆削舊史, 斷自聖心, 於魯君見弑, 削而不書者. 蓋國史一官之守, 春秋萬世之法, 其用固不同矣. 不書弑, 示臣子於君父, 有隱避其惡之禮. 不書地, 示臣子於君父, 有不沒其實之忠. 不書葬, 示臣子於君父, 有討賊复讎之義. … 夫賊不討, 讎不復, 而不書葬, 則服不除, 寢苫枕戈, 無時而終事也. 以此法討賊, 至嚴矣. 故曰春秋成而亂臣賊子【懼】."

특수한 역사서이다. 『춘추』는 객관적 사실의 나열이 아니라 춘추 시대를 관통하는 "만세의 법도"와 그 부침(浮沈)에 관한 역사라고 할 수 있다. 따라서 『춘추』는 일반적 사관의 관점으로 조망되어 저술된 것이 아니라, "만세의 법도"의 관점하에서 저술되었다는 점에 언제나 유념해야 한다고 호안국은 주장하는 것이다.

호안국은 이상의 주제를 명확히 한 후, 은공의 시해 사건에 대해 공자가 "시(弑)" 자를 쓰지 않은 이유를 설명하는바, "신하가 군부(君父)를 위해 그 악을 감추는 예절이 있기" 때문이라고 답한다. 은공으로서는 시해를 당한 일이 나쁜 것이다. 그래서 공자는 은공을 위해서 일부러 "시" 자를 쓰지 않았다는 것이다. 그다음, 은공의 장지(葬地)를 공자가 기록하지 않은 까닭은, 신하로서 지닌 충성심의 표명이라고 한다. 마지막으로 "장" 자를 쓰지 않은 까닭은, 신하로서 지닌 복수심의 발로로 여겨진다. 『춘추공양전』은 은공의 신하와 자식이 시해자에게 복수하지 않았다고 하여 그들을 비판했지만, 호안국은 그곳에서 신하로서의 공자의 충성심과 복수심을 읽어낸 것이다.

3. 신민일의 견해

신민일은 은공의 시해 사건이 경문에서 "시" 자로 기록되지 않고 "훙" 자로 기록된 것에 대해 먼저 논한다.

> 어떤 이가 물었다. "노은공의 죽음에 대해 좌씨는 공자 휘가 그를 시해했다고 여겼다. 그러나 『춘추』는 이를 훙(薨) 자로 기록했다. 이것은

초자 균의 죽음[卒][24]과 어떻게 다른가?"

말한다. "이것은 열국의 사건과 다른 점이 있다. 성인이 기록하기 꺼렸던[諱] 사건은 나라가 싫어했던 사건이었다. 어째서 기록하기 꺼렸는가? 환공이 [시해에] 관여한 것을 기록하기 꺼렸기 때문이다. 노나라는 공자의 부모의 나라이며 환공은 노나라의 선군이었다. 성인이 부모와 선군에 대해, 어찌 그 악을 기록하는 것을 꺼리지 않을 수 있겠는가? 친자(親者)의 악을 기록하기 꺼리고 존자(尊者)의 악을 기록하기 꺼리는 것이 춘추의 법도이다. 부친이 남의 양을 훔치더라도 자식은 부친을 위해 불리한 증거를 제시하면 안 된다. …의가 거기에 있고 정직[直]이 그 말 가운데에 있다. 게다가 나라의 악을 폭로하는 것은 나라가 심히 금하는 것이다. …이것이 성인이 나라의 악을 숨기려 했던 의도이다."[25]

은공의 죽음에 "공훙(公薨)"이라고 쓴 것에 대해 『춘추공양전』이 던진 질문은, 어째서 공자는 "장(葬)" 자를 써주지 않았는가 하는 것이었다. 이에 비해 신민일은 공자가 어째서 "시(弑)" 자를 쓰지 않고 "훙" 자를 썼는지 묻고 있다. 공자가 왜 은공에게 격식 있는 단어를 써주지 않았는가 하는 것이 『춘추공양전』의 물음이라면, 공자가 왜 사실을 있는 그대로 표현하지 않았는가 하는 것이 신민일의 물음이다. 이는 신민일이 역사 서술의 객관성에 관해 호안국과 유사한 관

24) 『左傳譯注』, 「召公元年」, "冬十有一月己酉, 楚子麇卒." 초자 균(楚子麇)이 공자 위(公子圍)에 의해 시해당한 사건을 가리킨다.

25) 申敏一, 『化堂集』 卷5, 「春秋瑣說」, 〈隱公十一年冬十二月壬辰, 公薨. 桓公元年春王正月, 公卽位〉, "或問曰, 魯隱公之薨, 左氏以爲公子翬弑之. 而春秋書之以薨. 此與楚子麇之卒, 何以異乎. 曰, 此則與列國之事有異. 聖人所諱, 國惡也. 何以諱. 諱桓公之與聞乎故也. 魯, 夫子父母之國, 而桓乃魯之先君也. 聖人於父母國之先君, 安得不諱其惡乎. 爲親者諱, 爲尊者諱, 此春秋之法也. 父雖攘羊, 子不得爲證. … 義之所在, 直在其中. 且暴揚國惡, 國之大禁. … 此聖人所以諱國惡之意也."
(한국고전종합DB ITKC_MO_0316A_0050_010_0030_2003_A084_XML.)

점을 갖고 있었음을 보여준다. 왜냐하면, 앞에서 보았다시피 호안국도 『춘추』가 사실대로 "시" 자를 쓰지 않았던 것을 문제 삼았기 때문이다. 위 인용문 후반부에서 신민일은 "직(直)" 개념을 내세워서 자신의 문제의식을 한층 더 전면에 내세우고 있다. 신민일이 생각하는 "직"은 역사 서술상의 정직성이 아니라 인륜상의 솔직함이라 할 수 있다. 그에 따르면, 『춘추』에서 "직"은 구체적으로 친자나 존자의 악을 기록하지 않는 방법으로 구체화하며, 이는 『춘추』의 "법도"라고 한다.

무엇보다도 『춘추공양전』, 『춘추곡량전』, 그리고 호안국의 해석과 비교해 보았을 때 신민일의 해석 중 이채로운 곳은, 공자가 은공의 시해 사실을 기록하지 않았던 것은 환공의 시해 음모 관여 사실을 차마 기록할 수 없었기 때문이라고 본 부분이다. 노나라는 공자의 조국이며 환공은 그 노나라의 선군이었기 때문에 공자가 환공의 악을 기록하지 않았다는 것이다. 그렇다면, 『춘추공양전』과 호안국이 보기에 환공은 난적(亂賊)이지만, 신민일에 따르면 환공은 어디까지나 부모와 같은 선군이다. 아무리 부모가 남의 양을 훔쳤다고 하더라도 그런 부모를 관가에 고발할 수 없다는 『논어』의 논리가 그의 사유를 지배하고 있다.

이어서 신민일은 '은공이 임금의 자리에 오른 사건에 대해 공자가 어째서 "즉위"라고 써주지 않았는가?'라는 질문에 곧바로 답하기에 앞서 혜공과 은공을 아래와 같이 평했다.

혜공은 중자를 부인으로 삼았고 환공을 적자로 삼았는데 이는 실로 예가 아니며 왕법으로는 할 수 없는 일이다. 하지만, 왕법으로 할 수 없는 일이라고 할지라도 은공에게 그것은 아버지의 명령이었다. 다만 환공이

나이가 어려서 자립할 수 없었기 때문에 은공이 왕위에 오를 수 있었다. 이것이 삼전(三傳)의 "은공이 나이가 많아서 섭정했다"라는 말에 해당한다. 백이와 숙제는 고죽군의 두 아들이다. 아버지가 숙제를 세우려 하자 백이는 도망갔으니 그는 아버지의 명령을 존중한 것이다. 이 얘기에 비추어 말한다면, 환공이 적장자가 아니기는 했으나 혜공이 그를 왕위에 세우려고 하였으므로, 은공은 환공의 나이가 차면 임금 자리를 환공에게 양보했어야 한다. 이것은 은공 스스로 알았던 일일 뿐 아니라 조정의 대부들 역시 그러해야 함을 다 알고 있었다. 그 후 중상모략하는 사람들이 번갈아 어지럽혔는데도 은공은 그것을 일찍이 변별해 내지 못했으니 그가 화를 당한 것도 당연하다.[26]

혜공이 환공을 세자로 삼는다고 내린 명(命)은 분명히 예와 왕법에 어긋나지만 신민일에게 그 점은 중요 고려 사항이 아니었다. 그에게 중요했던 것은, 혜공의 명이 아무리 부당하다고 하더라도 이미 그것이 발동된 이상, 자식인 은공에 의해 그것이 이행되지 않으면 안 된다는 인륜상의 당위였다. 이것은 마치 부당한 법이라고 할지라도 이미 제정된 이상 법의 안정성을 위해 그것이 준수되어야 한다는 법실증주의자의 논리를 연상시키나, 실제로 신민일이 방점을 찍었던 것은 부왕의 명(命)의 지고무상함이었다. 즉, 주나라 왕실의 왕법이라는 상위법에 저촉되는 명이라고 하더라도 그것이 부친에게서 발한 이상 어쩔 수 없이 지켜져야 한다는 것이다. 은공은 이러한 인륜적 당위에 충실하지 못하였기 때문에 시해까지 당하는 불상사를 맞

26) 上同, "惠公以仲子爲夫人, 而以桓公爲嫡嗣, 此固非禮也, 王法之所不得爲也. 然在王法雖不得爲, 而在隱公則父命也. 特以桓公年幼不能自立, 故隱公得立. 此三傳所謂隱長而攝者也. 伯夷叔齊, 孤竹君之二子也. 父欲立叔齊而伯夷逃, 所以尊父命也. 以此言之, 桓公雖非嫡嗣, 而惠公欲立之, 則隱公俟其長而讓之可也. 此非徒隱公自知之, 朝之大夫亦無不知其然也. 而讒人交亂, 辯之不早, 其及也固宜."

이하게 되었다고 신민일은 생각한다.

신민일은 주희의 제자인 황간(黃幹)의 해석을 인용해서 자신의 견해를 뒷받침한다.

> 면재 황씨는 말한다. "…혜공이 죽었을 때 여러 대부가 은공을 끌어당겨 옹립했던 것은 혜공의 의도가 아니었다. [은공을 즉위시키는 것이] 혜공의 의도가 아니었다면 [은공은] 백이나 숙제처럼 행동했어야지 정도(正道)였을 것이다. 은공 같은 이는 의(義)와 리(利)가 마음속에서 교전했으나 결정하지 못했고, 실리를 탐하면서 헛된 명성을 사모했으므로 시해를 면치 못했다." 나는 이것이 확고한 논의라고 생각한다.[27)]

신민일이 황간의 해석을 정론으로 삼은 까닭은, 다름이 아니라 황간이 효(孝)의 관점에서 은공의 행위를 비판했기 때문이다. 황간의 의도는, 부당한 혜공의 명(命)이라고 할지라도 은공은 그것에 순종했어야 한다는 것이다. 그가 백이와 숙제의 고사를 들었던 이유도 바로 거기에 있다. 황간에 따르면, 은공은 여러 대부의 힘으로 위(位)에 오르기 전에 백이처럼 나라 밖으로 몸을 피했어야 한다. 그렇게 하지 않고 제후의 위에 올랐던 것은 이익을 취하고자 하는 마음이 한쪽에 있었기 때문이라고 한다.

요컨대, 신민일이 바라보는 은공은, 부친 혜공의 의도를 따라 환공에게 양위하려 했다는 점에서 긍정적 평가를 받을 만한 인물이다. 이는 『춘추공양전』의 평가와 궤를 같이한다. 그러나 신민일은 은공의 양위 의지가 순일하지 않았다고 본다. 이는 황간과 유사한 평가

---

27) 上同, "勉齋黃氏曰 …此乃惠公沒, 諸大夫扳隱而立之, 非惠公之意也. 非惠公之意, 則當如夷齊之事, 乃爲得其正也. 若隱者, 蓋義利交戰於胷中而不能自決, 貪實利而慕虛名, 是以不免於弒也. 愚以爲此定論也."

이다. 따라서 신민일에게 은공이라는 인물은 나라를 물려주려는 선한 의지와 효심을 지녔으되 천리(天理)에 순일하지는 않은 인물이었다고 할 수 있다.

이어서 신민일은 은공에게 비판적인 호안국의 의론을 문제 삼는다.

> 은공에게 "즉위"라고 써주지 않고 환공에게 "즉위"라고 써주었는데 그 의도는 무엇인가? 호안국은 "여러 대부가 은공을 끌어당겨서 옹립한 결과 [은공이] 왕위에 섰던 것은, 임금 자리를 빼앗기고 시해당하는 사건이 일어나게 된 원인이 되었으므로, 『춘추』가 첫머리에서 은공을 비판함으로써 대법을 밝혔다"라고 했다. 나는 여기에 의문이 있다. [은공에서 문공에 이르는 여섯 공 가운데에서 환공과 문공을 제외하고] 은공·장공·민공·희공에 대해 모두 "즉위"라고 쓰지 않았던 까닭은 무엇인가? 각각 이유가 있기 때문이지 임금이자 부친에게서 명을 받지 않았기 때문은 아니다. 반면 정공은 올바르지도 않았으나 그에게는 "즉위"라고 기록했으니, [호안국의 말처럼 임금이자 부친에게서 명을 받지 않았기 때문에 "즉위"라고 쓰지 않았던 것은] 아니라는 점을 알 수 있다. 호안국은 환공의 "즉위"에 대해, "임금(은공)을 시해하고 환공 자신이 옹립된 죄를 밝히기 위해 그 후대로서의 자격을 끊어버린 것이다"[28]라고 말했다.[29]

앞 절에서 살펴보았다시피, 은공에 대해서 가장 비판적이었던 이는 호안국이었다. 황간만 해도 은공이 의(義)와 리(利) 사이에서 결정

---

28) 胡安國, 『胡氏春秋傳』 卷4, 「桓公上」, 〈春王正月公即位〉, 〈傳〉, "桓公與聞乎故, 而書即位, 著其弑立之罪, 深絕之也."

29) 申敏一, 『化堂集』 卷5, 「春秋瑣說」, 〈隱公十一年冬十二月壬辰, 公薨. 桓公元年春王正月, 公卽位〉, "且隱公不書卽位, 而桓公則書卽位, 其意安在. 胡氏以爲諸大夫扳己以立而遂立焉, 簒弑之所由起, 春秋首絀隱公, 以明大法. 愚於此亦有所疑焉. 隱·莊·閔·僖, 皆不書卽位, 何也. 是各有其故, 非以不稟命於君親故也. 至於定公無正而亦書卽位, 則可見其不然也. 胡氏於桓公之卽位則曰, 著其弑立之罪而絶之."

하지 못했다고 할 뿐, 은공이 대의를 정면으로 거슬렀다고 평가하지는 않았다. 하지만 호안국은 은공이 "안으로는 선군으로부터 나라를 잇지 못하고, 위로는 천자로부터 명령을 받지 않았음"에도 불구하고 임금의 자리에 올랐으며, 그 결과 은공 자신이 "분쟁의 씨앗"이 되었고 "찬탈과 시해의 원인"이 되었다고 보았다. 은공의 즉위에 대해서 공자가 "즉위"라고 써주지 않은 것은 바로 그 때문이라고 호안국은 해석했다.

신민일은 이런 호안국의 해석을 향해 이의를 제기한다. 이의제기의 첫 번째 논거는 실증을 통해 마련되고 있다. 은공, 환공, 장공, 민공, 희공, 문공으로 이어지는 노나라 여섯 명의 제후 가운데에서, "즉위"라는 술어를 공자로부터 획득한 사람은 환공과 문공뿐이고 나머지 네 명은 그렇지 못했다. 호안국의 논리대로라면 이 네 명의 제후도 "안으로는 선군으로부터 나라를 잇지 못하고 위로는 천자로부터 명령을 받지 않았어야" 하나 사실은 그렇지 않다. 반면, 정공은 그 즉위가 대의에 맞지 않았는데도 공자는 "즉위"라고 써주었다. 따라서 공자가 은공을 위해 "즉위"라고 써주지 않았다고 해서 곧바로 은공의 즉위가 "대법"에 맞지 않는다고 단정할 이유는 없다. 더구나 호안국은, 시해를 통해 옹립된 환공과 선공을 위해 공자가 어째서 "즉위"라는 글자를 써주었는지는 전혀 다른 논리 체계 위에서 설명을 제시하고 있어 일관성의 측면에서 문제를 드러내고 있다. 즉, 은공에 대해 호안국이 했던 말을 따르려면, 환공과 선공에 대해서도 "안으로는 선군으로부터 나라를 잇지 못하고 위로는 천자로부터 명령을 받지 않았다"라고 호안국은 평해야 했지만, 그는 그렇게 말하지 않았다.

그다음, 신민일은 "선인이나 악인에 대해 똑같은 말을 사용하는 것을 피하지 않았다"라는 『춘추공양전』의 원칙과 그에 대한 호안국의 옹호에 대해 공세적 태도를 보인다.

성인은 선을 기리고 악을 물리치므로 직도(直道)에 따라 행한다. 어떻게 역사적 인물의 의도에 따라 "즉위"라고 써줄 리가 있겠는가? "선인(善人)이나 악인(惡人)에 대해 똑같은 말을 사용하는 것을 피하지 않는다"[30] 라는 말은 세 전(傳)에 다 나오는 말이지만 성인의 의도에 부합하는 것 같지 않다. 주자는 이렇게 말했다. "'즉위'라고 쓴 까닭은 노나라 군주가 즉위의 예를 행했기 때문이다. 죽은 이를 계승한 경우 '즉위'라고 쓰지 않은 까닭은 즉위의 예를 행하지 않았기 때문이다. 환공에게 '즉위'라고 쓴 까닭은 환공이 스스로 즉위의 예를 바르게 행했기 때문이다." [주자는] 또 말했다. "'공즉위'라고 기록한 까닭은 필시 당시에 별도로 즉위의 예법이 있었기 때문일 것이다. '즉위'라고 기록하지 않은 까닭은 이 예가 갖춰지지 않았기 때문이다. 지금은 고증할 수 없어서 의미를 알기 어렵다. 여러 주석가의 설이 분분한 까닭이다."[31] … 무릇 은공의 옹립은 안으로는 [은공이] 계승하는 대상이 없었고 위로는 명을 받지 못했는데 환공의 옹립 역시 그러했다. 만약 성인의 의도가 과연 호씨의 설과 부합한다면, 성인은 "은공의 즉위"라고도 쓰지 말고 실로 "환공의 즉위"라고도 쓰지 말았어야 했다. 그런 후 독자들이 의문을 일으키고 질문을 던지게 해야 했다. 하지만 그렇게 하지 않았다. 어떤 경우(환공)에는 "즉위"라고 쓰고 어떤 경우(은공)에는 쓰지 않았는데 나는 그 이유를 모르겠다.[32]

---

30) 『春秋公羊傳譯注』, 「隱公7年」.

31) 『朱子語類』(中華書局, 1994.) 卷83, 제127조.

32) 申敏一, 『化堂集』 卷5, 「春秋瑣說」, 〈隱公十一年冬十二月壬辰, 公薨. 桓公元年春王正月, 公卽位〉, "聖人褒善貶惡, 所以直道而行也. 豈有如其意而書卽位之理乎. 美惡不嫌同辭者, 此亦三傳之語, 恐未必得聖人之意也. 朱子以爲書卽位者, 是魯君行卽位之禮, 繼故不書卽位者, 是不行卽位之禮. 若桓公之書卽位, 則是桓公自正其卽位之禮耳. 又曰, 公

신민일이 비판의 창끝으로 겨누는 곳은 바로 "선인이나 악인에 대해 똑같은 말을 사용하는 것을 피하지 않는다"라는 호안국의 춘추 해석 원칙이다. 이 원칙에 따르면, 선인에게 어울릴 법한 말을 악인에게 써줌으로써 악인의 악인다움을 더욱 부각하는 효과를 공자가 거두려 했다고 한다. 그러나 신민일은 공자가 그러한 서술 원칙을 지녔을 리가 없다고 반박한다. 신민일에 따르면, 성인은 정치적 계산을 하고서 일부러 왜곡된 평가를 하는 자가 아니라, 선을 기리고 악을 물리침으로써 직도(直道)에 따라 행하는 인물이다. 호안국이 "선인이나 악인에 대해 똑같은 말을 사용하는 것을 피하지 않는다"라는 것을 마치 『춘추』의 서술 원칙인 것처럼 말할 수밖에 없었던 까닭은, 『춘추』 내의 상호모순적 진술을 정합성 있게 설명하려 한 결과일 것이다.

신민일은 상호모순적 진술에 억지로 일관성을 부여하기보다 차라리 상식에 따라서 역사 사건을 이해하고 모순적 진술에 대해서는 그대로 '그것이 모순이다'라고 담담히 인정하는 편이 낫다고 본다. 이런 태도를 가장 잘 보여준 인물이 바로 주희였다. 위 인용문에서 언급된 주희에 따르면, 공자는 제후를 포폄하기 위해 "즉위"를 써주거나 그러지 않았던 것이 아니라, 제후가 즉위의 예를 거행했으면 "즉위"라고 써주었고 그렇지 않으면 "즉위"를 써주지 않았다. 따라서 어떤 제후를 위해 "즉위"를 써주었는지 그렇지 않은지에 대해 과도하게 마음 기울일 필요는 없다.

卽位, 要必當時別有卽位禮數, 不書卽位者, 此禮不備故也. 今不可考, 其義難見. 諸家之說所以紛紛. …夫隱公之立, 內無所承, 上不稟命, 則桓公之立亦然也. 若使聖人之意果如胡氏之說, 則雖不書隱公之卽位, 而亦不書桓公之卽位, 然後使讀之者庶幾起其疑而啓其問也. 今不然. 或書或不書, 此愚之所未曉也."

이상에서 보다시피 신민일은 대체로 은공의 양국(讓國) 의지를 어느 정도 인정해 주는 태도를 보여 왔다. 하지만 은공의 태도가 모호해 보이는 것도 사실이다. 은공이 효(孝)의 원칙에 철저히 따르려 했다면 부친 혜공의 의도에 따라서 아예 제후의 자리에 오르지 말았어야 한다. 그러나 은공은 그렇게 하지 않고, 비록 대부의 강권을 뿌리치지 못했다고는 하나 결국 임금이 되고 말았으니 효에 철저하지 못했다. 이에 대해 신민일은, 은공이 환공보다 나이가 많았다는 또 하나의 인륜적 고려 조건을 제시하고, 문제 발생의 근본 원인을 혜공에게 돌려 버림으로써 은공의 책임을 경감해 주고 있다.

> 은공이 나이가 많아서 여러 대부의 힘으로 옹립되었던 것이나, 환공이 어리더라도 아버지 명으로써 옹립되어야 했던 것은 둘 다 필시 잘못은 아니었다. 백이는 아버지의 명령을 존귀하게 여겼으나 숙제는 천륜을 무겁게 여겼다. 그래서 서로 양보했다. 서로 양보한 다음에는 찬탈할 걱정이 없어졌다. 하물며 은공의 옹립은 아버지의 명령이 아니었다. 오래 지나도 양위하지 않는다면 당연히 참람과 사특한 일이 일어날 것이다. 이것이 은공이 바르게 죽을 수 없었던 까닭이자 시초를 바르게 할 수 없었던 까닭이다. [하지만] 그 잘못된 일의 원인은 혜공의 사악한 의도였다. 아! 혜공이 한번 사악하게 생각하자 찬탈과 시해의 환난이 초래되었으니 경계하지 않을 수 있겠는가![33]

신민일은 이상과 같은 자신의 해석을 "권형(權衡)", "정법(情法)" 개

---

33) 上同, "隱長而爲諸大夫所扳立, 桓幼而有父命當立, 則此必非誣也. 伯夷以父命爲尊, 而叔齊以天倫爲重, 是交相讓也. 交相讓, 然後可以無簒奪之患. 而況隱公立非父命. 久而不讓, 則宜其有讒慝之作矣. 此隱公之所以不能正其終, 而亦不能正其始也. 其失在於惠公之邪意也. 嗚呼. 惠公一念之邪, 而馴致簒弒之禍, 可不戒哉."

념으로 정당화했다.

> 나는 일찍이 이렇게 종합적으로 논하였다. 은공의 잘못은 일찍 양위하지 않았던 것이고, 환공의 죄악은 시해 사건에 관여한 것이다. 은공이 환공에게 나라를 양위하려 한 것은 혜공의 잘못 때문이지만, 은공으로서는 아버지의 명령을 존중해야 했다. 성인은 이에 대해 권형을 채택하고 정법을 사용했다. 아! 백이와 숙제와 같이 행동한 이후에야 처세에 어려움이 없을 것이며 노나라는 거기에 가까이 갔을 뿐이다.[34]

은공은 일종의 딜레마에 빠져 있었다. 부친인 혜공은 환공에게 양위하려 했고 은공은 혜공의 의도를 잘 알고 있었다. 그런데 그러한 혜공의 뜻은 종법제, 즉 왕법(王法)과 어긋난다. 은공이 만일 혜공의 의도를 따른다면 효(孝)의 원칙에는 부합하나 왕법은 어기게 된다. 반대로 혜공의 의도를 따르지 않고 자신이 즉위한다면 왕법에는 부합하나 효의 원칙은 어기게 된다. 결국, 은공이 택한 길은 일단 자신이 먼저 즉위하고 환공이 장성하는 대로 그에게 양위한다는 것이었다. 이는 현실 상황을 고려하면서, 효와 왕법을 하나라도 놓치지 않으려 한 나머지 선택된 길이었다. 이 길은 비록 백이와 숙제의 그것만큼 이상적이지는 않으나 "거기에 가까이 간" 것이었다고 신민일은 평가한다. 이처럼 서로 다른 윤리 원칙이 충돌하는 상황에서 현실 여건을 고려하여 중도를 취하는 것을 신민일은 "권형"이자, "정법"에 따르는 것이라고 호칭한다.

그에게서 "권형"과 "정법"은『춘추』내의 사건을 판단하는 기준

---

34) 上同, "愚嘗統而論之曰, 隱公之失, 在於不早讓, 而桓公之惡, 與聞其故也. 致隱讓國, 惠公之罪, 而在隱公則當以父命爲尊也. 聖人於此焉持權衡也, 用情法也. 噫. 若夷齊然後處之無難, 而魯其庶幾焉耳."

이 된다. 예컨대, 「희공(僖公)」 28년 조목 중 진(晉)나라가 조(曹)나라와 위(衛)나라를 침공한 사건을 설명하면서 신민일은 "권형"과 "정법"의 기준을 사용하고 있다. 호안국은, 진나라 문공이 과거 조나라와 위나라에 의해 푸대접을 받은 적이 있어서 사적 복수심에 기인하여 이 두 나라를 침공했다고 파악했다.[35] 신민일은 이런 호안국의 해석을 비판하면서, "진후(晉侯: 진문공)의 사건은 인지상정으로 헤아려 보면 그가 보복했다는 것이 실로 의심된다"[36]라고 말한다. 그리고 진문공이 조나라와 위나라를 침공한 까닭은 이 두 나라가 야만인 초(楚)나라에 귀의하여 천하의 기강이 어지러워질 것을 걱정했기 때문이라고 하며, 진나라의 침공은 "왕정(王政)의 권형"을 보여주는 것이었다고 한다.[37] 즉, 침공은 무력에 의존한 것이었기 때문에 완벽히 왕정에 부합하는 것은 아니지만 현실 상황을 고려하여 어쩔 수 없이 취해진 조치였다는 점에서 "권형"에 해당한다는 것이다. 그리고 이처럼 "왕정의 권형"을 인정하는 신민일의 태도는, 중원의 야만화를 방지했던 패자의 업적과, 야만적 진(秦)에 의한 중원 통일을 일시적으로나마 저지했던 맹상군 등 사공자(四公子)의 공로를 어느 정도 인정하는 데에서도 유지된다.[38]

---

35) 胡安國, 『胡氏春秋傳』(사고전서 전자판) 卷13, "按左氏, 初公子重耳之出亡也, 曹衛皆不禮焉. 至是侵曹伐衛再稱晉侯者, 譏復怨也. 春秋之時, 用兵者, 非懷私復怨, 則利人土地耳."

36) 申敏一, 『化堂集』 卷5, 「春秋瑣說」, 〈僖公二十八年…〉, "況此晉侯之事, 以常情度之, 固疑其復怨."

37) 上同, "聖人於衛之事, 辭繁而不殺, 終始備錄之, 則此豈但爲晉侯之故也. 以爲關天下之紀綱, 示王政之權衡, 爲此錄之也."

38) 申敏一, 『化堂集』 卷5, 「春秋瑣說」, 〈齊桓晉文論〉, "世之俗儒, 徒知貴王賤霸, 而不知桓文之爲可稱. 徒知振暴其短, 而不知四公子之有力, 亦非識務之論也." 그렇다고 하여 신민일이 패자의 업적을 온전히 인정했다는 것은 아니다. 호안국은, 제환

4. 조익의 비평

조익은 신민일의 은공 원년 조목 해석에 대해 비평을 가하면서 대체로 『곡량전』과 호안국의 해설에 바탕을 두고 있다. 신민일에 따르면, 『춘추』가 은공의 즉위에 대해 "즉위"라는 용어를 사용하지 않았던 까닭은, 결국 은공이 부친 혜공의 의도에 따라 환공에게 신속히 양위하려는 결단력이 부족했기 때문이다. 은공이 취했어야 할 바람직한 행동은, 그가 아예 처음부터 즉위하지 않고 섭정으로서 환공을 돕는 일이었다고 신민일은 주장했다.[39] 이에 대해서 조익은 종법제의 대의를 들어서 반박한다.

> 국군(國君)의 직위 계승법은 적자가 있으면 적자가 옹립되고, 적자가 없다면 [서자 중] 가장 나이 많은 이가 옹립된다. 이것이 천하의 대의이다. 노나라 군주의 자리는 주나라 왕실 중 제후의 자리이며 노나라의 선공이 전해 준 것이지, 노나라 임금이 마음대로 할 수 있는 것이 아니다. 그러니 혜공이 어떻게 [사사로이] 환공에게 제후 자리를 줄 수 있겠는가? 혜공이 환공에게 주고자 한 것은 사악한 의지에 따른 것이며 그의 행위는 대의를 어기고 왕법을 거스른 것임이 분명하다. 은공은 가장 나이 많

공이 소릉에서 초나라와 맹약을 맺을 때 자신을 낮추는 예(禮)에 따랐음을 들어 제환공이 "거의 왕자(王者)의 일을 했다."라고 평가했다. 이에 대해 신민일은, 제환공이 주나라 왕실의 명령을 받들어 초나라의 죄를 강력하게 성토하지 않았기 때문에 제환공의 행위는 형세상 유불리를 고려한 임시방편적 행위에 불과하다고 비판했다. 申敏一, 앞의 글, 〈僖公四年…〉, "胡傳言桓公退師召陵, 卒與之盟而不遂, 於此見桓公能以律用之而以禮下之, 庶幾乎王者之事也." "而不爲奉辭聲罪, 但責其包茅之不入, 昭王之不復, 則彼亦有辭矣. 繼之以徼與同好, 豈問罪之義乎."

39) 趙翼, 『浦渚集』 卷17, 「答申永興功甫春秋瑣說」, 〈桓隱即位〉, "令說謂隱公之不書即位, 聖人不許隱之不讓也, 又謂隱當尊父命, 而爲周公之攝政, 爲得其正理也."

은 사람으로서 응당 옹립되어야 할 사람이었는데, 그는 어찌 감히 천하의 대의를 범하고 주나라 왕가의 확고한 법제를 멸시했는가? 또한, 어찌 감히 아버지의 사악한 의지를 이용하여, 옹립되지 말아야 할 동생에게 자리를 주었는가? …호안국의 『춘추전』은 "[은공이] 안으로는 계승하지 못하고 위로는 명을 받지 못했다"라고 말했는데 이 말은 매우 정확하다. 그런데 어찌 의심할 만하지 않은 것을 의심하는가?40)

적자가 없다면 서자 중 가장 나이 많은 아들에게 임금의 자리를 물려주는 것이 천하의 대의였으나 혜공은 이를 무시하고 나이 어린 환공에게 양위하려고 했다. 조익에 따르면, 노나라 군주의 자리는 천자로부터 받은 공공(公共)의 것이다. 혜공은 이 사실을 망각하고 그것을 사유물로 여겨 자유의지에 따라 처분하거나 양도할 수 있다고 여긴 것이다. 그래서 "은공이 안으로는 계승하지 못하고 위로는 명을 받지 못하는" 사태를 혜공은 초래하고 말았다. 『춘추곡량전』이 이런 행위를 사사로운 은혜 베풂이자 "소인의 도[小道]"로 규정했다는 것을 우리는 앞에서 살펴보았다. 조익도 『춘추곡량전』과 같은 관점하에서 혜공의 행위를 규탄하는 것이다. 여기서 다시 한 번 은혜 베풂과 종법제의 원칙이 대립하는 것이 목도된다. 이처럼 사적 시혜 및 보복과 종법제의 공공성을 대립시키면서 전자를 경원시하고 후자를 존중하는 조익의 관점은 다른 곳에서도 찾아볼 수 있다. 예를 들어, 「희공(僖公)」 28년 봄에 일어났던 진나라의 위나라·조나라 침

40) 上同, "夫國君傳序之法, 有嫡子則嫡當立, 無嫡則長當立, 此天下之大義也. 而魯君之位, 乃周室諸侯之位, 魯先公之所傳也, 非魯君之所得而專也. 惠公安得授桓公也. 惠之欲授桓, 其爲邪志也明矣. 其犯大義干王法亦明矣. 隱公以長當立之人, 安敢犯天下之大義, 蔑周家之定制, 用其父之邪志, 而擅以其位與其不當立之弟乎.…胡傳所謂內無所承, 上不稟命之云, 其義甚正. 何必生疑於無可疑之處乎."

공 사건에 대해, 조익은 진문공이 과거 위나라와 조나라에게 당했던 모욕을 보복하기 위해 침공을 감행했다고 해석하면서 사적 보복심에서 벗어나지 못한 진문공을 비판하였다.41)

위 인용문으로부터 또 하나의 논점을 지적할 수 있다. 신민일이 은공을 비판적으로 평가했던 까닭은, 은공이 혜공의 명에 불철저했다고 여겼기 때문이다. 환공에게 양위하려 했던 혜공의 의도는 비록 "천하의 대의"에 어긋나지만, 아들 은공으로서는 우선 혜공의 의도에 따르지 않을 수 없다. 혜공의 명령을 수행하는 것과 천하의 대의를 지키는 것 사이에서 조성되는 긴장이 신민일에게 있었으나 조익에게는 그것이 없다. 조익이 보기에 혜공의 명령은 명백하게 부당하므로 아들 은공은 그 명령에 따라야 할 의무가 없다.

마지막으로, 조익은 『춘추』가 어째서 시역 죄를 범한 환공을 위해 "즉위"를 써주었는지 물으면서 신민일의 견해를 비판한다. 신민일에 따르면, 환공의 즉위에 대해 공자가 "즉위"라고 써준 까닭은, 환공이 "옹립되어야 한다는 부친 혜공의 명령이 있었기 때문"이다. 그렇다면 은공에게는 그런 부친 혜공의 명령이 없었기 때문에 그에게는 "즉위"라는 용어를 사용하지 않은 셈이다. 조익은 신민일의 이런 해석을 비판하면서, 설사 환공의 계위(繼位)를 명하는 혜공의 명령이 있었다고 하더라도 그것은 국(國)을 사유물로 착각하는 혜공의 사심(私心)에서 발한 것이므로, 공자가 그런 혜공의 사심을 존중하여서 환공에게 "즉위"라고 써주었을 리가 없다고 주장하고 있다.42)

41) 趙翼, 『浦渚集』 卷17, 「答申永興功甫春秋瑣說」, 〈晉使伐衛晉人執衛侯〉, "且文公之爲人, 豈是不報恩怨者乎. 如漢高之豁達, 尙追憾兄嫂之戛羹, 謂文公必不報怨者, 豈不太寬乎."

42) 趙翼, 『浦渚集』 卷17, 「答申永興功甫春秋瑣說」, 〈桓隱即位〉, "至於桓公之書卽位,

이어서 조익은 호안국의 "미악불혐동사(美惡不嫌同辭)" 원칙에 따라서 환공 원년 조목에 사용된 "즉위" 용어를 해명하려 한다.

> 노나라에서 시역을 통해 제후 자리에 오른 사람이 환공과 선공 두 사람인데 이들에 대해 "즉위"라고 써주었으니, 시역과 찬탈의 죄를 드러내려고 "즉위"를 써주었음을 분명히 알 수 있다. 옹립되었어야 할 임금 중 시역의 죄를 범하지 않았는데도 "즉위"를 써주지 않았던 까닭은, 그들이 '안으로는 계승하지 않고 위로는 명을 받지 않았기' 때문임이 분명하다. "미악불혐동사(美惡不嫌同辭)"는 『춘추』의 요지이다. 이를 '불합리한 설'이라고 말하는 것은 타당치 않다. 이곳에서 옛 설은 바뀔 수 없으며 장령(인용자 주: 신민일)의 설은 타당치 않은 것 같다.[43]

"미악불혐동사(美惡不嫌同辭)"는, '아름다운 사건이나 추악한 사건을 동일한 언사로 표현할 수 있다'라는 뜻으로, 공자가 그런 방식을 통해 미언대의를 『춘추』 경문 속에 내장했다는 것을 가리킨다. 앞서 보았다시피, 신민일은 호안국의 이런 독법이 단지 『춘추』 내 상호 모순을 일으키는 구절들을 일관성 있게 설명하기 위해 고안된 자의적 조작에 불과하다고 신랄하게 비판했다. 하지만 조익은 호안국의 독법을 옹호하고 있다. 시역 사건을 통해 제후 자리에 오른 환공과 선공 두 사람의 즉위 사건을 위해 "즉위"라고 공자가 써주었던 까닭

謂以其有父命當立故也, 此尤失之大矣. 夫其所謂父命者, 自是惠公之私意耳. 於天下之大義, 周家之正法, 則得罪也大矣. 夫子豈從惠公一人之私意, 而不顧天下之大義, 周家之大法, 而以當立許之乎. 桓旣以弑逆得位, 則雖使其次序當立者, 弑逆之人, 罪不可容, 其可許之爲當立乎."

43) 上同, "魯之弑立者桓宣二君, 皆書卽位, 則可見其著弑逆簒奪之罪, 而書卽位也亦明矣. 當立之君無弑逆之罪者, 亦不書卽位, 則其以無所承不稟命也亦明矣. 美惡不嫌同辭云者, 乃看春秋之要旨也. 謂爲曲爲之說, 亦恐未安也. 此處恐舊說不可易, 而令說爲未當也."

은, 역설적으로 그들의 시역·찬탈 행위를 드러내기 위해서였다. 한편, 은공 등 종법제 원칙에 따라 정당하게 즉위한 제후에 대해서 "즉위"라고 써주지 않았던 까닭은, 그들이 직전 제후로부터 즉위의 명을 받지 못한 그 부당성을 암묵적으로 웅변하기 위해서였다고 하는데 이는 호안국의 관점에 그가 따랐음을 보여준다.

5. 맺음말

은공의 즉위와 훙거(薨去) 사건은 춘추 시대 종법제의 핵심 원칙과 관련하여 여러 가지 논란을 일으킬 중대 사건이었으므로 후대 주석가 및 연구자의 집중 검토 대상이 되었다. 더욱이 은공의 행태에 대해 『춘추공양전』과 『춘추곡량전』이 정반대의 태도를 보여주어, 우리는 그 양자의 정치사상을 관통하는 핵심 논점을 확인할 수 있다. 그 논점은 두 가지이다. 첫 번째는 종법제의 계위(繼位) 원칙과 효(孝) 사이의 충돌 가능성이며, 두 번째는 은혜 베풂의 사적 성격과 봉건제의 공적 성격 사이의 충돌 가능성이다.

『춘추공양전』은 은공을 옹호하는 기본 관점에서 그의 양국 의지는 물론이거니와 그 정세 판단 능력을 높이 평가하였으나, 『춘추곡량전』은 종법제의 계위 원칙과 봉건제의 공공성을 앞세워 은공을 사적 인물로 격하하였다. 호안국의 은공 평가는 대체로 『춘추곡량전』과 부합한다. 그 역시 나라[國]를 사사로이 양위하려 한 은공의 행위를 질타했기 때문이다.

신민일은 호안국의 은공 평가를 비판하면서 은공을 옹호하는 쪽에 섰다. 그런데 이때 신민일은 은공의 양국 의지보다도 그가 부친 혜공의 의도에 따르려 했다는 점을 중시하여 효의 원칙을 더 부각하고 있다. 종법제의 계위 원칙과 효가 충돌할 때 후자를 우선시해야 한다는 것이다. 물론 일방적으로 그리해야 하는 것은 아니고 두 원칙을 조정할 "권형"이 필요하며, 또한 "정법(情法)"에 따라 모든 행위가 판단되어야 한다고 그는 주장했다. 이에 비해 조익은 종법제의 계위 원칙과 봉건제의 공공성을 강조하는데 이는 호안국 및 『춘추곡량전』과 부합한다. 이런 점에서 신민일과 조익의 『춘추』 해석에는 동일한 사건에 대한 기준이 다름에 따라 관점을 달리하는 결과를 낳았다. 이를 통하여 신민일과 조익의 견해차로부터 조선 후기의 『춘추』에 대한 이해가 문화다원론적 지향 속에 이루어지고 있음을 알 수 있다.

마지막으로 덧붙일 점은, 신민일의 "정법" 강조는 사실 주희의 『춘추』 해석에 근거를 두었다는 사실이다. 왜냐하면, 주희 역시 인지상정에 비추어 『춘추』의 어려운 구절을 해석하는 면모를 여러 면에서 보여주었기 때문이다. 조익은 신민일의 "정법" 개념 강조에 대해 우려를 표하였으나, 신민일은 주희에 의해 자신의 방법이 뒷받침될 수 있으리라 내심 자부했을 것이다.

이상과 같이 『춘추』의 은공 11년 조목에 대한 신민일과 조익의 해석 차이를 살펴보면서 그 사이에 게재된 공통 논점을 확인함으로써 조선 중기 유학자가 몸담았던 사상적 지평의 일각을 부각하려 하였으나, 인조(仁祖)의 원종(元宗) 추숭에 대한 신민일의 반대 등 그의 정견과 『춘추쇄설』이 어떤 관련을 맺는지, 그의 젊은 시절 스승인 성혼의 춘추관이 그에게 영향준 바는 없는지, 그리고 후대 소론(少論)

계열의 『춘추』 해석에 그가 끼친 공헌은 어떤 것이었는지에 대해 궁구하지 않았다는 점에서 이 장에는 분명한 한계가 있다. 조선의 『춘추』 해석사와 사상사에서 신민일 및 조익의 위상을 가늠하는 작업은 후일의 과제가 되어야 할 것이다. ◆

참 고 문 헌

원전류:

司馬遷, 『史記』(사고전서 전자판).

蘇軾, 『東坡全集』(사고전서 전자판).

黎靖德 編, 『朱子語類』, 中華書局, 1994.

王維堤, 唐書文 撰, 『春秋公羊傳譯注』, 上海古籍出版社, 1997.

李夢生 撰, 『左傳譯注』, 上海古籍出版社, 1998.

胡安國, 『胡氏春秋傳』(사고전서 전자판).

金長生, 『沙溪全書』(한국고전종합DB).

成俔, 『虛白堂文集』(한국고전종합DB).

成渾, 『牛溪集』(한국고전종합DB).

宋時烈, 『宋子大全』(한국고전종합DB).

申敏一, 『化堂集』(한국고전종합DB).

張維, 『谿谷集』(한국고전종합DB).

趙翼, 『浦渚集』(한국고전종합DB).

단행본류:

佐藤仁, 『宋代の春秋學 -宋代士大夫の思考世界』, 東京: 研文出版, 2007.

논문류:

김동민, 「『춘추』 三傳과의 비교로 본 胡安國 『춘추』 해석의 특징 -『春秋』 「隱公」 조목의 쟁점을 중심으로-」, 『양명학』 37, 2014.

野間文史, 「春秋經文の性格」, 廣島大學東洋古典學研究會 編, 『東洋古典學研究』 第一集, 1996.

미수(眉叟) 허목(許穆)의 시경관 연구

차 영 익

* 이 글은 『태동고전연구』 제48집(한림대학교 태동고전연구소, 2022.06)에 게재한 동명의 논문을 본 저서의 간행 취지에 맞춰 일부 수정한 것이다.

1. 서론

본 논문은 17세기에 활동했던 미수(眉叟) 허목(許穆, 1595~1682)의 『시경』에 관한 인식을 살펴보고 그 문화다원론적 특징이 어디에 있는지 규명하는 데 그 목적이 있다. 논의를 진행하는 과정에 그의 상고(尙古)적 학문으로서의 특징을 검토하며 아울러 17세기 주자학 중심적 사고에서 벗어나 새로운 경학적 사고를 형성한 허목의 학문적 특징을 살펴보고자 한다.

미수 허목은 17세기에 예송논쟁을 이끈 사람이다. 백호(白湖) 윤휴(尹鑴, 1617~1680)와 더불어 남인(南人) 예설을 대표하여 서인(西人)의 영수인 우암(尤庵) 송시열(宋時烈, 1607~1689)에 맞서 예송(禮訟)의 중심에서 활동했던 사람들 중 한 명이다. 그의 사상적 특징은 '사서-오경'의 주자학적 경학체계를 확고하게 정립하고 있던 당시 도학의 학풍에 얽매이지 않고 옛 경전으로서 '육경(六經)'에 관심을 기울이는 데서 드러나는 '상고(尙古)'의 학풍에서 확인할 수 있다.

16세기까지는 주희의 『사서집주』를 중심으로 하는 경학적 특징이 주가 되었다면 17세기에 들어서는 『사서집주』의 범위를 벗어나 육경으로 범위를 넓혀 경학을 연구하는 학풍이 일어난다. 이 대표적인 사람이 허목과 윤휴라고 할 수 있다. 허목이 성리학의 범위를 벗어나지 않으면서 선진 고경(古經)에 관심을 기울였던 경우라 한다면, 윤휴는 성리학으로부터 벗어나 '상고'의 학풍을 심화시켰다고 할 수 있다. 허목은 윤휴와 더불어 '사서' 체제의 경학에서 벗어나 선진 '고경'을 중시하는 '상고'적 학풍을 일으킨 선구적 인물이라 할 수 있다. 이러한 경학의 상고적 관심에서 이룬 성과로는 허목의 『경설

(經說)』 20편이 있다. 허목은 이 중 「시설(詩說)」이 육경의 틀 속에서 치도(治道)의 기능으로써 풍자와 정치적 득실을 살피는 장점을 가지고 있다는 것을 누차 언급한다. 이는 그만큼 허목은 '시'를 포함하는 '육경' 체계의 경학을 지향하고 있음을 말해준다.

허목은 육경을 하나의 정합적인 체계로 보고 그 특징에 대해 자주 언급하면서 '육경'을 성인의 변함없는 도리 곧 '대경(大經)'이라고 규정했다. 또 육경 가운데 『시경』을 삼강오상(三綱五常)을 밝히고 나라의 존망(存亡)과 정사의 득실(得失)을 밝히는 기능을 수행한다고 하면서 시의 풍간의 기능을 누차 강조한다. 이것은 허목이 자신의 학문적 중심을 '육경'에 두었음을 의미하는 것이며, 그가 '시'에 관심을 가졌던 것도 바로 '육경'의 하나로서 '시'의 기능에 주목하였다는 것을 말한다.

허목은 「시설」에서 『시경』에 대한 새로운 견해나 이론을 저술했다기보다는 '육경' 속에서 『시경』이 지닌 원리나 기능을 드러내어 줄 수 있는 기록을 나름대로 정리하는 데 주의를 기울였다고 할 수 있다. 허목이 기존의 『시경』에 관한 언급을 모시서와 『시집전』, 『좌전』 등에서 가져와 편집하여 정리하고 있지만 여기서 그의 독특한 『시경』에 관한 생각을 읽어낼 수가 있다. 허목은 『시경』에 관한 전문저술이 없어 『시경』에 대한 학적인 체계를 알기 어렵다. 하지만 경학에 대한 원리와 성격을 규명한 산문인 「경설(經說)」 중 「시설(詩說)」과 그의 문집 도처에 인용되고 있는 『시경』 인용구절을 통해 그의 시경에 관한 생각을 귀납적으로 추적할 수 있다. 따라서 본 논문에서는 허목의 관련자료와 『모시정전(毛詩鄭箋)』, 주희의 『시집전(詩集傳)』, 『춘추좌전(春秋左傳)』의 '오계찰관주악(吳季札觀周樂)'과의 비교를 통해 그의 시경론 특징을 살펴보고자 한다.

허목에 관한 연구는 그의 성리학적 관점이나 상고적 특징으로써 육경에 관한 연구, 문학에 관한 연구는 많이 진행되었다. 그러나 개별 경학에 관한 연구에 비해 허목의 경학적 특징에 관한 연구는 많지 않다. 기존의 연구가 상고적 경학 특징이나 17세기 철학적 기조를 전제로 연구를 진행하다 보니 실제적인 그의 학문특징에서 주자학과 탈주자학의 이분법적 구도에서 연구가 진행되었다. 하지만 실제적으로 필자의 조사에 의하면 그는 주자학을 기본으로 하면서 한대(漢代) 고주를 수용하고 절충하는 방향에 있었다고 할 수 있다. 구체적인 각 경전별 접근을 통해서 허목의 경학적 특징을 귀납적으로 종합해야 한다는 말이기도 하다. 따라서 본 연구자는 각 경전별 연구성과를 기본으로 『시경』의 특징을 귀납하되 기존의 연구를 참고하는 방법으로 미수 허목의 경학연구에 접근하고자 한다.

허목의 개별경전 연구를 살펴보면 다음과 같다. 『서경』의 경우 이은호는 「미수(眉叟) 허목(許穆)의 상서관(尙書觀) -난(亂)에서 치(治)로의 지향」에서 미수 허목의 육경 중 『서경』을 중심으로 연구를 진행했다. 그는 허목이 제시한 서경학의 특징을 유가의 역사관에 착안하여 이 세계와 역사를 치(治)와 난(亂)의 이중구조로 파악하고 난을 극복하고 치를 지향하려는 노력의 결과물로 보았다. 금장태는 「미수(眉叟)의 「악설(樂說)」 5편과 악의 이해」에서 전하지 않는 경전인 악경을 되살린 의미와 육경 체제 속에서의 악경의 특징을 구체적으로 분석하였으며, 이를 통해 성인의 다스림의 도리로써 육경의 의미를 규명하고 있다. 『춘추』에 있어서는 이동인이 「허목의 춘추재이론에 나타난 '한학적(漢學的)' 경향」에서 허목의 춘추관이 가지는 한학적 특징을 규명하였다. 최석기는 「조선 중기 시경학 -17세기 시경학을 중심으로」에서 허목의 시경학을 다루면서 허목이 『모시』 대서의 풍아송의 뜻을 근간으로 하면서 주희의 『시집전』을 일부 취하였고 『시경』 정변설에 있어 기존의 견해를 따랐다고 간략하게 분석하였다. 그러면서 미수는 기본적으로 육경에 대한 학문을 선진 고경(古經)을 통해 성인의 도를 탐구하는 자세로 보고 당시 주류학설인 주희의 『시집전』에만 머물러 있지 않았다고 결론을 내린다. 또 정경주는 「미수(眉叟) 허목(許穆)의 「경설(經說)」에 나타난 육경학의 학문 관점」에서 시설의 전체적인 체계와 특징에 대해 다루고 있다.

이상 개별 경전연구의 특징이 다르긴 하지만 상고적 특징 속에서 개별 경전의 연구를 진행하였으나, 허목의 상고적 특징이 무엇인지 주희의 경학에서 얼마나 벗어났는지에 대한 연구는 아직 자세하지 않다. 본 연구에서는 허목의 시설과 문집 가운데 『시경』과 관련된 내용을 중심으로 『시경』에 대한 분석을 진행하여 미수 허목의 경학적 특징의 실제에 접근하고자 한다.

대체로 미수 허목에 대한 경학연구는 상고적 특징으로써 육경학의 의미, 주자학의 영향에 얽매이지 않고 자유롭게 성인의 취지를 추구한다는 측면에서 이루어지고 있다. 이런 연구경향은 미수 허목의 학문적 특징에서 크게 벗어난 바는 아니나 필자가 생각하기에 육경의 개별적 경전 속으로 들어가 실증적으로 분석하였냐는 측면에서는 미진한 부분이 있다. 물론 미수 허목이 전문적인 경전 주석서를 짓지 않아 연구에 한계가 있긴 하지만 「경설」 20편 가운데 「시설」과 문집인 『기언(記言)』의 전체 시문 안에서 각 경전에 대해 언급한 부분만 수합하여 분석하더라도 의미 있는 결과를 도출할 수 있을 것이다. 그리고 이런 연구는 17세기 주자 일변도의 경학연구에서 벗어나 경전의 뜻을 비교적 객관적으로 보려고 하는 경학의 한 특징을 살필 수 있는 계기가 되리라 본다.

따라서 필자는 『기언』 속 『시경』에 대한 언급과 「시설」에서의 언급을 중심으로 2장에서는 「경설」 20편의 체계와 특징을 개괄적으로 살펴본 후 「시설」의 전체적인 체계와 특징을 살피고, 3장에서는 그의 시경관의 중요특징이라고 할 수 있는 본성과 감정의 관계를 탐색해 본다. 4장에서는 2장과 3장에서 언급한 허목의 『시경』 해석의 특징이 한대 시경학인 『모시(毛詩)』, 『정전(鄭箋)』과 어떤 차이점과 공통점을 보이는지 살펴보고자 한다. 이를 통하여 주희의 『시집전』을 넘어 모시와의 절충 및 현실문제의 해결을 위한 모색과 고학을 강조한 점 등 문화다원론적 특징을 살펴볼 것이다.

2. 육경 인식과 「시설」의 체계와 특징

조선 초기부터 발판을 내려온 성리학은 16세기에 조선성리학으로서 발전을 이루며 형이상학적 심성론적 틀을 갖추었다고 할 수 있다. 이후 17세기에는 각 학파의 이론에 근거하여 이를 현실적 문제에 다양하게 적용하는 붕당정치의 단계라고 할 수 있다. 한편 사회적으로는 임진왜란과 병자호란을 거치며 사회 전반적으로 피폐해진 현실의 문제를 극복하는 데 있어 성리학이 제대로 역할을 수행하지 못하자, 주자학의 논리를 더욱 발전시켜 현실문제를 해결하고자 하는 서인학자들과 이에 반대하면서 나름의 이론으로 사회문제를 풀려고 하는 남인학자들 사이의 논쟁과 대립이 격화된 시기였다. 이런 역사적 배경 속에서 예송논쟁의 한 축을 담당했던 사람이 허목이다. 그는 육경을 하나의 정합적인 체계로 보고 당시 조선의 문제를 육경에서 풀어 나가려고 하였다.

허목의 경설 20편은 육경에 해당하는 내용으로 구성되어 있다.[1] 그 구체적인 내용은 역설 4편, 춘추설 1편, 시설 1편, 서설 1편, 홍범설 1편, 예설 2편, 악설 5편, 형설 1편, 정술 2편, 시령설 1편, 귀신설 1편으로 구성되어 있다. 육경 각각의 설(說) 외에 홍범설을 서설에서 별도로 분리하고 형설, 정설, 시령설, 귀신설로 구성되어 있다. 이처럼 6경 외에 별도의 설을 지은 것은 다스림의 도에 있어 유용하다고 판단되는 내용을 각 경전으로부터 별도로 기재하여 중시한 것이라고 할 수 있다.

허목은 육경을 하나의 정합적인 체계로 보고 그 속에서 『시경』을 인식하였다. 이는 악을 육경의 체제 안에서 인식하는 것과 같은 이유라고 할 수 있다. 육경의 체제를 표방하기 위해서는 유실된 악경의 원리와 기능을 복원하는 것이 그의 중요한 과제였다. 이를 위해 허목은 『주례』 춘관(春官), 『예기(禮記)』 「악기(樂記)」, 『순자(荀子)』 「악론(樂論)」 등에서 인용하여 악경에 대한 내용을 정리하고 있다. 이것이 경설 20편 중 악설 5편에 나와 있다.[2] 그렇다면 허목은 육경 체제

---

1) 「經說」 20편의 체제는 다음과 같다. 1. 易說4편: 易統, 易義, 卦義, 圖書統論. 2. 春秋說. 3. 詩說. 4. 書說. 5. 洪範說. 6. 禮說2편: 禮統, 禮志. 7. 樂說5편: 樂義, 樂術, 樂變, 原樂, 樂通. 8. 刑說. 9. 政說2편: 政術, 政制. 10. 時令說. 11. 鬼神說.

2) 동시기 윤휴가 당시 '사서-오경'체제의 경학에서 벗어나 선진 고경을 중시하는 '고학'의 학풍을 일으켰다는 점에서 학문적 기풍의 유사성을 인정하면서도 윤휴의 저술인 『독서기』 11권에 '악'에 대한 관심이 거의 드러나지 않는다는 점에서 허목의 육경학의 의미를 중시하고 있다. 금장태, 「미수(眉叟)의 「악설」

안에서 시의 어떤 기능과 특징에 주목하고 있을까?

『시』는 삼강오상의 이치를 밝혀 국가의 존망을 징험하고 정사의 득실을 변별하였으며, 『서』는 선왕들의 일을 기록하였으며, 『예』는 혐의를 분별하고 신분의 등급을 엄중히 하여 인륜의 기강을 바로잡았으며, 『악』은 신과 인간을 어울리게 하고 상하를 조화롭게 하여 만방을 화합시켰으며, 『춘추』는 일통을 중시하고 백성의 마음을 안정시켜 선은 포장하고 악은 징계하였으며, 『역』은 모든 변화의 변화를 말하였다.

『시』의 풍자, 『서』의 기록, 『예』의 절문, 『악』의 조화, 『역』의 변화, 『춘추』의 의리는 성인의 대경대법이고, 복희씨의 지극히 순후함과 요순의 공평무사와 우가 이룩한 구공(九功)과 탕・무의 큰 권도는 성인의 대의이다. 교화는 『시』・『서』・『예』・『악』보다 바른 것이 없고, 정사는 『춘추』보다 좋은 것이 없으며, 신묘한 변화는 『역』보다 큰 것이 없으니, 태평성대를 이룬 우(虞)・하(夏)・은(殷)・주(周)의 정치는 모두 육경에 의거한 다스림이었다. 치도가 통일된 뒤로는 온 천하가 순종하였으니, 명분이 바르면 예가 서고 예가 서면 백성이 따르고 백성이 따르면 음악이 흥기한다.[3)]

허목은 윗글에서 육경을 치도의 기능으로 설명하면서 시를 "삼강오상(三綱五常)의 이치를 밝혀 국가의 존망을 징험하고 정사의 득실을 변별하였다"라고 하였으며, 아울러 시의 기능으로 풍간을 들었다. 시의 기능을 풍간과 풍자로 정의한 허목의 언급은 이 외에도 여

(樂說) 5편과 '악'의 이해」, 『인문논총』 58, 2007, 274쪽 참조.

3) 『記言』 卷1, 「釋亂」, "詩明三綱五常, 徵存亡, 辨得失. 書記先王之事. 禮別嫌疑, 嚴等威, 正人紀. 樂諧神人, 和上下, 協萬邦. 春秋大一統, 定民志, 褒善糾惡. 易言萬化之變. 詩之風, 書之記, 禮之節, 樂之和, 易之化, 春秋之義, 聖人之大經也. 伏羲至純厚, 堯舜之大公, 禹之成九功, 湯武之大權, 此聖人之大義也. 教莫正於詩書禮樂, 政莫善於春秋, 神化莫大於易. 虞夏殷周之隆, 皆六經之治也. 治道旣一, 天下大順, 名正則禮立, 禮立則民順, 民順則樂興."

러 군데서 나온다.

> 그런 까닭에 육경의 문장에는 성인의 큰 법이 실려 있습니다. 『시경』은 풍자에 뛰어나고, 『서경』은 정사에 뛰어나며, 예의의 대종에 관해서는 『춘추』만 한 것이 없고, 천지의 변화를 연구한 것으로는 『주역』만 한 것이 없습니다.[4)]

> 『역』의 변화, 『예』의 의칙, 『악』의 조화, 『시경』의 풍자, 『서경』의 정사, 『춘추』의 의리가 모두 성인이 활용하신 것인데, 그중에 『춘추』가 예의의 대종이다.[5)]

허목은 육경에는 성인의 큰 법이 실려 있다고 하면서 육경을 하나의 정합적인 체계로 간주한다. 이는 시가 독립적으로 존재하는 것이 아니라 육경의 치도를 발휘하기 위해서는 톱니바퀴처럼 맞물려 빠질 수 없는 하나의 부분으로서 전체가 원활하게 돌아가기 위해서는 각 부분은 각자의 역할을 충분히 실행해야 한다. 이런 이유에서 허목은 전해지지 않는 악경의 내용을 복원하지 않을 수 없었기 때문에 악경에 대한 5편의 내용을 지었을 것이라 짐작된다. 17세기 당시 왕이 다스림을 위해 갖추어야 할 도리는 『시경』의 풍자와 『서경』의 정사에 대해 서술한 글이 하나의 조합이 되고, 다시 인사의 의칙을 생활 일반에 적용한 예경의 내용과 일사분란하게 의칙에 의해 질서 잡힌 백성들의 풍속을 조화롭게 묶을 수 있는 음악의 기능이 하나로

4) 『記言』 卷5, 「答客子言文學事書」, "故六經之文, 聖人之大法載焉. 詩長於風, 書長於政. 禮義之大宗, 莫過於春秋. 窮天地之變, 莫過於易."

5) 『記言』 卷51, 「春秋之義勉學子」, "易之化, 禮之則, 樂之和, 詩之風, 書之政, 春秋之義, 皆聖人之用. 而春秋者, 禮義之大宗也."

역이며, 다시 인사의 의칙인 예의를 구체적인 역사사실에 적용한 사례로써 『춘추』와 이런 변화를 일관하는 불역의 법칙인 『주역』을 또 하나의 조합으로 설정했다. 이런 다스림에 있어 예악형정의 방편 또한 빠질 수 없는 요소이므로 육경의 치도를 보완해 주는 방편으로서 「경설」의 체계를 잡았다고 할 수 있다.

> 가르침은 말에 깃들어 있고, '도'는 사물에 깃들어 있습니다. 이를 본받는 것이 '학'이고, 이를 체득하는 것이 '덕'으로, 옛 성인들의 글에 모두 들어 있습니다. … 비록 매우 늙어 망령되었지만 분발하여 침식마저 잊고 경전의 종지를 서술하여, 성설 11편과 연설 9편을 지어 합쳐서 20편을 지었습니다. … 다만 암송이나 하는 말단의 학문이지만, 옛사람의 뜻을 대략 열거하였으니, 정치하는 도리에 만분의 하나라도 도움이 될 것입니다.[6]

이 글은 허목이 만년인 83세(1677)에 숙종에게 올린 차자이다. 이 차자에서 특기할 만한 점은 허목이 고인의 뜻 중 중요한 내용을 대략적으로 열거하여 치도에 조금이나마 도움이 될 것이라고 자부한다는 내용이다. 여기서 허목은 육경의 도를 치도와 연결시키고 있으며, 자신의 평생의 힘을 다해서 지은 경설 20편에 대해 자부심을 가지고 있다. 따라서 경설의 내용은 치도에 있어 가장 체계적이고 정리된 내용으로 보아야 할 것이다. 그렇다면 이런 육경의 전체적인 체계 속에서 『시경』에 대한 논설인 시설은 어떤 체계와 특징을 가지고 있을까?

---

6) 『記言』 卷31, 「經說」 「進經說序」, "教寓於言, 道寓於事, 學斆此者也, 德得此者也. 古群聖人之書盡矣. … 雖甚老悖, 發憤忘寢食, 追述經旨, 著成說卜一, 衍說九. 共二十篇, 一萬二千九十六字, 皆出於虞, 夏, 殷, 周古經, 夏小正, 月令, 齊魯語, 左國氏. 此特記誦之末業, 然古人之旨, 大略畢擧, 庶幾有補於治道之萬一云."

허목의 「시설」은 「경설」 20편의 한 부분이며, 「경설」 20편 가운데 3번째에 자리한다. 「시설」의 전체 내용을 도표로 나타내면 아래와 같다.

조목		시설 내용	비고
1	총설	詩言志. 情動於中而形於言. 詩有六義: 一曰風, 二曰賦, 三曰比, 四曰興, 五曰雅, 六曰頌. 風者, 風也. 風而動物, 感人心而成教化者也. 雅者, 正也. 定上下, 通懽好, 一天下者也. 雅有大小, 有燕享、朝會、受釐之異焉. 頌者, 容也. 容德著功, 以享上帝先王, 郊禘之樂歌也. 故曰"正得失, 動天地, 感鬼神, 莫近於詩." 王道衰, 禮義亂, 而變風變雅作. 太史公曰"詩記山川、谿谷、鳥獸、草木、牝牡、雌雄, 故長於風."	
2	주남, 소남	周南、召南, 聖人之風, 王化之基也. 孔子曰"關雎, 樂而不淫, 哀而不傷." 其無以加矣. 序以爲"麟趾, 關雎之應. 騶虞, 鵲巢之應." 而見王道之成也. 故孔子曰"人而不爲周南召南, 其猶正墻面而立也歟." 有以也夫.	
3	풍아송의 특징. 시의 근원.	風出於里巷歌謠之作. 雅頌, 朝廷郊廟之樂, 而二雅之變, 亦出於賢人、君子憂時慨世之作也. 其忠厚惻怛, 聖人取焉, 故論詩, 本之性情, 達之聲音. 先王有以厚人倫、重禮義, 使讀之者, 感發其良心, 懲創其逸志. 風雅正變一也. 成王尊魯、宋之後, 比之三恪, 故其詩巡守不陳, 不列於太師之職, 故魯、宋無風.	
4	패풍, 용풍 위풍	邶、鄘、衛之地, 紂之古地. 其人怠惰, 其聲淫靡, 使人慢弛而邪僻, 爲變風之首. 故樂記曰"鄭衛之音, 亂世之音也, 比之慢. 桑間、濮上之音, 亡國之音也. 其政散, 誣上行私而不可止也."	풍
5	정풍	鄭聲淫, 故孔子論爲邦曰"放鄭聲"	
6	왕풍	王風, 其地周之東都洛邑是也. 自平王徙居東都, 王室遂卑, 與諸侯同. 其風, 里巷之音, 不列於二雅.	
7	제풍	齊, 太公望之所封也. 太公, 四嶽之後, 通工商, 逐魚鹽之利. 人物歸之. 齊地富强近利, 故孔子曰"齊一變而至魯."	
8	위풍	魏, 舜禹之所都. 其俗好儉約, 有聖賢之遺風. 晉獻公滅而幷之, 故魏風多晉詩.	
9.	당풍	唐, 堯之故都. 其俗儉而有禮, 有堯之遺風. 至子燮, 號爲晉國. 三晉稱多人傑之士.	
10	진풍秦風	秦, 本伯益之後. 禹賜姓嬴氏, 在西戎之地. 自秦仲, 始有車	

		馬禮樂. 至襄公, 逐犬戎, 幷有岐豐之地. 其俗尙强悍, 故其風車隣、駟鐵, 小戎終南、無衣, 皆好誇金革之事.	
11	진풍陳風	陳, 伏羲氏之墟. 有虞氏之後有虞閼父者, 周武王以爲神明之後, 封之陳, 與黃帝、帝堯之後, 共爲三恪. 武王以太姬妻其子滿. 太姬好巫覡歌舞之事, 其俗化之. 如宛丘, 東門之枌是也。	
12	빈풍	豳, 虞夏之際, 后稷封於邰. 後世失其官, 至公劉, 復修后稷之業, 大於豳. 周公述后稷、公劉之化, 作豳詩以戒成王.	
13	소아, 대아 정변	宵雅肄三, 不德私惠. 文王孫子, 本支百世, 二雅之正也. 正月之憂, 桑柔之悲悶, 二雅之變也.	아
14	정송, 변송	駉、有駜、泮水、閟宮之頌禱, 亦三十五頌之變也.	송
15	오나라 계찰이 주나라 음악을 살핀 내용	吳公子札, 觀於周樂. 爲之歌周南、召南, 曰“美哉! 始基之矣, 猶未也, 然勤而不怨.” 爲之歌王, 曰“思而不懼, 其東周乎! 爲之歌鄭, 曰”其細已甚, 民其不堪. 其先亡乎?“ 爲之歌齊, 曰”泱泱乎, 大風也! 表東海者, 其太公乎? 爲之歌魏, 曰“大而約, 儉而易行, 以德輔此, 則明主也.” 爲之歌唐, 曰“思深哉! 其有陶唐氏遺民乎?” 爲之歌秦, 曰“夏聲, 大之至也, 其周之舊乎!” 爲之歌陳, 曰“國無主, 其能久乎!” 爲之歌豳, 曰“美哉, 蕩乎! 樂而不淫, 周公之東乎?” 爲之歌小雅, 曰“思而不貳, 怨而不言, 其周德之衰乎? 猶有先王之遺民焉.” 爲之歌大雅, 曰“廣哉! 熙熙乎! 其文王之德乎?” 爲之歌頌, 曰“至矣哉! 五聲和, 八風平; 節有度, 守有序. 盛德之所同也.” 皆論聲參之時政者也. 孔子曰“詩可以觀.” 若公子札, 豈審音而已? 亦可謂善於觀詩者也已矣. 詩, 上明三綱, 下達五常. 徵存亡, 辨得失. 小人歌之以貢其俗, 君子賦之以見其志, 聖人採之以觀其變.	시경과 음악 연결
16	한대 시사가 詩四家	盾蒼所傳爲齊詩. 韓嬰所傳爲韓詩. 毛萇注詩, 鄭玄箋詩, 曰“毛鄭詩.” 齊轅固生治詩, 齊人宗之. 魯申公治詩, 魯人宗之. 謂之齊魯詩.	

「시설」은 모두 1149자로 되어 있으며 『시경』의 원리와 기능을 설명하고 있는데 크게 5부분으로 나뉜다. 곧 『시경』 전체에 대한 총체적인 설명인 총설, 회풍(檜風)과 조풍(曹風)을 뺀 13국풍, 소아 대아, 오나라 계찰(季札)의 주나라 음악에 대한 평론, 한대 『시경』 사가의

소개로 마친다. 대체적인 내용은 모시서의 내용과 『시집전』의 내용을 절충하여 구성하고 있다. 풍(風)을 작시(作詩)기법으로 본 해석은 모시서의 내용을 그대로 수용하였다.(표 총설) 모시서에서는 시를 지은 작자의 생각에 사심이 없다고 본 반면, 주희는 독자들로 하여금 올바른 도덕적 심성을 가지도록 한다고 해석한 것은 주희의 사무사(思無邪)의 논의를 계승한 것이다.(표 조목3) 허목의 독특한 견해도 있다. 허목은 『시설』에서 노와 송에 풍이 없는 이유를 설명하고 있는데(표 조목3) 일반적으로 송에는 변이 없다고 알려져 있는데 노송 4편을 송의 변체로 논하는 부분이 허목 『시설』의 독특한 부분이다. 특히 주목할 부분은 오나라 공자 계찰이 노나라에 주왕실과 각 제후국의 음악을 평한 『춘추좌전』의 내용을 인용하여 『시경』의 효용을 말하고 있다는 점이다. 주지하다시피 공자 계찰에 관한 내용은 노나라 양공 29년(BC544)에 오나라 공자 계찰이 신임 군주이자 그의 둘째 형인 여제(餘祭)를 위해 노나라에 사신으로 갔을 때 노나라에 남아 있던 주왕실의 음악과 춤을 듣고 각 나라의 음악을 평가한 내용이다. 좌전의 내용에서 오공자 계찰은 국풍 중 회풍(檜風)과 조풍(曹風)에 대해서는 평론을 하지 않고 있는데 허목도 이 글에서 회풍과 조풍에 대해 언급하지 않은 부분이 동일하다. 이렇게 오공자 계찰이 주왕실과 제후국의 음악에 대해 평한 내용을 『시경』에 대한 해설에 기재한 것은, 허목이 경설에서 악설 5편을 저술하여 악의 효용성을 살려 육경을 하나의 정합적인 체계로 보려는 의도와 관련이 있는 것 같다. 계찰의 음악평론은 경설 중 악설에서 다시 언급되고 있는데[7]

---

7) 『記言』 卷31, 「경설(經說)」에 비슷한 내용이 있으나 약간의 차이가 난다. "季札勸於周樂曰'鄭音細, 民不堪, 其先亡乎? 陳音淫, 國無主, 其不久乎?' 見舞「韶濩」曰'聖人之弘也, 猶有慙德.' 適晉, 將宿於戚, 聞鐘聲曰'異哉! 辯而不德, 必加於戮. 夫子獲罪

예와 악이 호응하는 구조를 염두에 두고 있으며, 또 악의 효용이 시경시의 악과도 연결된다는 의미를 암시한다고 할 수 있다. 허목의 악설은 경전과 옛 문헌에서 '악'의 원리와 실상에 관한 논의들을 체계적으로 정리하고 있다는 점에서 '악'의 원형을 찾기 위한 시도의 하나라고 할 수 있다. 그래서 악설이 경설에 있어 5편이라는 큰 비중을 차지하며 경설의 중요부분을 차지하고 있는데, 이는 허목의 육경학이 육경을 정합적인 체계로 간주하고 이런 인식 속에서 악경을 정리하려고 했다는 의도를 보이는 것이라 할 수 있다.[8] 이와 같이 형식적인 면에서 육경의 체계 속에서 시를 보려는 의도 외에 내용적인 측면에서도 두드러진 특징이 있다. 모시서와 『시집전』을 나름대로 종합하여 시의 특징과 기능을 서술하면서 중간에 '태사왈(太史曰)'(표 총설), '공자논(孔子論)'(표 항목5), 4번의 '공자왈(孔子曰)'(표 항목2, 7, 15)을 집어넣은 부분이 여기에 해당한다. 이 부분은 모형의 시서와 주희의 『시집전』에 없는 부분으로 모시서와 『시집전』을 종합하면서 공자의 본래의 뜻과 연결시키고자 하는 의도라고 할 수 있으며, 허목이 17세기 주자학의 범주에 얽매이지 않고 선진 고경으로 학문적 범위를 넓히면서 유학의 본래적 의미가 무엇인지 탐색하고자 하는 의도로 해석할 수 있다. 나아가 공자의 말을 빌려 자신의 이야기를 전개하고자 하는 기능을 한다고도 할 수 있는데, 이는 허목의 고학(古學)을 자기의 견해를 주장하는 방식으로 고학을 강조했다고 규정할 수 있는 대목이다.[9] 이러한 허목의 특징은 주희의 『시집전』이 여전히 주도적 역할을 수행하고 있는 조선 중기에 주희와 차별화되

於君, 以在此, 猶燕子巢於幕上.' 遂去之."

8) 금장태, 「미수(眉叟)의 「악설(樂說)」 5편과 "악"의 이해」, 『人文論叢』 58, 2007.

9) 강지은, 「韓日 儒學史에 나타난 '古學'의 차이」, 『大東漢文學』 61, 2019, 103쪽.

는 시경해석을 모색했다는 점에서 문화다원론적 특징을 띈다고 할 수 있다.

3. 성정론

성정에 관한 논의는 성리학에 있어서 가장 중요한 부분이며 이런 논의는 그대로 『시경』의 발생론과 해석에도 적용되어 경학적 사고를 형성하게 된다. 허목은 16세기 이후 확고한 틀을 잡은 성리학의 영향 속에 있었기 때문에 성리학적 성정론의 한가운데 있었다고 할 수 있다. 본 장에서는 주희의 성리학의 범위 안에서 허목의 성정에 관한 논의가 어떻게 전개되는지 조명하여 그의 시경관을 살펴보고자 한다. 이렇게 함으로써 『모시정전』과의 차이를 변별할 수 있을 것이다.

성과 정의 관계에 있어 모시서는 처음으로 성정의 개념을 시의 이론에 끌어들여 시언지(詩言志)와 음영성정(吟咏性情)을 말하고 있다. 시언지는 정치적 교화나 윤리와 관련된 뜻을 표현하는 것으로 보았고, 음영성정은 전국시대 후기 이후로 발달한 개인의 감정을 표현하는 것을 말한다. 단 여기서 성정이라는 말이 지(志)보다 감정의 측면이 강화된 것이기는 하지만 여전히 아무런 구속 없는 자유로운 감정을 표현하는 것은 아니었다. 따라서 모시서에서 말하는 성정은 보편적 사회심리의 진실성이라고 할 수 있다.[10] 한나라의 경학이 가지는

---

10) 강택구, 「주희 시론에 있어서의 性情의 문제」, 『中國學論叢』 19, 2005, 256~257쪽.

정치교화의 효용이라는 측면에서 『시경』의 해석은 "정에서 발하지만 예의에서 그친다[發乎情, 止乎禮義.]"를 넘어설 수 없었다. 이런 한나라 『시경』의 성정 개념이 남송의 주희에 이르러 변화가 생긴다. 주희는 심(心)의 적연부동(寂然不動)한 본체인 성에서 그 작용인 정(情), 즉 본성의 욕구[性之欲]가 나온다고 하고, 성과 정의 관계를 본체[體]와 작용[用]의 관계로 보았다. 심의 본체인 성이 외부사물에 감응하여 정을 낳는데, 이 정은 성이 지닌 본래의 순수성으로 돌아가야 한다고 주장했다. 그렇다고 해서 주희는 감정을 부정해야 할 대상으로 보지는 않고 욕망이나 감정을 절제하여 조화를 이룰 것을 주장했다. 이런 성정관을 『시경』 해석에 적용하여, 시가 '사물에서 감흥을 받아 마음이 움직여서[感於物而動]' 언어로 표현된 것이지만 사물에 감흥을 받는 데는 정과 사의 구분이 있어서 사회 윤리의 현실적인 요구에 부합하는 것은 아니다. 따라서 사회적 도덕기준에 맞추기 위해서는 사람들의 감정을 조절해야 한다고 보았다. 이는 모시서에서 시가 감정에서 나오는 것이긴 하지만 예의에서 벗어나지 않아야 하는 것과 궤를 같이한다고 할 수 있다. 주희는 여기서 한 걸음 더 나아가 시는 단순히 감정을 읊어서만 안 되며 성정의 바름[性情之正]을 읊어야 한다고 주장한다.

> 무릇 시의 말은 선한 것은 사람들의 선한 마음을 감발시킬 수 있고 악한 것은 사람들의 방탕한 뜻을 징계할 수 있으니, 그 쓰임은 사람들로 하여금 성정의 바름을 얻게 하는 데 돌아갈 따름이다.[11]

---

11) 朱熹, 『論語集註』, 「爲政」, "凡詩之言, 善者可以感發人之善心, 惡者可以懲創人之逸志, 其用歸於使人得其情性之正而已."

주희는 이 글에서 순수지선한 성이 외물에 자극되어 욕구, 즉 정이 생기며 거기에서 선이 나올 수도 있고 악이 나올 수도 있기 때문에 시는 단순히 정을 읊어서는 안 되며 '성정의 바름'을 읊는 것이어야 한다고 주장한다. 그리고 『시경』이 시를 지은 작자의 감정에 사악함이 있는 것이 아니라 읽는 독자로 하여금 성정의 바름을 얻게 하는 교화적 효과를 발휘해야 한다고 하면서 시의 효용론을 제시했다.

허목은 성과 정의 관계에서 주희의 견해를 따라 정은 성에 기반을 두고 있다고 보았다.

천지가 물(物)을 만드는 이치가 물에 부여되어 성(性)이 되고, 몸에 주장하여 심(心)이 되며, 물에 감응하여 곧 정(情)이 되는 것이네. 그러므로 아직 발(發)하지 않은 것을 성이라 하고, 이미 발한 것을 정이라 하는데, 심은 동정(動靜)의 기틀을 주관하고 체용(體用)의 덕을 갖추어 신명하여 헤아릴 수 없고, 그 용(用)이 천지와 더불어 참여하는 것이네. 그러나 심의 감응하는 바 물욕은 쉽게 옮겨 가서 정이 승하여 더욱 방탕해지는 데까지 이르러서 인욕이 마구 행해지면 천리가 없어지게 되는 것이네.[12)]

보내온 편지에서 "정(情)이 발하고 난 뒤에는 성(性)을 해치게 된다."라고 한 것은 옳지 않네. 정이 성해지면 성을 해치지만, 그 정을 절제하여 중도(中道)에 맞게 한다면 천리인 것이네. 희로애락의 정이 발하여 모두 절도에 맞는다면 크게는 천지가 제자리를 편히 하고 만물이 잘 길러지는 묘리가 여기에 있을 것이니, 불선(不善)이 어찌 정의 본질이겠는가?[13)]

---

12) 『記言』 別集 卷5, 「答李生綵大柔」, "天地生物之理, 賦於物而爲性, 主於身而爲心, 感於物卽爲情. 故其未發謂之性, 其已發謂之情. 心管動靜之機, 具體用之德, 神明不測, 其用與天地參矣. 而心之所感, 物欲易遷, 至於情勝益蕩, 而人欲肆行, 天理息亡."

13) 『記言』 別集 卷5, 「答許沃汝」, "來書云'情而後鑿', 非也. 情勝則鑿, 約其情, 合於中道, 則天理也. 喜怒哀樂發, 而皆由節, 則大而天地位, 萬物育之妙在此. 不善豈情之本

허목은 위 두 편의 글에서 성과 정의 관계에 대해 논하고 있다. 그의 성정관은 주희의 성과 정의 관계를 그대로 계승한다고 할 수 있다. 주희는 심(心)의 적연부동한 본체인 성에서 그 작용인 정(情), 즉 본성의 욕구가 나온다고 하며 성과 정의 관계를 본체와 작용의 생성관계로 보았다. 허목도 마찬가지로 본성이 물에 감응하여 정이 된다고 하여 성과 정을 체용의 관계로 보고 있으며, 정을 절제하여 중도에 맞게 하면 천리라고 하여 『중용장구』 1장의 논리를 그대로 따르고 있다. 허목은 이어서 성정의 바른 것은 문제가 없지만, 성정의 바르지 않은 것은 바른 것으로 회복해야 한다고 주장한다.

> 그러므로 『시』를 논한다는 것은 성정을 근본으로 하여 성음(聲音)을 통달하는 것이다. 선왕이 이 『시』로써 인륜을 두텁게 하고 예의를 중하게 함이 있었으니, 읽는 자로 하여금 양심을 감동시켜 발하게 하고 방탕한 뜻을 징계하여 다스리게 하는 점에서는 풍과 아의 정(正)과 변(變)이 똑같다.[14)]

> 군자는 성정의 바름을 회복하여 뜻을 조화롭게 하고, 선한 부류의 일을 본받아 자신의 행실을 완성한다. 그런 다음 성음으로써 표현하고, 금(琴)과 슬(瑟)로써 문채를 내고, 간(干)과 척(戚)으로써 동작을 하며, 우(羽)와 모(旄)로써 수식하고, 소(簫)와 관(管)으로써 반주하여 지극한 덕의 광휘를 떨치고 사계절의 조화로운 기운을 움직여 만물의 이치를 드러낸다.[15)]

也?"

14) 『記言』 卷31, 「經說」 「詩說」, "故論詩, 本之性情, 達之聲音. 先王有以厚人倫, 重禮義, 使讀之者, 感發其良心, 懲創其逸志. 風雅正變一也."

15) 『記言』 卷31, 「經說」 「樂說」 「原樂」, "君子反情以和其志, 比類以成其行, 發之以聲音, 文之以琴瑟, 動之以干戚, 飾之以羽旄, 從之以簫管, 奮至德之光, 動四氣之和, 以著

> 이제 선생의 문장을 읽어 보니 역시 훌륭하다. 계사년에 올린 만언소와 정유년의 응지소(應旨疏)에는 더욱 간절한 충심을 볼 수 있다. 군주의 잘못을 낱낱이 말하여 치란과 흥망의 연유, 상서와 재앙의 내려짐과 천명과 인심의 거취를 하나같이 인군의 은미한 마음에 귀결시켰다. 이처럼 개진하여 권하고 경계하였으니 참으로 고인이 군주를 바로잡고 세상사람을 도운 훌륭한 계책이다. 또 외물에 감응하여 읊은 시와 주고받은 작품들도 모두 올바른 성정에서 나왔으니 충신(忠信)하고 후덕하여 지나치지도 않고 방사하지도 않았다.[16]

허목은 위 세 편의 문장에서 모두 시란 성정에서 생겨나는 것으로 보고 있다. 그러면서 성은 순선하지만 정은 외부 사물과의 작용에 의해 생겨난 것이므로 선할 수도 악할 수도 있는 성질을 가지고 있기에 본성의 통제를 받아야 한다는 것을 전제로 하고 있다. 순수하고 지선한 성이 외물에 자극되어 욕구, 즉 정이 생기며 거기에서 선이 나올 수도 있고 악이 나올 수도 있다. 따라서 시는 단순히 정을 읊는 것이어서는 안 되며, '성정의 올바름[性情之情]'을 읊는 것이어야 한다는 견해를 제시했다. 주희의 의견을 따르면 시는 성정의 바름을 읊어야 한다고 했지만 그렇다고 해서 모든 시가 모두 이와 같다고는 생각하지 않았으며, 모시서와 같이 시를 모두 미자설(美刺說)의 관점에서 지었다면 이는 시를 잘못 해석한 것이라고 했다. 따라서 이런 성정관은 선한 시뿐만 아니라 음시(淫詩)도 국풍에서 존재

萬物之理也."

16)『記言』卷10,「晩全先生遺卷序」, "今讀其文章亦然. 癸巳萬言疏, 丁酉應旨疏, 尤見忠愛眷眷. 極言君德闕失, 治亂興亡之由, 休祥災異之應, 天命人心之去就, 一歸於人君一心之微. 開陳勸戒, 眞古人格君輔世之嘉謀嘉猷. 又發於吟諷感物, 起興酬唱諸作, 皆出於性情之正, 忠信篤厚, 不淫不肆."

할 수 있는 이유가 되며 교화론이 중시되는 이유이기도 하다. 그리고 이런 성정지정에서 나온 시는 '온유돈후'의 특징을 지닌다고 하였다. 이러한 주희의 주장을 따른 허목의 성정관은 "『시(詩)』는 삼강오상(三綱五常)의 이치를 밝혀 국가의 존망을 징험하고 정사(政事)의 득실을 변별하는"17) 것으로, 윤리와 그 실천을 위한 내적수양을 중시하는 성리학적 존심양성의 체계로 이어진다고 보았다. 한대 경학의 특징을 지닌 『모시』는 부부의 관계를 바르게 하고 인륜을 두터이 한다고 하여 윤리적 실천을 중시하였으나 삼강오상의 원리인 당연지리(當然之理)를 밝히는 데까지는 이르지 못했다. 반면 송대 성리학의 특징을 지니는 『시경』 해석은 윤리적 실천을 위한 당연지리를 밝힘으로써 삼강오상의 이론적 근거를 확립한다. 허목은 당연지리의 궁리를 통해 윤리적 실천에 접근하고 있는데, 이런 허목의 시경관은 성리학적 사유의 소산이라고 할 수 있으며 허목 시경관의 특징이라고 할 수 있다. 허목의 이러한 논리를 따라가면 『시경』의 변풍은 성정의 바름을 얻은 것도 있지만 성정의 바르지 않은 것도 있다고 해서 순수한 내면의 정이라는 측면에서 보고 있으며, 이는 성리학적 존심양성에서 비롯된 사고라고 할 수 있다.

허목은 주희의 성정론을 그대로 계승했다. 심의 본체인 성이 외부사물에 감응하여 정을 낳는 과정에 악이 나올 수 있는데, 이 악을 막기 위해 사람은 외물과 인욕의 유혹에 빠지지 않도록 해야 하며, 또 정은 물에 감하기 전에 성이 지닌 본래의 순수성으로 돌아가야 한다고 주장했다. 따라서 이러한 성과 정의 관계를 시에 적용하면 시의 가치는 정 자체에 있는 것이 아니라 성의 순선함을 담지하느냐

---

17) 『記言』 卷1, 「釋亂」.

여부에 달려 있다고 할 수 있다.

반면 17세기 동시기 허목과 마찬가지로 성리학의 범위를 벗어나는 상고적 경학관을 가졌던 박세당의 심성론은 상당한 차이를 보인다. 박세당에 의하면 정은 성에 의해 생성되는 것이 아니라 사람의 마음 안에 그 자체의 실체적 근거가 있다고 보고 정이 현상적으로 드러났을 때 법도에 맞으면 선이 되고 법도에 맞지 않으면 악이 된다고 보았다.[18] 17세기 경학적 특징에서 상고적 경학 특징이라는 측면에서 허목과 박세당은 유사한 성격을 가진 것은 사실이다. 하지만 허목을 선진 고경을 따른다는 측면에서 그를 탈성리학적 범주로 규정하는 것은 온당하지 않다. 허목이 성리학적 성정관에 충실하였던 측면에서 이 이유를 알 수 있다.

4. 『모시정전(毛詩鄭箋)』의 수용

이 장에서는 앞에서 설명한 「시설」과 성정론의 체계 위에 허목이 주희의 『시집전』의 바탕 위에 『모시(毛詩)』와 『정전(鄭箋)』을 수용하는 양상을 살펴보고자 한다. 한대 시경학의 특징은 금문가나 고문가 모두 『시경』을 정치교화의 도구로 삼아 시편의 의미를 천명하는데 비중을 두었다. 따라서 『시경』의 각 편마다 시의 주제를 설명하거나 시대 배경이나 작자를 언급한 해제식의 간략한 서문을 두었다. 주희는 시서의 작자가 『시경』의 시편을 역사서에 갖다 붙이거나 고

18) 김흥규, 「西溪 朴世堂의 詩經論 -朝鮮後期 詩經論의 전개에 있어 「詩經思辨錄」의 위치」, 『한국학보』 6 No.3, 1980, 29~32쪽.

대의 역사 사실을 억지로 끌어다가 『시경』 시편에 해석함으로써 모든 시편이 위정자와 현실 정치를 찬미하거나 풍자하였다고 보았다. 그리고 이것이 『시경』의 내용을 왜곡하는 시서의 가장 대표적인 오류라고 여겼다. 이것이 소위 '미자설(美刺說)'이며 주희가 근본적으로 비판한 부분이다.

허목은 문집인 『기언』에서 여러 번 『모시』와 『정전』을 언급하였고, 특히 그의 조카인 허호(許翃)에게 『모시정전(毛詩鄭箋)』을 가르치기도 하였다.

> 아들은 공, 충, 호, 숙이다. 충은 중부(仲父)의 양자가 되었다. 호는 나에게 와서 『중용』, 『모시정전』, 『고문상서』를 읽었는데, 내가 마음 깊이 사랑하였다. 매번 호와 더불어 책을 대할 때면 이미 죽은 사람이 생각나 슬픔이 더하곤 하였다.[19]

> 지금 자네가 나를 허여하는 것이 자네 선군자가 나를 허여했던 것과 똑같으므로 내가 마음속으로 훌륭하게 여긴다. 어떤 책을 읽느냐는 물음에 공벽(孔壁)의 고문, 『모시정전』, 자사와 맹씨의 글로써 대답하였는데, 이것은 또한 자네 선군자가 좋아했던 책이다. 지금 자네의 마음은 자네 선군자의 마음이고, 자네의 학문 역시 자네 선군자의 학문이다. 내가 노쇠한 몸으로 아직 죽지 않고 살아서 자네 선군자를 지금 다시 보는 것만 같아 참으로 탄식하게 된다.[20]

---

19) 『記言』 卷42, 「許寧越墓記」, "男玒、翀、翃、翻. 翀爲其仲父後. 翃, 從我讀中庸、毛鄭詩、古文尙書. 吾心愛之, 每與對卷, 追思已化者, 增於悒."

20) 『記言』 別集 卷8, 「與韓生序」, "今子之與我, 一如子之先君子之與我者, 吾心賢之. 問其所讀書, 孔壁古文、毛鄭詩、子思、孟氏書, 亦子之先君子之所嗜好. 今子之心, 子之先君子之心也. 子之學, 亦子之先君子之學也. 吾衰老後死, 子之先君子, 今如復見, 良爲歎息."

첫 번째 글은 허목이 셋째 아우 허서(許舒)가 죽자 그를 위해 써 준 묘비문이다. 허서를 애도하면서 그의 셋째 아들인 허호(許翃)에게 『중용』과 『모시정전(毛詩鄭箋)』, 『고문상서』를 가르쳤다고 하였다. 자신의 조카에게 주희의 『시집전』이 아니라 『모시』와 『정전』을 가르쳤다는 것은 허목에게 『모시정전』이 어떤 의미가 있는지 알 수 있는 대목이다. 두 번째 글은 후학인 한균(韓均)에게 써주는 서문(序文)이다. 이 글에서 한균의 선친을 회상하면서 2대에 걸쳐 자신을 알아봐 준 것에 대해 감사의 마음을 전한다. 그리고 2대에 걸쳐 『고문상서』와 『모시』, 『정전』, 『중용』, 『맹자』를 공부한 것에 대해 칭찬을 아끼지 않는다. 이 역시 『시경』의 해석서로서 『모시정전』에 대한 허목의 중시를 알 수 있는 대목이다. 그리고 「시설」에서 『시집전』을 제외하고 한대 시사가(詩四家)에 대해 언급하고 있는 것도 허목의 『모시정전』에 대한 중시를 알 수 있는 부분이다. 그렇다면 허목은 과연 당시에 주희 「시집전」의 해석이 압도적으로 읽히던 상황에서 『모시』와 『정전』의 해석을 따름으로써 주자학적 경학 특징과 다른 길을 걸었을까?

이 문제를 살펴보기 위해 우선 모시설의 대표적인 해석 방향인 '미자설'을 살펴보자. 허목의 「경설」과 『기언』의 여타 시문에서 '미자설'에 대해 직접적으로 언급한 것은 찾아볼 수가 없다. 허목은 기본적으로 주희의 『시집전』의 주장을 따르고 『모시』의 '미자설'을 따르지 않은 것으로 보인다.

그는 세속에 물들지 않고 은거하면서 임금이 여러 번 불러도 그때마다 나아가지 않았다. 의가 아니면 하나도 남에게 주지 않았고 또 하나도 남에게서 취하지 않았으며 욕심 없이 의를 즐겼다. 또 산중에 은거하는 즐거움은 『시경』의 이른바 "은자의 집(考槃)이 시냇가에 있어 석인의 마음

이 넉넉하다"는 것이다.[21)]

상께서 즉위한 원년에 삼남과 함경도 지역에 큰 풍년이 들었고, 2년에도 사방에 큰 풍년이 드니 백성들이 부유하고 즐거워하였다. 「소아」에 「대전」 시가 있는데, 시인이 농부를 위한 가사를 지어서 그 윗사람을 송축하였다. 윗사람의 뜻이 이미 아랫사람에게 믿음을 받고, 아랫사람의 뜻이 또한 윗사람에게 순종하는 것이다. 「대전」 시를 배우고 나서 「강년」 8장을 지어 삼가 「칠월」, 「재삼」, 「양사」 시를 지은 뜻을 담아 성덕의 교화를 기술한다.[22)]

시는 위로는 삼강의 이치를 밝히고 아래로 오상의 이치에 이른다. 존망을 징험하고 득실을 변별하였다. 소인은 그것을 노래하여 풍속을 바쳤고 군자를 그것을 읊조려 뜻을 드러내었으며 성인은 그것을 채집하여 민정의 변화를 살폈다.[23)]

첫 번째 문장은 경술년(1670, 현종11)에 허목이 벗인 겸재(謙齋) 하홍도(河弘度)의 문하 제자들이 스승의 산속 별장인 모한재(慕寒齋)의 기문을 써달라고 요청하자 이에 부응하여 허목이 써 준 글이다. 여기서 허목은 하홍도의 은일의 인품을 묘사하면서 『시경』 「위풍(衛風)」 「고반」 편에 나오는 석인(碩人)에 비유하였다. 그런데 여기서 허목은 『모시』와 『정전』의 해석을 따르지 않고 주희의 해석을 따랐다. 『모

---

21) 『記言』 卷15, 「慕寒齋記」, "叟潔身隱居, 上累召累不至. 非其義也, 一介不以予人, 亦一介不以取諸人, 囂囂而樂義. 又其巖居之樂, 詩所謂考槃之寬者也."

22) 『記言』 卷54, 「康年詩 幷序」, "上卽位之元年, 三南東界大熟. 二年, 四方大熟, 黎民富樂. 小雅有大田之詩, 詩人爲農夫之詞, 以頌美其上. 上之意旣孚于下, 下之意亦順于上者也. 學大田, 作康年八章. 竊附于七月、載芟良耜之作以述聖德之化."

23) 『記言』 卷31 「經說」 「詩說」, "詩, 上明三綱, 下達五常. 徵存亡, 辨得失. 小人歌之以貢其俗, 君子賦之以見其志, 聖人採之以觀其變."

시정전』에서는 「고반」 편은 위나라 장공을 풍자한 시로 현자를 등용하지 않아 곤궁하게 살게 하자, 시인이 인군의 악을 잊지 않겠다고 맹세하는 뜻으로 풀이하였다. 반면 주희는 현자가 산골짜기에 은거하나 근심하는 뜻이 없으면서 유유자적한 즐거움을 잊지 않겠다고 맹세하는 내용으로 풀이하였다. 허목은 여기서 하홍도의 인품을 주희의 해석을 따라 유유자적한 즐거움을 누리는 은자에 비유하고 있다. 두 번째 문장은 임금이 즉위하고 난 다음 풍년에 든 것을 칭송하는 「강년」 시의 서문이다. 이 시는 『시경』 「소아」 「대전(大田)」 편을 모방하여 지은 시로 주희의 『시집전』을 참고하였다. 『모시』는 「대전」 편을 홀아비와 과부가 살아갈 방편을 마련해 주지 못한 유왕의 무능을 풍자한 것으로 본 반면, 주희는 시인이 농부를 대신하여 주나라 왕이 정사를 잘하여 농사가 풍년이 든 것을 칭송하는 시로 보았다. 허목은 『시경』에 대한 전문적인 저술이 없기 때문에 그의 『시경』과 관련된 언급이나 『시경』에 대한 논설을 통해 보면 대체적으로 그가 주희의 『시집전』의 해석을 기본적으로 따른 것으로 여겨진다. 세 번째 문장은 「경설」 20편 중 「시설」에 나오는 내용이다. 시의 특징을 설명하면서 시는 삼강오상의 이치를 분명하게 밝히고 있다고 하였다. 「모시서」에서도 "인륜을 두터이 한다"고 하여 인륜을 언급하지 않은 것은 아니나, 『모시』의 두드러진 특징은 정치 풍자 쪽에 있었다. 하지만 송대에 와서 본성에 천리가 내재한다는 형이상학적 사유가 정립되면서 윤리는 내재적 천리를 담은 강상윤리로 발전한다. 성리학의 핵심명제인 이일분수(理一分殊)는 개별적 리(理)를 초월하는 보편적 리인 태극(太極)과 개개의 사물에 내재해 있는 개별적 리인 성(性) 사이에 일치성이 있다고 보는 이론이다. 주희는 이것을 윤리영역에 적용하여 각 신분등급에는 각자가 지켜야 할 분수리가 있다고 보았는데, 이는 전통사회에서 등급제도를 강화시켰다. 윤리적 측면에서 사람들이 각자 자신이 처한 위치에서 삼강오상의 등급제도를 잘 지키면 사회는 질서가 잡힌다는 논리이다. 주희의 해석은 '수제치평(修齊治平)'의 『대학』의 도와 연결되어 주희의 사서집주의 체계를 이룬다. 이것이 바로 교화론이 된다고 할 수 있다.[24] 허목은 바로 주희의 이일분수에서 기원하는 윤리적 특징을 계승하여 『시경』을 교화론의 각도에서 해석하고 있으며, 『시경』의 전통적인 기능인 미자(美刺)와 교화(敎化)의 기능 중에서 교화의 기능에 중점을 두는 이론적 근거를 제시하고 있다. 하지만 허목은 삼강오상의 윤리적 이론틀을 제시하여 교화적 기능을 중시하면서도 양란 이후 무너진 사회질서를 회복하고자 하는 측면에서 정치교화의 측면도 중시한 것 같다. 이런 특징은 그가 육경의 기능을 풍자의 기능이라고 밝히는 것과 관찰사의 역할을 『모시』의 미자(美刺)의 측면인 진시설(陳詩說)[25]과 연결시켰다는 점에서도 두드러진 특징이다.

> 당우 이래로 주나라와 진나라의 교체기에 이르러 왕도가 없어지고 육경의 치도가 없어지자 편벽된 학설과 사벽한 행위가 함께 일어나 인심을 함몰시키고 대의를 어지럽혀 망국이 뒤따른 것을 기술하여 「석란」을 지었으니, 다음과 같다. … 『시』의 풍자, 『서』의 기록, 『예』의 절도, 『악』의

24) 周煥卿, 「從『詩集傳』看朱熹的理學思想」, 『寧波大學學報』, 第15卷 第1期, 2002, 29~31쪽.

25) 천자가 제후국을 순수하면서 채집된 시를 통해 민풍을 살폈다는 진시설은 민속 가요라는 측면에서 주희도 받아들여 음시설(淫詩說)의 토대로 삼기도 한다. 하지만 여기서는 정사의 득실에 관한 내용을 담은 풍으로 보아 논의를 진행한다.

조화, 『역』의 변화, 『춘추』의 의리는 성인의 대경(大經)이다.[26]

『주례』에 방백의 직임은 사방으로 가서 풍속을 순행하며 살폈다고 하였으니, 15국풍이 이것이다. 한 무제가 박사를 보내 천하를 순행하면서 행실이 뛰어난 사를 천거하게 하였으니, 사를 특별히 불러오는 것은 사자의 직임이다. 선제는 백성들의 폐막을 널리 찾고 덕택을 베풀며 뇌물죄를 적발하여 탄핵하라고 명하였다. 당 덕종은 출척사를 보내 천하를 순행하게 하였는데, 육지는 다섯 가지 방법으로 풍속을 살피도록 하였다. 첫째 민요를 들어서 백성들이 슬퍼하는지 즐거워하는지를 살피고, 둘째 물가를 조사해서 백성들이 좋아하고 싫어하는 것을 살피고, 셋째 부서를 따져서 그 쟁송을 살피고, 넷째 수레와 복장을 살펴서 검소함과 사치를 고르게 하고, 다섯째 작업을 관찰하여 그 취사를 살피는 것이었다. 방면의 책임을 맡게 되면 이것이 그 고사이니, 이것으로 대부가 떠나는 길에 선사하여 사자가 순행하며 풍속을 살피는 체요를 삼게 한다. 모두 400여 자이다.[27]

첫 번째 글은 허목이 자신의 문집인 『기언』을 만들면서 직접 지은 서문이다. 이 글에서 허목은 육경은 '다스림의 도[治道]'가 들어가 있는 책이며, 이 육경의 내용이 제대로 발휘가 되지 않자 세상은 어지러워졌다고 보고 있다. 그리고 육경의 한 부분으로써 시의 기능은

26) 『記言』 卷65, 「自序」, "逓唐虞以來, 至周、秦之際, 王道缺, 六經之治亡矣. 詖說邪行竝作, 陷人心亂大義, 亡國隨之, 作釋亂曰… 詩之風、書之記、禮之節、樂之和、易之化、春秋之義, 聖人之大經也."

27) 『記言』 卷47, 「湖西觀察使贈行序」, "周官方伯之職, 適四方巡行風俗, 國風十五是也. 漢武帝遣博士, 循行天下, 擧獨行之士. 士有特招使者之任也. 宣帝命敷求人瘼, 宣布德澤, 收擧贓罪. 唐德宗遣黜陟使, 行天下. 陸贄以五術察風俗: 一聽民謠, 審其哀樂. 二納市賈, 觀其好惡. 三訊簿書, 考其爭訟. 四覽車服, 等其儉奢. 五省作業, 察其趣捨, 任方面之責. 此其古事. 以此贈大夫之行, 以爲使者巡行風俗體要."

풍자에 있다고 했다. 두 번째 글은 숙종 2년(1676)에 승정원 승지(承政院承旨)로 있던 이명익(李溟翼)이 호서(지금의 충청도) 관찰사로 갈 때 써준 서문(序文)이다. 여기서 허목은 관찰사를 옛날의 방백(方伯)에 대한 직책이라고 하면서, 방백이라는 말을 『주례』에서 가져와 설명하고 있다. 또 방백의 역할은 사방의 풍속을 살피는 것이라고 하면서 『시경』 국풍의 내용과 연결시키며, 역대 방백의 역사를 구체적으로 서술하고 있다. 여기서 주목할 점은 허목이 『시경』 국풍의 내용은 곧 백성들의 풍속과 실정이 들어가 있으므로 천자가 정치의 득실을 살피는 데 있어 중요한 근거가 된다는 것이다. 이것은 『예기』 「왕제」편의 '진시설(陳詩說)'에 근거한다. 『예기』 「왕제」 편에서는 "태사에게 해당 지역의 민요와 시를 채록해 오게 하여 백성들의 풍속을 관찰하고, 시장을 관리하는 관원에게 물가를 아뢰게 하여 백성들의 호오를 살핀다[命大師陳詩, 以觀民風. 命市納賈, 以觀民之所好惡]"라고 하였다. 왕이 사방을 순수할 때 각 지역의 제후를 불러서 민요와 시를 진술하게 했다. 그러면 왕은 시를 듣고는 자신의 정사가 잘 다스려졌는지 그렇지 않은지 파악하였던 것이다. '진시설(陳詩說)'은 바로 이 글에서 말하는 방백이 시를 통해서 지방의 풍속을 살피는 것과 같은 맥락이라고 할 수 있다. 주희는 시가 정치보다 감흥을 읊었다고 보았다. 시인이 정치적 목적으로 풍자한 것이 아니라 주로 개인적 감정을 읊은 노래라고 보았다. 그에 비해 『모전』이나 『정전』은 시서(詩序)에서 교화와 풍자의 기능을 둘 다 언급하긴 하지만, 주로 풍자의 기능을 중시했다. 허목이 주희 『시집전』의 교화적 기능을 위한 이론적 틀과 역할을 마련하기는 하였지만, 양란 이후 17세기의 사회적 기능을 다시 회복하는 것이 시급한 상황에서 교화의 기능만으로 한계가 있다는 것을 절감하고는 『모시』의 옛 제도로써 풍자의 기능도 필요하다고 인식했다고 여겨진다. 이는 허목이 거의 평생 관직에 오르지 않는 대신 각 지방을 돌아다니면서 민정을 목도한 결과가 아닐까 여겨지며, 17세기 현실 문제를 대하는 한 지식인의 실천적 자세가 시경학과 접목되면서 생긴 결과라고 여겨진다.

이러한 허목의 『모전』과 『정전』 및 주희의 『시집전』에 대한 절충적 성격은 17세기의 경학적 흐름의 측면에서도 이야기할 수 있다. 조선의 시경학이 16세기를 거치며 퇴계와 율곡은 주자학을 뿌리내리기 위해 노력하였으며, 이 결과 주자학의 교육적인 측면으로 확립되었다고 할 수 있다. 17세기에 오면 학자들이 주자학의 경학해석에도 한계가 있다고 판단하고 『모시정의(毛詩正義)』에서 한대의 『시경』 해석인 『모시』와 정현의 해석을 참고하여 주자의 한계를 극복하고자 하였다. 이런 학문적 전환의 분위기가 여러 학자들의 경학해석에서 감지되는데 허목은 이런 과도기의 선구에 해당한다고 할 수 있다. 따라서 허목은 16세기의 연장선상에서 『시집전』의 경학특징을 그대로 계승하면서도 현실적 문제의 해결을 위해 경학의 새로운 시도를 실행한 학자로 자리매김할 수 있을 것이다.

5. 결론

미수 허목이 살았던 17세기는 새로운 질서의 구축이 절실한 시기였다. 임진왜란과 병자호란을 거친 후 백성들의 경제생활이 피폐해졌고, 사회질서도 혼란스러웠다. 사상사의 측면에서는 조선초기부터 뿌리를 내린 성리학이 16세기에 조선성리학이라는 형이상학적 틀을 갖추었다고 할 수 있다. 이후 17세기에는 이런 이론적 기초에 기반하여 정치적 현안을 각 학파의 이론에 근거하여 현실적 문제에 적용하는 붕당정치의 단계라고 할 수 있다. 한편 사회적으로는 임진왜란과 병자호란을 거치며 사회 전반적으로 피폐해진 현실의 문제를 극복하는 데 있어 성리학이 제대로 역할을 수행하지 못하자, 주자학의 논리를 더욱 발전시켜 현실문제를 해결하고자 하는 서인학자들과 이에 반대하면서 나름의 이론으로 사회문제를 풀려고 하는 남인학자들 사이의 논쟁과 대립이 격화된 시기였다. 이런 역사적 배경 속에서 예송논쟁의 한 축을 담당했던 사람이 허목이다.

그는 육경을 하나의 정합적인 체계로 보고 당시 조선의 문제를 이 육경에서 풀어나가려고 하였다. 허목은 도학-주자학의 범위를 크게 벗어나지 않으면서 한대 이전까지의 공자 유학의 원의를 찾으려고 노력하였다. 따라서 『시경』도 기본적으로 주희의 『시집전』을 따르되 『모시』의 풍자의 기능에 주목하여 당시 치도(治道)의 회복을 꾀하였다. 한편 본성과 감정에 있어서는 주희의 성정론을 그대로 받아들여 내성외왕의 성리학적 체계를 계승하려고 하였다.

허목의 『모전』과 『정전』 및 주희의 『시집전』에 대한 절충적 성격은 17세기의 경학적 흐름의 측면에서도 이야기할 수 있다. 조선의 시경학이 16세기를 거치며 퇴계와 율곡은 주자학을 뿌리내리기 위해 노력하였으며, 이 결과 주자학의 교육적인 측면으로 확립되었다고 할 수 있다. 17세기에 오면 학자들이 주자학의 경학해석에도 한계가 있다고 판단하고 『모시정의』에서 한대의 『시경』 해석인 『모시』와 정현의 해석을 참고하여 주자의 한계를 극복하고자 하였다. 이런 학문적 전환의 분위기가 여러 학자들의 경학해석에서 감지되는데 허목은 이런 과도기의 선구에 해당한다고 할 수 있다. 따라서 허목은 16세기의 연장선상에서 『시집전』의 경학특징을 그대로 계승하면서도 현실적 문제의 해결을 위해 경학의 새로운 시도를 실행한 학자로 자리매김할 수 있을 것이다.

또 문화다원론적 시각에서는 주희의 『시집전』이 여전히 주도적 역할을 수행하고 있는 17세기에 모시와의 절충, 현실문제의 해결을 위한 모색, 자기의 견해를 주장하는 방식으로 고학을 강조한 점 등은 주희와 차별화된다는 점에서 문화다원론적 특징을 띈다고 할 수 있다. ◈

참고문헌

원전류:

許穆, 『記言』, 한국고전종합DB.

毛亨 傳, 鄭玄 箋/孔祥軍 點校, 『毛詩傳箋』, 中華書局, 2018.

朱熹 著, 성백효 역, 『懸吐完譯 詩經集傳』, 전통문화연구회, 2019.

단행본류:

김흥규, 『朝鮮後期의 詩經論과 詩意識』, 고려대학교 민족문화연구소, 1982.

심경호, 『조선시대 漢文學과 詩經論』, 一志社, 1999.

정경주, 『眉叟經說批解』, 世宗出版社, 2000.

孔祥軍 點校, 『毛詩傳箋』, 中華書局, 2018.

程俊英, 蔣見元 著, 『詩經注析』, 中華書局, 1999.

논문류:

강지은, 「韓日 儒學史에 나타난 '古學'의 차이 -오규소라이・이토진사이・허목・조익의 예를 중심으로-」, 『大東漢文學』 61, 2019.

姜澤求, 「朱熹 詩論에 있어서의 性情의 문제」, 『중국학논총』 19, 2005.

금장태, 「미수(眉叟)의 「악설」(樂說) 5편과 "악"의 이해」, 『人文論叢』 58, 서울대학교 인문학연구원, 2007.

김명환, 「西溪 朴世堂의 『詩經思辨錄』 硏究」, 한국학중앙연구원 박사학위논문, 2015.

김수경, 「朝鮮時代 詩經學 속의 朱熹 詩經學 -수용과 재해석 양상을 중심으로-」, 『漢文古典硏究』 27, 2013.

김흥규, 「西溪 朴世堂의 詩經論 -朝鮮後期 詩經論의 전개에 있어 「詩經思辨錄」의 위치-」, 『한국학보』, 1980.

유영희, 「탈성리학의 변주 -미수 허목과 백호 윤휴를 중심으로」, 『민족문화연구』 33, 2000.

윤성훈, 「미수(眉叟) 허목(許穆) 고문(古文) 서예 연구」, 서울대학교 대학원 미학과 박사학위논문, 2019.

李東麟, 「許穆의 春秋災異論에 나타난 '漢學的' 경향」, 『韓國史論』 49, 2003.

이은호, 「미수 허목의 상서관 -난(亂)에서 치(治)로의 지향-」, 『儒學硏究』 47,

2019.
이재호, 「미수 허목의 성리학적 수양론 이해」, 『退溪學報』 131, 2012.
정경주, 「眉叟 許穆의 學問觀과 六經學의 의미 -미수 허목의 학문관과 육경학의 의미」, 『문창어문논집』 37, 2000.
최석기, 「조선 중기 시경학 -17세기 시경학을 중심으로-」, 『韓國漢詩研究』 6, 1998.
劉娟, 「理學化經學視域下的『詩集傳・二南』闡釋」, 『中州學刊』 9, 2016.
周煥卿, 「從『詩集傳』看朱熹的理學思想」, 『寧波大學學報』, 第15卷 第1期, 2002.
張眞眞, 「『毛詩序』和『詩集傳』對詩旨理解的不同」, 『大慶師範學院學報』 35, 2015.
秦蓁, 「從理性的『詩經』學到理學的『詩經』學 -以歐陽修『詩本義』與朱熹『詩集傳』爲中心」, 『廣西社會科學』 251, 2016.

송시열 춘추관 연구

이 해 임

1. 들어가는 글
2. 송시열의 정몽주 춘추관 평가
3. 송시열의 존주(尊周)와 대일통(大一統)
4. 송시열의 북벌론 : 민생 우선과 신의 확립
5. 마치는 글

* 이 글은 『태동고전연구』 제48집(한림대학교 태동고전연구소, 2022.06)에 게재한 동명의 논문을 본 저서의 간행 취지에 맞춰 일부 수정한 것이다.

1. 들어가는 글

송시열 춘추관은 『공양전』의 대일통(大一統)을 중심으로 종족, 지역, 문화라는 측면에서 기자 동래로부터 송시열 당대까지 조선이 중화를 이룩한 국가임을 천명하는 것이다. 예컨대 기자로부터 동방에 유입된 유학은 종족적 측면과 함께 사상적 측면에서 조선이 중화를 표방하는 데 주요한 근거로 작용한다. 아울러 송시열 북벌론은 명의 원수이자 조선에 치욕을 안긴 청을 중국에서 몰아내는 데 정당한 명분을 제시하려는 것이다. 이 춘추관은 정몽주로부터 유래하는 것으로, 조선 성리학의 집대성자로서 자신의 입지를 굳히는 데에 주요한 요소로 작용한다.[1]

송시열이 정몽주 춘추관을 주목한 까닭은 이이조차도 『춘추』에 대한 인용이 많지 않을 뿐만 아니라 그 이해 정도도 '선악포폄(善惡褒貶)' 또는 '삼대 정치' 정도에 그치기 때문이다. 이는 일반적 수준에 머무는 것이다. 춘추대의 용례 또한 글의 의미나 핵심 정도로 가치 평가의 의미가 없다. 게다가 군신의리(君臣義理), 춘추의리(春秋義理), 자연 이치와 같이 특정한 가치에 연계될 때도 서로 간여하거나 위계를 형성하지 않는다.[2] 반면 송시열은 춘추대의에 대해 보통 명사적 용법을 축소하고 존주의리(尊周義理), 대명의리(對明義理), 복수설치(復讐雪恥)로 고정한다.[3] 아울러 송시열 춘추대의는 공자 이래 주자, 그리고 고

---

1) 『宋子大全』, 卷19, 「論大義仍陳尹拯事疏」, "東人得聞皇極之道, 及至麗末. 鄭夢周出而用夏變夷, 大義昭揭. 至我太祖大王, 益倡尊周之義."

2) 『栗谷全書』, 卷27, 「擊蒙要訣」, 讀書章第四; 卷35, 附錄3, 「行狀」.

3) 이경구, 「'학(學)'에서 '주의(主義)'로 –이이와 송시열의 경서 이해」, 『태동고전연구』 40, 2018, 67~74쪽.

려말 정몽주를 거쳐 자신에게 이어지는 도통 의식을 내포하고 있다.

또한 이이조차도 춘추관에 대한 명확한 의식이 없었다는 점을 상고해보면 송시열 춘추대의는 역사적 차원뿐만 아니라 학술적 차원에서 본인의 특징을 드러내는 데 주요한 요소임을 짐작할 수 있다. 송시열은 당시 내우외환의 위기의식을 가지고 있었다. 예컨대 조선은 밖으로 청에 대한 굴욕을 씻어내어야 한다는 북벌의 기조가 강하게 흐르고 있었다. 이는 비단 노론뿐만 아니라 그들과 감정이 좋지 않았던 윤휴조차도 북벌을 강하게 주장했던 데서 충분히 추정할 수 있다. 아울러 이황과 이이 이래 주자학 탐구가 그 깊이와 넓이를 더하고 있었지만, 외환 이후 주자학의 한계와 문제점을 지적하는 목소리가 높아지고 있었다. 이로 인해서 송시열은 본인뿐만 아니라 제자들에게 주자학을 좀 더 정확하고 엄밀하게 이해하여 그 성과를 남기길 독려했다. 따라서 송시열은 춘추관을 정립함으로써 안팎의 위기를 극복하는 데 십분 활용한 것이다.

이로써 보건대 송시열은 청이라는 오랑캐와 대결해야 할 뿐 아니라 반주자학이라는 이단과도 맞서야 하는 상황에 직면한 것이다. 더욱이 반주자학자들 또한 오랑캐와 맞서는 데 주저하지 않는다. 심지어 반주자학의 대표 인물인 윤휴의 북벌에 대한 의지는 송시열과 비교해도 뒤지지 않았다. 이런 상황에서 송시열이 『공양전』의 대일통에 주목하는 것은 자연스러운 일이라고 할 수 있다. 우선 대일통은 존주의리를 표방하고 있으며, 이는 마치 공자가 어떤 곳이든 자기를 등용하면 그 나라를 주나라로 만들 수 있다고 역설했던 것처럼, 송시열 또한 조선을 주나라로 만들 수 있다는 명분을 제공하는 것이다. 또 이 명분은 송시열 한 사람의 자기암시가 아니라 공자로부터 주자로 이어져 내려오던 것이 정몽주를 통해 본인한테까지 이어진 도통 의식으로 승화되는 것이다.

또한 송시열의 시각에서 볼 때, 기자 동래 이래로 조선은 종족의 측면에서도 중국과 친연성을 가지게 되었다. 이로 인해서 송시열은 명과 조선을 한 몸으로, 또 두 나라를 욕보인 청을 복수의 대상으로 생각하게 되는 것이다. 다만 복수설치는 대일통의 일환이자 인의를 토대로 한 응징이어야 한다. 자칫 복수설치가 힘의 논리에 빠지게 되면 이는 『공양전』의 전쟁론과 맞지 않는다. 『공양전』에서 전쟁은 복수를 위한 경우와 함께 예악을 분통에 빠트린 이적에 대해 허용된다. 이는 복수설치가 인의의 왕도를 실현하기 위한 수단임을 보여주는 것이다. 왕도는 백성을 근본으로 삼는 것이다. 이 때문에 전쟁은 백성들의 삶을 도탄에 빠트리지 말아야만 그 정당성을 확보할 수 있다.

이상의 논의를 토대로, 본고는 송시열 춘추관이 『공양전』 대일통의 의리를 어떤 형태로 계승하는지에 대해 밝힐 것이다. 예컨대 사상사적 측면에서 공자로부터 주자로 이어진 도통 의식이 정몽주로부터 송시열 본인에게까지 이어지는 과정을 탐색할 것이다. 아울러 송시열 북벌론이 『공양전』 대일통과 부합하는지를 살피고, 또 당대 효종이나 윤휴의 북벌론이 송시열과 어떤 차이가 있는지에 대해 고찰할 것이다. 이로부터 문화다원론적 관점에서 당대의 다른 학자들과 구별되는 송시열의 역사 인식과 함께 사상사적 의의를 밝히고자 한다.

2. 송시열의 정몽주 춘추관 평가

1) 조선 도학의 원류로서 정몽주

송시열은 '기자 동래설과 함께 정몽주가 이 도학을 계승했다'라고 주장한다. 다만 기자가 도학을 전한 이래로 조선에 이르기까지 그 명맥이 제대로 이어지지 않았다.

> 동방으로 도학이 전해짐은 은나라 태사 기자로부터 시작되었다. 후대에 계승되지 못해서 도학이 가려진 지 얼마나 되었던가? 그 사이 정몽주 선생님이 나타나 조금씩 원류를 열었다.[4]

도학의 전래는 정몽주가 나타난 이후에야 비로소 조금씩 다시 이루어지게 되었다. 이는 한반도서 기자 이래 중국과 종족적 친연성을 가질 뿐 아니라 사상적 측면에서도 중국의 유학을 기저에 깔고 있음을 보여주는 대목이다. 아울러 이 주장은 유학이 조선의 사상적 기반으로 다시 융기하는 데에 정몽주가 마중물 역할을 한 것임을 보여준다.

고려말 정몽주는 유가의 풍교(風教)를 살리고자 했다. 고려는 삼국의 혼란스런 전쟁을 그쳤고, 이로 인해서 500년을 지속하며 사람들은 비교적 평온한 삶을 살아왔다.

---

4) 『宋子大全』, 卷151, 「祝文 -熙川象賢書院奉安寒暄堂, 靜菴二先生文」, "東偏道學, 肇自殷師. 後罔承迪, 晦盲幾時. 間有圃翁, 稍啓源流."

우옹이 시를 읊조리길 좋아함이 아니다. / 고려가 500년을 지속함은 삼국의 혼란스러운 전쟁을 그쳤기 때문이다. / 모든 백성이 한가로이 농사를 짓고 살아가는데 / 유가의 풍교는 잠깐 있다가 없어졌다. / 불교의 윤회를 믿어 의심하지 않았는데 / 일대종맹은 포은 선생님께 전해졌다. / 우옹이 시를 읊조리길 좋아함이 아니다.[5)]

다만 당시 사람들은 유가의 풍습을 따르지 않고 불교의 윤회설에 빠져있었다. 유가의 풍교는 자연스레 자취를 감추게 되었다. 이런 상황에서 정몽주가 유가의 명맥을 잇게 된다. 송시열은 일대종맹(一代宗盟)이란 표현으로 정몽주를 치켜세운다. 여기서 일대종맹은 기자 이래로 끊어졌던 유가의 학풍이 정몽주를 필두로 다시 일어났음을 의미하는 것이다.[6)] 따라서 정몽주는 조선 유가의 비조로 올라서는 것이다.[7)]

---

5) 『宋子大全』, 卷4, 「次康節首尾吟韻」, "尤翁非是愛吟詩, 終始高麗五百時, 三國混來爭戰已, 萬民休處鑿耕爲, 儒家風教乍還廢, 釋氏輪廻信不疑, 一代宗盟輪圃老, 尤翁非是愛吟詩."

6) 조창규, 「우암 송시열을 통해 살펴본 포은 정몽주의 지성사적 위치」, 『포은학연구』 17, 2016, 66~67쪽 참조. 조창규는 "일대종맹"이라는 표현에 주목한다. 우선 사전적 의미에서 종맹이 천자와 제후의 맹약이나 회맹을 나타낸다고 풀이한다. 그러면서 문맥상 일대종맹은 종주나 맹주의 의미로 보아야 한다고 주장한다.

이 주장은 일견 타당하다. 다만 기자로부터 유학이 한반도에 전해지고, 이후 도통이 끊어졌다가 정몽주가 나타남으로써 유학이 다시 융성하게 되었다는 점으로 미루어보면 일대종맹은 종주나 맹주라기보다 주와 노의 관계처럼 원명대 끊어진 주자학의 학풍이 여말선초 정몽주로 인해 이어졌음을 나타내는 도통의 표현이라고 보아야 한다.

7) 『고봉전서』, 「논사록하권」, "以東方學問相傳之次言之, 則以夢周爲東方理學之祖, 吉再學於夢周, 金淑滋學於吉再, 金宗直學於淑滋, 金宏弼學於宗直, 趙光祖學於宏弼, 自有源流也."; 『퇴계집』, 권39, 「답정도가문목」, "南冥曹先生嘗以鄭圃隱出處爲疑, 鄙意

여기서 한 걸음 더 나아가 송시열은 명대(明代) 학자 가운데도 정몽주와 비견할 만큼 정주학을 잇는 사람이 없었다고 강조한다.

> 또 주자 이후 중국 도학이 사분오열되어 왕수인과 진헌장 무리가 황당하고 괴이한 주장을 내세워 천하를 뒤집어놓음으로써 공자와 정주의 종맥이 어두워져서 전해지지 못하게 되었다. 이는 홍수와 맹수의 재화보다 독하다. 오직 우리 동방의 유자만이 가리길 정밀하게 하고 지키길 오로지 하여 지금까지 여러 학파로 나뉘어 미혹됨이 없는 데에 이르렀다. 이는 비록 후대 현자들의 공로이지만, 그 근원을 좇아서 가보면 선생님을 제외하고 누가 있겠는가?[8]

鄭圃隱一死頗可笑, 爲恭愍朝大臣三十年, 於不可則止之道, 已爲可愧, 又事辛禑父子, 謂以辛爲王出歟, 則他日放出, 己亦預焉, 何也? 十年服事, 一朝放殺, 是可乎? 如非王出, 則呂政之立, 嬴氏已亡, 而乃尙無恙, 又從而食其祿, 如是而有後日之死, 深所未曉. 程子曰, 人當於有過中求無過, 不當於無過中求有過, 以圃隱之精忠大節, 可謂經緯天地, 棟梁宇宙, 而世之好議論, 喜攻發, 不樂成人之美者, 嘵嘵不已, 滉每欲掩耳而不聞, 不意君亦有此病也."

정몽주는 여말부터 송시열에 이르기까지 조선 성리학의 비조라고 평가받는다. 다만 이 평가는 퇴계학파와 율곡학파 사이에 다소 차이를 보이는 듯했다. 예컨대 중종대 정몽주의 문묘종사는 그를 충신에서 성현의 반열로 올렸다. 다만 이는 끊임없는 논란을 일으킨다. 이 논란을 잠재운 사람이 바로 이황이다. 명종대 이황이 정자의 말을 빌려 정몽주의 출처를 밝힘으로써, 이를 둘러싼 논란은 해소된다.

조선조 정몽주 평가 양상은 김보정, 「선조·광해군대 정몽주 인식 –윤두수의 『成仁錄』과 오운의 『동사찬요』를 중심으로-」, 『한국민족문화』 61, 2016. 11, 363~395쪽 참조 ; 조선조로부터 현대에 이르기까지 정몽주의 신화화와 역사적 소비 관련 내용은 김인호, 「정몽주의 신화화와 역사소비」, 『역사와 현실』 111, 2019.03, 17~44쪽 참조.

8) 『宋子大全』, 卷154, 「圃隱鄭先生神道碑銘 -幷序」, "且夫自朱子以後, 中朝之道學, 分裂岐貳, 陽明、白沙之徒, 以荒唐隱僻之說, 思有以易天下, 而洙泗洛閩之宗脈, 晦塞而不傳. 此其害甚於洪水猛獸之禍矣. 獨我東土, 擇之也精, 守之也專, 訖無支分派別之惑. 此

주자 이후 원대에 주자학이 흥기하는 듯했다. 예컨대 허형은 관직 생활을 이어나가며 좨주의 자리까지 올랐을 뿐만 아니라 제자들에게 주자의 책을 가르쳤다. 다만 그 내용이 주자학에 대해 엄밀하게 탐구하기보다 실용성에 중점을 둠으로써 오히려 당대 사람들에게 육학(陸學)에 경도된 듯하다는 의심을 받는 지경에 이르게 된다.[9] 심지어 한족이 세운 명나라가 주자학을 관학으로 표방했음에도 불구하고, 주자학은 그 깊이를 더하지 못했을 뿐만 아니라 오히려 진헌장(陳獻章)과 왕수인(王守仁)이 득세하여 주자학은 그 힘을 잃게 되었다. 이와 비교해보면, 정몽주는 중국의 유학자들보다 주자학을 존숭하였을 뿐만 아니라 정몽주와 송시열 사이, 즉 원대와 청대라는 시점을 두고도 조선에서 주자학이 깊이 뿌리박는 데 큰 역할을 했다. 이로 인해서 송시열은 공자와 정주의 종맥이 동방으로 이어지는 데 그 근원을 정몽주에게 돌린다. 이는 기자 이래 종족, 지역, 문화의 측면에서 춘추의리가 조선에서 꽃피우는 데 정몽주가 일등 공신임을 주장하는 것이다.

2) 정몽주의 춘추대의

정몽주는 춘추대의에 대해 중화와 이적, 정통과 이단의 구도로 구별하는 것을 우선한다고 주장한다.

> 문충공 정몽주는 우선 대의를 세웠다. 이는 이적과 중화, 정통과 이단의

雖後先生而賢者之功, 而至若尋源泝本, 則捨先生其誰哉?"

9) 이해임, 「허형과 정몽주의 화이관 연구」, 『태동고전연구』 46, 2021, 22~24쪽.

차이를 분별하는 것으로, 오랑캐 원을 저버리고 참된 황제를 섬김이다.10)

여기서 송시열은 정몽주의 춘추대의를 화이관과 연결한다. 예컨대 공민왕이 암살당하고 우왕이 즉위하면서, 고려 공신들은 원과 명 가운데 어느 쪽을 선택할 것인지에 대해 갈등을 일으키고 있었다. 우왕 시절 이인임이 권력을 거머쥐고 친원 정책을 추진하였다. 심지어 이인임은 북원의 사신을 맞이하여 명을 배반하려고 도모했다.11) 이때, 정몽주는 이인임의 친원배명(親元排明) 정책에 반대하다가 유배를 당했다. 이는 정몽주의 화이관이 종족의 측면에서 명을 선택한 것임을 보여준다.12)

또 송시열은 정몽주의 춘추대의에 대해 황극의 도로 설명할 뿐 아니라, 이로부터 조선의 존주의리가 창대해졌다고 주장한다. 아울러 그는 주례가 노나라에 존속되었던 것처럼 존주의리가 조선에 주자학 존숭으로 이어졌다고 설명한다.

우리가 황극의 도를 들음은 여말에 이르러서다. 정몽주가 나와 중화를 이용하여 이적을 변화시키는[用夏變夷] 춘추대의가 밝게 드러났다. 우리 태조대왕에 이르러 더욱 존주의 의리가 창대해졌다.13)

---

10) 『송자대전』, 권16, 「進修堂奏箚 -辛酉正月三日」, "文忠公鄭夢周首建大義, 辨夷夏陰陽之分, 背胡元而事眞主."

11) 조창규, 「우암 송시열을 통해 살펴본 포은 정몽주의 지성사적 위치」, 『포은학연구』 17, 2016, 75쪽.

12) 『송자대전』, 권5, 「기축봉사」, "況光海無道, 使弘立, 景瑞全軍投虜, 使天下謂我淪胥爲夷, 我大行大王揭義反正, 痛洗垢蠖, 昭如日星, 則一國臣民, 永有辭於天下後世矣." 송시열 또한 종족의 측면에서 화이관을 제시한다. 송시열은 광해군이 후금과 명 사이서 실리적 외교 노선을 추구하는 것도 모자라서 명을 저버리는 것에 대해 상당히 비판한다.

내가 듣기로, 중국 사람들은 모두 육학을 종주로 삼는다고 한다. 그런데 우리는 오직 주자학을 종주로 삼으니, "주례가 노나라에 있다"라고 한 것과 같다.[14]

정몽주는 황극에 대해 '기자는 명이(明夷)의 이치를 본받아 만세에 황극의 가르침을 남겼다'[15]라고 주장한다. 여기서 명이는 64괘 가운데 하나로, 어리석은 군주가 명철한 사람을 해치는 모습이다. 예컨대 명이괘 육오에서 "기자가 스스로 자신의 밝음을 감추는 것이니, 정한 것이 이롭다"라고 했다. 이는 기자가 은나라 주왕(紂王)의 신하이자 동성(同姓)의 친척으로, 주왕의 폭정에서 벗어나고자 미친 체하여 노예가 되어 화를 면한 일화를 나타낸다. 아울러 이 일화는 기자가 조선으로 건너와 황극의 가르침이 전해졌음을 보여주는 것이다. 황극은 홍범구주의 다섯 번째인 '제왕이 천하를 다스리는 큰 표준'이다.[16] 여기서 정몽주가 황극의 도를 언급한다. 이는 여러 면

---

13) 『宋子大全』, 卷19, 「論大義仍陳尹拯事疏」, "東人得聞皇極之道, 及至麗末. 鄭夢周出而用夏變夷, 大義昭揭. 至我太祖大王, 益倡尊周之義."

14) 『宋子大全』, 卷131, 「雜著」, "竊聞中州人皆宗陸學, 而我東獨宗朱子之學, 可謂周禮在魯矣."

15) 『圃隱集』, 卷2, 「遁村卷子詩」, "箕子以明夷, 萬世訓皇極, 重耳嘗險阻, 諸侯宗晉國, 乃知古之人, 處困斯有益."

16) 『주희집』, 「황극변」, "自孔氏傳訓皇極爲大中, 而諸儒皆祖其說. 余獨嘗以經之文義語脉求之, 而有以知其必不然也. 蓋皇者, 君之稱也. 極者, 至極之義, 標準之名, 常在物之中央, 而四外望之以取正焉者也. 故以極爲在中之準的則可, 而便訓極爲中則不可."; 『육상산전집』, 권23, "荊門軍上元設廳講義. 皇大也. 極中也. 洪範九疇五居其中, 故謂之極. 是極之大, 充塞宇宙. 天地以此而位, 萬物以此而育. 古先聖王皇建其極, 故能參天地贊化育."

주희는 육구연과 황극 논쟁을 벌인다. 요지는 황극을 임금의 표준으로 볼 것이냐 아니면 임금의 마음으로 볼 것이냐에 있다. 주희가 황극을 임금의 표

에서 시사하는 점이 크다. 우선 황극의 도는 춘추대의를 정통과 이단을 구별해주는 준거가 된다. 예컨대 주자학이 정통이라면 육학은 이단이 된다. 그리고 송시열은 고려말부터 조선에 이르기까지 주자학을 종주로 삼은 것은 주례가 노나라에 있는 것과 같다고 주장한다. 이는 정몽주로부터 송시열에 이르기까지 도통(道統)이 성립될 뿐 아니라, 지역의 측면에서 중국이 아니라 조선이 중화로 자리매김하는 기반을 다지는 것이다.

3. 송시열의 존주(尊周)와 대일통(大一統)

1) 존주의 의미 : 주와 노의 관계로부터 명과 조선의 관계 상고

『춘추』는 존주의리를 핵심으로 삼는다. 그런데 『춘추』는 정작 노

준으로 본다면, 육구연은 이를 군주의 마음으로 규정한다. 이 논쟁에 대한 자세한 사항은 『주희집』, 「72-5(황극변)」 및 『육상산전집』, 권23에서 확인할 수 있다. 여기서 주목할 점은 정몽주가 조선에 전한 황극의 도가 춘추대의의 문명과 이적뿐만 아니라 정통과 이단을 가르는 기준으로 사용되었다는 사실이다. 이는 춘추대의를 학문적 차원에서 보면 주자학-문명과 육학-이적이라는 구도를 만든다. 아울러 이 구도는 춘추대의는 도통론을 정립하는 데도 그 근거로 활용될 수 있음을 보여준다.

주희와 육구연의 태극논변에 대한 대강은 조남호, 「주희의 太極 皇極論 연구 -陸九淵, 葉適과 비교를 통해서-」, 『시대와 철학』 18-1, 2007, 151~157쪽 참조.

나라 은공으로부터 시작한다. 이것이 존주의리와 상충하는 것은 아닌지를 묻고, 이에 대한 대답으로부터 공자가 말하는 존주의리의 의미를 밝히고 있다.

> 물었다. "그렇다면 『춘추』는 왜 노나라 은공에서 시작하는가?" 대답했다. "주나라 평왕은 동주의 시왕이고 은공은 나라를 사양한 현군이다. 그 시기를 고찰해보면 평왕과 은공은 가깝고, 그 지위로 말하면 열국이고, 그 시조를 따져보면 주공의 은덕을 물려받은 후손이다. 만약 평왕이 하늘에 국명이 영원하길 빌고 선왕의 뒤를 이어 중흥을 열고 은공이 조상의 공업을 널리 선양하여 주나라 왕실을 영광스럽게 한다면 서주의 훌륭함을 찾을 수 있고 문왕과 무왕의 자취를 무너뜨리지 않을 수 있다. 이 때문에 그 역수를 근거로 그 행사를 부기하고 주공의 옛 법도를 모아서 왕도의 대의를 만들어 후대의 모범을 드리웠다. 『춘추』에서 쓴 왕은 평왕이고, 사용한 역은 주정이고, 지칭한 공은 노나라 은공이니, 어찌 공자가 주나라를 내치고 노나라를 왕으로 삼을 수 있겠는가? 공자가 말했다. '만약 나를 등용하는 사람이 있다면 나는 동방에 주나라의 도를 이룰 것이다.' 이것이 공자가 주나라를 존숭했다는 뜻이다."[17]

주나라 평왕은 서주가 멸망하고 낙읍으로 도읍을 옮겨 진나라, 정나라 등의 보좌를 받아 동주를 세운다. 이 시기가 노나라 은공과 겹치기도 하고, 또 노나라는 지위상 주나라의 열국이다. 그리고 노나

---

17) 『春秋左傳序』, 曰 "然則, 春秋何始於魯隱公?" 答曰 "周平王, 東周之始王也. 隱公讓國之賢君也. 考乎其時則相接, 言乎其位則列國 本乎其始則周公之祚胤也. 若平王能祈天永命, 紹開中興, 隱公能弘宣祖業, 光啓王室, 則西周之美可尋, 文武之迹不墜. 是故因其歷數, 附其行事, 采周之舊以會成王義, 垂法將來. 所書之王, 卽平王也, 所用之歷, 卽周正也, 所稱之公, 卽魯隱也, 安在其黜周而王魯乎?" 子曰 "如有用我者, 吾其爲東周乎!" 此其義也.

라는 주공의 은덕을 물려받은 후손이다. 무엇보다도 공자는 『춘추』에서 평왕을 왕이라고 쓰고, 주정을 역으로 사용하고, 노나라 은공을 공이라고 칭했다. 이로써 보건대 공자는 주나라를 내치고 노나라를 왕으로 삼으려고 한 의도가 전혀 없다. 아울러 공자는 '만약 나를 등용하는 사람이 있다면 나는 동방에 주나라의 도를 이룰 것이다'라고 주장한다. 이는 주나라의 문화, 문왕과 무왕의 자취를 실현할 수 있는 사람이 공자 본인임을 천명하는 것이다. 또 지역, 종족, 문화의 측면에서 중화와 다른 여건을 가지고 있는 나라라고 하더라도 문명의 담지자인 공자 본인이 정치를 주도하면 그곳은 문명국으로 변화할 수 있음을 자부하는 것이다.

송시열 또한 춘추대의 가운데 으뜸은 존주의리라고 주장한다. 그러면서 그는 주자가 효종을 만나서 금나라 토벌을 우선으로 삼은 것에 대해 설명한다.

> 공자가 『춘추』 저작에는 대의가 수십 가지이지만 주나라를 존숭함이 가장 중요한 의리입니다. 주자가 처음 효종을 뵈었을 때 배운 것을 남김없이 전하였는데, 금나라 토벌을 우선으로 삼았습니다. 이 대의가 한번 어두워지면 삼강이 사라지고 구법이 무너져서 중국이 이적으로 전달하고 인류가 금수로 변하게 됩니다. 사군자가 불행히도 이런 때에 살게 되면 출처와 거취에 마땅히 지키는 것이 있어야 절대 구차하게 되지 않습니다.18)

여기서 금나라 토벌은 종족, 지역의 차원에서 논한 것이라고 할 수 있다. 이는 종족상 오랑캐가 중국이라는 지역을 차지하는 것에

18) 『宋子大全』, 卷27, 「上安隱峯 -癸巳十二月十二日」, "孔子之作春秋也, 大義數十而尊周最大. 朱子初見孝宗, 罄陳所學, 而討復爲先. 此義一晦, 則三綱淪九法斁, 中國入於夷狄, 人類化爲禽獸矣. 士君子不幸而生乎此等時節, 則其出處去就, 宜有所在, 而不敢苟焉."

대한 반감이라고 할 수 있다. 다만 송시열은 '존주의리가 어두워지면 삼강이 사라지고 구법이 무너진다'라고 주장한다. 그러면서 그는 '이로 인해서 중국은 이적의 차지가 되고 인류는 금수의 상태로 전락하게 된다'라고 말한다. 이로써 보건대 존주의리는 삼강과 구법, 즉 문명을 핵심으로 하는 것이다. 또 문명의 담지자는, 예컨대 금나라가 중국을 차지한 상황에서도 출처와 거취에서 떳떳하여 절대 구차하게 되지 않는다. 이는 힘의 논리에 굴복하지 않는 사군자[문명인]의 모습을 보여주는 것이다.

송시열은 조선 또한 주자가 살던 시대와 상황이 다르지 않다고 인식한다. 그는 예컨대 인조가 1637년 삼전도의 치욕을 당한 일을 상기시킨다.

> 지난 정축년(1637) 치욕은 우리가 멸망하게 된 변고입니다. 생각하면 오장이 찢어지는 듯하여 다시 말을 꺼내고 싶지 않습니다. 신하된 자로 분하고 원통하여 피를 토하고 눈물을 삼키며 복수하여 치욕을 씻는 의리에 죽음을 무릅씀은 본래 천리와 인정상 그만둘 수 없기 때문입니다. 이런 때를 당하여서 한 사람이 공자와 주자의 의리를 말하면, 다른 사람들은 혀를 내두르고 머리를 휘저으며 전혀 들으려 하지 않는다. 심지어 어떤 이는 저 오랑캐들의 세력을 끼고 우리 임금에게 협박하는 자까지 있습니다. 식견을 갖춘 사람이 이를 한심스럽게 여긴 지 오래되었습니다. 그러므로 비록 이 세상에 제가 있든지 없든지 아무 상관이 없음을 알고서 산속에 들어가 자취를 감추고 세상과 이별한 지 오래되었습니다. 이는 어르신께서 알고 계셨던 바로 저에게 권하고 허락하신 것입니다. 성상께서 즉위하시어 천지가 한번 새로워졌습니다. 성상께서 어릴 때부터 지혜로운 뜻이 탁월하시어 "한나라 무제가 문제보다 뛰어남은 평성의 수치를 씻었기 때문이다"라고 하셨으니, 이는 복수를 자임하는 뜻임을 이미 알

수 있습니다.[19]

여기서 송시열은 인조의 굴욕에 대해 신하된 자로서 분함과 원통함을 격정적으로 설명하고 있다. 그러면서 그는 의리상 죽음을 무릅쓰고 이 치욕을 씻어내어야 한다고 주장한다. 다만 이는 힘의 논리가 아니라 공자와 주자가 주장한 춘추의리를 따라야 한다는 것이다. 예컨대 힘의 논리는 당시 김자점과 같이 청의 세력을 등에 업은 자가 왕권을 위협하고 설욕보다 굴종을 종용하는 세력을 말한다. 아울러 이런 상황에서 현실을 등지고 은둔을 택하는 자들 또한 춘추의리에 부합하지 않는 자들이다. 송시열은 한 고조가 흉노를 토벌하러 평성에 이르렀다가 묵돌에게 포위당하여 곤욕을 치른 일을 제시한다. 이로부터 그는 춘추의리는 치욕을 준 원수에게 복수하는 것으로, 그 표본이 되는 인물이 무제라고 말한다.

2) 대일통(大一統)의 의미 : 인의와 응징

『춘추』 은공 원년 첫머리에 "元年春王正月"이라고 표기하고 있다. 『공양전』은 이 구절에 대해 대일통으로 풀이하고 있다.

19) 『宋子大全』, 卷27, 「上安隱峯 -癸巳十二月十二日」, "頃歲丁丑之禍, 皇朝淪沒之變. 思之腸裂, 不忍復言. 爲臣子者, 痛憤怨疾, 沫血飮泣, 以盡死於復讎雪恥之義, 自是天理人情之不可已者. 而當是時, 一有以孔朱之義出於口, 則吐舌掉頭而不敢聞. 至或挾彼勢以要吾君者有之, 識者之寒心久矣, 故雖自知不足有無於世, 而斂跡空山, 與世長辭. 此則函丈之所嘗知而奬許之者也. 及至聖上臨御, 天地一新. 蓋自初潛睿志卓然, 以爲漢武優於文帝者, 以其有復平城之羞也, 則其自任之意, 已可見矣."

원년이란 무엇인가? 임금이 시작하는 해이다. 봄이란 무엇인가? 한 해의 시작이다. 왕은 누구를 일컫는가? 문왕을 일컫는다. 왜 왕을 먼저 말하고 정월을 나중에 말하는가? 왜 왕정월이라고 말하는가? 대일통이기 때문이다.[20]

『춘추』는 노나라 기년(紀年)을 사용하지만, 주나라 천자의 월일(月日)을 사용한다. 이는 원년이 무엇인지 묻고, 이에 대해 임금이 시작하는 해라고 언급한 데서 엿볼 수 있다. 또 『공양전』에서 임금의 시작은 마치 한 해의 시작인 봄과 같다고 설명한다. 이는 임금이 정한 시간이 인간뿐만 아니라 자연의 표준임을 나타내는 것이다. 여기서 임금은 문왕을 가리킨다. 문왕이 천자로서 제후국을 통일했듯이, 대일통은 왕도 정치로 천하를 다스리는 것을 의미한다. 주지하듯이 왕도 정치는 불인지정(不忍之政)으로 인의를 토대로 하지 패권을 추구하지는 않는다.

다만 『공양전』은 복수를 위한 전쟁과 이적에 대한 전쟁을 예외 경우로 밝힌다. 그 근거로 희공 4년 기사를 제시할 수 있다.[21] 예컨대 초나라는 언제나 배반을 도모하는 습성을 가지고 있었다. 중국에 천자가 있으면 고분고분 따르지만, 그렇지 않으면 언제나 중국을 차지하려는 야욕을 보였다. 이에 대해 환공이 제후의 신분으로 초나라를 굴복시키는 천자의 일을 하였다. 이는 천자의 일을 범한 짓이라

---

20) 『공양전』, 元年, "春, 王正月. 元年者何? 君之始年也. 春者何? 歲之始也. 王者孰謂? 謂文王也. 曷爲先言王而後言正月? 王正月也. 何言乎王正月? 大一統也."

21) 『공양전』, 「희공-4년」, "其言盟于師, 盟于召陵何? 師在召陵也. 師在召陵, 則曷爲再言盟. 喜服楚也. 何言乎喜服楚. 楚有王者則後服. 無王者則先叛. 夷狄也, 而亟病中國. 南夷與北狄交. 中國不絶若線. 桓公救中國. 而攘夷狄. 卒怗荊. 以此爲王者之事也. 其言來何? 與桓爲主也."

고 비판받을 수 있으나, 도리어 칭송을 받았다. 아울러 공자 또한 환공을 도운 관중을 높인다. 환공이 없었다면 중국, 즉 문명국의 문화는 사라지고 오랑캐의 풍습을 따라야 했기 때문이다.[22] 따라서 『공양전』의 대일통은 왕도와 함께 존왕양이(尊王攘夷)의 요소까지 포함하는 것임을 추정할 수 있다.

송시열은 『공양전』의 대일통 사상을 충실하게 계승한다. 이는 한편으로 왕도 정치를 표방하면서도 다른 한편으로 중화의 문명을 어지럽히는 오랑캐에 대한 응징의 요소를 강하게 내포하고 있다.

> 공자가 『춘추』를 지어 대일통의 의리를 천하 후세에 밝힌 뒤로 혈기가 있는 부류라면 모두 중국은 존중해야 하고 이적은 추하게 여겨야 할 것임을 알았습니다. 주자가 또 인륜을 추리하고 천리를 깊이 따져 부끄러움을 씻는 의리를 밝혔다. "하늘은 높고 땅은 낮은데 사람은 그 가운데 위치하였다. 하늘의 도는 음양에 벗어나지 않고 땅의 도는 유강에 벗어나지 않는다. 그렇다면 인과 의를 놓아 버리고서는 또한 사람의 도를 세울 수 없을 것이다. 그러나 인은 부자보다 더 큰 것이 없고, 의는 군신보다 더 큰 것이 없으니, 이를 삼강의 요체요 오상의 근본이라 이른다. 인륜은 천리의 지극함이니 천지의 사이에서 도망할 바가 없는 것이요, 군부의 원수는 한 하늘 아래 함께 살 수 없는 것이다. 하늘의 덮인 바와 땅의 실린 바에 모두 군신・부자의 성품이 있게 되는 것은 지극히 통탄해 마지않는 동정에서 발로된 것이고, 한 몸의 사정에서 나온 것이 아니다." 신은 이 글을 읽을 때마다 생각했습니다. "이 한 글자, 한 글귀가 혹시라도 세상에 드러나지 않으면 예악이 분양에 빠지고, 인도가 금수에 들어가서 구제할 수 없게 될 것이다."[23]

---

22) 이해임, 「허형과 정몽주의 화이관 연구」, 『태동고전연구』 46, 2021, 16~18쪽.

23) 『宋子大全』, 卷5, 「己丑封事」, "孔子作春秋, 以明大一統之義於天下後世. 凡有血氣之類, 莫不知中國之當尊, 夷狄之可醜矣. 朱子又推人倫極天理, 以明雪恥之義曰, 天高地

여기서 송시열은 춘추의리의 핵심이 대일통에 있음을 밝히고 있다. 또 그는 '대일통이 문명국인 중국을 높이고 야만국인 오랑캐를 추하게 여김을 아는 데서 출발하는 것'임을 주장한다. 그러면서 송시열은, 주자를 통해 이 대일통이 인륜과 천리를 알고 치욕을 씻는 의리임이 밝혀졌다고 설명한다. 아울러 송시열은 주자가 문명과 야만을 구별하는 구도를 주목한다. 예컨대 주자가 하늘, 땅, 그리고 사람의 구도를 설정하고, 또 하늘의 도를 음양으로 다루고, 땅의 도를 강유로 다루고, 사람의 도를 인의로 다루는 것을 요약한다. 그리고 송시열은 군신과 부자의 관계를 강조하면서, 이에 대해 삼강오상의 요체이자 근본이라고 역설한다. 이로부터 그는 삼강오상에 대해 거부할 수 없는 하늘의 이치라고 재차 강조하면서, 군부의 원수와 같은 하늘 아래 있을 수 없다고 비분강개한다. 이는 중국이 청의 손아귀에 들어간 것에 대한 분노를 표출한 것이라고 할 수 있다. 또 이 분노는 사사로운 감정이 아니라 중국의 문명국[명]과 한 몸을 이룬 조선이 가져야만 하는 하늘의 이치에 부합하는 마음이다. 이 분노와 함께, 송시열은 조선이 문명을 지켜야 할 뿐 아니라 예악을 분양(糞壤)에 빠트린 청에 대해 복수해야 한다고 강조한다.

윤봉구가 권상하와 나눈 문답 속에서 송시열의 대일통이 『공양전』의 논의를 충실히 따르고 있음을 재차 확인할 수 있다.

下, 人位乎中, 天之道不出乎陰陽, 地之道不出乎柔剛. 是則捨仁與義, 亦無以立人之道矣, 然仁莫大於父子, 義莫大於君臣, 是謂三綱之要, 五常之本. 人倫天理之至, 無所逃於天地之間者, 其曰君父之讎, 不與共戴天者, 乃天之所覆, 地之所載. 凡有君臣父子之性者, 發於至痛不能自已之同情, 而非出於一己之私也. 臣每讀此書, 以爲此一字一句, 或有所晦, 則禮樂淪於糞壤, 人道入於禽獸而莫之救也."

윤봉구가 물었다. 김상헌, 김집, 송준길 등 여러 선생은 모두 명을 위해 복수하는 것을 대의로 삼았는데, 송시열은 거기에다 하나를 더하여 춘추대의에 이적으로서 중국에 들어올 수 없고 금수로서는 인류와 나란히 할 수 없다는 것을 첫 번째 의리로 삼고, 명을 위해 복수함을 두 번째 의리로 삼았다고 하던데, 맞습니까? 권상하가 말했다. 선생님의 뜻이 진정 그러했다.[24)]

여기서 김상헌, 김집, 송준길 등 당대 유학자들은 춘추대의를 복수에 초점을 맞추고 있다고 할 수 있다. 청나라는 조선에 굴욕을 안겨주었을 뿐 아니라 지역, 종족, 문화의 측면에서 문명국의 요소를 완비하고 있던 명을 패망시켰다. 이는 문명국을 자처했던 조선 유학자들의 시각에서 보면 명의 패망과 함께 문명을 재건해야 하는 운명이 조선으로 넘어오게 된 것이다. 그렇다면 조선 유학자들의 급선무는 청을 공격해서 패망시키는 것이다. 이는 당대 노론뿐만 아니라 이들과 결을 달리하는 윤휴도 가지고 있었던 문제의식이다. 윤휴 역시 북벌을 가장 급선무로 꼽고 있다.[25)] 다만 송시열은 명을 위해 복

24) 『송자대전』, 부록-권19, 「기술잡록」, "鳳九曰, 聞淸, 愼, 春諸先生, 皆以大明復讎爲大義, 而尤翁則又加一節, 以爲春秋大義. 夷狄而不得入於中國, 禽獸而不得倫於人類, 爲第一義, 爲明復讎, 爲第二義, 然否. 曰, 老先生之意正如是矣."

25) 『백호전서』, 권5, 「甲寅封事疏(甲寅七月初一日)」에 의거해보면, 청은 이제 패망의 길에 들어선 것이다. 그리고 조선은 이때를 놓치지 않고 북벌을 해야만 오랑캐로부터 받은 치욕을 씻어낼 수 있는 것이다. 이는 효종, 송시열과 분명히 구별되는 지점이다. 효종과 송시열의 북벌론은 각각 무력과 민생이라는 측면에서 중점을 달리한다. 그렇지만 두 사람의 북벌론은 내부의 역량 강화를 지향한다는 점에서 유사하다. 이들과 비교해 보면, 윤휴는 내부가 아닌 외부에서 북벌론의 당위를 찾아가고 있다. 그리고 윤휴의 북벌론은 조선이라는 일국의 상황뿐만 아니라 중국을 둘러싼 주변국들의 형세 또한 고려하는 것이다. 『백호전서』, 권5, 「甲寅封事疏(甲寅七月初一日)」, "今日北方之聞, 雖不可詳, 醜類之

수를 논하지만, 이를 차순위로 돌리고 있다. 이는 여러 가지 면에서 시사하는 바가 크다. 예컨대 조선이 북벌을 추진하더라도 그 상황에서 북벌이 최적의 결정 사항이 되어야 한다. 송시열의 시각에서 춘추대의의 첫 번째 의리는 인의이다. 여기서 인의는 백성을 근본으로 하는 왕도 정치의 핵심 덕목이다. 가령 백성의 삶을 도탄에 빠트리는 일을 무릅쓰고도 전쟁을 강행하는 것은 인의의 정치에 부합하지 않는다. 따라서 송시열의 북벌론은 『공양전』에서 강조한 인의를 토대로 한 응징에 방점이 있다고 추정할 수 있다.

4. 송시열의 북벌론 : 민생 우선과 신의 확립

1657년 송준길(宋浚吉, 1606~1672)이 출사하여 『심경』을 강론하기 시작하면서, 효종은 자신의 잘못을 깨닫게 된다.26) 이를 계기로 효종은 산림 세력을 적극적으로 중용한다. 당시 송시열은 모친상을 당하여 정유봉사(丁酉封事)만 올린다. 정유봉사는 총 20조목으로 구성되어 있다. 주요한 내용은 민생을 외면하고 군비 확충에만 혈안이 된 효종의 북벌론27)을 비판하는 것이다.

竊據已久, 華夏之怨怒方興, 吳起於西, 孔連於南, 獺伺於北, 鄭窺於東, 薙髮遺民, 叩胸吞聲, 不忘思漢之心, 側聽風飆之響, 天下之大勢, 可知已."

26) 『효종실록』, 효종 9년(1658) 1월 15일.

27) 김세영의 연구(「조선 효종조 북벌론 연구」, 『백산학보』, 1998, 141~144쪽)에 의하면, 효종의 북벌 정책은 크게 세 가지이다. 첫째, 중앙군 강화이다. 둘째, 지방군의 정비이다. 셋째, 관무재와 열병식의 거행이다. 이는 무력에 중점을 둔 것으로, 문신과 무신의 대립을 촉발하게 된다. 아울러 『실록』, 효종 6

송시열은 각론에 들어가기에 앞서 효종이 시행했던 북벌 정책의 문제점을 총체적으로 진단한다.

> 신이 우선 근일에 있은 한 가지 일을 가지고 말씀드리겠습니다. 무릇 변수와 수령이 된 자는 비록 반드시 의리를 다 알지는 못한다 하더라도 누가 그 성적을 드러내어 진용되기를 도모하지 않겠습니까? 그런데 오직 조신의 요구에 몰려 비록 장오에 빠진다는 것을 뻔히 알면서도 돌아보지 않습니다. 자기 일신도 돌아보지 않는데 하물며 군민을 돌아보겠습니까? 아무리 복철이 앞에 있고 준법이 뒤에 있더라도 또한 밖으로는 잔약한 백성의 고혈을 짜내고 안으로는 처자를 먹일 녹봉을 깎아서 조신의 요구에 응하고 있는데, 서북 지방이 더욱 심합니다. 이는 신이 변수와 수령에게 직접 들은 것입니다. 다만 이 일만 가지고도 전하께서 능히 마음을 바르게 해서 조정을 바르게 하지 못한다는 것을 알 수 있고, 주자가 우리를 속이지 않은 것을 더욱 믿겠습니다. 이를 유추해 볼 때 나머지는 모두 알 수 있을 것입니다.[28)]

효종은 원두표와 이완을 중심축으로 군비 확충에 힘을 쏟았다. 그런데 군비 확충 정책은 오히려 민생을 파탄시켰고, 이로 인한 고

년(1655) 6월 5일 기사에 따르면, 순천 영장 백홍성이 유생들을 업신여기고 욕보임으로써 문신과 무신의 갈등이 폭발하게 된다. 이로 인해 효종(『실록』, 효종 7년(1656) 9월 24일 기사)은 문신들로부터 신의를 완전히 잃게 된다. 그리고 그의 북벌론 또한 종국을 맞이하게 된다. 이제 북벌론의 주도권은 서인 산림계의 영수인 송시열에게 넘어가게 된다.

28) 『송자대전』, 권5, 「정유봉사」, "臣姑以近日一事言之, 夫爲邊師守令者, 雖未必盡知義理, 孰不欲效其聲績, 以圖進用哉, 惟其迫於朝臣之求責. 雖決知其陷於贓汚而不暇顧, 一身且不暇顧, 況於軍民乎. 雖覆轍在前, 峻法在後, 亦不免外剝疲癃之膚, 內削妻孥之俸, 以應求責, 而西北爲尤甚. 此則臣之親聞於帥守者也, 只此一事, 亦可見殿下不能正心以正朝廷之驗, 而益信朱子之誠不我欺也. 以類而推, 餘皆可見矣."

통은 백성뿐만 아니라 변수와 수령 같은 무신들에게도 고스란히 전달되었다. 송시열의 시각에서 볼 때, 이 고통의 원인은 바로 군주인 효종에게 있는 것이다. 효종의 마음이 바르지 않아서 밖으로 백성들은 고혈을 짜내는 고통을 당하고 있었고, 안으로 무신들 또한 처자를 먹일 자신의 녹봉을 깎아서라도 조신의 요구에 응하고 있었다.

송시열은 북벌을 하는 데 군비를 확충하거나 군사력을 키우는 것 자체에 대해서 반대하지 않는다. 다만 그는 군주가 말타기나 활쏘기 같은 말단의 기예에 빠지는 것에 대해서 경계한다.

제2조목

폐하께서는 우근하고 공검하며 청정하고 과욕하여 모든 전세의 영주가 능히 면치 못하던 것을 모두 끊어 버리셨는데, 말 타고 활 쏘는 말단의 기예에 대해서는 오히려 능히 잊지 못한 것이 있습니다. 폐하께서 이것을 특별히 좋아해서가 아님을 신은 압니다. 대개 신무(神武)의 계략이 국토의 회복을 도모할 뜻이 있으므로 이에 종사하여 무기와 장비를 검열하고 사기를 격앙시키려는 것일 뿐입니다. 그러나 정말 그러하시다면, 신은 또한 잘못이라 여깁니다. 무릇 호시의 날랜 기물은 비록 성인이 천하를 위협하는 것이긴 하나 본래 제왕이 마땅히 몸소 다룰 바는 아닙니다. 칼 한 자루를 잘 쓰는 일은 오기도 하기를 부끄러워하는데, 하물며 만승의 임금이겠습니까? 조왕이 검술을 좋아하자 장주는 천자의 검술을 즐기라고 말하였고, 초왕이 사냥을 좋아하자 장신은 왕패의 사냥을 좋아하도록 권하였습니다. 폐하께서 이미 무공에 뜻을 두셨으니, 진실로 능히 지모 있는 사람을 임용하여 심복으로 삼고 용맹한 사람을 선발하여 조아를 삼으며 상벌을 밝혀 사졸을 고무시키고 신의를 넓혀 귀순한 자를 사랑하시면, 가만히 앉아서 정사를 논하셔도 영성과 의열에 적이 벌써 천만리 먼 거리에서 머뭇거리고 두려워할 것인데, 어찌 백보 사이에서 구구하게 말달리고 활쏘기를 할 것이 있겠습니까.[29]

효종은 직접 말타기나 활쏘기를 하면서 무비(武備)를 검열하였다. 이는 군대의 사기를 격앙시키려는 데 목적이 있다. 송시열 또한 효종의 의중을 정확하게 파악하고 있었다. 다만 군주가 이런 식의 행보를 보이면, 국가의 풍속이 무를 숭상하는 지경에 빠지게 된다. 그리고 이 같은 풍토는 오기(吳起)와 같이 무기를 잘 다루는 인물마저 꺼려했던 것이다.

송시열의 관점에서 볼 때, 군주는 지모 있는 사람을 정책 참모로, 용맹한 사람을 장수로 뽑는 데 집중해야 한다. 그리고 군주는 참모나 장수에 대한 상벌의 기준을 명확하게 하여서 '비록 이민족이 귀순하더라도 차별받지 않을 수 있다'는 신의(信義) 체제를 구축해야 하는 것이다. 이로써 보건대, 효종의 북벌 정책은 군정에 우선순위를 두었음을 알 수 있다.

송시열 또한 북벌 정책 가운데 중요한 것이 군정(軍政)임을 강조한다. 다만 군정보다 더 급선무는 민심을 얻는 것이다.

제5조목

듣건대, 의자들은 모두 '인심이 의구하고 오랑캐가 들으면 곤란하니 군정을 폐지해야 한다'라고 하지만 신은 그렇게 생각하지 않습니다. 대개

---

29) 『송자대전』, 권5, 「정유봉사」, "陛下憂勤恭儉, 淸淨寡欲. 凡前世英主所不能免者, 一切屛絶, 顧於騎射之末, 猶有未能忘者. 臣知陛下非有所樂乎此也, 蓋神武之略, 志圖恢復. 故俯而從事於此, 以閱武備, 以激士氣耳, 然誠如此. 臣亦竊以爲過矣. 夫孤矢之利, 雖聖人所以威天下, 然本非帝王所當親御也, 一劍之任, 吳起且羞爲之, 而況萬乘之主乎. 趙王好劍, 而莊周說以天子之劍, 楚王好弋, 而莊辛說以王霸之弋. 陛下旣有志於武功, 誠能任智謀之士, 以爲腹心, 仗武猛之材, 以爲爪牙, 明賞罰以鼓士卒, 恢信義以懷歸附, 則英聲義烈, 不出尊俎之間, 而敵人固已逡巡震疊於千萬里之遠矣. 尙何待區區馳射於百步之間哉."

> 사변의 단서는 어두운 속에 잠복해 있어 그것이 어느 때에 발단될지 모르는 것이니, 어찌 창졸간에 임기응변할 도구가 없어서야 되겠습니까? 더구나 지금은 금성과 화성이 궤도를 벗어나 운행하고 있어서 그 징조가 두려워할 만한 상황이니, 비록 군정을 급급히 서두르더라도 오히려 일에 미치지 못할까 두렵습니다. 그러나 민심을 얻는 것으로 우선을 삼지 않으면 이는 헛된 일만 되어 자멸의 화를 빚을 것입니다. 대개 민심의 원망과 고역은 부역의 번거로움에 말미암고, 부역의 번거로움은 용도의 무절제함에 말미암은 것입니다. … 신의 생각에는, 오늘날의 급선무는 오직 백사를 모두 제외하고 양민과 양병하는 것만으로 일을 삼는다면 근본이 튼튼하고 대비가 있어서 국사를 할 수 있으리라 여겨집니다.[30]

전쟁의 위험은 언제나 곳곳에 도사리고 있다. 전쟁은 언제 다시 일어날지 알 수 없는 상황이다. 이 때문에 송시열은 창졸간에 벌어진 전쟁에 대비하고 있어야 한다고 주장한다. 덧붙여 그는 천체 운행의 이상 현상을 빌미로 군정의 중요성을 재차 강조한다.

이와 함께 송시열은 '국사의 근본이 어디에 있는지?'를 효종에게 묻는다. 국사의 근본은 바로 백성이다. 백성이 부역에 시달리는 것은 군주가 절도에 맞게 국정을 운영하지 못하기 때문이다. 그리고 백성은 이 같은 군주에 대해서 신뢰할 수 없게 된다. 이런 상황에서 전쟁이 일어난다면 누가 군주를 위해서 자신의 목숨을 던지겠는가? 송시열의 고민은 바로 여기에 있었다. 백성의 마음은 국사의 근본으

30) 『송자대전』, 권5, 「정유봉사」, "仄聞議者皆謂人心疑懼, 且煩聽聞, 軍政可廢. 臣以爲不然. 蓋事變之端, 伏於冥冥之中, 不知其發於何時, 則豈可無倉卒應變之具乎, 況今金火錯行, 其徵可畏, 雖汲汲於此, 猶懼其不及於事也. 然不以得民心爲先, 則是徒爲虛設, 而適爲不戢自焚之禍矣. 蓋民心之怨苦, 由於賦役之煩, 賦役之煩, 由於用度之不節. … 臣之愚意以爲, 今日急務, 惟在悉除百爲, 只以養民養兵爲事, 則本固而有備, 國事可爲也."

로, 이를 얻지 못한다면 전쟁의 승리는 기약할 수 없는 것이다.

송시열은 북벌 정책에서 안으로 민심을 얻는 것을 최우선에 두었다면, 밖으로 대통(大統)을 잇는 것을 가장 중시했다.

제8조목

신은 상고하건대, 『춘추』에서 『강목』에 이르기까지 대일통을 위주로 하였습니다. 대개 대통이 분명하지 못하면 인도가 어지럽고 인도가 어지러우면 나라가 따라서 망합니다. 우리나라는 병자년·정축년 이후로 인심이 점점 혼매하여 허위를 진실이라 하고 참람을 바름이라 하는 자가 많습니다. 만일 십수 년 후에 가면 정통의 주장을 관리들 사이에서 듣지 못할 것입니다. 이는 대개 다음과 같은 일에 말미암은 것입니다. 허형은 근세 유자로서 오랑캐 원에 의리를 팔았으며, 이에 제요의 대통을 여진에 접속시켰고, 또 요금에 대하여 대통을 일컫고 송을 열국으로 대접하였으니, 이는 참으로 어물전에 들어가서 그 비린내를 맡지 못하는 것과 같습니다. 그는 드디어 더럽고 잘못된 지론을 천하에 창언하였는데, 후세 사람들은 이에 의거하여 주장을 내세우니, 매우 부끄러운 일입니다.[31]

여기서 대통은 송시열의 화이관(華夷觀)을 보여주는 것이다. 청은 야만한 민족으로 존주의리(尊周義理)의 정통을 이을 수 없다. 오로지 명만이 문명국이고, 명 멸망 이후 조선이 그 정통을 계승해야 하는 것이다.

이러한 문제의식은 송시열의 허형(許衡, 1209~1281) 비판에서 잘

31) 『송자대전』, 권5, 「정유봉사」, "臣按, 春秋以至綱目, 一主於大一統, 蓋大統不明, 則人道乖亂, 人道乖亂, 則國隨以亡. 我國自丙丁以後, 人心漸晦, 以僞爲眞, 以僭爲正者多矣. 若復十數年後, 則正統之說, 當不聞於搢紳間, 此蓋由許衡, 以近世儒者失身胡元, 乃以帝堯大統, 接之女眞. 且於遼金稱大, 而以列國待宋, 正猶入鮑肆而不聞臭, 遂以醜差之論, 倡於天下, 而後人藉此爲重, 甚可羞也."

드러난다. 송시열은 조선의 친청, 주화파 세력을 허형과 대비시킨다. 허형은 금나라 영토에서 태어났고 송나라 조정에서 벼슬한 적이 없다. 이 때문에 이이는 실신(失身)의 측면에서 허형을 비판했다.[32] 송시열은 이이의 입장을 받아들이면서도 실신이 아닌 실절(失節)의 측면에서 허형을 비판했다. 이는 친청이나 주화파가 사람들의 판단을 흐림으로써 역사의 정통성을 부정하고 있다고 주장하는 것이다.

송시열은 언로를 자유롭게 함으로써 군주의 시비 판단 능력을 높이려고 한다. 그는 김홍욱이 진언했다가 죽은 일을 가지고 효종에게 우회적으로 자신의 의중을 전달한다.

제12조목

신은 김홍욱의 죄범이 어떠한 것인지 알지 못하오나, 삼가 듣건대 교지에 응하여 진언한 일로 죽었다 합니다. 이미 교지에 응하였다면 진언한 것이 비록 망언이었다 하더라도 마땅히 죄를 주는 일이 없어야 할 것 같은데 이미 의견을 구하고서 또 말하는 이를 죽였으니, 나라의 체통을 크게 손상했을 뿐만이 아니라, 뒤에 비록 눈앞에 반드시 망할 일이 있더라도 누가 감히 말을 하겠습니다. 비위를 크게 거스르지 않는 것만 골라서 형식적인 문구에 응하는 데에 불과할 것입니다. 위에서 형식적으로만 구하고 아래에서 형식적으로만 응하면 국사가 장차 어느 곳에 정착되겠습니까.[33]

---

32) 우경섭, 「17세기 한・중・일 삼국의 화이론에 대한 비교 연구 –송시열・왕부지・야마자키 안사이의 허형론을 중심으로」, 『역사와 담론』 53, 2009, 28~32쪽.

33) 『송자대전』, 권5, 「정유봉사」, "臣竊不知弘郁之罪犯如何. 而竊聞以應旨進言而死. 夫旣已應旨, 則所言雖妄, 宜若無罪, 而旣已求言, 而又殺言者, 則不惟大損國體, 後雖有目前必亡之事, 誰敢言之, 不過擇其不至大忤者, 以應文具而已. 上以文具求之, 下以文具應之, 則國事將何所湊泊哉."

효종은 일종의 공포통치를 하고 있었다. 김홍욱은 단지 교지에 응한 일로 변을 당하였다. 이 사건은 군주가 구언을 하면 신하는 군주의 입맛에 맞는 말을 올려야 한다는 것을 암시한다. 그렇다면 설령 군주가 신하에게 구언을 하더라도 신하는 구언한 사안에 대한 시비를 따지고 밝혀서 군주에게 아뢰는 것이 아니라 군주의 호오를 파악해서 듣고 싶은 말만 하게 되는 것이다. 이런 상황에서 신하가 군주의 권력을 경계하는 언로는 차단된다. 언로의 차단은 군주와 신하의 소통부재로 이어지고, 결국 국가 운영이 제대로 이루어지지 않는다. 이는 북벌 정책에 대해서 자신의 의견만을 고집하다가 문인들로부터 호응을 얻지 못한 효종의 잘못을 꼬집은 것이다.

효종이 문인을 탄압하고 무인을 높이는 사이에 국가 기강은 형편없이 추락했다. 예컨대 무인은 자신의 위세를 과시하듯이 문인을 멸시하고 살인을 함부로 저질렀다.

제14조목

전하께서 오늘날 교련시킨 금위군은 모두가 매우 정예하니 위급할 때 쓸 수 있다고 여기겠지만, 이미 교만하고 사나워 관리를 경멸하고 인물을 살해하는 자가 있는 데다 또 항상 도성에 모여 있어 매우 평온하지 않습니다. 삼가 바라건대, 전하께서는 거듭 단속을 엄하게 하여 조금이라도 죄를 범한 자가 있으면 절대 용서하지 마소서.[34]

무인의 기세가 조선을 덮고 있었다. 사람들은 무인들에게 언제 죽임을 당할지 모른다는 공포심으로 살아가고 있었다. 이는 국가의

34) 『송자대전』, 권5, 「정유봉사」, "殿下今日教鍊禁衛, 皆甚精銳, 可謂緩急可用. 然已成驕悍, 有輕侮搢紳, 殺害人物者, 而又常聚在輦轂, 深所未便. 伏乞殿下, 申嚴約束, 少有所犯, 一切毋貸焉."

법규보다 무력이 앞서는 것일 뿐 아니라 공적인 법집행보다 사적인 무력행사가 우선하는 상황이다. 이 때문에 송시열은 사적인 차원에서 무력을 행사하는 무인에 대해서 엄벌할 것을 효종에게 요구한다. 군주가 공정한 법집행을 해야만 국가의 기강이 확립되는 것이고, 국가의 기강이 확립되어야만 백성들은 군주나 체제에 대한 신뢰를 갖게 되기 때문이다.

송시열은 신의의 중요성을 설명하면서 '북벌 정책의 최우선은 민생이 되어야 한다'라는 사실을 재차 강조한다. 여기서 그는 『논어』, 「12-7」을 논거로 제시하고 있다.[35]

第16조목

신은 듣건대, 신의는 임금의 큰 보배라 합니다. 성인이 군사와 먹을 것은 버릴 수 있어도 신의는 버릴 수 없는 것이라 하였습니다. 그런 때문에 자고로 국가가 장차 망하려면 신의가 먼저 없어집니다. 신이 보는 바로는 조정에서 군사와 백성에게 신의를 잃은 것이 너무도 많이 있습니다. 호서에서 대동법을 실시한 초기에는 수령들이 포척의 일정한 길이보다 너무 길다는 이유로 추고를 받고 또 그 나머지는 끊어서 백성에게 돌려주었는데, 지금은 정척 외에 또 여유수를 해 놓고 척이 짧다는 이유로 퇴짜를 놓아서 그 수치를 채우도록 하고 있습니다.[36]

---

35) 『논어』, 「12-7」, 子貢問政. 子曰, "足食, 足兵, 民信之矣." 子貢曰, "必不得已而去, 於斯三者何先?" 曰, "去兵." 子貢曰, "必不得已而去, 於斯二者何先?" 曰, "去食. 自古皆有死, 民無信不立."

36) 『송자대전』, 권5, 「정유봉사」, "臣聞信者, 人君之大寶也, 聖人以兵食可去, 而信不可去. 故自古國家將亡, 信義先亡. 以臣所見, 朝廷失信於軍民者甚多也. 湖西大同之始, 守令以布尺之太長被推, 而又截還其剩尺於民. 今則定尺之外, 又爲餘數, 以尺短還退, 俾準其數."

민생은 제도의 올바른 시행으로부터 출발하는 것이다. 예컨대 호서에서 대동법을 시행하면서 해마다 기준을 달리하면 그 부담은 고스란히 세금을 거두는 수령과 백성들에게 떠넘겨지는 것이다. 이런 상황에서는 수령이든 백성이든 '다음 해에 군주의 마음이 어떻게 변할까?'라는 생각만 하게 되는 것이다. 이는 법규의 객관성보다 감정이라는 주관성을 정책의 기조로 삼게 되는 것이다. 그리고 군사든 백성이든 군주에 대한 신의를 잃게 된다. 군주에 대한 신뢰가 없는 상황에서 전쟁이 발발한다면 그 누구도 전쟁 상황에서 군주를 위해서 목숨을 버리지 않을 것이다.

숭명배청이라는 기조의 측면에서 보면, 송시열의 북벌론은 효종과 큰 차이가 없어 보인다. 하지만 그 이면을 들여다보면 북벌론에 대한 두 사람의 입장은 많이 다르다. 효종이 군사력을 키워서 청에 대한 복수를 하는 데 중점을 두었다면, 송시열은 오히려 '군주는 전쟁 승리를 확신할 만한 근거가 무엇인가?'를 효종에게 묻는다. 그리고 그는 전쟁 승리의 근거를 민생을 기반으로 한 양병에서 찾고 있다. 이로써 보건대, 송시열의 북벌론은 민족문화의 자긍심 제고나 집권층의 권력 유지를 위한 수단이라고 규정하기 힘들다.[37] 송시열의 북벌론은 전후 국가 기강 확립의 초석 다지기로 평할 수 있겠다.

---

37) 김세영의 연구에 의하면, 효종조 북벌론에 대한 선행 연구는 크게 세 가지로 나뉜다. 첫째, 효종과 송시열의 북벌론은 공히 민족문화 수호를 위한 자구책이었다. 둘째, 효종의 북벌론은 자강책인 반면에 송시열의 북벌론은 이상적 명분에 불과하다. 셋째, 효종과 송시열의 북벌론은 양난이후 집권층의 권력유지라는 명분론에 지나지 않는다. 김세영, 「조선 효종조 북벌론 연구」, 『백산학보』, 1998, 122~123쪽.

5. 마치는 글

송시열 춘추관은 『공양전』 대일통의 원리를 나름의 시각으로 해석하여 정립한 것이다. 예컨대 송시열은 『공양전』 대일통의 지역, 종족, 문화의 요소를 토대로 자신의 춘추관을 확립한다.

우선 송시열은 정몽주가 주장한 기자 동래설을 주목한다. 이는 한반도 유학의 연원을 밝힘과 동시에 한반도의 종족성이 중국과 친연성을 가지고 있음을 주장하는 것이다. 다만 기자 이래 유입된 유학이 한반도서 큰 힘을 발휘하지 못하다가, 고려말 정몽주가 나타나 다시 힘을 얻게 된 것이다. 무엇보다도 정몽주 당시 중국 또한 원과 명의 교체기로, 고려는 어느 쪽이든 선택해야 하는 상황이었다. 정몽주의 선택은 명이었다. 명은 지역, 종족, 문화의 측면에서 『공양전』 대일통의 춘추의리와 부합하는 국가이다. 또 명은 당시 유학을 통치이념으로 표방하고 있었으나, 주자학은 그 힘을 점차 잃어가고 육학이 득세하는 상황이었다. 이때 정몽주는 육학을 저버리고 주자학을 도입하고 연구하기 시작한다. 이는 문화적 측면에서 공자로부터 주자, 그리고 정몽주 본인으로 이어지는 도통 의식을 보여주는 것이다. 송시열은 바로 이 지점에 주목한다.

송시열은 정몽주의 춘추대의를 높이 평가한다. 이는 사상사적으로도 큰 의미가 있다. 송시열 사상은 이이를 연원으로 하는 율곡학파를 대표한다. 다만 춘추대의의 측면에서 보면, 송시열 춘추관은 이이가 아니라 정몽주로부터 영향을 받아 형성된 것이다. 이이는 춘추대의에 대한 문제의식이 깊지 않았다. 이로 인해 이이 춘추관은 내세울 만한 것이 없다. 반면 정몽주 춘추대의는 존주의리, 존왕양이, 용하변이, 그리고 이를 학술 방면에도 적용하여 주자학을 정통으로 육학을 이단으로 판정하는 데까지 이른다. 특히 정몽주가 황극의 도를 논하는 부분은 주목할 만하다. 황극 논변에서 주자는 황극을 마음이 아니라 이치라고 주장한다. 이는 군주의 마음보다 모든 사람이 따라야만 하는 이치를 중시하는 것이다. 정몽주는 주자의 관점을 받아들인다. 이는 문화의 측면에서 춘추대의의 대일통이 주자학으로 이루어져야 함을 밝힌 것이다.

송시열 또한 정몽주의 춘추대의와 일맥상통한다. 다만 정몽주가 명과 원 사이 선택을 고심했다면, 송시열은 명의 멸망과 함께 조선에 굴욕을 안긴 청에 대해 복수를 해야만 하는 상황에 놓여 있었다. 아울러 외환 이후 조선 주자학의 위기가 고조되는 상황이었다. 이때 송시열뿐만 아니라 효종, 윤휴 등 조선은 그야말로 북벌의 기치를 높이 올리고 있었다. 복수설치는 분명 춘추대의 가운데 하나이다. 다만 이 복수가 어떤 식으로 진행되어야 하는지에 대한 인식의 차이가 있었다. 그 차이는 바로 춘추관의 차이라고 할 수 있다. 송시열은 『공양전』 대일통의 의식을 토대로 북벌론을 주장한다. 『공양전』의 전쟁은 복수를 위한 목적과 함께 예악을 무너뜨린 이적에 대해 이루어진다. 당시 청은 명뿐만 아니라 조선의 원수이다. 이 때문에 전쟁 명분 가운데 복수를 위한 목적은 충족된다. 또한 청의 득세와 함께 중국뿐만 아니라 조선에서 주자학의 위상이 위협받는 상황이 초래되었다. 이로 인해 청은 예악을 무너뜨린 이적으로, 정벌의 대상이다. 따라서 송시열을 비롯한 조선의 북벌은 그 정당성을 확보하게 된다.

다만 송시열 춘추대의 가운데 대일통은 인의를 통한 왕도를 추구한다. 인의는 백성의 삶을 최우선으로 생각한다. 그리고 백성들의 삶은 위로 군주와 함께 정사를 도모하는 신하들 사이의 조화가 이루어져야 한다. 예컨대 당시 효종은 무력을 앞세워 북벌을 추진하였다. 이 기조 아래, 신하들 가운데 무신 혹은 무력을 중시하는 문신이 득세하게 된다. 게다가 효종이 이들에게 힘을 실어줌으로써 신하들 사이에 반목과 갈등이 고조에 달하게 된다. 이는 인의의 왕도가 아닌 인을 가장한 패도의 논리이다. 이로 인해 송시열은 내부적으로 대일통을 이루기 위한 언로를 확보한다. 언로가 확보되어야만 신하는 군권을 견제하여 백성들의 삶을 살필 수 있게 되는 것이다. 아울러 송시열은 대일통을 이루기 위해 허형과 같이 오랑캐에 굴종한 사례를 비판함으로써 조선의 친청 세력과 함께 주화파를 견제한다. 이는 역사 인식에서 주자의 『강목』을 충실히 계승하는 것이다. 무엇보다도 송시열은 백성의 마음을 하나로 모으는 일이 대일통의 핵심이라고 주장한다. 송시열의 시각에서, 이 대일통은 전쟁을 위한 적개심을 높이는 데 목적을 두지 않고 그들의 삶이 안정되는 데서 이루어지는 것이다. 따라서 송시열은 안으로 민생을 살피고 그들로부터 신의를 얻을 때 북벌은 이루어져야 한다고 역설한 것이다.

이로써 보건대 송시열 춘추대의는 조선이라는 민족성이나 그 문화를 지키는 데 목적이 있는 것이 아니라, 중국으로부터 도래한 유학을 보편문화로 인식하는 것이다. 그리고 유학의 보편성이 육학과 같이 군주의 마음에 있는 것이 아니라 주자학에서 말하는 이치라는 객관적 표준에 있음을 천명하는 것이다. 이는 학술 방면에서나 통치 방면에서나 도통을 세우는 것이다. 또 이로부터 제기한 북벌론은 이상적 명분이 아니라, 안으로 백성들의 윤택한 삶과 함께 군권과 신권의 조화를 이룩하기 위한 토대를 마련한 것이다. 따라서 송시열의 춘추대의는 집권층의 권력 유지에 명분을 제공하는 것이 아니라 치욕으로 얼룩진 조선의 재건을 위한 사상사적 기반을 마련한 것이라고 할 수 있다.

덧붙여 문화 다원주의 관점에서 보면, 송시열 춘추관은 다소 경직된 측면이 있다. 다만 송시열이 유교 문화, 즉 정주학의 보편성을 강력하게 추구했다는 사실이 당시 유학의 다양성을 재조명해 보는 요소로 작용한다. 예컨대 그 다양성은 조선의 퇴계학파와 율곡학파, 그리고 양명학파가 다양한 분화를 이루고 있었다는 데서 잘 드러난다. 심지어 이이, 송시열, 권상하로 이어지는 율곡학파 가운데서도 다양한 지류가 형성된다. 따라서 송시열 춘추관은 조선 정주학, 조선 양명학과 같은 유학의 다양성과 함께 정주학의 각기 다른 해석 가능성을 가늠하는 하나의 기준점 역할을 한다는 데서 철학사적 의의를 논할 수 있는 것이다. ◈

참 고 문 헌

원전류:
『고봉전서』, 『공양전』, 『백호전서』, 『사서집주』, 『송자대전』, 『실록』, 『육상산전집』, 『율곡전서』, 『좌전』, 『주희집』, 『퇴계집』, 『포은집』

논문류:
김문준, 「尤菴 春秋主義 정신의 이론과 실천」, 『유학연구』 1, 1993.
김보정, 「선조·광해군대 정몽주 인식 -윤두수의 『成仁錄』과 오운의 『동사찬요』를 중심으로-」, 『한국민족문화』 61, 2016. 11.
김세영, 「조선 효종조 북벌론 연구」, 『백산학보』, 1998.
김인호, 「정몽주의 신화화와 역사소비」, 『역사와 현실』 111, 2019. 03.
안춘분, 『공자의 『春秋』 大義思想 연구』, 성균관대 박사학위논문, 2015. 04.
우경섭, 「17세기 한·중·일 삼국의 화이론에 대한 비교 연구 –송시열·왕부지·야마자키 안사이의 허형론을 중심으로」, 『역사와 담론』 53, 2009.
이경구, 「'학(學)'에서 '주의(主義)'로 –이이와 송시열의 경서 이해」, 『태동고전연구』 40, 2018
이봉규, 「조선 성리학의 전통에서 본 송시열의 성리학 사상」, 『한국문화』 13, 1992
이선아, 『윤휴의 정치사상 연구』, 전북대 박사학위논문, 2001
이해임, 「허형과 정몽주의 화이관 연구」, 『태동고전연구』 46, 2021
조남호, 「주희의 太極 皇極論 연구 -陸九淵, 葉適과 비교를 통해서-」, 『시대와 철학』 18-1, 2007
조창규, 「우암 송시열을 통해 살펴본 포은 정몽주의 지성사적 위치」, 『포은학연구』 17, 2016

하곡 정제두의 예제 인식에 나타난 문화다원론적 의의

한 정 길

1. 들어가는 말
2. 「경의(經儀)」의 체제와 내용
3. 「임술유교」에 나타난 상제례에 대한 인식
4. 국가 전례에 대한 이해
5. 맺음말

* 이 글은 『양명학』 제65집(한국양명학회, 2022.06)에 게재한 동명의 논문을 본 저서의 간행 취지에 맞춰 일부 수정한 것이다.

1. 들어가는 말

이 연구는 하곡(霞谷) 정제두(鄭齊斗, 1649~1736)의 예제(禮制) 인식에 나타난 문화다원론적[1] 의의를 밝히는 데 그 주요 목적이 있다.

조선은 유학의 예치(禮治) 이념을 현실에 구현하고자 한 나라이다. 이를 위해서 조선의 위정자들과 지식인들은 예제를 정비하고, 그것을 학문적으로 뒷받침하는 예학을 연구하고 교육하여 예교(禮敎) 문화를 정착시킴으로써 예적 질서가 유지되는 사회를 만들고자 했다. 조선은 한 마디로 예교 문화가 사람들의 의식과 행위를 지배했던 '예(禮)'의 나라였다. 이런 문화적 특성은 조선의 학술에도 그대로 반영되어 나타난다. 조선 학술의 주류를 이루고 있었던 주자학도 예학이 그 중심에 놓여 있으며, 심지어는 양명학의 조선 전개도 예학과 밀접한 연관 속에서 이루어진다. 우리는 그 하나의 단적인 사례를 정제두에게서 찾을 수 있다.

정제두는 조선양명학의 거두로 평가된다. 그는 양명학의 근본 종지를 따르면서도 양명학을 조선의 현실에 맞게 재해석해냄으로써 자신만의 독특한 학문 체계를 확립한 인물이다. 양명학이 이단사설(異端邪說)로 배척되는 상황에서 그는 양명학을 변호하고, 더 나아가 당대의 주자학자들을 설득하는 작업을 한다. 이를 위해서는 양명학을 조선의 현실에 맞게 재해석해 낼 필요가 있었다. 그 재해석은 크

1) 여기에서 말하는 문화다원론이란 진리와 문화의 다양성과 특수성을 인정하는 입장에서 서로 다른 지역과 민족이 가꾸어온 고유의 문화를 특화시켜 나갈 필요가 있음을 주장하는 이론이다. 본 연구에서는 정제두의 예제 인식에 조선의 고유한 예교 문화가 어떻게 반영되고 있는가를 살피고자 한다.

게 세 가지 방면에서 이루어진다. 첫째는 양명학을 조선성리학의 이기심성(理氣心性)의 개념을 사용하여 풀이하고, 조선성리학에서 제기된 주요 논제들을 양명학의 입장에서 재정리하는 것이고, 둘째는 경학을 양명학적으로 해설함으로써 양명학의 경전적 근거를 확보하는 것이며, 셋째는 조선의 예교 문화를 양명학적으로 뒷받침하는 것이다. 이것들은 중국이나 일본양명학과도 차별화되는 조선양명학의 특징으로 평가할 수 있다. 이 연구에서는 이 가운데 세 번째 부문, 즉 정제두가 조선의 예교 문화를 어떻게 양명학적으로 뒷받침하고 있는가를 다루고자 한다. 이를 통해 조선양명학의 한 특성을 규명함과 아울러, 하곡학을 양명학으로부터 정주학으로의 회귀로 보는 기존 연구의 한 관점이 재검토될 필요가 있음을 지적하고자 한다.[2)]

양명학은 일체의 문제를 마음으로 환원하여 해결하려는 경향이 있다. 이 때문에 양명학에서는 '예'에 관한 논의도 '마음'과의 연관 속에서 이루어진다. 마음이 예를 창출하는 근원으로 이해되는 것이다. 따라서 마음 밖의 객관적 윤리 규범이나 제도로서의 '예'를 섬세하게 탐구하지 않는 것이 양명학의 일반적인 특징이다.

그런데 정제두는 양명학자임에도 객관 규범과 제도로서의 '예'를 중시한다. 이점은 하곡학을 중국양명학과 비교할 때 가장 두드러지게 드러나는 특징이다. 이러한 특징은 정제두가 놓여 있었던 17~8세기 조선의 특수한 학술 상황과 밀접한 연관이 있다. 당시 조선은

---

2) 윤남한은 하곡 사상이 만년에 양명학에서 정주학으로 회귀했다고 주장한다. 그리고 그 논거를 만년에 제시된 하곡의 禮說과 服制說이 정주학적이라는 점에서 찾는다. 그는 "「존언」의 양명적 사상 표현과 소류의 예・복제설 중심의 정주적인 사상 경향은 그의 생애를 전・후기로 나누어 이를 상응시키는 것이다"라고 말한다.(『조선 시대의 양명학 연구』(집문당, 1982), 295쪽.)

예교화(禮敎化)되는 과정에서 예학에 관한 연구가 심화되고, 변례(變禮)를 해결하기 위한 논의뿐만 아니라, 국가 전례와 관련한 예설 논쟁이 일어난 바 있다. 정제두는 바로 조선에 이미 뿌리내린 이러한 예교 문화의 토대 위에서 예학에 대한 자신의 생각을 전개시킨다. 젊은 시절부터 일상생활에서 준수해야 할 행위 준칙들을 정리하였고, 자신의 상제례에 대한 유교(遺敎)를 남겼으며, 당대의 최고 예학가들과 예에 관한 토론을 진행하였고, 말년에는 학계의 원로로서 국가 전례에 대한 왕실의 자문에 응답하기도 했다. 이처럼 젊은 시절부터 만년에 이르기까지 예에 대한 정제두의 관심이 적지 않았음에도 그의 예학에 관한 기존 연구는 매우 부족한 편이다.

정제두의 예학에 관한 기존 연구로는 윤남한, 김윤정, 아즈마 쥬지[吾妻重二], 이남옥의 연구가 있다. 윤남한은 하곡학에 대한 폭넓은 이해를 바탕으로 그의 예설을 다룬다. 그는 정제두의 예설(禮說)과 복제설(服制說)이 대체로 만년에 제시되고 있으며, 주자학적 성격을 띠고 있다는 점에 근거하여 정제두의 학문을 양명학으로부터 주자학으로 회귀했다고 주장한다.3) 정제두 예설에 대한 본격적인 연구는 김윤정으로부터 비롯되고 있다. 김윤정은 정제두의 예론은 양명학자 정제두의 사회 인식이라는 관점에서 사대부가의 상제례와 국가 전례에 대한 정제두의 인식에 나타난 특징을 탐색한다. 그는 정제두는 기본적으로 왕례(王禮)와 사례(士禮)를 구분하는 입장을 취함으로써 천하동례(天下同禮)를 주장하는 서인-노론계의 예론과는 차이점을 갖는다는 점을 밝힌다. 그리고 정제두가 예의 실용성을 강조하여 간소하고 따르기 쉬운 예에 주목하였으며, 그의 복제론 역시 왕권 강화를

---

3) 윤남한, 『조선 시대의 양명학 연구』, 집문당, 1982.

통하여 당쟁의 폐해를 해소하고 실리적인 정책을 추진하려고 했다는 점에서 양명학적 성분을 띠고 있다고 주장한다.[4] 김윤정의 연구는 정제두의 예설에 관한 최초의 본격적인 논의라는 점에서 학술적 가치가 있다. 또 정제두의 예설에 나타난 양명학적 특성을 일정 부분 제시함으로써 정제두의 예설에 대한 윤남한의 관점을 비판적으로 극복하고 있다는 점에서 주목할 만하다. 아즈마 쥬지는 정제두의 예학이 왕양명의 사상을 충실히 계승하고 있음을 실증적으로 고찰하고 있다. 즉 「임술유교(壬戌遺教)」에 나타난 종족 의례, 헌의(獻議)의 국가 전례, 「경의(經儀)」의 일상 생활상의 의례라는 측면과 정제두의 극기복례(克己復禮)와 박문약례(博文約禮)에 대한 이해를 분석함으로써 정제두의 예학이 예교(禮教)적인 면을 포함하여 왕수인의 사상을 충실히 계승하고 있음을 밝혔다.[5] 이 연구는 정제두 예학의 양명학적 특성을 비교적 풍부하게 조명하고 있다는 점에서 학술적 가치가 적지 않다고 하겠다. 이남옥은 정제두의 예론이 그 학문의 발전과 맞물려 변화되고 있다는 관점에서 정제두 예론의 변화 양상을 규명하였다. 그는 정제두 예론은 초기 『가례』 중심의 예론으로부터 시제(時制) 중심의 예론으로 변화되는 과정을 거쳤다고 주장한다.[6] 이남옥의 연구는 정제두 예론의 변화 과정을 풍부한 자료를 토대로 세밀히 조명하고 있다는 점에서 의의가 있다고 하겠다.

정제두 예학의 전모를 살피기 위해서는 예제(禮制)와 예론(禮論)의 두 측면을 함께 탐구해야 한다. 예제는 행위 주체의 몸과 마음을 규

4) 김윤정, 「霞谷 鄭齊斗의 宗法 시행과 禮論」, 『인천학연구』 9, 인천대학교 인천학연구원, 2008.

5) 吾妻重二, 「鄭齊斗の禮學 -陽明學と禮教」, 『양명학』 36, 한국양명학회, 2013.

6) 이남옥, 「霞谷 禮論의 변화 양상」, 『圃隱學研究』 18, 2016.

율하는 행위 준칙과 가례나 국가 전례에서 지켜야 할 원리와 세부 절목들을 성문화·제도화한 것을 가리키고, 예론은 예의 의미와 기능 및 근본과 실천 방법 등에 대한 이론적 탐구를 가리킨다. 그런데 본 연구에서는 이 가운데 정제두의 예제 인식에 나타난 특성을 규명하는 것으로 그 연구 범위를 제한하고자 한다. 그 이유는 정제두에게서 예제에 대한 인식과 예의 근본에 대한 이해 사이에 적지 않은 차이점이 발견되기 때문이다. 객관 규율과 제도로서의 예에 대한 정제두의 이해는 대체로 주자 예학에 근본을 두면서도 간이함과 실천성을 추구하고 조선에서 수립한 시제를 중시하는 반면, 예의 근본에 대한 이해에서는 기본적으로 양명학의 관점을 견지하고 있다. 정제두 예학의 이러한 특징은 의례와 제도로서의 예를 존숭하는 조선의 주자학적 예교 문화를 수용하면서도, 예의 근본을 순수한 천리의 마음에 설정함으로써 예교를 수행할 수 있는 심성론과 공부론의 토대를 양명학에서 찾고 있다는 점에서 그 사상사적이고 문화다원론적인 의의를 찾을 수 있다.

이 연구에서는 제도적 차원에서의 예에 대한 정제두의 인식에 나타난 특성을 고찰할 것이다. 그 주요 분석대상 자료는 「경의(經儀)」, 「임술유교(壬戌遺敎)」, 국가 전례 논의에 정제두가 올린 헌의(獻議)들이다. 이들에 대한 분석을 통해 일상생활에서 사대부가 지켜야 할 행위 준칙인 의칙(儀則), 사대부가에서 행해지는 상제례, 그리고 국가에서 치루는 상제례에 대한 정제두의 인식에 나타난 문화다원론적 의의를 살펴보고자 한다.

2. 「경의(經儀)」의 체제와 내용

「경의」는 정제두가 어렸을 때 옛 성현들의 격언 가운데 일상생활의 실천 규범으로 사용할 수 있는 것들을 발췌하여 수시로 기록해서 간편하게 만든 것이다.[7] 여기에서는 「경의」의 체제와 내용 분석을 통하여 그 특징을 알아보고자 한다.

1) 「경의」의 체제

「경의」에는 본래 편목이 없었다. 뒤에 신대우(申大羽, 1735~1809)가 편목을 지어서 그 체제를 정리하였다.[8] 그에 따르면, 「경의」는 크게 두 부분으로 구성된다. 하나는 정제두가 지은 것이고, 다른 하나는 '추집(追輯)'으로 박세채가 뒤에 추가하여 보완한 것이다.[9]

정제두가 지은 부분은 통언(通言; 3조), 용모(容貌; 30조), 시(視; 11조), 좌(坐; 8조/궤설1/퇴계설1), 입(立; 8조), 보추(步趨; 23조/주자설1/주자사1), 배읍(拜揖; 12조/주자설1), 언어(言語; 36조/주자설1), 의복(衣服; 13조), 음식(飮食; 27조), 수수(授受; 6조), 상견(相見; 30조/禮見, 燕見, 往還, 請召, 進退, 延送, 道塗, 朱子事 각1조), 승거(升車; 13조/주자사1), 거처(居處; 49조), 소자의(少者儀; 16조), 종의(從宜; 4조/范氏說, 尹氏說, 輔

---

7) 『霞谷集』 권19, 「經儀」, "經常也, 儀猶法也. 文康鄭先生所集. 先生少時掇取古聖賢日用當行之格言可用爲儀者, 隨錄省便而已, 非以爲書也."

8) 『霞谷集』 권19, 「經儀」, "特著篇目, 俾後之慕先生者, 有所攷資焉."

9) 『霞谷集』 권19, 「經儀」, "追輯: 編後所錄, 蓋朴文純先生手筆, 先生似以是編奉質於文純而有此也."

氏說, 趙氏說 각1조), 잡기(雜記; 12조)로 구성되어 있다.

편목은 소학(小學)에서 익혀야 할 내용들로 구성되어 있다. 소학에서는 사회의 한 구성원으로 자립하는 데 요구되는 용모와 행동거지 및 언어생활 등에서의 행위 준칙을 익힌다. 「경의」에서는 소학에서 익혀야 할 행위 준칙들을 17개의 편목으로 분류하여 수록하고 있다. 그 가운데 통언, 용모, 보추, 언어, 음식, 승거, 거처, 종의, 잡기는 주자의 『의례경전통해』 「곡례」편의 편목과 일치한다. 따라서 「경의」의 체제를 구성할 때 『의례경전통해』 「곡례」편의 체제를 참고했음을 알 수 있다.

「경의」의 조목들의 출전은 매우 다양하다. 그 조목들은 『의례』 「사상견례」, 『예기』의 「곡례」, 「옥조」, 「내칙」, 「소의」, 「관의」, 「단궁상」, 「단궁하」, 「제의」, 「방기」, 「왕제」, 「잡기하」, 「간전(間傳)」, 『예기대전』, 『논어』의 「팔일」, 「이인」, 「공야장」, 「자한」, 「향당」, 「계씨」, 「자장」, 「요왈」, 『논어집주』 「선진」, 『논어정의』, 『맹자』 「고자하」, 『이정유서』, 『소학집주』의 「가언・광경신」, 「실경신」, 「선행」, 「장사숙좌우명」, 「계고」, 「연평답문」, 「주자행장」, 『주자전서』 「예4・잡의」, 「학1・소학」, 「학5・교인」, 「경재잠」, 「주례・춘관」, 『주자어류』, 『가례』 「사마씨거가잡의」(『성리대전서』 「사마씨거가잡의」), 『의례경전통해』의 「왕조례」, 「학례4・곡례」, 「학례・제자직」, 『서산독서기』 「주자전수」, 『퇴계집』 「답김돈서(答金惇敍)」(丁巳), 『율곡전서』 「성학집요」, 「격몽요결」, 「자경문」 등에서 발췌 수록되어 있다.

박세채가 추가로 보완한 부분의 편목은 통언(6조), 용모(3조), 시(3조), 청(聽; 2조), 보추(1조), 배읍(1조), 언어(1조), 잡기(1), 진백(陳柏)의 「숙흥야매잠(夙興夜寐箴)」, 주자의 「경재잠(敬齋箴)」으로 구성되어 있다. 그 조목들의 출전은 『상서』「홍범」, 『예기』의 「곡례」, 「소의」, 「옥조」, 위식(衛湜)의 『예기집설』, 『논어』의 「술이」, 「향당」, 「안연」, 「자로」, 「태백」, 『맹자』「이루하」, 『장자전서』, 『의례경전통해』「가례」, 『소학집주』, 『이락연원록』이다. 정제두가 직접 발췌한 것과 비교할 때, 『논어』에서 발췌한 조목이 비교적 많고, 『상서』「홍범」과 『장재집』 및 『이락연원록』이 활용되고 있는 점이 특징적이다.

「경의」의 체제상의 특징 가운데 하나는 경문의 배치에서 드러난다. 「경의」에서는 경문의 한 조목에 실린 내용들을 세부 편목에 나누어 배치함으로써 실제로 활용하는 데 편리하게 했다.

예를 들면, 『예기』「옥조(玉藻)」의 한 조목인 '구용(九容)'[10] 가운데, 족용중(足容重)은 보추, 수용공(手容恭)은 용모, 목용단(目容端)은 시(視), 구용지(口容止)는 용모, 성용정(聲容靜)은 언어, 두용직(頭容直)은 용모, 기용숙(氣容肅)은 용모, 입용덕(立容德)은 입(立), 색용장(色容莊)은 용모의 편목으로 세밀하게 분류하여 배치하였다. 또 『논어』「계씨」편의 한 조목인 '구사(九思)'[11] 가운데, 시사명(視思明)은 시(視), 청사총(聽思聰)은 용모, 색사온(色思溫)은 용모, 모용공(貌思恭)은 용모, 언사충(言思忠)은 언어의 편목에 배치시키고, 나머지 사사경(事思敬), 의사문(疑思問), 분사난(忿思難), 견득사의(見得思義)는 별도의 편목으로 나누지 않았다. 아마도 그 내용이 마음을 다스리는 것으로, 몸을 움직일 때의 행위 준칙과는 거리가 있기 때문인 듯하다. 대신 각 조목에 주석을 달았다. 사사경(事思敬)에 대해서는 '하나의 일을 할 경우에 공경하고

10) 『禮記』, 「玉藻」, "足容重, 手容恭, 目容端, 口容止, 聲容靜, 頭容直, 氣容肅, 立容德, 色容莊."

11) 『論語』, 「季氏」, "君子有九思. 視思明, 聽思聰, 色思溫. 貌思恭, 言思忠, 事思敬, 疑思問, 忿思難, 見得思義."

삼가지 않음이 없다[一事之作, 無不敬愼]', 의사문(疑思問)에 대해서는 '마음에 의문이 있으면 반드시 먼저 깨달은 이에게 가서 자세하게 물어서 알지 못하는 것을 그냥 나두지 않는다[有疑于心, 必就先覺審問, 不知不措]', 분사난(忿思難)에 대해서는 '화가 나면 반드시 징계하고, 이치로 스스로를 이긴다[有忿必懲, 以理自勝]', 견득사의(見得思義)에 대해서는 '재물에 임해서는 반드시 의와 리를 분명히 분별하고 의리에 합한 연후에 그것을 취한다[臨財必明義利之辨, 合義然後取之]'고 풀이하였다. 그런데 이 주석들은 모두 율곡 이이(李珥)의 『격몽요결(擊蒙要訣)』「지신장(持身章)」에서 따온 것이다.

이상에서 언급한 이러한 배치 방식은 예를 실천하는 주체인 몸을 닦는 데 요구되는 준칙들을 세부적인 편목으로 분류함으로써 실제로 활용하는 데 편리하게 했다는 점에서 의의가 있다고 하겠다.

2) 내용 분석

신대우는 「경의」의 발문에서 "여기에서 선생 학문의 박실(朴實)함이 근본하는 바가 있으며, 밖에서 구하지 않은 실질을 더욱 볼 수 있다."[12]고 말한다. 「경의」에서 정제두 학문의 박실하고[13], 내면에서 실질을 구하는 특징[14]을 살필 수 있다는 것이다. 여기에서는 「경

12) 『霞谷集』 권19, 「經儀」, "然於此益見先生之學朴實有所本, 而不求外之實矣."

13) 『霞谷集』 권11, 「請設書院儒疏」, "若其平居進學修業之工, 則其於五經, 若誦己言, 循環熟複, 老而彌篤. 至若四子, 尤所專心, 至於三省一貫之旨, 克己復禮之訓, 誠有所深體而妙契者焉. 常以讀一句踐一句, 窮一事行一事, 爲至訣要道, 眞知實履, 足目齊到, 其用工之朴實親切有如是者."

14) 『霞谷集』 권11, 「門人語錄」, "世之學者爲人, 而先生之學爲己. 世之學者務於外, 而

의」의 내용을 분석하되 정제두 학문의 양명학적 특징인 '박실(朴實)'과 '전어내(專於內)'의 사례들에 주의를 기울일 것이다.

「경의」는 일상생활의 몸가짐과 행동거지에서 실천 규범으로 사용할 수 있는 옛 성현들의 격언들을 모아서 활용하기 편리하도록 17개의 항목으로 분류하여 간편하게 정리한 것이다. 이 때문에 「경의」의 내용들은 일상생활에서 몸을 닦는 데 필요한 옛 성현들의 지침으로 이루어져 있다. 여기에는 옛 성인을 표준으로 삼아 자신을 돈독하게 닦음으로써 사회의 한 구성원으로 자립할 뿐만 아니라, 나아가서 스스로 성인이 되고자 하는 정제두의 의지가 담겨 있다.[15)]

정제두는 「경의」에서 일상생활에서 지켜야 할 몸가짐과 행동거지를 17개의 편목으로 나누어 정리한다.

'통언'에서는 수기(修己)의 요체가 경(敬)임을 밝힌 『예기』「곡례상」의 첫 번째 조목 가운데 '毋不敬, 儼若思, 安定辭'를 먼저 수록하고, 이어서 『예기』「옥조」의 구용(九容)과 『논어』「계씨」의 구사(九思)를 수록하고 있다. 그런데 여기에서 특징적인 것은 『예기』「곡례상」 첫 번째 조목인 '毋不敬, 儼若思, 安定辭, 安民哉' 가운데 '安民哉'를 발췌에서 제외했다는 점이다. 그것은 「경의」의 저술 동기가 몸을 닦는 공부에 필요한 지침들을 모아 정리하려는 데 있었던 것과 관계가 있다. '毋不敬, 儼若思, 安定辭'는 몸을 닦는 공부이지만, '安民哉'는 공부를 통하여 도달하게 되는 효과이다.[16)] 정제두는 의례를 실천하는 주

先生之學專於內."

15) 『霞谷集』 권11, 「請設書院儒疏」, "其立志之高也, 必以古聖人自期待, 其修己之篤也, 必以古聖人爲準的."

16) 『晦菴集』 권50, 「答潘恭叔」. ; 『陳澔禮記集說』. 朱子曰: "首章言君子脩身, 其要在此三者, 而其效足以安民, 乃禮之本. 故以冠篇."

체인 몸을 닦는 공부에 절실히 요구되는 부분만 뽑은 것이다.

'용모'에서는 몸가짐과 관련하여 지켜야 할 다양한 의칙들을 수록하고 있다. '몸가짐은 공손하게 할 것을 생각한다[貌思恭]'를 필두로 해서, 귀로 들을 때의 모습, 머리 모습, 입모습, 기운의 모습, 안색, 손모습, 물건을 받들 때의 모습, 묘당에서의 몸가짐, 거상(居喪)을 하는 동안의 모습, 잠잘 때의 몸가짐 등을 수록하였다.

'시(視)'에서는 사물이나 사람을 볼 때, '좌(坐)'에서는 자리에 앉을 때, '입(立)'에서 서 있을 때, '보추(步趨)'에서는 걸음을 걸을 때, '배읍(拜揖)'에서는 배례를 할 때, '언어(言語)'에서는 대화를 할 때, '의복(衣服)'에서는 옷을 입을 때, '음식(飮食)'에서는 음식을 먹을 때, '수수(授受)'에서는 물건을 주고받을 때, '상견(相見)'에서는 사람을 만날 때, '승거(升車)'에서는 수레를 탈 때, '거처(居處)'에서는 집에 거처할 때, '소자의(少者儀)'에서는 젊은 사람이 윗사람을 대할 때 지켜야 할 의칙들을 수록하고 있다. 각 편목마다 일상생활에서 직면하게 되는 다양한 상황의 특수한 내용을 고려하여 그에 알맞게 대응할 수 있는 행위 준칙들을 소개하고 있다. 이것들은 모두 행위 주체의 몸가짐과 행동거지를 알맞게 단속하여 실생활에서 다른 사람들과 원활하고 조화로운 관계를 유지하는 데 절실한 규범들이다.

'종의(從宜)'에서는 '예는 상황의 합당함을 따른다', '일이 의로움[義]을 해치지 않는다면 시속(時俗)을 따를 수 있지만, 의로움을 해친다면 시속을 따라서는 안 된다'는 등의 내용을 수록하고 있다. 이것은 예가 구체적 상황의 합당함을 추구하며, 의로움[義]을 요구하는 의식에 기초해 있음을 강조한 것이다.

'잡기(雜記)'에서는 성에 오를 때, 문으로 들어갈 때, 당에 오를 때, 다른 사람이 머무는 방에 들어갈 때, 두 사람이 나란히 있을 때, 여러 사람이 자리에 앉을 때의 위치, 길을 갈 때 남자와 여자의 위치, 상사(喪事)에 사람들을 대할 때 지켜야 할 의칙 등을 수록하였다.

정제두는 「경의」를 저술하면서 철저히 자신이 놓여 있는 '선비[士]'라는 사회적 지위에서 자신을 닦는 데 절실하게 요구되는 행위 규범들을 여러 경문에서 발췌하여 수록하였다. 이 때문에 경문 가운데 한 조목 내의 말이라도 자기 수양에 절실하지 않은 내용들은 취하지 않았다. 예를 들면 '보추'에 실린 '士中武, 徐趨皆用是'는 『예기』 「옥조(玉藻)」의 '君與尸行接武, 大夫繼武, 士中武. 徐趨皆用是[시(尸)와 더불어 걸을 때, 군주는 뒷발이 앞발의 발자국의 반을 밟도록 걷고, 대부는 앞뒤의 발자국이 서로 이어지도록 걷고, 사는 앞뒤의 발걸음이 발자국 하나만큼의 간격을 두도록 하여 걷는다. 천천히 가는 경우 모두 이 시(尸)와 더불어 걸을 때 하는 보폭의 절도를 이용한다.]'에서 따온 것이다. 그런데 정제두는 군주, 대부, 사(士)의 걸음걸이 법도 가운데 사(士)의 법도만 언급하고 있다. 정제두는 선비 계층에 있는 자신이 실제로 실행해야 할 예법에 관심을 가진 것이다. 또 '언어'에 실린 '與大人言. 言事君. 與老者言. 言使子弟. 與幼者言. 言孝悌于父兄. 與衆人言. 言忠信慈祥. 與居官者言. 言忠信'은 『의례』 「사상견례」의 '凡言非對也, 妥而後傳言. 與君言, 言使臣, 與大人言, 言事君, 與老者言, 言使弟子, 與幼者言, 言孝弟於父兄, 與衆言, 言忠信慈祥, 與居官者言, 言忠信[모든 말은 대답하는 경우가 아니면, 편히 앉은 다음에 말을 전한다. 군주와 말할 때는 신하를 부리는 일에 대해 말한다. 대인과 말할 때는 군주를 섬기는 일에 대해 말한다. 노인과 말할 때는 자제(子弟)를 부리는 일에 대해 말한다. 어린이와 말할 때는 부형에게 효제(孝悌)함에 대해 말한다. 여러 사람과 말할 때는 충성·신의·자애·상서[祥]에 대해 말한다. 관직에 있는 자와 말할 때는 충성·신의에 대해 말한다.]'에서 따온 것이다. 그런데 정제두는 군주와 더불어 말할 때의 예법은 발췌하지 않았다. 아직 벼슬하지 않은 정제두의 입장에서 군주와 말할 때의 예법은 자기에게 절실한 것이 아니었기 때문에 생략하였다. 정제두는 '사(士)'의 계층에 있는 자신이 일상생활에서 지켜야 할 절실하고 비근한 예법을 정리하여 실생활에서 몸소 실천하고자 했던 것이다.

「경의」의 내용은 모두 일상생활에서 자기를 닦는 데 실제로 사용할 수 있는 절실한 행위 규범들로 채워져 있다. 그리고 그 규범들에는 타인을 배려하고 공경하는 마음이 스며들어 있다. 따라서 그 행위 규범들을 익히고 실천하는 과정에서 타인에 대한 배려와 공경심이 저절로 배양된다. 타인에 대한 배려와 공경심은 『소학』의 기본 정신이다. 조선의 유자들은 일찍이 『소학』을 중시해왔다.[17] 정제두도 조선의 이러한 학문 전통을 계승하고 있다. 『소학』을 중시하는 조선 예교 문화의 토양 위에서 정제두는 소학에서 익혀야 할 행위 준칙들을 보다 간략하게 요약하여 일상생활에서 쉽게 실천할 수 있게 만들었다. 이러한 점은 의례가 형식에 흐르는 것을 경계하고, 간이함과 실천을 중시하는 양명학적 특성이 발휘된 것이라고 하겠다.[18]

17) 이봉규는 『소학』과 『가례』가 조선시대 유학, 특히 조선후기 유학의 교육에서 학파적 차이를 넘어서 점점 그 비중이 높아지고 있는 것을 조선성리학의 한 개성으로 보고 있다. 이봉규, 「함양론과 교육과정으로 본 조선성리학의 개성」, 『퇴계학보』 128(퇴계학연구원, 2010), 123~124쪽.

18) 吾妻重二는 '「경의」에 보이는 정제두 예학의 특징은 자신의 몸가짐과 행동거지를 바르게 하는 데 실제로 사용할 수 있는 의례에 관심을 기울이고 있다는 점이다. 일상적인 의례가 형식에 흐르는 것을 경계하여, 정신성과 실천성의

3. 「임술유교」에 나타난 상제례에 대한 인식

「임술유교(壬戌遺敎)」는 정제두가 34세(1682) 때 병이 갑자기 악화되어 여러 차례 생명이 위태롭게 된 상황에서 뒷일을 아우인 정제태(鄭齊泰)에게 맡기면서 쓴 글이다.[19] 거기에는 '가사를 누가 주관해야 하는지', '자신에 대한 상제례를 어떻게 치룰 것인지', '양명학에 대한 정제두 자신의 신념', 그리고 아들 정후일에게 남긴 당부 사항으로서 '경서를 익힐 때 유의해야 할 점', '건강 관리에 유의하고 오로지 경학에 뜻을 둘 것', '성현지학의 종지인 구인지학(求仁之學)을 따를 것' 등을 기술하고 있다.

1) 상제례에 대한 인식

먼저 정제두는 "부인이 비록 현철할지라도 가사(家事)는 남자가 주관해야 한다"[20]고 말한다. 가사를 남자가 주관해야 집안에 영이 서서 잘 다스려질 수 있다고 여긴 것이다. 남녀평등을 지향하는 오늘날의 관점에서 볼 때 정제두의 이러한 생각은 비판의 대상이 될 수 있다. 그러나 가부장 제도가 조선 사회를 유지하는 기본틀로 작용하고 있었던 당대 현실을 감안하면 충분히 이해 가능하다. 정제두

자각을 중시하면서 의례를 습득하려고 한 것은 왕수인 예학의 특징이다. 정제두의 「경의」도 그런 양명학의 측면을 계승 발전시킨 것으로 볼 수 있다.'(吾妻重二, 「鄭齊斗の禮學 -陽明學と禮教」, 『양명학』 36, 한국양명학회, 2013)고 평가한다.

19) 『霞谷集』, 「年譜」, "年先生疾益劇. 累瀕危殆. 手疏身後事付季氏廣州君."

20) 『霞谷集』 권7, 「壬戌遺教」, "凡家事, 惟丈夫主之. 婦人則雖有哲婦, 不宜當家與政."

역시 주어진 현실 조건의 제약 위에서 구체적인 사안에 대한 실질적인 해법을 찾고자 했던 것이다.

정제두는 자신의 상제례에 대해 몇 가지 당부 사항을 남긴다. 상례에 관해서는 상례의 기본 정신, 관재(棺材), 관에 흙을 바르거나 칠을 하는 문제, 반함, 염습, 상제례에 준거할 예서, 부인복과 시자복, 제전에 유밀과를 쓰는 문제, 장례 기일, 행상할 때 유의 사항, 매장할 때의 유의 사항, 만장과 삽의 사용 문제, 묘지(墓誌) 처리 방법 등을 서술하고 있다.

제례에 관해서는 초하루에 참배할 때의 유의 사항, 묘제를 행할 때의 지침, 날을 가려서 산소에 갈 때의 유의 사항, 평일에 집에서 제사를 지낼 때의 지침과 제례의 종지, 일체 제례의 주관자, 제전(祭田)을 두는 문제 등을 언급하고 있다.

상제례에 대한 정제두의 유교(遺敎)에는 그의 예학의 몇 가지 특징이 나타난다.

첫 번째 특징으로는 상제례에 대한 기본 정신에 투철하다는 점이다. 그에 따르면 상례는 살아 있는 사람의 차마 하지 못하는 어진 마음[仁]에서 나오는 것이다.[21] 따라서 자신의 경제적인 형편을 고려하여 상례를 치루되, 이 마음을 다하기만 하면 된다. 자신의 경제적인 형편을 고려하지 않고 무리하게 빚을 내면서까지 후장을 치르는 것은 이 정신에 어긋난 것이다.[22] 상례의 기본 정신에 대한 이러한 인식은 제례에서도 똑같이 드러난다. 그는 '집에 재산이 있고 없는 것에 따라서 하되 애경(愛敬)의 정성을 다하는 것'이 바로 제례의 종

21) 『霞谷集』 권7, 「壬戌遺教」, "聖人制作, 爲之厚葬, 只是生者不忍之仁耳, 非有補於死者也."

22) 『霞谷集』 권7, 「壬戌遺教」, "世俗至有假貸苟求而充備, 則非正理也."

지라고 단언한다.[23] 예의 근본정신을 '불인지심의 인'이나 '애경의 정성'에서 찾은 것은 공자로부터 비롯하여 맹자와 주희 및 왕수인을 통해 내려오는 전통이다.[24] 이것은 정제두가 공자와 맹자, 그리고 주희와 왕수인을 통해 내려오는 예학의 전통을 계승하고 있음을 보여준다.

두 번째 특징으로는 절검(節儉)을 들 수 있다. 이 특징은 상례의 경우에는 '관재는 좋은 것을 고르지 말고 평범한 것을 사용하라', '습염은 평소에 입던 것으로 하되 습의는 세 가지, 염의는 십여 가지에 지나지 않게 하라', '묘자리를 정하거든 곧 장례를 지내고 빈은 오래 차리지 말라', '장례에 곽(槨)을 쓰지 말라'는 등의 언급에 잘 나타난다. 그리고 제례의 경우에는 '애경의 정성을 다하는 것이 제례의 종지이니, 진실로 이를 알아서 절약하여 간략함에 따르고, 마땅히 내 스스로 좋아하는 바를 지키라.' '기일에는 여러 자성(子姓)들이 시속에서 행하는 것처럼 떡과 술을 집에서 만들어 진설하지 말고 제사 때에 여러 아들은 각자 정성과 능력에 따라서 제물을 가지고 가서 제사를 돕는 것이 마땅할 것이다.' '초하루에 참배하는 것은 제헌(祭獻)과 같은 것이 아니니 다만 효과(肴果) 한 가지만 써도 좋다.' '평일에 집에서 제사할 때, 나에게는 어육반병(魚肉飯餠)과 소과(蔬果) 몇 가지를 겸하되 대강 『가례』에 따르며, 또한 간략함에 좇아서 베풀고 반찬은 다만 두 반만 차릴 것이니, 한 반은 반병(飯餠)을 쓰고 한 반은 주과(酒果)를 쓰면 족하다'는 등의 언급에서 살필 수 있다.

---

23) 『霞谷集』 권7, 「壬戌遺教」, "禮言稱家有無, 而主於盡愛敬之誠而已者, 此祭禮之宗旨也."

24) 『家禮』 권5, 「祭禮」, "凡祭主於盡愛敬之誠而已." ; 『王陽明全集』 권7, 「禮記纂言序」, "經禮三百, 曲禮三千, 無一而非仁也, 無一而非性也."

세 번째 특징으로는 간략함을 들 수 있다. 이 특징은 상례에서는 '『가례』에는 다만 소렴(小斂)이 있을 뿐이고 대렴이 없으며, 염금(斂衾)하여 관에 넣을 따름이니 간략함을 따르기 위한 것이다', '상례와 제례의 경우 『가례』는 간략함을 좇았으나, 『상례비요(喪禮備要)』는 다시 고례(古禮)를 더하였으므로 (그 사이에는 더러 부득이하게 사용되는 곳을 따른 것이 있지만, 대체의 뜻은 『가례』에 원래 갖추어져 있다.) 알맞게 따르기가 어려우니, 지금은 다만 『가례』에 좇아서 행하면 그 대요(大要)를 잃지 않을 것이다.' '행상(行喪)할 때는 마땅히 짧은 수레를 만들어 혹 사람이 끌거나 소와 말이 끌게 하라. … 대개 인부(人夫)를 쓰지 않고 생략함을 좇으려는 것이다. 그러나 만약 불편하면 혹 인부를 고용하여 이를 메고 가게 하되 역시 간략함을 좇아서 하여라.' '묘지(墓誌)는 다만 한 조각 돌을 쓰되 세계와 죽고 장사한 것을 대강 써서 묻을 것이다. 글자가 많아 말이 헛되어서는 안 된다. … 뒷날에 만일 묘를 표시하고자 한다면 다만 조그마한 돌을 세워서 여섯 자를 써서 우계(牛溪) 성혼(成渾) 선생의 일과 같이 할 뿐이니, 『가례』가 본래 이와 같다. 세속에서 쓰는 보기 좋은 것은 모두 베풀어서는 안 된다'는 발언을 통해 확인할 수 있다. 제례의 경우는 '내 아래부터는 생일제(生日祭)를 지내지 말라. 내 제사부터는 기일에 부부는 다만 본위(本位)만 차릴 것이다.' '묘제는 산에서 행하고, 또한 여러 위(位)를 아울러 갖추려면 정성을 다하기가 가장 어려우니 항상 마른 제물을 써서 간략함을 좇으라. 혹 제막(祭幕)에서 행제하거나 또한 사절일(四節日)의 제사는 율곡(栗谷) 선생의 설을 좇는 것이 좋을 것이다'는 유교에 보인다. 예에서 간략함을 추구하는 것은 양명학에서 두드러지게 나타나는 특성이다.[25]

네 번째 특징으로는 상제례에 관한 유교(遺敎)에서 의거하는 예서 혹은 예설이 주자학의 예설을 따른다는 점이다. 정제두가 상제례에 대한 유교에서 의뢰하는 예서는 기본적으로 『가례』이다. 그는 『가례』가 애경을 예의 근본으로 삼고 있으며, 그 상제례에 관한 내용이 기본적으로 검소하고, 질박하며 간략하다고 평가하고 있다. 『가례』는 조선의 사대부가에서 의례 준칙을 거행할 때 참고하는 기본서였다.[26] 정제두도 『가례』를 중시하는 전통을 계승하고 있다. 그는 『가례』를 중시하는 조선 예교 문화의 토양 위에서 『가례』에 근본을 두면서도 그것을 보다 간략하게 만들어 실행하기 쉽게 했다. 이것은 간이함을 추구하는 양명학적 특성이 잘 발휘된 것이라고 할 수 있다. 『가례』 이외에도 정제두가 의거하는 예설과 모범 사례로는 소옹(邵雍)의 습의법, 성혼의 명정 사용, 제막이나 사절일 제사에 대한 율곡의 예설, 국속의 사절에 대한 율곡의 「격몽요결」, 제전을 두는 점에 대한 성혼의 사례 등이 제시되고 있다.[27]

다섯 번째로는 잘못된 시속에 대한 비판의식을 들 수 있다. 시속에 대해 정제두는 '그것이 의리에 맞으면 따를 수 있지만, 의리에 어긋나면 따라서는 안 된다'는 입장에 서 있다. 그는 도리에 맞지

---

25) 『王陽明全集』, 卷六 文錄三, 「寄鄒謙之」二, "承示《論俗禮要》, 大抵一宗《文公家禮》而簡約之, 切近人情, 甚善甚善! … 古禮之存於世者, 老師宿儒當年不能窮其說, 世之人苦其煩且難, 遂皆廢置而不行. 故今之為人上而欲導民於禮者, 非詳且備之為難, 惟簡切明白而使人易行之為貴耳."

26) 장동우는 행례・주석・변례의 측면에서 이루어진 조선시대 『가례』 연구의 진전 양상에 대한 분석을 토대로 사가례를 통해 민간에서 구현한 동아시아 사회의 예치가 조선에서 정점에 이르렀다고 주장한다. 장동우, 「조선시대 『가례』 연구의 진전」(『태동고전연구』 31, 태동고전연구소, 2013), 210쪽.

27) 김윤정은 정제두가 牛溪 成渾의 예설을 중시한 것은 그의 소론적인 가계와 학통을 보여준다고 할 수 있다고 평가한다.

않는 시속으로 '제전(祭奠)에 유밀과(油蜜果)를 쓰는 것', '무당을 통하거나 불사(佛事)를 행하는 것', '반함(飯含)할 때 쌀을 이와 입술 사이에 넣는 것' 등을 들고 있다.

여섯 번째로는 종자(宗子) 중심의 종법 확립과 종중 질서를 중시했다는 점이다. 이것은 '일체의 제례는 종손이 주관해야 한다', '제전(祭田)을 마련하여 제사를 영구히 보존하라'는 유교(遺教)에서 확인할 수 있다.

「임술유교」에 나타난 상제례에 대한 인식에서 정제두는 『가례』를 중시한다. 그는 『가례』의 가르침에 따라 상제례를 거행하는 조선 예교 문화의 정신과 전통을 계승하고 있는 것이다. 그러나 그는 『가례』에 근본을 두면서도 그 의식 절차를 보다 간략화하여 실천하기 쉽게 만들었다. 이것은 실천을 중시하는 양명학의 정신이 발휘된 것으로서, 정제두 당시 조선의 예학가들이 『가례』의 미비점을 보완하기 위해 『가례』를 점점 더 복잡하고 번다하게 만든 것과는 구별된다.

2) 양명학에 대한 이해: 성인지학으로서의 양명학

「임술유교」에는 상제례 이외에 학술에 관한 지침이 기술되어 있다. 정제두는 양명학에 대한 자신의 신념을 밝히면서, 아들 정후일에게 양명학을 익힐 것을 당부한다. 그는 양명학을 주돈이(周敦頤)와 정호(程顥)의 뒤를 이어 성인의 참된 가르침을 얻은 학문이라고 주장한다.[28] 여기에서 주목할 만한 것은 성인의 학문이 전해지는 도통의

28) 『霞谷集』 권7, 「壬戌遺教」, "後世學術不能無疑. 竊恐聖旨有所未明, 惟王氏之學, 於

맥락에서 주자학을 제외시켰다는 점이다. 이것은 그가 천리를 인의예지의 성(性)으로 여겨서, 의리와 심성을 하나로 보고 심성에서 인(仁)을 구하는 구인지학(求仁之學)을 성인의 학문으로 이해한 데서 연유한다. 왕수인의 양지학은 의리와 심성을 분리시키지 않는 반면, 주자학은 의리와 심성을 둘로 나누어 보기 때문에 성인의 학문과 어긋난다고 본 것이다.[29] 정제두의 이러한 관점은 조선사상사에서 가장 먼저 표명된 것이라는 점에서 사상사적으로 적지 않은 의의가 있다고 하겠다.

「임술유교」의 상제례에 대한 인식은 기본적으로 『가례』에 근본을 두고 있다. 그런데 정제두는 「임술유교」에서 양명학을 익힐 것을 함께 당부하고 있다. 이것을 통해서 보면 적어도 그에게서 『가례』에 근본을 둔 상제례를 실천하는 일과 양명학 공부 사이에는 전혀 괴리가 없다. 오히려 그는 구인지학(求仁之學)인 양명학을 통하여 예의 실천 근본인 어진 마음을 함양함으로써 조선의 예교 문화를 구현할 수

周程之後, 庶得聖人之眞. … (良知之學, 直是眞實, 只惟吾性一箇天理而已. 不是拘於文句, 逐於言語, 以爲論辨之資而已也. 須是知得至意所腦, 而領會之耳. 是人心良知之無不自知得者, 是耳. 惟實致之而已.)" / 『霞谷集』 권7, 「壬戌遺敎」, "獨心性求仁之學爲聖賢宗旨, 其要於《論》之求仁克復, 《孟》之存養集義, 《學》之明德至善, 《庸》之中和率性, 周程之無欲《定性》之書可見."

29) 정제두는 이러한 관점을 임술년에 박세채에게 보낸 편지글에서 분명하게 드러낸다.(『霞谷集』 권1, 「擬上朴南溪書」(임술(하곡 34세)), "後世學問, 惟其義理心性, 兩用其功, 故學者之於道, 未免二之, 視聖門求仁之學, 不能無貳. 某數年間憤悱積思, 竊欲一暴於函丈, 竭兩端以求正, 而恨未能也. 竊以爲天理卽性也(仁義禮智是也). 心性之旨, 王文成說恐不可易也. 一部『孟子』書, 明是可證, 而如庸學諸旨『論語』求仁唐虞授受, 其旨實無不同者. 若使彼果主一而廢一, 則固無可言, 今分與合之際, 一而二之之間, 所爭毫釐, 則正當極力明辨處爾. 伏惟門下豈非以狃常而廢之而已哉! 竊以此爲天地間大道理所係, 而某未克求正, 則不忍泯默, 敢此略布, 以冀垂諒焉.") 그리고 「學辯」에서 양명학적 도통론을 상세하게 기술하고 있다.

있다고 여긴 것이다. 말하자면 조선의 예교 문화를 양명학으로 밑받침하고자 한 것이다.

4. 국가 전례에 대한 이해

1) 단의빈 복제 논의와 정제두의 주장

(1) 단의빈 복제 논의의 발단과 전개

숙종(1661~1720) 44년(1718) 2월 7일 왕세자 경종(1688~1724)의 빈(嬪)인 단의빈(端懿嬪) 심씨(沈氏, 1686~1718)가 사망한다. 빈궁의 상사에 숙종과 인원왕후(仁元王后, 1687~1757)가 어떤 상복을 입어야 하는가를 두고 서로 다른 두 가지 의견이 제시됨으로써 논의가 일어난다. 하나는 기년복을 입어야 한다는 것이고, 다른 하나는 대공복을 입어야 한다는 것이다. 두 입장 모두 자기주장을 뒷받침하는 경전적 근거와 전례를 지니고 있었다.

기년복을 주장하는 이들이 의거하는 예문(禮文)은 『가례』와 『경국대전』 오복조의 '장자(長子)의 처의 상사에는 기년상(朞年喪)의 복제를 입는다'는 것이었다. 그리고 그 전례로는 경신년(1680, 숙종 6년) 인경왕후(仁敬王后, 1661~1680)의 상사에 현종의 비인 명성왕후(明聖王后, 1642~1683)가 기년복을 입었던 사례가 있었다.

반면 대공복을 주장하는 이들이 의거하는 예문은 『의례경전통해(儀禮經傳通解)』의 「천자제후정통방기복도(天子諸侯正統旁期服圖)」의 '적부

(嫡婦)의 상사에는 대공의 복제를 입는다'[30]는 것이었다. 그리고 그 전례로는 세종조 때 세자빈이었던 현덕왕후(顯德王后, 1418~1441)의 상사에 임금과 왕비가 대공복을 입은 사례가 있었다.

2월 8일 첫 번째 복제 논의에서는 『의례』와 세종조의 사례를 따라 대공복으로 결정된다. 당시에는 아직 경신년의 전례를 몰랐던 것이 주된 요인이었다. 그러나 2월 14일에 경신년의 사례가 새롭게 발견됨으로 해서 복제 문제가 다시 제기되고, 대신들의 논의를 통해 『가례』와 『경국대전』 오복조의 예문에 따라 기년복으로 개정하게 된다. 당시에 기년복을 주장한 인물들로는 영의정 김창집, 판중추부사 이이명, 행판중추부사 이유・서종태・김우항, 우의정 조태채 등이었다. 그런데 이들과 의견을 달리하는 이들도 없지 않았다. 대표적인 인물이 바로 송시열의 수제자인 권상하(權尙夏)였다. 그러나 권상하는 임금의 문의를 받았음에도 사양하고 답하지 않았다. 표면적인 이유는 당시 자신이 대신의 자리에 있지 않았기 때문이라고 하지만[31], 실제로는 갑인년과 같은 복제 논쟁이 다시 일어날까 우려했던 듯하다.

단의빈 복제에 관한 세 번째 논의는 8개월 뒤에 다시 일어난다. 숙종 44년 10월 9일 지평 이중협(李重協)이 대공복을 주장하는 글을 올린 것[32]이 직접적인 계기가 되었다. 그의 이의 제기를 받아들인

30) 『儀禮經傳通解』, "傳曰: 何以大功也. 不降其適也.【婦言適者從夫名. 疏曰: 父母爲適長三年, 今爲適婦不降一等服期者, 長子本爲正體於上, 故加至三年; 婦直是適子之妻, 無正體之義, 故直加於庶婦一等大功而已.】"

31) 『寒水齋先生文集』「寒水齋先生年譜」. 무술년(1718) 11월, "先生不以大臣自居, 初不進議. 因更令問議之命, 末乃獻議."

32) 『肅宗實錄』 41집, 숙종 44년 무술(1718) 10월 9일(계축).

왕세자가 대신들에게 단의빈 복제를 다시 의논하게 한 것이다. 이에 기년복과 대공복의 서로 다른 주장이 다시 충돌하게 된다.

(2) 단의빈 복제에 대한 2가지 상반된 주장과 논거

대공복을 주장하는 이중협이 전거로 삼는 것은 다음과 같다.

1) 『의례』 상복도식(喪服圖式) 가운데 「천자제후정통방기도(天子諸侯正統旁期圖)」의 '장자(長子)는 참최, 적부(適婦)는 대공이고, 세부(世父)·숙부(叔父)·고(姑)·자매(姊妹)·형제(兄弟)·중자(衆子)는 복(服)이 없다.'[33] 이것은 이른바 천자·제후는 방기(旁期)를 끊은 것이다.

2) 『의례』 「상복대공장(喪服大功章)」 적부(適婦)조 전(傳)에 실린 '어찌하여 대공이 되는가? 적부(適婦)에게 강복(降服)하지 않기 때문이다.'의 구절에 대한 소(疏)의 '부모가 적장(適長)을 위하여 3년복을 입는데, 지금 적부(適婦)를 위하여 기년복을 입지 않는 것은 장자(長子)는 본래 위에 대하여 정체(正體)가 되므로 보태어 3년에 이르게 되나, 적부는 바로 적자(適子)의 처로서 정체의 의미가 없으므로 바로 중부(衆婦)에서 한 등급을 더한 대공일 뿐이다.'[34]

위의 전거 1)은 2월 8일 첫 번째 논의에서 이미 제시된 바 있다. 이중협이 새로 제시한 전거는 2)이다. 2)에는 부모가 적장자를 위하여 3년복을 입지만, 그 며느리를 위하여 기년복을 입지 않고 대공복을 입는 까닭을 설명하고 있다. 그것은 바로 적장자는 정체인 반면, 적부는 정체의 의미가 없기 때문이라는 것이다. 적부를 위해 대공복

---

33) 『儀禮經傳通解續』 卷十六上. 「天子諸侯正統旁期服圖」.

34) 『儀禮經傳通解續』 卷一. 「大功正服九月」條, "適婦. 傳曰: 何以大功也. 不降其適也. 【婦言適者從夫名. 疏曰: 父母爲適長三年, 今爲適婦不降一等服期者, 長子本爲正體於上, 故加至三年; 婦直是適子之妻, 無正體之義, 故直加於庶婦一等大功而已.】"

을 입는 『의례』의 이러한 규정이 『개원례』에 이르러 기년복으로 변화되고, 그것이 『가례』와 『경국대전』에 그대로 반영된다.

이상에서 보듯이 이중협은 고례인 『의례』의 조문을 근거로 대공복을 주장하고 있다. 그럼 왜 『가례』나 『경국대전』이 아니라, 『의례』를 전거로 삼아야 하는가? 이에 대해 이중협은 다음과 같이 말한다.

> 대저 의례(儀禮)의 절문(節文)은 주공(周公)에 이르러 크게 갖추어졌으니, 고례(古禮)를 회복시키기를 바라면서 의례를 버리고 다른 데에서 구할 수는 없습니다. 예의 근본은 진실로 인정에 인연한 것입니다. 그러나 그 융쇄(隆殺)하는 즈음에 저절로 선왕(先王)이 정한 제도와 경전(經傳)에 명백한 조문(條文)이 있으니, 세속의 얕은 지식이나 사서인(士庶人)이 인습으로 행하는 예를 가지고 미루어 변개(變改)할 수는 없습니다.[35]

조선은 일찍이 주(周)나라와 같은 예교 문화를 현실화하고자 한 나라이다. 조선왕조의 이러한 의지는 예제와 예서의 정비, 예절교육과 실천 등의 다양한 방면으로 표현됨과 아울러, 사회구성원들에 의해 공유된다. 이중협도 역시 조선을 주나라와 같은 예교 문화의 나라로 만들려는 조선의 의지를 공유하고 있다. 그런데 그는 조선을 주나라와 같은 예교 문화의 나라로 만들기 위해서는 마땅히 주공에 의해 정비된 『의례』를 준수해야 한다고 여긴다. 예가 비록 인정에 근본을 둔 것이기는 하지만, 구체적인 사안에 알맞은 의례를 행하기 위해서는 선왕이 정한 제도와 경전에 명백하게 제시된 조문을 준수해야 한다는 것이다. 그의 이러한 생각은 주나라의 문화를 조선에 행하고자 하는 존주 의식에서 나온 것으로, 예교 문화의 역사적 근

35) 『肅宗實錄』 41집, 숙종 44년 무술(1718) 10월 9일(계축).

원을 중시한다는 점에서 의의가 있다. 그러나 예교 문화가 역사의 전개 과정에서 시대에 따라 변화해 가는 그 생명성과 역동성을 홀시하고 고식적으로 옛것만을 준수하려고 한다는 점에서 문제가 있다.

당초 기년복을 주장했던 대부분의 대신들, 즉 이유, 판중추부사 이이명, 판중추부사 김우항, 우의정 이건명, 행판중추부사 서종태는 이중협의 이러한 주장을 반박한다. 이와 달리 행판중추부사 김창집은 기년복이 잘못되었다는 것을 인정하지만, 논의에 적극적으로 참여하지는 않는다. 또 행판중추부사 조태채도 처음과는 달리 자신의 의견을 제시하지 않는 태도를 취한다. 애초부터 대공복이 옳다고 여겼던 권상하는 이때도 답변을 유보한다.

이중협의 주장을 반박하는 이들의 논거를 정리하면 다음과 같다.

1) 며느리는 시부모를 위하여 기년복을 입고, 시부모는 며느리를 위하여 대공복을 입는다는 것은 고례의 규정이다. 그런데 만일 고례에 따라 시부모가 며느리를 위하여 대공복을 입는다면, 며느리는 시부모를 위하여 기년복을 입는 제도도 함께 시행할 수 있어야 한다.[36] 아들이 부모를 위해 3년복을 입는데, 그 아내인 며느리가 시부모를 위해 기년복을 입는 것은 인정에 어긋난다는 것이다.

2) 기년복 주장의 강화(1): 고례와 달리 후세에 며느리는 시부모를 위하여 3년복을 입고, 시부모는 며느리를 위하여 기년복을 입는 것은 의리의 후함을 따른 것이다. 그래서 주희도 그것을 『가례』로 정하였고, 조선에서 『경국대전』을 편찬할 때도 그것을 취하였다. 따라서 방례를 준수하여 대현이 고금의 의논을 참작한 데 맞게 하고, 시왕의 제도에 어긋나지 않게 하면 된다. 그렇지 않고 『의례』는 삼대

36) 『肅宗實錄』 41집, 숙종 44년 무술(1718) 10월 9일(계축). 李濡의 발언.

성왕의 제도이고, 주공의 글이기 때문에 당나라와 송나라 제유들의 논리로 줄이거나 보탤 수 없으며, 천자(天子)·제후(諸侯) 정통(正統)의 복(服)은 지극히 엄격하고 중대하여 사서인(士庶人)의 가례(家禮)로는 통용하여 시행할 수 없으니, 다만 삼고(三古)의 자취만 따르는 것이 마땅하다'고 한다면, 이것은 옛것만 고집스럽게 지키려는 것이다.[37]

3) 기년복 주장의 강화(2): 당(唐)나라·송(宋)나라 이래로 며느리가 시아버지와 시어머니를 위하여 입는 복을 3년으로 올렸는데, 시아버지와 시어머니는 적부(適婦)를 위해서 기년복을 입고, 중부(衆婦)에게는 대공복을 입게 하였으며, 그 뒤에는 그대로 따랐다. 『가례』와 『경국대전』 및 김장생(金長生)의 『상례비요』가 모두 이와 같다. 지금 만약 곡절(曲折)을 묻지 않고 곧바로 고례를 뒤따라 회복시키려고 한다면 이르는 곳마다 방해가 될 것이다.[38]

이러한 반박에 대해 이중협은 다시 글을 올려 '천자와 제후의 예는 본디 사서인과 차이가 있으니, 마땅히 『의례』의 정통 복도(正統服圖)를 표준으로 삼아 대공복을 입어야 한다'고 주장한다.[39] 『의례』의 조문을 따라야 하는 보다 본질적인 이유는 천자 및 제후의 예는 사서인의 그것과 차이가 난다는 점에 있다. 그리고 예를 아는 인사(人士)에게 널리 물어서 고례를 회복시킬 것을 요청한다. 이에 세자가 좌의정 권상하 및 예를 아는 여러 유신(儒臣)들에게 단의빈 복제에 대한 의견을 다시 구하게 한다.

권상하는 드디어 대공복이 옳다는 자신의 생각을 개진한다. 그 역시 의거하는 전거는 이중협의 그것과 같다. 그 핵심 주장은 "『의

---

37) 『肅宗實錄』 41집, 숙종 44년 무술(1718) 10월 9일(계축). 李頤命의 발언.
38) 『肅宗實錄』 41집, 숙종 44년 무술(1718) 10월 9일(계축). 李健命의 발언.
39) 『肅宗實錄』 41집, 숙종 44년 무술(1718) 10월 9일(계축).

례』에 천자와 제후는 방계(旁系)의 기년복은 끊고 오로지 정통에게만 복을 두었는데, 대개 아들에게는 기년복, 며느리에게는 대공복이 바로 정복(正服)이다"는 것이다. 그리고 후세에 위징(魏徵)이 주의(奏議)한 것으로 인하여 기년복으로 올려서 지금까지 인습(因襲)하고 있는데, 그것은 사가(私家)의 예이기 때문에 왕조의 고례와는 차이가 있다고 하여 기년복의 주장을 반박한다.40) 이것은 이중협의 주장과 궤를 같이하는 것이다.

(3) 단의빈 복제에 대한 정제두의 주장

정제두는 기년복을 주장하면서 이중협의 주장을 다음과 같이 논박한다.

> 고례에 시아버지와 시어머니를 위하여 기년복을 입는 경우와 며느리를 위하여 대공복과 소공복을 입는 경우가 있었는데, 당(唐)나라 개원(開元) 때부터 제도를 만들어 시아버지와 시어머니를 위해서는 3년으로, 며느리를 위해서는 기년과 대공으로 늘리어 송나라와 명나라 그리고 우리나라에 이르기까지 모두 적용하여 일정한 제도로 삼았습니다. 그리고 주자 같은 대현(大賢)도 그것을 편찬하여 일정한 예로 삼아 이미 후왕의 한 가지 법을 이루게 되었습니다. 지금 논한 바는 반드시 정통복(正統服) 하나의 도(圖)를 주장으로 삼고 그 밖의 도설(圖說)은 모두 논하지 않았다 한다면, 이는 다만 군주 높이는 것을 위주로 말을 한 것이며, 예의 전체를 통하여 의논한 것은 아닙니다. 그러나 상복 가운데 그 밖의 복(服) 그림[圖]은 유독 『의례』의 글이 아니겠습니까? 그 처(妻)가 남편의 친족[夫黨]을 위해 입는 복(服) 그림에 시아버지와 시어머니를 위하여 부장기복(不杖期

40) 『肅宗實錄』 41집, 숙종 44년 무술(1718) 10월 9일(계축). ; 『寒水齋先生文集』 제3권, 「端懿嬪喪大殿朞大功當否議(十月)」.

服)을 입는다는 것도 바로 주공(周公)의 경문입니다. 그러니 만일 후왕으로서 예법을 제정하고 음악을 제작하려는 이가 있으면, 반드시 근원을 따라 이해하여 먼저 시아버지와 시어머니의 복을 정한 후에야 며느리의 복을 뒤따라 결정할 수가 있습니다. 그렇지 않으면 시아버지와 며느리의 보복(報服)하는 법이 달라지고 임금과 신하의 3년복의 예가 달라질 것이니, 성왕(聖王)이 제작한 뜻은 아마도 이와 같지는 않을 듯합니다.[41]

정제두는 먼저 며느리를 위한 시부모의 복제에 고금의 차이가 있음을 인정한다. 그리고 당나라 이후 송-명-조선의 예제가 어떻게 고례인 『의례』와 달라지게 되었으며, 후왕의 한 가지 법도를 이루게 되었는지를 설명한다. 이것은 선왕보다 후왕, 고례보다 『가례』와 시제를 중심에 둔 것으로서 예제가 시대에 따라 변화될 수 있음을 긍정한 것이다.[42]

---

41) 『霞谷集』 권5, 獻議 「端懿嬪喪服制議對」(戊戌十一月), “千萬不意, 禮曹郎官來臨下土, 以端懿嬪服制隆殺之節, 有所詢問, 臣惶隕震懼, 不知所措, 誠不敢妄有所爲對. 且臣伏見議禮之臣, 專用一部古經, 必以變後世復 成周 爲言. 其義甚重, 尤何敢有所容喙? 雖然竊伏聞古禮, 爲舅姑期, 爲子婦大功、小功, 自唐開元爲制, 增爲舅姑三年, 子婦爲期、大功, 則以至宋朝若大明若我國家, 皆用以爲定制. 在下若朱子大賢, 亦著以爲定禮, 已成後王之一法, 豈非孔子所謂 “吾從周”之義也. 而雖有後聖, 其於三重之制作, 有未易容議故歟. 今此所論, 必以主正統服一圖, 其他圖說皆不論云, 則此只主尊君而爲言, 非所以通論於禮也. 然喪服中其他服圖, 獨非《儀禮》之文與? 其妻爲夫黨服圖, 爲舅姑不杖期, 亦是 周公之經也. 則如有後王欲爲制禮作樂, 必須從源頭理會, 先定其舅姑服, 然後子婦之服, 可從而斷也. 不然舅與婦相報異法, 君與臣三年異禮, 聖王制作之道, 恐不如是也. 且以爲有適子、無適孫之說, 獨取於王者禮, 以爲人君服功服之說, 則恐或未考也.”

42) 김윤정은 “정제두는 기본적으로 王禮와 士禮를 구분하는 입장에 서 있었다. 士大夫家인 자신 집안의 喪祭禮에는 『朱子家禮』를 중시한 반면 帝王家인 왕실의 典禮에는 古禮와 『五禮儀』를 근거로 삼았다. 이러한 예론은 王禮와 士禮를 구분하지 않고 天下同禮를 주장하는 서인-노론계의 예론과는 차이점을 갖는다”(김윤정, 「앞의 글」, 154~155쪽)고 주장한다. 그런데 김윤정의 이러한 평가는

나아가 정제두는 맏며느리를 위해 대공복을 입어야 한다고 주장하는 이들이 『의례』 상복도식(喪服圖式) 가운데 「천자제후정통방기도(天子諸侯正統旁期圖)」만을 전거로 삼는 것을 비판한다. 『의례』 상복도식 가운데 「그 처가 부당(夫黨)을 위하는 복도(服圖)」에 '시아버지와 시어머니를 위하여 부장기복을 입는다'는 규정이 있는데, 그것도 역시 주공의 경문이라는 것이다. 전자는 다만 천자·제후와 사서인의 예제에 차이를 둠으로써 군주를 높이려는 뜻에서 나온 것이기는 하지만, 예에 관한 통론은 아니다.

그리고 정제두는 후왕이 예악을 제정하는 원리에 대해 설명한다. 바로 근원으로부터 이해하여 예를 제정해야 한다는 것이다. 근원으로부터 이해해야 한다는 것은 근원을 먼저 정하고, 그로부터 파생되는 것을 결정한다는 것이다. 상복을 입는 문제에서 시부모와 맏며느리 사이에 근원이 되는 것은 시부모의 상에 맏며느리의 복을 정하는 것이다. 그것이 정해지면 맏며느리의 상에 대한 시부모의 복식이 자연스럽게 정해진다. 인정과 예문에 따르면 시부모를 위해 며느리는 3년복을 입는다.[43] 이것을 근원으로 해서 맏며느리를 위한 시부모의

재고의 여지가 있다. 정제두는 자기 집안의 상제례에 『가례』를 중시하였을 뿐만 아니라, 국가 전례에서도 『가례』를 중시하였다. 그는 국가 전례에 『경국대전』이나 『오례의』를 중시한다. 그러나 『경국대전』이나 『오례의』가 이미 『가례』를 수용하여 정비된 예제이다. 단의빈 복제 논의에서는 고례인 『의례』가 아니라 『가례』와 『경국대전』을 따른다. 또 정제두는 왕가례와 사가례를 구분하여 대공복을 주장하는 이들에 반대하여 왕가례와 사가례를 구분하지 않는 기년복을 주장한다. 적어도 단의빈 복제 논의에서는 서인-노론계에서 오히려 왕가례와 사가례를 구분하는 양상을 보인다.

43) 정제두는 시부모를 위해 며느리가 3년복을 입는 것은 『개원례』부터 비롯되고 있다고 말한다. 그러나 시부모를 위해 3년복을 입는 것은 司馬光의 『司馬氏書儀』로부터 비롯된다.

복을 보복의 관점에서 한 등급 낮추어 정한 것이 바로 기년복이다.

단의빈 복제에 관한 세 번째 논의는 정제두의 이러한 입장이 받아들여져서 기년복으로 결정되기에 이른다.

그런데 단의빈 복제 논의는 적부복(嫡婦服)에 대한 고례와 국제의 규정에 차이가 있어서 발생한 것이지만, 그것의 논점은 갑인예송과 유사한 점이 있다. 갑인예송의 주요 논점은 자의대비가 효종의 비이자 현종의 어머니인 인선왕후의 상에 어떤 복을 입어야 하는가이다. 송시열과 송준길을 중심으로 한 서인은 천하동례의 입장에서 시부모는 맏며느리를 위해서는 기년복을, 둘째 며느리를 위해서는 대공복을 입는다는 예문에 근거하여 효종의 비인 인선왕후가 차자의 며느리이므로 대공복을 입어야 한다고 주장한다. 반면에 허적과 윤휴를 중심으로 한 남인들은 왕가의 특수성을 고려하는 입장에서 차자라도 왕위를 계승했으면 적장자로 대우해야 한다고 보아 기년복을 주장한다.

단의빈 복제 논의는 숙종과 인원왕후가 서자로 왕세자의 자리에 오른 경종의 빈의 상에 어떤 복을 입어야 하는가이다. 이때 논점은 단의빈의 지위를 어떻게 규정할 것인가의 문제이며, 그것은 곧 경종의 지위를 어떻게 볼 것인가의 문제와 연관된다. 경종은 장희빈의

	儀禮	開元禮	書儀	家禮	喪服圖式	經國大典
爲長子	斬衰三年(父) 齊衰三年(母)	左同	左同	左同	左同	齊衰不杖期
爲衆子	齊衰不杖期(父, 母)	左同	左同	左同	無服	左同
爲適婦	大功	齊衰不杖期	左同	左同	大功	左同
爲衆子婦	小功	大功	左同	左同	無服	左同
爲舅姑	齊衰不杖期	齊衰不杖期	斬衰三年(婦爲舅) 齊衰三年(婦爲姑)	左同		左同

소생으로 왕세자의 자리에 오른 인물이다. 경종이 서자임을 고려하여 단의빈의 복제를 정한다면, 숙종과 인원왕후는 대공복을 입어야 한다. 그러나 경종이 왕세자임을 고려하여 단의빈의 복제를 정한다면, 숙종과 인원왕후는 기년복을 입어야 한다. 이처럼 단의빈 복제 논의에도 경종을 왕세자라는 점을 중심에 둘 것인가, 아니면 서자라는 점을 중심에 둘 것인가의 문제가 연루되어 있다. 대공복을 주장하는 이들은 자신들의 견해가 자칫 경종을 서자로 보는 입장에 근거한 것이라는 비난을 받을까 우려하여 자신들의 주장을 적극적으로 개진하지 못했던 것이다. 이로 인해 단의빈 복제가 기년복으로 정해진 것에 대해 식견이 있는 자들이 몰래 탄식하였다고 한다.[44]

2) 경종 복제 논의와 정제두의 주장

1724(갑진)년 경종이 자식이 없는 상태에서 사망하자 경종의 세제인 영조(1694~1776)가 왕위를 계승하게 된다. 이에 경종의 상에 영조가 어떤 상복을 입어야 하는가의 문제가 논제로 떠오른다. 더불어 경종이 세자로 있을 때에 일찍이 세상을 떠난 단의왕후에게 올리는 축문에 영조가 단의왕후와 자신을 어떻게 불러야 하는가의 호칭 문제가 함께 논의된다.

논의의 쟁점은 경종과 영조의 관계를 형제 관계로 볼 것인가, 아니면 부자 관계로 볼 것인가이다. 천륜에 따르면 경종과 영조는 형제 관계이지만, 계체(繼體)로 보면 경종과 영조는 왕위를 계승한 부자 관계로 간주된다. 천륜을 중시하는 입장에서 경종과 영조를 형제 관

44) 『肅宗實錄』 41집, 숙종 44년 무술(1718) 10월 9일(계축).

계로 파악하는 이들은 영조는 경종에 대해 기년복을 입어야 하고, 단의왕후를 모신 영휘전의 축문에도 단의왕후를 황수(皇嫂)로 부르고 본인은 사왕(嗣王)으로 불러야 한다고 주장한다. 반면 계체를 중시하는 입장에서 경종과 영조를 부자 관계로 파악하는 이들은 영조는 경종에 대해 참최 3년복을 입어야 하고, 영휘전의 축문에도 단의왕후에 대해 본인을 애사(哀嗣)라고 일컬어야 한다고 주장한다. 이 두 주장은 각각 자기 나름의 근거를 지니고 있었다. 이 논의의 내용을 알기 쉽게 표로 정리하면 다음과 같다.

〈경종복제논의〉

발단	- 1724(갑진)년 경종 사망 경종의 세제인 영조가 왕위 계승	
논제	논제1. 경종의 상에 영조가 어떤 복을 입어야 하는가?	
	논제2. 영조가 단의왕후의 영휘전에 고하는 축문에 자신을 무엇이라 호칭할 것인가?	
쟁점	경종과 영조를 형제 관계로 볼 것인가, 아니면 부자 관계로 볼 것인가?	
논제1. 경종의 상에 영조가 어떤 복을 입어야 하는가?		
주장	주장1) 머리를 풀고 참최 3년복	주장2) 기년복
주장자	영의정 尹仁鏡, 우의정 李光佐	사관의 평
입장	* 계체 중시: 경종과 영조를 부자 관계로 봄 - "제왕가(帝王家)에게 계체(繼體)한 뒤에는 천륜(天倫) 관계의 높낮음을 막론하고 모두 부자(父子)의 예(禮)와 같다."[45](이광좌)	* 천륜 중시: 경종과 영조를 형제 관계로 봄 - "제왕의 승통(承統)이 비록 중하다 하더라도 천륜(天倫)의 관계를 바꿀 수 없다."[46](사관의 평)
논거	* 춘추 의리 - "아버지가 죽고 아들이 계승하거나 형이 죽어서 아우가 후계자가 되거나 그 대[世]가 되는 것이 한결같음"[47](윤인경)	* 주장1)에 대한 반박 - "머리를 푸는 것은 옛 예(禮)가 아니다. 《개원례(開元禮)》에 비로소 보이나, 예를 아는 선비들은 오히려 그르다고 하였다."[48](사관의

	* 국제: 『國朝五禮儀』卷7, 「凶禮・易服不食」, "王世子及大君以下親子・親孫, 皆去冠及上服, 被髮, 着素服・素鞋・麤布襪."(이광좌)	평)
판정	참최 3년복	
논제2. 영조가 영휘전에 고하는 축문에 자신을 무엇이라 호칭할 것인가?		
주장	주장1) 영휘전에 고하는 축문에 영조 자신을 애사・사왕이라 칭하고, 3년 후에 효자・사왕으로 호칭(이광좌, 정제두)	주장2) 영휘전에 고하는 축문에 경종과 단의왕후에 대해서는 황형(皇兄)'・'황수(皇嫂)'라고 칭하고, 자신은 '사왕'이라고 칭함(사관)
주장자	영의정 윤인경, 좌의정 이광좌, 호조판서 趙泰億, 찬선 정제두	지관사(知館事) 金一鏡, 홍문관, 사관
입장	* 계체 중시: 경종과 영조를 부자 관계로 봄 - 경종이 영조에게 아버지와 같은 성격의 도리가 있다면, 왕비(王妃)인 단의왕후에 대해서도 어머니로 섬기는 것이 마땅함(윤인경)	* 천륜 중시: 경종과 영조를 형제 관계로 봄 - 경종은 영조에게 형이므로 왕비인 단의왕후에 대해서도 형수로 대해야 함
논거	* 고례: 『禮記』「雜記上」, "길제(吉祭)에서는 효자 또는 효손이라고 부르고, 흉제(凶祭)에서는 애자(哀子) 또는 애손(哀孫)이라고 부른다.(祭稱孝子・孝孫, 喪稱哀子・哀孫.)"(정제두) * 『두씨통전(杜氏通典)』, 진(晉)나라 때에 '애사(哀嗣)'라고 일컬은 사례(호조 판서 趙泰億)	* 明나라 世宗이 즉위한 후에 武宗皇后에게 '皇嫂'라고 일컬음 * 국제: 『명종실록』, 명종 즉위년 을사(1545) 8월 29일(기미), "지금 송나라 때의 고사에 따라 仁宗을 '皇兄'이라 칭하고 주상 자칭은 '孤弟'라고 하며, 상을 마친 뒤에는 '효제'라고 칭함
판정	혼전(魂殿)과 영휘전(永徽殿)의 축문(祝文)에는 마침내 '애사'・'사왕'이라고 일컫고, 3년 후에는 '효사'・'사왕'이라고 일컫기로 함	

45) 『英祖實錄』 41집, 영조 즉위년 갑진(1724) 8월 30일(경자).
46) 『英祖實錄』 41집, 영조 즉위년 갑진(1724) 9월 1일(신축).
47) 『英祖實錄』 41집, 영조 즉위년 갑진(1724) 9월 1일(신축).
48) 『英祖實錄』 41집, 영조 즉위년 갑진(1724) 9월 1일(신축).

정제두는 이 두 주장 가운데 경종과 영조를 부자 관계로 파악하는 입장을 견지한다.

> 신은 어제 궐 아래에서 분곡(奔哭)할 때 엄려(嚴廬)에서 거상하시는 중임에도 망령되게 한 두 가지 헌의를 올렸으니 부끄럽고 두려운 마음이 절실합니다. 그런데 이제 영휘전에 아뢰는 축문의 호칭 문제로 다시 하문하시니 또 어찌 감히 논할 수 있겠습니까? 다만 성상께서 애사(哀嗣)라는 글자에서 취하신 것은 바로 근거로 삼을 만하다고 생각합니다. 『예기』에 "상례에서는 애자(哀子)・애손(哀孫)이라고 부르고, 제례에서는 효자・효손이라고 부른다"고 하였으니, '애(哀)'자와 '효(孝)'자는 바꿀 수 없는 것입니다. 그런데 '사(嗣)'자를 다시 사용한 것은 비록 변통에서 나온 것이지만 이미 계사(繼嗣)의 뜻이 있어서 글자의 뜻이 들어맞으니 이것은 변하여 바름을 얻은 것으로, 글자를 다시 사용할지라도 무슨 문제가 있겠습니까?49)

위의 글은 영휘전에 고하는 축문에 영조가 자신을 무엇이라고 호칭해야 하는가의 문제에 대해 봉교(奉教) 윤상백(尹尙白)을 보내어 정제두에게 문의했을 때 올린 글이다. 정제두는 영휘전에 고하는 축문에 영조 자신을 '애사'라고 칭하자는 의견에 적극적으로 동의한다. 그리고 『예기』 「잡기상」의 "길제(吉祭)에서는 효자 또는 효손이라고 부르고, 흉제(凶祭)에서는 애자(哀子) 또는 애손(哀孫)이라고 부른다(祭稱孝子・孝孫, 喪稱哀子・哀孫.)"는 구절을 그 전거로 제시하면서, '애'자와

49) 『霞谷集』 권5 獻議 「永徽殿告文屬稱議對」(九月禮郎尹尙白), "臣昨於闕下奔哭之時, 妄有一二獻議於嚴廬哀疚之中, 方切愧懼之心. 今以永徽殿告文屬稱, 復有下詢, 又何敢與議? 第念今此聖上所取於哀嗣字, 正爲可據. 禮曰 "喪稱哀子、哀孫, 祭稱孝子、孝孫" 則哀字、孝字, 不可易者. 而其復用嗣字, 雖出於通變, 旣是繼嗣之義, 字義襯合, 則是變而得正者, 字雖再用何妨?"

'효'자는 바꿀 수 없다고 주장한다. 정제두는 또 '애사(哀嗣)'니 '사왕(嗣王)'이니 할 때에 두 '사(嗣)'자가 중첩이 되는 것도 '사왕(嗣王)'의 '사(嗣)'자가 이미 양자로 대를 잇는다는 '계사(繼嗣)'의 뜻을 지니고 있기에 문제될 것이 없다고 말한다. 정제두의 이러한 주장은 계체를 중시하는 입장으로 경종과 영조를 부자 관계로 간주한 것이다. 이점으로 미루어 보면 정제두는 경종의 상에 영조가 참최 3년복을 입어야 한다고 보고 있음을 짐작할 수 있다.

경종의 상에 대한 영조의 복제 문제, 영휘전에 고하는 축문에서 영조가 자신을 일컬을 때의 호칭 문제와 더불어 예조에서 경자년 복제의절의 소략한 점을 수정하여 올린 절목이 합당한지를 검토하자는 논의가 있었다. 복제의절에 대해 정제두는 두 차례에 걸쳐 자신의 생각을 제시한 바 있다. 첫 번째는 1724년 8월 을미(25일)에 경종이 세상을 떠나자 분곡(奔哭)하려고 서울에 들어와서 대궐 아래 반(班)에 나가 있었을 때 복제의절에 관한 물음에 답변한 것이고, 두 번째는 9월 정사(17일)에 별유(別諭)로 다시 불렀을 때 소를 올려 사양하면서 첫 번째 답변의 미진한 점을 다시 아뢴 것이다.

첫 번째 답변에서 정제두는 예조에서 올린 복제의절이 기본적으로 이미 『오례의』를 따랐고, 또 숙종 때 증수(增修)한 정제(定制)가 있으므로 달리 논할 것이 없다는 입장을 취한다. 즉 왕세제전, 왕대비전, 왕비전, 왕세제빈전 사전(四殿)의 복제나 문무백관의 복제의 절목은 이미 고례를 따랐고, 또 『경국대전』과 『오례의』에도 어긋남이 없으니 참으로 마땅하여 감히 달리 논할 것이 없다고 여긴 것이다. 다만 첫 번째 답변에서는 복제의절에 관한 두 가지 문제점을 지적한다. 하나는 생원과 진사 및 생도(生徒)가 백의관(白衣冠)으로 3년 복을 입게 한 것이고, 다른 하나는 별감(別監)·각 차비인(差備人)·정병(正兵)·갑사(甲士) 등의 복제(服制)는 『오례의』에 마대(麻帶)를 쓰게 돼 있는데 이번에는 포대(布帶)로 마련했다는 것이다. 정제두는 별감·각 차비인·정병·갑사 등의 복제는 『오례의』의 규정을 따라서 마대를 사용할 것을 건의한다.[50] 그리고 생원과 진사 및 생도가 백의관(白衣冠)으로 3년 복을 입게 한 제도는 『의례』의 재최(齊衰) 삼월(三月)의 규정에 견주어 보면 백의립(白衣笠)을 입는 것은 너무 가볍고, 재최복으로 3년을 마치게 한 것은 너무 지나치다고 본다. 그리고 그 대안으로 '생포(生布)로 만든 갓과 옷과 띠의 복제를 착용하고 졸곡(卒哭) 때에 이르러 백립·백의·백대로 고쳐서 3년을 마치게 하면, 아마도 옛 고례인 재최 3월의 뜻에도 어긋나지 않고, 또 우리나라의 백의와 백립으로 3년을 마치는 제도에도 어긋남이 없으니 고금을 참작하는 도리에 혹 합당할 듯하다'는 의견을 제시한다.[51] 영조는 정제두의 이 의논을 따라 복제를 시행하게 했다.[52]

그런데 정제두는 두 번째 올린 글에서 자신이 앞서 올린 의견에 미진한 점이 있음을 사죄하고 복제의절에 대한 자신의 의견을 다시 개진한다. 이때는 갑신년 경종상의 복제의절만이 아니라, 그것이 준거로 삼고 있는 경자년 숙종상에 마련된 복제의 잘못을 함께 지적하

---

50) 『霞谷集』 권5, 獻議 「服制儀節議對」(甲申八月, 進闕外哭班時), "且別監、各差備若正兵、甲士等條所服, 《五禮儀》用麻帶, 而今以布帶磨鍊, 此則從《五禮儀》似宜."

51) 『霞谷集』 권5, 獻議 「服制儀節議對」(甲申八月, 進闕外哭班時), "其中獨白衣冠終三年一條, 前銜朝臣旣移入衰麻之制, 而生員、進士、生徒獨以白笠、白衣爲制, 此視古禮齊衰三月, 則白衣笠太輕 ; 以三月之期, 則終三年太過. 在前諸儒以此爲疑, 今若以生布笠、生布衣帶受服, 至卒哭改白笠、白衣帶以終三年, 似不失於古禮齊衰三月之意, 亦無違於國朝白衣冠終三年之制, 其在酌古參今之道, 恐或得宜."

52) 『英祖實錄』 41집, 영조 즉위년 갑진(1724) 8월 30일(庚子).

고 있다. 정제두의 지적은 크게 3가지로 정리할 수 있다. 첫째는 조정의 신하들이 성복한 날부터 최질(衰絰)을 하지 않고 즉시 공복(公服)으로 바꾸어 입고는 포모(布帽)와 포대(布帶)를 착용하게 한 것이다. 그것은 『오례의』에 백관은 성복한 다음에 최복(衰服)으로 그대로 종사(從事)하며, 졸곡에 이르러 비로소 백포의(白布衣)·포사모(布紗帽)·포각대(布角帶)로 바꾸어 시사복(視事服)을 삼도록 한 규정을 어긴 것이다. 이에 정제두는 『오례의』의 구례(舊禮)와 같이 혹은 참최·마대로 공복(公服)을 만들어 입고 시사(視事)하게 하고, 삼대(三代) 때의 일과 같이 혹은 최(衰)·상(裳)·관(冠)의 복장으로 시사하게 하였다가, 대장(大葬)을 치르고 졸곡에 이른 다음에 포의(布衣)·포모(布帽)·포대(布帶)로 바꾸게 하라고 건의한다.[53] 둘째는 생원과 진사 및 생도(生從)가 백의관(白衣冠)으로 3년 복을 입게 한 것이다. 그것은 『오례의』에 '전함(前銜) 3품 이하는 생원·진사·생도와 같이 백의(白衣)·백립(白笠)·백대(白帶)를 착용한다'는 규정과, 『의례』의 재최(齊衰) 3월장(三月章)에서 '벼슬을 그만둔 자는 백성과 같다'라는 규정을 어긴 것이다. 이에 정제두는 『의례』의 재최 3월의 뜻을 취하여 포의(布衣)·포립(布笠)·포대(布帶)로 성복(成服)하고 졸곡에 이르러 백의(白衣)·백립(白笠)·백대(白帶)로 바꾸는 것이 마땅할 듯하다고 주장한다.[54] 그리고 그러한 문제점이 발생하게 된 그 연원을 경자년 대상 때 고례와 『오례의』의 규정을 어기고, "천자로부터 서인에 이르기까지 모두 임금을 위하여 3년복을 입는다"는 말이 나와서 예의의 본뜻을 무너뜨리고 주자의 학설을 바꾸었다는 데서 찾는다.

53) 『英祖實錄』 41집, 영조 즉위년 갑진(1724) 9월 22일(임술).

54) 『英祖實錄』 41집, 영조 즉위년 갑진(1724) 9월 22일(임술).

숙종의 복제는 노론에 의해 주도되었다. 그 주요 내용은 『오례의』를 수정하고, 주자의 「군신복의(君臣服議)」에 따라 군신의 상복을 모두 참최 3년으로 개정한 것이었다.[55] "천자로부터 서인에 이르기까지 모두 임금을 위하여 3년복을 입는다"는 설은 당시 노론계 태학생인 윤지술(尹志述)이 주장한 것이다. 윤지술은 주자의 「군신복의」의 '참최 3년은 아버지와 임금을 위해서 입으며, 그 복(服)은 포관(布冠)·직령(直領)·대수(大袖)·포삼(布衫)에 최벽령(衰辟領)·부판(負版)·엄임(掩衽)·친삼(襯衫)·포군(布裙)·마요질(麻腰絰)·마수질(麻首絰)·마대(麻帶)·관구(菅屨)·죽장(竹杖)을 더하는데, 천자로부터 서인에 이르기까지 귀(貴)·천(賤) 때문에 더하거나 덜하는 일이 없다.'는 규정을 근거로 천자에서 서인에 이르기까지 임금을 위하여 참최 3년복을 입어야 한다고 주장한다.[56] 그리고 숙종 복제의절에서 『오례의』에 따라 훈련원(訓鍊院)·변장(邊將) 이하와, 각능(各陵)·전(殿)의 관원 이하 및 전함백관(前銜百官), 유생(儒生) 등을 단지 백의(白衣)·백립(白笠)·백대(白帶)로만 성복(成服)하게 한 것은 공통적으로 상복을 입는 의리에 맞지 않는다고 비판한다. 윤지술의 이러한 주장이 받아들여져서 이름이 사적에 오른 전함(前銜)은 백관과 같이 참최복을 입고, 유생은 조관(朝官)과 차별을 두어 생포의(生布衣)와 마대로 성복하여 참최복을 입는 뜻을 표하게 했던 것이다.[57]

전함(前銜), 유생(儒生) 등의 복제에 대한 윤지술의 주장은 주자의 「군신복의」를 근거로 『오례의』의 규정을 비판하고 개정을 촉구한 것

55) 김윤정, 「霞谷 鄭齊斗의 宗法 시행과 禮論」(『인천학연구』 9, 인천대학교 인천학연구원, 2008), 147쪽.

56) 『肅宗實錄』 41집, 숙종 46년 경자(1720) 6월 11일(병오).

57) 『肅宗實錄』 41집, 숙종 46년 경자(1720) 6월 11일(병오).

이다. 이와 달리 정제두는 『오례의』를 중시하였다. 그가 『오례의』를 중시하는 것은 왕권의 권위와 특수성을 강조하는 입장에 서 있었기 때문이었다. 정제두는 왕실의 복제는 고례와 『오례의』를 근거로 논의하였고, 사서인이 함부로 왕실의 전례를 고치는 것을 경계하였다.

3) 효장세자 복제 논의와 정제두의 주장

영조 4년(1728) 11월 정빈이씨(靖嬪李氏)의 소생인 효장세자(孝章世子, 1719~1728)가 사망하자, 효장세자의 상에 경종의 계비인 왕대비 선의왕후(宣懿王后, 1705~1730)와 숙종의 계비인 대왕대비 인원왕후(仁元王后, 1687~1757)의 복제 논의가 일어났다. 효장세자는 왕대비와 대왕대비에게 윤서(倫序) 상으로는 조카와 손자이지만, 계체(繼體) 상으로는 손자와 증손의 관계에 있었다. 논의의 쟁점은 윤서에 따라 조카와 손자를 위한 복을 입을 것인가, 아니면 계체에 따라 손자와 증손을 위한 복을 입을 것인가이다. 이것은 경종과 영조의 관계를 어떻게 파악할 것인가에서 발생한 문제이다. 즉 경종과 영조를 윤서에 따라 형제 관계로 볼 것인가, 아니면 계체에 따라 부자 관계로 파악할 것인가의 문제와 연루되어 있는 것이다. 윤서에 따라 복을 입어야 한다는 입장을 취하는 이들은 효장세자의 상에 대해 왕대비는 조카를 위한 복인 부장기복을 입고 대왕대비는 손자를 위한 복인 대공복을 입어야 한다고 주장한다. 반면에 계체를 중시하는 입장에서는 효장세자의 상에 대해 왕대비는 손자를 위한 복인 대공복을 입고 대왕대비는 증손을 위한 복인 시마복을 입어야 한다고 주장한다. 이 두 주장은 각각 자기 나름의 근거를 지니고 있었다.

효장세자 복제와 관련한 논의는 두 차례에 걸쳐서 일어난다. 첫 번째 논의는 1728년 11월 효장세자가 사망한 직후에 일어난다. 두 번째 논의는 영조 27년(1751) 효장세자빈인 효순빈(孝純嬪, 1715~1751)의 상에 대비전의 복제를 다루면서 효장세자의 복제 문제가 다시 검토된다. 첫 번째 논의에서는 계체에 따라 상복을 입어야 한다고 주장하는 입장에 따라서 복제가 결정되는 반면, 두 번째 논의에서는 윤서에 따라 상복을 입어야 한다고 주장하는 이들의 의견이 채택되면서 효장세자의 복제가 비판된다.

정제두는 첫 번째 논의에 주도적으로 참여하여 의견을 개진한다. 그는 계체를 중시하는 입장에서 왕대비전에서는 손자의 복제를 써서 대공복을 입고, 대왕대비전에서는 증손의 본제를 써서 시마복을 입어야 한다고 주장한다. 그 논거는 제왕가에서는 적자(嫡子)가 있으면 적손(嫡孫)이 없으며, 적손이 있더라도 승중(承重)하지 않았으면 승중한 적손의 복제를 할 수 없다는 것이다. 정제두의 이 주장이 받아들여져서 그대로 시행된다. 당시에 정제두와 의견을 같이했던 이들은 영의정 이광좌, 이광조 등이다. 이들과 다른 의견들은 첫 번째 논의에서는 제시되지 않다가, 두 번째 논의에서 개진된다.

영조 27년(1751) 효장세자빈인 효순빈의 상이 계기가 되어 효장세자의 복제가 재검토된다. 이때 첫 번째 논의와는 다른 입장이 적극적으로 개진된다. 그 대표적인 주장자는 영의정 김재로(金在魯, 1682~1759)였다. 그는 "계체를 중히 여긴다고 해도 형제의 천륜을 변란시킬 수 없다"[58]는 입장에서 경종복제와 효장세자 복제의 문제점을 지적한다. 즉 갑진년 경종 상에 영조가 산발을 한 것과 무신년

---

58) 『英祖實錄』 43집, 영조 27년 신미(1751) 12월 15일(정미).

효장세자의 상에 대왕대비였던 인원왕후가 증손복을 입고 왕대비였던 선의왕후가 손자복을 입은 것은 명분과 도리[名理]에 맞지 않다는 것이다. 경종 상에 영조가 머리를 풀고 참최 3년복을 입고, 효장세자의 상에 인원왕후가 증손복을 선의왕후가 손자복을 입은 것은 경종과 영조의 관계를 부자관계로 간주한 것이다. 김재로에 따르면 이것은 천륜에 따른 경종과 영조의 형제 관계를 부자 관계로 변란시킨 것이다. 그는 계체도 중하지만 그것으로 천륜 관계를 해쳐서는 안 된다고 본다. 그리고 종통이 중하기는 하지만, 복제의 경우는 천륜의 윤서에 따라 시행하는 것이 정명(正名)의 도리에 맞다고 주장한다. 이러한 관점은 복제와 종통을 구분하는 것으로서 송시열을 통해 내려오는 노론 예론의 주요한 입장이었다. 송시열에 따르면 복제는 적통을 밝히는 것이고, 종통은 존군(尊君)에 관계되는 것이다.[59] 따라서 복제와 종통이 일치하지 않는다고 해도 임금의 종통에 해가 되는 것은 아니었다.[60] 김재로도 이러한 입장을 계승하여 임금이라도 종통과 관계없이 천륜에 따라 복제를 행하는 것이 옳다고 보았던 것이다. 이 때문에 김재로는 효장세자빈인 효순빈의 상에 대해 인원왕후가 손부에 해당하는 복인 시마복을 입어야 한다고 주장한 것이다. 이러한 김재로의 주장에 동의하는 이들은 전 부사 박필부(朴弼傅), 그리고 진선(進善) 윤봉구(尹鳳九)가 있었다. 박필부는 '제왕의 가문에서는 비록 계체를 중히 여기지만 복제에 있어서는 마땅히 천륜으로써 바른 것을 삼아야 합니다'고 주장하였고, 윤봉구는 '제왕의 가문에서는 통서(統緖)를 중히 여겨 비록 계체의 의리가 있기는 하지만, 그러

59) 『宋子大全』 권134, 雜著, 禮說, "服與統, 自是二事也. 服之降, 是明嫡之義也. 統之移, 是尊君之道也."

60) 김윤정, 앞의 글, 153쪽.

나 조손(祖孫)은 천륜입니다. 명실(名實)이 한번 정해지면 손자가 변하여 증손자가 될 수 없으니 손부(孫婦)에 대해 시복(緦服)을 입는 것은 『예경』에 분명히 나와 있습니다'고 주장하였다. 이들은 모두 노론에 속하는 인물들이었다.

제2차 논의 당시에는 계체를 중시하는 입장에서 효장세자의 복제를 주장한 이들도 있었다. 그 대표적인 인물들이 예조 판서 이익정, 대사헌 심육이다. 이들은 당시 대비전의 복제는 이미 무신년에 시행한 전례가 있으니, 그에 따라 행하는 것이 타당하다고 주장하였다.

제2차 논의는 윤서에 따른 복제를 중시하는 노론의 입장이 채택된다. "계체가 비록 중하지만 윤서도 또한 문란시킬 수 없다. 후사(後嗣)라고 칭하였으면 최복(衰服)을 입는 것이 예에 본시 당연한 것이지만, 복제에 있어서는 명분을 문란하게 할 수 없다"[61]는 것이다.

이상의 논의를 통해 알 수 있듯이 정제두는 국가 전례에서 한결같이 계체를 중시하는 입장을 견지한다. 그리고 그 주장이 의거하는 바의 경전도 고례인 『의례』만이 아니라, 『가례』와 『경국대전』 및 『오례의』가 두루 활용된다. 그 가운데서도 정제두는 특히 『오례의』에 많은 권위를 부여한다. 선왕이 제정한 예전(禮典)에 권위를 부여함으로써 예송을 방지하고자 했던 것이다. 이것은 조선왕조가 수립한 시제를 중시한 것이다. 그러나 국가 전례에 관한 하곡의 주장에서 양명학적 정신을 발견하기는 어렵다. 복제를 둘러싸고 전개된 전례 논쟁은 구체적 사안에 어떤 예문을 적용할 것인가의 문제이다. 그로부터 어떤 학파적 차이를 발견하기는 쉽지 않을 듯하다.

61) 『英祖實錄』 43집, 영조 27년 신미(1751) 12월 15일(정미).

5. 맺음말

이 연구는 하곡 정제두(1649~1736)의 예제 인식에 나타난 문화다원론적 의의를 밝히는 데 그 주요 목적이 있다. 그 주요 분석대상 자료는 「경의」, 「임술유교」, 국가 전례 논의에 정제두가 올린 헌의들이다. 이들에 대한 분석을 통해 일상생활에서 사대부가 지켜야 할 행위 준칙인 의칙(儀則), 집안에서 행해지는 상제례, 그리고 국가에서 치루는 상제례에 대한 정제두의 인식에 나타난 문화다원론적 의의를 살펴보았다.

「경의」는 정제두가 어렸을 때 옛 성현들의 격언 가운데 일상생활의 실천 규범으로 사용할 수 있는 것을 발췌하고, 그것을 다시 17개의 편목으로 분류하여 간편하게 만든 것이다. 그 17개의 편목은 모두 사회의 한 구성원으로 자립하는 데 요구되는 행위 규범들을 용모와 행동거지 및 언어 생활 등의 세부 편목으로 분류하여 실생활에서 쉽게 참고할 수 있도록 했다는 점에서 의미가 있다.

「경의」의 내용은 모두 일상생활에서 자기를 닦는 데 실제로 사용할 수 있는 절실한 행위 규범들로 채워져 있다. 그리고 그 규범들에는 타인을 배려하고 공경하는 마음이 스며들어 있다. 따라서 그 규범들을 익히고 실천하는 과정에서 타인에 대한 배려와 공경심이 저절로 배양된다. 타인에 대한 배려와 공경심은 『소학』의 기본 정신으로서 조선의 유자들이 일찍이 중시해온 것이다. 정제두는 『소학』을 중시하는 조선 예교 문화의 토양 위에서 소학에서 익혀야 할 행위 규범들을 보다 간략하게 요약하여 그 실천성을 높였다. 이러한 점은 의례가 형식에 흐르는 것을 경계하고 간이함과 실천을 중시하는 양명학의 특성이 발휘된 것이라고 하겠다.

「임술유교」는 정제두가 34세(1682) 때 병이 갑자기 악화되어 여러 차례 생명이 위태롭게 된 상황에서 뒷일을 아우인 정제태에게 맡기면서 쓴 글이다. 거기에는 '가사를 누가 주관해야 하는지', '자신에 대한 상제례를 어떻게 치룰 것인지', '양명학에 대한 정제두 자신의 신념', 그리고 아들 정후일에게 남긴 당부 사항으로서 '경서를 익힐 때 유의해야 할 점', '건강 관리에 유의하고 오로지 경학에 뜻을 둘 것', '성현지학의 종지인 구인지학(求仁之學)을 따를 것' 등을 기술하고 있다.

상제례에 대한 정제두의 유교(遺教)에는 그의 예학의 몇 가지 특징이 나타난다. 1) 상제례에 대한 기본 정신에 투철하다는 점, 2) 절약과 검소함, 3) 간략함, 4) 상제례에 관한 유교(遺教)에서 의거하는 예서 혹은 예설이 주자학의 예설을 따른다는 점, 5) 잘못된 시속에 대한 비판의식, 6) 종자(宗子) 중심의 종법 확립과 종중 질서의 중시이다. 「임술유교」에 나타난 상제례에 대한 인식에서 정제두는 『가례』를 중시한다. 그는 『가례』의 가르침에 따라 상제례를 거행하는 조선 예교 문화의 정신과 전통을 계승하고 있다. 그러나 그는 『가례』에 근본을 두면서도 그 의식 절차를 보다 간략화하여 실천하기 쉽게 만들었다. 이것은 실천을 중시하는 양명학의 정신이 발휘된 것으로서, 하곡 당시 조선의 예학가들이 『가례』의 미비점을 보완하기 위해 『가례』를 점점 더 복잡하고 번다하게 만든 것과는 구별된다.

「임술유교」의 상제례에 대한 인식은 기본적으로 『가례』에 근본을 두고 있다. 그런데 정제두는 「임술유교」에서 양명학을 익힐 것을 함께 당부하고 있다. 이것을 통해서 보면 적어도 그에게서 『가례』에 근본을 둔 상제례를 실천하는 일과 양명학 공부 사이에는 전혀 괴리가 없다. 오히려 그는 양명학을 통하여 예의 실천 근본인 어진 마음을 함양함으로써 조선의 예교 문화를 구현할 수 있다고 여긴 것이다. 말하자면 조선의 예교 문화를 양명학으로 밑받침하고자 한 것이다.

국가 전례에 대한 이해에서는 '단의빈', '경종', '효장세자'의 복제 논의를 다루었다. '단의빈 복제 논의'는 숙종 44년(1718) 경종의 빈(嬪)인 단의빈이 사망하였을 때, 숙종과 인원왕후가 어떤 상복을 입어야 하는가를 두고 일어난 논의이다.

이 논의에서는 두 가지 서로 다른 의견이 제시된다. 하나는 기년복을 입어야 한다는 것이고, 다른 하나는 대공복을 입어야 한다는 것이다. 두 입장 모두 자기주장을 뒷받침하는 경전적 근거와 전례를 지니고 있었다. 정제두는 이 가운데 기년복을 주장한다. 정제두는 먼저 맏며느리를 위한 시부모의 복제에 고금의 차이가 있음을 인정한다. 그리고 당나라 이후 송-명-조선의 예제가 어떻게 고례인 『의례』와 달라지게 되었으며, 후왕의 한 가지 법도를 이루게 되었는지를 설명한다. 이것은 선왕보다 후왕, 고례보다 시제를 중심에 둔 것으로서 예제가 시대에 따라 변화될 수 있음을 긍정한 것이다. 그리고 정제두는 그 논거로 『가례』와 『경국대전』을 활용한다.

'경종 복제 논의'는 경종의 상에 영조가 어떤 상복을 입어야 하는가에 관한 논의이다. 논의의 쟁점은 경종과 영조의 관계를 형제관계로 볼 것인가, 아니면 부자관계로 볼 것인가이다. 천륜에 따르면 양자는 형제 관계이지만, 계체로 보면 경종과 영조는 왕위를 계승한 부자 관계로 간주된다. 천륜을 중시하는 입장에서는 영조가 기년복을 입어야 한다고 주장하는 반면, 계체를 중시하는 입장에서는

3년복을 입어야 한다고 주장한다. 정제두는 이 두 입장 가운데 계체를 중시하는 입장을 견지하여 3년복을 주장한다. 그리고 그 전거로 『국조오례의』와 『예기』가 활용되고 있다.

'효장세자 복제 논의'는 효장세자의 상에 경종의 계비인 왕대비 선의왕후와 숙종의 계비인 대왕대비 인원왕후가 어떤 복을 입어야 하는가에 대한 논의이다. 효장세자는 왕대비와 대왕대비에게 윤서상으로는 조카와 손자이지만, 계체상으로는 손자와 증손의 관계에 있었다. 논의의 쟁점은 윤서에 따라 조카와 손자를 위한 복을 입을 것인가, 아니면 계체에 따라 손자와 증손을 위한 복을 입을 것인가이다. 이것은 경종과 영조의 관계를 어떻게 파악할 것인가에서 발생한 문제이다. 즉 경종과 영조를 윤서에 따라 형제 관계로 볼 것인가, 아니면 계체에 따라 부자 관계로 파악할 것인가의 문제와 연루되어 있다. 윤서에 따라 복을 입어야 한다는 입장을 취하는 이들은 효장세자의 상에 대해 왕대비는 조카를 위한 복인 부장기복을 입고 대왕대비는 손자를 위한 복인 대공복을 입어야 한다고 주장한다. 반면에 계체를 중시하는 입장에서는 효장세자의 상에 대해 왕대비는 손자를 위한 복인 대공복을 입고 대왕대비는 증손을 위한 복인 시마복을 입어야 한다고 주장한다. 정제두는 이 두 주장 가운데 계체를 중시하는 입장을 취한다.

정제두는 국가 전례에서 한결같이 계체를 중시하는 입장을 견지한다. 그리고 그 주장이 의거하는 바의 경전도 고례인 『의례』만이 아니라, 『가례』와 『경국대전』 및 『오례의』가 두루 활용된다. 그 가운데서도 정제두는 특히 『오례의』에 많은 권위를 부여한다. 선왕이 제정한 예전에 권위를 부여함으로써 예송을 방지하고자 한 것이다. 이것은 조선왕조가 수립한 시제를 중시한 것이기는 하지만, 그로부터 양명학적 정신을 발견하기는 어렵다. 복제를 둘러싸고 전개된 전례 논쟁은 구체적 사안에 어떤 예문을 적용할 것인가의 문제이다. 그것은 예를 논의하는 조선의 유자들이 공유하는 것으로, 그로부터 어떤 학파적 차이를 발견하기란 쉽지 않을 듯하다.

조선의 대표적인 양명학자인 정제두는 의례와 제도로서의 예를 존숭하는 조선의 주자학적 예교 문화를 수용하면서도, 그것을 보다 간략화하여 실천하기 쉽게 만들었으며, 또 국가전례에서 국제인 『경국대전』과 『오례의』를 존숭함으로써 상복을 빌미로 한 권력 투쟁을 방지하고자 했다. 주지하듯이 양명학에서는 일체의 문제를 마음으로 환원하려는 성향으로 인해서 제도로서의 예에 대한 탐구가 부족하다. 그런데 정제두는 양명학자임에도 예에 관한 많은 언급들을 남기고 있다. 이것은 그가 조선의 독특한 문화, 즉 주자학적 예교 문화의 토대 위에서 학문을 했기 때문이다. 이것이 바로 그의 예제 인식에 나타난 문화다원론적 의의라고 하겠다. ◆

참고문헌

원전류:

『肅宗實錄』, 『英祖實錄』, 『論語』, 『禮記』

王守仁, 『王陽明全集』, 上海古籍出版社, 1992.

王守仁, 『傳習錄』, 정인재 · 한정길 옮김, 청계, 2002.

宋時烈, 『宋子大全』, 보경문화사, 1993.

鄭齊斗, 『霞谷集』, 한국문집총간 160, 민족문화추진회, 1995.

단행본류:

윤남한, 『朝鮮時代의 陽明學研究』, 집문당, 1982.

논문류:

김윤정, 「霞谷 鄭齊斗의 宗法 시행과 禮論」, 『인천학연구』 9, 인천대학교 인천학연구원, 2008.

김윤정, 「18세기 端懿嬪의 喪禮와 服制論議 -『端懿嬪喪葬謄錄』을 중심으로-」, 『장서각』 32, 한국학중앙연구원, 2014.

이남옥, 「霞谷 禮論의 변화 양상」, 『圃隱學研究』 18, 2016.

이봉규, 「金長生 · 金集의 禮學과 元宗追崇論爭의 철학사적 의미」, 『한국사상사학』 11, 1998.

이봉규, 「涵養論과 교육과정으로 본 조선성리학의 개성」, 『퇴계학보』 128, 퇴계학연구원, 2010.

이봉규, 「인륜: 쟁탈성 해소를 위한 유교적 구상」, 『태동고전연구』 31, 태동고전연구소, 2013.

장동우, 「조선시대 『家禮』 연구의 진전」, 『태동고전연구』 31, 태동고전연구소, 2013.

장동우, 「『國朝五禮儀』에 규정된 大夫 · 士 · 庶人의 四禮에 관한 고찰」, 『한국학연구』 31, 한국학연구소, 2013.

장동우, 「『經國大典』 「禮典」과 『國朝五禮儀』 「凶禮」에 반영된 宗法 이해의 특징에 관한 고찰」, 『한국사상사학』 20, 한국사상사학회, 2003.

吾妻重二, 「鄭齊斗の禮學-陽明學と禮教」, 『양명학』 36, 한국양명학회, 2013.

병와(瓶窩) 이형상(李衡祥)『시경』 독법의 확장성과 다층성

김 수 경

* 이 글은『한문학논집』 제62집(근역한문학회, 2022.06)에 게재한 동명의 논문을 본 저서의 간행 취지에 맞춰 일부 수정한 것이다.

1. 서론

병와(瓶窩) 이형상(李衡祥, 1653~1733)은 다방면에서 큰 족적을 남긴 인물이다. 권영철은 병와가 "관방정책(關防政策)과 경제정책을 다룬 글을 저술하여 병용(兵勇) 민족(民足)의 실(實)을 거두려 하였고 예론(禮論)과 악론(樂論)을 저술하여 이 양자를 조화 있게 중흥시킴으로써 치도에 공헌하려고 하였다. 또한 이의 보비(補裨)의 자(資)로 천문(天文)·지리(地理)·역사(歷史)·종교(宗敎)·수리(數理)·과학(科學)·국학(國學)·언어(言語)·박물(博物)·농상(農商)·외교(外交) 등등 다방면에 걸친 허다한 저서를 실학적인 측면에서 집필"하였다고 평가하였다.[1)] 그중 경학 분야와 관련하여, 채제공의 「병와집서(瓶窩集序)」에서 병와가 "만년에 영남 영양(永陽)에 정자를 지어 '호연(浩然)'이라 편액하고 그곳에서 성리학 저술과 예학에 침잠하여 날마다 저술하며 즐겁게 노년을 보냈다."[2)]고 서술한 것을 통해, 만년의 그의 학문이 성리학과 예학에 집중하였음을 파악할 수 있다. 남명진은 병와의 경학사상의 기본적인 입장을 개괄하는 논문에서 그의 "방대한 저술 가운데 상당부분이 경학에 관한 것"이며 "그의 경학 사상을 자세하고 구체적으로 밝혀내기 위해서는 상당한 연구의 시간"이 필요함을 언급한 바 있다.[3)] 성리학과 예학을 비롯한 경학 저작이 적잖은 비중을 차지하는 것으

1) 권영철 해제, 『瓶窩全書』 第10冊, 『瓶窩全書』, 한국정신문화연구원, 1980, 639~640쪽.

2) 蔡濟恭, 「瓶窩集序」, "晩築嶺南之永陽, 扁其亭曰浩然, 沈潛性理之書, 節文之學, 日著書, 樂以終老."

3) 남명진, 「瓶窩 李衡祥의 經學思想」, 『韓國思想家의 새로운 發見』, 한국정신문화연구원, 1993. 48쪽.

로 볼 때, 병와의 경학 인식을 고찰하는 일은 그의 경학론을 이해하는 데뿐만 아니라 그의 경학인식과 학문의 관계성을 이해하는 데도 필요한 작업이라 하겠다.

본 연구에서는 병와의 경학 저작 가운데 나름의 독특한 접근이 시도된 『시전강의』를 통해 병와의 학문과 사상 맥락에서 그의 『시경』 독법이 지닌 성격과 특징을 살펴보고자 한다. 병와의 『시경』론에는 논의 내용뿐 아니라 체재 형식면에서까지 '층첩식(層疊式, layered) 구조'의 특징이 적극 구현되어 있다. 층첩식 구조는 병와 주석의 '내용-형식' 사이, '내용' 내부, '형식' 내부에서 각각 확인된다. 먼저 병와는 주희 『시경』론 내지 『시전대전(詩傳大全)』에 수록된 송대 『시경』학의 성과를 선취(選取)하여 내용 층위를 구성하되 체재 형식을 재구성하여 자신의 관심을 추가적으로 반영했다. 이는 '내용-형식' 간에 반영된 층첩식 구조로 볼 수 있다. 또한 내용 층위만 볼 때도 병와가 『시전대전』 소주(小註), 『주자어류(朱子語類)』 내용을 주희 『시집전』설과 연결하여 재구성하는 경우나 주희 및 송대 『시경』설 이외의 기타 논의를 인용하여 재구성하는 경우, 그리고 주희가 '미상(未詳)' 등으로 남겨둔 부분을 「모시서」나 공영달의 『정의(正義)』로 보충·재구성하는 경우 등에서 층첩식 구조의 특징을 확인할 수 있다. 한편, 『시전강의』의 체재에서도 층첩식(層疊式) 구조의 특징을 확인할 수 있는데 층첩의 방식이 기존 『시경』 주석의 층첩 방식과 변별된다. 시편(詩篇)의 편제(篇題) 및 시지(詩旨), 시세(時世) 제시의 경우, '관저삼장(關雎三章)'과 같은 장수(章數)·편제(篇題) 표기를, 시편(詩篇) 말미에 배치한 기존 주석과 달리, 시편(詩篇) 모두(冒頭)에 배치한 사례, 구수(句數)를 별도로 제시하지 않는 사례 등에는 체재상 병와의 개인적인 선취

(選取)가 반영된 부분에 해당한다.

이형상 『시경』론에 관한 전문 연구로는 두 편의 논문이 조사된다. 진갑곤은 최초로 이형상의 『시경』 의식을 전문적으로 연구했다. 특히 이형상의 반주자적 『시경』 인식에 주목하여 그가 주자를 흠모하면서도 때로는 경직된 사고에서 탈피하는 모습을 보여준다고 파악했다. 그 특징으로 「시서」를 신뢰하고 정변설(正變說)이 주자와 다르며 『시경』을 악시(樂詩)로 보아 「독법(讀法)」 중 사무사(思無邪)와 온유돈후(溫柔敦厚)에 대해서는 주자와 마찬가지 입장이나 「시서」의 가치를 인정하므로 차이를 보인다고 파악했다. 아울러 음시(淫詩)에 대한 병와의 견해 차이 및 시편(詩篇)의 세차(世次) 관련 논의를 구체적으로 분석하여 "표면적으로 드러나는 주자와의 상반된 견해만으로도 충분한 의의를 지닌다"고 평가함으로써 주자와 차이나는 주장에 초점을 맞추었다. 그 가운데 세차의 제시가 다른 배경이나 시경학사의 맥락에서 지니는 의미에 대해서는 추가적으로 고증의 여지를 남겨두었다.[4] 이 연구는 병와 『시경』론의 전반적인 체계와 특징을 이해하는 데 도움을 준다. 다만 병와의 정변설(正變說)에 대한 분석 및 사무사에 대해 "시인의 본뜻이 아니라 독자의 성정지정(性情之正)에 귀속시켜 결국 주자와 마찬가지로 시의 결과적 효용을 주장"한다는 설명 부분 등은, 병와의 『시경』론 구조를 보다 입체적으로 이해하는 과정에서 추가적인 논의가 필요할 것으로 사료된다. 그 외, 이형상의 경학사상을 전반적으로 개괄하는 가운데 『시경』론을 다룬 남명진의 「병와 이형상의 경학사상」[5]이 있다. 이 연구에서는 병와 『시경』

4) 진갑곤, 「병와 이형상의 詩經意識에 나타난 反朱子的 要素」, 『한국의 철학』 21, 경북대학교 퇴계연구소, 1993, 121~133쪽. 참조.

5) 남명진, 「瓶窩 李衡祥의 經學思想」, 『韓國思想家의 새로운 發見』, 한국정신문화연

론의 구체적인 특징이나 가치를 논의하기보다는 사시(四始), 협운(叶韻)에 대한 병와의 논의를 소개하는 데 중점을 두었다. 전반적으로 철학적 각도에서 접근한 연구이기에 『시경』에 대한 논의가 부각되지 않았지만, 진갑곤의 연구가 『시전강의(詩傳講義)』의 편제(篇題)인 사시설(四始說) 중 정변설(正變說)을 부분적으로 개괄했다면 남명진의 연구는 사시설(四始說)의 내용 전반을 소개하였기에 이형상의 사시설(四始說) 인식 구도를 이해하는 데 유의할 만하다.

병와의 『시경』론은 그의 해박한 학문 영역 가운데 경학·문자·음운·훈고·국어학·음악 인식과 긴밀한 관계를 맺는다. 근래 병와 학술에 대한 연구 성과가 축적됨에 따라 병와 『시경』론을 그의 학문적 특징과 연계하여 이해할 수 있는 공간이 확장되었다. 이에 병와의 『시경』론을 보다 확장적으로 파악하기 위해 관련 연구 성과도 간략하게 소개한다.

경학·철학 사상과 관련하여, 권영철은 병와의 "사상에는 양면성이 있다. 즉 성리학자로서의 사상과 이조후기 실학자로서의 사상을 함께 지니고 있다"고 하였다.[6] 김용걸은 병와의 철학사상을 주자철학과 연관시켜 검토할 때, "주자철학과 대립 상충관계에 있다고 단정하거나 반대로 곧바로 주자철학의 연장선에서 발전시키고 있다고 설명"하는 것은 병와 철학에 내재하는 논리적 정합성을 규명하는 데 효과적이지 않으며 그 논리의 체계성에 주목해 파악해야 함을 주장하였다.[7] 남명진은 병와가 "자설가(自說家)로서 이미 자신의 견해가

구원, 1993, 47~105쪽. 참조.

6) 권영철 해제, 『瓶窩全書』 第10冊, 653쪽.

7) 김용걸, 「瓶窩 李衡祥의 哲學思想」, 『韓國思想家의 새로운 發見』, 한국정신문화연구원, 1993, 4쪽. 참조.

서 있음을 볼 수 있으나 특히 송대 송리학 특히 성리학에서 경서해석을 많은 부분 수용하고 있"다고 보았으며 "성리학적인 경학의 경향을 크게 벗어나지 않으면서 선진 원유정신(原儒精神)에로 회귀하려는" 면모를 지적하였다.[8] 이러한 논의들은 병와 경학·철학 사상에 대한 접근 각도를 고찰하는 데 참고가 된다.

문자와 훈고에 대해서는 그의 『자학(字學)』이 번역, 연구된 바 있다. 진갑곤은 병와의 자학서인 「자학제강(字學提綱)」[9]의 가치를 학계에 최초로 소개했고[10] 김언종은 이 책에 대해 "경서 연구의 기초인 훈고학·성운학·문자학 등의 한자학 전반을 다루"는 면뿐만 아니라 국어학을 연구하는 데 있어서도 가치를 지니고 있음을 피력했다.

음악학 분야의 연구로 권오성은 『악학편고(樂學便考)』, 『병와선생집(甁窩先生集)』, 『지령록(芝嶺錄)』 등을 참고하여 이형상의 음악 이론을 처음으로 소개하였고[11], 여기현은 두 편의 논문을 제출했다. 한 논문에서는 『악학편고』 「성기원류(聲氣原流)」의 내용 가운데 율려(律呂)·사성(四聲)·십이율에 대한 설명은 기존 악서와 유사하나 "辨聲要訣·樂家本無定音·響起穩細唫·聲從呼吸·東方聲音의 설명은 병와만의 독창성이 보이는 부분"[12]이라고 지적했다. 다른 논문에서는 이형상의

8) 남명진, 「甁窩 李衡祥의 經學思想」, 『韓國思想家의 새로운 發見』, 한국정신문화연구원, 1993, 102~103쪽. 참조.

9) 김언종은 서명이 「字學提綱」이 아닌 「字學」임을 지적한 바 있다. 김언종, 「甁窩 李衡祥의 『字學』에 대하여」, 『한문교육연구』 31, 한문교육학회, 2008, 278쪽. 참조.

10) 진갑곤, 「甁窩 李衡祥의 『字學』 序說」, 『동방한문학』 9, 동방한문학회, 1993, 167~180쪽. 참조.

11) 권오성, 「甁窩 李衡祥의 樂論硏究」, 『동아시아 문화연구』 8, 한양대학교 동아시아문화연구소, 1985, 243~262쪽. 참조.

12) 여기현, 「병와 이형상의 악론 연구」, 『한국시가연구』 9, 한국시가학회,

'악(樂)'에 대한 인식과 논의를 집중적으로 고찰하였다. 그는, 호악(胡樂)과 호무(胡舞)가 공사연(公私宴)에서 연향되고 공당(公堂)에서 음악(淫樂)이 연주되는 상황에 개탄했던 병와가 그의 방대한 저술 속에 '악'의 본질과 기능, 악률, 악조, 고악(古樂)과 금악(今樂), 아악(雅樂)과 속악(俗樂) 등에 대한 인식을 체계적으로 반영해 두었다고 평가했다.[13)]

이 가운데 여기현의 두 번째 논문은 악(樂)을 중심으로 『시경』 관련 언급을 다룬 부분이 적지 않다. 가령 「예악설(禮樂說)」에서 『시』를 먼저하고 예를 뒤로 한 공자의 논리에 의거하여 악교를 예교보다 우선시하였음[14)]을 소개하였는데, 이때 병와가 말한 "『시』는 곧 『악』을 의미한다"[15)]고 언급하였다. 이 부분은 병와의 『시경』론이 악론과 연계되는 한 지점을 짚어준 논의에 해당한다. 다만, "『시』는 곧 『악』을 의미한다"는 서술은 "興於詩, 立於禮, 成於樂" 등의 논의에서 『시』와 『악』이 동일시되지 않는 것으로 볼 때, 이에 관한 논의도 필요할 것으로 사료된다.

또한 여기현의 연구에서는, 병와가 동방에는 아악(雅樂)이 없다고 보았으며 황종(黃鍾)의 율관을 정하기 어렵고 중국과 풍토가 다르며 호흡·기질 등이 다른 현실 상황에서 평조·우조·계면조를 사용하는 것을 대안으로 지적한 점에 주목했다. 아울러, 『악학편고』가 다른 악서(樂書)와 달리 '성기(聲氣)'와 '자음(字音)'의 원류를 기술한 점을

2001, 363~392쪽. 참조.

13) 여기현, 「瓶窩 李衡祥의 樂論 研究(2)」 『泮矯語文研究』 12, 반교어문학회, 2000, 87~119쪽. 참조.

14) 李衡祥, 『瓶窩全書』 第8冊, 「更永錄·禮樂說」, "禮自外作, 樂由中出. 夫子之教先『詩』而後『禮』者此也."

15) 여기현, 「瓶窩 李衡祥의 樂論 研究(2)」 『泮矯語文研究』 12, 반교어문학회, 2000, 89~90쪽. 참조.

특이점으로 지적했는데, 이는 후에 '성기(聲氣)'와 '자음(字音)'·성률 등을 연관된 맥락에서 고찰한 이병찬의 논의로 이어진다.

여기현의 논문에서 「관저」를 평조(平調), 「종사우(螽斯羽)」를 우조(羽調), 「인지지(麟之趾)」를 계면조(界面調)로 구분한 부분[16]이나 「녹명(鹿鳴)」·「어리(魚麗)」는 고법(古法)으로 아악(雅樂)이고 「관저」·「종사우」·「인지지」를 삼조(三調)에 배분한 것은 속악(俗樂)이라는 설명[17] 등은 '악론'의 관점에서 서술되었기에 『시경』 악론의 흐름에서 추가적 논의가 요구된다.

이후 김진희는 병와의 음악과 가곡·가사 장르에 대한 지속적인 연구를 진행했다. 그 가운데 「성기원류」의 초반부가 송대(宋代) 소옹(邵雍)의 『황극경세서(皇極經世書)』 및 서경덕(徐敬德)의 「성음해(聲音解)」의 영향을 받았음을 지적한 부분[18]은, 「성기원류」에 반영된, 병와의 음악·음운·소리에 대한 인식의 내원을 탐구한 것이다. 아울러 『황극경세서』에서는 방위와 조음기관의 차이가 혼란을 야기하고 정성(正聲)과 정음(正音)을 왜곡시킴을 개탄하여 정성·정음을 강조한 데 비해, 「성기원류」는 "우리나라에는 아악이 없고, 가능한 것은 우리 음으로 된 속악이 있을 따름"[19]임을 언급함으로써 지역적 특성에 따른 악(樂)의 차이를 객관적 사실로 인정하고 긍정하였다고 보았다.

병와의 한시 성률론과 『시경』 악보의 상관성 연구로 이병찬의 「한

---

16) 李衡祥, 「言行錄·樂論」, "今且以平·羽·界面諸調, 則雖未協於正聲, 亦不害爲一方之樂道, 以「關雎」爲平調, 「螽斯羽」爲羽調, 「麟之趾」爲界面調."

17) 李衡祥, 『甁窩全書』 第8冊, 「芝嶺錄」 卷7, 「答仲舒」.

18) 김진희, 「樂學便考 소재 聲氣原流의 내용과 사상」, 『국어국문학』 194, 국어국문학회, 2021, 186쪽.

19) 김진희, 「樂學便考 소재 聲氣原流의 내용과 사상」, 『국어국문학』 194, 국어국문학회, 2021, 184쪽.

시 성률론(聲律論)과 『시경』 악보의 상관성 연구」가 있다. 이 연구에서는 윤춘년(尹春年, 1514~1567)의 「시법원류체의성삼자주해(詩法源流體意聲三字註解)」와 이를 수용한 『악학편고』간의 성률론 및 악론 관계를 고찰했다. 이 논문에서는, 이형상이 윤춘년의 '악무정음(樂無定音)' 설과 동일한 맥락을 유지하며 "『시경』이 곧 음악이었기 때문에 시법을 논함에 시가 곧 음악이라는 공식 아래에 논의를 전개"하였음을 지적한 가운데, "한자의 소리가 가지는 오음(五音)과 음악으로 구현되는 오음의 차이를 어떻게 해소하는지"에 대해서는 명확한 설명이 없는 것을 한계로 보았다.[20] 이 연구는 한시 성률론과 『시경』 악보 상관성을 중심으로 이형상의 성률론·악론의 형성 배경에 대해 논의한 것으로, 여기현 연구에서의 문제의식을 심화시킨 연구에 해당하며, 성률·악률의 각도에서 병와의 『시경』 인식을 이해하는 데 유용하다.

이상의 연구 성과들은 병와의 『시경』 독법 및 인식이 그의 다양한 학문 인식과 유기적인 관계를 맺고 있음을 함께 보여줌과 동시에 『시경』 해석, 활용의 각도를 중심으로 이를 전문적으로 고찰한 연구가 상대적으로 희소한 점도 보여주고 있다. 본 연구에서는 이러한 점에 유의하여 병와의 『시경』 독법을 입체적으로 살펴봄으로써 병와의 『시경』 접근법의 면면을 보다 구체화하고자 한다.

---

20) 이병찬, 「漢詩 聲律論과 『詩經』 樂譜의 相關性 研究 -한국의 논의를 중심으로」, 『語文研究』 62, 어문연구학회, 2009, 211쪽.

2. 『시전강의(詩傳講義)』 주석상의 특징 및 병와의 『시경』 구조 인식

이형상의 『시경』 논의는 『병와강의(瓶窩講義)』(1725) 중 『시전강의(詩傳講義)』에 집중되어 있다. 「병와강의서(瓶窩講義序)」에는 자식·사위의 질문에 답한 내용을 정리한 것이라고 저술 배경을 기술하였다. 『병와강의』 내용 중 「경서채강(經書採綱)」(1724)과 중복되는 부분이 있는데 이는 먼저 「경서채강」이 정리되었고 『병와강의』를 편찬할 때 『경서채강』의 내용을 재정리해 편입시킨 논의들로 보인다. 본 장에서는 『병와강의』 가운데 『시전강의』의 주석 구조상의 특징 및 『시경』의 형식·내용·성격에 대한 병와의 인식을 개괄하고자 한다.

1) 『시전강의』 주석 체재상의 다층성

『시전강의』는 크게 『시』학 명제 제시와 시편 해석 두 부분으로 나뉜다. 『시전강의』 서두에는 『시경』 이해를 위한 기본적인 『시』학 명제에 대해 자신의 견해를 제시하였다. '사시도(四始圖)', '사시설(四始說)', '경위(經緯)', '협운(叶韻)', '독법(讀法)'의 5제 가운데 '사시도'·'사시설'은 '사시(四始)'에 대해, '경위'는 '풍아송부비흥(風雅頌賦比興)'에 대해, '협운'은 시(詩)와 성(聲)의 관계에 대해, '독법'은 『시경』을 읽는 방법에 대해 소개하고 있어 실제 네 개의 주제를 다루고 있다. 이를 통해 병와가 『시경』 읽기에서 중요한 요소로 간주한 대상을 확인할 수 있다.

『시전강의』의 중심 내용은 시편 해석이다. 시편 해석은 개별 시편에 대한 주석과 국풍·이아(二雅)·삼송(三頌)에 대한 개별 총론으로 구분된다. 총론은 각 분류 체재가 끝나는 시점에 제시되어 있다. 개별 시편 해석은 【詩題+章數】+【詩旨】를 모두(冒頭)에 제시하는 기본 구조를 취한다. 이는 『모전정전(毛傳鄭箋)』이나 『시집전(詩集傳)』이 말미에 【詩題+章數+章別句數】를 제시하고 시지(詩旨)를 별도로 제시하지 않는 것과 차이를 지닌다. 이에 의거할 때, 『시전강의』 주석의 제시 형식은 기존 주석의 형식을 그대로 답습하지 않았음을 알 수 있다. 또한, 병와가 시제(詩題) 하단에 시지(詩旨)를 노출시킨 점은 『시집전』과 뚜렷한 차이를 보인다. 「모시서(毛詩序)」의 시지(詩旨)가 편명 다음에 제시되므로 『시전강의』의 제시 경향과 가깝다고 할 수 있다. 게다가 시지의 내용이 「모시서」의 서두(序頭) 부분과 거의 동일하다.

단, 시지(詩旨)의 내용이 「모시서」와 동일하다 할지라도 병와가 「모시서」 원문을 보고 시지의 서두 부분만을 직접 선취해 인용한 것인가에 대해서는 회의적이다. 가령 「모시서」에서 「조풍(曹風)·시구(鳲鳩)」편의 시지를 '자불일(刺不壹)'로 제시한 바 있는데, 병와는 이를 인용하면서 「모시서」라 말하지 않고 "『육경도(六經圖)』에서 이와 같이 말했다"고 언급하였다.(『六經圖』所論, 雖如此, 其實美君子其儀之一) 『육경도(六經圖)』는 송대(宋代) 양갑(楊甲)이 편찬한 『주역』·『상서』·『시경』·『춘추』·『주례』·『예기』의 여섯 경전과 관련된 도설서다. 그 가운데 「모시정변지남도(毛詩正變指南圖)」에는 「모시서」의 시지(詩旨)만 별도로 수록되어 있다. 병와는 바로 『육경도』에서 정리해둔 「모시서」의 시지를 재인용했을 가능성이 크다.

한편, 『시전강의』에는 【詩題+章數】+【詩旨】의 기본 항목 외에 필요시 시편의 【時世】 항목이 추가되어 있는데 이 또한 병와 『시전강의』의 체재상의 특징이라 할 수 있다. 기존 연구에서 『시전강의』의 시세(時世)가 『시전대전』 「작시시세도(作詩時世圖)」의 내용과 “이견 정도가 심하다”21)고 언급한 바 있는데, 본고에서는 『육경도』의 「작시시세(作詩時世)」와 일치함을 확인했다. 가령 「패풍(邶風)·백주(柏舟)」편을 “위(衛)나라 경후(頃侯)의 시로 주이왕(周夷王)의 때에 해당한다”22)고 설명한 『육경도』의 「작시시세」 부분은 『시전강의』의 언급23)과 거의 동일하다. 이에 비해 『시전대전』의 「작시시세도(作詩時世圖)」24)에서는 이 시의 시세를 평왕(平王)으로 제시해 차이를 보인다. 이에 의거할 경우 병와의 시편에 대한 시세는 『육경도』의 「작시시세」를 참고하였다 할 수 있다.

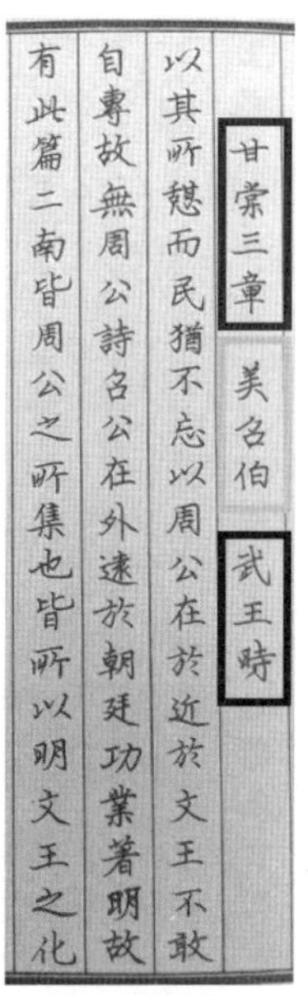
甘棠三章 美召伯 武王時
以其所憩而民猶不忘以周公在於近於文王不敢自專故無周公詩召公在外遠於朝廷功業著明故有此篇二南皆周公之所集也皆所以明文王之化

[그림1] 詩篇 해석 체재 예시

2) 『시전강의』 주석 내용상의 다층성

『시전강의』의 시지(詩旨) 및 세차(世次) 제시 방식과 시편 분석 내

---

21) 진갑곤, 「병와 이형상의 詩經意識에 나타난 反朱子的 要素」, 『한국의 철학』 21, 경북대학교 퇴계연구소, 1993, 129쪽.

22) 楊甲, 『六經圖』 卷3, 「作詩時世」, “邶鄘衛譜: 「邶·柏舟」 -衛頃侯詩繫周夷王世.”

23) 李衡祥, 『甁窩全集』 第4冊, 「甁窩講義·詩傳講義·邶風·柏舟」, 433쪽, “此槩衛頃侯詩而周夷王時也.”

24) 조선본 『시전대전』에 수록된 「작시시세도」는 크게 격자형(格子形)과 비격자형(非格子形) 2종이 확인되는데 「패풍·백주」를 평왕에 귀속시킨 점은 동일하다.

용 사이에 존재하는 다층성에는 이질적인 요소가 존재한다. 즉 『시전강의』에 제시된 시지는 「모시서」의 서두에 해당하며 세차 또한 한대(漢代) 시경학의 성격을 지니는 데 비해, 시편 분석 내용은 『시집전』을 중심으로 하며 『시전대전』 소주로 관련 내용을 보충·보완한 송대(宋代) 시경학의 성격을 지닌다. 예시로 「패풍(邶風)·정녀(靜女)」편의 「시전강의」 본문을 제시한다. 대조의 편의를 위해 원문과 인용문을 함께 제시한다.

> 靜女三章 **刺時**
>
> 旣是**淫奔**, 則'靜'之一字, 寧是本態? 歐陽公所謂"幽靜者且然, 則其他可知." 自城外而至牧, 且貽彤管荑茅, 則言之醜也. **此亦衛宣公詩, 周桓王世也.**[25)]
>
> (靜女: 總 三章. 시대를 풍자함.
>
> 이미 음분시(淫奔詩)인데 '정(靜)'이라는 한 글자가 어찌 (靜女의) 본래 모습이겠는가? 구양수(歐陽脩)가 말한 "유정(幽靜)한 여인조차 그러하다면 다른 여인들의 상황은 짐작할 수 있다"는 것이다. 성 밖에서부터 들판에 이르기까지 동관(彤管)·띠풀을 선물하는 내용은 말하기에 추하다. 이 시도 (앞 「북풍(北風)」편과 마찬가지로) 위선공(衛宣公) 때의 시로 주환왕(周桓王) 세차에 해당한다.)

"시대를 풍자"한 것이라는 시지(詩旨)는 「모시서」의 서두 내용을 옮겨 온 것으로 이 시를 풍자시로 파악한 것이다. 본문 마지막의 세차 제시 또한 시대를 풍자한다는 「모시서」의 시지와 연계된 것이다. 한편 본문의 시 분석은 『시집전』을 따라 「정녀」편을 '음분시'로 간주하고 있다. 이 경우 시의 작자가 불특정한 여항남녀(閭巷男女)로 설정되기

---

25) 李衡祥, 『瓶窩全集』 第4冊, 「瓶窩講義·詩傳講義·邶風·靜女」, 437쪽.

때문에 세차를 판정하는 것이 어렵게 된다. 따라서 『시전강의』의 주석 체재는 형식과 내용 사이에 이질성이 존재한다고 할 수 있다.

이러한 양상은 주석 구조 외에, 인용한 시설(詩說) 사이에도 확인된다. 가령 「답학자문목(答學子問目)」에서는 「모시서」의 작자를 자하(子夏)로 보는 설을 소개하거나 심지어는 공자(孔子)로까지 격상시키는 정자(程子) 설을 인용한 데 반해 「모시서」의 작자를 한대(漢代) 이후로 격하시키는 『시집전』의 설을 소개하지 않았다.[26] 또한 시편 분석 과정에서는 기본적으로 주희의 음시설을 따르지만, 주희가 음시로 분석한 「채갈(采葛)」편을 누군가를 그리워하는 시로 보고자 하는 등 일부 음시 분석에서 의문을 제기한 사례들도 확인된다.[27]

이러한 양상은 병와가 한대 시경학과 송대 시경학을 수집・정리・종합하는 성격을 포함한 『시경』 주석을 진행한 데서 발생한 것으로 추정된다. 제Ⅲ장에서 구체적으로 언급하겠으나, 병와는 특정 주석에 의거하지 않은 채 "허심(虛心)으로 탐구하고 체험을 주로 하"는 『시경』 독법을 적용했기 때문에 개인적 탐구와 체험을 거친 뒤 특정 주석에 대한 재정리가 아닌 다양한 주석을 통한 체험의 검증을 시도했을 것이며 그 과정의 산물이 『시전강의』라 할 수 있다. 병와 『시전강의』 주석의 다층성에 존재하는 이질적 성격은 경학사적 각도에서는 논리적 정합성의 부족이나 비일관성으로 비판될 수 있으나 병

26) 李衡祥, 『瓶窩全書』 第1冊, 『瓶窩先生文集』 卷8, 「答學子問目・「詩序」誰作」, 146쪽, "皆謂子夏所作, 而程子曰: '其文似「繫辭」, 似是孔子所爲.'" ((「모시서」는) 모두 자하가 지은 것이라고 하지만 정자는 "그 문체가 「계사전」과 같으니 공자가 지으신 것 같다"고 하였다.) 동일한 문장이 『瓶窩全書』 第7冊, 『永陽續錄』 243쪽에도 수록되어 있음.

27) 李衡祥, 『瓶窩全集』 第4冊, 「瓶窩講義・詩傳講義・王風・采葛」, 443쪽, "註家宜以爲淫奔之詞, 但無明證, 或是懷人而作歟! 可疑. 此則周桓王詩也."

와가 『시경』에 접근하는 과정에서 노정되는 층첩식(層疊式)의 다층 구조를 파악하는 데에는 여전히 유효하다.

3) 병와의 『시경』의 성격과 체재에 대한 인식

병와가 『시경』의 어떠한 성격을 중시하고 『시경』의 체재를 어떻게 파악했는가를 파악하는 것 또한 병와의 『시경』 인식을 살피는 데 유효한 접근이라 할 수 있다.

우선 병와는 예악과의 관계 속에서 『시』를 이해하는 태도가 특히 두드러진다. 가령 '헌빈헌개헌중빈례개부동(獻賓獻介獻衆賓禮皆不同)' 조에서 "처음에는 「녹명(鹿鳴)」·「사모(四牡)」·「황황자화(皇皇者華)」를 노래하며 생(笙)을 넣어 「남해(南陔)」·「백화(白華)」·「화서(華黍)」를 연주하며 「어리(魚麗)」·「유경(由庚)」·「남유가어(南有嘉魚)」·「숭구(崇丘)」·「남산유대(南山有臺)」·「유의(由儀)」를 간가(間歌)로 하고 「관저」·「갈담」·「권이」·「작소(鵲巢)」·「채번(采蘩)」·「채빈(采蘋)」은 합악(合樂)하며 철조(徹俎)한 후에는 무산악(無算樂)[28]으로 한다"[29]는 설명 등은 예서류(禮書類)에 등장하는 시편이나 일시(逸詩)에 대해 음악 연주 방식을 유별화한 특징을 지닌다. 또한 「용풍(鄘風)·상중(桑中)」편 해석에서 「예기·

28) 무산악에 대해서는 이설이 존재하나 행례(行禮)에 사용되는 정가(正歌)에 대비되는 용어로서 예를 마치고 연회할 때 사용하는 음악으로 절차나 회수의 제한이 없이 편하게 연주되는 음악을 가리킨다는 견해를 따름.

29) 李衡祥, 『瓶窩全集』 第4冊, 「瓶窩講義·儀禮」, 544쪽, "始歌「鹿鳴」·「四牡」·「皇皇者華」, 笙入樂「南陔」·「白華」·「華黍」, 間歌「魚麗」·「由庚」·「南有嘉魚」·「崇丘」·「南山有臺」·「由儀」, 合樂「關雎」·「葛覃」·「卷耳」·「鵲巢」·「采蘩」·「采蘋」, 徹俎後無算樂."

악기」의 "鄭衛之音, 亂世之音也. 比於慢矣"라는 구절을 함께 제시해둔 부분[30] 등에서도 병와가 예악과의 관계성 속에서 『시』를 이해하는 면모를 엿볼 수 있다.

한편, 병와의 『시경』 인식에는 정변(正變)이 중요한 준거로 작용한다. 정변은 『시경』을 시대나 정사(政事)와 긴밀하게 연관시키는 데서 연유한 시학 명제다. 병와가 『시경』의 분류 체재를 재이해하는 부분에도 그의 정변 인식이 반영되어 있다. 모시에서 풍아송을 15「국풍」(+2「남」 포함)·2「아」·3「송」으로 구분한 이래 송대 주희 『시집전』 등에서 준용되어 왔다. 다만 풍아송 체재명, 15「국풍」 가운데 2「남」의 남(南), 「왕풍(王風)」, 「빈풍(豳風)」의 성격, 「대아」·「소아」의 구분 근거 등이 줄곧 논란이 되어 왔다. 「가례편고(家禮便考)·인용편목(引用篇目)」 '모시(毛詩)'조 세주(細注)에 "二南·十二國風·三雅·三頌"[31]이라고 언급한 부분은, 병와의 관련 인식이 집약된 부분이라 할 수 있다. 「인용편목」에서 병와는 15국풍을 하나의 성격이나 범주로 간주하는 대신, 「주남」·「소남」을 이남(二南)으로 별도로 제시하고 나머지 13국풍 가운데 「빈풍」을 제외한 12국풍을 국풍으로 범주화했다.

삼아(三雅)는 기존 이아(二雅)에 「빈풍」을 추가한 것으로 추정되는데 이는 병와가 정변으로 『시경』을 이해한 태도가 반영된 용어라 할 수 있다. 『시집전』 주석에서는 "「빈풍」으로 「국풍」을 마쳐 변(變)을 바로잡음은 오직 주공(周公)만 할 수 있음을 보여준 것이기에 정(正)에 연계된다"는 왕통(王通)의 설, 「주례(周禮)·약장(籥章)」에 등장하는 '빈시(豳詩)'·'빈아(豳雅)'·'빈송(豳頌)'에 대해 「빈풍(豳風)·칠월(七月)」

30) 李衡祥, 『甁窩全集』 第4冊, 「甁窩講義·詩傳講義·鄘風·桑中」, 438쪽, "「樂記」比之於慢."

31) 李衡祥, 『甁窩全集』 第2冊, 「家禮便考·引用篇目」, 2쪽.

편을 삼분하여 대응시킨 정현(鄭玄)의 설, '빈아'·'빈송'이 본래 있었는데 지금은 망실되었다고 보는 왕안석(王安石)의 설, 「빈풍·칠월」편을 각기 다른 음절(音節)로 연주한다고 보는 설, 아·송 가운데 농사와 관련된 노래에 '빈(豳)'이라는 명칭을 붙였다고 보는 설 등을 제시한 후, 판단을 독자의 선택에 맡긴 바 있다.[32] 병와는 이 가운데 "독자의 선택에 맡긴다"는 『시집전』의 표현을 인용해둠으로써 자신의 선택의 여지를 피력하였다. 병와는 「총론빈풍(總論豳風)」부분에서 왕통의 설을 인용해 두는 데 그쳤지만[33], 「가례편고·인용편목」에서 '십이국풍(十二國風)'과 '삼아(三雅)'라는 표현을 사용함으로써 '빈풍'을 '아'에 포함시키는 자기 나름의 선택을 하였음을 유추할 수 있다. 여기에는 '아'가 '정(正)'이라는 인식과 「빈풍」이 변(變)을 정(正)으로 바로잡는다는 병와의 인식이 밀접하게 연결되어 있다.

다만 부연할 점은, 풍아송 체재에 대한 병와의 인식이 『시전강의』나 그의 문집 전반에서 일관되거나 선명하게 구현되지 않는다는 점이다. 가령, 「시전강의·경위」조에서는 풍아송의 분류 체재에 대해 "성악(聲樂)으로 나눈 명칭으로 삼경(三經)에 해당"한다고 설명하고 그 근거로서 "(풍아송)은 악장의 곡조로 중려조(仲呂調)·대려조(大石調)·월조(越調)의 종류와 같다"[34]라고 한 주희의 언급을 인용한 부분[35]은

---

32) 朱熹, 『詩集傳』 卷8, 「豳風七篇二十七章」, "「籥章」 歙豳詩以逆暑迎寒, 已見於「七月」之篇矣. 又曰: '祈年於田祖, 則豳雅以樂田畯; 祭蜡, 則豳頌以息老物', 則考之於『詩』, 未見其篇章之所在. 故鄭氏三分「七月」之詩以當之, 其道情思者爲「風」, 正禮節者爲「雅」, 樂成功者爲「頌」. 然一篇之詩, 首尾相應, 乃剟取其一節而備用之, 恐無此理, 故王氏不取, 而但謂本有是詩而亡之, 其說近是. 或者又疑但以「七月」全篇, 隨事而變其音節, 或以爲「風」, 或以爲「雅」, 或以爲「頌」, 則於理爲通而事亦可行. 如又不然, 則雅頌之中, 凡爲農事而作者, 皆可冠以豳號, 其說具於「大田」·「良耜」諸篇, 讀者擇焉可也."

33) 李衡祥, 『瓶窩全集』 第4冊, 「總論豳風七篇」, 463쪽, "讀者擇焉, 可也."

곡조로 풍아송을 나눈 설을 참고한 것에 해당한다. 이때 풍아송을 삼경(三經)으로 나눈 것은, 본래 주희가 풍아송을 '삼위(三緯)'로 나눈 것[36]과 다르다. 이는 조선시대 학자들에게서 종종 확인되는데, 주자설을 잘못 이해한 데서 기인한다. 한편 서민이 지은 것을 풍, 조정의 시를 아, 종묘의 시를 송으로 구분하여 등, 작자로 풍아송을 나눈 부분은 주희가 작자로 풍아송을 구분한 논의를 참고한 것이다.[37] 이 또한 병와가 관련 주제에 대한 여러 설을 참고・인용하는 과정에서 이질적인 성격을 함께 수용・제시하는 면모를 보여준다. 이러한 이질성 또한 병와의 관련 주제에 대한 관심의 측면을 이해하는 데 참고할 수 있다.

3. 병와『시경』독법의 확장성과 다층성

병와의『시경』독법의 주요 준거는『시전강의』앞부분의 '사시설

34) 黎靖德,『朱子語類』卷80, 2067쪽, "蓋所謂'六義'者, 風雅頌乃是樂章之腔調, 如言仲呂調・大石調・越調之類."

35) 李衡祥,『甁窩全集』第4冊,「詩傳講義・經緯」, 425쪽, "風雅頌, 聲樂部分之名, 而所謂『詩』之三經, 乃樂中之腔調, 如仲呂調・大石調(筆者註: 원문은 大呂調로 표기되어 있으나 주자 원문에 의거하여 수정함)・越調之類也. 民庶所作曰風, 朝廷詩曰雅, 宗廟詩曰頌, 是做詩底骨子也."

36) 黎靖德 編,『朱子語類』卷80, "三經是賦・比・興, 是做詩底骨子, 無詩不有, 才無, 則不成詩. 蓋不是賦, 便是比; 不是比, 便是興. 如風・雅・頌却是裏面橫串底, 都有賦・比・興, 故謂之三緯."

37) 주자의 풍아송 구분에 대한 논의는 이재훈,「주자 시경학 연구」, 서울대학교 박사논문, 1994, 137~141쪽. 참조.

(四始說)'('사시도(四始圖)' 포함), '경위(經緯)', '협운(叶韻)', '독법(讀法)'에서 집약적으로 살펴볼 수 있다. 본 장에서는 시학개념인 사시(四始)가 사조사시(四祖四始)로 확장되는 확장성, 시학개념인 사무사(思無邪)·흥어시(興於詩) 인식에 존재하는 다층성, 성률과 악률 등 『시경』의 '소리'에 대한 관심과 인식의 확장성이라는 세 가지를 중심으로 고찰하고자 한다.

1) 사시설(四始說)에 대한 사조사시설(四祖四始說)로서의 확장적 이해: 『시』학 개념 인식의 확장

본 절에서는 먼저 '사시도'·'사시설'을 중심으로 병와의 『시』학 개념 인식에 존재하는 혼성 공간을 살펴보고자 한다.

『시』학 개념인 '사시(四始)'는 「모시서」가 동한(東漢) 위굉(衛宏)에 의해 정리되었다는 설을 따를 경우, 그보다 앞선 「사기·공자세가」에 처음 등장한다.[38] 노시(魯詩)는 「관저」편을 '풍지시(風之始)'라 하여 '시(始)'의 대상을 「국풍」이 아닌 「관저」로 보았다. 삼가시(三家詩) 가운데 노시가 먼저 유행했던 까닭에 후에 등장한 모시가 일정 정도 그 영향을 받았을 것으로 추정되는데 「모시대서」의 "「關雎」, 后妃之德也, 風之始也"라는 언급은 노시의 사시설(四始說)과 일견 유사하기 때문이다.[39] 다만 「모시대서」에는 풍·소아·대아·송을 사시로 보

38) 司馬遷, 「史記·孔子世家」, "古者『詩』三千餘篇, 及至孔子, 去其重, 取可施於禮義, 上采契后稷, 中述殷周之盛, 至幽厲之缺, 始於衽席, 故曰 '「關雎」之亂以爲風始, 「鹿鳴」爲小雅始, 「文王」爲大雅始, 「淸廟」爲頌始'. 三百五篇孔子皆弦歌之, 以求合「韶」·「武」·「雅」·「頌」之音. 禮樂自此可得而述, 以備王道, 成六藝."

39) 毛公 序, 鄭玄 箋, 孔穎達 疏, 『毛詩注疏』, 「毛詩大序」, "「關雎」, 后妃之德也, 風之始

는 서술도 등장하여 '육의(六義)'의 풍·아·송 부분과 교차되는 경향도 존재한다. 이에 대해 진동생(陳桐生)은 한대(漢代) 삼가시 사이에 광범위한 영향을 미쳤던 사시설(四始說)은 모시가 『주례』의 '육시설'을 '육의'로 개조하여 사시를 설명한 이래 약화되었다고 설명한다.40)

주희는 사시설을 별도로 설명하지 않았으며 『시』 해석 구조에도 대입시키지 않았다. 따라서 병와의 사시설을 주희와 비교하는 논의는 진행하기 어렵다. 주희 『시집전』의 부연이라 할 수 있는 호광(胡廣) 『시전대전(詩傳大全)』에 수록해 놓은 주공천(朱公遷)의 사시도(四始圖)가 있지만 이는 주희의 『시집전』 인식과는 다른 것이므로 변별되어 논의되어야 한다. 다만 조선시대 학자 가운데는 『시전대전』을 중심으로 『시집전』을 이해하는 경향이 있던 까닭에 이에 대해 거부감 없이 수용한 경우가 있으며, 이형상도 사시도(四始圖)를 「시경강의」에 수록한 것으로 볼 때 이를 수용한 것으로 보인다.

사시도(四始圖) 다음에 제시된 병와의 '사시설'에는 병와의 사시에 대한 주관적 이해가 담겨 있다. 그는 '시(始)'를 여성의 잉태로 해석하고 태초에 음악이 있던 시점으로 거슬러 올라가고자 한다. 그리고 그 시점에 탄생한 「남풍(南風)」·「경운(景雲)」·「갱재(賡載)」·「채미(採薇)」가 모두 태초에 비롯된 바라고 설명한다. 아울러 마단림(馬端臨) 「문헌통고(文獻通考)·악고(樂考)」의 "「강구(康衢)」·「격양(擊壤)」과 같은 노래가 풍의 시조이고, 「구가(九歌)」·「희기(喜起)」·「남풍(南風)」과 같은 노래가 아의 시조이며 「오자지가(五子之歌)」는 변풍·변아의 시조이고 송

也, 所以風天下而正夫婦也. 故用之鄕人焉, 用之邦國焉 … 一國之事繫一人之本, 謂之風, 言天下之事, 形四方之風, 謂之雅. 雅者, 正也, 言王政之所由廢興也. 政有小大, 故有小雅焉, 有大雅焉. 頌者, 美盛德之形容, 以其成功告於神明者也. 是謂四始, 詩之至也."

40) 陳桐生, 『史記與詩經』, 人民文學出版社, 2000, 115~116쪽.

의 경우는 시조로 삼는 바가 없다"41)라는 말을 인용하였다. 이를 통해 병와가 사시 개념의 시간적 범위를 『시경』 시대 이전으로 소급하고자 하였음을 파악할 수 있다.

『詩傳大全』의 四始圖(部分)	「詩傳講義」의 四始圖
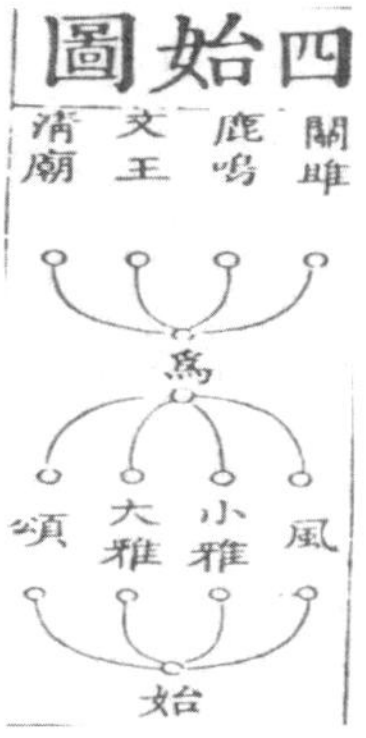 四始圖 清廟 文王 鹿鳴 關雎 爲 頌 大雅 小雅 風 始	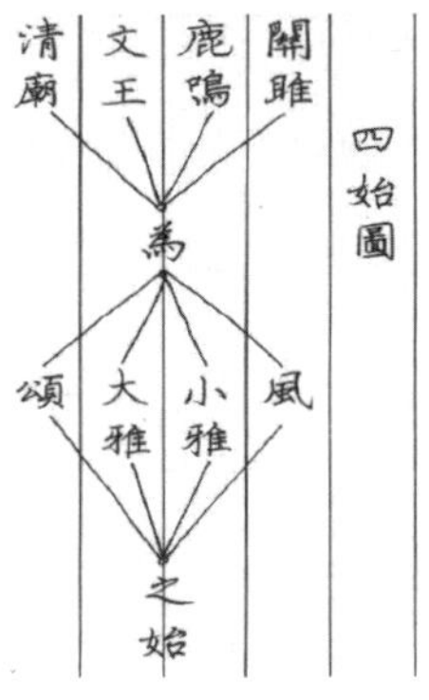 清廟 文王 鹿鳴 關雎 四始圖 爲 頌 大雅 小雅 風 之始

한편, 『시경』 풍아송에 대한 설명 가운데 사시 개념과 정변 개념을 밀접하게 연관시킨 부분도 병와의 해석이 개입된 부분이라 할 수 있으며, '풍지시(風之始)'를 '이「남」(二「南」)'으로 파악한 것 또한 주공천의 '사시도'나 「모시서」의 사시설과 변별되는 부분이다. 한편, 「빈풍」을 '변아'의 체(體)로 파악하고 「노송」은 지어지지 말았어야 하는데 지어진 까닭에 풍아의 변체와 같은 성격으로 본 부분42)도 병와

---

41) 馬端臨, 『文獻通考』 卷141, 「樂考十四」, "未有三百五篇之前, 如「康衢」, 如「擊壤」, 則風之祖也. 如「九歌」, 如「喜起」, 如「南風」, 則雅之祖也. 如「五子之歌」, 則又變風・變雅之祖, 若頌者, 獨無所祖."

42) 李衡祥, 『瓶窩全集』 第4冊, 「詩傳講義・四始說」, 425쪽, "二「南」爲風之始, 而純乎美, 故爲正風. 諸國之風兼美刺, 故謂之變風. 「豳風」者, 詩之正而事之變, 故亦屬於變雅之體. … 成康以上, 專於美, 故謂之正雅; 其後兼美刺, 故謂之變雅, 頌美盛德告成功, 其正「商頌」・「周頌」是也. 「魯頌」不當作而作, 故比之風雅亦變之類也."

의 사시와 정변에 대한 이해가 반영된 부분에 해당한다.

마지막으로 병와는 『시경』의 사시를 세분할 경우, 「사기・공자세가」에 처음 등장하고 후에 '사시도'에 수용된 노시 계열의 사시설과 같이 파악할 수 있다고 보았으며[43], 시편을 정변과 세차로 구분하여 집계하였다. 이에 의거할 경우, 이남을 '풍지시(風之始)'로 파악한 부분은 세분(細分)의 대응하는 대분(大分)에 해당한다고 할 수 있다.

종합하면, 병와의 사시설은 크게 세 개의 층위를 갖고 있다. 첫 번째는 마단림의 '조(祖)'의 서술을 인용하여 '사시(四始)'의 시기적 범위를 원시시점까지 확장한 층위이며, 두 번째는 시세를 중심으로 한 정변과의 관련성 속에서 2남[風之始], 12국풍[風之變], 빈풍[雅之變], 정아・변아를 논한 층위다. 이때 송의 경우도 성덕(成德)을 찬미하고 공(功)을 이룸을 알리는 「주송(周頌)」・「상송(商頌)」과 지어지지 말았어야 했는데 지어진 「노송」을 함께 제시했지만, '조(祖)'의 논리에 의거할 경우, 「송」은 사시의 범주에 따로 귀속시키지 않을 가능성이 있다. 마지막으로는 노시 계열에서 계승된 사시설을 제시한 층위다. 이에 의거할 경우, 병와의 사시에 대한 인식은 복합적이고 다층적인 성격을 지닌다 할 수 있다. 이 또한 병와의 『시경』 접근에 복합적이고 문화다원론적인 인식이 투영된 결과라 할 수 있을 듯하다.

2) 『시경』 독법으로서의 사무사(思無邪)와 흥어시(興於詩): 『시』학 개념 인식의 다층성

43) 李衡祥, 『甁窩全集』 第4冊, 「詩傳講義・四始說」, 425쪽, "「關雎」爲風之始, □「鹿鳴」爲小雅之始, □「文王」爲大雅之始, 「淸廟」爲頌之始."

본 소절에서는 『시전강의』의 '독법'의 내용을 살펴보고 그것이 실제 『시경』 읽기에서 어떻게 작용하는지 고찰하고자 한다. 이 독법에서 거론된 중요한 『시』학 명제가 '사무사(思無邪)'와 '흥어시(興於詩)'라 할 수 있다. 특히 사무사는 『시전강의』 편제(篇題)에서 "詩傳講義大旨思無邪"라 하였기에 사무사가 병와의 『시경』 독법에서 중요한 위치를 점함을 알 수 있다. 병와의 관련 논의는 주로 『주자어류』의 논의를 재서술하는 방식으로 제시되었는데 본고에서는 병와가 특정 논의를 선취해 재서술하는 방식으로 자기 인식의 취향을 반영하였다고 보고 이를 전제로 고찰하고자 한다. 먼저 병와가 사무사(思無邪)를 수용하는 과정에는 두 개의 층위가 존재한다.

> 사무사(思無邪) …그 효용은 성정(性情)의 바름을 얻는 데로 귀결될 따름이다. 성정은 생각에 속하니 생각함에 삿됨이 없음이 곧 바름을 이름이다. 선한 것에 대해서는 감발하고 악한 것에 대해서는 징창(懲創)하는 것, 이 또한 사무사로 시편 구절구절마다 모두 사무사가 되는 것은 아니다.(思無邪 …㉠其用歸於得其性情之正而已. 性情屬於思, 思而無邪, 則正之謂也. ㉡善者感發, 惡者懲創, 此亦思無邪也, 不是句句皆思無邪也.)[44]

이 가운데 ㉠부분은 주희 『시집전강령(詩集傳綱領)』[45]의 내용을 재서술한 것이다. ㉡의 "不是句句皆思無邪也"라는 설명은, 『주자어류』의 "只是'思無邪'一句好, 不是一部詩皆思無邪"라는 구절을 재서술한 것이다. 사무사에 대해 기본적으로 주희의 관점을 수용하는데, 이 관점 내부

---

44) 李衡祥, 『瓶窩全集』 第4冊, 「詩傳講義・讀法」, 427쪽.

45) 朱熹, 『詩集傳綱領』, "凡『詩』之言善者, 可以感人之善心惡者, 可以懲創人之逸志, 其用歸於使人得其性情之正而已. 然其言委婉, 且或各因一事而發, 求其直指全體而言, 則未有若思無邪之切者, 故夫子言『詩』三百篇, 而惟此一言足以盡其義."

에는 사무사의 효용이 성정의 바름을 얻는 데로 귀결되는 하나의 층위와 이 과정에서 선한 것은 감발하고 악한 것은 징창하는 층위를 동시에 수용하고 있다.

> 『예기』에서 "온유돈후(溫柔敦厚)는 『시』의 교화"라고 말하였는데, 시편 가운데 비판·풍자의 표현이 많다. 비판·풍자의 표현에 어찌 매양 평온함이 있을 수 있겠는가?(『禮』曰溫柔敦厚, 『詩』之教也. 篇中既多有譏刺, 譏刺之言, 安得有每每平穩也?)[46]

이 서술도 『주자어류』의 "'溫柔敦厚', 『詩』之教也. 使篇篇皆是譏刺人, 安得溫柔敦厚?"[47]를 재서술한 부분에 해당한다. 『시경』의 비판·풍자하는 표현들이 독자의 심정을 평온하게 할 수 없다고 말한다. 『시경』을 사무사라 말한 이유는 마치 『예기』에서 『시경』의 교화 작용으로 온유돈후를 말할 때와 마찬가지로, 『시경』 전체를 아우른 것이 아니라 부분적인 특징을 거론한 것이라고 설명함으로써 『시경』 전체에 온유돈후가 적용되지 않음을 지적한 원매(袁枚)의 관점[48]과도 연결된다.

---

46) 李衡祥, 『瓶窩全集』 第4冊, 「詩傳講義·讀法」, 427쪽.

47) 黎靖德 編, 『朱子語類』 卷80, 「詩」.

48) 袁枚, 『隨園詩話』 上, 「再答李少鶴書」, "『禮記』一書, 漢人所述, 未必皆聖人之言. 即如溫柔敦厚四字, 亦不過『詩』教之一端, 不必篇篇如是. 二「雅」中之'上帝板板, 下民卒癉'·'投畀豺虎, 投畀有北', 未嘗不裂眦揚臂而呼, 何敦厚之有!"(『禮記』라는 책은, 漢人이 저술한 것으로 반드시 모두 聖人의 말은 아니다. 예를 들면 '溫柔敦厚' 네 글자는 단지 詩教의 一端에 불과할 뿐이며 『시경』의 모든 편이 모두 이와 같은 것은 아니다. 가령 「大雅·板」편 중의 '상제가 常道를 뒤엎으니, 아래 백성들이 모두 병들었네'라는 구절이나, 「小雅·巷伯」 '승냥이, 호랑이에게 던져 주리라.(승냥이, 호랑이가 먹지 않거든) 북방의 불모지에 던져 주리'와 같은 구절들은 눈을 부릅뜨고 팔을 휘두르며 외치는 것들인데, 무슨 敦厚함이 있겠는가!)

사무사 논의 다음에는 다시 『주자어류』의 논의[49]를 인용해 성리학자들의 『시경』 독법을 제시하고 있는데, 먼저 장재(張載), 여조겸(呂祖謙)이 모두 '치심평이(置心平易)'한 상태에서 『시경』을 읽으라 했는데 이러한 독법은 도리(道理)를 함양하는 데는 효과가 있으나 계발적인 측면에서는 흠결이 있다는 점을 인용하고 그에 대해 공자가 흥어시(興於詩)를 말한 점, 주자가 "불요사살간(不要死殺看)"이라고 하여 고착화된 『시경』 읽기를 지양하라고 강조한 점 등을 들고 있다. 『주자어류』의 논의를 인용한 것이지만, 흥어시(興於詩)의 정서작용을 성리학자들의 '치심평이(置心平易)'와 변별하고자 한 점에 유의할 수 있다.

사무사와 흥어시의 독법에 기반하여, 병와는 "시의 뜻을 충분히 완미하고 그 맛을 읊어내(熟玩其義, 諷詠其味)"는 과정에서 "시인의 본의에 흥취가 맞닿(興會於詩人本意)"게 되면, 시안(詩眼)이 저절로 생명력을 갖게 된다는 관점을 제시하였는데[50], 이 또한 『주자어류』의 논의를 재서술한 부분에 해당한다.[51] 다만 이는 성리학자들의 『시경』 주석 내용 자체를 따르기보다 성리학자들의 『시경』 독법 및 자세를 따른 부분이라 할 수 있으며, 특히 계발·감발의 효과를 지향한다 하겠다. 아울러 "시인의 본의(本意)에 흥회(興會)"한다거나 "시안(詩眼)이 저

---

49) 黎靖德 編, 『朱子語類』 卷80, 「詩」, "(吳必大)問: 向見呂丈, 問讀詩之法. 呂丈擧橫渠'置心平易'之說見教. 某遵用其說去誦味來, 固有箇涵泳情性底道理, 然終不能有所啓發. 程子謂: 興於詩, 便知有着力處."

50) 李衡祥, 『瓶窩全集』 第4冊, 「詩傳講義·讀法」, 427쪽, "橫渠·東萊皆謂置心平易, 乃可讀『詩』, 果能平心易呂, 則自然有涵養道理, 而但欠於啓發矣. 必知'興於詩'三字, 且究正牆面所惡然後便有感憤振作之意. 朱子所謂'不要死殺看'者, 正是頂門一針. 熟玩其義, 諷詠其味, 此又興會於詩人本意, 則詩眼自活."

51) 黎靖德 編, 『朱子語類』 卷80, 「詩」, "今欲觀『詩』, 不若且置「小序」及舊說, 只將元詩虛心熟讀, 徐徐玩味, 候彷彿見箇詩人本意, 却從此推尋將去, 方有感發."

절로 생명력을 갖게 된다"는 표현은 병와의 언어로 서술된 부분이라 할 수 있다.

그 다음에는 『주자어류』의 논의를 인용해 『주례』에서 육시(六詩)로 사람들을 가르칠 때에는 주해(註解)자료가 없었으며 무엇이 흥이고 비이고 부인지 가르쳐주면 배우는 이들이 스스로 뜻을 일으켜 흥으로 지어진 것은 흥으로 보고 비로 지어진 것은 비로 보며 부로 지어진 것은 부로 보았을 것이라고 추정하였다.[52] 그리고 이렇게 보았을 때 뜻이 명확해져서 황연(怳然)한 깨달음을 얻게 된다고 말했다.[53] 병와의 『시전강의』에 부비흥에 대한 분석이 적잖이 거론되는 것은 바로 이 관점과 연결하여 이해할 수 있다.

이상에 근거하여 병와는 자신의 『시경』 독법을 두 단계로 제안했다. 첫 단계는 자기 체험 단계다. 이 단계에서는 서설(序說)이나 주해(註解)를 잠시 놓아두고 허심(虛心)으로 탐구하고 체험을 주로 하여 마치 몸소 그 시간에 있는 듯하고 몸소 그 공간에 있는 듯하면서 은근하게 사색하여 그 뜻을 얻을 수 있게 되면 점점 미루어 나아가 언외(言外)에 이르게 된다. 그러면 두 번째 단계로 들어가 비로소 서설이나 주해를 가지고 자기 견해의 타당여부를 검토하고 혹 분명치 못한 것은 궐여(闕如)하여 후일을 기다리거나 선각자에게 질의하여 나의 몽매함을 개도하면 될 것이라고 하였다.[54] 이러한 독법에 의거할

---

52) 黎靖德 編, 『朱子語類』 卷80, 「詩」, "『周禮』以六詩教國子, 當時未有注解, 不過教之曰, 此興也, 此比也, 此賦也. 興者, 人便自作興看, 比者, 人便自作比看. 興只是興起, 謂下句直說不起, 故將上句帶起來說, 如何去上討義理."

53) 李衡祥, 『瓶窩全集』 第4冊, 「詩傳講義・讀法」, 427쪽, "『周禮』以六詩教人者, 想得其時未有註觧, 不過曰此興也, 此比也, 此賦也云爾, 則學者便自起意興作興看, 比作比看, 賦作賦看, 義的語明, 所以有怳然之悟也."

54) 李衡祥, 『瓶窩全集』 第4冊, 「詩傳講義・讀法」, 427쪽, "今計不若姑置「序說」及註

경우, 자신의 체험과 체험에 따른 검증이 중시될 뿐 특정 경전 주석을 기준으로 할 필요가 없게 된다. 병와의 『시경』 이해가 특정 설을 그대로 수용하기보다는 여러 층위의 의미를 복합적으로 지니는 경향도 이러한 맥락과 연관시켜 이해할 수 있다.

마지막으로 병와는 『시경』의 뜻에 있어서는 '흥취(興趣)'가 가장 중요함을 강조했다. "무릇 『시』의 뜻은 무엇보다 흥취에 있다. 『시』의 한 글자 한 구절 가운데 (마음이) 확 트이는 부분[洒落處]에서 분명히 체인(體認)하여 격정적인 감동이 일게 되면 지기(志氣)가 유쾌하고 유창하여 저도 모르게 손발이 춤추게 되고 반드시 마음속에 긴 강, 큰 바다가 거침없이 흐르는 의상(意象)이 생기게 된다. 이를 통해 발생하는 순수함, 호방함, 강건함은 다른 책을 읽을 때 의미를 깨닫게 되면 만족하는 수준에 비할 바가 아니"[55]라고 하였다. 이 흥취가 바로 사람의 건강한 감성을 일으키는 역량으로 작용한다고 본 것이다. 그러한 까닭에 병와는 "공자의 가르침에서 『시』를 먼저하고 『예』를 나중에 하는 것은, 이 때문이다(夫子之教, 先『詩』而後『禮』者, 此也)"로 「독법」을 마무리한다. 이 맥락에 근거할 때 병와가 언급한 "공자의 가르침에서 『시』를 먼저"한다 함은, 『시』의 한 글자 한 구절을 읽는 가운데 마음이 확 트이는 부분을 포함하는 까닭에 시가문학으로서의 『시』의 작용이 강조되고 있음을 알 수 있다. 아울러 이를 통해

解, 虛心尋討, 主張体驗, 有若親當其時, 親到其地, 曲曲思索, 果得其旨則漸漸推去, 窮到言外, 始將「序」說・註解以驗吾見之當否, 或有不可曉者, 姑闕之以俟後日, 且又就質於先覺者, 以開吾家, 可也."

55) 李衡祥, 『瓶窩全集』 第4冊, 「詩傳講義・讀法」, 427~428쪽, "大抵『詩』意最於興趣, 或有一字一句, 可以洒落處, 快然明知, 躍然聳動, 則志悅氣暢, 不知手之舞之足之蹈之, 必於心中快然有長江大海浩浩不窮底意象. 其所以純粹豪健者, 非若他書只知其義欣然慊足之比也."

병와의 『시』 독법이 공자시대의 역동적인 계발, 그리고 시가문학의 흥취와 긴밀하게 연결됨을 확인할 수 있다.

3) 『시경』의 '소리': 성률과 악률에 대한 확장적 인식

시가(詩歌)는 특성상 내용적 접근 외에 소리에 대한 접근이 유효하면서도 중요한 장르다. 연주가 동반되는 노래는 노래 언어의 '소리'인 성률뿐 아니라 연주의 '소리'인 악률을 함께 고찰할 수 있다. 『시경』은 성률론과 악률론의 논의가 가능한 문헌에 해당한다. 구체적으로 말하자면, 시가와 음악이 결합되어 있던 선진(先秦) 시기의 『시경』은 이론적으로는 악률적 접근이 가능하다. 다만 악보가 전해지지 않는 까닭에 추정상의 논의만이 가능하다. 한편, 음악연주 없이 낭송하는 형식인 도시(徒詩)로서도 낭송할 때의 '소리'가 중요한 부분을 이루기에, 이에 대해서는 성률적 접근이 가능하다. 병와는 『시경』의 성률적 측면과 악률적 측면에 모두 관심을 보임으로써, 『시경』 언어의 내용적 측면 외에 소리의 측면까지 논의의 시야를 확장했다.

『시전강의』의 「협운」은 『시경』의 소리에 관한 병와의 인식이 집중된 부분이다. 기존 연구에서는 『악학편고』에 수록된 「성기원류」를 중심으로 시가의 성률에 대한 병와의 인식을 고찰했다면, 본고에서는 「협운」을 중심으로 병와의 『시경』의 '소리'에 대한 인식을 고찰하고자 한다.

「협운」편은 주로 기존 설을 요약·재서술하는 가운데 자신의 견해를 부분적으로 삽입하는 방식으로 서술되어 있다. 인용 문장으로는 『주자어류』와 윤춘년의 「시법원류체의성삼자주해」가 대부분을 차지한다. 왕응린(王應麟)의 『소학감주(小學紺珠)』, 정초(鄭樵)의 「통지(通志)·악부총서(樂府總序)」 등도 일부 인용되었는데 1차 문헌을 직접 인용한 것인지의 여부는 분명치 않다. 병와가 기존 문헌 인용 시, 원전의 직접 인용보다 적극적인 재서술을 시도하였다. 또한 자신의 견해를 중간 중간 삽입하는 서술 형식을 취한다. 병와의 기존 설 인용에 일정 정도 자기화 과정이 반영되었다고 할 수 있다. 이에 「협운」 편에서 병와가 인용한 문장의 관점이 병와가 취한 관점임을 전제로 논의를 진행하고자 한다.

'협운'은 '협음(叶音)', '협구(協句)'로도 불린다. 후대 학자들이 『시경』, 『초사』 등의 고시가를 읽는 과정에서 후대 당대음(當代音)으로 압운되지 않는 부분에 대해 임시로 음을 바꾸어 합운(合韻)한 방식을 가리킨다. 육조시대부터 사용되기 시작하여 송대에 이르러서는 더욱 성행했는데 주희 『시집전』, 『초사집주(楚辭集注)』가 협운을 적극적으로 적용한 대표 사례에 해당한다. 오늘날 협운은 고대 어음(語音)의 실제를 반영하지 못한데다 역사 관념이 부재하며 수의성이 강하다는 비판을 받는다.[56] 병와는 오역(吳棫)의 『운보(韻補)』를 토대로 하되 오역이 협운을 유추해내지 못한 부분을 증감(增減)한 주희의 협운 분석에 대해 자세하고 명확한 논의라고 평가하였는데[57], 이를 통해 그

56) 夏傳才 主編, 『詩經學大辭典』, 河北出版傳媒集團·河北青年出版社, 2014, 1390쪽. '『詩經』的叶音' 조항 참조.

57) 李衡祥, 『瓶窩全集』 第4冊, 「詩傳講義·叶韻」, 426쪽, "至宋吳才老, 始詳言, 朱子添減, 又曰'亦有推不去', 可詳, 其確論也." 여기에서 병와가 인용한 "亦有推不去"는 『주자어류』의 협운 관련 문장을 인용한 것이다. 『朱子語類』 卷80, "吳才老『補韻』, 甚詳. 然亦有推不去者. 某煞尋得, 當時不曾記, 今皆忘之矣. 如'外禦其務'叶'烝也無戎', 才老無尋處, 却云'務'字古人讀做'蒙', 不知'戎', 汝也, 汝·戎二字, 古人通用, 是協音汝也."

가 주희의 협운 분석을 적극 수용하고 있음을 유추할 수 있다.

병와는 『주자어류』를 인용해, 협운이 성시(聲詩)에 반영되어 자연스레 화합한 것으로 덕성의 발현이 억지로 운율을 끼워 맞춘 것이 아님을 지적하고 대우(大禹)시기의 운은 인위적이지 않고 자연스레 조화를 이루었음을 언급했다.[58] 이어 상고시대에는 소리만 있고 문자가 없다가 중고시대에 문자와 운이 생겼는데 (이는 마치) 학과 기러기의 울음소리와 같아 누가 가르쳐서 배우는 게 아님을 강조하면서, 윤춘년의 「시법원류체의성삼자주해」를 인용해, 우리가 품부받은 혈기에서 만들어진 날숨[呼]과 들숨[吸]이 성조, 즉 소리의 높낮이를 이룸을 언급하였다.[59] 이는 성조 또한 사람의 자연스러운 호흡에서 발생한 것임을 강조한 것이다.

다음에는 다시 「시법원류체의성삼자주해」를 인용해 "시는 정해진 소리가 없고 정해진 운도 없다(詩無定聲, 亦無定韻)"는 관점을 제시했다.

(궁상각치우의) 오음(五音)이 (평상거입) 사성에 배속된 것은 운서에

58) 李衡祥, 『瓶窩全集』 第4冊, 「詩傳講義・叶韻」, 426쪽, "叶韻者, 播之聲詩, 自然諧叶, 德性之發, 非所强押也. 大禹之聲爲律, 豈有所作爲也? 當時又無韻書, 雖欲叶之, 其可譜乎? 然『易』之「彖」辭, 『禮』之「曲禮」・「王制」・「禮運」・「孔子閒居」, 老・莊・屈騷, 皆有韻, 豈無書而可能乎? 必有所相襲而傳之也. 不然三百篇從何而每句偶合乎? 此最可疑處. 獨「周頌」多有不叶, 豈一唱三歎之餘, 只和其聲而已乎!" 이 부분에서는 『朱子語類』 卷80, "問: '先生說詩, 率皆協韻, 得非詩本樂章, 播諸聲詩, 自然協韻, 方諧律呂, 其音節本如是耶?' 曰: '固是如此. 然古人文章亦多是協韻.' 因擧「王制」及「老子」協韻處數段. 又曰: '「周頌」多不協韻, 疑自有和底篇相協. 「淸廟」之瑟, 朱弦而疏越, 一唱而三歎, 歎, 卽和聲也.'"의 내용이 재서술되어 있다.

59) 李衡祥, 『瓶窩全集』 第4冊, 「詩傳講義・叶韻」, 426쪽, "大抵上古有音無字, 中古衍書生韻, 鶴唳鴻嘹, 誰敎而誰學乎? 吾人之所禀者, 只氣血而陰陽之聲, 出於呼吸, 乾動而健故闢而爲呼, 坤靜而順, 故翕而爲吸, 吸者降也, 降則徐緩而爲濁, 呼者升也. 升則短促而爲淸, 淸迭和而爲律呂, 則聲之調也."

> 정법이 있음이다. 오음이 글자마다 흩어져 있는 것은 가성(歌聲)에 정위(定位)가 없음이다. 이는 마치 역수(易數)의 팔괘는 정위(定位)가 있어 눈으로 볼 수 있지만 육허(六虛)는 정위(定位)가 없어 마음의 깨달음에 달려 있음에 비견된다. 이에 의하면 시에는 정해진 소리가 없고 정해진 운도 없다. 소리는 조화로움을 취하고 운은 어우러짐을 취한다. (사성의) 평(平)이 항상 평이 되는 것은 아니며 측(仄)이 항상 측이 되는 것은 아니다. 이러하기에 청(淸)은 진실로 탁(濁)이 되어도 무방하고 탁은 진실로 청이 되어도 무방하다. 이 또한 음조의 지극히 공교(工巧)함이다.[60]

이를 통해 병와의 『시경』 협운론이 이병찬(2009), 김진희(2021) 등 기존 연구에서 주목한 성률론과도 연계되어 있음을 확인할 수 있다.

「협운」편 말미에는 후대로 갈수록 성률에 대한 요구가 지극히 엄격했는데 이는 진정한 엄격함이 아님을 지적했다. 그리고 후대로 가면서 시가의 격조가 떨어지는 것은 시가가 성정을 주로 하지 않고 정밀함을 구할수록 경박해져 그런 것이라고 보고 지금으로서는 의미를 궁구하고 음미하며 소리에 공들이지 않는 방안을 권고했다. 마지막에는 "굳이 일일이 궁구할 필요가 없다"라는 말로 '소리' 자체에 얽매이지 말 것을 강조했다.[61] 이를 통해 협운, 성운, 성조 등 『시경』과 관련된 '소리'의 성격을 인지하되 '소리'를 궁구하는 일에는 지나

---

60) 李衡祥, 『瓶窩全集』 第4冊, 「詩傳講義・叶韻」, 426쪽, "五音之屬於四聲者, 韻書之有定法也. 五音之散於字字者, 歌聲之無定位也. 比之易數八卦有定位, 可以目見, 六虛無定位, 在乎心悟矣. 據此則詩無定聲, 亦無定韻. 聲取其諧, 韻取其協. 平未始常爲平, 仄未始常爲仄. 如是則淸固不害爲濁, 濁固不害爲淸. 此又音調之極工也."

61) 李衡祥, 『瓶窩全集』 第4冊, 「詩傳講義・叶韻」, 427쪽, "字音又有古今之殊, 如十音諶, 一音奇, 此類甚多 …據此則古人淳厚寬和, 出口成章, 自適於諷詠, 後來聲律至嚴, 非其嚴也. 漢不如周, 晋不如漢, 唐不如晋, 宋不如唐, 明不如宋, 此無他, 旣不主性情, 故愈精愈薄而然也. 爲今之計, 但窮意味而玩之, 不以齒舌爲工, 則朱子所謂'不必逐一根究'者, 尤可歎服."

치게 얽매이지 않는 병와의 입장을 확인할 수 있다.

한편, 『시전강의』에서는, 악률을 전문적으로 다룬 『악학편고』에서만큼은 아니지만, 악률로서 『시경』의 '소리'를 논한 부분을 확인할 수 있다. 「녹명」편 '아유가빈(我有嘉賓)'구와 「어리」편 '군자유주(君子有酒)'구의 악보는 진갑곤(1993)에도 소개된 바 있다. 이 두 시구의 악보는 『시전강의』 외에 「답이중서(答李仲舒)」나 「지령록(芝嶺錄)·동방아속악(東方雅俗樂)」[62] 등에도 수록되어 있다. 병와가 이만부(李萬敷)에게 보낸 편지(「答李仲舒」)에서 "「녹명」·「어리」편에 대해 글자마다 악률을 배속시킨 것은 고법을 따른 것으로 아악에 해당한다"[63]고 하였는데, 이때 '고법'은 『의례경전통해(儀禮經傳通解)』에 수록된 「풍아십이보(風雅十二譜)」를 가리키는 것으로 추정된다. 주희는 이 악보를 조언숙(趙彦肅)에게서 전해 받았다고 하였다. 또한 조언숙이 이를 당 개원(唐開元) 연간 때 향음주례에 사용된 악보라 하였다고 전했는데 이는 출처가 불명확한 전언(傳言)에 해당한다.

『시전강의』의 「녹명」편 '我有嘉賓'구에 대한 십이율 표기의 경우, 「의례경전통해·풍아십이보」에서는 제2장 '빈(賓)'자에 대한 음률인 '황(黃)'에 '(黃調)淸宮'을 가리키는 '청(淸)'자가 추가된 외에 나머지는 동일하다. 「동방아속악(東方雅俗樂)」에서는 "음이 다른 까닭에 조(調)가 다르다"[64]고 설명하였는데 「시전강의·녹명」편에서는 "뜻[意]이 다른 까닭에 울리는 소리[響]가 다르다"[65]라고 하여 차이를 보인다. 『시전

---

62) 李衡祥, 『瓶窩全集』 第8冊, 「芝嶺錄·東方雅俗樂」, 767쪽.

63) 李衡祥, 『瓶窩全集』 第1冊, 「瓶窩先生文集」 卷7, 「書·答李仲舒」, 113쪽, "「南風」·「鹿鳴」·「魚麗」以字配律, 古法而雅樂也. 「飛龍詞」等七歌及「關雎」·「螽斯」·「麟之趾」分配於三調, 臆見而俗樂也."

64) 李衡祥, 『瓶窩全集』 第8冊, 「芝嶺錄·東方雅俗樂」, 767쪽, "音異, 故調異也."

강의』의 설명은 「녹명」편 악보 앞부분에서 "각 장의 의미가 달라질 때 소리[腔調]도 따라 달라진다"66)는 설명과 연결하여 이해할 수 있으며, 악률의 변화에 의미요소를 고려한 차이를 지닌다.

	我	有	嘉	賓
제1장	蕤賓	林鍾	應鍾	南呂
제2장	林鍾	南呂	應鍾	黃鍾
제3장	蕤賓	南呂	應鍾	南呂

〈표21: 『詩傳講義』 「鹿鳴」 '我有嘉賓' 樂譜〉

	我	有	嘉	賓
제1장	蕤	林	應	南
제2장	林	南	應	黃淸
제3장	蕤	南	應	南

〈표22: 『儀禮經傳通解』 「鹿鳴」 '我有嘉賓' 樂譜〉

「어리」편 '君子有酒'의 경우, 「동방아속악」에서는 "창법이 다른 까닭에 울리는 소리[響]가 다르다"67)고 설명하였는데 「시전강의 · 어리」편에서는 "음조(音調)로 말하자면 동일한 표현이나… 창법이 다른 까닭에 소리[聲]가 다르다"68)라고 하였다. 양자간에 '향(響)'자를 '성(聲)'자로 쓴 차이 외에, 『시전강의』에서 제1~3장에 동일하게 등장하는 표현인 '君子有酒'를 '음조(音調)'상 동일하다고 한 점이 차이를 지닌다.

	君	子	有	酒
제1장	蕤賓	林鍾	應鍾	南呂
제2장	蕤賓	林鍾	蕤賓	姑洗
제3장	蕤賓	姑洗	林鍾	南呂

〈표24: 『詩傳講義』 「魚麗」 '君子有酒' 樂譜〉

	君	子	有	酒
제1장	蕤	林	應	南
제2장	蕤	林	蕤	姑
제3장	蕤	姑	林	南

〈표25: 『儀禮經傳通解』 「魚麗」 '君子有酒' 樂譜〉

65) 李衡祥, 『甁窩全集』 第4冊, 「詩傳講義 · 鹿鳴」, 464쪽, "意異, 故響異也."

66) 李衡祥, 『甁窩全集』 第4冊, 「詩傳講義 · 鹿鳴」, 464쪽, "惟其旨意之各異也, 腔調又從而異."

67) 李衡祥, 『甁窩全集』 第8冊, 「芝嶺錄 · 東方雅俗樂」, 767쪽, "唱異, 故響異也."

68) 李衡祥, 『甁窩全集』 第4冊, 「詩傳講義 · 魚麗」, 464쪽, "以音調言之, 同一辭也 … 唱異, 故聲異也."

이상에서 「녹명」편 '我有嘉賓'구와 「어리」편 '君子有酒'구의 악보를 통해, 음이나 창법, 또는 의미에 따라 소리[聲 또는 響]가 달라진다고 보는 병와의 인식을 살펴보았다.

병와의 악률론에는 고악(古樂)과 중토(中土)의 정음(正音)이 숭상된다. 이는 전통 유가의 음악론의 맥락에서 이해될 수 있으며 주희에게서도 확인된다. 주희는 금악(今樂)이 모두 호악(胡樂)이며 주희 자신이 음시(淫詩)라 비판한 바 있는 옛 정(鄭)·위(衛)의 음악보다도 못하다[69]고 평가한 바 있다. 주희가 금악(今樂)을 호악(胡樂) 즉 본토의 음이 아닌 타국의 음이 섞인 음악이라고 말한 부분은, 시간적으로 고악(古樂)에 대별되는 금악(今樂)과 공간적으로 중토(中土)에 대비되는 호악(胡樂)에 대한 부정적 인식이 반영되어 있다. 오직 중토의 정음만이 아악이 될 수 있으며 중토를 벗어나 치우쳐 있는 곳에서는 정음이 나오지 않는다고 한 병와의 논의[70]도 주희와 같은 맥락에서 이해할 수 있다.

그렇다면 중토의 정음만이 존숭되고 연주되어야 하는가? 주희가 비록 속악보다는 아악을, 금악보다는 고악을 숭상하지만 지금의 문

69) 『朱子語類』 卷93, "今之樂, 皆胡樂也, 雖古之鄭衛, 亦不可見矣."

70) 李衡祥, 『瓶窩全集』 第1冊, 「瓶窩先生文集」 卷3, 「詩・次明谷韵寄申使君(義集)○幷序」, 38~39쪽, "五方之呼吸不同, 故吳楚傷於輕清。燕趙病於重濁, 秦隴之懶音反急, 梁益之平聲似去 …是故東坡, 蜀産也, 方音已偏於脣, 終身經紀, 未得其一樂府者, 固也. 我東亦偏於齒, 雖以李相國, 權陽村之文章, 終未解音律者, 理勢固然."(五方의 呼吸이 다릅니다. 그러한 까닭에 吳楚는 가볍고 맑은 데서 문제되고 燕趙는 무겁고 탁한 데서 문제되며 秦隴은 느린 음이 도리어 급한 음이 되고 蜀地인 梁益의 平聲은 去聲과 같습니다. …그러한 까닭에 蘇東坡가 蜀땅 사람으로 方音이 잇몸에 치우쳐 종신토록 법도에 맞추어도 제대로 된 樂府 하나를 만들지 못한 것은 당연합니다. 우리나라도 齒音에 치우쳐, 비록 李奎報・權近의 문장이라 하더라도 끝내 音律을 장악하지 못한 것은 당연한 이치입니다.)

화로 존재하는 음악의 형태를 부정하지는 않았다.71) 병와도 우리나라 속악에 대한 관심이 지대하였을 뿐만 아니라 우리나라의 평조·우조·계면조의 금조(琴操)를 속악에 맞추는 방안도 제안했다.

> 제가 말씀드리건대, 평조·우조·계면조는 동방의 금조(琴操)인데 이것으로 속악에 맞추면 괜찮을 듯합니다. 중토의 정음은 결코 초어(楚語)로 맞출 수 있는 성질의 것이 아닙니다.72)

병와는 『주자어류』에서 주희 당시에 "지금 「관저」·「녹명」 등의 시를 가곡으로 전파한 사람이 있는데, (들어보면 속악과 차이가 없어) 고악(古樂)은 어떠했는지 알 수 없다"는 말을 인용하면서, 중국이 이러하다면, 우리나라에서도 평조·우조·계면조를 『시경』 삼백 편에 맞출 수 있음을 알 수 있다고 하였다.73) 아울러 "이남(二南)이 풍의 시작이고 찬미함에 순일(純一)한 까닭에 정풍(正風)이 되는데 오늘날 평조가 있음과 같고, 제국(諸國)의 풍이 미자(美刺)를 겸하는 까닭에 변풍이라 일컫는데 이는 오늘날 우조가 있음과 같다"74)는 서술이나 "「관저」를 평조, 「종사」를 우조, 「인지지」를 계면조로" 대응시

---

71) 黎靖德 編, 『朱子語類』 卷92, "胡問: '今俗妓樂不可用否?' 曰: '今州縣都用, 自家如何不用得? 亦在人斟酌.' 淳"

72) 李衡祥, 『瓶窩全集』 第1冊, 「瓶窩先生文集」 卷3, 「詩·次明谷韵寄申使君(義集)○幷序」, 39쪽, "竊謂平羽界面調, 卽東方之琴操也, 以此諧之於俗樂則可矣. 中土正音, 決非楚語之可齊也."

73) 李衡祥, 『瓶窩全書』 第8冊, 「芝嶺錄」 卷7, 「與仲舒」, 797쪽, "又曰: '「關雎」·「鹿鳴」播之歌曲, 與俗樂無異, 不知古樂如何耶 …以此推之, 平羽界面之可調語三百篇, 亦可知矣."

74) 李衡祥, 『瓶窩全書』 第8冊, 「芝嶺錄」 卷7, 「與仲舒」, 796쪽, "二「南」爲「風」之始, 而純乎美, 故爲正風, 猶今之有平調也. 諸國之風兼美刺, 故謂之變風, 猶今之有羽調也."

키는 서술[75] 등은 우리나라의 삼악조(三樂調)를 『시경』에 다양하게 대응시키는 방식을 통해 악조 적용의 폭을 넓히고 『시경』 악률의 재적용을 시도한 것으로 이해할 수 있다. 중토만이 정음이 되고 지방음·타지음은 정음이 될 수 없다는 논리는 중화주의로 이해될 수 있다. 그러나 이 논리의 이면에는 지방에는 지방의 음이 있고 그에 따른 속악이 형성되기에 방음(方音)을 굳이 정음에 맞출 수도 없을 뿐 아니라 맞출 필요도 없다는 관점이 내재되어 있다. 이는 「고악부(古樂府)」에서 가을의 매미, 봄의 꾀꼬리가 제 멋에 울고 제 멋에 즐거워함이 일정함이 따로 없듯, 우리나라의 음악의 즐김은 우리의 평조·우조·계면조에 있다고 말한 것과 연결된다.[76] 그렇기에 조선 속악의 악조를 어떻게 잘 관찰하고 다양하게 활용할 수 있는가의 관심으로 연결될 수 있다. 이는 또한 병와가 주희 악론 등 중국 악론의 성과를 수용하는 과정에서 우리나라의 문화적 특징을 적용한 부분에 해당하기에 병와 『시경』론의 문화다원론적 접근이 반영된 부분이라 할 수 있다.

4. 결론

이상에서 병와의 경학 저작 가운데 나름의 독자적 접근이 시도된 『시전강의』를 통해 병와의 학문과 사상 맥락에서 그의 『시경』 독

75) 李衡祥, 「言行錄·樂論」, "今且以平·羽·界面諧韻, 則雖未協於正聲, 亦不害爲一方之樂道, 以「關雎」爲平調, 「螽斯羽」爲羽調, 「麟之趾」爲界面調."

76) 李衡祥, 『甁窩全書』 第8冊, 「芝嶺錄」 卷6, 「古樂府」, 733쪽, "秋蟬春鶯, 自鳴自樂而已, 亦何常之有! 然則所樂何居, 在平調, 在羽調, 在界面調."

법이 지닌 성격과 특징을 대략적으로 살펴보았다. 본고에서는 크게 『시전강의』 주석상의 내용, 형식상의 특징 및 『시경』 독법에 반영된 확장성·다층성이라는 두 가지 측면을 고찰했다.

먼저 『시전강의』의 주석 체재상의 특징을 분석하고 그에 반영된 병와의 『시경』 구조에 대한 인식을 고찰했다. 병와의 『시경』론에는 논의 내용과 체재 형식면에서 병와의 인식이 반영된 '층첩식(層疊式, layered) 구조'의 특징이 적극 구현되어 있다. 병와의 층첩식 주석 구조는, 주석의 '내용-형식' 간, '내용' 내부, '형식' 내부에서 발생하며 각 구조 사이에 이질적인 성격이 공존하는 형태를 보인다. 추가적으로 병와가 송대 양갑(楊甲) 『육경도(六經圖)』의 시지(詩旨) 및 「작시시세(作詩時世)」를 참고하였음을 확인함으로써 기존 연구에서 의문으로 남겨두었던 병와의 시세 구성에 대한 근거를 제시했다.

다음으로 병와의 『시경』 독법에 반영된 확장성·다층성의 측면을 고찰했다. 병와는 사시설(四始說)을 사조사시설(四祖四始說)로 확장함으로써 『시』학 개념 인식의 확장적 면모를 보여주었다. 사무사(思無邪)와 흥어시(興於詩)를 함께 거론한 부분에서는, 병와가 해석의 중층성(重層性)을 고려했으며 흥어시(興於詩)의 정서작용을 성리학자들이 강조한 '치심평이(置心平易)'의 독법과 변별하고자 한 점을 확인했다. 한편, 『시경』의 '소리'에 해당하는 성률과 악률에 관심을 기울인 면모를 고찰했다. 병와는 우리나라 속악에 대한 관심이 지대하였을 뿐만 아니라 우리나라의 평조·우조·계면조의 금조(琴操)를 속악에 맞추는 방안도 제안했다. 기존 연구에서 논의된 부분이지만 본고는 이 관점이 주희의 음악관을 참고하는 과정에서 우리나라의 문화적 특성을 적용한 것으로 문화다원론적 특징을 지님을 강조했다.

본 연구는 경전 주석자가 어떻게 기존 주석을 수용하여 자신의 경전 인식을 재구성하는가를 입체적으로 조망한 특징을 지닌다. 경전 주석이 기본적으로 지니는 층첩식 구조가 해석자에 따라 어떻게 다양하게 구현되는가를 고찰한 것으로 주석 내용에만 국한하지 않고 주석의 체재 형식과 내용 구성을 종합적으로 고려해 주석자의 인식에 입체적으로 접근하고자 하였다. 이를 통해 병와의 『시경』 독법이 지닌 확장성과 다층성을 심층적으로 확인하였다.

조선시대 『시경』 주석 가운데 기존 설에 대한 인용이 적잖은 부분을 차지한다. 이를 단순한 인용으로 간주하여 학술적인 의의를 부여하지 않을 수도 있다. 그러나 다양한 인용 양상, 인용과 인용 사이에 존재하는 주석자의 고민 및 주석자 개인의 언어들을 입체적으로 구조화해 살펴본다면, 주석자의 인식 및 인식 형성 과정을 보다 입체적으로 추적할 수 있다. 본 연구는 후자에 초점을 두어 병와의 『시경』 인식을 고찰한 것이다.

이러한 경전 주석에 대한 접근은 조선시대 경전 주석의 체재 형식 및 층첩된 내용 구성에 반영된 주석자의 인식을 종합적으로 파악하여 문화다원론적 특징을 구현하는 데에도 참고될 수 있을 것으로 예상된다. 특히 병와가 중토의 정음과 지방음, 타지음, 속악의 방음(方音)을 수평적 시각에서 그 고유한 가치를 강조하는 것은 문화다원론적 관점에서 『시경』의 성율에 대한 주석을 재해석하는 것을 의미한다. ◈

참고문헌

원전류:

李衡祥, 『瓶窩全書』, 한국정신문화연구원, 1980.

李衡祥 著, 鄭泰鉉·鄭基台·車柱環·金東鉉 譯, 『國譯瓶窩集』Ⅰ~Ⅲ, 한국정신문화연구원, 1990.

馬端臨, 『文獻通考』.

毛公 序, 鄭玄 箋, 孔穎達 疏, 『毛詩注疏(十三經注疏標點本), 上海古籍出版社, 1999.

司馬遷, 『史記』.

楊甲, 『六經圖』, 文淵閣四庫全書本.

黎靖德 編, 『朱子語類』, 中華書局, 1994.

袁枚, 『隨園詩話』.

朱熹, 『詩集傳』·『詩集傳綱領』, 『朱子全書』 第一冊, 朱傑人·嚴佐之·劉永翔主編, 上海古籍出版社·安徽教育出版社, 2002.

단행본류:

권영철, 『瓶窩 李衡祥 硏究』, 한국연구원, 1978.

논문류:

권영철, 「瓶窩全書 解題」, 『瓶窩全書』 10, 한국정신문화연구원, 1980

권오성, 「瓶窩 李衡祥의 樂論硏究」, 『동아시아 문화연구』 8, 한양대학교 동아시아문화연구소, 1985.

김언종, 「瓶窩 李衡祥의 『字學』에 대하여」, 『한문교육연구』 31, 한문교육학회, 2008.

김용걸, 「瓶窩 李衡祥의 哲學思想」, 『韓國思想家의 새로운 發見』, 한국정신문화연구원, 1993.

김진희, 「瓶窩 李衡祥의 樂府觀을 통해 본 芝嶺錄 第六冊의 체재와 의미」, 『한국시가연구』 33, 한국시가학회, 2012.

김진희, 「樂學便考 소재 聲氣原流의 내용과 사상」, 『국어국문학』 194, 국어국문학회, 2021.

남명진, 「瓶窩 李衡祥의 經學思想」, 『韓國思想家의 새로운 發見』, 한국정신문화연구원, 1993.

이돈주, 「邵雍의 皇極經世聲音唱和圖와 宋代漢字音」, 『국어학』 43, 국어학회, 2004.
심소희, 「聲音解를 통해 본 徐敬德의 정음관 연구」, 『중국어문학논집』 58, 중국어문학연구회, 2009.
심소희, 「최석정의 『황극경세·성음창화도』에 대한 인식」, 『한국중국언어문화연구』 28, 한국중국언어문화연구회, 2012.
여기현, 「병와 이형상의 악론 연구」, 『한국시가연구』 9, 한국시가학회, 2001.
여기현, 「瓶窩 李衡祥의 樂論 硏究(2)」 『泮矯語文硏究』 12, 반교어문학회, 2000.
이병찬, 「漢詩 聲律論과 『詩經』 樂譜의 相關性 硏究 -한국의 논의를 중심으로」, 『語文硏究』 62, 어문연구학회, 2009.
이재훈, 「주자 시경학 연구」, 서울대학교 박사논문, 1994.
진갑곤, 「병와 이형상의 詩經意識에 나타난 反朱子的 要素」, 『한국의 철학』 21, 경북대학교 퇴계연구소, 1993.
진갑곤, 「瓶窩 李衡祥의 『字學』 序說」, 『동방한문학』 9, 동방한문학회, 1993.
楊曦, 「論邵雍《皇極經世聲音唱和圖》的象數及其語音問題」, 『漢語史與漢藏語硏究』 2017年01期, 南京大學漢語史硏究所, 2017.
陳桐生, 『史記與詩經』, 人民文學出版社, 2000.
夏傳才 主編, 『詩經學大辭典』, 河北出版傳媒集團·河北青年出版社, 2014.

조선시대 경연에서 『서경』 「우공」편 강독의 의미

강 경 현

* 이 글은 『공자학』 제48집(한국공자학회, 2022.10)에 게재한 동명의 논문을 본 저서의 간행 취지에 맞춰 일부 수정한 것이다.

1. 들어가는 말

경연(經筵)은 군주와 신하가 유가 경전을 함께 읽어나가면서 유가적 가치에 따라 나라를 운영하기 위한 이념과 이상을 공유하고자 마련된 제도이다. 유가 경전 속 군신의 전범을 살펴봄으로써 그들은 현실 정치에 참여하고 있는 두 정치적 주체의 현재를 진단하고 지향할 이상과 목표를 확인하였다. 조선의 경연은 이러한 본래 취지와 목적이 구현된 모범적 사례로 여겨진다.[1]

『서경(書經)』은 유가의 이상이라고 할 수 있는 삼대의 성군과 현신에 대한 기록이다. 『서경』의 군주와 신하는 늘 인정(仁政)을 지향하지만 동시에 그로부터 자신이 이탈할 수 있음을 자각하고 있다.[2] 따라서 그들은 스스로 그리고 상호 간에 진지한 태도로 국정에 임할 것을 요구하기도 한다. 물론 군주와 신하의 역할은 이와 같은 수기(修己)의 영역에만 한정되지 않는다. 군주와 신하가 정교하게 제안하고 섬세하게 가다듬어 나갈 제도에 대한 고민도 포함된다.

---

1) 윤정분, 『군신, 함께 정치를 논하다: 명대 경연정치의 변천과 그 의의』, 혜안, 2018, 43쪽 참조.

2) 『書經』, 「大禹謨」, 15장, "人心惟危, 道心惟微, 惟精惟一, 允執厥中." 이는 요가 현신 순에게 알려준 "允執其中"을 부연하여 순이 현신 우에게 전한 말이다. 蔡沈(1167~1230)의 『書集傳』 주석에 따르면 이 구절은 유가 정치의 핵심 원리이다. "蓋古之聖人, 將以天下與人, 未嘗不以其治之之法幷而傳之, 其見於經者如此." 참고로 이 글에서의 『서경』 해석은 남송 시대 朱熹(1130~1200)의 문인인 채침의 주석, 즉 『서집전』을 토대로 한다. 일반적으로 『서집전』은 주희의 사유가 상당 부분 반영되어 있는 것으로 여겨진다. 『서경』에 대한 주희와 채침 입장의 동이에 관해서는 다음의 연구를 참조. 陈良中, 『朱子《尚书》学研究』, 人民出版社, 2013, 212~227쪽.

『서경』이 독해된 조선의 경연[3]은 조선의 군신이 삼대의 성군과 현신으로 나아갈 수 있는 존재이면서도 다분히 위태로운 존재이기도 하다는 유학의 인간 이해 위에서, 유가 정치의 목표인 인정(仁政)과 그것의 실현 방법으로서의 군신공치(君臣共治)의 내용을 확인하고, 현실 정치 속 군신이 모범으로 삼을 만한 도덕적 정치 주체의 자격과 역할에 대해 논의하고 공유하는 자리였다.[4] 그리고 이를 통해 유가 왕정(王政)의 구체적인 모습과 그 이면에 자리하고 있는 이론적 근거에 대한 성찰로 나아간다.

조선의 경연에서 『서경』은 17세기 인조와 효종 대에 집중적으로 읽힌다. 구체적으로 조선시대 경연에서 이루어진 총 829회의 『서경』 진강 기록 가운데 무려 449회가 인조, 효종 대에 이루어진다.[5](〈표-1〉 참조) 현전하는 자료를 기준으로 보았을 때[6], 인조, 효종 대는

---

3) 조선의 경연에서는 『서집전』을 기본 텍스트로 한다. 『인조실록』, 인조 7년(1629) 4월 26일 1번째 기사, "上晝講『書傳』于資政殿."

4) 강경현, 「조선시대 經筵에서 『尙書』 강독의 의미」, 『퇴계학보』 151, 퇴계학연구원, 2022, 92쪽 참조.

5) 이 글의 분석 대상인 조선의 경연 자료는 2005년 한국학술진흥재단(현 한국연구재단)의 지원을 받아 이루어진 연세대학교 국학연구원 경연연구팀의 〈朝鮮朝 經筵 資料 集成 및 註解〉를 토대로 한다.

6) 인조 대 이후 경연 자료의 특징 가운데 하나는 『승정원일기』 수록 경연 기사가 처음으로 포함된다는 점이다. 『승정원일기』 수록 경연 자료의 사료적 가치는 경연 시간, 장소, 종류, 교재, 참석 경연관 명단, 진강 범위 등이 구체적으로 명기되어 있다는 점뿐만이 아니라 기록된 논의 내용의 상세함 차원에서도 발견된다. 다만 주지하듯 『승정원일기』는 영조 20년(1744)과 고종 25년(1888)의 승정원 화재 등으로 인해 소실되어 그 전체가 현전하지 않기 때문에 경연 자료에 대한 통계적 수치를 다룰 때는 이러한 점을 염두에 둘 필요가 있다. 윤훈표, 「승정원일기 경연 기사의 특징」, 『사학연구』 100, 한국사학회, 2010, 32~33쪽 참조.

『서경』 전편에 대한 상세한 진강이 처음으로 이루어지는 시기라고 할 수 있다.(〈표-2〉 참조) 『서경』은 편별로 각기 다른 인물이 등장하고 서로 다른 맥락에서 논의가 진행되기 때문에 편에 따라 각각 다른 주제를 읽어낼 수 있는 문헌이다. 『서경』 전체에 대한 집중이 발견되는 인조, 효종 대에는 특히 「우공」편에 대한 진강이 본격화되는 모습도 발견된다.(〈표-3〉 참조)

『서경』 58편 가운데 「우공」편은 하서(夏書)의 첫머리로 현신 우(禹)가 왕이 될 수 있었던 이유를 서술하고 있는 것으로 해석되며,7) 그러한 우의 공적 가운데 치수(治水)와 공부(貢賦) 제정이 핵심으로 꼽힌다. 조선 전기 「우공」편은 조선 조세 제도의 주요 원리가 담겨 있는 전거로서 활용된다. 그런데 17세기 조선이 마주하고 있던 주요 현안 가운데 하나는 공납(貢納)의 폐단과 그에 대한 해결책으로서의 대동법 시행 문제였다. 공교롭게도 공납에서 대동법으로의 전환이 본격화된 시기에 조선은 경연에서 『서경』 「우공」편을 집중적으로 강독하는 모습을 보인다. 공납의 실제적 문제에 직면한 상황에서 유가 왕정의 조세 제도의 원형이 담긴 「우공」편이 경연에서 강독된다는 것은 어떤 의미를 갖는 것일까? 어쩌면 『서경』 「우공」편이 본격적으로 진강된 조선의 경연에서 조세의 원칙과 인정(仁政) 상의 의미가 재검토되었을 가능성이 있는 것은 아닐까? 더 나아가 「우공」편 강독은 『서경』이 진강된 조선의 경연이 수기(修己)와 인정(仁政), 공치(共治)의 이념을 공유하는 것과 함께 실제적이고 구체적인 제도 및 국정 운영의 문제와 관련하여 유가적 전범을 확인하는 자리였음을 보여주는 것은 아닐까? 이러한 질문들은 결국 조선의 경연이 경세학으로

7) 『書集傳』, 「夏書」, 채침의 주석, "「禹貢」作於虞時而繫之夏書者, 禹之王, 以是功也."

서의 경학의 한 면모를 보여주는 지점일 가능성을 타진케 하며, 한편으로 조선에서 구현된 동아시아 유가 문화의 다원적 전개 가운데 하나로서 조선의 경연을 조망해보게끔 한다.

2. 『서경』 「우공」편과 조선 전기 조세 제도

『서경』 각 편의 핵심을 간추려 제시하고 있는 「서경소서(書經小序)」에서 '임토작공(任土作貢)'은 「우공」편 전체의 내용에 대한 요약어로 등장한다.

> 우는 구주를 구별하면서 산세에 따르고 내를 깊이 팠으며 땅에 맞게 세금을 내게 하였다.[8]

현신 우의 치수(治水)와 공부(貢賦) 제정 성과를 압축적으로 표현하고 있는 이 구절은 조선의 조세 제도와의 관련성 속에서 해석된다. 조선 전기 조세 제도는 토지에 대한 세금인 전세(田稅)와 지역 생산물을 현물로 납부하는 공납(貢納), 그리고 노동력을 제공하는 역(役)을 근간으로 한다.

일반적으로 '임토작공'은 조선 전기 공납제의 근거가 되는 원리로 다뤄진다. 공납의 물목은 곡물, 동물, 채소 및 과실, 수산물, 수공업품 및 원료, 약재, 장식품 등을 망라하는데 일부는 원재료를 가공하거나 제작하여 충당하기도 하였지만, 대부분은 현물을 직접 거두

---

8) 「書經小序」, 禹貢, "禹別九州, 隨山濬川, 任土作貢."

어들였다.[9] 세조 대 공물 대납이 전면적으로 허용되기도 하지만, 물종의 산지를 고려하며 공물을 분정한 성종 대 공안(貢案)을 통해 공납은 현물납 체제로 자리잡게 된다. 한 연구에 따르면, 조선에서 전세는 녹봉이나 왕실의 일상재원, 군자를 위한 비축곡 등에 한하여 사용되었지만 공물은 국가의 사무 전반에 활용되었고, 그러한 측면에서 공물이 전세보다 국가 재정에서 중심적인 위치에 있었다고 분석된다.[10] 공납의 근거로 제시되는 임토작공은 "우임금이 천하를 9주로 나누어 그 지방에서 나는 물산을 거두는 것"으로 풀이된다. 「우공」편의 핵심으로서의 임토작공은 각 군현에 분정된 공물로 토산, 즉 해당 지역의 생산물을 부과하는 공납제의 기본 원칙이라는 것이다.[11]

한편 『서경』 「우공」편은 전세의 이론적 근거로도 해석된다. 조선 전기 전세는 세종 시기 확립된 공법(貢法)으로 대표된다. 세종의 공법이 갖는 특징은 전품(田品)에 따라 세액에 차등을 두는 전분육등법(田分六等法)과 당해의 풍흉에 따라 세액에 차등을 두는 연분구등법(年分九等法)으로 구체화된다.[12] 「우공」편은 "조선적 공법"[13]의 수립의 이

9) 박도식, 『朝鮮前期 貢納制 硏究』, 혜안, 2011, 6쪽 참조.

10) 소순규, 「朝鮮初期 貢納制 운영과 貢案改定」, 고려대학교 한국사학과, 박사학위논문, 2017. 5, 238쪽 참조.

11) 박도식, 『朝鮮前期 貢納制 硏究』, 혜안, 2011, 91~92쪽 참조. 인용은 91쪽.

12) 일반적으로 전분육등법과 연분구등법은 『經國大典』 戶典 量田조와 收稅조에 반영되는 것으로 여겨진다. 강제훈, 「조선초기 전세제 개혁과 그 성격」, 『조선시대사학보』 19, 조선시대사학회, 2001, 29쪽 참조.

13) 세종의 공법이 삼대 하나라 공법을 이상적 모델로 채택했지만 조선적 공법이라 할 수 있는 특징적 면모로서 結負制와 年分法에 주목한 연구가 있다. 최윤오, 「世宗朝 貢法의 原理와 그 性格」, 『한국사연구』 106, 한국사연구회, 1999, 15쪽 참조. 한편 세종의 공법이 지역별 차등 전품제를 내용으로 하는 중국 고전에 기재된 공법을 수용하면서도 전국적 전품제와 同科收租라는 조선적 특

면에 자리하고 있는 전세의 원형적 논의들, 대표적으로 전품에 따라 부세를 등급화하여 책정하는 사유가 담긴 자료로 이해된다.

잠시 『서경』 「우공」편을 살펴보면, 그 첫머리는 "토지를 분별하고 산을 따라 나무를 제거하여 고산과 대천을 정해 놓으셨다"[14]라고 하는, 우(禹)의 치수에 대한 포괄적인 설명으로 시작된다. 「우공」편은 전체 106장 가운데 82장에서 치수의 결과로 구획된 구주(九州)의 상세한 지리적 조건과 함께 각 지역의 땅의 특성, 전(田)과 부(賦)의 등급, 해당 지역의 공(貢)을 구체적으로 기술한다. 구주는 왕성을 포함하는 기주(冀州)(2~11장)와 연주(兗州)(12~21장), 청주(青州)(22~27장), 서주(徐州)(28~36장), 양주(揚州)(37~45장), 형주(荊州)(46~53장), 예주(豫州)(54~61장), 양주(梁州)(62~70장), 옹주(雍州)(71~83장)이다.

「우공」편은 각 지역의 산천과 관련된 설명을 한 후 "궐토(厥土)"라는 표현으로 해당 지역 땅의 색깔이나 흙의 특성을 밝히고 있다. 경우에 따라 "궐목(厥木)", "궐초(厥草)" 등의 표현으로 지역의 초목이 갖는 특징을 드러내기도 한다. 궐토와 관련한 내용을 몇 가지 살펴보면, 우선 기주의 땅은 흰색이고 덩어리가 없는 고운 흙으로 되어 있다.[15] 채침의 주석에 따르면 이러한 토양의 색과 성질은 해당 지역의 산물과 재배 방식 등을 결정짓는 중요한 요인이 된다.[16] 또한 서

징은 고려부터 이어진 기존의 踏驗損實法을 계승한 것이라는 연구도 있다. 강제훈, 「조선초기 전세제 개혁과 그 성격」, 『조선시대사학보』 19, 조선시대사학회, 2001, 38쪽 참조. 두 연구 모두 조선적 공법의 원형인 夏의 공법의 내용을 확인할 수 있는 경전적 자료로 『서경』 「우공」을 제시한다.

14) 『書經』, 「禹貢」, 1장, "禹敷土, 隨山刊木, 奠高山大川."

15) 『書經』, 「禹貢」, 7장, "厥土, 惟白壤."

16) 『書集傳』, 「禹貢」, 7장에 대한 채침의 주석, "夫教民樹藝與因地制貢, 固不可不先於辨土也. 然辨土之宜有二, 白以辨其色, 壤以辨其性也. … 冀治田疇, 各因色性, 而辨

주에는 차진 흙이 많은데[17] 채침의 주석에 따르면 이를 빚어 그릇을 만들 수 있다.[18] 옹주의 흙은 누런색이고 덩어리가 없이 고운데, 이는 해당 지역의 전답이 높은 생산력을 가지고 있어서 그 전품을 최상으로 책정하는 근거가 되기도 한다.[19]

이어서 등장하는 것이 "궐전(厥田)"과 "궐부(厥賦)"라는 표현으로 설명되는 각 지역의 전과 부의 등급이다. 구주 전체에 대하여 각기 상상, 상중, 상하, 중상, 중중, 중하, 하상, 하중, 하하 아홉 등급으로 전과 부를 구분하고 있다. 채침의 주석에 따르면 궐전의 등급은 해당 지역의 한 해 총 생산량에 따라 구분한 것이며[20] 궐부는 궐전의 등급에 더해 땅의 면적과 인구 밀도,[21] 지력[22] 등을 고려하여 정해진다. 따라서 궐전과 궐부의 등급이 일치하지 않는 경우가 생기는데, 궐부에서 기주, 예주의 '착(錯)', 양주(揚州)의 '상착(上錯)', 양주(梁州)의 '삼착(三錯)' 등은 이러한 상황을 나타내는 표현이다.[23] 또한 연

其所當用也."

17) 『書經』, 「禹貢」, 33장, "厥土, 赤埴墳." 『書集傳』, 「禹貢」, 33장에 대한 채침의 주석, "埴, 埴膩也, 黏泥如脂之膩也."

18) 『書集傳』, 「禹貢」, 33장에 대한 채침의 주석, "周有搏埴之工, 老氏言埏埴以爲器, 惟土性黏膩細密, 故可搏可埏也."

19) 『書經』, 「禹貢」, 76장, "厥土, 惟黃壤." 『書集傳』, 「禹貢」, 76장에 대한 채침의 주석, "黃者, 土之正色. 林氏曰, 物得其常性者最貴, 雍州之土, 黃壤, 故其田非他州所及."

20) 『書集傳』, 「禹貢」, 8장에 대한 채침의 주석, "又按, 九州九等之賦, 皆每州歲入總數, 以九州多寡相較, 而爲九等."

21) 『書集傳』, 「禹貢」, 8장에 대한 채침의 주석, "賦第一等而錯出第二等也, 田第五等也, 賦高於田四等者, 地廣而人稠也."; 51장에 대한 채침의 주석, "故, 田比揚只加一等, 而賦爲第三等者, 地闊而人工修也."; 80장에 대한 채침의 주석, "田第一等, 而賦第六等者, 地狹而人功少也."

22) 『書集傳』, 「禹貢」, 68장에 대한 채침의 주석, "意者, 地力有上下, 年分不同, 如『周官』田一易再易之類. 故, 賦之等第亦有上下年分."

주의 부는 '정(貞)'으로 표현되고 있는데, 채침의 주석에 따르면 이는 하하로서 수취량을 적게 하는 것이 군주의 올바른 지향처라는 의미를 담고 있다.[24)]

한편 "궐공(厥貢)"은 각 지역의 산물을 가리키는 표현으로, 공물로 해석될 수 있다. 공물은 해당 지역의 토양을 고려하여 정해지는데, 예를 들어 바다에 인접한 청주는 공물에 소금 및 해산물이 포함되고,[25)] 초목이 잘 자라고 특히 옻나무와 뽕나무가 잘 자라는 연주에는 공물에 옻과 생사가 포함된다.[26)] 사실상 토산, 즉 지역에서 생산가능한 물품을 공물로 정하고 있다고 할 수 있다.

이상의 내용을 표로 정리하면 다음과 같다.[27)]

〈표-4〉 우공편 구주 지역별 토, 전, 부, 공 및 기타

九州	수록장	厥土(色/性)	厥田 (등급)	厥賦 (등급)	厥貢
冀州	2~11	白/壤	中中(5)	上上(1), 錯(2)	·

23) 채침의 주석에 따르면 錯은 지력을 고려하여 年分을 다르게 책정하는 것으로, 冀州, 揚州, 豫州, 梁州가 해당한다. 『書集傳』, 「禹貢」, 68장에 대한 채침의 주석, "故, 賦之等第, 亦有上下年分, 冀之正賦, 第一等而間歲第二等也, 揚之正賦, 第七等而間歲第六等也, 豫之正賦, 第二等而間歲第一等也, 梁之正賦, 第八等而間歲出第七第九等也."

24) 『書集傳』, 「禹貢」, 18장에 대한 채침의 주석, "言君天下者, 以薄賦爲正也."

25) 『書經』, 「禹貢」, 21장, "海岱, 惟青州." ; 24장, "厥土, 白墳, 海濱, 廣斥." ; 26장, "厥貢, 鹽絺, 海物惟錯."

26) 『書經』, 「禹貢」, 16장, "桑土旣蠶." ; 17장, "厥土, 黑墳, 厥草, 惟繇, 厥木, 惟條." ; 19장, "厥貢, 漆絲."

27) 강제훈, 「조선초기 전세제 개혁과 그 성격」, 『조선시대사학보』 19, 조선시대사학회, 2001, 32쪽 표1 ; 이은호, 「禹貢」의 和而不同적 공동체 모델」, 『유교사상문화연구』 66, 한국유교학회, 2016, 233쪽 표2 참조.

兗州	12~21	黑/墳 厥草:繇/厥木:條	中下(6)	貞(9)	漆, 絲
靑州	22~27	白/墳	上下(3)	中上(4)	鹽, 絺, 海物(錯), 岱畎絲, 枲, 鉛, 松, 怪石
徐州	28~36	赤/埴 墳/草木漸包	上中(2)	中中(5)	土五色, 羽畎夏翟, 嶧陽孤桐, 泗濱浮磬
揚州	37~45	塗泥 厥草:夭/厥木:喬	下下(9)	下上(7), 上錯(6)	金三品, 瑤, 琨, 篠, 簜, 齒, 革, 羽, 毛, 木
荊州	46~53	塗泥	下中(8)	上下(3)	羽, 毛, 齒, 革, 金三品, 杶榦, 栝, 柏. 礪砥, 砮, 丹, 箘簵, 楛
豫州	54~61	壤/下土:墳壚	中上(4)	錯(1), 上中(2)	漆, 枲, 絺, 紵
梁州	62~70	靑/黎	下上(7)	下中(8), 三錯(7,9)	璆, 鐵, 銀, 鏤, 砮磬, 熊, 羆, 狐, 狸, 織, 皮
雍州	71~83	黃/壤	上上(1)	中下(6)	球琳, 琅玕

구주 각 지역의 지리적 위치와 토양의 특성, 전과 부의 등급 및 특산품의 관계가 명확하게 모두 밝혀져 있지는 않지만, 이상의 내용을 통해 부와 공을 정함에 있어 지역별 상황을 면밀히 고려하고 있음을 읽어낼 수 있다.

이와는 별도로 왕성과의 거리를 고려하며 제정된 賦의 구체적인 사항들이 제시되기도 한다. 「우공」편 101장에서는 다음과 같은 내용을 볼 수 있다.

> 5백 리까지가 전복(甸服)이다. (왕성에서부터) 백 리까지는 부(賦)로 벼의 뿌리까지 전부 바치고, (백 리부터) 2백 리까지는 벼의 반을 낫으로 베어 바치고, (2백 리부터) 3백 리까지는 그 반의 거죽을 벗겨 바치는데, (이 세 지역은 모두) 수송하는 일을 겸한다. (3백 리부터) 4백 리까지는 알곡을 바치고, (4백 리부터) 5백 리까지는 쌀을 바친다.[28]

채침의 주석에 따르면, 이 구절은 전부를 책정할 때 수송의 문제가 연동되므로 왕성과의 거리를 고려하여 전부의 구성과 운송 방식을 다르게 정한다는 것을 의미한다.[29] 예를 들어 왕성과의 거리가 가까운 백 리 이내의 지역에서는 벼의 뿌리까지 모두 바치게 하지만 그보다 먼 거리에 있어 운송이 쉽지 않은 4백 리부터 5백 리 지역에서는 도정을 마친 쌀만을 바치게 한다는 것이다. 수송의 역할 역시 3백 리까지의 지역에서만 담당한다.

결국 궐전과 궐부, 궐토와 궐공, 거리와 조세에 관한 이상의 내용으로 보면, 「우공」편은 우의 치수를 통한 구주의 공간 구획, 그리고 그 공간에 대한 지리적 조사 결과, 그리고 그 조사를 통해 확정된 조세 양과 품목 및 수송 여부 등 조세와 관련된 포괄적인 기준을 제시하고 있음을 확인할 수 있다.

흥미로운 점은 이러한 내용 전체를 넓은 의미에서의 '임토작공'으로 해석할 수 있다는 사실이다.[30] 다시 말해 임토작공의 토(土)가 토산(土産)만을 의미하거나 공(貢)이 공물(貢物)만을 의미하는 것으로 간주되지 않을 수 있다는 것이다.[31] 실제로 조선 전기 실록의 자료들을 살펴보면 임토작공의 임(任)을 '因, 隨, 議, 分, 相, 視, 別'로, 작

28) 『書經』, 「禹貢」, 101장, "五百里甸服, 百里賦納總, 二百里納銍, 三百里納秸服, 四百里粟, 五百里米."

29) 『書集傳』, 「禹貢」, 101장에 대한 채침의 주석, "蓋量其地之遠近, 而爲納賦之輕重精麄也."

30) 임토작공과 유사한 표현으로 채침의 주석에는 "因地制貢"이 등장한다. 『書集傳』, 「禹貢」, 7장에 대한 채침의 주석, "夫敎民樹藝, 與因地制貢, 固不可不先於辨土也."

31) 「우공」의 임토작공을 땅의 생산성에 맞추어 공부가 부과되는 것으로 해석한 연구는 다음을 참조. 유영옥, 「조선시대 『尙書』 〈禹貢〉 이해의 정치경제적 시각」, 『동양한문학연구』 37, 동양한문학회, 2013, 145~146쪽.

(作)을 '取, 收, 定, 奠'으로 풀이하고, 토(土)를 '方土所宜, 遠邇土物之宜, 土地之膏堉, 其卑高、燥濕、膏腴、瘠薄之地, 其地之卑高、燥濕、膏腴、堉薄, 道土地之肥瘠, 歲之豐凶、災傷之有無, 土地'로 구체화시키며, 공(貢)을 '九等收稅之制, 九等之租, 九等之田, 貢賦'로 표현하고 있는 것이 확인된다.[32] 즉 임토작공을 통해 각 지역 토지의 종합적 특징을 고려하여 조세를 제정했던 구체적인 기준과 내용을 살펴보고 있는 것이다.

요컨대 『서경』 「우공」편의 토지, 조세 관련 내용은 세금을 제정할 때 해당 지역의 지리적 특성을 고려하여야 한다는 원칙을 독해해 낼 수 있도록 한다. 한 나라를 운용하는 데 있어 조세 제도의 중요성을 고려한다면, 이는 곧 경세적 문제의식 위에서 현실 제도의 근거 원리를 확인하고자 할 때 「우공」편에 주목하게 될 가능성을 짐작케 한다.

실제로 조선 전기 조세 제도를 확립하고 보완해가는 논의 과정 속에서 『서경』 「우공」편은 공법의 근거로서 지속적으로 거론된다. 우선 「우공」편의 내용은 전품(田品)에 따라 부세에 차등을 두었던 모

32) 『태종실록』, 태종 13년(1413) 11월 5일 1번째 기사, "蓋因方土所宜而取之. 惟我國朝, 隨土收貢, 其制尙矣." ; 『세종실록』, 세종 9년(1427) 3월 16일 1번째 기사, "我朝嘗置都監, (…), 議遠邇土物之宜, 詳定不爲不悉." ; 『세종실록』, 세종 12년(1430) 8월 10일 5번째 기사, "在昔大禹因土地之膏堉, 制貢賦之差科. (…) 乞依「禹貢」之制, 差遣使臣, 分其卑高、燥濕、膏腴、瘠薄之地, 定爲九等." ; 『세종실록』, 세종 12년(1430) 8월 10일 5번째 기사, "乞依「禹貢」之制, 分遣使臣各道, 相其地之卑高、燥濕、膏腴、堉薄, 定九等收稅之制, 以慰民望." ; 『세종실록』, 세종 18년(1436) 윤6월 20일 4번째 기사, "臣願以龍子之言爲戒, 以「禹貢」九等之賦錯出之制爲師, 因諸道土地之肥瘠, 定爲九等之租, 又如周制司稼之官巡野之法, 令其道監司視歲之豐凶、災傷之有無, 參酌等第, 取旨定租, 以爲錯出之法, (…)" ; 『세종실록』, 세종 22년(1440) 7월 13일 5번째 기사, "臣謹按「禹貢」, 分別土地, 奠爲九等之田, 歲入貢賦之常數."

범적 선례로 이해된다.

> 신(전 판한성부사 허주, 1359~1440)이 일찍이 「우공」의 글을 보니, 궐전(厥田)의 품질이 같지 않기 때문에 궐부(厥賦)의 등급에 차이를 두었습니다. 우리 동방도 사방의 전토에 각기 비옥하고 척박한 차이가 있습니다. 비옥하고 척박한 가운데서 감해주는 것이 하전(下田)과 사석전(沙石田)에서 3두 혹은 5두 정도라면 성인이 전한 뜻에 그다지 어긋나지 않을 것입니다.[33]

여기에서 경작지와 그에 대한 조세 관련 「우공」편 어휘인 궐전과 궐부를 사용하고 있음을 볼 수 있다. 즉 조선의 조세를 제정함에 있어 땅의 비옥도를 고려해야 한다는 진언을 하면서 경작지의 품질에 따라 해당 지역에 대한 조세 수취 양을 정했던 「우공」편의 내용을 거론하고 있는 것이다. 여기서 말하는 경작지의 품질, 즉 전품에는 땅의 비옥도는 물론 고도 및 해당 지역의 온도와 습도가 포괄되기도 한다.[34] 또한 한 해의 풍흉(豐凶)과 재해의 유무, 즉 당해 생산량에 대한 고려를 「우공」편에서 확인하고, 이와 같이 전품에 따라 세액을 다르게 매기는 것을 「우공」편의 간착법(間錯法)으로 이해하여 이를 근거로 차등적 세액 부과를 주장하는 것으로 이어진다.[35]

---

33) 『세종실록』, 세종 12년(1430) 8월 10일 5번째 기사.

34) 『세종실록』, 세종 12년(1430) 8월 10일 5번째 기사, "摠制河演以爲'在昔大禹因土地之膏瘠, 制貢賦之差科, 六府孔修, 而庶事咸治. … 乞依「禹貢」之制, 差遣使臣, 分其卑高、燥濕、膏腴、瘠薄之地, 定爲九等, … 則貢賦得宜, 而一國之民, 均蒙聖恩, 庶合於大禹制貢之義.'"

35) 『세종실록』, 세종 18년(1436) 윤6월 20일 4번째 기사, "臣願以龍子之言爲戒, 以「禹貢」九等之賦錯出之制爲師, 因諸道土地之肥瘠, 定爲九等之租, 又如周制司稼之官巡野之法, 令其道監司視歲之豐凶、災傷之有無, 參酌等第, 取旨定租, 以爲錯出之法, …"

한편 조선 전기 조세 제도의 확립 및 보완의 논의 가운데에서 「우공」편은 공물과 공납을 부과하는 원칙을 제시하고 있는 자료로서도 언급된다. 「우공」편에 대한 「서경소서」의 '임토작공'이라는 요약어를 통해 지역 생산물로서의 토산을 공물로 제정했던 사례를 읽어내는 것이다.[36] 구체적으로 「우공」편에 나오는 각 지역의 공물, 예를 들어 청주(青州)의 염(鹽)과 치(絺), 양주(梁州)와 형주(荊州)의 금삼품(金三品), 서주(徐州)의 역양(嶧陽)의 고동(孤桐)과 사빈(泗濱)의 부경(浮磬), 금석피혁(金錫皮革)이나 청모죽전(菁茅竹箭)이 직접 거론되기도 한다.[37] 또한 원(元)에 진헌하는 공물 가운데 금과 은으로 만든 그릇의 경우 금은이 조선에서 나는 물건이 아니기 때문에 토산의 물건으로 대체하고자 한 논의나[38], 그러한 금은을 진헌하지 말고 토산인 포자(布子)로 대체하라는 명(明)의 제안 이면에 임토작공이 자리하고 있음을 짚어내는 경우도 발견된다.[39] 각 지역에서 생산되고 있는 것을

; 『세종실록』, 세종 22년(1440) 7월 13일 5번째 기사, "臣謹按, 「禹貢」分別土地, 奠爲九等之田, 歲入貢賦之常數. 然地力有上下, 年分有豊歉, 故又制爲間錯之法. … 若旣分地品, 而又視歲之豊凶, 則歲入之常法、間出之錯法, 竝行而無弊, 似爲良法."

36) 『성종실록』, 성종 18년(1487) 5월 19일 6번째 기사, "古者任土作貢, 各獻方土所宜之物."

37) 『세종실록』, 세종 28년(1446) 2월 3일 4번째 기사, "「禹貢」以青州爲貢鹽."; 『세종실록』, 세종 29년(1447) 9월 23일 1번째 기사, "惟鹽之爲利, 實三代聖人正大之用也. 青州厥貢鹽·絺者, 「禹貢」之辭也."; 『문종실록』, 문종 즉위년(1450) 10월 10일 24번째 기사, "帝王理財之道, 非一途, 而魚鹽爲最. 自「禹貢」以來, 以至于今, 歷代皆用之."; 『예종실록』, 예종 즉위년(1468) 11월 13일 2번째 기사, "臣謹按, 「禹貢」惟金三品, 不獨産於梁州, 荊州亦貢焉. 嶧陽孤桐, 泗濱浮磬, 九州之中, 徐州獨貢, 以非他州所産也. 聖人任土作貢之意至矣."; 『성종실록』, 성종 18년(1487) 5월 10일 3번째 기사, "一. 任土作貢, 已著「夏書」. 大而金錫皮革, 小而菁茅竹箭, 莫非土産, 未聞其弊."

38) 『태종실록』, 태종 9년(1409) 1월 21일 1번째 기사 참조.

토대로 공물을 정해야 한다는 임토작공의 원칙을 근거로 하여 조선의 토산(土産)과 불산(不産)의 경우에 적용하고 있는 것이다.

「우공」편에서 거리에 따라 부(賦)에 차등을 둔 사례도 인용된다.

사간원 대사간 김수녕(1436~1473) 등이 상소하였다. (…) 1. 옛 「우공」의 제도에 (왕성에서부터) 백 리까지는 벼의 뿌리까지 전부 바치고, (백 리부터) 2백 리까지는 벼의 반을 낫으로 베어 바치고, (2백 리부터) 3백 리까지는 그 반의 거죽을 벗겨 바치며, (이 세 지역은 모두) 수송하는 일을 겸하게 하였는데, 도로의 멀고 가까운 것으로 납부의 경중과 정추(精麤)로 삼았던 것이니, 그 법이 지극하다 하겠습니다. 지금 경기의 백성은 부역이 다른 도에 비하여 심한데, 요사이 국휼로 인해 경기 백성의 괴로움이 다른 도의 10배가 되니, 평안도의 예와 같이 해에 한하여 공(貢)의 반을 감해서 백성의 힘을 풀어주시면 매우 다행이겠습니다.[40)]

「우공」편 101장에서 왕기와의 거리를 고려하여 부세에 차등을 두었던 실례를 언급하며, 조선의 경기 지역은 왕성으로부터 가깝기 때문에 역의 부담이 크며, 이를 고려하여 공부를 감해줄 것을 제안하고 있는 것이다. 이처럼 지역별 특성이라고 할 수 있는 전품, 해당 지역의 생산 여부, 수도와의 거리 등을 고려하여 세금을 책정하려는 생각은 결국 지역의 지리적 특성과 함께 그곳의 토품과 토산이 기록된 지리서로서의 「우공」편을 이해하는 시야로 이어진다.

세조가 정인지(1396~1478)에게 말했다. "예전에는 「우공」의 지리 제도가 있었고, 또 『주관』의 관제에 관한 글이 있었다. 지리와 관제에 대해서

39) 『세종실록』, 세종 11년(1429) 8월 18일 1번째 기사 참조.
40) 『성종실록』, 성종 1년(1470) 2월 14일 4번째 기사.

각 시대마다 편수하였는데, 우리 왕조에서도 옛일을 모방하여 조선의 도읍 지도, 팔도 각각의 지도, 주부와 군현 각각의 지도 및 백관의 관명, 맡은 업무, 관리의 수에 관한 것을 만들어서, 옛것을 살펴보며 상세히 논의하여 정하는 데 국가 만세의 보배로 삼아야겠소." 이어서 물었다. "누가 이 일을 맡을 만한가?" 정인지가 직전 양성지(1415~1482)를 천거하며, "그가 『고려사』「지리지」를 편수하였으니, 이 사람에게 하게 하면 됩니다"라고 하였다. 그래서 양성지가 관장하게 하였다.[41]

동아시아 지리서는 국가의 "강역에 대한 중앙의 장악을 상징할 뿐만 아니라 인구와 물산, 도로, 요충지 등 통치에 필요한 실제적 정보를 담은 문헌"으로서 "세계에 대한 객관적 기술"을 특징으로 한다고 평가된다.[42] 실제로 「우공」편은 동아시아 지리서의 효시로서 "인문의 공간이며 정치 권력과 도덕 가치를 핵심으로 강화되고 있는 질서를 대표"하는 국가 영토에 대한 구체적 파악의 노력의 산물로 해석된다.[43] 그러한 구주의 지리에 관한 내용을 수록하고 있는 「우공」편은 조선에서 나라 곳곳의 지도를 편찬하는 과정에서도 언급된다. 위의 기사는 「팔도지리지(八道地理志)」에 관한 것으로 보인다. 이 「팔도지리지」는 1478년 성종 9년에 완성되고, 이후 1481년 『동국여지승람(東國輿地勝覽)』의 편찬으로 이어진다. 조세 제도와 관련된 부분에 집중해서 보면, 실제로 조선에서 편찬된 지리지에는 각 지역의 토양과 토질, 토산은 물론 그로부터 정해진 공물 등이 포함되는데[44], 그 한 예로 『세종실록』「지리지」에서는 「우공」편에서 지역의

---

41) 『단종실록』, 단종 1년(1453) 10월 17일 10번째 기사.

42) 임종태, 『17, 18세기 중국과 조선의 서구 지리학 이해』, 창비, 2012, 124쪽 참조.

43) 탕샤오펑 지음·김윤자 옮김, 『혼돈에서 질서로』, 글항아리, 2015, 295쪽 참조.

토질과 부(賦) 그리고 공(貢)을 지칭하며 등장한 어휘인 궐토, 궐부, 궐공이 항목화되어 사용되기도 한다.[45]

이상과 같이 「우공」편과 임토작공은 주로 조선 전기 수립된 조세 제도의 두 축인 공법과 공납의 근거를 찾는 경우에 참고된다. 물론 조세와 관련해서는 「우공」편뿐만이 아니라 『주례』와 『맹자』가 검토되기도 하며,[46] 당(唐)의 조용조(租庸調) 제도를 근간으로 하는 고려의 조세 제도와의 연속성 차원에서 다뤄짐으로써 조선 전기 조세 제도가 고려의 제도를 인혁손익(因革損益)하여 구성된 것으로 파악되기도 한다.[47] 이러한 맥락 위에서 「우공」편은 조선 전기 조세 제도 수립 속 그 근거를 제공해주는 하나의 핵심적 경전 자료로 제시된다.

그런데 조선 전기 경연의 『서경』 진강에서 「우공」편은 자주 읽히지 않는다. 그나마 일곱 차례의 「우공」편 진강 기록이 발견되는 선조 시기(〈표-5〉 참조) 유희춘(1513~1577)은 「우공」편을 진강하기 시작하는 첫 자리에서 다음과 같은 발언을 한다.

---

44) 기존 연구 가운데 『世宗實錄』 「地理志」(1454), 『東國輿地勝覽』(1481), 『輿地圖書』(1757~1765), 『大東地志』(1861~1866 사이)의 지역 생산물 항목에 대한 검토를 통해 각 지리지에 수록된 토산물을 비교 분석한 것은 다음을 참조. 이기봉, 「朝鮮時代 全國地理志의 生産物 項目에 대한 檢討」, 『문화역사지리』 15-3, 한국문화역사지리학회, 2003.

45) 『세종실록』, 「지리지 · 충청도」, "厥賦: 稻米【有粳米、白米、細粳米、常粳米、粘粳米、粘白米、糙米.】 … 厥貢: 虎皮、豹皮…" ; 『세종실록』, 「지리지 · 충청도 · 충주목」, "厥土: 肥塉相半…."

46) 조선 전기 공법과 공납제를 살펴보기에 앞서 貢에 관한 『주례』와 『맹자』 그리고 『서경』의 논의를 검토한 연구는 다음을 참조. 최윤오, 「世宗朝 貢法의 원리와 그 성격」, 『한국사연구』 106, 한국사연구회, 1999, 6~11쪽 ; 윤석호, 「대동법에 동조했던 '공(貢)'의 경세 담론들」, 『한국사상사학회』 70, 한국사상사학회, 2022, 206~214쪽.

47) 김옥근, 『조선왕조재정사연구』, 일조각, 1996, 2~3쪽 참조.

> 「우공」 한 편을 진강하지만 강학과 치도에는 절실하지 않습니다. 다만 읽으면서 건너뛸 수는 없기 때문에 부득이 진강합니다.[48]

이는 「우공」편을 읽을 차례여서 건너뛸 수 없기 때문에 읽는 것일 뿐, 경연 자리에서 읽을 만한 내용이라고 보지는 않는다고 해석할 수 있는 발언이다. 유희춘의 이 말을 이해하기 위해서는 조선에서 『서경』이 진강된 경연의 의미를 고려할 필요가 있다. 조선 전기 『서경』이 진강된 경연은 수기, 인정, 공치의 맥락에서 유가의 이상적 정치에 관한 생각을 공유하는 자리였다. 『서경』을 통해 성군과 현신의 자취와 면모를 확인하고 이를 통치의 전범이자 원칙으로 해석해내고 있었던 것이다. 그런데 유희춘의 발언을 통해 이 시기 「우공」편은 아직 유가 이상 정치와의 선명한 연관성 속에서 독해되고 있지는 않았음을 알 수 있다. 달리 말해 수기, 인정, 공치라는 유가 왕정의 체계와 관련하여 「우공」편이 갖는 의미와 위상은 불분명했다고 할 수 있다.

물론 앞서 살펴보았듯, 「우공」편은 경연이 아닌 상황에서 종종 인용되곤 한다. 그렇다면 조선 전기 「우공」편이 제도에 대한 검토와 제안 혹은 현안에 대한 의견 개진의 근거 제시 차원에서 활용되었을 가능성을 고려할 수 있다. 달리 말해 이는 고려 유제의 영향 위에서 수립되어 가고 있는 조선 전기 조세 제도를 조망하는 시야 위에서 조선의 조세 제도와 「우공」편의 연관성을 다룰 수 있음을 의미하는 것이다.[49]

---

48) 『선조실록』, 선조 5년(1572) 12월 16일 1번째 기사.

49) 특히 공물제도의 연속성에 대한 언급은 다음의 연구 참조. 박종진, 「고려말 조선초 공물제의 개편과 그 성격」, 『한국학연구』 6, 숙명여자대학교, 1996,

즉 조선 전기, 『서경』「우공」편이 조세제도의 근거 원리를 제공하는 것으로 거론되기는 하지만, 경연에서 유가 왕정과 관련하여 혹은 조세제도의 전범으로서 명확하게 이해되고 공유되지는 않았다고 이해할 수 있다. 다른 한편으로는 관사(觀事)의 편으로 간주되는 「우공」[50]을 통해 경세적 문제를 다루고 있는 경전의 내용을 경연에서 어떻게 해석해낼 것인지에 대한 고민을 앞두고 있었다고도 할 수 있다.

3. 조선 후기 경연에서의 『서경』「우공」편

현신이자 성군으로서의 禹에 대한 기록은 『서경』「대우모」와 「익직」에 구체적으로 실려 있다. 「익직」에서 현신 우는 순 임금을 도와 큰 홍수가 난 국토의 물길을 정비하고 식량 문제를 해결한 공을 세운 인물로 묘사된다.[51] 「대우모」에서는 검소하고 겸손한 태도로 늘 부지런하게 나라일을 처리했기 때문에 왕위에까지 오르게 된 것으로 설명된다.[52] 조선의 경연에서도 우의 현신다움과 성군다움은 중요하게 다뤄진다.

「우공」편은 이러한 우가 이룬 공적과 관련된 자세한 내용을 수

93쪽.

50) 유영옥, 「조선시대 『尙書』 〈禹貢〉 이해의 정치경제적 시각」, 『동양한문학연구』 37, 동양한문학회, 2013, 128~129쪽 참조. 이 연구에서는 공자가 「우공」편에서 일, 즉 통치의 실제 사업을 볼 수 있다고 한 말을 인용한 『尙書大傳』의 구절을 함께 소개하고 있다.

51) 『書經』, 「益稷」, 1장 참조.

52) 『書經』, 「大禹謨」, 14장 참조.

록하고 있다. 치수와 공부 제정은 그 공적의 핵심이다. 다만 치수와 공부는 산천지리와 관련된 영역이다.[53] 실제로 「우공」편은 대부분 중국 구주의 산천지리에 대한 상세한 설명으로 이루어져 있다. 조선 전기 경연에서 「우공」편을 그다지 중시하지 않은 것은 아마도 이 때문일 것이다. 그런데 조선 후기, 특히 인조와 효종 대 경연에서는 「우공」편 강독이 본격화되는 독특한 현상이 나타난다.

조선시대 전체에서 「우공」편 강독은 70회로 집계되는데, 그 가운데 56회가 인조 효종 대에 이루어진다.(〈표-3〉 참조) 또한 조선 후기 『서경』 「우공」편이 진강된 자료를 살펴보면, 「우공」편 강독은 인조 대 213회, 효종 대 236회의 『서경』 강독 가운데 각각 29회, 27회를 차지한다.(〈표-6〉, 〈표-7〉 참조) 그리고 경연에서 「우공」편 강독을 통해 어떠한 의미를 읽어낼 수 있는지에 대한 견해가 제시된다.

> 정경세(1563~1633)가 말했다. "이 편(「우공」)은 다 이해하기 어렵습니다. 주상께서는 우의 부지런히 애쓰면서 치수한 뜻[勤勞治水之意]과 지역의 땅에 맞게 貢을 정한 법[任土作貢之法]을 생각하시면 됩니다."
>
> 오전(1588~1634)이 말했다. "큰일이든 작은 일이든 흉중에서 환히 이해되도록 해야 하지만 지명과 같은 경우는 그 지역에서 성장한 사람도 상세히 알 수 없습니다. 게다나 한쪽에 치우쳐 있는 나라에서 어떻게 다 기억하겠습니까? 그리고 산천과 지역의 이름에만 힘쓴다면 넓어지기만

---

53) 「우공」을 중심으로 『사기』나 『주례』의 九州와 五服, 九服 등에 관한 기술이 단순한 지리적 사실을 기록하고 있다기보다는 "대국의 형성과정에서 제기되는 물리적 제약에 대한 의식적 대응의 산물"(61쪽)로서 구성된 것이라는 점에 초점을 맞추어 이해하는 시야는 다음을 참조. 김영진, 「고대 중국의 지리적 크기와 구조 관념에 대한 고찰」, 『국제정치논총』 51-2, 한국국제정치학회, 2011.

할 뿐, 성학(聖學)에는 아무런 보탬이 없을 것입니다."[54]

정경세는 「우공」편에서 우의 부지런히 애쓰면서 치수한 뜻[勤勞治水之意]과 지역의 땅에 맞게 공(貢)을 정한 법[任土作貢之法]에 주안점을 둔다면 「우공」편 강독이 유의미할 것이라고 말한다. 물론 이어지는 오전의 발언에서는 산천의 위치와 이름 같은 정보들에 대해 관심을 갖는 것에 대한 염려가 드러난다. 이를 통해 앞서 살펴본 선조 시기 경연에서 「우공」편이 '강학과 치도에는 절실하지 않다'고 평한 이유를 구체적으로 추론할 수 있다. 아마도 그것은 「우공」편이 타국의 먼 과거의 지리, 제도와 잡다한 물명을 번쇄하게 열거하고 있어 수기, 인정의 이념 및 방법과 직접적으로 맞닿아 있지 않다고 여겨졌기 때문일 것이다. 그러나 오전은 「우공」편 강독이 불필요하거나 무익하다고 간주하기보다는, 「우공」편에서 성학과 관련된 지점에 주목할 것을 부연하고 있는 듯하다. 즉 조선 전기 「우공」편이 경연에서 진강되지 않고 또 강학과 치도에 도움이 되지 않는 내용으로 채워져 있다고 평가되던 것과 비교한다면, 정경세와 오전에게서 사실상 「우공」편에 대한 인식의 변화, 달리 말해 경연에서 다룰 만한 경전으로서 「우공」편을 바라보는 시야로의 전환이 발견되는 것이다. 이는 무엇 때문일까?

건국 200여 년이 지난 17세기 전후 조선은 국내외적으로 다양한 위기를 직면하고 있었다. 왜란과 호란으로 이어진 대외적 위기는 물론이고 그로 인한 민생의 피폐함과 조정의 재정 악화는 17세기를 이해하는 주요 키워드이다. 조세, 그 가운데서도 공납 관련 문제는

54) 『승정원일기』, 인조 7년(1629) 7월 11일 기사.

17세기 민생고의 대표적 원인으로 지목된다.

지역 토산물을 현물로 납부하는 것이 원칙인 조선 전기 공납제는 조세 자체에 대한 백성의 부담이 가중되어 가던 상황 속에서 몇 가지 현실적인 문제를 발생시킨다. 예를 들어 예전에 지역 생산물이어서 공물로 정해졌지만 이제는 더 이상 생산되지 않는 물품이 여전히 공물로 제정되어 있는 경우, 해당 지역 백성은 그것을 다른 곳에서 구입해 납부할 수밖에 없었는데, 이 과정에서 현물 가격의 상승이 유발되기도 하였다. 이는 결국 방납(防納)의 성행으로 이어져, 공납 자체의 부담이 증가하면서도 전결이 아닌 호(戶) 단위로 부과되기 때문에 발생하는 문제들과 함께 공물 부담의 불균등 문제를 심화시켰다.[55]

대동법은 이러한 공납의 문제를 해소하기 위해 시행되고 확대된다. 공물을 쌀로 납부하는 것을 핵심으로 하는 대동법은 사실 17세기 이전부터 일부 지역에서 이미 비공식적으로 행해지고 있었다. 16세기 초 조광조(1482~1520)로부터 이이(1536~1584), 류성룡(1542~1607) 등의 제안을 거쳐 17세기에 이르러 국가에서 공인하는 대동법의 시행으로 이어지게 된다고 할 수 있다.[56]

이처럼 대동법의 시행과 확대라는 측면에서 인조, 효종 대 경연에서 「우공」편이 진강된 자료를 살펴보면, 우선 「우공」편은 공납의

---

55) 이헌창, 「조선시대 공물제도와 경제정책이념」, 『한국유학사상대계』 Ⅶ, 한국국학진흥원, 2007, 335~336쪽 참조.

56) 이정철, 『대동법, 조선 최고의 개혁』, 역사비평사, 2010, 46~60쪽 참조. 한편 柳馨遠(1622~1673)의 시선을 따라 16세기 공납제도의 폐해를 비판하며 대동법의 선하로 여겨지는 조광조, 이이, 조헌을 다룬 연구도 있다. 제임스 B. 팔레 지음, 김범 옮김, 『유교적 경세론과 조선의 제도들』 2, 산처럼, 2008, 254~263쪽 참조.

문제를 점진적으로 개선하려는 입장의 근거로서 '임토작공'의 전거로 독해됨을 알 수 있다.

> 우의정 이정귀(1564~1635)가 말했다. "우리나라는 (땅의) 경계가 바르지 못하므로 반드시 먼저 양전(量田)을 해야 하는데, 양전은 쉽지 않으니 우선 공안(貢案)을 개정하여야 합니다. 그러나 조정에서 하는 모든 일이 급히 시행했다가 바로 폐지되니, 매우 한탄스럽습니다. 백성에게 실제의 혜택이 돌아가지 않고 있는 이유는 모두 공안이 분명하지 않기 때문입니다. 토산에 따라 각 고을에 분정하면 환무(換貿)하는 폐단도 없을 것이고 백성들도 분명 편리하게 여길 것입니다."[57)]

1629년 대동법 관련 논의가 한창이던 때 「우공」편 9~11장을 진강한 경연에서 공안 개정의 필요성이 언급된다. 이정귀는 각 지역에서 생산 가능한 물품을 수록하고 있어야 하는 공안에 해당 지역에서 생산 불가능한 품목이 포함되어 있어 불필요한 거래가 발생하고, 이것이 백성들을 고통스럽게 만드는 주요 원인 가운데 하나라는 점을 지적한다. 이는 공납제 폐단의 원인으로 현실과 괴리된 공안을 들고, 그러한 문제를 공안 개정을 통해 해결하려는 입장이라고 할 수 있다. 즉 공납제의 현실적 문제를 고민하면서 「우공」편 강독을 통해 공납의 가장 기본적인 원칙, 즉 '그 지역의 생산물을 공물로 거두어 들인다'는 것을 다시금 확인하고 있는 것이다.

그러나 대동법의 시행은 하나의 커다란 흐름이었다. 그렇다면 공납은 완전히 사라진 것일까? 대동법의 시행, 즉 공물의 현물납이 아닌 작미 대납이 제도적으로 허용되기 시작하였다고 해서, 공물 자체

57) 『인조실록』, 인조 7년(1629) 윤4월 1일 2번째 기사.

가 사라진 것으로 보기는 어렵다는 분석이 있다.58) 현물납 혹은 사주인을 통해 납부되던 공물을 국가가 공인을 통해 구비하는 방식으로 바뀐 것일 뿐이라는 점에 주목하는 것이다. 그런데 지역의 생산물로 공물을 거두어들이는 이유는 과연 무엇인가? 이러한 측면에서 공물과 관련하여 토산물 제정과 장려라는 근본적 의미로 해석할 수 있는 논의를 살펴보고자 한다.

> 최유해(1588~1641)가 말했다. "중국은 절용할 뿐만 아니라 역대 군주들이 농사를 마음에 두고, 황폐한 밭은 사람들이 힘써 갈게 하였고, 수리는 혹은 기계를 사용하거나 좋은 방법을 가르쳐 백성들이 준행하게 하였습니다. 조(棗), 율(栗), 리(梨), 류(柳), 상(桑), 목(木) 등의 경우는 모두 조정에서 엄격히 관리하여 각 관에서 일시에 씨를 뿌렸더니 몇 년 후에 무성한 숲이 되었습니다. 지금 연제 사이에는 상(桑), 조(棗)가 천 리 이어져 있는데 백성들이 그 이익을 얻습니다. 소신이 일찍이 안변부사였을 때 처음에는 안변에 리(梨)가 없었는데, 한 부사가 백성들에게 심는 법을 가르쳤더니 이제 토산이 되었습니다."59)

58) 이헌창은 대동법 시행에도 불구하고 넓은 의미, 즉 "신민이 토산물을 위에 바친다"는 차원에서의 공물제도는 갑오개혁까지 유지되었다는 기존 연구의 한 관점을 소개하며, 대동법으로 공납제가 해체되었다고 보는 통설에 대한 비판적 시야를 보여준다. 이에 따라 본다면, 공물 제정의 의미와 필요성에 대한 검토 역시 지속되었을 가능성이 열린다. 이헌창, 「조선시대 공물제도와 경제정책이념」, 『한국유학사상대계』 Ⅶ, 한국국학진흥원, 2007, 317~318쪽 참조. 이러한 측면에서 조선 전기 進上과 貢納으로 충당되던 종묘 薦新 제도의 물품이 대동법의 시행 이후에도 현물로 봉진되는 경우를 소개하는 한편, 대동법 시행으로 인해 가능해진 貿納, 代捧, 退捧 등이 제철에 맞는 천신물의 봉진을 용이하게 한 측면에 주목하여 이를 임토작공의 원칙이 고수된 사례로 해석한 연구는 다음을 참조. 신진혜, 「조선시대 宗廟의 薦新 進上과 儀節」, 『민족문화연구』 86, 고려대 민족문화연구원, 2020, 45, 54~55쪽.

59) 崔有海, 『嘿守堂遺稿』 권4 「經筵記」. 인조 7년(1629) 윤4월 12일.

1629년 윤4월 12일 조강에서는 청주(靑州)에 관한 「우공」편 21~27장을 읽는다. 옥당 조경(1586~1669)은 이 자리에서 어염(魚鹽)이 백성에게 가져다주는 이로움에 대해 말하는데, 이는 아마도 바다를 접하고 있는 청주 지역의 공물에 소금이 포함된다는 구절을 읽으며 이어진 발언인 듯하다. 함께 경연에 들었던 옥당 최유해는 농사에 관심을 갖고 새로운 작물을 개발하며 혁신적인 기법을 도입함으로써 백성의 삶을 윤택하게 하였던 역대 군주의 사례를 언급한다. 각 지역의 토산으로서 특산품을 개발하는 것의 이로움에 대해서도 말하고 있는데, 여기서 각 지역의 지리적 특성을 고려하는 것이 백성들에게 수목의 재배를 가르치는 것을 목표로 한다는 채침의 주석을 참고할 필요가 있다.[60] 달리 말해 공물의 제정 이면에는 해당 지역의 지리적 특성을 고려하여 특산품을 새로 만들어 내거나 기존의 것을 발굴하여 그것의 생산을 독려하고 지원함으로써 민생고를 해소하고자 하는 정책적 고민이 담겨야 하는 것이다.[61]

이를 명확히 이해하기 위해 『맹자』「양혜왕장구상」 3장에서 뽕나무의 작물로서의 가치를 언급한 부분을 떠올려보고자 한다.[62] 즉 칠십의 노인에게 따뜻한 옷을 제공할 수 있는 뽕나무를 담장 옆에 심어

60) 『書集傳』, 「禹貢」, 7장에 대한 채침의 주석, "夫教民樹藝與因地制貢, 固不可不先於辨土也."

61) 기존 연구에서는 柳馨遠의 시선을 따라 상품작물 재배와 같은 농업 진흥책을 국가가 장려한 이면에 賦貢制 시행 목적이 있음을 짚어내기도 한다. 안병직, 「磻溪隨錄의 方法과 體系」, 『한국실학연구』 43, 한국실학학회, 2022, 37~40쪽 참조.

62) 『孟子』, 「梁惠王章句上」, 3장, "穀與漁鼈不可勝食, 材木不可勝用, 是使民養生喪死無憾也, 養生喪死無憾, 王道之始也. 五畝之宅, 樹之以桑, 五十者可以衣帛矣, 雞豚狗彘之畜, 無失其時, 七十者可以食肉矣, 百畝之田, 勿奪其時, 數口之家可以無飢矣."

기르는 것과 같이 경계 확정과 토산물 장려가 생산 활동 및 민생 보호 차원에서의 유의미한 효과에 주목해볼 수 있다.63) 1629년 5월 6일 경연에서 「우공」편 강독 이후 다음과 같은 논의가 이어진다.

> 지경연 이귀(1557~1633)가 말했다. "농업과 잠업은 나라의 큰 근본이므로 잠시도 폐지해서는 안 됩니다. 우리나라에서 뽕밭은 율도보다 잘 되는 곳이 없는데 지금은 전혀 뽕나무를 심지 않고 있습니다. 이는 사부(士夫)들이 값을 주었다고 하면서 그 토지를 점유하여 사전으로 만들고 있기 때문입니다. 바라건대 내년 봄부터는 뽕나무를 많이 심고 경작을 못하게 하십시오."64)

실제로 조선에서도 뽕나무는 공물이자 주요 권장 산물이기도 했다. 이귀는 율도 지역이 뽕나무가 잘 자라는 지역이고 뽕나무의 효용이 크기도 하지만, 현재 해당 지역에서 뽕나무를 키우고 있지 않음을 지적한다. 「우공」편에도 공물의 하나로 뽕나무와 잠사의 사례가 나오는데, 이 역시 지역의 토산을 국가가 개입하여 관리한다는 차원에서 독해될 수 있다. 임토작공의 원칙이 왕실 소요 재정을 충당하기 위한 공물 제정의 명분으로서만 작동하는 것이 아니라,65) 백

---

63) 『孟子』, 「梁惠王章句上」, 3장에 대한 주희의 주석, "至此則經界正, 井地均, 無不受田之家矣. … 此言盡法制品節之詳, 極財成輔相之道, 以左右民, 是王道之成也." 기존 연구에서는 맹자의 인정을 양민과 교민의 조화로 설명하면서, 이것이 모두 『서경』에 대한 맹자의 해석적 지평에 있는 것임을 밝히며 이를 "민생과 인륜"이라고 설명하기도 한다. 안외순, 「맹자의 『서경』 이해와 그 정치사상적 특징」, 『동양문화연구』 21, 영산대학교 동양문화연구원, 2015, 106~108쪽 참조.

64) 『인조실록』, 인조 7년(1629) 5월 6일 2번째 기사.

65) 채침의 주석에서는 공물의 용처로서 제사와 빈객 접대를 언급하기도 한다.

성들에게 거주 지역에서 생산 가능한 품목을 제안하고 지속적으로 생산할 수 있도록 장려함으로써 백성들의 산업활동을 진작, 유지시키려는 보다 근본적인 목적을 갖는다고 볼 수 있는 것이다.66)

한편 토품에 따른 수취량 제정의 중요성과 그것을 위한 양전의 필요성 또한 「우공」편 진강을 통해 논의된다. '땅에 맞게 세금을 내게 한다'는, 임토작공의 또 다른 의미이자 「우공」편의 주요 내용을 이루는 조세의 원칙을 확인하는 것이다.

> 정경세가 말했다. "(「우공」편에 따르면 구주의) 전(田)에 아홉 등급이 있고 부(賦) 역시 아홉 등급이 있습니다. 우리나라의 경우에는 토품(土品)이 비옥하면 상이 되고, 척박하면 하가 됩니다. 모든 부(賦)는 그 땅의 비옥함과 척박함을 보고서 그 소출의 많고 적음을 등급 매겨 항식(恒式)으로 삼습니다. 우리나라의 경우에는 호남이 상이고 영남이 그 다음입니다. 만약 백성들이 조밀하게 살아 땅에 황폐한 전지가 없으면 비록 척박하더라도 부세를 많이 부과하는데, 안동과 상주가 그러합니다."67)

정경세는 「우공」편 18~20장을 읽으면서 전(田)과 부(賦)에 등급을 매기는 사례를 가져와 조선의 조세 제도 역시 토품을 고려하여 제정

『서집전』, 「우공」, 44장에 대한 채침의 주석, "張氏曰, 必錫命乃貢者, 供祭祀, 燕賓客則詔之, 口腹之欲則難於出令也." 이와 관련하여 조선 공물제도의 효용을 '臣下供上의 禮'에서 찾은 연구는 다음을 참조. 이헌창, 「조선시대 공물제도와 경제정책이념」, 『한국유학사상대계』 Ⅶ, 한국국학진흥원, 2007, 331쪽.

66) 이와 관련하여 "조선전기 국가의 양잠정책은 공물인 명주의 안정적인 수취를 목적으로 시행된 측면이 있었"지만, "부업장려를 통해 소농 경제를 안정시키려는 의도도 가지고 있었다고" 평가되기도 한다. 남미혜, 『조선시대 양잠업 연구』, 지식산업사, 2009, 21~22쪽.

67) 鄭經世, 『愚伏別集』 권3, 「經筵日記」. 인조 7년(1629) 윤4월 9일.

되었음을 언급한다. 조선의 경우 호남의 토품이 상이고 영남이 그 다음인데, 영남의 안동과 상주의 경우 부가 많이 부과된다는 것이다. 여기에서 정경세는 부를 결정함에 있어 해당 지역 토지의 특성뿐만 아니라 인구 밀도와 땅의 활용도가 함께 고려됨을 말하고 있는데, 이로부터 조선의 조세 제도가 지역의 특징을 종합적으로 고려하는 「우공」편의 내용과 무관하지 않음을 알 수 있다.[68] 그런데 토품을 고려하여 조세를 제정한다는 것은 한 번 정해진 조세의 기준이 영구적으로 적용될 수는 없다는 것을 함축한다. 즉 시간이 경과하고 지역의 상황이 달라지는 것에 따라 조세는 조정되어야 하는 것이다. 이로부터 양전의 필요성이 제기된다.

> 지경연 김상용(1561~1637)이 말했다. "「우공」편의 '모든 토지를 3등급으로 나누어 나라의 부세를 정한다[咸則三壤, 成賦中邦]'를 보면, 나라를 다스리는 급선무를 알 수 있습니다. 요사이 양전 제도가 폐지되어 공부(貢賦)가 균등하지 않습니다. 성인이 천하를 다스리는 법은 반드시 經界를 바르게 하는 것을 우선으로 합니다. 그런 후 분전(分田)이나 제록(制祿) 등의 일은 자연히 정해집니다. 지금은 경계가 바르지 못하니, 양전법을 시행하지 않으면 안 됩니다."[69]

김상용은 「우공」편 98장의 내용을 통해 토지에 대한 등급화를 거론하면서 그에 따른 조세 수취가 국가 운용의 최우선 사항이라고 말한다. 토품에 따른 토지 등급화와 그를 고려한 세액 제정이라는 「우공」편의 내용에 주목하는 것이다. 이러한 논리는 양전의 중요성

---

68) 인구 밀도와 땅의 활용도 등의 요소에 대한 고려는 「우공」편 채침의 주석을 통해서도 확인된다. 각주 22, 23 참조.

69) 『인조실록』, 인조 7년(1629) 8월 27일 1번째 기사.

에 대한 강조로 이어진다. 지역의 현실적 여건을 포괄하는 지리 조사에 기반하여 양전을 하고, 그것을 통해 세금을 재조정하고자 하는 것은 결국 「우공」편의 문제의식과 일맥상통한다고 할 수 있다.

이처럼 조선 후기 「우공」편이 진강된 경연에서는 공납의 폐단은 물론 공납과 공물의 제정 의미와 효과, 나아가 토품을 포함한 지역 지리를 고려한 조세 제정의 중요성이 다뤄진다. 즉, 조세 제도 전반에 대한 논의 및 재검토의 차원에서 「우공」편이 경연을 통해 독해되는 것이다. 그런데 여기에서 다뤄지는 내용들이 이전 시기 조선의 조세 제도를 논의하며 검토되었던 내용과 어떻게 다른가? 그 변별점은 「우공」편 강독이 진행된 자리가 유가 경전을 통해 성군과 현신의 실제 행적을 확인하고 공유하는 '경연'이라는 사실 그 자체에 있다. 바꾸어 말하면 경연에서의 「우공」편 강독을 통해 유가 경전에 근거하여 조세 제도의 원형과 본래적 의미를 재확인할 뿐만 아니라, 그것을 인정(仁政)이라는 유가 왕정의 기본 목표 위에서 재성찰하는 것이다. 영조 대 경연의 「우공」편 강독에서 이러한 면모는 더욱 뚜렷하게 나타난다.

『서경』 「무일」편의 "먼저 농사일의 어려움을 알아 (부지런한 데서) 편안해한다면 백성들이 (농사일에) 의지한다는 것을 알 것입니다.70)"라는 구절에서 알 수 있듯이, 인정의 핵심은 민생에 대한 염려이다. 이는 주공이 왕위에 오른 조카 성왕에게 군주의 안일함에 대한 경계를 전하며 첫 번째로 진계한 것으로, 농사일이 백성들에게 얼마나 어렵고도 중요한 일인지 유념할 것을 말한 것이다.

민생 돌보기의 핵심으로 여겨지는 농사일의 어려움을 알아야 한

---

70) 『書經』, 「無逸」, 2장, "先知稼穡之艱難, 乃逸, 則知小人之依."

다는 것은 조선시대 『서경』이 진강된 경연에서도 끊임없이 회자된 국정 운영의 첫 번째 고려사항이다.71) 그런데 조세와 관련하여 민생 차원에서 가장 결정적인 문제는 과도한 세금이다. 그래서 세금을 줄여주는 것, 즉 박부(薄賦)가 인정의 차원에서 중요하게 고려된다. 「우공」편 18장은 세금을 줄여주는 것에 관한 내용이라고 할 수 있는데72), 『승정원일기』 영조 4년(1728) 3월 13일 기사에서는 「우공」편 18장에 대한 강독과 그에 대한 풀이가 상세히 다뤄진다. 경연관은 이 구절을 읽으면서 재해의 피해를 고려하여 세금을 줄여주었던 우의 의도에 주목하고 그로부터 인정(仁政)의 가능성을 읽어낸다.

> 오광운(1689~1745)이 말했다. "17판에 '연주(兗州)는 부(賦)가 바르다'라고 하였는데, 아홉 개의 주 가운데 연주가 가장 척박하였으므로 정규 조세로 바치는 것 또한 줄여주었습니다. 천하를 다스리는 방법 가운데 세금을 적게 거두는 것보다 앞서는 것이 없으므로 '바르다[貞]'라는 말을 쓴 것입니다."
>
> 임금이 말했다. "'이에 같게 된다'라는 것은 무슨 뜻인가?"
>
> 오광운이 말했다. "13년을 다스려야 다른 주와 같게 된다는 것입니다."
>
> 조문명(1680~1732)이 말했다. "연주는 낮은 곳에 있어 재해에 의한 피해가 더욱 심하였으므로 형세를 헤아려 13년이 지나서야 (부세를) 같게

71) 『중종실록』, 중종 11년(1516) 2월 23일 3번째 기사, "此篇, 周公欲成王知稼穡艱難, 而陳戒之者也. 幸勿以其時訓戒於君者觀之, 而當於上身上體念, 可也." ; 『명종실록』, 명종 1년(1546) 4월 7일 1번째 기사, "然『書』之「無逸」, 亦周公勸戒成王之辭, 天命精微, 國祚短長, 稼穡艱難, 閭里怨咨, 無不備載, 此尤切於初服." ; 『선조실록』, 선조 6년(1573) 12월 6일 1번째 기사, "周公作「無逸」戒成王, 以知稼穡之艱難, 知小人之依, 爲第一義."

72) 『書經』, 「禹貢」, 18장, "厥田, 惟中, 下, 厥賦, 貞, 作十有三載, 乃同." 이에 대한 채침의 주석, "兗賦最薄, 言君天下者, 以薄賦爲正也."

하는 것을 허락했습니다. 왕은 비록 1/10의 세금을 거두지만 세금을 줄이려는 뜻을 항상 그 마음에 두어야 인정(仁政)을 할 수 있습니다."[73]

세금을 줄여주는 것에는 지역적 상황을 고려하는 것이 포함된다. 「우공」편에서는 연주가 척박하고 또 수해 피해가 큰 낮은 지대의 지역이기 때문에 세액 자체를 낮게 정했을 뿐만이 아니라 일정 기간 동안 해당 기준으로 세금을 납부하는 것까지도 유예시켜 준 일을 기술하고 있다. 각 지역 토지의 척박한 정도나 재해 발생 여부와 같은 개별적 상황을 참작하여 세금을 부과하는 것이다. 즉 민생의 어려움을 고민하는 우의 마음 씀은 「우공」편에 나타나는 개별 지역 상황에 대한 섬세한 파악과 그것을 통해 백성의 세금 부담을 줄여주는 형태로 구체화되었다고 할 수 있다. 영조 시기 경연에서는 그것을 인정과 연관시키고 있는 것이다.

이 지점에서 논의의 초점을 '세금을 줄이는 것'에서 '백성이 사는 공간과 삶의 여건에 대한 면밀한 조사와 검토'로 옮겨 보고자 한다. 이는 앞서 살펴본바 정경세가 「우공」편을 통해 성찰하기를 촉구한 '우의 부지런히 애쓰면서 치수한 뜻[勤勞治水之意]'을 이해하려는 것이기도 하다. 우의 치수는 홍수가 발생했기 때문에 행해진 것이다. 홍수 그리고 그로 인한 맹수의 출현은 백성들의 생존과 먹고 사는 일에 심각한 문제를 발생시켰을 것이다. 따라서 우의 치수는 단순한 수로 정비가 아니라 백성들의 삶을 어렵게 만드는 문제들을 해결하기 위한 일이었다.[74] 다시 말해 우의 부지런함과 노력은 바로 민생

73) 『승정원일기』, 영조 4년(1728) 3월 13일 기사.

74) 『書集傳』, 「禹貢」, 40장에 대한 채침의 주석, "禹之治水, 本爲民去害, 豈如陸羽輩辨味烹茶, 爲口腹計耶?"

문제를 해결하기 위한 부지런함이요 노력이었다고 할 수 있다.75)

오광운이 말했다. "홍수와 맹수의 해악을 하우씨가 없앴으나, 후세에 해악이 되는 단서는 하나가 아니며 홍수와 맹수보다도 심합니다. 후세의 임금이 만약 하우의 부지런히 힘썼던 마음을 자신의 마음으로 삼고 우보다 못하지 않은 길을 반드시 생각하여 첫째도 우를 모범으로 삼고 둘째도 우를 모범으로 삼는다면 그 공로를 어찌 헤아릴 수 있겠습니까? 선유가 「대우모」를 「우공」편 앞에 둔 것은 아마도 치수가 그 계책과 공덕에서 나왔기 때문일 것입니다. 우를 본받고자 한다면 마땅히 먼저 그 心法을 전해 받아야 해낼 수 있습니다."76)

조문명이 말했다. "「우공」편은 문리가 난삽한 곳이 없으니 만고의 문법이 다 여기에 있습니다. 임금이 비록 반드시 문장에 유의할 필요는 없겠으나, 치수의 자취를 보건대 산은 산대로 물은 물대로 각각 제자리를 잡았습니다. 8년을 밖에서 지내는 동안 손발이 트고 굳은살이 박였으니 부지런히 힘쓴 마음을 이를 보아 짐작할 수 있습니다. 후세의 임금이 언제나 이것을 생각하여 부지런하고 검소하게 지내고, 치수의 공적을 모든 명령과 정사에 옮긴다면 그 효과 역시 이와 같을 것입니다. (…) 삼가 원하건대 이것을 거울로 삼아 본받으소서."77)

오광운과 조문명이 언급한 '우의 마음'을 이해하기 위해서 채침

75) 『孟子』에서 堯, 舜, 禹의 행위가 養民을 방해하는 요인들을 해결하는 데 있고, 이것을 정치의 궁극적 과제인 양민이라는 목적을 달성하라는 메시지를 담고 있는 것으로 해석하는 시야가 『서경』 「순전」과 「우공」을 통해 확보된 것이라는 기존 연구는 다음을 참조. 안외순, 「맹자의 『서경』 이해와 그 정치사상적 특징」, 『동양문화연구』 21, 영산대학교 동양문화연구원, 2015, 109쪽 참조.

76) 『승정원일기』, 영조 4년(1728) 3월 13일 기사.

77) 『승정원일기』, 영조 4년(1728) 3월 13일 기사.

의 『서경』 주석을 참고하고자 한다. 채침의 주석은 「대우모」의 소위 16자 심법을 바탕으로 『서경』을 이제삼왕(二帝三王)의 도덕적 마음과 도덕적 지향 그리고 도덕적 정치가 연속적으로 전개된다는 정치적 이상이 담긴 문헌으로 구성해낸다.[78] 이에 의거하여 「우공」편을 이해한다면, 하우(夏禹)의 근로지심(勤勞之心)은 바로 이 인정 지향의 문제의식 위에서 발현된 국정 운영의 태도이다.

따라서 부지런히 힘썼던 우의 마음의 연장선상에는 박부(薄賦)라는 조세 문제만 자리하지 않는다. 우의 치수의 결과로 이루어진 공간은 백성은 물론 조수초목까지 포괄하는 이 땅의 모든 존재들이 안정적으로 삶을 영위해나갈 수 있는 곳으로 해석된다.

최혜길(1591~1662)이 말했다. "'기러기가 사는 곳이다'라는 것은 남방에 호수와 못이 많아 서식하기에 적당했기 때문에 기러기 떼가 모인다는 것입니다. 이때는 수재로 인한 근심이 이미 사라졌으므로 성인의 공덕이 조수에까지 미친 것이니, 여기에서 공덕이 크다는 것을 알 수 있습니다."[79]

김동필(1678~1737)이 말했다. "'기러기가 사는 곳이다'라는 것은 문장은 간략하나 의미는 다 갖추어졌습니다. 위대한 우의 공로로 산천이 안정되자 인민은 머묾에 각각 편안했고 모래섬과 물가가 다스려졌으므로 날짐승까지도 보금자리를 얻어서 제 습성을 이루었던 것입니다. 날짐승 같은 미물도 보금자리를 얻었으니 백성들이 거주가 안정되어 기뻐한 것은 언급하지 않았어도 자연히 있습니다. 이로써 보면 만물 역시 제 자리를

---

78) 채침, 「書集傳序」(『書集傳』), "二帝、三王之治本於道, 二帝、三王之道本於心, 得其心則道與治固可得而言矣." 소위 주자학이 16자 心法을 통해 『書經』을 해석해냄으로써 傳道와 心法에 대한 중시가 가능했다는 평가는 다음을 참조. 劉起釪 지음·이은호 옮김, 『상서학사』, 예문서원, 2016, 458~465쪽.

79) 『승정원일기』, 인조 7년(1629) 윤4월 19일 기사.

얻어 제 본성을 이룰 것입니다."[80]

「우공」편 39장의 "기러기가 사는 곳이다[陽鳥攸居]"라는 구절은 치수의 결과 이룩된 양주의 모습을 함축적으로 기술한 것이다. 채침의 주석에서는 이를 들짐승과 날짐승이 "본성을 이루었다"[遂其性]라고 설명한다. 채침은 「우공」편의 또 다른 구절에 대해 "초목이 본성을 이루었다"라고 부연하기도 한다.[81] 동식물이 보금자리를 얻어 습성대로 살아갈 수 있는 공간이라면 당연히 백성들 역시 편안히 거주하며 안정된 삶을 살아가고 있을 것이다. 조선의 경연에서 「우공」편 39장은 우의 부지런히 힘쓰는 마음에 의해 모든 존재가 편안히 거처하는 공간이 마련된 것으로 독해된다.[82] 기러기까지도 편안히 머물게 된 「우공」편의 이 공간은 인간의 노력으로 재구성된 안정적인 삶의 터전이다.[83]

이러한 공간의 성립과 유지는 그 공간의 풍요로움으로 확인된다. 1754년 35세의 나이로 경연에 참여한 채제공(1720~1799)은 「우공」

---

80) 『승정원일기』, 영조 4년(1728) 7월 20일 기사.

81) 『書集傳』, 「禹貢」, 17장에 대한 채침의 주석, "兗徐揚三州, 最居東南下流, 其地卑濕沮洳, 洪水爲患, 草木不得其生, 至是, 或繇或條或夭或喬而或漸苞. 故, 於三州, 特言之, 以見水土平, 草木亦得遂其性也." ; 39장에 대한 채침의 주석, "言澤水旣豬, 洲渚旣平, 而禽鳥亦得其居止, 而遂其性也."

82) 「禹貢」에서 묘사되고 있는 九州가 다양성과 생명력을 갖춘 안정된 민생의 공간임을 언급한 연구는 다음을 참조. 이은호, 「「禹貢」의 和而不同적 공동체 모델」, 『유교사상문화연구』 66, 한국유교학회, 2016, 240~241쪽.

83) 한 연구에서는 「우공」의 산천, 물길, 토양, 산물 등이 자연 상태의 존재로서 기술되는 것이 아니라 교통, 공물, 田稅로 전환되어 서술되는 인문적 공간이라는 점에 주목한다. 탕샤오펑 지음 · 김윤자 옮김, 『혼돈에서 질서로』, 글항아리, 2015, 455쪽 참조.

편의 내용이 곧 “재성보상(財成輔相)”이라고 말한다.[84] 재성보상은 『주역』 태괘(泰卦) 「상전」의 구절을 축약한 것인데,[85] 정이(程頤, 1033~1107)의 해석에 따르면, 이는 군주가 백성들의 풍요로운 삶의 조건을 만들어주고, 그러한 삶을 영위할 수 있도록 돕는 것을 뜻한다.[86] 정이는 이러한 실례로 “봄 기운이 만물을 피어나게 하면 씨앗 뿌리는 법을 만들고, 가을 기운이 만물을 영글게 하면 수확하는 법을 만드는 것”을 든다. 재성보상은 인정의 조건으로 먹을 것과 입을 것이 갖춰지고 효제의 가르침을 전파할 교육 기관의 설치를 말하는 『맹자』 구절에 대한 주희의 주석에 등장하기도 한다.[87]

즉 경연에서의 『상서』 「우공」편 강독을 통해, 홍수로 상징되는 민생의 해악을 제거하여 안정적인 삶의 공간을 마련하고, 각 지역을 세심히 들여다보며 땅과 산물을 부지런히 파악함으로써 백성의 생업을 장려하고 지속시키고자 한 우의 행적이 모범화되는 것이다. 이에 따라 백성들의 삶의 터전으로서의 국가 공간을 파악하는 것은 군주의 의무가 된다.

---

84) 『승정원일기』, 영조 30년(1754) 5월 23일 기사, “濟恭曰, ‘「禹貢」, 實是夏禹氏財成輔相之道也. 九年之水, 亦是千古之變, 而有夏禹氏之聖, 故能弭其災矣.’”

85) 『周易』, 「泰」, “象曰, ‘天地交泰, 后以, 財成天地之道, 輔相天地之宜, 以左右民.”

86) 『易傳』, 「泰」, 象傳에 대한 정이의 주석, “人君當體天地通泰之象, 而以財成天地之道, 輔相天地之宜, 以左右生民也. 財成, 謂體天地交泰之道而財制, 成其施爲之方也. 輔相天地之宜, 天地通泰, 則萬物茂遂, 人君體之而爲法制, 使民用天時, 因地利, 輔助化育之功, 成其豊美之利也. 如春氣發生萬物則爲播植之法, 秋氣成實萬物則爲收斂之法, 乃輔相天地之宜, 以左右輔助於民也, 民之生必賴君上爲之法制, 以教率輔翼之, 乃得遂其生養, 是左右之也.”

87) 『孟子』, 「梁惠王章句上」, 3장에 대한 주희의 주석, “至此則經界正, 井地均, 無不受田之家矣. … 此言盡法制品節之詳, 極財成輔相之道, 以左右民, 是王道之成也.”

정석삼(1690~1729)이 말했다. "홍수와 영토가 다스려진 뒤에는 만물이 각기 제자리를 얻으니 제왕의 덕이 곤충과 초목에 반드시 미치는 법입니다. 비록 사소한 일이라도 만물이 안정되고 태평한 뒤에야 제왕의 도를 다할 수 있습니다. 지금 우리나라의 영토 안은 산이 헐벗고 하천이 메말라서 곳곳의 수목이 그늘을 드리운 곳은 하나도 없고 사방 주위가 훤하여 새와 짐승이나 물고기와 자라 등이 몸을 위장하여 형체를 숨길 만한 곳이 없으니 이는 잘 다스려지는 시대의 모습이 아닙니다. 이 때문에 신이 작년에 『중용』을 진강하던 때에 '새와 짐승, 물고기와 자라가 모두 편안했다'라는 글의 뜻을 통해 수목을 심는 일과 관련하여 각별히 신칙하도록 진달해 윤허받았습니다. 그러나 아직 거행한 일이 없으니 다시 팔도에 공문을 보내 알린다면 좋을 것입니다."[88]

정석삼에 따르면 국가 안에 관리되지 못하는 공간이 있다는 것은 통치가 제대로 이루어지지 않고 있음을 의미한다. 바꾸어 말하면 백성과 조수초목이 편안하고 풍요롭게 살아갈 수 있는 터전으로서의 이 땅에 대한 관리가 군주의 책임 아래 놓여 있다는 것이다. 세금을 거두는 것은 이러한 의무와 책임을 다한 뒤에 하는 일이다.

육부(六府)[89]가 크게 닦아져 여러 땅이 잘 바르게 되자, 재부(財賦)를 신중히 하되 모두 상, 중, 하 세 토양을 분별하여 나라 안의 부(賦)로 삼았다.[90]

「우공」편에 의하면 세금을 걷는다는 행위는 민생 해결의 마음을

88) 『승정원일기』, 영조 4년(1728) 7월 20일 기사.

89) 『書集傳』, 「大禹謨」, 8장에 대한 채침의 주석, "六府, 卽水火金木土穀也, 六者, 財用之所自出, 故曰府."

90) 『書經』, 「禹貢」, 98장, "六府孔修, 庶土交正, 底愼財賦, 咸則三壤, 成賦中邦."

가진 위정자의 정책이 가닿는 공간에서 집행되는 것이다. 따라서 조세 제정의 선결 요건은 육부, 즉 일상을 영위하는 데 소요되는 물자의 풍요로운 생산이다. 요컨대 세금 제정을 위해서는 풍요로운 물자 생산이 가능하게끔 하는 공간에 대한 정비가 가장 먼저 이루어져야 하고, 이어서 그 공간에 대한 지리 및 산물 조사가 이루어져야 한다. 이러한 조사를 통해 파악된 내용에 따라 지역의 생산활동을 장려해야 한다. 이를 기반으로 토산과 토품 등을 고려한 최소한의 세금을 제정해야 하는 것이다. 이렇게 되었을 때 조세는 단지 수탈이나 착취가 아니라, 공적 물자를 함께 부담함으로써 백성을 공동체 운영과 유지에 참여시키는 의미를 가질 수 있다. 조선의 경연에서 이는 군주의 덕에 의거하여 교화가 이루어진 것으로 이해된다.

> 정석삼이 말했다. "이 아래에 '나의 덕을 공경하여 솔선한다'라는 말이 있습니다. 「우공」 한 편이 비록 홍수와 영토를 다스리고 공부를 제정한 일을 기록하고 있지만 이제 나라 안의 부(賦)를 정하게 된 것은 덕화가 미치지 않은 곳이 없기 때문입니다. 그러므로 나의 덕을 공경하여 솔선하며 직접 교화를 행하는 것입니다. 성교(聲教)가 사해에 다다랐다는 것이 이 편의 큰 의의이니, 반드시 공부(貢賦)를 제정한 방법에 대해 궁구하지 않더라도 먼저 그 덕을 공경하는 마음을 추구하면 위대한 우의 사업을 이룰 수 있습니다. 부디 전하께서는 항상 '나의 덕을 공경하여 솔선한다[祗台德先]'라는 네 글자를 유념하소서."[91]

「우공」편의 요체는 군주의 경덕(敬德)과 그에 기반한 덕화(德化), 나아가 그러한 덕화를 통한 성교(聲教)의 전파로 해석된다. 여기에서

91) 『승정원일기』, 영조 4년(1728) 7월 20일 기사.

경덕은 곧 인정을 지향하는 마음에 집중하고 그것을 실현하는 것이다. 공간의 개발과 파악, 생업 제안과 진작, 풍성한 국토와 풍요로운 민생에 최적화된 공간의 완성이 위정자의 인정 지향의 마음 위에서 전개된다는 것이다.

이처럼 조선의 군신이 「우공」편을 통해 성왕, 현신의 마음가짐과 그 공효를 아울러 확인한 것은 『서경』 「우공」편을 수기와 인정을 아우르는 유가 왕정의 실제적 전범의 하나로 해석하는 시야가 마련되었음을 의미한다. 달리 말하면 이는 조선의 경연에서 「우공」편이 근로지심, 치수, 박부, 그리고 공간 구성의 선례를 제시하는 경세적 자료로 다루어졌음을 뜻한다. 이를 통해 조선의 경연이 경전을 통해 경세의 실제적인 문제에 대한 모범과 통찰을 얻는 '경세학으로서의 경학'의 면모를 가지고 있었음을 알 수 있다. 영조 시기 경연관 서종옥의 말은 이를 잘 드러내준다.

> 서종옥(1688~1745)이 말했다. "「우공」 한 편을 두고 선유(陳大猷, 南宋)가 '씨줄과 날줄이 뒤섞여 모여 있고, 법도가 삼엄하다[經緯錯綜, 法度森嚴]'라고 하였습니다. 물과 땅을 다스리고 공물과 세금을 정하는 데 각각 조리와 순서가 있었고, 처음부터 끝까지 오직 성교(聲敎)를 근본으로 삼았습니다. 임금은 여기에서 무엇을 먼저 하고 무엇을 나중에 해야 하는지 알 수 있습니다."92)

92) 『승정원일기』, 영조 4년(1728) 7월 22일 기사. 참고로 여기서 언급된 陳大猷의 발언은 『書傳大全』 「우공」 106장의 小註에 수록되어 있다.

4. 나오는 말

1629년 『서경』이 진강된 경연의 논의를 기록하면서 사신은 경연의 본래 취지를 상기한다.

> 사신이 논한다. "국가의 경연이라는 제도를 통해 주상과 신하는 성현의 경전에 정성스럽게 다가가 본받을 만하고 시행할 만한 것을 토론하고 강구하여 서로가 권면하고 경계해야 할 것이다. 그런데 요사이 경연에 참여하는 신하들은 차례가 되면 책을 들고 들어와서는 진강하는 것이 몇 줄의 글에 대한 독음과 번역에 불과하다. 하루에 세 번 만나더라도 실제 일에 어떤 도움이 있겠는가?"[93)]

조선에서 경연 제도를 제정하고 존치시키며 쉼 없이 운용했던 것은 현실 속 군주와 신하가 유가 왕정의 이념과 이상에 대한 추구를 서로에게 요구하며 또 스스로 다짐하면서, 그 내용을 유가 경전에 입각하여 확인하고 모색하며 공유하기 위해서였다. 그리고 그들은 그러한 유가 경전 속 유가 왕정의 이념과 이상이 당대의 현실에서 국가 운영의 주요 원칙으로서 작동할 수 있다고 판단했다. 과거 유가 왕정의 이상이 구현되었던 사례를 수록하고 있는 유가 경전은 경연을 통해 지금의 현실과 만나게 된다.

이 글은 『서경』 「우공」편이 진강된 조선의 경연을 통해 유가 경전이 경세적 지향 속에서 다뤄지는 한 지점에 주목하였다. 유가의 모범적 군신인 삼대의 성군과 현신에 관해 기록하고 있는 『서경』은

93) 『인조실록』, 인조 7년(1629) 10월 19일 1번째 기사.

조선시대 경연의 주요 텍스트로서, 수기와 인정 그리고 군신공치라는 유가 왕정의 이념이 독해되었던 문헌이다. 공납의 폐단을 개선하고자 한 대동법의 시행과 확대가 논의되던 인조, 효종 대에는 『서경』이 경연에서 집중적으로 다뤄지며, 특히 「우공」편이 본격적으로 진강된다. 조세제도 개혁이 요구되던 시기 경연에서의 「우공」편 진강은 유가 왕정에서 조세가 갖는 의미를 재성찰하는 계기가 되었고, 이를 통해 유가 왕정의 구체적 모습이 그려진 편으로 「우공」은 독해된다.

조선의 경연에서는 「우공」편 강독을 통해 공납제의 현실적 문제를 고민하면서 공납의 가장 기본적인 원칙으로서 '그 지역의 생산물을 공물로 거두어들인다'는 것을 살펴보기도 한다. 또 지역의 지리적 특성에 맞는 특산품을 제안하고 발굴하여 그것의 생산을 장려하고 지원함으로써 민생고를 해소하고자 하는 정책적 고민으로 나아가기도 한다. 공물 제정이라는 것이 백성들의 산업활동을 진작하고 유지시키려는 보다 근본적인 목적을 향하고 있음을 확인하고 있는 것이다. 한편 토품에 따른 수취량 제정의 중요성과 그것을 위한 양전의 필요성 또한 「우공」편 진강을 통해 논의된다. 경연에서의 「우공」편 강독을 통해 유가 경전에 근거하여 조세 제도의 원형과 본래적 의미를 재확인할 뿐만 아니라, 그것을 인정(仁政)이라는 유가 왕정의 기본 목표 위에서 재성찰하는 것이다. 영조 대 경연의 「우공」편 강독에서 이러한 면모는 더욱 뚜렷하게 나타난다.

인정의 핵심은 민생에 대한 염려이다. 세금 줄여주기는 민생 관련 결정적 문제였다. 조선의 경연에서 「우공」편의 세금 줄여주기의 사례는 백성의 어려움을 고민하는 우의 마음 씀으로부터 시작된 것으로 해석된다. 그러한 차원에서 우의 부지런함과 노력은 민생 문제를 해결하기 위한 것이었다. 이 인정 지향의 문제의식 위에서 백성이 사는 공간과 삶의 여건에 대한 면밀한 조사와 검토가 진행됨으로써, 「우공」편이 그려내고 있는 공간은 인간의 노력으로 재구성되어 모든 존재들이 안정적으로 삶을 영위해나갈 수 있는 곳으로 조망된다. 세금을 걷는 행위는 바로 이러한 공간 조성의 의무와 책임이 완수된 후에 이루어지는 것이다. 유가 왕정에서 세금은 민생 해결의 마음을 가진 위정자의 정책이 가당은 공간에서 집행되고, 백성은 이러한 과정을 통해 공동체 운영과 유지에 참여하게 된다.

조선의 경연에서 「우공」편이 위정자의 인정 지향의 마음 위에서 국가 공간의 개발과 파악, 생업 제안과 진작, 풍성한 국토와 풍요로운 민생에 최적화된 공간의 완성을 그려내고 있음을 읽어냄으로써, 「우공」편은 수기와 인정을 아우르는 유가 왕정의 실제적 전범의 하나로 해석되게 된다. 근로지심, 치수, 박부, 그리고 공간 구성의 선례를 제시하는 경세적 자료로서 「우공」편이 독해된 조선의 경연은 유가 경전을 통해 경세의 실제적인 문제에 대한 모범과 통찰을 얻는 경세학으로서의 경학의 면모를 보인다고 하겠다. 바로 이 지점에서 조선의 경연은 조선이라는 유가 국가가 동아시아 문화의 역사적 전개 과정 속에서 경학적, 경세학적 지향과 특징을 담아냈던 하나의 틀로서 조망될 수 있게 된다.

한편으로 『서경』「우공」편은 구주(九州) 지역의 다양한 풍토와 지리적 환경을 기록하고 있다. 이것은 그 자체로 우리가 지역 문화의 다원적 전개를 상상할 수 있게 해준다. 조선의 경연에서 조선의 군신들은 『서경』「우공」편의 내용과 가치를 공유하며 이곳이라는 삶의 공간을 풍요롭게 만들어 나가는 길에 대해 고민했다. 『서경』 「우공」편은 바로 이 고민을 문화다원론적 지향 위에서 해석할 수 있도록 해주는 자료라고 할 수 있다. ◆

【부록】

〈표-1〉 군주별 경연에서의 『서경』 강독 횟수[94]

왕 명(재위)	『서경』 강독 횟수	왕 명(재위)	『서경』 강독 횟수
태조 (1392~1398)	1	광해군 (1608~1623)	6
정종 (1398~1400)	1	인조 (1623~1649)	213
태종 (1400~1418)	3	효종 (1649~1659)	236
세종 (1418~1450)	4	현종 (1659~1674)	0
문종 (1450~1452)	0	숙종 (1674~1720)	36
단종 (1452~1455)	0	경종 (1720~1724)	2
세조 (1455~1468)	2	영조 (1724~1776)	156
예종 (1468~1469)	0	정조 (1776~1800)	0
성종 (1469~1495)	26	순조 (1800~1834)	12
연산군 (1494~1506)	1	헌종 (1834~1849)	0
중종 (1506~1544)	34	철종 (1849~1863)	18
인종 (1544~1545)	1	고종 (1863~1907)	2
명종 (1545~1567)	2	순종 (1907~1910)	0
선조 (1567~1608)	73	총합 (1392~1910)	829

〈표-2〉 인조, 효종 대 경연에서의 『서경』 강독 횟수

편	인조	효종	편	인조	효종	편	인조	효종	편	인조	효종
0-序	1	1	15-商書-太甲中	1	2	30-周書-牧誓	2	2	45-周書-蔡仲之命	2	2
1-虞書-堯典	6	6	16-商書-太甲下	1	2	31-周書-武成	1	3	46-周書-多方	5	6
2-虞書-舜典	10	9	17-商書-咸有一德	1	3	32-周書-洪範	8	9	47-周書-立政	6	6
3-虞書-大禹謨	7	8	18-商書-盤庚上	3	4	33-周書-旅獒	2	2	48-周書-周官	3	4
4-虞書-皐陶謨	4	4	19-商書-盤庚中	3	3	34-周書-金縢	4	4	49-周書-君陳	2	3

94) 강경현, 「조선시대 經筵에서 『尙書』 강독의 의미」, 『퇴계학보』 151, 퇴계학연구원, 2022, 97~98쪽 참조.

5-虞書-益稷	6	5	20-商書-盤庚下	2	2	35-周書-大誥	4	4	50-周書-顧命	2	5
6-夏書-禹貢	29	27	21-商書-說命上	1	2	36-周書-微子之命	2	2	51-周書-康王之誥	1	2
7-夏書-甘誓	1	1	22-商書-說命中	0	2	37-周書-康誥	5	7	52-周書-畢命	2	3
8-夏書-五子之歌	1	0	23-商書-說命下	1	2	38-周書-酒誥	4	6	53-周書-君牙	1	1
9-夏書-胤征	2	2	24-商書-高宗肜日	1	1	39-周書-梓材	2	5	54-周書-冏命	1	2
10-商書-湯誓	1	1	25-商書-西伯戡黎	0	2	40-周書-召誥	5	9	55-周書-呂刑	4	7
11-商書-仲虺之誥	3	3	26-商書-微子	0	2	41-周書-洛誥	6	9	56-周書-文侯之命	1	1
12-商書-湯誥	0	2	27-周書-泰誓上	2	3	42-周書-多士	4	5	57-周書-費誓	1	1
13-商書-伊訓	3	3	28-周書-泰誓中	2	2	43-周書-無逸	5	6	58-周書-秦誓	1	1
14-商書-太甲上	3	2	29-周書-泰誓下	1	2	44-周書-君奭	4	6	기타/미상	27	0
										213	236

〈표-3〉 군주별 경연에서의 「우공」편 강독 횟수

왕 명(재위)	「우공」편 강독 횟수	왕 명(재위)	「우공」편 강독 횟수
태조 (1392~1398)	0	광해군 (1608~1623)	0
정종 (1398~1400)	0	인조 (1623~1649)	29
태종 (1400~1418)	0	효종 (1649~1659)	27
세종 (1418~1450)	1	현종 (1659~1674)	0
문종 (1450~1452)	0	숙종 (1674~1720)	1
단종 (1452~1455)	0	경종 (1720~1724)	0
세조 (1455~1468)	0	영조 (1724~1776)	4
예종 (1468~1469)	0	정조 (1776~1800)	0
성종 (1469~1495)	0	순조 (1800~1834)	1
연산군 (1494~1506)	0	헌종 (1834~1849)	0
중종 (1506~1544)	0	철종 (1849~1863)	0
인종 (1544~1545)	0	고종 (1863~1907)	0

명종 (1545~1567)	0	순종 (1907~1910)	0
선조 (1567~1608)	7	총합 (1392~1910)	70

〈표-5〉 태조~광해군 경연에서의 「우공」편 강독 목록

군주 연번	일시	진강 장	출전	군주 연번	일시	진강 장	출전
세종-1	1429.01.21. 세종11년	95	실록	선조-4	1573.01.21.	23	실록, 경연일기
선조-1	1572.12.16. 선조5년	·	실록, 경연일기	선조-5	1573.02.04.	33	실록, 경연일기
선조-2	1572.12.19.	13	실록, 경연일기	선조-6	1573.02.05.	35	실록, 경연일기
선조-3	1573.01.12. 선조6년	14~17	실록, 경연일기	선조-7	1573.02.25.	46	실록, 경연일기

*경연일기: 柳希春, 『眉巖集』, 「經筵日記」

〈표-6〉 인조 경연에서의 「우공」편 강독 목록

군주 연번	일시	진강 장	출전	군주 연번	일시	진강 장	출전
인조-1	1629.04.26. 인조 7년	1~2	실록, 승정원, 경연기	인조-16	1629.05.06.	57~61	실록, 승정원
인조-2	1629.04.28.	3~5	실록, 승정원	인조-17	1629.05.08.	62~66	실록, 승정원
인조-3	1629.04.30.	6~8	실록, 승정원	인조-18	1629.05.14.	67~70	실록, 승정원
인조-4	1629.윤04.01.	9~11	실록, 승정원, 연중계사	인조-19	1629.05.16.	71~75	승정원
인조-5	1629.윤04.03.	12~13	실록, 승정원	인조-20	1629.05.26.	76~81	실록, 경연일기, 경연기
인조-6	1629.윤04.05.	14~17	실록, 승정원	인조-21	1629.05.28.	82~83	실록, 승정원
인조-7	1629.윤04.09.	18~20	실록, 경연일기, 경연기	인조-22	1629.07.07.	·	실록, 승정원

인조-8	1629.윤04.12.	21~27	실록, 승정원, 경연기	인조-23	1629.07.11.	86~87	실록, 승정원, 경연일기
인조-9	1629.윤04.15.	28~32	실록, 승정원	인조-24	1629.07.14.	88~89	실록, 승정원, 경연기
인조-10	1629.윤04.17.	33~36	실록, 승정원, 경연일기	인조-25	1629.07.16.	90	실록, 승정원, 경연기
인조-11	1629.윤04.19.	37~41	실록, 승정원	인조-26	1629.07.23.	91~94 (?)	실록, 승정원
인조-12	1629.윤04.21.	42~46	실록, 승정원	인조-27	1629.08.07.	·	실록, 승정원
인조-13	1629.윤04.22.	47~50	실록, 승정원, 경연일기	인조-28	1629.08.27.	·	실록, 승정원
인조-14	1629.윤04.26.	51~53	실록, 승정원	인조-29	1629.09.06.	101~106	실록, 승정원
인조-15	1629.05.02.	·	실록, 승정원				

*경연기: 崔有海, 『嘿守堂遺稿』, 「經筵記」
연중계사: 李廷龜, 『月沙集』, 「筵中啓事」
경연일기: 鄭經世, 『愚伏別集』, 「經筵日記」

〈표-7〉 효종~순조 경연에서의 「우공」편 강독 목록

군주 연번	일시	진강 장	출전	군주 연번	일시	진강 장	출전
효종-1	1650.11.05. 효종1년	1~2	실록, 승정원	효종-18	1651.01.08. 효종2년	71~75	실록, 승정원
효종-2	1650.11.06.	3~5	실록, 승정원	효종-19	1651.01.09.	76~83	실록, 승정원
효종-3	1650.11.09.	6~8	실록, 승정원	효종-20	1651.01.10.	84	실록, 승정원
효종-4	1650.11.10.	9~11	실록, 승정원	효종-21	1651.01.19.	85~87	실록, 승정원
효종-5	1650.11.11.	12~14	실록, 승정원	효종-22	1651.01.20.	88~89	실록, 승정원
효종-6	1650.11.12.	15~20	실록, 승정원	효종-23	1651.02.08.	·	실록, 승정원

효종-7	1650.11.17.	21~27	실록, 승정원	효종-24	1651.02.10.	·	실록, 승정원
효종-8	1650.11.18.	28~32	실록, 승정원	효종-25	1651.02.20.	94~100	실록, 승정원, 경연일기
효종-9	1650.11.20.	33~36	실록, 승정원	효종-26	1651.02.21.	101~103	실록, 승정원
효종-10	1650.11.21.	37~41	실록, 승정원	효종-27	1651.02.22.	104~106	실록, 승정원
효종-11	1650.11.25.	42~45	실록, 승정원	숙종-1	1679.05.05. 숙종5년	92~106	실록, 승정원
효종-12	1650.11.26.	46~50	실록, 승정원	영조-1	1728.03.13. 영조4년	1~36	승정원
효종-13	1650.윤11.05.	51~53	실록, 승정원	영조-2	1728.07.20.	37~70	실록, 승정원
효종-14	1650.윤11.06.	54~56	실록, 승정원	영조-3	1728.07.22.	71~90	실록, 승정원
효종-15	1650.윤11.07.	57~61	실록, 승정원	영조-4	1754.05.23. 영조30년	·	실록, 승정원
효종-16	1650.윤11.08.	62~66	실록, 승정원	순조-1	1802.04.03. 순조2년	·	경연강의
효종-17	1650.윤11.11.	67~70	실록, 승정원				

*경연일기: 李一相, 『靑湖遺稿』, 「經筵日記」

경연강의: 吳淵常, 『約園集』, 「經筵講義」

참 고 문 헌

사료:

『周易傳義』(成百曉 譯註, 『周易傳義』, 傳統文化硏究會, 1998)

『書集傳』(成百曉 譯註, 『書經集傳』, 傳統文化硏究會, 1998)

『孟子集註』(成百曉 譯註, 『孟子集註』, 傳統文化硏究會, 1998)

『朝鮮王朝實錄』(http://sillok.history.go.kr)

『承政院日記』(https://sjw.history.go.kr)

『經國大典』(韓國精神文化硏究院 歷史硏究室 編, 『經國大典』, 韓國精神文化硏究院, 1985)

〈朝鮮朝 經筵 資料 集成 및 註解〉 (한국연구재단 기초학문자료센터 https://www.krm.or.kr)

단행본류:

김옥근, 『조선왕조재정사연구』, 일조각, 1996.

남미혜, 『조선시대 양잠업 연구』, 지식산업사, 2009.

劉起釪 지음 · 이은호 옮김, 『상서학사』, 예문서원, 2016.

박도식, 『朝鮮前期 貢納制 硏究』, 혜안, 2011.

윤정분, 『군신, 함께 정치를 논하다: 명대 경연정치의 변천과 그 의의』, 혜안, 2018.

이정철, 『대동법, 조선 최고의 개혁』, ㈜역사비평사, 2010.

임종태, 『17, 18세기 중국과 조선의 서구 지리학 이해』, 창비, 2012.

제임스 B. 팔레 지음, 김범 옮김, 『유교적 경세론과 조선의 제도들』 2, 산처럼, 2008.

陈良中, 『朱子《尚书》学研究』, 人民出版社, 2013.

탕샤오펑 지음 · 김윤자 옮김, 『혼돈에서 질서로』, 글항아리, 2015.

논문류:

강경현, 「조선시대 經筵에서 『尙書』 강독의 의미」, 『퇴계학보』 151, 퇴계학연구원, 2022.

강제훈, 「조선초기 전세제 개혁과 그 성격」, 『조선시대사학보』 19, 조선시대사학회, 2001.

김영진, 「고대 중국의 지리적 크기와 구조 관념에 대한 고찰」, 『국제정치논총』

51-2, 한국국제정치학회, 2011.
박종진, 「고려말 조선초 공물제의 개편과 그 성격」, 『한국학연구』 6, 숙명여자대학교, 1996.
소순규, 「朝鮮初期 貢納制 운영과 貢案改定」, 고려대학교 한국사학과, 박사학위논문, 2017.
신진혜, 「조선시대 宗廟의 薦新 進上과 儀節」, 『민족문화연구』 86, 고려대 민족문화연구원, 2020.
안병직, 「磻溪隨錄의 方法과 體系」, 『한국실학연구』 43, 한국실학학회, 2022.
안외순, 「맹자의 『서경』 이해와 그 정치사상적 특징」, 『동양문화연구』 21, 영산대학교 동양문화연구원, 2015.
유영옥, 「조선시대 『尙書』 〈禹貢〉 이해의 정치경제적 시각」, 『동양한문학연구』 37, 동양한문학회, 2013.
윤석호, 「대동법에 동조했던 '공(貢)'의 경세 담론들」, 『한국사상사학회』 70, 한국사상사학회, 2022.
윤훈표, 「승정원일기 경연 기사의 특징」, 『사학연구』 100, 한국사학회, 2010.
이기봉, 「朝鮮時代 全國地理志의 生産物 項目에 대한 檢討」, 『문화역사지리』 15-3, 한국문화역사지리학회, 2003.
이은호, 「禹貢」의 和而不同적 공동체 모델」, 『유교사상문화연구』 66, 한국유교학회, 2016.
이헌창, 「조선시대 공물제도와 경제정책이념」, 『한국유학사상대계』 Ⅶ, 한국국학진흥원, 2007.
최윤오, 「世宗朝 貢法의 原理와 그 性格」, 『한국사연구』 106, 한국사연구회, 1999.

이만부의 『역통(易統)』과 『역대상편람(易大象便覽)』의 역학적 특징과 문화다원론적 지향

엄 연 석

* 이 글은 『대동철학』 제99집(대동철학회, 2022.06)에 게재한 동명의 논문을 본 저서의 간행 취지에 맞춰 일부 수정한 것이다.

1. 머리말

이 글은 식산(息山) 이만부(李萬敷, 1664~1732)가 지은 여러 역학 관련 저술 가운데 『역통(易統)』과 『역대상편람(易大象便覽)』에 나타난 역학(易學)적 특징과 그 문화다원론[1]적 함의를 해명하고자 한다. 이만부의 「역통」은 서문과 함께 원역(原易), 상역(象易), 획역(劃易), 연역(演易), 사역(辭易, 상·하), 용역(用易, 상·하), 익역(翼易) 등 전체 8권으로 구성되어 있다. 「역통」에서는 말하고자 하는 것은 역의 원류와 상수적 내용, 역괘(易卦)의 구성과정, 역(易)의 문장, 역의 활용, 역의 철학적 의미 확장 등 역의 다양한 의미를 연역하는 데 있다. 따라서 이 글에서는 이만부가 유형에 따라 분류하고 체계화하면서 제시한 역이 보편적 원리와 함께 다양하고 특수한 현상의 변화를 포괄하고

1) 문화다원론은 중심문화와 주변문화가 각기 고유한 가치를 가지고 있어서 이들 각각의 문화가 지니는 고유성과 다양성의 가치를 긍정한다. 곧 모든 문화는 아무런 수직적 위계를 가지지 않으며 수평적 평등적 차원에서 특수성과 고유성을 가지며 그 자체를 가치가 있다고 평가하는 것이다. 문화다원론자들은 세계 어느 지역의 민족이든 고유의 문화가 나름의 가치를 가지는 것으로 생각한다. 문화다원론은 문화상대주의와 연관된다. 문화상대주의는 수많은 인류 종족이 문화적 다양성을 가지고 그들의 문화는 특수한 역사적 환경의 측면을 고려해야 한다는 것이다. 특정한 사회의 역사적 맥락을 헤아려서 그 문화를 평가해야 하며, 어떤 문화 요소도 그 나름의 분명한 존립 근거가 있다는 것이다. 루스 베네딕트(Ruth F. Benedict)는 『문화의 유형』에서 특정 문화권에서의 인간의 행위가 그 사회의 관습에 따라 얼마나 다양한가를 보여주었다. 그에 따르면 각각의 문화는 서로 상대적인 측면들을 가지고 있으며, 문화적 가치는 그 사회적 환경과 조건에 따라 고유한 의미를 내포하고 있어서, 상호간 구별되는 규범체계를 이룬다. 따라서 문화 사이의 가치론적 비교가 불가능하며, 평등한 시각에서 그 요소들은 고유한 상대적 가치를 갖는 것으로 본다.

자 한 것을 문화다원론적 관점에서 그 미시적 의미를 해명하고자 한다. 이만부는 기본적으로 성리학적 관점에서 『주역』을 이해하고 있는 만큼 상수와 의리를 종합하는 시각에서 그가 의리역학적 목표를 어떻게 상수학적 방법을 통하여 실현하고자 했는가 하는 문제에 대해서도 해명하고자 한다.

당쟁과 갑술환국(甲戌換局)으로 남인(南人)이 축출되는 시국에 남인의 유력한 가문에서 출생한 이만부는 부친의 유배를 이유로 벼슬을 단념하고 평생 학문에 전념한 조선후기의 학자이다. 그는 이황(李滉)을 정주학(程朱學)의 적전(嫡傳)으로 존숭하였으며, 이에 따라 성리학적인 견해는 주리적(主理的)인 경향을 보이며, 만년에는 역학(易學)을 깊이 연구하였다. 그는 나아가 조선판 『성리대전』으로 평가되기도 하는 『도동편(道東篇)』을 지음으로써 주자성리학에 기본을 두면서도 조선시대 주체적인 조선 성리학설을 종합하였다.

그의 역학에 관한 저술로는 「역통(易統)」, 「역대상편람(易大象便覽)」, 「잡서변(雜書辨)」, 그리고 『식산집(息山集)』에서의 역에 관한 논의 등이 있다. 이 중에 「역통」은 소옹과 주희를 중심으로 하는 여러 선유들의 도설(圖說)을 모아서 이를 기초로 역의 원류와 형성과정, 그리고 다양한 의미를 일곱 항으로 분류하여 체계적으로 계통 지워서 정리한 저술로서 역의 체용을 여러 관점에서 설명하고자 하였다. 이어서 「역대상편람」은 22개 주제를 상하(上下) 두 편으로 구성하여 군덕함양(君德涵養)과 명덕성치(明德聖治)를 이룩해야 한다는 군주의 덕에 의거한 유가적 정치 이념의 실현을 『주역』 「대상전」으로부터 이끌어내고자 하였다. 이곳에서는 정이와 주희의 주석을 인용하고 나서 '신근안(臣謹按)'이라고 하여 식산 자신의 견해를 덧붙이는 방식을 취하고 있다. 「잡서변」은 명대 이후 여러 역학자들의 역에 관한 학설을 주로 성리학적 관점에서 역을 이해하는 자신의 입장에서 비판하고 있다.

그러면 식산의 학문에 관한 선행 연구 성과를 개관하여 본 연구 논문이 지니는 의미를 환기하도록 한다. 식산의 학문에 관한 기존의 연구는 성리학과 이기심성론, 격물설, 『주역』사상에 관한 연구, 「도동편(道東篇)」에 대한 논문이 발표되었다. 먼저 성리학과 이기심성론과 관련하여 신두환은 끊임없는 주자학적 유교경전의 글 읽기를 통한 식산(息山)의 성리학적 문예미학을 검토하였다. 그는 식산의 "문예작품에는 감동적인 서정과 함께 인간의 심성과 대자연의 상관논리가 혼합하는 가운데 이취(理趣)를 추구한 성리학적 특유의 문예미가 녹아 있다"라고 평가하였다.[2] 김희영·김민재·김용재는 주자학자라는 정체성을 가지고 철저하게 주자학의 입장에서 양명학을 비판한 식산의 학설을 검토하였다. 필자들은 심즉리(心卽理), 치양지(致良知), 친민설(親民說)을 중심으로 한 식산의 왕양명의 학설에 대한 비판을 검토하면서, 식산이 왕양명의 학문을 이단으로 보고 유학이 아닌 선학(禪學)이라고 비판하였다고 보았다.[3]

이상호는 퇴계 심학에서 성호 이익의 실학에 이르는 학문적 계승관계를 정구의 『심경부주』에 대한 비판적 해석과 식산의 사단칠정론을 중심으로 살펴보았다. 그는 성발위정(性發爲情)에 바탕하여 리의 발을 인정하고 일성이정(一性二情)의 입장에서 사단과 칠정을 대대

2) 신두환, 「식산(息山) 이만부(李萬敷)의 성리학(性理學)과 문예미학(文藝美學)」, 『東方漢文學』 35, 2008, 121~151쪽.

3) 김희영, 김민재, 김용재, 「조선 성리학자들의 양명학에 대한 비판적 인식 검토(5) -식산 이만부를 중심으로-」, 『汎韓哲學』 100, 2021, 65~90쪽.

(待對) 관계로 인정하는 식산의 학설에 근거하여 이익의 사단칠정론이 식산을 통하여 전승된 것으로 보았다.[4] 추제협은 식산의 성리설이 리체기용설(理體氣用說), 발처의 분별에 근거한 사단칠정설 제시, 이치의 차별성을 긍정하는 궁기(窮氣)론, 천도유경설(天道有敬說) 등을 제시함으로써 자극과 회의를 통한 박학, 실증의 학문 태도를 바탕으로 퇴계학과 율곡학을 통합하여 이해하고자 한 것으로 보았다.[5] 이은호는 조선 중기에 퇴율학파에 의해 성(誠)과 경(敬)이 학파적으로 분리되어 이해되는 상황에 대한 비판적 시각과 정주학 본연으로의 회복을 추구하면서 식산의 천도유경설(天道有敬說)을 검토하였다. 식산은 천도와 인도가 떨어져 존재하는 것이 아니고, 성과 경도 다른 것이 아니라고 주장한 것으로 평가하였다.[6]

식산의 격물설에 대한 논문에서 추제협은 이익의 격물설이 윤휴와 식산의 격물설을 그대로 계승한 점을 논증하였다. 그에 따르면 이익이 윤휴의 '감통(感通)'과 이만부의 '궁기(窮氣)'를 받아들여 기적인 측면에 대한 재인식을 통하여 만물의 보편성보다 개별적인 다양성에 주목한 것으로 보았다. 또한 인식 대상으로서 사물을 윤휴와 이만부가 사리(事理)에 앞서 물리(物理)로 본 것이 실용적 사유를 가능케 하는 이익 격물설의 실학적 단초를 열었다고 보았다.[7] 남춘우는

4) 이상호, 「심학(心學)과 실학(實學)의 재검토:퇴계 심학에서 성호학으로 흐르는 두 갈래 길 -정구의 『심경부주』 해석과 이만부의 사단칠정론-」, 『한국실학연구』 28, 2014, 7~38쪽.

5) 추제협, 「이만부의 성리설 연구: 근기 퇴계학맥과 관련하여」, 『한국학논집』 82집, 2021, 267~301쪽.

6) 이은호, 「息山 李萬敷의 天道有敬說 硏究」, 『東洋哲學硏究』 56, 2008, 75~96쪽.

7) 추제협, 「이익의 격물설에 나타난 윤휴와 이만부의 사상적 영향」, 『국학연구』 33, 2017, 195~234쪽.

식산의 『대학강목』에서 제시한 격물설을 주자와 퇴계의 견해를 지지하는 관점에서 해명하였다. 그는 식산이 격물설에서 사(事)와 물(物)을 체용관계로 파악하여 물은 사의 체이고 사는 물의 용으로 보았으며, 격물(格物)의 '격(格)'을 지(至)로 해석한 주자의 견해를 지지하고, 퇴계의 이자도설(理自到說)을 수용한 것으로 보았다.[8]

역학에 관한 논문은 이은호와 주광호가 각각 『역통(易統)』과 『역대상편람(易大象便覽)』의 특징에 대하여 해명하는 논문을 발표하였다. 이은호는 조선시대 도서상수학사의 관점에서 식산의 『역통』이 지니는 의미를 중점적으로 해명하였다. 그는 『역통』은 주희의 도서상수학을 기반으로 송말원초의 주자학파의 여러 학설과 비교변설을 종합적으로 수록한 저작으로, 이황의 『계몽전의』의 도서상수학을 잇는 집대성적인 저작이라고 평가하였다.[9] 주광호는 『역대상편람』의 구성체제와 저술 목적을 중심으로 식산의 역학관을 제시하였다. 그에 따르면, 『역대상편람』은 군주의 수기치인을 위하여 22개의 주제로 64괘의 「대상전」을 재편집하고, 『정전』과 『본의』의 주석을 부기한 뒤에 자신의 안어(按語)를 덧붙인 구성 체계를 가지며, 『주역』의 「대상전」만을 텍스트로 삼아 새롭게 왕위에 오른 젊은 임금 영조를 위한 정치학 지침서로 제작한 것이다.[10]

이어서 「도동편(道東篇)」에 대한 연구에서 정재훈은 식산이 지은 『도동편(道東篇)』을 명대에 성리학설을 집대성한 『성리대전』의 형식을 빌어서 온전히 조선 학자들의 학설로 구성한 조선판 『성리대전』

---

8) 남춘우, 「息山 李萬敷의 「格物說」 고찰」, 『대동한문학』 31, 2009, 215~216쪽

9) 이은호, 「식산(息山) 이만부(李萬敷)의 『역통(易統)』과 경학사(經學史)적 의의」, 『국학연구』 42, 2020, 223~249쪽.

10) 주광호, 「李萬敷의 역학과 『易大象便覽』」, 『동양철학』 44, 2015, 235~257쪽.

으로 간주하면서, 이 저술은 16세기 이후 본격화된 주자성리학의 연구 성과를 요약한 주체적 성격의 기념비적인 저술이라고 높이 평가하였다.11) 이원준은 식산의 『도동편』과 이익의 『도동록』을 통하여 근기 남인의 도동(道東) 의식을 해명하였다. 그는 식산과 이익이 한국 유학자의 언설만을 수집 및 편집하여 '도동(道東)'이라는 표현을 통하여 도학 또는 도통의 동전을 상징하였고, 나아가 퇴계를 도학의 정점이자 도통의 적전으로 설정하고 있다고 보았다.12)

이들 연구 가운데 이치의 차별성을 긍정하는 궁기(窮氣)론, 『역통』에서 역의 연원으로부터 그 활용과 철학적 해명에 이르는 일곱 단계의 역의 의미해명, 『역대상편람』의 군주의 통치를 중심으로 하는 경세론의 강조 등은 본 논문의 주제와 밀접한 연관성을 갖는다. 이제 위의 연구 성과에 바탕하여 식산의 『역통』에 나타난 역학적 특징과 문화다원론적 함의하라는 본 논문의 논지를 해명하고자 한다.

다음 장에서는 식산이 『역통』을 편찬한 동기가 어디에 있는가를 검토하고 그 형식적 구성 체계를 정리하고자 한다. 이어서 제3장에서는 『역통』에서 역의 역사적 형성과정에 따라 역의 연원으로부터 그 연역과 활용에 이르는 일곱 가지 의미를 해명하고자 한다. 제4장

11) 정재훈, 「식산息山 이만부李萬敷의 학문과 『도동편道東編』」, 『국학연구』 23, 2013, 107~148쪽.

12) 이원준, 「李萬敷의 『道東編』과 李瀷의 『道東錄』을 통해 본 근기남인의 '道東' 의식」, 『규장각』 58, 2021, 507~533쪽. 이원준은 "두 학자의 '도동' 서적 저술은 근기남인계 지식인으로서의 책임의식과 위기의식의 발로로, 퇴계가 도학의 정점이자 도통의 적전으로 설정되었다는 점은 이러한 사정과 무관하지 않다. 한국 유학의 발전상을 드러내고 그 중심을 퇴계로 설정함으로써 식산과 성호가 제시하고자 한 '도동' 의식은 주자학 그 자체에 대한 정치한 분석에 기반하고 일련의 상징물로 가시화된 노론식의 '중화계승' 의식과는 분명히 구분되는 지점이 있다"라고 강조하였다.

에서는 『역통(易統)』에 함축된 의리적 요소와 문화다원론적 의미를 식산의 역학에 대한 상수학적 이해와 의리학적 이해를 통합하는 관점에서 해명하고자 한다.

2. 『역통』의 편찬 동기와 형식적 구성 체계

이 장에서는 이만부가 『역통(易統)』을 편찬한 취지와 그 형식적 구성 체계를 살펴보고자 한다. 『역통』은 송대 상수역학의 대표주자로서 소옹(邵雍)과 주희(朱熹)의 상수학적 견해와 도설, 여러 선유(先儒)들의 도설(圖說)을 이론적 관점에 따라 선후의 차례를 가지고 체계적으로 정리한 저술이다. 이 저술은 역의 원류와 형성과정, 그리고 체용론적 관점과 발생론적 관점에 따른 역의 연역적 의미를 일곱 항목으로 분류하여 계통지운 저술이다.

그가 이 저술을 편찬한 취지는 「역통서(易統序)」와 「제어(題語)」, 그리고 「범례(凡例)」를 통해서 살펴볼 수 있다. 먼저 「역통서」에서는 삼재(三才)의 도로서 역의 범위, 형이상하의 체와 용을 언급하고, 상수와 괘획, 괘사, 시초(蓍草)의 음양 동정을 통하여 성인이 개물성무하는 도를 포괄하고 있음을 말하고 있다. 이어서 태극으로부터 양의 사상 팔괘 64괘 384효 4096의 무궁한 대연수(大衍數)에 이르는 과정과 4영 18변으로 역에서 괘를 이루는 설시(揲蓍) 과정을 구체적으로 언급하였다. 공자가 위편삼절(韋編三絶)로 역을 공부하면서 우환의식을 가지고 「십익」을 지었던 당시의 상황을 제시하였다. 공자가 「십익」을 지은 취지를 제시하고 나서 식산은 자신의 몸이 노쇠해지면서 사후에 명성이 드러나지 못하지 않을까를 애석해하여 고인들의 도설을 취하여 배열하고 자신의 견해를 붙이는 과정을 통하여 『역통(易統)』을 저술한 개인적 동기를 언급하였다. 마지막으로 전체 일곱 편의 명칭과 기본적인 의미를 제시하였다.

이어서 「제어(題語)」와 「범례(凡例)」를 통하여 「역통(易統)」이라는 표제의 의미와 저술의 기본 구성 체계를 언급하였다. 특히 「제어」는 '통(統)'의 의미에 집중하여 책을 지은 저술의 의의를 제시하였다. 「범례」에서는 저술에서 소옹과 주자의 도설을 중심으로 후대 여러 학자들의 주장을 수록했으며, 도설에 대하여 자신이 스스로 연구하고자 한 취지를 가지고 고인들의 논의를 미루어 증명하거나 찾아서 기록하였다[13]는 사실을 밝히고 있다. 또 연역 이전 고인의 도설은 핵심적인 것만 취한 데 비하여[14], 획역 이후에는 상이 더욱 드러남에 따라 많은 도설들을 수록하였다는 사실과 함께 그 각각의 의미들을 설명하였다.[15]

그러면 「제어(題語)」에서 저술의 의미를 규정하는 '통(統)'을 어떻게 설명하는가? 식산은 '통'을 누에고치에서 실을 뽑아내는 의미를 갖는 '실마리'를 중심적인 의미로 설명하였으며, 도를 전수하는 연원을 뜻하는 '도통(道統)'처럼 역통(易統)도 역의 원류를 뜻하는 것으로 보았다.

13) 李萬敷, 『易統』, 「凡例」, "古人圖說, 以邵子朱子爲主, 而以諸儒爲之羽翼." ; "有因古人之言而推演者, 有以考索而箚錄者."

14) 위의 책, 「凡例」, "演易以上, 古人論之頗詳, 故旣擇其圖說之精切者, 取之."

15) 위의 책, 「凡例」, "自畫易以下, 則象益著而森列, 數益繁而層疊, 法益備而反覆, 故取之不得不少廣而詳也."

> 통(統)은 실마리이다. 실에 실마리가 있는 것이 '통'이다. 대개 실은 고치 속에 있을 때는 뭉뚱그려 있어서 그 실이 보이지 않는다. 고치를 켜는 데 이르러 당겨서 뽑아내면 계속 이어져 끊이지 않는다. 그 실마리에 순서가 있어서 그것으로 포백과 비단을 만들게 되니, 실의 실마리를 방적하여 만들지 않는 것이 없다. 천지조화의 이치는 그 변화가 무궁한데, 옛날 성인이 획을 그려 괘상(卦象)을 만들고 문장으로 드러냄이 마치 실을 당긴 것과 같았다. 따라서 도를 전수하는 것을 '도통(道統)'이라 하고 역의 원류를 '역통(易統)'이라고 말하였다. 대개 도는 역의 체이고, 역은 도가 베풀어진 것이니, 그 실상은 하나이다. 도(道)를 '통(統)'으로 말한다면, 역(易) 또한 통(統)으로 말할 수 있다.[16]

식산은 '통(統)'을 실마리라는 의미로 해석하였는데, 이는 역이 천지의 이치를 살펴 성인이 역의 상과 획을 그리고 '사(辭)'를 붙이며 여기에 다시 전을 붙이는 과정을 고치 속에 붙어 있을 때 보이지 않던 실을 당겨서 뽑아내고 이것을 가지고 포백과 비단을 만드는 과정으로 비유한 것이다. 누에고치에서 실을 뽑아내는 비유는 무엇보다 누에고치로부터 직물을 만드는 것에 이르기까지 분리되지 않는 하나의 연속적인 과정임을 강조하는 데 특징이 있다. 다시 말하면 고치에 뭉뜽그려 있었던 실이 비단이란 직물로 만들어지고 나서도 그대로 그 바탕에 있다는 것이다. 이것은 원역으로부터 상역, 획역, 연역, 사역을 거쳐 용역과 익역에 이르기까지 하나의 연속적성을 가지는 역의 변화 양상을 비유한다고 보는 것이다. '고치뭉치', '실마리',

16) 李萬敷, 『易統』, 「題語」, "統者, 緖也. 絲之有緖者, 統也. 夫絲之在繭也, 渾然不見其有絲及緤, 而引出, 則綿綿不絶. 其緖有倫, 以之成布帛錦繡, 莫非積絲之緖而爲之者也. 天地造化之理, 變化無窮而古之神聖, 畫而象之 辭以發之, 有若引絲之緖者, 故以道之傳受曰道統. 以易之源流曰易統. 蓋道者, 易之體也. 易者, 道之施也. 其實一也. 道以統言, 易亦可以統言也."

'포백', '비단' 등은 각각 원역의 태극, 상역와 획역의 상(象), 사역의 사(辭), 그리고 용역, 익역의 의미를 상징한다. 이렇게 식산은 고치에서 실을 뽑아 직물을 제작하는 과정으로 역(易)이 형성된 역사적 과정과 단계를 비유하였다.

식산은 「범례」에서 원역으로부터 익역에 이르는 역의 구성 체계를 설명하였다. 『역통』의 핵심 구성 체계는 도와 도설을 일곱 가지 역의 단계에 속하는 「도설」을 수록하는 것인데, 다른 학자들의 주장도 많이 인용했으나 소옹과 주자의 도설을 중심으로 한다는 것이다. 이어서 단사와 상사가 구별되는 사역, 시초로 점변(占變)을 구하는 용역, 그리고 괘에 따라 또는 총괄적으로 심오한 의리(義理)를 논의한 「십익」을 중심으로 한 익역 각각의 특징들을 설명하였다.

> 사역(辭易)에는 단사(彖辭)와 상사(象辭)의 구별이 있고, 용역(用易)에는 시초를 베풀어 점변을 고구하는 차이가 있기 때문에 모두 상하편으로 나누었다. 「십익」의 단전·상전과 문언전은 괘를 따라 논의하였고, 계사·설괘·서괘·잡괘 등 여러 편은 총괄적으로 논의한 것이다. 그 학설 중에 심오한 의리(義理)가 출현하는데, 읽는 사람이 정밀하게 살피지 못할 수 있기 때문에 구절마다 취하고 구분하여 일곱 편의 요지를 증명하였다.[17]

『역통』이 도설(圖說)을 중심으로 그 구성 체계를 이루고 있으면서도, 그 내용을 설명한 부분에는 의리(義理)에 관해서도 균형 잡힌 시각을 가지고 언급하고 있다. 식산은 특히 「십익(十翼)」의 일곱 편을

---

17) 위의 책, 『易統』, 「凡例」, "辭易有彖辭象辭之別. 用易有命蓍考占之異, 故俱分爲上下篇.; 十翼之彖象文言傳, 逐卦論之, 而繫辭說卦序卦雜卦諸篇, 則總論也. 其說出沒, 義理淵深 讀者有不能精辨, 故節取彙分以證七篇之旨."

괘를 논한 부분과 총론한 부분으로 구별하되, 모두 심오한 의리(義理)를 논하고 있기 때문에, 독자들을 위하여 이들에 관한 요점을 해명하였다고 말하였다. 이 점에서 그는 여러 가지 역의 도설을 상수역학적 관점에서 해석하면서도, 다른 한편으로 이들을 의리역학적 관점에서 설명함으로써, 상수와 의리의 균형을 유지하였다.

이제 『역통』에 수록한 도설(圖說)과 일곱 가지 단계로 연속되어 있는 식산 역학의 편제는 다음과 같이 도표로 정리할 수 있다.

❖ 『역통』의 목록과 수록 도설

권수	편명	내 용	비고
권두		序文, 題語, 凡例	
卷1	原易	太極圖, 陰陽圖	2圖
卷2	象易	河圖, 洛書	2圖
卷3	畫易	「伏羲則河圖圖」, 「伏羲始畫八卦圖」, 「析合補空圖」, 「四正四偏圖」, 「伏羲重卦圖」, 「先天八卦圖」, 「先天六十四卦圓圖圖」, 「先天六十四卦方圖」, 「先天八卦合天地造化圖」, 「六十四卦配節氣圖」	10圖
卷4	演易	「文王八卦次序圖」, 「乾坤相索圖」, 「後天八卦圖」, 「後天變易先天圖」, 「後天八卦造化流行圖」, 「後天八卦順布五行圖」, 「十二辟卦氣圖」, 「六十四卦反對圖」, 「上下經次序圖」	9圖
卷5	辭易上	「繫辭考證」, 「三畫卦凡例圖」, 「六畫卦凡例圖」, 「六十四卦名義提綱」	4圖
	辭易下	「卦爻三才例」, 「卦爻君臣例」, 「爻分中正例」, 「卦爻應不應例」, 「卦爻五體例」, 「諸卦主爻例」, 「卦爻取象總例」, 「象占教例」, 「占辭善不善例」, 「六位總括」	10圖
卷6	用易上	「大淵之數五十圖」, 「蓍」, 「揲蓍求卦法」, 「揲扐圖」, 「老少陰陽掛扐摠圖」, 「奇偶圓三方二圖」, 「掛扐過揲兩數互爲子母圖」, 「掛扐奇偶定卦劃陰陽老少圖」, 「六十四變分陰陽各三十二爲兩儀圖」, 「六十四變分老少陰陽爲四象圖」, 「老少陰陽之變分八卦圖」, 「陰陽老少策當一朞萬	12圖

		物之數圖」	
	用易下	「考占法」, 「乾坤之變反覆皆爲六十四卦圖」, 「筮儀」, 「易爲卜筮作」	4圖
卷7	翼易	「十翼考證」, 「卦變圖」, 「彖傳例」, 「大象傳例」, 「小象傳例」, 「繫辭彙分圖」, 「說卦彙分圖」, 「序卦圖」, 「雜卦圖」	9圖
卷8	參攷	「圖書分體用常變」, 「洛書中五具五奇數之象」, 「洛書四正各居四隅類附圖」, 「洛書七八九六迭爲消長圖」, 「析合補空」, 「兩說同異之辨」, 「再詳朱子胡氏分四隅卦不同之義」, 「八卦相交動靜」, 「朱子說圖二」, 「董氏說圖二」, 「分四卦不同之義」, 「分四卦圖」, 「天地四象圖」, 「先天六十四卦圓圖從中起圖」, 「先天六十四卦方圖從中起圖」, 「後天易先天方位圖」, 「中天交會圖」, 「四象虛以相待圖」, 「陰陽體數」, 「體數圖」, 「期之日解」, 「說卦廣象圖」	22圖
附錄		「卜筮元龜○以錢代蓍圖」, 「八卦所屬」, 「八卦納甲」, 「十干合」, 「十二支合」, 「五行相生相克比和例」, 「五位配卦」, 「凡卜卦法」, 「空亡法」, 「推卦內世應法」, 「推八節休廢例」, 「六十四卦八宮分卦增錄」, 「飛伏神推例圖」, 「論納甲」, 「幹支納甲圖」	15圖

『역통(易統)』의 구성 체제는 역학 전통에서 빈번하게 논의되어 오던 많은 도와 도설을 일곱 가지 역의 단계에 따라 분류하여 체계화한 것이다. 이 저술은 「태극도」와 「음양도」로 이루어진 「원역(原易)」으로부터, 「하도낙서」의 「상역(象易)」을 거쳐, 복희의 「획역(畫易)」으로 이어진다. 또 문왕(文王)의 「연역(演易)」, 문왕과 주공의 「사역(辭易)」으로 전개되며, 「용역(用易)」은 역을 활용하는 것으로 점을 치는 것과 관련된 내용을 다루고 있다. 「익역(翼易)」은 「십익(十翼)」의 내용을 도표로 설명한 것이고, 「참고」는 도서(圖書)의 체용 상변, 방위, 팔괘동정, 선천육십사괘, 음양체수 등의 문제를 다루고 있다. 마지막으로 「부록」에는 팔괘납갑, 십간십이지, 오행상생상극, 비복법 등 한대 상수역학의 내용을 도표로 구성한 것이다. 『역통』 일곱 편의 상관관계를 세 단계로 구분하여 설명하면 다음 도표와 같이 정리할 수 있다.

❖ 【도표1】『역통』 7편의 3단구성과 의미[18]

<table>
<tr><td>원역原易</td><td>하늘:
역의 근원이다.</td><td colspan="2" rowspan="2"></td><td colspan="2" rowspan="5"></td></tr>
<tr><td>상역象易</td><td>하늘과 인간의
교제
상과 수의
결합으로 만사를
형상화함</td></tr>
<tr><td>획역畫易</td><td>인간</td><td>획역畫易</td><td>象에서 취함:
복희(伏羲)의 역이다.</td></tr>
<tr><td rowspan="4"></td><td rowspan="4"></td><td>연역演易</td><td>象을 말로 형상:
문왕(文王)의 역이다</td></tr>
<tr><td>사역辭易</td><td>말로 형용: 문왕의
괘사, 주공의 효사</td></tr>
<tr><td colspan="2" rowspan="2"></td><td>용역用易</td><td>결단</td></tr>
<tr><td>익역翼易</td><td>변별</td></tr>
</table>

위에서 「원역」부터 「획역」까지는 주로 일원적 이법[太極]에서 상(象)으로 나아감으로써 상수역의 관점이 두드러진다면, 「연역」에서 「익역」까지는 물상과 괘획의 상(象)에서 의리로 나아감으로써 의리역의 관점이 지배적이라 하겠다. 이렇게 볼 때, 「원역」에서 「익역」에 이르는 일곱 가지 역의 단계는 식산의 역학에서 한편으로 상수로부터 의리로, 다른 한편으로 '의리'로부터 '상수'로 나아감으로써 상수와 의리가 단계적으로 연속성을 갖는 것을 의미한다고 할 수 있다.

18) 이은호, 위의 논문, 233쪽.

3. 『역통』에서 제시한 일곱 가지 역의 의미

이 장에서는 식산(息山)이 『역통(易統)』에서 제시한 역(易)의 일곱 가지 의미를 어떻게 설명하고 있으며 이들 사이의 상호 관계는 어떤 것인가를 해명하고자 한다. 그는 역(易)의 발생론적 관점, 형이상하의 존재론적 측면, 사물현상의 단일성과 다수성의 관점을 태극(太極), 리(理), 음양(陰陽), 상수(象數), 획(畫), 용(用), 사(辭), 익(翼) 등의 개념을 사용하여 설명하였다. 『역통』에서 말하는 일곱 가지 역은 순서대로 '원역(原易)', '상역(象易)', '획역(畫易)', '연역(演易)', '사역(辭易)', '용역(用易)', '익역(翼易)'을 말한다.

먼저 원역(原易)은 '상역(象易)'과 함께 복희(伏羲)에 의해 괘획이 그려지기 이전에 천지 만물의 모든 변화현상의 근원을 이루는 하나의 신묘한 원리를 뜻하는 것으로 해석하였다. 이것을 그는 다음과 같이 리(理)라고도 하고, 태극(太極)이라고도 하였다.

> 원역(原易)은 역의 근원이다. 무릇 천에 걸리고 땅에 붙어 있으면서 천자 사이에 배열된 것 중에 모여서 무리를 이루고 나뉘어서 분류되는 것은 순환하여 번갈아 이르고 서로 부딪치며 모이고 흩어지며, 오르내리며 서로를 찾고 쌓여서 서로 뒤섞이며, 일정한 방향 없이 굴신하고 쉬지 않고 운행하는 것은 어떻게 그렇게 되는가? 음양동정이 행하지 않는 것이 없으니 그 동정을 신묘하게 하는 것은 리(理)이다. 이 리는 혼륜하여 체로 삼지 않는 것이 없고, 지극한 표준으로 더할 것이 없으므로 태극(太極)이라고 말한다. 태극은 리의 주재가 되고, 음양은 리의 변화가 되므로, 변화되지 않는 때가 없고, 변화되지 않는 곳이 없다. 그래서 『역(易)』이라는 책은 복희가 그린 획(畫)과 문왕과 주공이 지은 문장

으로 이루어지지만, 역(易)이 되는 까닭은 실로 이미 책이 지어지기 이전에 있었다.[19]

식산은 원역(原易)은 역의 근원이 된다고 하는 명제를 내세웠다. 그리고 바로 뒤에 천지 사이에 배열된 것으로서 감각적으로 보이는 시공간의 만물이 무리로 모이고 흩어지며 쌓이고 뒤섞이며 굴신하면서 운행을 그치지 않고 음양(陰陽)의 동정을 가능케 하는 것을 '리(理)'라고 하였다. 여기에서 천지간 우주 만물의 음양의 동정을 통한 순환과정을 취산상탕(聚散相盪)하고 승강상구(升降相求)하며 인온상유(絪縕相揉)하고 굴신무방(屈伸無方)하며 쉬지 않고 운행한다고 한 것은 장재(張載)의 『정몽(正蒙)』에서 기의 운행을 설명한 구절을 거의 그대로 옮겨 놓은 듯하다. 식산이 설명한 '원역(原易)'은 모든 변화의 근원을 뜻하는 것으로 요약하면 천지 사이의 모든 현상의 운동 변화를 가능케 하는 근원적인 주재자를 의미한다. 그는 이러한 근원적 일자를 '리(理)' 또는 '태극(太極)'이라고 하였다. 그런데 그에 따르면 사물의 모든 변화 현상은 음양의 동정으로 이루어지고, 이런 음양의 동정은 리(理)가 주재하고, 리는 다시 태극(太極)이 주재한다. 따라서 모든 변화는 음양의 동정으로 소급하고, 음양에 대한 리의 주재로 소급하며 마지막으로 태극의 리에 대한 주재로 소급하여, 결국 태극이 모든 변화의 근원이 된다고 보았다. 이렇게 볼 때, 사물의 모든 변화와

19) 李萬敷, 『易統』 卷1, 「原易」, "原易者, 易之原也. 凡麗乎天, 附于地, 列於兩間, 聚有類, 分有群, 循環迭至, 聚散相盪, 升降相求, 絪縕相揉, 屈伸無方, 運行不息者, 何爲其然也. 莫非陰陽動靜之所爲, 而所以妙乎其動靜, 則理也. 是理也, 渾淪而無不體, 極至而無以加, 故曰太極. 太極爲之主宰, 陰陽爲之變化, 故無時不易, 無處不易. 是以易之書, 伏羲之畫, 文王周公之辭, 而所以爲易者, 固已存於有書之先也."

그 궁극적 원리[原易]는 복희가 괘획(卦畫)을 그려서 역을 만들기 이전에도 이미 있었다고 하여, 원역(原易)은 바로 획전역(畫前易)이라는 취지를 언급하고 있다.

이어서 그는 '상역(象易)'의 의미를 설명하였다. 『역통(易統)』에서 상역(象易)은 주로 상수의 온전함을 숫적 배열로 도시한 「하도」와 「낙서」의 수리에 근거하는 것으로 설명된다.

> 비록 그 음양소장의 상(象)과 기우영핍의 수(數), 오행생극의 리(理) 조화무궁의 변화[變]가 찬연하게 배열되고 혼연하게 온전히 갖추어져 있는 것 중에는 또한 용마의 등에 새겨진 55개의 점과 선형의 털로 이루어진 원권(圓圈)만한 것이 없다. 그러므로 「하도」가 하늘에서 나온 것은 성인의 마음을 열어주고 그 상서로움을 드러내며 사물을 열고 의무를 실천하는 계기가 되는 것이다. 주자가 말한 '이것을 얻고 나서 결단하는 데 지장이 없다'라고 한 것이 참으로 그렇다. 「낙서」의 경우에 있어서 그 출현한 시기가 같지 않고, 그 배열된 형태가 같지 않다. 하지만 상수(象數)가 상호적으로 발휘되는 그 이치는 동일하다. 두 가지는 상수(象數)의 온전함이다. 그래서 '상역(象易)'이라고 말하였다. 역을 읽는 사람들이 괘획(卦畫)과 괘사(卦辭) 이전에 원역(原易)과 상역(象易)을 먼저 살피지 않을 수 있겠는가?[20]

식산은 상(象), 수(數), 리(理), 변(變)이 찬란하고 온전하게 배열되고 갖추어져 있는 것으로 용마의 등에 새겨진 55개의 점으로 이루어진

20) 李萬敷, 『易統』 卷1, 「象易」, "雖然其陰陽消長之象, 奇偶贏乏之數, 五行生克之理, 造化無窮之變, 粲然森列, 渾然全備. 又莫如馬背, 五十五點, 旋毛之圈, 是則河圖之出天, 所以啓聖心而呈其瑞, 以開物成務. 朱子所謂不害其得此而後決者, 信然矣. 至於洛書其出不同時, 其陳列不同形. 然象數相發, 其理一也. 二者, 象數之全也. 故曰象易. 讀易者, 其可不先觀原易象易於畫辭之前乎!"

선권(旋圈)이 가장 두드러진 것을 본받아 지은 「하도(河圖)」와 배열 형태가 동일하지 않은 「낙서(洛書)」가 상수(象數)를 온전히 보존하고 있다고 하였다. 다시 말하면 이것은 「하도」와 「낙서」에 상수와 리의 변화가 온전하게 보존되어 있는 것으로 본 것이다. 또한 하늘이 「하도」를 세상에 내려준 것은 성인의 마음을 열어주고 상서를 드러내며 개물성무(開物成務)의 사업을 이루는 계기가 된다.

식산이 말하는 상역(象易)은 「하도」와 「낙서」에 찬연하게 보존되어 있으며, 또한 구체적인 현상 사물의 수많은 변화로도 설명된다. 그에 따르면, 상은 수를 포함하여 드러난 것이고, 수는 오직 상에 의지하여 존재하는 것이라고 하였다. 이는 상과 수를 각각 근거가 되는 것과 드러난 것이라는 상호 의존적인 관계의 측면에서 이해하는 것이다. 또한 그는 현상 사물에서 상의 너무나도 다양한 의미를 다음과 같이 제시하였다.

> 무릇 위대한 천지와 밝은 해와 달, 어두운 귀신에서 풍뢰의 움직임과 산악의 고요함, 강하의 흐름, 한 몸의 가까움, 분화된 만물, 먼지와 지푸라기 타고남은 재, 상하사방의 자리, 주야한서와 고금의 변화와 같은 수많은 것들은 상 아닌 것이 없고, 상은 수 아닌 것이 없으니 누구든 상을 취할 수 없고 누구든 수를 일으킬 수 없겠는가?[21)]

위에서 식산은 천지 사이에 존재하는 모든 사물의 변화뿐만 아니라, 명암(明暗), 변화의 결과, 시공간 또한 상(象)의 의미를 갖는 것

---

21) 李萬敷, 『易統』 卷1, 「象易」, "凡自天地之大, 日月之明, 鬼神之幽, 以至風雷之動, 山嶽之靜, 江河之流, 一身之近, 萬物之分, 塵芥灰燼之微, 上下四方之位, 晝夜寒暑, 古今之變, 林林總總者, 無非象, 而象無非數. 孰不可以取象, 孰不可以起數乎!"

이라고 보았다. 그래서 감각적으로 보이는 시공간의 모든 사물이 동정으로 변화하는 모습에서 누구든지 외부세계로부터 상을 취할 수 있다. 이렇게 볼 때, 상역(象易)은 현상 세계의 모든 사물이 변화하는 양상과 함께 그 변화를 가능케 하는 주변적인 조건까지 포함하는 것으로 이해된다. 이렇게 볼 때, 원역(原易)이 변화하는 현상 세계 배후로 소급하여 수다한 사물현상과 그 변화를 가능케 하는 신묘한 원리로서 일원적인 변화의 근원을 의미한다면, 상역(象易)은 변화하는 현상과 그 상으로 드러나는 무수한 양태를 의미한다. 이 '원역'과 '상역'은 모두 획전역이라는 점에서 같으며, 기호로 표시되기 이전의 무수한 현상과 그 근원적 변화 원리라는 점에서 상호 연관된 의미를 갖는다.

식산은 상역에 이어 역의 일곱 가지 의미 중에 기호로 표시하는 역으로 가장 먼저 획역을 언급하였다. 그에 따르면 획역은 복희가 계천입극(繼天立極)하고 앙관부찰(仰觀俯察)하며 원구근취(遠求近取)하여 상(象)을 살폈는데, 이로부터 「하도(河圖)」가 나오면서 팔괘와 육십사괘 384효를 그린 것에서 시작되었다. 또한 현상 세계의 원근거세(遠近巨細)와 정조본밀(精粗本末)을 이루고 모든 조화(造化)를 이루는 사물이 64괘 384효 속에 있다. 이처럼 식산은 획(畫)은 상역(象易)으로 이를 구성하고, 원역으로 그 근거로 삼는다[22]고 하였다. 또 "획역(畫易)은 비록 괘획은 있지만 괘사는 아직 없고, 상역은 비록 상(象)과 수(數)는 있지만 획은 아직 없으며, 원역은 상수가 아직 드러나지 않고,

---

22) 위의 책, 卷3, 「畫易」, "伏羲氏繼天立極, 仰觀俯察, 遠求近取, 於是, 河圖出而始畫八卦. … 自八卦而分爲十六, 自十六而分爲三十二, 自三十二而分爲六十四卦三百八十四爻, 則易道大成. 以類萬物之情, 以通神明之德. 凡造化遠近, 巨細精粗, 本末莫不囿乎其中."

상수괘획(象數卦畫)의 근본이 된다. 그래서 원역으로부터 이를 '획역(畫易)'으로 연역해 가면 그 체용일원(體用一源)을 볼 수 있고, 획역(畫易)으로부터 '원역(原易)'으로 거슬러 올라가 보면 그 현미무간(顯微無間)을 볼 수 있다"[23]고 하였다. 정이 「역전」서에 체용일원과 현미무간이라는 말이 있다. 식산은 체용일원(體用一源)이라는 말을 변화의 형이상학적 근거로서 체(體)로부터 부호로 내장되는 다양한 사물의 상(象)으로서 용(用)으로 나아가는 의미로 해석하였고, 현미무간(顯微無間)을 획역으로 고정되는 다양한 현상[顯]으로부터 형이상의 근거로서 이치[微]로 올라가는 것으로 해석하였다.

그러면 획역(畫易) 다음 단계로 연역(演易)은 어떤 의미로 해석되는가? 식산에 따르면 연역은 문왕의 역으로, 복희가 그린 획을 이어 불변의 표준을 정하면서도 획(畫)을 사물의 변화에 적용하는 것이라고 하였다. 곧 획역으로 천도가 성립되고, 연역(演易)으로 인도(人道)가 이루어지므로, 연역은 역의 보편적인 법칙을 현실의 인사에 적용하여 인도를 세우는 것이다. 이러한 관점에서 그는 전하는 옛글에 "문왕이 유리(羑里)에 갇혀 있을 때, 연역(演易)으로 일치일난(一治一亂), 일길일흉(一吉一凶)하는 변화의 질서를 관찰하여, 혼란을 다스림으로 바꾸고, 흉함을 길함으로 바꾼 것은 문왕의 마음이다"고 했으니, 연역의 뜻이 바로 여기에 있다고 하였다"[24]고 하였다. 연역은 바로 획역이 내포하고 있는 불변의 천도(天道)를 변화하는

---

23) 위의 책, 卷3, 「畫易」, "畫易, 雖有卦畫, 而未有辭. 象易雖有象數, 而未有畫. 原易, 象數未顯, 而爲象數卦畫之本. 故自原易以推之於畫易, 則見其體用一源, 自畫易以本之于原易, 則見其顯微無間."

24) 위의 책, 卷4, 「演易」, "古傳云, 文王拘羑里, 演易觀易之序, 一治一亂, 一吉一凶, 所以易亂以治, 易凶以吉者, 卽文王之心也. 演易之義, 其在是乎!"

인사에 적용하여 치란길흉(治亂吉凶)을 잘 다스려 인도를 이루는 것이라고 보았다. 연역은 역학이론의 관점에서 보면, 보편적 원리이자 천도로서의 역을 인도(仁道)를 지향하는 의리역(義理易)으로 해석하는 것을 의미한다.

연역은 문왕이 복희가 그린 획을 이어 단사(彖辭)를 붙인 사실보다, 이를 통하여 인도(人道)를 실현하고자 하는 취지를 강조하였다. 이에 견주어 사역은 인도를 실현하는 취지와 함께 문왕과 주공이 괘효에 각각 단사(彖辭)와 상사(象辭)를 붙여서 한 효의 길흉을 판단하고 이를 근거로 예(禮)를 행하고 의리적 실천을 행하는 범례를 제시한 것에 중점이 있다.

> 인문이 날로 열리고 말하고 행하는 것이 날로 번성하여 이에 문왕은 그 뜻을 연역하고 괘에 따라 사(辭)를 붙여 한 괘의 길흉을 판단하였으니, 이것이 단사(彖辭)이다. 주공은 다시 효에 따라 사(辭)를 붙여 한 효의 길흉을 판단하였으니, 이것이 상사(象辭)이다. 괘에는 단(彖)이 있고, 효에는 상(象)이 있어서 존비를 밝히고 강유를 정하며 혐의를 결단하고 시비를 결정한다. 권선징악과 피흉추길하니 그 개물성무하는 것이 극진하다. 대개 획(畫)이 아니면 사를 붙일 곳이 없고, 사(辭)가 아니면 획을 드러낼 수가 없다. 사와 획을 하나로 합할 때 비로소 역(易)을 말할 수 있다.[25)]

식산이 말하는 사역의 핵심적 의미는 인문이 날로 개명되면서

25) 위의 책, 卷4, 「辭易」, "人文日開, 而云爲日繁. 於是文王旣演其義. 逐卦, 係之以辭, 以斷一卦之吉凶, 是爲彖辭. 周公又逐爻, 係之以辭, 以斷一爻之吉凶. 是爲象辭. 卦有彖, 爻有象, 以之明尊卑, 定剛柔, 決嫌疑, 定是非, 勸善而懲惡, 避凶而趨吉, 其所以開物成務者, 至矣, 盡矣. 蓋非畫則辭無所措, 非辭則畫無所發, 辭與畫合而爲一, 可以語易矣."

문왕과 주공이 괘효에 단사(彖辭)와 상사(象辭)를 붙였다는 것과 인도의 실천을 목표로 삼았다는 점에 있다. 구체적으로 괘효의 단사와 상사를 통하여 존비와 강유, 혐의와 시비를 밝혀서 결정하고, 이를 통하여 권선징악과 개물성무를 다한다고 하는 것은 유가의 예(禮)의 질서와 도덕적 표준을 제시하는 것이다. 여기에서 사역은 유가의 도덕적 실천을 지향한다는 점에서 의리역학의 관점을 그대로 내포하고 있다.

사역에 이어 식산은 역의 또 다른 의미로 '용역(用易)'을 제시하였다. 용역은 역의 「건괘(乾卦)」와 「곤괘(坤卦)」에 있는 용구(用九)와 용육(用六)이 각각 여섯 양효와 여섯 음효를 현실에 적용하고 운용하는 것을 뜻하는 것처럼 역(易)을 운용한다는 의미이다. 「용역」에 따르면, 괘획과 괘효에 붙은 사(辭)는 길흉을 배열하는 것인 반면, 시책으로 점을 살피는 것은 길흉을 결단하는 것이다. 이것을 식산은 법률(法律)과 예의(禮儀)에 각각 판례(判例)와 의(義)가 있는 것과 같다고 보았다. 법률과 예의가 보편적이고 일반적인 규칙으로 이루어져 있다면, 판례는 법률을 구체적인 사태에 적용하는 것이고, '의(義)'는 일반적인 예의(禮儀)를 구체적인 상황에 적용할 때의 합목적적 당위성을 의미한다. 환언하면, 판례와 의는 법률과 예의를 구체적인 상황에 적용할 때, 특수한 상황에서 시중에 맞게 법률과 예의가 적용될 수 있도록 하는 근거가 되는 것이다. 이러한 관점에서 식산은 변화하는 상황에 통하는 것이 점에 숨어 있고, 변통은 하나로 고정된 시점이 아니라고 강조하였다.

> 대개 변하여 통하는 자는 점에 보존되어 있고 행동으로 드러난다. 변

통하는 것이 고정된 것이 없으니 어찌 한 괘가 특정한 시에 구속되고, 한 효가 하나의 일에 국한되겠는가? 시초를 세워서 점을 고찰하는 것은 역의 커다란 쓰임인데, 그 일이 같지 않으므로 상하로 구분하였다.[26]

식산은 변하고 통하는 것은 하나로 고정된 것이 없기 때문에 어떤 괘이든 어떤 효이든 간에 특정한 시점이나 특정한 하나의 일에 고착되지 않는다고 하였다. 따라서 용역에서 강조하는 것은 하나의 괘가 특정한 일이나 시간에 고착되어 변하지 않는 것이 아니라고 하였다. 용역을 이렇게 해석하는 것은 하나의 괘 하나의 효를 특정한 시간과 일에 고정하지 않고 변통을 통하여 괘효사가 가지고 있는 보편적 의미를 다양한 시점과 일에 적용하여 그 시중(時中)을 추구하는 의미를 갖는다. 이 점에서 용역 개념은 문화다원론적 관점에서 해석될 여지가 있다.

식산은 역의 일곱 가지 뜻 중에 마지막으로 '익역(翼易)'을 제시하였다. 익역은 공자가 역의 획(畫)과 사(辭)의 의미를 해명하고자 하여 「십익(十翼)」을 지은 것을 말한다. 그는 「십익」이 지어진 역사적 배경과 의미를 밝히고 있다. "대개 공자가 도가 행해지지 않아 위나라로부터 노나라로 돌아와 시서(詩書)를 다듬고 예악을 서술하고 『춘추』를 다스리고 『역』을 좋아하여 읽는데 끈이 세 번이나 떨어졌다. 이때 말하기를 '나에게 몇 년만 더 있어서 『역』을 배우면 커다란 허물이 없었을 것이다'라 하였다. 이것이 「십익」을 짓게 된 이유이다. 역은 복희의 획과 문왕 주공의 사(辭)이며, 십익(十翼)은 획과 괘의 의미를 밝힌 것이 구비되고 지극한 것이다."[27] 공자는 노나라 정공(定公)

---

26) 위의 책, 卷4, 「用易」, "夫變而通者, 存乎占而著于行, 變通無方, 豈一卦拘於一時, 一爻偏於一事而已哉. 揲蓍考占爲易之大用, 而其事不同, 亦分爲上下焉."

13년(b.c.497)인 56세 때 정공이 도를 행하려 하지 않으면서 제나라에서 보낸 여악(女樂)을 즐기면서 정사를 돌보지 않자 도를 구현하고자 노나라를 떠났다. 약 14년 동안 천하를 주유하였으나, 도를 추구하는 군주를 만나지 못하여 결국 다시 최후의 방문국인 위나라로부터 노나라로 돌아와 유가의 핵심 저술인 육경(六經)을 편찬하여 후세에 전하는 것을 자신의 임무로 생각하였다. 이런 과정에서 지은 것이 「십익(十翼)」이며, 역을 공부하고 짓는 것에는 '커다란 허물'을 줄이고자 하는 목적도 있었다.

식산에 따르면 「십익」은 복희의 획(畫), 문왕과 주공의 사(辭)에 내포되어 있는 함의를 밝히기 위한 '술이부작'의 결과물이었다. 여기에서 익역은 이전의 세 성인이 지은 획역과 사역에 숨어 있는 의미를 해명하기 위한 것이었음을 알 수 있다. 식산은 여기에서 「십익」은 한편으로는 전(傳)이 되지만, 다른 의미에서는 경(經)이라고까지 높여 말하고 있다.

> 복희는 자체로 복희의 역이 있고, 문왕은 스스로 문왕의 역이 있으며, 주공은 스스로 주공의 역이 있다. 「십익」은 또한 스스로 공자의 역이다. 그러나 공자는 또한 스스로 기술했다고 했지 지었다고 말하지 않았다. 「십익(十翼)」 또한 술이부작(述而不作)한 일이다. 그래서 공자로부터 이전의 성인을 보면 「십익」은 전이 되고, 공자로부터 만세에 미치면 상하 두 편과 「십익」을 통틀어 모두 『역경(易經)』이라고 일컬으면서 역의 도리가 더욱 밝혀졌다. 그래서 『역(易)』은 네 성인을 거쳤다고 말하는 것이다.[28]

27) 위의 책, 卷7, 「翼易」, "蓋孔子道不行, 自衛返魯, 刪詩書, 述禮樂, 修春秋, 好易讀易而韋編三絶, 曰'假我數年, 卒以學易, 可以無大過' 此, 十翼所以作也. 易者, 伏羲之畫, 文王周公之辭, 十翼闡發畫與辭之義, 備矣至矣."

28) 위의 책, 卷7, 「翼易」, "伏羲自有伏羲之易, 文王自有文王之易, 周公自有周公之易,

첫 구절에서 논의한 것은 복희부터 문왕 주공을 거쳐 공자에 이르기까지 네 성인을 거치면서 역(易)은 각각 독립적으로 지어졌다는 것이다. 획역과 사역, 익역(翼易)이 각각 분리되어 독립적이지만, 공자 스스로는 역에 대하여 서술[述]을 했고 새롭게 짓지 않았다[不作]고 하였다. 식산은 여기에서 공자 이전의 성인의 역에서 볼 때, 공자의 「십익」은 경(經)을 서술하는 전(傳)이 되지만, 공자 이후에서 볼 때, 「십익」은 획역 및 사역과 마찬가지로 경(經)으로 볼 수 있다고 해석하였다. 따라서 「십익」 이후의 『주역』에 관한 많은 수많은 주석서 또는 해설서들은 모두 경(經)에 대한 해설로 역(易)의 의미를 더욱 밝게 드러낸 전(傳)들이다.

이처럼 식산은 역사적 과정을 거쳐 이루어진 역의 상호 연관된 의미를 일곱 가지로 설명하였다. 이것들은 크게 세 가지 범주로 구분할 수 있으니, 첫째는 원역과 상역으로 획전역의 단계가 있다. 둘째는 획역 연역 사역으로 천도의 상수에서 인도의 의리적 역학으로 나아가는 단계가 있다. 셋째는 용역과 익역으로 특수하고 다양한 현상에 대하여 통변하는 원리를 점서로 결단하는 용역의 단계와 여러 철학적 원리로 역의 변화를 설명하는 익역의 단계가 있다. 이러한 식산의 관점은 『주역』을 발생론적 측면을 이해하는 것이면서 구조적 의미론적 체계를 동시에 이해하고자 하는 특성을 갖는다.

十翼亦自爲孔子之易也. 然孔子嘗自言述而不作. 十翼亦述而不作之事. 故由夫子視前聖則十翼爲傳. 由夫子及乎萬世, 則通上下二篇及十翼, 竝稱易經而易之道益明, 所以謂易經四聖者也."

4. 『역통』에 함축된 의리역의 문화다원론적 지향

윗 장에서는 식산의 『역통』에서 언급한 역학의 체계로서 복희 시대부터 공자에 이르기까지 역사적 과정을 거쳐 형성된 역(易)의 상호 연관된 일곱 가지 의미를 그 유기적 상관관계를 중심으로 규명하였다. 이 장에서는 주로 도설을 중심으로 한 상수역학적 관점을 해명한 것으로 이해되는 식산의 『역통』에 함축되어 있는 의리적 관점과 함께 그 문화다원론적 의의를 검토하고자 한다.

식산은 구체적인 괘에 나아가 그 유가적 의리를 중심으로 괘명, 괘효사 등을 해석하고 있다. 『주역』「관괘(觀卦)」는 바람이 땅위에서 불어 '두루 살펴본다'는 의미를 가진 괘이다. 그는 이 「관괘」에 대해서 유가의 의리적 관점에서 해설하였다. 구오효(九五爻)는 위에 있으면서 손은 중정(中正)을 천하에 보여주고 네 개의 음(陰)은 겸손하고 유순하게 모두 그를 우러러본다. 그래서 '관(觀)'이 된다. 임금이 위로 천도(天道)를 살피고 아래로 민속(民俗)과 수덕(修德), 행정(行政)을 살펴 백성들이 추앙하는 것이 모두 '관(觀)'이다.[29] 식산은 손순함과 유순함을 상징하는 「관괘」의 바람과 땅의 상징적 의미를 통하여 천도를 살피고서 이를 인도에 적용하면서, 이로부터 민속의 교화와 덕의 함양, 그리고 정치적 이상의 실현이라는 유가적 의리를 이끌어내고 있다. 이와 같은 시각은 정이가 『역전』에서 언급한 입장과 유사하게

29) 위의 책, 卷7, 「辭易上」, "九五居上, 而巽以中正示天下, 四陰巽而順, 皆仰之. 故爲觀. 人君上觀天道, 下觀民俗及修德行政, 爲民所瞻仰, 皆觀也."

「관괘」를 의리적으로 해석한 것이다.

「가인괘」 '구오효(九五爻)'와 '육이효(六二爻)'에 대하여 식산은 "구오효와 육이효는 안과 밖이 각각 그 바름을 얻어서 가인의 도(道)를 얻었으니 그래서 가인(家人)이 된다. 부자가 친하고, 부부가 의리가 있고 위아래 사람이 차례가 있으며 윤리를 바르게 하고 은의(恩義)를 돈독히 하는 것이 가인의 도리이다"[30]고 하였다. 「가인괘」는 위에 손순함을 상징하는 바람이 있고 아래에 불이 있어서 바람이 불에서 나오는 모습이다. 「단전」은 "아비가 아비답고 자식이 자식다우며, 형이 형답고 동생이 동생다우며, 남편이 남편답고 아내가 아내다워 집안의 도가 바로잡힌다. 집안을 바르게 하여 천하가 안정된다"[31]고 하여, 유학의 정명론(正名論)을 통하여 「가인괘」를 의리적으로 해석하였다. 이러한 관점을 이어 식산은 부자, 부부, 장유를 중심으로 하는 오륜(五倫)의 의리로 「가인괘」를 해석하였다.

「사역하(辭易下)」 「괘효군신례(卦爻君臣例)」에서 전체 괘, 상효(上爻), 오효(五爻) 등이 '군(君)' 또는 '신(臣)'으로 해석되거나 해석되지 않는 사례를 제시함으로써 괘효의 특정한 자리를 정치적인 지위로서 군신(君臣) 개념으로 해석함으로써 유학의 의리적 관점으로 『주역』 괘효를 해석하였다.

30) 위의 책, 「辭易上」, "九五六二內外各得其正, 得家人之道, 所以爲家人. 父子之親, 夫婦之義, 長幼之序, 正倫理, 篤恩義, 家人之道也."

31) 『周易』 「家人卦」, "父父子子, 兄兄弟弟, 夫夫婦婦, 而家道正. 正家而天下定矣."

❖ 괘효를 군신에 대응시키는 사례

순서	괘효와 군신의 대응	내용
1	전괘군신상(全卦君臣象)	건위군상(乾爲君象)
		곤위신상(坤爲臣象)
2	상효군상(上爻君象)	명이상육불명회(明夷上六不明晦)
3	오효신상(五爻臣象)	명이육오기자명이(明夷六五箕子明夷)
4	상효신상(上爻臣象)	고상구고상기사(蠱上九高尙其事)
5	오불위군상(五不爲君象)	곤육오황상원길(坤六五黃裳元吉)
		돈구오가손정길(遯九五嘉遜貞吉)
		명이육오기자명이(明夷陸五箕子明夷)
		려육오사치일시망(旅六五射雉一矢亡)

식산은 「건괘(乾卦)」, 「곤괘(坤卦)」 전체에 대해 그리고 「명이괘(明夷卦)」, 「고괘(蠱卦)」, 「돈괘(遯卦)」, 「려괘(旅卦)」 오효 또는 상효에 대하여 군주 또는 신하의 상이 있으며, 오효가 군주의 상이 아닌 괘를 지적하기도 하였다.

곤(坤)은 건(乾)에 대응하여 말하면 천지의 상으로 군신(君臣)의 상과 같다. 그래서 「건괘」는 전체가 군(君)의 상이고, 「곤괘」는 전체가 신(臣)의 상이 되는데, 육오(六五)의 황상(黃裳)이 비천한 것이 존귀한 자리에 있는 경계를 하니, 그래서 또한 군주의 상을 취하지 않는다. 「명이괘」 상육(上六)은 밝음이 손상되는 극으로 땅으로 들어가서 어두운 것이니, 군주는 주(紂)와 같은 경우이다. 그래서 군주 상을 취하였다. 그러나 오효는 상육효에 가까이에 있어서 기자가 숨는 것을 취하였으며, 군주의 상을 취하지 않았다. 「고괘(蠱卦)」 상구효는 아래로 호응하는 것이 없고 위로 은일한 백성의 자리에 있다. 그래서 자기의 일을 고원하게 높여서 은일하여 숨은 신하가 된다. 「돈괘(遯卦)」구오효의 '가돈(嘉遯)'과 「려괘(旅卦)」 육오

> 효의 '사치(射雉)'는 모두 군주의 상을 취하지 않았다. 선유들은 '은둔[遯]'과 '나그네[旅]'가 임금의 일이 아니라고 생각하였다. 예컨대, 백이숙제와 오계찰이 왕위를 양보한 것과 춘추공이 천왕(天王)을 사양하고 떠난 것은 군주로 논할 수 없다.[32]

위에서 식산은 일반적인 의리역학의 주장을 따라 「건괘」와 「곤괘」는 각각 군주와 신하를 상징하는 것으로 규정하였다. 그러나 오효에 위치하더라도 전체가 신하로 규정된 곤괘의 경우는 황상(黃裳)의 오효(五爻)라고 해도 군주의 상을 취하지 않았으나, 「명이괘」 상육효는 명철함이 손상된 암군(暗君)으로 해석되었다. 특히 「돈괘」와 「려괘」는 은둔하거나 나그네를 상징하는 괘로서 은둔한 자나 나그네로 임금이 아니라고 하여 임금의 상을 취하지 않았다고 보았다. 이렇게 그는 은둔한 역사적 사례를 백이숙제와 오계찰, 춘추공(春秋公) 등에서 찾았다. 이처럼 식산은 「사역(辭易)」에서 의리역학적 견지에서 『주역』을 해석하는 관점을 제시하고 있다.

식산은 『주역』 64괘에서 의리역학적 해석방법론으로서 중정(中正)과 부정(不正), 응(應)과 불응(不應)이 이루어지는 전체적인 사례를 도표로 정리하였다. 그는 일반적으로 괘의 초효에서 상효까지의 자리 중에서 둘째 자리와 다섯째 자리를 뜻하는 중(中)의 의미를 확장하여 설명하였다. 그는 「효분중정례(爻分中正例)」에서 "이오(二五)는 상하(上下)

32) 『易統』 「辭易下」, "坤對乾而言, 則天地之象, 猶君臣之分, 故乾全體爲君象, 坤全體爲臣象. 而六五之黃裳, 有以卑居尊之戒, 所以亦不取君象也. 明夷, 上六明傷之極, 而入于地爲暗. 君如紂之類也. 故取君象而五以切近上六, 故取箕子之晦藏, 而不取君象也. 蠱上九以無應於下, 而上本逸民位. 所以高尚其事而爲遺逸之臣也. 遯九五之嘉遯, 旅六五之射雉, 俱不取君象. 先儒以爲遯旅, 非人君之事也. 如夷齊季札之讓位, 春秋公遜天王之出, 不可以君論也."

양체(兩體)의 중(中)이 되고, 삼사(三四)는 하나의 괘 전체의 중(中)이 되며, 초상(初上)의 중간의 네 효 또한 중(中)으로 말한다"[33]고 하였다. 하나의 괘 전체에서 그 중간인 '삼사(三四)'의 자리를 '중(中)'으로 해석하는 것은 천지인 삼재(三才) 사상에서 인간이 중심적 지위를 가진다고 보는 것을 의미한다. 여기에서 초효와 상효만 제외하고 나머지 이효에서 오효까지 네 효를 모두 중(中)으로 보는 것은 이들 효를 보다 수평적인 다양성과 균형의 관점에서 해석하는 것을 의미한다.

응(應)과 불응(不應)의 경우에도 식산은 응(應)과 불응의 경우를 초효와 사효, 이효와 오효, 삼효와 상효 사이의 음양(陰陽)과 양음(陽陰), 음음(陰陰)과 양양(陽陽)에 따른 것으로 각각 12가지 사례를 도표로 배열하였다. 또한 여섯 효가 모두 응(應)이 되는 괘와 모두 불응(不應)이 되는 괘가 8개 괘씩이 있다고 정리하였다.[34]

구체적인 사례로 식산은 「익역」 '소상전례(小象傳例)'에서 「곤괘(困卦)」 '구사효(九四爻)'를 의리역학의 중정론과 비응론에 따라 설명하고 있다. 「곤괘」 '구사효'는 "서서히 와서 금수레에서 곤란을 당하고 있으니, 부끄럽지만, 마침이 있다"[35]라고 한다. 그는 "사효(四爻)는 중정하지 못하게 곤궁한 상황에 처해 있어서 비록 부끄럽지만, 그 마침이 있는 것은 정응(正應)으로 함께 하는 자가 있기 때문이다. '함께 하는 자가 있다는 것'은 마침이 있음을 밝히고자 한 것이다[36]"라 하

33) 앞의 책, 「辭易下」, "二五爲上下兩體之中, 三四爲一卦全體之中, 初上中間四爻, 亦以中言."

34) 여섯 효가 모두 호응하는 경우와 모두 호응하지 않는 괘의 사례

종류	괘명
六爻皆應	泰卦, 否卦, 咸卦, 恒卦, 損卦, 益卦, 旣濟卦, 未濟卦
六爻皆不應	乾卦, 坤卦, 坎卦, 離卦, 震卦, 巽卦, 艮卦, 兌卦

35) 『周易』 「困卦」 '九四', "來徐徐, 困于金車, 吝, 有終."

였다. 구사효는 양효로 음효에 자리하고 상괘의 가운데 있지 않으므로 중정(中正)하지 않아 곤궁한 상황이지만, 초효에 호응하여 돕는 자가 있기 때문에 결말이 좋을 것이라고 하였다. 괘효가 위치한 자리의 당부와 중앙여부에 따른 중정 개념과 인접한 효 사이 그리고 상하괘의 동일한 위치의 효 사이의 호응 여부에 따른 비응(比應) 개념은 의리역학에서 『주역』을 해석할 때 주로 이용하는 방법적 개념이다. 여기에서도 식산은 「곤괘」구사효에 대하여 의리역학적 관점에서 효사를 해석하였다.

「익역」에서 식산은 「예괘(豫卦)」 이하의 12개 괘에서 각각 '시의(時義)', '시용(時用)', '시(時)'를 쓴 것에 대하여 언급하였다.[37] 이 괘들은 각각 "괘의 위 아래 형체(體)에 따라서 지은 것인데, 시(時)가 있으면서 의(義)가 없는 경우도 없고, 의(義)가 있으면서 용(用)이 없는 경우는 없다. 그래서 똑같이 '대의재(大矣哉)'라는 말을 썼다. 다른 괘의 경우도 말은 하지 않았으나, 사실 64괘 384효 모두 그 시의와 시용이 없는 것이 없다"[38]고 하였다. 『주역』에서 의(義)는 64괘 각각이 고유한 괘명(卦名)으로 지니고 있는 보편적 의리(또는 의미)이고, 시(時)는 특정한 괘효가 지시하는 외적 상황이며, '용(用)'은 보편적 의리를 특정한 괘효의 상황으로서 시(時)에 적용하여 그 특수한 의미를 실현하는 것을 뜻한다. 따라서 외적인 특수한 상황으로서 '시(時)는 '

---

36) 위의 책, 卷7, 「翼易」, 311쪽, "四不中正處困, 故雖吝而其有終者, 以有正應相與. 有與所以明有終也."

37) 위의 책, 卷7, 「翼易」, 302쪽, "言時義五卦, 豫隨遯旅姤, 言時用三卦, 坎睽蹇, 言時四卦, 頤大過解革."

38) 위의 책, 卷7, 「翼易」, 302쪽, "各隨卦體而贊之. 然未有有時而無義者, 有義而無用者, 故同稱'大矣哉', 至於他卦, 雖不言, 而其實六十四卦三百八十四爻, 莫不有其時義時用焉."

용[用]'과 결합하여 보편적 의(義)를 특수한 의미로 실현하는 계기가 된다. 이러한 의미에서 식산이 64괘 384효의 모든 괘효는 비록 언급하지 않았더라도 시의와 시용을 갖는다고 한 것은 특수한 상황으로서 시(時)에 괘의를 적용하여 다양하고 특수한 의미를 실현하는 계기가 된다고 본 것이다. 이런 점은 그가 『주역』 64괘에 시의와 시용을 모두 적용함으로써 『주역』 괘효가 다원론적 의미를 함축하고 있음을 강조하는 것으로 이해된다.

『주역』 「규괘(睽卦)」 「대상전」은 "위가 불이고 아래가 연못인 상이 규(睽)의 상이니 군자는 이를 본받아 동화하면서도 차이를 존중한다"[39]고 하였다. 이에 대해 정이(程頤)는 『역전』에서 "위의 불과 아래 연못의 두 가지 사물의 성질은 어긋난다. 그래서 흩어지고 떨어지는 상이다. 군자는 대동(大同) 중에 흩어지고 달라지는 것을 관찰하고서 그 달리해야 할 것을 안다"[40]고 하였다. 여기에 대하여 식산은 "사람들이 만약 사사건건 획일적이면 한쪽으로 휩쓸려서 더러움에 합해진다. 만약 사사건건 모두 달리하면 이색적인 것을 찾아 괴이하게 된다. 크게 같은 가운데 그 유독 다름의 실상을 보면, 그 보존하는 것을 알 뿐이다"[41]고 하였다. 그는 「규괘」의 상징으로부터 같거나 차이나는 부분 중에 한쪽으로 쏠리지 말고 같은 가운데 다르고 다른 가운데 같음을 균형 있게 이해해야 한다고 보았다. 이러한 시각은 공통적인 가치 기반 위에서 특수하고 다른 다양성을 존중하는 시각으로 해석된다.

---

39) 『息山全書』 「易大象便覽」 下篇, 「求賢」, "上火下澤, 睽, 君子以同而異."

40) 『息山全書』 「易大象便覽」 下篇, 「求賢」, "上火下澤, 二物之性, 違異, 所以爲睽離之象, 君子觀睽異之於大同之中, 而知所當異也."

41) 『息山全書』 「易大象便覽」 下篇, 「求賢」.

5. 『역대상편람』의 경세론과 문화다원론적 함의

이 장에서는 『주역』 64괘의 괘상에 대한 도덕실천적 의미를 제시한 「대상전」을 통하여 군주의 이상적 통치를 위한 안내서로 지은 식산의 『역대상편람』의 구체적 체제와 내용상의 특징과 문화다원론적 함의를 살펴보고자 한다. 『역대상편람』은 『주역』 「대상전(大象傳)」을 경세론에 적용하여 재해석한 것으로서 식산의 의리역학적 관점을 잘 보여주는 저술이라고 할 수 있다.

식산이 67세 때에 완성한 『역대상편람』은 『주역』 「대상전」만을 텍스트로 삼아 새롭게 왕위에 오른 젊은 임금 영조를 위한 정치학 지침서로 제작한 것이다. 그는 이 저작에서 군왕이 유념하고 훈련해야 할 조목에 맞춰 22개의 주제로 64괘의 「대상전」을 재편집하고, 『정전』과 『본의』의 주석을 부기한 뒤에 자신의 안어(按語)를 덧붙였다. 『정전』과 『본의』는 당대의 조선 역학계에서 교과서적인 권위를 지닌 서적이었다. 그러나 이만부는 이러한 권위에 매몰되지 않고 자신만의 고유한 관점을 피력하고 있다.[42] 이만부는 이 저술에서 특히 당쟁의 폐해를 지적하면서, 뛰어난 인재를 가까이 친애하고 소인

42) 주광호, 「李萬敷의 역학과 『易大象便覽』」, 『동양철학』 44, 2015, 235~257쪽. 주광호는 "『역대상편람』은 군주의 통치를 돕기 위한 정치학 지침서이며 그 구성은 총론 1개조 수기(修己) 4개조 치인(治人) 17조로 분석될 수 있다. 그러나 수기 역시 군왕의 입장에서는 언제나 궁극적으로 치인의 의미로 해석될 수 있음을 고려할 때 전 조목은 사실상 치인에 초점을 맞추고 있다고 할 수 있다"라고 『역대상편람』의 특징을 언급하였다.

을 멀리해야 한다는 '군자소인론'을 개진하고 있다.

먼저 『역대상편람』의 편제를 간략히 살펴보면, 이 저술은 상하(上下)편으로 나뉘어져 있다. 총론(總論), 수덕(修德), 전학(典學), 독행(篤行), 함양(涵養)을 주제로 하여 18개의 괘가 포함되어 있고, 하편에는 전통(傳統)으로부터 신계(愼戒)까지 18개 주제 아래 46개의 괘가 포함되어 있다. 편의 가장 앞에는 '총론(總論)', '수덕(修德)' 등과 같이 편의 주제가 나오고, 다음에 바로 상하괘가 이어진 괘 그림이 나오는데, '천(天)', '지(地)', '택(澤)'과 같은 괘의 상징을 소성괘(小成卦) 아래에 각각 적어 놓았다. 이어서 다음에 「대상전(大象傳)」 구절이 기록되어 있다. 이어서 정이(程頤)의 『역전(易傳)』의 「대상전(大象傳)」에 대한 해석이 나오고 다음 이어서 「대상전」에 대한 주희(朱熹)의 「본의(本義)」 해석 구절이 나온다. 이어서 식산 자신의 견해를 제시한 내용이 '신근안(臣謹按)'이라는 항목으로 제시되어 있다.

편제를 살펴볼 때, 몇 가지 특성을 제시할 수 있다. 첫째, 주역 64괘를 '총론(總論)'에서부터 '신계(愼戒)'에 이르는 군주의 수기치인을 가능케 하는 22개의 주제에 한 개 괘만 있는 것부터 6개 괘가 있는 주제까지 배치하여 각각의 괘의 의미를 정치 경세론적으로 해석하고 있다. 둘째, 정이 『역전』의 내용이 없는 경우는 비괘(賁卦) 이외에는 없으나, 주희 『본의』의 내용이 없는 괘는 16개 괘가 없다. 셋째, 식산의 견해를 제시한 '신근안'이 없는 경우도 8개의 괘가 있다. 넷째, 식산은 신근안에서 자신의 견해를 주장할 때, 자신의 시대 영조 임금의 수양과 관련되거나 선대 군왕들에게 적용되는 내용을 구체적으로 설명하고 있다.

식산은 「건괘」와 「곤괘」 「대상전」에 대한 이해를 통하여 64괘의 상징적 의미를 통한 수기치인의 정치론과 경세론에 대한 총론(總論)으로 삼고 있다. 그는 「건괘」와 「곤괘」 「대상전」의 의미를 정치경세론적 관점으로 해석하였다.

「건괘(乾卦)」 「대상전(大象傳)」은 “하늘의 운행은 강건하니, 군자는 이를 본받아 스스로 쉬지 않고 힘쓴다”고 하였다. 여기에 대해 주희는 “하늘이 운행하는 것을 말할 때, 하루에 한바퀴를 돌고 다음날 다시 한 바퀴를 돌아서 마치 반복하는 상과 같으니, 지극히 강건하지 않으면 불가능하다. 군자가 이를 본받되 인욕(人欲)으로 그 천덕(天德)의 강건함을 해치지 않으면 스스로 힘써서 쉬지 않는다”[43]고 하였다. 자강불식(自疆不息)의 조건을 인욕을 이긴 천덕의 유지에 두는 주희의 주장에 대해 식산은 “사람의 마음에 조금이라도 인욕의 싹이 있으면 천리가 나에게 보존되는 것은 바로 단절되고, 그 운행 또한 반드시 주릴 것이다. 어찌 하늘이 강건하여 쉬지 않는 것과 같을 수 있겠는가? 『본의(本義)』는 천덕과 인욕을 대립하여 말하니 그 뜻이 깊다”[44]고 하였다. 식산은 주희의 주장을 받아들여 하늘의 강건한 운행을 본받을 수 있는 조건을 인욕을 끊고 천덕을 지키는 것이라고 보았다.

식산은 「곤괘」 「대상전」에서 땅의 형세가 두터운 덕으로 만물을 싣는데, 어떤 사람이 ‘지극히 유순하고 극히 두터운 것으로 신하의 도리에 해당하는데, 군주에 있어서도 쓰임이 되는가를 질문하자 정자(程子)의 말을 인용하여 이렇게 대답하였다.

---

43) 『易大象便覽』 上篇, 441쪽, “但言天行, 則見其一日一周, 而明日又一周. 若重複之象, 非至健不能也. 君子法之, 不以人欲害其天德之剛, 則自疆而不息矣.”

44) 『易大象便覽』 上篇, 442쪽, “凡人之心, 纔有一毫人欲之萌, 則天理之存於我者, 便已間斷, 而其行必餒. 安得如天之健而不息乎! 本義以天德人欲對言, 其旨深矣.“

> 정자가 말하기를 "두터운 덕으로 사물을 싣는데, 어찌 임금의 쓰임이 아니겠는가?"라 하였다. 대개 임금은 지위가 지극하고 권세가 뛰어난다. 만약 곤(坤)의 덕을 체득하지 못하면 어떻게 만물을 길러서 그 생명을 이룰 수 있겠는가? 땅은 높고 낮은 것이 서로 이어져 지극히 순조로운 덕을 이룬다. 이것을 보면 왕이 존비귀천에 대해서도 또한 서로 계기가 되는 도가 있은 후에야 그 덕은 크게 순조롭고 극히 두터울 수 있다.[45]

이것은 바로 땅의 유순한 덕은 포용력을 가지고 만물을 생육시키는 역할을 상징하는 것으로 임금의 기능이기도 하다는 것이다. 식산에 따르면, 건곤(乾坤) 두 괘는 『역경(易經)』의 첫머리가 되며, 「대상전」에서 말한 것은 실로 도를 체득하고 덕을 잡는 요강(要綱)이 된다고 보았다. 또한 수신제가(修身齊家)로부터 치국평천하(治國平天下)에 이르기까지 강건하지 않으면 어떻게 운행하고 유순하지 않으면 어떻게 이루겠는가[46]라 하였다. 건곤(乾坤)의 「대상전」에서 말한 건곤의 씩씩하고 유순한 덕은 바로 수신으로부터 평천하에 이르기까지의 수기치인(修己治人)을 일관하여 기초가 되는 것을 의미한다.

국가 정교의 명령(命令)과 연관되는 것으로 해석되는 괘에 「구괘(姤卦)」가 있다. 「구괘」 「대상전」은 "하늘 아래 바람이 있는 것이 구(姤)이니, 왕후는 이를 본받아 명령을 펴서 사방에 알린다"라고 하였다. 식산은 하늘 아래 바람이 있는 것에 대한 상징적 의미를 말하면

---

45) 『易大象便覽』 上篇, 444쪽, "臣謹按, 或問坤者, 臣道也. 在君亦有用乎? 程子曰, 厚德載物, 豈非人君之用. 蓋人君位極而勢絶. 若不體坤之德, 何以涵育萬物以遂其生乎! 地以高下相因, 而成至順之德. 觀乎此, 則王者之於尊卑貴賤, 亦宜有相因之道, 然後其德可以大順而極厚矣."

46) 『易大象便覽』 上篇, 444쪽, "乾坤兩卦, 旣爲經首, 而大象所言, 實爲體道秉德之大綱. 自修身齊家, 至於治國平天下, 不健, 何以行, 不順, 何以成."

서 『서경(書經)』의 「강고(康誥)」와 「주고(酒誥)」와 같은 편장을 명령의 구체적 사례로 제시하고 있다.

> 바람은 사물 위로 두루 펼쳐지기 때문에 바람을 따르고 하늘 아래 바람이 있는 것은 모두 명령하는 상(象)이 된다. '고(誥)'는 바로 『서경(書經)』의 강고(康誥) 주고(酒誥)와 같은 것으로, 왕이 말을 행하여 사방에 포고하는 것이다. 왕의 명령이 한번 나오면 사방의 신민은 경청하여 살피지 않을 수 없다. 그래서 정나라의 명령을 행한 것은 비심(裨諶), 세숙(世叔), 자우(子羽), 자산(子產)이 함께 행한 것으로 공자가 칭찬하였다. 이렇게 미루어 볼 때, 이제 사명(辭命)을 관장하여 실행하는 신하는 아주 잘 선발하지 않을 수 없다.[47]

『서경』의 「강고」와 「주고」는 왕이 신료와 백성들에게 정교의 명령을 선포한 포고문이다. 이는 정사를 시행하는 방법으로서, 세상에 정교 명령을 펴는 것을 하늘 아래 바람이 펼쳐지는 「구괘(姤卦)」의 상징성으로부터 도출한 것이다. 식산은 비심(裨諶)부터 자산(子產)까지 정나라 관료들이 정교명령문을 잘 지은 사람들로서 공자가 칭찬한 사람들이라고 하여 그 사례를 언급하였다. 식산은 『서경』의 강고(康誥), 주고(酒誥)를 거론하고 정나라의 행정 문서를 작성한 비심(裨諶),

47) 『易大象便覽』 上篇, 501쪽, "臣謹按, 風者, 尙於物而周徧, 故隨風與天下有風, 皆爲命令之象. 誥, 卽書之康誥酒誥之類. 王言之布四方者也. 王言一出, 四方觀聽, 不可不審, 故鄭之爲命, 裨諶世叔, 子羽子產, 共爲而孔子稱之. 以此推之, 今掌製辭命之臣, 不可不極選也." 공자는 『논어』 「헌문(憲問)」에서 "공자가 말하였다. "명령문을 지을 때 비심은 초안을 작성하고, 세숙은 그것을 토의하고, 행인 자우는 문장을 꾸미고, 동리의 자산은 이것을 윤문한다"(子曰 爲命 裨諶 草創之 世叔討論之 行人子羽 修飾之 東里子產 潤色之)"고 하여, 이들이 정교명령의 문서를 제작하는 과정을 언급하였다.

자산(子産) 등 행정 관료를 언급함으로써 「구괘」가 상징하는 경세론에 관한 논의의 구체적 사례를 들고 있다.

「려괘(旅卦)」는 정치 교화를 위하여 형벌을 쓰는 것과 관련한 괘이다. 「려괘」는 「대상전」에서 "산 위에 불이 있는 것이 '려(旅)'이니, 군자는 이를 본받아 밝고 신중하게 형벌을 쓰면서 옥사를 늦추지 않는다"라고 하였다. 「려괘」의 상징이 지니는 경세론적 의미를 식산은 「순전(舜典)」의 상형설(象刑說)을 인용하여 설명하고, 형벌의 의미를 통치를 보조하는 수단으로 이해하였다.

> 이 네 조항을 합하여 보면, 「순전(舜典)」의 상형설과 자못 합치한다. 여기에서 벌을 밝혀서 법을 다스린다는 것은 곧 전유편박독(典流鞭扑贖)을 밝히고 다스려 상형으로 죄 있는 사람을 처리하는 뜻이다. 여기에서 옥사를 결단하고 형벌을 이루는 것[折獄致刑]은 바로 사형을 할 사람은 반드시 죄를 준다는 뜻이다. 의옥완형(議獄緩刑)이라는 것은 관대하게 벌하고 정상을 참작한다는 뜻이다. 또한 '밝고 신중하게 형벌을 쓴다[明愼用刑]'는 것은 형벌을 불쌍히 여기고 신중히 한다는 뜻이다. 대개 형(刑)은 통치를 보완하는 도구로 성인이 부득이하여 쓰는 것이기 때문에 죄를 얻은 사람은 용서받은 적이 없지만, 측은한 마음으로 삶을 좋아하는 뜻이 또한 절로 그 속에 깃들어 있다.[48]

식산은 순전의 상형설을 통하여 유학의 통치론 중에 형벌을 사용하는 방법과 기준에 대하여 설명하고 있다. 여기에서 그는 형벌이

---

48) 위의 책, 520쪽, "合此四條觀之, 則與舜典象刑之說, 頗合. 其曰明罰勅法, 卽明勅典流鞭扑贖, 常刑以待有罪之意也. 其曰折獄致刑, 卽賊刑必罪之意也. 其曰議獄緩刑, 卽肆赦原情之意也. 其曰明愼用刑, 卽恤刑審愼之意也. 蓋刑者, 輔治之具, 聖人不得已而用之. 故人之有罪者, 未嘗有所容貸, 而惻隱好生之意, 亦自寓於其中矣."

란 성인이 통치를 행하는 데 불가피하게 쓰는 것으로 통치를 보완하는 수단이라고 전제하면서, 형벌의 궁극적 목적은 측은한 마음으로 삶의 좋아하는 뜻을 가지는 것으로 말하고 있다. 식산은 이처럼 「순전」의 구체적인 사례를 들어 「려괘」의 상징적 의미를 경세론적으로 설명하였다. 특히 여기에서 주목할 것은 형벌의 시행 또한 성인의 통치수단의 하나이지만, 그 궁극적 호생지덕(好生之德)을 실현하는 보조수단이 된다는 의미를 가진다는 것이다. 이러한 측면은 일반의 모든 신민들의 삶을 보호하는 취지를 갖는다는 점에서 신분상 다원적 계층을 포괄하는 의미를 갖는다.

6. 맺음말

이만부는 기본적으로 성리학적 관점에서 『주역』을 이해하고 있는 만큼 상수와 의리를 종합하는 시각에서 그는 의리역학적 목표를 상수학적 방법을 통하여 실현하고자 하였다. 이 글은 이만부가 지은 역학 관련 저술 가운데 『역통(易統)』에 나타난 역학(易學)적 특징과 그 문화다원론적 함의를 해명하고자 하였다. 이만부의 「역통」은 서문과 함께 원역(原易), 상역(象易), 획역(劃易), 연역(演易), 사역(辭易, 상・하), 용역(用易, 상・하), 익역(翼易)으로 구분하여 유형에 따라 분류하고 체계화하여 역의 보편석 원리와 함께 다양하고 특수한 현상의 변화를 포괄하고자 하였다.

이만부의 『역통』은 「원역」부터 「획역」까지는 일원적 원리[太極]에서 괘효의 상(象)으로 연역되어 나아감으로써 상수역의 관점이 두드러진다면, 「연역」에서 「익역」까지는 물상과 괘획의 상(象)에서 인사(人事)의 도덕적 실천과 정치적 질서로 나아감으로써 의리역의 관점이 중심이 된다. 이렇게 볼 때, 「원역」에서 「익역」에 이르는 일곱 가지 단계는 식산의 역학에서 한편으로 상수로부터 의리로, 다른 한편으로 '의리'로부터 '상수'로 나아감으로써 상수와 의리가 가역적 유기적 일관성을 갖고 있음을 해명하고 있다.

구체적으로 식산은 역사적 과정을 거쳐 형성된 역의 상호 연관된 단계적 의미를 일곱 가지로 설명하였다. 이것들은 크게 세 가지 범주로 구분할 수 있다. 첫째는 원역과 상역으로 획전역의 단계가 있다. 둘째는 획역 연역 사역으로 천도의 상수에서 인도의 의리적 역학으로 나아가는 단계가 있다. 셋째는 용역과 익역으로 특수하고 다양한 현상에 대하여 통변하는 원리를 점서로 결단하는 용역의 단계와 여러 철학적 원리로 역의 변화를 설명하는 익역의 단계가 있다. 이러한 식산의 관점은 『주역』을 발생론적 측면을 이해하는 것이면서 구조적 의미론적 체계를 동시에 이해하고자 하는 특성을 갖는다. 또한 일원적 통일적인 일자로부터 다원적인 활용과 현실적 적용에까지 나아가는 이론적 연역은 다원론적 함의를 갖는다.

식산은 64괘 384효의 모든 괘효는 비록 언급하지 않았더라도 시의와 시용을 갖는다고 하였다. 이러한 견해는 특수한 상황으로서 시(時)에 괘의를 적용하여 다양하고 특수한 의미를 실현하는 계기가 된다고 본 것이다. 요컨대, 이것은 그가 『주역』 64괘에 시의와 시용을 모두 적용함으로써 『주역』 괘효가 다원론적 의미를 함축하고 있음을 강조하는 것으로 이해된다. 결론적으로, 식산은 『역통』의 도설을 통하여 상수역학적 견해를 제시하면서도 의리역학적 요소를 함축하였고, 『역대상편람』을 통해서는 군주의 통치를 위한 수양과 경세의 방법론을 제시함으로써 문화다원론적 지향을 보여주었다고 할 수 있다. ◈

참 고 문 헌

사료:

이만부, 『역통』, 『한국경학자료집성』 11, 성균관대 대동문화연구원, 1996.

이만부, 『식산집(息山集)』, 『한국문집총간(韓國文集叢刊)』 178.

성균관대 대동문화연구원, 『한국경학자료집성』 『역경』 11, 성균관대출판부, 1996.

논문류:

강병수, 「성호학파(星湖學派)의 동국(東國) 경학(經學) 사유(思惟)」, 『朝鮮時代史學報』 57, 2011.

권태을, 「식산 이만부 선생의 사상과 문학」, 『동방한문학』 13, 동방한문학회, 1997.

권태을, 「식산 이만부의 역대상편람고 -왕도정치 구현을 위한 忠諫을 중심으로」, 『한문학연구』, 문창사, 2005.

김주부, 「식산(息山) 이만부(李滿敷)의 학문형성(學問形成)과 교유양상(交遊樣相) 일고찰(一考察) -영남(嶺南) 남인계(南人係) 학인(學人)을 중심(中心)으로-」, 『漢文學報』 19. 2008.

김희영, 김민재, 김용재, 「조선 성리학자들의 양명학에 대한 비판적 인식 검토(5) -식산 이만부를 중심으로-」, 『汎韓哲學』 100, 2021.

남춘우, 「息山 李萬敷의 「格物說」 고찰」, 『大東漢文學』 31, 2009.

신두환, 식산(息山) 이만부(李萬敷)의 성리학(性理學)과 문예미학(文藝美學), 『東方漢文學』 35, 2008.

이상호, 「심학(心學)과 실학(實學)의 재검토:퇴계 심학에서 성호학으로 흐르는 두 갈래 길 -정구의 『심경부주』 해석과 이만부의 사단칠정론-」, 『한국실학연구』 28, 2014.

이영호, 「조선후기 주자학적 경학의 변모양상에 대한 일고찰 : 창계 임영과 식산 이만부의 『대학』 해석과 이단관을 중심으로」, 『한문교육연구』 17, 2021.

이원준, 「李萬敷의 『道東編』과 李瀷의 『道東錄』을 통해 본 근기남인의 '道東' 의식」, 『규장각』 58, 2021.

이은호, 「식산(息山) 이만부(李萬敷)의 『역통(易統)』과 경학사(經學史)적 의의」, 『국학연구』 42, 2020.
이은호, 「息山 李萬敷의 天道有敬說 硏究」, 『東洋哲學硏究』 56, 2008.
정재훈, 「식산息山 이만부李萬敷의 학문과 『도동편道東編』」, 『국학연구』 23, 2013.
주광호, 「李萬敷의 역학과 『易大象便覽』」, 『동양철학』 44, 2015.
추제협, 「이익의 격물설에 나타난 윤휴와 이만부의 사상적 영향」, 『국학연구』 33, 2017.

제2부
비판과 쇄신

한원진의 인심도심론

-'형기'에 관한 논의를 중심으로-

윤 상 수

* 이 글은 『태동고전연구』 제48집(한림대학교 태동고전연구소, 2022.06)에 게재한 동명의 논문을 본 저서의 간행 취지에 맞춰 일부 수정한 것이다.

1. 글을 들어가며

이 글은 한원진(韓元震, 숙종 8년 · 1682~영조 27년 · 1751)의 인심도심론을 그의 '형기'에 대한 해석에 초점을 맞추어 살펴보고자 하는 것이다.

김태년은 한원진에 대해 "'주희—이이—송시열—권상하'로 이어 내려오는 도통, 즉 '화양(華陽)의 정맥'을 잇는 학자로 자신을 규정하였으며, '기발리승일도(氣發理乘一途)'와 '성즉리(性卽理) · 심시기(心是氣)'로 대표되는 율곡학파의 학설을 주자학의 정론으로 자리매김하는 것을 자신의 임무로 여겼다"고 평가하고 있다.[1)]

인심도심론의 측면에서 말하면, 한원진은 인심(人心)=기발(氣發), 도심(道心)=리발(理發), 그리고 그것을 밀고 나아가서 사단(四端)=리발, 칠정(七情)=기발을 주장하는 리기호발론(理氣互發論)을 비판하고, 이를 통해 기발리승일도설(氣發理乘一途說)을 확고부동한 정론으로 자리매김하는 것을 자신의 주요한 과제로 삼았다고 말할 수 있다.

이 글에서는 이러한 전제에서 한원진의 인심도심론을 검토하되, 특히 「중용장구서(中庸章句序)」의 '형기(形氣)'에 대한 해석에 초점을 맞추어 분석해 보도록 하겠다. 본론에서 자세하게 논하겠지만, '형기'에 대한 해석은 그의 인심도심론에서 가장 독특한 점일 뿐만 아니라 스승인 권상하(權尙夏, 1641~1721)의 학문적 업적에 대한 평가, 중국과 조선의 선배 주자학자들의 인심도심설에 대한 비판, 그리고 무엇보다도 리기호발론에 대한 비판과도 연결되는 등 한원진의 학문에

1) 김태년, 「남당 한원진 사상의 배경과 형성 과정」, 『한민족문화연구』 20, 2007, 348쪽.

서 중요한 부분이 되고 있다고 생각된다.

지금까지 한원진의 인심도심론에 대해서는 많은 연구가 있었고,[2] 그중에는 '형기'에 대해 논한 논문도 있지만 한원진의 학문과 인심도심론에서 형기에 대한 해석이 가지는 의미에 대해서는 충분한 해명이 이루어지지 않았다고 생각된다. 따라서 이 글에서는 '형기'에 대한 해석에 초점을 맞추어 한원진의 인심도심론에 관한 저술을 전반적으로 살펴보고자 한다.

아래의 표는 한원진의 인심도심과 관련된 주요한 저술과 그 시기를 정리한 것이다. 이 표는 김태년의 『남당(南塘) 한원진의 '정학(正學)' 형성에 대한 연구』(119쪽, 각주 290)를 참고하여 작성한 것인데 일부 수정한 곳도 있다.

	제목	『南塘集』	저술 시기
1	示同志說	권29	24세
2	人心道心說	권30	24세
3	退溪集箚疑 [李滉]	拾遺 권4	27세
4	心經附註箚疑	권23	28세
5	羅整菴困知記辨 [羅欽順]	권27	32세[3]

2) 한원진 인심도심론에 관해서는 기존에 많은 논문이 있다. 황준연, 「조선성리학의 인심도심설에 대한 분석」, 『원광대 논문집』 15, 1981 ; 이상곤, 『남당 한원진의 기질 성리학 연구』, 원광대 박사학위 논문, 1991 ; 임원빈, 『남당 한원진의 철학과 리에 관한 연구』, 연세대 박사학위 논문, 1994 ; 이상곤, 「남당 한원진의 인심도심론」, 『역사와 사회』 23, 1999 ; 김태년, 『南塘 韓元震의 '正學' 形性에 대한 연구』, 고대 박사학위 논문, 2006 ; 謝曉東, 「韓南塘的人心道心思想硏究」, 『율곡학연구』 32, 2016 ; 안유경, 「율곡 이이와 남당 한원진 인심도심설의 대비적 고찰」, 『민족문화』 49, 2017 ; 이창규, 「人心道心說에서 朱熹와 韓元震의 문제의식 비교」, 『유교사상문화연구』 72, 2018.

3) 전체 15조 중에서 13~15조는 60세(1741년)에 지은 것이다.

6	『經義記聞錄』 권2, 中庸; 권6, 理氣性情圖說[4]	『經義記聞錄』	34세[5]
7	拙修齋說辨 [趙聖期]	拾遺 권6	38세
8	黃勉齋性情說辨 [黃榦]	권27	38세
9	答姜甥(乙巳 4월) [姜奎煥, 조카]	권22 (a201_517d)	44세
10	答姜甥(丙午 6월) [동상]	권22 (a201_520c)	45세
11	陳大義疏·附錄進心性情說	권3	45세
12	玄石人心道心說辨 [朴世采]	拾遺 권6	57세
13	『朱子言論同異攷』 권4, 書 [朱熹]	『朱子言論同異攷』	60세[6]
14	答沈信夫(庚申 2월) [沈潮, 同門][7]	권16 (a201_363a)	59세
15	答沈聖游(庚申 6월) [沈觀, 門人]	권21 (a201_496b)	59세
16	答沈信夫(庚申 7월) [→14]	권16 (a201_365b)	59세
17	與金常夫(庚申 8월) [金謹行, 門人]	권21 (a201_483b)	59세
18	答金子靜(壬戌 7월) [金亮行, 知舊]	권18 (a201_417c)	61세
19	答金子靜(壬戌 11월) [동상]	권18 (a201_418a)	61세
20	答金常夫(癸亥 1월) [→17]	권21 (a201_487a)	62세
21	答金常夫(癸亥 3월) [→17]	권21 (a201_489c)	62세
22	答金子靜(癸亥 3월) [→18]	권18 (a201_420b)	62세

4) 구체적으로 말하면 卷2 「中庸」의 序文 및 小註·序; 卷6, 「理氣性情圖說」의 心統性情圖, 心性妙合圖, 人心道心圖.

5) 정확하게는 24~34세. 다만 卷2의 「中庸·小註」는 36~41세(「經義記聞錄跋」).

6) 김태년은 『朱子言論同異攷』 卷4의 「書」를 쓴 시기를 “1729년 10월/48세”라고 보았는데, 아마도 곽신환의 견해를 따른 듯하다. 곽신환은 “『同異攷』 권4 「書」 아홉 번째 항목”에 있는 “己酉十月十一日書”(己酉·1729년 10월 11일 쓰다)에 대해 “人心道心說에 대한 同異를 완성한 시점을 적은 것으로 보인다”(「『주자언론동이고』 분석」, 『주자언론동이고』, 소명출판, 2002년, 547쪽, 주6)고 하였다. 다만 곽신환은 이렇게 보는 근거를 제시하지는 않았다. 그러나 『同異攷』 卷4 「書」에는 내용상 ‘아홉 번째 항목’ 이후에 쓴 부분도 있다고 판단된다. 따라서 여기에서는 「同異攷序」가 쓰인 60세로 수정하였다.

7) 同門, 門人, 知舊는 『南塘集』의 분류에 따랐다.

위의 저술들은 그 시기 및 내용에 따라 크게 1~12, 13, 14~22의 세 그룹으로 분류할 수 있다.

(1) 첫 번째 그룹(1~12)에서는 2의 「인심도심설(人心道心說)」이 중심이라고 할 수 있다. 1의 「시동지설(示同志說)」은 한원진이 24세가 되던 1705년 1월에 지은 것으로 '동지(同志)', 즉 동문들에게 성리학의 주요 개념들에 대한 자신의 견해를 밝힌 글이다.[8] 한원진이 권상하의 문하에 들어간 것은 21세였는데[9] 3년 동안 배운 내용을 총정리한, 말하자면 일종의 졸업 논문 같은 글이 「시동지설」이 아닐까 생각된다. 그리고 같은 해 12월, 「시동지설」에서 논했던 많은 개념 가운데 '인심도심'에 대해 전문적으로 다룬 글이 「인심도심설(人心道心說)」이다.

3의 「퇴계집차의(退溪集箚疑)」부터 12의 「현석인심도심설변(玄石人心道心說辨)」까지는 「인심도심설」에서 제시한 자신의 견해를 바탕으로 주희 이후의 학자들, 구체적으로 주희의 제자, 송・원・명, 그리고 조선의 주자학자들의 인심도심설을 비판적으로 검토한 글이라고 할 수 있다(6의 『경의기문록(經義記聞錄)』은 성격이 조금 다르다. 이에 대해서는 후술). 「인심도심설」이 일종의 '전론(專論)', 즉 인심도심을 전문적으로 논한 논문이라고 한다면, 3~12는 개별적인 학자들의 인심도심설을 다룬 '각론(各論)'에 해당한다고 할 수 있다.

(2) 다음으로 13의 『주자언론동이고(朱子言論同異攷)』 권4의 「서(書)」

---

8) 「시동지설」에서 다루고 있는 성리학의 개념들은 다음과 같다. 天地・理氣, 陰陽・五行, 人・物, 聖・賢・愚・不肖, 治心・養氣, 本然之性・氣質之性, 已發・未發, 四端・七情, 人心・道心, 心性情意, 窮理・存養・力行.

9) 『經義記聞錄』 卷首, 「經義記聞錄序」, "余二十一歲, 始執贄於黃江先生之門, 歲一再往, 往輒留數月半歲."

를 들 수 있다. 이곳에서는 『서경(書經)』에 관한 주희의 '언론(言論)', 즉 문집과 각종 저술 및 『주자어류(朱子語類)』 등에 실려 있는 말과 글을 전반적으로 검토하고 있지만 가장 큰 비중, 대략 2/3 정도를 차지하는 주제는 인심도심이다.

이 『동이고』 중의 「서」는 「인심도심설」에서 제시했던 자신의 견해를 바탕으로 주희의 인심도심에 관한 말과 글을 분석하고 있다는 점에서 3~12와 비슷한 성격을 가진다고 할 수 있다. 하지만 유학사에서 인심도심의 문제를 처음 제기한 사람이 주희이고, 후대의 논쟁이 결국 '주자의 본지'가 무엇인가를 둘러싸고 전개되었다는 점을 생각한다면, 주희의 말과 글이 갖는 무게감은 후대의 주자학자들의 그것과는 비교가 되지 않는다.

또한 3~12에서는 「인심도심설」에서 제시한 '주자의 본지'를 기준으로 주희의 제자, 송・원・명(宋元明) 그리고 조선의 주자학자들을 일방적으로 재판(?)하고 있다면, 『동이고』에서는 주희의 말과 글에 대한 연대 고증 등을 통해 초년설과 만년설을 구분하고, 이를 바탕으로 자신의 인심도심설이 주희의 만년 정론과 일치함을 입증하려 하였다는 점에서 1~12와는 그 성격이 다르다고 할 수 있다. 여기에서 한원진이 주자의 본지를 절대화하고자 하는 부분이 드러나는데, 이것은 학술 문화적 다원성의 의미를 갖는 것이다.

(3) 마지막으로 14의 「답심신부(答沈信夫)」부터 22의 「답김자정(答金子靜)」까지는 동문(同門), 지구(知舊), 문인(門人)들과 인심도심에 관해 토론한 편지이다. 위의 두 그룹에서 다룬 내용이 기발리승일도의 입장에서 인심도심을 설명하고, 이를 통해 리기호발론을 비판하는 등 조선유학사에서 주요한 논쟁의 주제가 되어 왔던 굵직한 문제들이었

다고 한다면, 이 편지들에서는 그 외에 남겨진 문제들 혹은 비교적 지엽적인 문제들에 관한 토론이 이루어지고 있다고 생각된다.

위에서 제시한 세 그룹을 모두 검토해야 하겠지만 그렇게 하기 위해서는 논문 1편에 허용된 분량을 훨씬 넘어서기 때문에 부득이 이 글에서는 (1)에 대한 분석에 그치고 (2)(3)에 대한 검토는 다음의 과제로 넘기도록 하겠다.

2. 「인심도심설」

이 장에서는 첫 번째 그룹(1~12)에서 중심이라고 할 수 있는 「인심도심설」(『남당집』 권30)을 검토해 보도록 하겠다. 논의의 편의상 내용에 따라 몇 개의 절로 나누어 분석하도록 하겠다.

1) 「중용장구서」의 해석

인심도심에 관한 후대의 논란은 결국 주희의 「중용장구서」에 실려 있는 인심도심에 대한 논의를 어떻게 해석할 것인가, 달리 말하면 여기에 담긴 '주자의 본지'가 무엇인가라는 문제로 귀결된다고 할 수 있다. 「중용장구서」에서 인심도심에 관한 서술(일부)을 제시하면 다음과 같다.

〈中庸章句序〉

(a)<u>心之虛靈知覺, 一而已矣</u>, 而以爲有人心, 道心之異者, 則以其(b)<u>或生</u>

於形氣之私, 或原於性命之正, 而(c)所以爲知覺者不同, 是以或危殆而不安, 或微妙而難見耳. 然(d)人莫不有是形, 故雖上智不能無人心, (e)亦莫不有是性, 故雖下愚不能無道心. (이하 생략)

(1) 인심 · 도심의 정의

한원진의 「인심도심설」 역시 위의 「중용장구서」에 대한 해석을 통해 인심과 도심을 정의하는 것으로부터 시작된다. 주자학의 존재론에 따르면, 인간은 기(氣)와 리(理)를 받아서 태어나는데 이때 기는 '이목구체(耳目口體)' 등으로 구성되는 '몸[形]'을 형성하고, 리는 '인의예지(仁義禮智)'라고 하는 성(性)이 된다. 몸이 있으면 자연히 식욕, 성욕 등이 있는데, 이러한 몸이 있음으로 인해 생겨나는 생리적, 기본적 욕구를 인심(人心)이라고 한다. 한편 성이 있으면 그로부터 측은지심(惻隱之心), 수오지심(羞惡之心) 등이 나오게 되는데, 이러한 성에 근원하여 나오는 사단(四端)이나 부모를 사랑하고 어른을 공경하는 등의 도덕적인 마음을 도심(道心)이라고 부른다.10)

이것이 「중용장구서」(b)의 "어떤 것(=인심)은 형기(形氣)의 사(私)에서 나오고 어떤 것(=도심)은 성명(性命)의 바름에 근원한다[或生於形氣之私, 或原於性命之正]"에 대한 한원진의 해석이다.

(2) 마음이 생겨나는 방식

그렇다면 인심, 도심을 포함하여 사람의 마음은 어떠한 과정을

10) 『南塘集』 卷30, 「人心道心說」, "夫心一而已矣, 而其所以有人心、道心之不同, 何歟? 盖人之有生也, 必得天地之氣以爲形, 耳目口體之類是也; 必得天地之理以爲性, 仁義禮智之德是也. 旣有是耳目口體之形, 則自然有飮食男女等之心, 故指此而謂之人心; 旣有是仁義禮智之性, 則自然有惻隱羞惡等之心, 故指此而謂之道心. 此其立名之所以不同也." 『南塘集』 卷23, 「心經附註箚疑」:4, "飮食男女之欲, 人心也; 愛親敬長之心, 道心也."

거쳐서 생겨나는가? 율곡의 후예답게 한원진은 "발하는 것은 기(氣)이고, 발하는 소이(所以)는 리(理)"라는 리기(理氣)에 대한 정의를 토대로 '기발리승일도(氣發理乘一途)'를 주장한다. 사람의 마음은 모두 기가 발하고 리가 거기에 올라타는 '기발리승'의 방식으로 생겨날 뿐, 리와 기가 상호 관여하지 않고 독자적으로 발하는 '리기호발(理氣互發)'은 없다. 이것은 한원진의 표현에 의하면 '천하의 정리(定理)'이다. 인심, 도심도 사람의 마음인 이상 당연히 '기발리승'의 방식으로만 생겨나는데, 이것이 「중용장구서」(a)의 "마음의 허령한 지각은 하나일 뿐이다[心之虛靈知覺, 一而已矣]"라는 말의 의미라고 한원진은 말한다.11)

부연하자면, 「중용장구서」에서 말하는 '마음'이란 지각(知覺)하는 마음, 달리 말하면 감응(感應)하는 마음이다. 즉, 외부의 사물을 지각하고 그에 대해 반응하는 존재가 마음인 것이다. 그리고 우리의 마음이 나오는 데는, 마음의 기(氣)가 외부의 사물을 지각하고 그에 반응하여 움직이면 성(性)의 리(理)가 거기에 올라타고서 나오는 하나의 길밖에 없다. 인심과 도심 역시 이러한 마음의 지각으로 인해 생겨나므로 당연히 이 '기발리승'의 방식으로 생겨나며, 이것이 주자가 말한 "마음의 허령한 지각은 하나일 뿐이다"라는 말의 본의라는 것이 한원진의 생각이다.12)

---

11) 『南塘集』 卷30, 「人心道心說」, "雖然, 人之一心, 理與氣合. 理無形跡而氣涉形跡, 理無作用而氣有作用, 故發之者必氣, 而所以發者是理也. 非氣則不能發, 非理則又無所發. 故大凡人心之發, 無非氣發理乘, 而理氣之不能互相發用、互有主張者, 固天下之定理也. 此其人心道心之發, 俱是氣發理乘, 而本無分路出來之道矣. 此朱子所謂「心之知覺, 一而已矣」者也."

12) 『南塘集拾遺』 卷4, 「退溪集箚疑」:65, "「心」指知覺之心, 卽理與氣合, 爲一身之主宰者也. 感於食色而發者, 是人心也; 感於道義而發者, 是道心也. 二者皆此心氣發而理乘者, 故同謂之心."

(3) 인심 · 도심으로 달라지는 이유

그런데 하나의 마음이 인심, 도심으로 달라지는 것이 무엇 때문인가? 마음이 외부의 사물을 지각하고 그에 대해 반응하는 방식은 '기발리승' 하나밖에 없지만, 지각하는 대상은 크게 '식색(食色)'과 '도의(道義)'로 구분할 수 있다. 식색의 자극을 받으면 마음이 그에 반응하여 인심이 발하고, 도의의 자극을 받으면 그에 반응하여 도심이 생겨난다. 이것이 「중용장구서」(c)의 "그 지각되는 바가 다르다[其所以爲知覺者不同]"는 말의 의미라고 한원진은 말한다.[13]

그렇다면 인심과 도심의 같은 점은 '발처(發處)', 즉 둘 다 기발리승의 방식으로 나온다는 데 있고, 다른 점은 무엇을 위하여 발했는가, 혹은 지각의 대상이 무엇이었는가[14]에 있다고 할 수 있다.[15] 달리 말

『經義記聞錄』 卷2, 「中庸 · 小註 · 序」:2, "此所謂知覺者, 卽人心道心之謂也."

『南塘集』 卷23, 「心經附註箚疑」:4, "人心道心, 皆此心之知覺, 而「能覺者, 氣之靈; 所覺者, 心之理」.(『朱子語類』 5:27) 非氣則不能覺, 非理則無所覺, 未有去一而能有覺者, 則人心道心之不可分作理氣也, 豈待辨而明耶?"

『南塘集』 卷3, 「陳大義疏【九月】 · 附錄進心性情說」, "心卽氣也, 性卽理也. 氣有作用, 而理無作用. 故心之氣感物而動, 則性之理乘之而出, 所謂情也."

13) 『南塘集』 卷30, 「人心道心說」, "但其所感者不同, 故所發者亦異. 食色感則人心發, 道義感則道心發. 此朱子所謂「其所以爲知覺者不同」者也."

14) 이에 관해서는 김태년, 박사학위 논문, 116쪽, 주286, "이황은 '所以爲知覺'을 知覺하게 하는 주체로 해석하였고 따라서 그에게 '性命之正'은 道心을 발하게 하는 주체 즉 性의 의미로, '形氣之私'는 육체적 욕망의 의미로 사용된다. 반면 한원진은 '所以爲知覺'을 '所知覺' 즉 지각하는 대상으로 해석하였고, 그에 따라 '性命之正'은 도덕 가치와 관련된 지각 대상, '形氣之私'는 육체적 욕망을 유발하는 지각 대상의 의미로 사용된다." 참고. 또한 "그는 주희가 人心과 道心 구분의 갈림길로 제시한 '所以爲知覺者'를 지각 대상으로 이해하며 이를 지각하는 주체(혹은 지각 작용의 근거: 知覺發用處)로 해석하려는 시도를 비판한다."(120쪽) "이는 이이가 「人心道心圖說」(『栗谷全書』 卷14, 4쪽 / 『韓國文集叢刊』 44 284쪽)에서 爲道義而發者를 道心으로, 爲口體而發者를 人心으로 구분한

하면, 인심과 도심은 '기발리승'이라고 하는 '발처'가 아니라 '이발(已發)' 혹은 '공공(共公)', 즉 이미 발하여 공공연하게 드러난 마음, 예컨대 식욕·성욕, 사단 등을 마주하고서 그러한 마음이 어디에서 나왔는가를 사후적으로 추적하여, 몸 때문에 생겼으면 (혹은 식색을 위해서 발했으면) 인심이라고 하고, 성에 근원을 두고 나왔으면 (혹은 도의를 위해서 발했으면) 도심이라고 부른다는 것이다.[16)]

2) '형기'의 의미

한원진의 인심도심설에서 가장 특징적인 점은 「중용장구서」의 '형기(形氣)'를 '이목구체(耳目口體)', 한마디로 말해 '형(形, 몸)'으로 해석하는 데 있다고 할 수 있다.

(1) '형기'를 '이목구체'로 해석해야 하는 근거

한원진은 「중용장구서」의 텍스트에 대한 분석을 통해 '형기'를 '이목구체'로 해석해야 하는 근거를 제시한다. 「중용장구서」를 보면 앞에서는 ⒝"或生於形氣之私, 或原於性命之正"라고 하고, 뒤에서는 ⒟"人莫不有是形", ⒠"亦莫不有是性"이라고 했는데, 여기에서 '형기(形氣)'

것을 계승한 태도이다."(120쪽, 주292) 참고.

15) 『南塘集』 卷30, 「人心道心說」, "然則人心道心之所同者, 其發處, 而其所不同者, 卽其所爲而發者也. 其立名之不同者, 不在於發處, 而只在於所爲而發者矣."
『南塘集』 卷29, 「示同志說」, "發道心人心者, 氣也; 其所以發之者, 理也. 其發處, 同此氣發理乘一道, 而其所爲而發者, 有道義､口體之異, 故有二名耳."

16) 『南塘集』 卷30, 「人心道心說」, "其曰「或生」､「或原」者, 乃卽其已發而立論也. 卽其已發而推究其所自有, 則以其有耳目口體之形而有是人心, 故謂之生於彼; 以其有仁義禮智之性而有是道心, 故謂之原於此. 此所以共公說來, 而非就其發處而言也."

란 한마디로 말해 '형(形)'이고, '성명(性命)'은 결국 '성(性)'임을 알 수 있다고 한원진은 말한다. 앞에서 '형기'와 '성명'을 말한 것은 '형'이 '기'에서 나오고, '성'이 '명', 즉 천명(天命)에서 나왔음을 보여주기 위해서 그렇게 말한 것일 뿐이고, 정작 중요한 '당체(當體)'는 '형'(=이목구체)과 '성'이라는 것이다.[17]

이는 주희가 인심을 "發於形氣"가 아니라 "生於形氣"라고 규정한 이유이기도 하다. 인심은, 외부 사물의 소리와 색깔 등이 다가오면 우리 몸의 이목구비(=형기)가 그것을 감각하여 마음을 자극하고, 이목구비의 자극을 받은 마음이 그에 반응할 때(성색취미(聲色臭味)→이목구비=형기→마음→형기) 생겨난다[18]. 이렇게 본다면 인심을 발하는 주체는 '이목구체=형기'가 아니라 '마음'이다. 주희는 인심을 '형기'가 발한 것이 아니라, 형기의 자극을 받은 '마음'이 발한 것이라고 생각했기 때문에, 인심을 '형기에서 발한다[發於形氣]'라고 하지 않고 굳이 '형기로 인해서 생긴다[生於形氣]'라고 규정했다는 것이다. 한원진은 이를 주희의 '만년 정론(晩年定論)'이라고 규정한다.[19]

---

17) 『南塘集』 卷30, 「人心道心說」, "故其下文曰「人莫不有是形」、「人莫不有是性」, 只言形與性而不復言氣與命者, 豈不以前之言, 乃推其所自來而言也; 後之言, 只指其當體而言也耶?"

『經義記聞錄』 卷6, 「理氣性情圖說·人心道心圖」, "盖形氣者, 耳目口體之形也; 性命者, 仁義禮智之理也."

『南塘集』 卷23, 「心經附註箚疑」:5, "形氣, 耳目口鼻之體也; 性命, 仁義禮智之德也."

18) 『南塘集』 卷21, 「答金常夫【癸亥正月】」, "聲色臭味, 外物也; 耳目口鼻, 吾身之所具也; 欲聲欲色, 人心之發於內者也. 聲色來觸, 耳目受之, 而人心動焉. 三者遞相灌輸, 遂有此人心之發, 而若其內外彼此之別, 則未嘗混也."

『南塘集』 卷21, 「答金常夫【(癸亥)三月】」, "前書所謂「耳目受之」者, 形氣之感動此心者也; 「欲其聲色」(→「欲聲欲色」)者, 此心之感應形氣者也. 二者相感, 而後人心發焉."

19) 『南塘集』 卷30, 「人心道心說」, "若形氣則終不可下「發」字, 謂人心由耳目口體而生則

(2) 인심기발·도심리발설, 사단리발·칠정기발설이 나오게 된 원인

그런데 주희의 후학 중에는 "인심, 도심을 리, 기에 분속(分屬)하는", 즉 인심을 기발(氣發), 도심을 리발(理發)이라고 규정하는 사람들이 많은데, 이는 '형기'를 '형'이 아니라 '기'에 초점을 맞추어 '심상기(心上氣)', 즉 '마음의 기'로 오인했기 때문이다. 이처럼 형기를 심상기로 오인하면 자연히 인심을 기발, 도심을 리발로 간주할 수밖에 없다는 것이 한원진의 생각이다.

「중용장구서」에서는 "인심은 형기에서 생긴다"고 했는데, 만약 형기가 심상기라면 인심은 마음의 기에서 나오는 것, 즉 기발(氣發)이 된다. 또 "도심은 성명에 근원한다"고 했는데, 성명은 곧 리(理)이므로 도심은 리에서 발하는 것, 즉 리발이 된다. 간단히 말해 인심=기발, 도심=리발의 주장은 형기를 심상기로 오해한 데서 나온 논리적 귀결이 되는 것이다. '형기'를 '이목구체'로 보는 것이 주희의 '만년정론'이자 '주자의 본지'였는데, 그 후학들은 형기를 '심상기'로 오인했기 때문에 인심=기발, 도심=리발이라는 잘못된 견해에 도달하게 되었다는 것이 한원진의 진단이다.[20]

그런데 형기를 심상기로 오인한 결과는 여기에서 그치지 않는다. 인심=기발, 도심=리발이라는 생각은 인심=칠정(七情), 도심=사단(四端)

可, 謂人心卽乎耳目口體而發之則不可. 耳目口體, 果是自發之物耶? 此朱子所以於形氣則終不肯下「發」字, 而此乃晩年定論也."

20) 『南塘集』 卷30, 「人心道心說」, "竊詳朱子之言, 則其旨本亦如是. 而後之學者未究乎朱子之本旨, 而只牽於名目之不一, 皆以人心道心分屬理氣, 而遂謂朱子之旨本如是, 轉相襲謬, 可勝歎哉! 竊究其分屬之由, 則亦不過以「形氣」二字, 認作心上氣看故也. 旣以此形氣認作心上氣, 則不得不以人心屬之氣發而道心屬之理發也."

을 징검다리 삼아서 사단=리발, 칠정=기발이라는 주장, 한마디로 말해 리기호발론(理氣互發論)에 이르게 되었다는 것이 한원진의 판단이다. 이렇게 본다면 리기호발론은 결국 '주자의 본지'를 알지 못하고 형기를 심상기로 오인한 데서 나온 주장이라고 할 수 있다.[21]

이처럼 한원진은 '형기'를 '심상기'가 아니라 '이목구체'라고 본 것이 '주자의 본지'라고 해석함으로써 리기호발설을 그 근원에서부터 비판할 수 있는 강력한 무기를 손에 넣는다.

3) 인심기발 · 도심리발설, 사단리발 · 칠정기발설의 계보

이제 한원진은 '주자의 본지'를 근거로 '형기'를 '심상기'로 오인하여 인심기발 · 도심리발설, 나아가 사단리발 · 칠정기발설, 즉 리기호발론을 주장한 학자들을 추적하여 한 사람 한 사람 비판을 가한다.

흥미로운 것은 이러한 비판에서 주희도 예외가 아니라는 점이다. 주희의 견해에는 초년과 만년에 차이가 있는데, 초년에는 "道心, 性理之發; 人心, 形氣之發" 등 인심=기발, 도심=리발로 오인될 소지가 있는 발언을 했다는 것이다.[22] 다만 「인심도심설」에서 주희 초년의 발

21) 『南塘集』 卷30, 「人心道心說」, "若以此「形氣」, 歸之於耳目口體之類, 而不滚作心上氣, 則理氣自無二歧之嫌, 而知道者亦無難於下語矣."
『經義記聞錄』 卷2, 「中庸・序文」:3, "自昔以來, 讀此序者, 皆誤認此「形氣」, 滚合心上氣看, 故理氣互發、心性二歧之論, 因此而起. 一字不明之害, 如此深哉!"
『朱子言論同異攷』 권4, 「書」:12, "後人以人心道心, 分屬理氣之發, 而推以及於四端七情者, 無他也, 只因此「形氣」二字, 滚合心之氣看故也."
『南塘集』 卷21, 「答金常夫【(癸亥)三月】」, "互發之論, 以形氣之氣爲心術之氣."

언으로 제시하는 예는 연대 고증이라는 점에서 문제가 있다.[23] 주희의 '언론', 즉 말과 글에 대한 정밀한 연대 고증을 통해 '만년 정론'을 확정하는 작업은 뒷날 『주자언론동이고(朱子言論同異攷)』의 중심 과제가 된다.

다음으로 주희의 제자 중에서는 주희의 유명(遺命)을 받들어 『서집전(書集傳)』을 완성한 채침(蔡沈, 九峯)과 '주자의 적전을 계승한 자[承朱子之嫡傳者]'[24]로 평가받는 황간(黃榦, 勉齋)이 비판의 대상이 된다.

> 인심을 기발, 도심을 리발에 분속(分屬)하는 일은 실로 구봉(九峯, 채침)과 면재(勉齋, 황간)로부터 시작되었다. 참으로 이른바 "공자의 70명의 제자가 죽기도 전에 대의가 먼저 어그러졌다"는 (이를 두고 한 말이다.)[25]

채침, 황간을 이어서 인심기발・도심리발설을 주장한 주자학자로

---

22) 『南塘集』 卷30, 「人心道心說」, "竊觀朱子之言, 果有前後之不同. 始則以人心爲人慾, 而旣而改之, 以爲飮食男女之欲可善可惡者; 始則曰「道心爲人心之理」, 又曰「道心, 性理之發; 人心, 形氣之發」, 旣而改之, 以爲「或生於形氣之私, 或原於性命之正」."

23) 「인심도심설」에서 주희 초년의 발언으로 들고 있는 것은 ①"道心爲人心之理", ②"道心, 性理之發; 人心, 形氣之發"이다. ①은 『朱子語類』 78:203(「道心, 人心之理.」)에 보이는데, 이것은 '甘節錄', 즉 甘節이 기록한 것이다. 『주자어류』 卷首의 「朱子語錄姓氏」에 따르면 甘節錄은 '癸丑以後所聞'인데, 癸丑年은 1193년, 주희 64세이다. 주희는 71세로 세상을 떠나는데, 64세 이후의 발언을 초년이라고 하는 데는 문제가 있다. ②는 아마도 『晦庵集』 권44, 「答蔡季通」:2를 가리키는 듯한데, 陳來의 『朱子書信編年考證』에 의하면 이 편지는 1191년(辛亥), 62세에 지은 것이다. 『朱子言論同異攷』에서도 이 편지가 만년에 쓴 것임은 인정하고 있다.

24) 『南塘集』 卷27, 「黃勉齋性情說辨」.

25) 『南塘集』 卷30, 「人心道心說」, "其以人心道心分屬理氣之發, 實自九峯、勉齋始矣, 眞所謂七十子未喪而大義先乖者也." (참고로 '七十子未喪而大義先乖'는 『漢書』 「藝文志」의 "夫子沒而微言絶 七十子喪而大義乖"를 조금 바꾼 말이다.)

원대(元代)에서는 허겸(許謙, 東陽許氏)과 호병문(胡炳文, 雲峯胡氏), 조선에서는 이황(李滉)과 성혼(成渾)이 거론된다.

그 이후로 동양 허씨(東陽許氏, 許謙)와 운봉 호씨(雲峯胡氏, 胡炳文)의 설이 (채침, 황간의 설을) 존신(尊信)하고 조술(祖述)하였고, 우리나라의 퇴계(退溪, 이황)와 우계(牛溪, 성혼) 두 선생에 이르면 더욱 그것을 주장하고 부연하였다. 그리하여 리기(理氣)를 이물(二物)로 만들고 판연(判然)하게 이합(離合)이 있게 하여 다시는 혼융무간(渾融無間)의 오묘함이 있음을 보지 못하게 하였으니, 그 폐해를 이루 다 말할 수 있겠는가![26)]

그 이후에 박세채(朴世采, 玄石)가 이황과 이이의 설을 절충하여 배우는 사람들에게 지대한 영향을 주었지만 그의 주장을 요약하면, 인심은 '형기가 발한 것[形氣之發]'이고, 도심은 '형기 속의 리[形氣中之理]'라는 데 지나지 않는다.[27)]

이처럼 한원진은 초년의 주희→채침·황간→허겸·호병문→이황·성혼→박세채로 이어지는 인심기발·도심리발설, 그리고 리기호발설의 계보에 속하는 학자들을 한 사람 한 사람 비판하고 나서 다음과 같이 말한다.

26) 『南塘集』 卷30, 「人心道心說」, "其後東陽許氏、雲峯胡氏之說, 尊信之, 祖述之; 及至我退、牛兩先生, 則又益主張之, 推衍之, 使理氣二物判然有離合, 而不復見其有渾融無間之妙, 其弊可勝言哉!"

27) 『南塘集』 卷30, 「人心道心說」, "近又竊聞玄石朴公之論, 以爲退翁之言, 不可盡棄; 栗翁之言, 不可盡從, 遂於兩家之言, 務爲公聽幷觀、參合折衷之計. 而其言又支離破碎, 而益遠於栗翁, 反下於退溪, 而要其旨意之歸宿, 則不過以人心爲形氣之發, 而以道心爲形氣中之理而已. 世之學者, 見其說出於退栗之後, 而又樂其渾全周遍, 以爲此眞天下必然之理而卽大舜用中之道也, 匍匐歸之者至衆, 而退栗兩是非之論,【近日先生長者, 亦有主張此論者云.】 遂固植乎世而未可容易打倒矣. 識者之憂歎, 庸有極乎!"

> 그러한 폐단이 나오게 된 근원을 따져보면 여전히 저 '형기' 두 글자가 빌미가 되고 있을 뿐이다. 한 글자를 분명하게 알지 못한 것의 해가 이 지경에 이르렀으니, 배우는 자가 성현을 책을 읽을 때 한 글자라도 소홀히 할 수 있겠는가![28)]

한원진에 따르면, 유학의 역사에 커다란 해를 끼친 리기호발론은 결국 그 근원으로 거슬러 올라가 보면 '형기' 두 글자를 '심상기'로 오해한 데서 비롯되었던 것이다.

4) 한원진의 자임

그런데 주자학의 역사에 이 뿌리도 깊고 역사도 긴 리기호발론의 오류를 교정한 사람이 없었던 것은 아니었다. 이이(李珥)가 나와서 "발(發)하는 것은 기이고, 발하는 소이(所以)가 리이다. 기발리승(氣發理乘) 외에 다른 길은 없다"라고 말하여 리기호발을 비판하고 기발리승일도(氣發理乘一道)를 천명하였던 것이다. 한원진에 따르면 이이의 발언은 맹자가 '성선(性善)'을 말하고, 주돈이(周敦頤)가 '무극(無極)'을 말한 것에 비견될 만큼 유학사에 대서특필해야 할 위대한 공헌이었다.[29)]

하지만 이이에게도 문제가 있었다. 그 역시 '형기'의 의미를 분명하게 알지 못하여 성혼의 주장을 논파하지 못하는 등의 한계가 있었

---

28) 『南塘集』 卷30, 「人心道心說」, "若推本其弊源之所從起, 則依然只那「形氣」二字爲之祟耳. 一字不明之害至於此, 則學者之讀聖賢書者, 其可一字有忽乎!"

29) 『南塘集』 卷30, 「人心道心說」, "幸賴我栗谷先生, 不由師傳, 默契道眞, 其於理氣不相離之妙、人心無二本之處, 灼然自見, 故勇往直前, 明辨其說. 而其言曰: 「發之者, 氣也; 所以發者, 理也. 氣發理乘一道之外, 更無他歧.」 其言的確渾圓, 顚撲不破, 而雖建天地而不悖, 俟後聖而不惑矣. 直可與孟子之「道性善」, 周子之言「無極」, 同功而齊稱矣."

던 것이다.[30] 이러한 상황임에도 불구하고 "율곡(栗谷, 이이)을 이어서 일어난 자 중에 다시 이 '형기' 두 글자의 의미를 분명하게 설파하여 율곡이 미처 말하지 못한 점을 보완하고, 이를 통해 '기발리승일도설'을 더욱 천명하여 더 이상 다른 말이 나오지 못하게 만든 사람이 없으니, 이것이 또 거듭 한스러운 일이다"[31]라고 한원진은 개탄한다.

이는 당시 24세의 청년 한원진이 앞으로 이 일을 자신의 사명으로 삼겠다는 자임(自任)에 다름 아니다. 실제로 그는 일생을 바쳐서 이 일을 완수하려 노력했다. 그러한 노력의 결실 중에서 인심도심에 관한 것이 위의 목록에서 제시한 3~22의 저술이었다고 할 수 있다. 이러한 저술에서 한원진은 초년의 주희부터 시작하여 인심기발·도심리발설, 사단리발·칠정기발설=리기호발설의 계보에 있는 학자들의 인심도심설을 비판하고, 이를 통해 율곡학파의 기발리승일도설을 확고부동한 정학(正學)의 지위에 올려놓는 일을 평생에 걸쳐 수행했던 것이다.

3. 권상하의 '형기설'

한 가지 주의해야 할 점은 「중용장구서」의 '형기'가 '마음의 기'

---

30) 『南塘集』 卷30, 「人心道心說」, "但於此「形氣」二字, 亦未深察, 故其於牛溪之問詰, 終未能說破, 而又不得不爲主理、主氣, 微有兩邊底言以遷就之, 又嫌其語意有欠直截, 則遂以人心爲揜於形氣, 道心爲氣不用事, 而皆不免爲後學之疑, 亦終不能折服牛溪之口, 是可恨也."

31) 『南塘集』 卷30, 「人心道心說」, "繼栗谷而興者, 又無分明說破此「形氣」二字, 而追補其所未言者, 使其氣發理乘一途之言, 發揮昭著, 人無異辭, 則此又重可恨也."

가 아니라 '이목구체'라고 하는, 한원진의 표현을 빌리면 '형기설(形氣說)'은 원래 권상하의 설이었다는 점이다. 그런데 여기에는 약간 시간상의 곡절이 있다.

한원진은 1736년(丙辰), 55세에 스승 권상하의 행장(「寒水齋權先生行狀」)을 지었는데, 이와 관련하여 이듬해(丁巳) 윤봉구(尹鳳九, 1681~1767, 자는 瑞膺)에게 보낸 편지에서 다음과 같이 말한다.

> 형기설(形氣說)은 「사칠변(四七辨)」에 보이는데, 본래 한인부(韓仁夫, 이름은 德全)에게 보여주려고 지은 것이므로 이 역시 질문에 대답하여 말씀하신 것입니다. 글이 매우 간략하여 평소에 상세하게 강의하신 것만 못한데, 그 말씀은 제가 펴낸 『경의기문록(經義記聞錄)』에 자세하게 실려 있습니다. 이 책은 바로 선생께서 말년에 손수 검증하신 것입니다.[32)]

역시 한원진이 엮은 연보(『寒水齋先生年譜』)에 의하면 권상하가 「사칠변」, 즉 「사칠호발변(四七互發辨)」(『寒水齋集』 권21)을 지은 것은 1711년(辛卯) 71세의 일이었다. 한원진이 「시동지설」과 「인심도심설」을 지은 것이 1705년이므로 권상하보다 6년이나 먼저 '형기설'을 발표한 셈이 된다. 이와 관련된 일들을 시간순으로 배열해 보면 다음과 같다.

- 1705년, 한원진 24세, 「시동지설」, 「인심도심설」
- 1711년, 30세, 권상하(71세) 「사칠호발변」

32) 『南塘集』 卷13, 「答尹瑞膺【丁巳四月】」, "形氣說見於四七辨, 而本爲示韓仁夫而作, 亦係問答說也. 而文字甚略, 不若平日講說之詳, 而其說備載於鄙所編記聞錄之書, 卽先生末年手筆勘證者也."

- 1715년, 34세, 『경의기문록』
- 1717년, 36세, 권상하에게 『경의기문록』을 올리고 인가를 얻음
- 1721년, 40세, 권상하(81세) 타계, 권상하 『연보』
- 1736년, 55세, 권상하 「행장」

권상하가 「사칠호발변」에서 형기에 대해 논한 곳은 겨우 77자에 불과하다. 한원진의 말대로 매우 간략하다고 할 수 있다. 그 내용은 다음과 같다.

> '人心生於形氣之私'의 '기(氣)'는 이목구비를 가리켜서 말한 것이고, '七情發於氣'의 '기(氣)'는 마음을 가리켜서 말한 것이다. 글자는 똑같지만 가리키는 바가 전혀 다르다. 예로부터 여러 선현이 늘 '인심, 도심을 이렇게(→인심은 마음의 기에서 발하고, 도심은 리에서 발한다) 말할 수 있다면 사단, 칠정만 유독 이렇게(→사단은 리에서 발하고, 칠정은 기에서 발한다) 말할 수 없겠는가?'라고 말한 것은 우연히 대조하는 데 실수를 해서 그런 것이 아니겠는가?[33)]

위의 윤봉구에게 보낸 편지에서 "(「사칠호발변」은) 글이 매우 간략하여 평소 상세하게 강의하신 것만 못하다"라고 말한 것을 보면, 권상하는 평소 수업에서 이 문제에 대해 자세하게 강의했던 것 같다. 한원진은 권상하가 『대학(大學)』, 『중용(中庸)』, 『태극도(太極圖)』, 『역학계몽(易學啟蒙)』 등에 대해 강의한 내용을 기록하였는데, 1715년 한원진 34세에 완성하고 2년 뒤인 1717년 권상하에게 올려 인가를 받

---

33) 『寒水齋集』 卷21, 「四七互發辨」, "「人心生於形氣之私」, 此氣字, 指耳目口鼻而言也; 「七情發於氣」, 此氣字, 指心而言也. 字雖同, 所指絶異. 而從古諸先賢, 每曰「人心道心, 旣可如此說, 則四端七情, 獨不可如此說乎」, 無乃偶失照勘而然耶?"

았다고 하는 『경의기문록(經義記聞錄)』이 그것이다.[34] 이 책에는 '형기설'에 관한 내용이 「사칠호발변」보다 자세하게 실려 있는데, 그 내용은 한원진이 「인심도심설」에서 말했던 것과 완전히 일치한다.[35]

「인심도심설」(24세), 『경의기문록』(34세) 이후, 한원진은 스승의 '형기설'을 선양하는 데 힘을 쏟는다. 가장 먼저 들 수 있는 것이 『한수재선생연보(寒水齋先生年譜)』이다. 1721년 권상하가 타계하자 한원진(당시 40세)은 권상하의 손자 권정성(權定性)의 요청을 받아들여 스승의 연보를 엮는 일에 착수한다.[36] 연보에서는 권상하가 1711년 71세에 「사단칠정리기호발변」을 지은 일을 특필하고 있다.[37] 먼저 「사

---

34) 『經義記聞錄』「記聞錄跋」, "右記聞錄, 成於乙未冬(1715년). 後二年丁酉秋(1717년), 奉呈于先生, 請其斤正, 冀以備皐比講說之定論, 而免起後人傳訛之惑. 先生受而置之几案者久, 略加評訂以示小子, 且教曰: 「有功於余」."

35) 『經義記聞錄』 卷2, 「中庸・序文」:3에 보이는데, 그 전문은 다음과 같다(내용에 따라 문단을 나누었다).

"「人心生於形氣之私, 道心原於性命之正」者, 謂有此耳目口體形氣之私, 故人心因之而生; 有此仁義禮智性命之正, 故道心原之而發云爾, 非謂心之發處有氣發、理發, 而氣發者爲人心, 理發者爲道心也.

此「形氣」字, 只指耳目口體而言, 不當滾合心上氣看也. 心之發處, 若有氣發、理發, 則知覺二矣, 安得言「知覺一而已」乎? 且氣者, 形之始; 命者, 性之原. 故言形必兼氣, 猶言性必連命也, 非滾指心上氣也. 下文曰「莫不有是形」、「莫不有是性」, 可見前之兼言氣、命者, 推原其本始也; 後之專言形、性者, 直指其當體也. 上言「形氣」字, 果包心上氣言, 則於此安得去「氣」字, 只存「形」字乎?

蓋此心之發, 無論人心道心, 只是氣發理乘一道; 其所爲而發, 則有不同. 有爲食色而發者, 而此之發, 以其有形氣之私也; 有爲道義而發者, 而此之發, 以其稟性命之正也. 故曰「生於形氣」、「原於性命」, 又曰「所以爲知覺者不同」. 此皆見其已發後不同, 推其所由然者而立名耳, 非就心上發處, 分析理氣而爲言也.

自昔以來, 讀此序者, 皆誤認此「形氣」, 滾合心上氣看, 故理氣互發、心性二歧之論, 因此而起. 一字不明之害, 如此深哉!"

36) 金謹行, 『南塘先生年譜』 卷1, "辛丑(1721년, 40세), 編寒水先生年譜. 寒水先生孫高城公定性, 因門下諸議, 屬於先生."

칠호발변」에서 '형기설'을 논한 부분을 전부 수록하고 나서 그 의미에 대해 다음과 같이 설명한다.

> 이 '형기'는 본래 '이목구체'만을 가리켜서 말한 것이지 '이 마음의 발용하는 기'까지 아울러 가리킨 것이 아니다. 그런데 종래의 독자들은 모두 이 '형기'의 '기'를 '기발(氣發)'의 '기'로 간주하였다. 그래서 리기호발론, 심성이기론(心性二岐論)이 이로 인해 일어났던 것이다. 선생이 처음으로 이 「변(辨)」(「사단칠정리기호발변」)을 지어 주자의 본지를 밝히자 율곡 선생의 기발리승일도론(氣發理乘一道論)이 이에 더욱 밝아졌다.[38]

권상하의 '형기설'에 대한 선양은 1736년, 한원진 55세에 지은 「한수재권선생행장(寒水齋權先生行狀)」에서 정점에 이른다. 「행장」에서는 권상하의 학문적 업적으로 7가지를 제시하였는데 그 가운데 가장 먼저 꼽는 것이 '형기'에 대한 해석이다.[39] 나아가 권상하를 이이→송시열을 이어 도통(道統)을 계승한 인물로 자리매김하면서, 그 이유로 두 가지, 즉 '형기'와 '성선'의 의미를 밝힌 일을 제시하고 있다.

---

37) 韓元震, 『寒水齋先生年譜』, "辛卯(1711년)【先生七十一歲】, 作四端七情理氣互發辨."

38) 同上, "此「形氣」字, 本只指耳目口體而言, 非幷指此心發用之氣也. 而自來讀者皆認此形氣之氣爲氣發之氣, 故理氣互發、心性二岐之論, 因此而起. 至先生始有此辨, 以明朱子本指, 則栗谷先生氣發理乘一道之論, 於是益明矣."
'심성이기론(心性二岐論)'이란 "性發爲情, 心發爲意"를 가리킨다. 한원진에 의하면, 이를 최초로 주장한 사람은 胡炳文(雲峯胡氏)이다. 이에 대한 비판은 『南塘集拾遺』 卷4, 「退溪集箚疑」:12・35 및 『經義記聞錄』 卷1, 「大學・經一章」:9-10; 卷2, 「中庸・第一章」:11-12; 卷6, 「理氣性情圖說・心性二歧圖」 등에 보인다.

39) 나머지 6가지는 性善, 知覺, 五常之性의 人物同異, 未發之前에서 氣質之性의 有無, 近世 異學의 폐단, 許衡의 出處에 대한 논의이다.

그러나 「중용서」의 '형기'가 마음과 구별되지 않아서 이기론(二歧論, 리기호발론)이 여전히 다 없어지지 않았고, 정(情)의 선악이 전적으로 기(氣)로 말미암아 생긴다고 하여 성선(性善)의 의미가 여전히 다 드러나지 않았다. 이것은 두 선생(=이이·송시열)께서 뒷사람이 해결해 주기를 기다린 문제였다. 우리 선생에 이르러 처음으로 「중용서」의 '형기'가 마음이 아님을 변론하여 리기의 발동을 하나로 만들었고, 도척(盜跖)과 장교(莊蹻)처럼 흉악한 자들도 성에서 선한 정이 발할 때가 있음을 지적하여 성선이 필연(必然)임을 밝혔다. 이것이 또 선생이 두 선생에게 공을 세운 일이다.[40]

「중용장구서」의 '형기'는 '이목구체'를 가리키는데, 그것을 '기발(氣發)'의 '기', 즉 마음의 기로 오해한 데서 인심기발·도심리발설, 나아가 리기호발설이 나오게 되었다는 설, 이른바 '형기설'은 권상하가 평소 수업에서 강의한 내용이었던 것 같다. 하지만 권상하가 이를 글로 옮긴 것은 한원진보다 6년이나 뒤였고 그 내용 또한 매우 간략하였다. 그런데 이 불과 77자의 짧은 문장을 근거로 '형기설'을 권상하의 가장 중요한 학문적 업적으로 선양하고, 나아가 그것을 근거로 권상하를 이이와 송시열의 도통을 계승한 사람으로 추대한 사람은 한원진이었다.

『경의기문록』(34세), 권상하 『연보』(40세), 「행장」(55세)의 '형기설'에 관한 논의를 보고 나서 「인심도심설」(24세)을 돌아보면, "율곡의 후학 중에 '형기'의 의미를 분명하게 설파하는 사람이 없다"[41]는

40) 『南塘集』 권34, 「寒水齋權先生行狀」, "然而庸序「形氣」, 未別於心, 而二歧之論, 猶未盡息; 情之善惡, 專由於氣, 而性善之指, 猶未盡著. 此則二先生之所竢後人者. 而至我先生, 始辨庸序形氣之非心, 以一理氣之發; 指跖蹻善情之發於性, 以明性善之必然. 斯又先生之有功於二先生者也."

말은 납득하기 어렵다. 다만 그것을 자신의 자임(自任)을 강조하기 위한 일종의 수사적 표현으로 이해해 줄 수 있다면, 그 이후로 한원진이 이른바 '형기설'이 스승의 설임을 밝히고, 그 유학사적 의미를 선양하여 권상하를 도통의 계승자로 추대하는 데 정력을 기울였다는 점은 분명하다.42)

한원진은 일찍이 '형기'에 관한 권상하의 강의를 듣고, 그것이 리기호발설을 비판하는 강력한 수단이 될 수 있음을 간파하였던 것 같다. 그래서 그 내용을 「인심도심설」 등에서 자세하게 부연하였다. 나아가 이를 바탕으로 주자학의 역사에 등장하는 중국과 조선의 리기호발론자들을 비판하여 기발리승일도설을 천명하려고 하였다. '형기설'을 처음 제기한 사람은 권상하였지만, 그것을 리기호발론을 비판하는 강력한 수단으로 발전시키고, 또 실제로 평생에 걸쳐 그러한 작업을 수행했던 사람은 한원진이었다. 형기설의 오리지널리티는 권상하에게 있지만, 그것을 계승하고 발전시킨 공은 한원진에게 있다고 할 수 있을 것이다.

---

41) 『南塘集』 卷30, 「人心道心說」, "繼栗谷而興者, 又無分明說破此「形氣」二字, 而追補其所未言者, 使其「氣發理乘一途」之言, 發揮昭著, 人無異辭, 則此又重可恨也."

42) 한원진의 동문이자 학문적 동지였던 尹鳳九 역시 1735년(한원진이 권상하의 행장을 쓰기 1년 전)에 지은 「寒水齋權先生墓誌」(『屛溪集』 卷51)에서 권상하의 가장 중요한 학문적 업적으로 「중용서」의 '형기'가 마음이 아님을 말한 것, 人物의 性이 다름을 밝힌 것, 『朱子大全箚疑』를 완성한 것을 꼽고 있다. 이중 형기에 관한 평가는 아마도 한원진의 영향을 받은 것이 아닐까 생각된다. 『屛溪集』 卷51, 「寒水齋權先生墓誌」, "言庸序形氣之非心, 一理氣之發, 而以定後學心性二歧之惑; 辨二五各具之實理, 明成性之不同, 而克闡朱子降衷便異之旨; 末乃述先師之志, 成箚疑之書, 則朱子之學, 益大彰明矣."

4. 역대의 인심기발·도심리발, 사단리발·칠정기발설 비판

한원진이 「인심도심설」 이후에 지은 인심도심에 관한 저술, 위의 목록 3~12의 「퇴계집차의」(27세)부터 「현석인심도심설변」(57세)까지는 「인심도심설」에서 제시한 자신의 입장을 토대로 주희의 제자, 송·원·명 그리고 조선의 주자학자들의 인심도심설을 비판적으로 검토한 글이라고 할 수 있다. 앞에서도 말했지만 「인심도심설」이 인심도심을 전문적으로 논한 일종의 '전론(專論)'이라면, 이 글들은 개별적인 학자들을 다룬 '각론(各論)'에 해당한다고 할 수 있다.

또한 이러한 저술은 24세의 청년 한원진이 「인심도심설」에서 밝히고 있는 자임(自任), 즉 '형기'의 의미를 밝혀 이이(李珥)의 문제를 보완하고, 이를 통해 '기발리승일도설'을 천명하여 더이상 '리기호발론'이 나오지 못하게 만들겠다, 라고 하는 자신의 결심을 평생을 걸쳐 실천한 데서 나온 결과물이라고 할 수도 있다. 이러한 글들을 통해 한원진은 인심기발·도심리발설, 사단리발·칠정기발설=리기호발설의 계보에 있는 학자들을 비판하고, 이를 통해 율곡학파의 기발리승일도설을 확고부동한 정학(正學)의 지위에 올려놓는 일을 평생에 걸쳐 수행했던 것이다.

이 글들은 포괄하는 주제가 광범위하고 인심도심의 경우도 다양한 문제를 다루고 있다. 하지만 그 핵심에는 '형기'에 관한 해석이 자리하고 있다. 아래에서는 '형기설'에 초점을 맞추어 이 글들에 보이는 주희의 제자, 송대와 원대, 그리고 조선의 주자학자들의 인심도심설에 대한 한원진의 비판을 시대적 순서에 따라 재구성하여 간단하게 소개해 보도록 하겠다.

1) 주희의 제자

(1) 황간(黃榦, 勉齋)

황간(黃榦, 1152~1221)은 한원진의 표현을 빌리면 '주자의 적전을 계승한 자'(「黃勉齋性情說辨」)로 평가받는 주문(朱門)을 대표하는 고제(高弟)이자 주희의 사위이기도 하다. 그런데 황간은 인심을 '형기에서 발한다[發於形氣]'고 규정하였을 뿐만 아니라,[43] 그것을 밀고 나가서 "마음이 외물의 자극을 받아서 움직일 때, 기가 움직이면 리가 그것을 따르기도 하고[氣動理隨], 리가 움직이면 기가 그것을 옆에 끼기도 한다[理動氣挾]"라고 말하였다.[44] 한원진이 보기에 이는 리기호발론으로 나아갈 수 있는 위험한 발언이었다.[45]

(2) 채침(蔡沈, 九峯)

채침(蔡沈, 1167~1230)의 가장 중요한 업적은 주희의 유명을 받

43) 『書經大全』 卷2, 「大禹謨」 小註, "勉齋黃氏曰: … 聖人於此知乎發于形氣者惟危, 發於義理者惟微, 故欲人於此用工, 而精以察之於始, 一以守之於終. 凡一念之發, 必察其發于形氣乎、發於義理乎, 發於形氣則摧折之, 發於義理則擴充之, 如是則精之事得矣."

44) 『西山讀書記』 卷2, 「氣質之性」(→『性理大全書』 卷31, 「性理三・氣質之性」), "勉齋黃氏曰: … 性固爲氣質所雜矣, 然方其未發也, 此心湛然, 物欲不生, 則氣雖偏而理自正, 氣雖昏而理自明, 氣雖有贏乏而理則無勝負. 及其感物而動, 則或氣動而理隨之, 或理動而氣挾之. 由是至善之理聽命於氣, 善惡由之而判矣."

45) 『南塘集』 卷30, 「人心道心說」, "勉齋則又喜談「發於形氣」, 而又推而爲「氣動理隨、理動氣挾」之論."

들어 『서집전(書集傳)』을 완성한 일이다. 그런데 그는 「대우모(大禹謨)」편의 인심유위장(人心惟危章)에 주를 달면서 인심을 '발어형기(發於形氣)'라고 규정하고 있다.[46] 「중용장구서」의 '생어형기지사(生於形氣之私)'와 비교하면 '생(生)'을 '발(發)'로 바꾸고, '사(私)'를 없앤 것이다. 이에 대해 한원진은 채침이 "'형기(形氣)'를 '심상기(心上氣)'로 간주하였음은 뒷사람도 변명해 주기 어렵다"고 비판한다.[47]

이상의 논의를 바탕으로 한원진은 "인심을 기발, 도심을 리발로 분속하는 일은 실로 채침과 황간으로부터 비롯되었으며",[48] 나아가 두 사람은 "실로 후세의 이기(二歧, 리기호발론)의 오류를 열어주었다"[49]고 비판한다. 채침과 황간이 후세의 인심기발・도심리발론 및 리기호발론에 단초를 제공했다는 것이다.

2) 송대 원대의 주자학자

(1) 진덕수(眞德秀, 西山眞氏)

진덕수(眞德秀, 1178~1235)는 이른바 경원(慶元)의 당금(黨禁)이라 불리는 주자학에 대한 탄압이 해제된 뒤에 '정학(正學)', 즉 주자학을 천하 후세에 밝히는 데 지대한 공헌을 했다고 평가받는 남송 말을

---

46) 蔡沈, 『書集傳』, 「虞書・大禹謨」 注, "指其發於形氣者而言, 則謂之人心; 指其發於義理者而言, 則謂之道心."

47) 『南塘集』 卷30, 「人心道心說」, "九峯則於禹謨註, 改「生」字以「發」字, 又去「私」字. 「私」字本自有意思, 謂之私, 則其指耳目口體而言者, 又煞分明矣. 今去「私」字, 而直云「發於形氣」, 則其認作心上氣, 後人亦難爲回互矣."

48) 『南塘集』 卷30, 「人心道心說」, "其以人心道心分屬理氣之發, 實自九峯、勉齋始矣."

49) 『朱子言論同異攷』 卷4, 「書」:24, "「生於形氣」, 「生」字改作「發」字, 實啓後世二歧之差."

대표하는 주자학자이다.50)

『심경부주(心經附註)』에는 그의 "성색취미(聲色臭味)의 욕구는 모두 기(氣)에서 발하니[發於氣] 이것이 이른바 인심이요, 인의예지(仁義禮智)의 리(理)는 모두 성(性)에 근원하니 이것이 이른바 도심이다"라는 말이 실려 있다.51) 이에 대해 한원진은 "서산(西山, 진덕수)이 「중용장구서」의 '형기'를 '심상발용지기(心上發用之氣)'로 간주하여 마침내 인심을 '기에서 발한다'고 하였으니, 매우 주자의 뜻을 잃어버린 것이다"라고 지적하면서, 그가 "인심을 '기(氣)에서 발한다'고 하고, 도심을 전적으로 '리(理)'로 간주하였으니, 이는 대개 이기(二岐, 리기호발론)의 오류에서 벗어나지 못한 것이다"라고 비판한다.52)

또한 『성리대전서(性理大全書)』(권35)에 수록된 "지각(知覺)은 기(氣)에 속하니, 무릇 가려움을 알고, 이해를 알고, 의리를 알 수 있는 것은 모두 이것[진덕수의 주: 이른바 인심]이다. 인의예지신 같은 것은 순수한 의리[진덕수의 주: 이른바 도심]이다"에 대해서도 "이것을 보면 더이상 서산(西山)이 인심을 기로, 도심을 리로 나누었다고 말하기를 꺼릴 수가 없다"고 비판한다.53)

---

50) 『宋史』 卷437, 「儒林七・眞德秀傳」, "黨禁旣開, 而正學遂明于天下後世, 多其力也."

51) 『心經附註』 卷1, 「書・人心道心章」(←『大學衍義』 卷2, 「帝王爲學之本・堯舜禹湯文武之學」), "西山眞氏曰: … 夫聲色臭味之欲, 皆發於氣, 所謂人心也; 仁義禮智之理, 皆根於性, 所謂道心也."

52) 『南塘集』 卷23, 「心經附註箚疑」:4, "西山以庸序「形氣」, 認作心上發用之氣, 遂以人心爲「發於氣」, 其失朱子之旨甚矣. … 旣以人心爲「發於氣」, 又以道心專作「理」字看, 則盖未免乎二岐之差矣."

53) 『南塘集』 卷23, 「心經附註箚疑」:4, "更攷性理大全仁門, 眞氏曰: 「知覺屬氣, 凡能識痛痒、識利害、識義理者皆是也.」 自註曰: 「此所謂人心.」 又曰: 「若仁義禮智信, 則純是義理.」 自註曰: 「此所謂道心.」 以此觀之, 則西山之以人心道心, 分作理氣, 不可復諱."

(2) 왕백(王柏, 魯齋王氏)

남송말의 왕백(王柏, 1197~1274)은 황간(黃榦)의 제자인 하기(何基)의 제자, 즉 황간의 재전(再傳) 제자에 해당하는 인물로 이른바 북산 4선생(北山四先生)의 한 사람이다. 하기(何基)→왕백(王柏)→김이상(金履祥)→허겸(許謙)으로 이어지는 북산 4선생은 절강(浙江)의 금화(金華) 지역에 주자학을 전파하고 발전시킨 공으로 인해 후세에 '자양(紫陽, 주희)의 적자'라는 평가를 받기도 한다.[54]

『심경부주』에는 왕백의 「인심도심도(人心道心圖)」가 실려 있는데, 이 그림에는 '형기(形氣)'와 '성명(性命)'이 심(心)[55] 안에 들어 있다. 이에 대해 한원진은 "형기를 '심상발용지기(心上發用之氣)'로 보고 인심과 도심을 각각 기에서 발하고, 리에서 발한다고 한 것이니, 그 잘못이 매우 심하다"고 비판한다. 아울러 이 그림에는 '정(正)' 자와 '미(微)' 자의 위치가 도치되어 있다고 말하면서 "애초부터 대순(大舜)과 주자의 뜻이 어떤 것인지 살피지 못하였으니, 매우 터무니가 없고 근거가 없다"고 비난한다.[56]

---

54) 『宋元學案』 卷首, 「宋元儒學案序錄」, "勉齋(黃榦)之傳, 得金華而益昌. 說者謂北山(何基)絕似和靖, 魯齋(王柏)絕似上蔡, 而金文安公(王柏)尤爲明體達用之儒, 浙學之中興也. 述北山四先生學案."
『宋元學案』 권82, 「北山四先生學案」, "百家謹案: 勉齋(黃榦)之學, 旣傳北山(何基), 而廣信饒雙峰(饒魯)亦高弟也. 雙峰之後, 有吳中行、朱公遷亦錚錚一時, 然再傳卽不振. 而北山一派, 魯齋(王柏)、仁山(王柏)、白雲(許謙)旣純然得朱子之學髓, 而柳道傳、吳正傳以逮戴叔能、宋潛溪一輩, 又得朱子之文瀾, 蔚乎盛哉! 是數紫陽之嫡子, 端在金華也."

55) 정확하게는 '心' 字의 小篆 𢗱.

56) 『南塘集』 卷23, 「心經附註箚疑」:5, "此圖以形氣性命, 同置心字中. 是以形氣爲心上發用之氣, 而以人心道心爲各從理氣而發也, 其失已甚矣. … 此圖乃以「正」字著於性命之外, 以「微」字屬之性命之下, 是於內外動靜, 一切倒說而易置之. 初不察乎大舜、朱子之旨爲何如也, 可謂踈誕無據之甚矣."

(3) 허겸(許謙, 東陽許氏)

북산 4선생의 마지막에 자리하는 허겸(許謙, 1270~1337)은 하기→왕백→김이상의 도를 발전시켜 배우는 사람들이 그 학통을 '주희의 세적(世嫡, 적통)'으로 생각하도록 만들었다고 평가받는 원대의 주자학자이다.57)

『중용장구대전(中庸章句大全)』의 소주(小註)에는 그의 "인심은 기(氣)에서 발한다", "도심은 리(理)에서 발한다", 그리고 "(도심도) 기(氣) 속에 있다"는 말이 수록되어 있다.58) 이에 대해 한원진은 "형기를 '기발(氣發)'의 기로 간주했기 때문에 인심과 도심을 기발과 리발로 나누었다"59)고 비판하면서, "후세의 호발설은 모두 여기에서 근원한다"60)고 지적한다.

3) 조선의 주자학자

(1) 권근(權近, 陽村)

57) 『元史』 卷189, 「儒學一・許謙傳」, "先是, 何基、王柏及金履祥歿, 其學猶未大顯, 至謙而其道益著, 故學者推原統緖, 以爲朱熹之世適."

58) 『中庸章句大全』, 「序」, 小註, "東陽許氏曰: 人心發於氣, 如耳目口鼻四肢之欲是也. … 道心發於理, 如惻隱羞惡辭遜是非之端是也. 亦存乎氣之中, 爲人心之危者晦之, 故微而難見."

59) 『南塘集拾遺』 卷4, 「退溪集箚疑」:65, "許氏不察乎此, 而以「形氣」看作氣發之氣, 故旣以人道分理氣之發, 而又以道心爲存乎人心中者, 是則道心爲人心之理, 人心爲道心之器, 語道心則遺其氣, 語人心則遺其理."

60) 『經義記聞錄』 권2, 「中庸・小註・序」:5, "許氏以人心爲氣發, 以道心爲理發, 而又以道心爲存乎人心之中. 此以人心道心分作理氣看, 而後來互發之說, 皆原於此, 讀者不可不辨也."

조선의 주자학자 중에서 가장 먼저 비판의 대상이 된 인물은 권근(權近, 1352~1409)이다. 한원진은 『입학도설(入學圖說)』 중의 「천인심성합일지도(天人心性合一之圖)」에서 정(情)을 성(性)에, 의(意)를 마음에 분속하고,[61] 인심과 칠정을 기(氣)에, 도심과 사단을 리(理)에 분속하였음을 지적하면서, "리와 기를 이물(二物)로 나누어 더 이상 혼융무간(渾融無間)의 오묘함을 보지 못하게 함으로써 후학을 크게 오도하였다"고 비판한다.[62] 아울러 권근의 「심성정도(心性情圖)」(「천인심성분석지도(天人心性分釋之圖)」 중 「심도(心圖)」)의 제목을 「심성이기도(心性二歧圖)」로 고쳐서 이 그림의 오류, 즉 심과 성을 둘로 나누고 인심·칠정을 기발, 도심·사단을 리발로 나누고 있음을 보여주려 하기도 하였다.[63]

(2) 이황(李滉, 退溪)

이황(李滉, 1501~1570)의 「중답황중거(重答黃仲擧)」(『퇴계집』 권19)에는 "'형기지사(形氣之私)'는 지각(知覺)하고 발용(發用)하는 곳을 가리켜서 말한 것이다"라는 말이 있다.[64] 이에 대해 한원진은 "'형기지사'는 바로 이목구체라고 하는 우리가 개인적으로 가지고 있는 바를

---

61) 胡炳文(雲峯胡氏)의 "性發爲情, 心發爲意"에 근거하여 情을 性에, 意를 마음에 분속한 것, 즉 그의 이른바 '심성이기론(心性二岐論)'을 비판한 것이다. 앞의 주 38 참고.

62) 『南塘集拾遺』 권4, 「退溪集箚疑」:35, "陽村圖說, 以情意、人道、四七, 分屬心性、理氣, 使理氣判爲二物, 而不復見其渾融無間之妙, 其誤後學也大矣."

63) 『經義記聞錄』 卷6, 「理氣性情圖說·心性二歧圖」, "右權陽村心性情圖. 心性二歧之差, 此圖首實自盡, 不待更辨矣. … 故仍其圖, 而改其名曰心性二歧, 以附于前圖之下, 使覽者知所擇焉."

64) 『退溪集』 卷19, 「重答黃仲擧」, "形氣之私, 指知覺發用處言."

가리켜서 말한 것이지 마음이 지각하고 발용하는 곳을 가리켜서 말한 것이 아니다. 선생은 이 '형기'를 마음의 지각하고 발용하는 기로 여겼기 때문에 인심을 기발, 도심을 리발이라고 여기고, 다시 그것을 미루어서 사단은 리발, 칠정은 기발이라는 논의를 펼쳤던 것이다"라고 비판하면서, "이것은 또한 선생의 논의가 근본하고 있는 곳이니, 선생의 논의를 연구하려는 사람이 알지 않으면 안 된다"고 강조한다.[65]

(3) 박세채(朴世采, 玄石)

박세채(朴世采, 1631~1695)의 「답김원회문(答金元會問【學】)」에는 "정자(程子)가 말한 '기품(氣稟)'은 곧 주자가 말한 '형기지사(形氣之私)'이다"[66]라는 말이 있다. 이에 대해 한원진은 "정자가 말한 '기품'은 기품의 선악을 말한 것이고, 주자가 말한 '형기지사'는 이목구체만을 가리켜서 말한 것으로 가리키는 바가 원래 다르다. 지금 둘을 합해서 논하고 있으니, 대개 이 역시 「중용장구서」의 '형기'를 '기발'의 기로 여긴 것이다"라고 비판한다. 아울러 인심을 기발, 도심을 리발로 분속하는 것은 박세채의 '평생 정론'이었다고 지적한다.[67]

---

65) 『南塘集拾遺』 권4, 「退溪集箚疑」:23, "「形氣之私」, 正指耳目口體我所私有者而言, 非指心之知覺發用處而言也. 先生將此形氣, 認作心之知覺發用之氣, 故以人心爲氣發, 道心爲理發, 而又推之爲四端理發、七情氣發之論. 此又先生言議所本處, 欲究先生言議者, 不可以不知也."

66) 『南溪集』 卷37, 「答金元會問【學】」, "程子所謂氣稟, 卽朱子所謂形氣之私. 但所主而言者, 少有偏全之異. 然則其屬之人心, 豈非明白正當?" ('程子가 말한 氣稟'이란 다음을 가리킨다. 『二程遺書』 1:56, "人生氣稟, 理有善惡, 然不是性中元有此兩物相對而生也. 有自幼而善, 有自幼而惡, 是氣稟有然也. 善固性也, 然惡亦不可不謂之性也.")

67) 『南塘集拾遺』 卷6, 「玄石人心道心說辨」:4, "程子所謂氣稟, 以氣稟善惡而言; 朱子所

(4) 조성기(趙聖期, 拙修齋)

조성기(趙聖期, 1638~1689)에게는 「퇴율양선생사단칠정·인도·리기설후변(退栗兩先生四端七情人道理氣說後辨)」(『拙修齋集』 권11)이라는 글이 있다. 이 글에서 조성기는 '기발리승(氣發理乘)'을 유일한 마음의 발동 방식으로 전제하면서도, 거기에는 '리가 기를 타고서 발하는 경우[理乘氣而動]'와 '기가 발하고 리가 (기에) 깃드는 경우[氣寓理而發]'가 있다고 하면서 도심과 사단이 전자에, 인심과 칠정이 후자에 해당됨을 논하고 있다.68)

이에 대한 한원진의 비판은, 그 결론만 말하면 "「중용장구서」에서 말한 '형기'는 또한 이목구비 등 마음 밖에 갖추어진 형해(形骸)와 혈기(血氣)를 말한 것이다. … 이제 (「중용장구서」에서) 이 '형기'를 '성명'과 짝을 지어 말한 것을 보고서 곧바로 ('형기'를) 지각하고 발용하는 기로 여기고, 마침내 리와 기가 각각 주장이 있어 분대(分對)하여 나온다고 여겼으니, 또 어찌 잘못이 아니겠는가!"라는 것이다.69)

이상에서 주희의 제자 가운데 황간과 채침, 송·원의 주자학자 중에서 진덕수, 왕백, 허겸, 그리고 조선의 주자학자 가운데 권근,

---

謂形氣之私, 只指耳目口體而言, 所指元自不同. 今合而論之, 盖亦以庸序形氣, 認作氣發之氣矣.【曾見玄石所編二書要解, 論人心道心, 分屬理氣之發, 盖其平生定見, 如是矣.】"

68) 『南塘集拾遺』 卷6, 「拙修齋說辨」:2, "拙修齋理氣辨, 又以理氣之發, 爲有理乘氣而發者, 有氣寓理而發者. 以道心四端, 爲理乘氣而發; 以人心七情, 爲氣寓理而發. 所謂理乘氣而發者, 謂是發也, 理爲主而氣盛載以出也; 所謂氣寓理而發者, 謂是發也, 氣爲主而理寄寓以行也."

69) 同上, "庸序所謂形氣, 亦以其耳目鼻口之屬、形骸血氣之具於外者而言也. … 今見此「形氣」字與「性命」對說, 便認以爲知覺發用之氣, 而遂以爲理氣各有主張, 分對出來, 又豈不誤也哉!"

이황, 박세채, 조성기의 인심도심설에 대한 비판, 즉 인심기발・도심리발설, 리기호발설의 계보에 속하는 주자학자들에 대한 한원진의 비판을 소개하였는데, 그것은 다음의 말로 요약할 수 있다.

> 예로부터 이 서문(「중용장구서」)를 읽는 사람들이 모두 이 '형기'를 오인하여 '심상기'로 혼동하였기 때문에 리기호발론, 심성이기론(心性二岐論)이 그로 인해 일어났던 것이다. 한 글자를 분명하지 알지 못한 것의 해가 이처럼 깊구나![70]

5. 글을 나오며

이상, 「중용장구서」의 '형기'에 대한 해석을 중심으로 한원진의 인심도심론을 살펴보았다. 마지막으로 한원진의 글을 읽으면서 느꼈던 점 몇 가지를 소개하면서 글을 마무리하고자 한다.

(1) 24세 경에 정론 정립

먼저 눈에 띄는 점은 한원진의 학문적 입장이, 적어도 인심도심론의 경우 매우 젊은 시절에 정립되었다는 점이다. 위에서 살펴본 바와 같이 한원진의 인심도심론은 24세에 지은 「시동지설」과 「인심도심설」에서 거의 완성되었다고 할 수 있다. 이 두 편의 글에서 밝히고 있는 입장이 기본적으로 만년까지 변하지 않고 유지되는 것이다. 그의 인심도심론에서 핵심이라고 할 수 있는 '형기설' 역시 이때

70) 『經義記聞錄』 卷2, 「中庸・序文」:3, "自昔以來, 讀此序者, 皆誤認此「形氣」, 滚合心上氣看, 故理氣互發、心性二岐之論, 因此而起. 一字不明之害, 如此深哉!"

이미 완전한 모습을 갖추고 있다. 이런 점에서 본다면 한원진의 인심도심론은 24세 경에 이미 정립되었다고 할 수 있다.

한원진이 권상하의 문하에 들어간 것은 21세였다. 그로부터 3년 뒤에 동문들에게 성리학 전반의 주요 개념들에 대해 자신의 견해를 밝힌 「시동지설」을 짓고, 그중에서 인심도심에 대해 전문적으로 논한 글이 「인심도심설」이다. 본격적으로 공부를 시작한 지 불과 3년 만에 수많은 성리학의 개념, 그리고 조선 성리학에서 오랫동안 논란이 되어왔던 인심도심에 대해 '정미하고 심오한 오묘함[精微深奧之妙]'을 '자득(自得)'(「시동지설」)했다고 보기는 상식적으로 어렵다.

그의 인심도심론은 자득에서 나온 것이라기보다는 오히려 선생님(=권상하), 그리고 선생님의 선생님(=송시열), 또 그 선생님으로부터 이어져 내려온 학파의 입장, 한마디로 말해 율곡학파의 학설을 나름대로 정리하고서, 그것을 그대로 자신의 학문적 입장으로 삼았다고 보는 것이 타당할 것이다. 실제로 그는 권상하에게서 인심도심에 대해 들은 내용을 『경의기문록』(권2, 「중용 · 서문」)에 기록하고 있다. 이곳에 보이는 논의는 「인심도심설」의 내용과 완전히 일치한다.

이와 관련하여, 일부러 트집을 잡으려는 것은 아니지만, 떠오르는 한원진의 말이 있다. 그는 주희가 65세에 「경연강의(經筵講義)」(『晦庵集』 권15)를 엮고 나서도 71세로 세상을 떠나기 3일 전까지 계속해서 『대학장구(大學章句)』를 수정한 일을 거론하면서 "대현(大賢)의 일신(日新)하려는 노력을 볼 수 있다"고 말한다.[71] 이어서 다음과 같이 말한다.

71) 『朱子言論同異攷』 卷2, 「大學」:6, "講義說多有與章句不同, 而其不同處, 皆不如章句之密, 蓋以章句修改, 直至易簀前三日而不住故也. 講義之編, 實在先生六十五歲時, 而其後定論, 又有異於此者, 則大賢日新之功可見矣, 而在學者又不可以不自强也."

저 작은 것을 얻어서 만족하면서 더 진보하려 하지 않고, 편견을 고수하면서 바꿀 줄 모르는 자는 현자(賢者)인가, 불초(不肖)한 자인가? 선생(=주희)께서 말씀하셨다. "겨우 하나의 설을 얻어서 종신토록 고치지 않는 자는 상성(上聖, 최고의 성인)이 아니라면 반드시 하우(下愚, 가장 어리석은 자)일 것이다." 정말로 훌륭한 말씀이다![72]

한원진의 학문적 역정은 그가 존경해 마지않았던 주희와는 거리가 있는 듯하다.

(2) 호변(好辯)과 호승(好勝)

한원진은 만년(61세)에 그때까지 '미발(未發)'을 둘러싸고 벌여왔던 많은 논쟁을 돌아보면서 "말하는 나도 스스로 지리(支離)하게 느끼는데 듣는 사람이 호변(好辯)이 그칠 줄을 모른다고 여기는 것도 당연하다"고 말한다.[73] 그럼에도 불구하고 논쟁을 그만둘 수 없는 자신의 심경을 이렇게 토로한다.

그러나 맹자가 호변(好辯), 즉 논쟁을 좋아했고 한자(韓子, 한유)가 호승(好勝), 즉 기를 쓰고 이기려고 했던 것은 모두 부득이한 일이었습니다. 내 비록 맹자, 한자의 도는 없으나 그 뜻만큼은 진실로 맹자, 한자의 문정(門庭)에서 나온 것입니다. 듣는 사람들이 과연 너그럽게 용서해줄 수 있을지 모르겠습니다.[74]

---

72) 同上, "彼得小爲足而不求進益, 膠守偏見而不知變動者, 其爲人賢不肖何如也? 先生曰: 「纔得一說, 終身不改者, 若非上聖, 必是下愚.」 至哉言乎!" (주희의 발언은 『晦庵續集』 卷1, 「答黃直卿」(『朱熹集』 9:5130)에 보인다.)

73) 『南塘集』 卷18, 「答金子靜【壬戌十一月】」, "愚於未發之說, 辨之屢矣. 言者自覺支離, 聽者宜以爲好辯不已也."

74) 『南塘集』 卷18, 「答金子靜【壬戌十一月】」, "然孟子好辯, 韓子好勝, 皆非得已也. 愚

맹자가 우(禹)임금, 주공(周公), 공자의 도를 지키기 위해 호변이라는 세상의 평가를 마다하지 않았고[75] 한유가 공자, 맹자, 양웅(揚雄)의 도를 지키기 위해 호승이라는 지적을 달게 받아들였던 것처럼,[76] 한원진이 평생 지칠 줄 모르고 치열하게 논쟁을 벌였던 것은 주자의 도를 수호하기 위해서였다.

인심도심의 경우에는 미발처럼 지리하게 논쟁을 벌이지는 않았지만, 그가 역대의 많은 주자학자에 대해 '주자의 본지'를 오인했다고 비판하였음은 위에서 살펴보았다. 그리고 이러한 비판의 칼끝이 향하고 있던 사람은 궁극적으로 이황이었다. 그는 이황이 '형기'를 '기발의 기'로 오해하여 인심을 기발, 도심을 리발이라고 주장함으로써 주자의 본지를 잃어버렸다고 통탄하면서[77] 이렇게 말한다.

> 미언(微言)은 분석되었으나 대의(大義)는 도리어 어두워졌다. 나는 주자가 천년 동안 눈을 감지 못할까 두렵다.[78]

雖無孟、韓之道, 其志則固自孟, 韓門庭中來矣. 聽者果能恕之否乎?"

75) 『孟子』「滕文公下」:9, "我亦欲正人心, 息邪說, 距詖行, 放淫辭, 以承三聖者. 豈好辯哉? 予不得已也." (集註: 「三聖, 禹、周公、孔子也.」)

76) 『韓昌黎文集校注』 卷2, 「重答張籍書」, "前書謂吾與人商論, 不能下氣, 若好勝者然. 雖誠有之, 抑非好己勝也, 好己之道勝也; 非好己之道勝也, 己之道乃夫子孟軻揚雄所傳之道也. 若不勝, 則無以爲道, 吾豈敢避是名哉!"

77) 『南塘集拾遺』 卷4, 「退溪集箚疑」:69, "盖先生旣以庸序「形氣」, 認作氣發之氣, 以人心爲氣發, 道心爲理發, 而理氣又不可謂判然相離而發, 故遂以爲人心道心必相資相發而非二物也. … 「形氣」一言, 看得旣差, 而「道心雜出」之言, 又認以爲理氣之相雜, 前誤後訛, 遂失其旨, 可勝歎哉!" ('道心雜出'은 『朱子語類』에 보인다. 『朱子語類』 62:41, "然此道心却雜出於人心之間, 微而難見, 故必須精之一之, 而後中可執. 然此又非有兩心也, 只是義理, 人欲之辨爾.")

78) 同上, "微言旣析, 大義反晦, 愚恐朱子之目, 不瞑於千載也."

주희에 대한 한원진의 일종의 '감정이입'에는 단순한 선현에 대한 존경 이상의 무언가가 느껴진다. 치열한 논쟁과 과감한 비판은 물론 진리를 추구하여 정학(正學), 즉 주자학을 수호하려는 순수한 학문적 동기와 열정에서 나온 것이겠지만, 그가 평생을 걸쳐 호변과 호승의 태도를 견지할 수 있었던 바탕에는 종교적 신앙심에 가까운 주자에 대한 절대적인 믿음이 있었다고 생각된다.

(3) 유력한 주자학자들의 존재

한원진은, 조선의 주자학자들은 접어두더라도 황간, 채침 같은 주문(朱門)의 고제(高弟), 진덕수, 왕백, 허겸 등 남송말과 원대를 대표하는 주자학자들이 모두 '주자의 본지'를 오인하여 '형기'를 '마음의 기'로 간주하였다고 비판한다. 이러한 관점에는 바로 주희의 관점을 절대화하고자 하는 소명이 작용한 것으로 당시 학술 문화적 다원성을 엿보게 하는 태도를 보인 것이다.

한원진의 열정에 감탄하고 그 논리에 수긍하면서도 때로 고개를 갸우뚱하게 되는 순간도 있다. 주희에게 직접 배우고 그의 도를 후세에 전하는 데 누구보다도 큰 공을 세운 제자들, 남송말과 원대를 거치면서 주자학의 전파, 계승과 발전에 지대한 공헌을 한 학자들, 그 많은 유력한 주자학자들이 한결같이 형기를 마음의 기로 오해했단 말인가? 그렇다면 거기에는 무언가 이유가 있었던 것은 아닌가? 하는 의문이 드는 것도 사실이다.

게다가 그들이 모두 주자의 본지를 오해했고, 자신만이 그것을 정확하게 알고 있다는 주장은 어딘가 독선적인 느낌을 준다. 이 점이 오히려 주장의 설득력을 떨어뜨리지는 않았을까? 당대에 권근,

이황, 박세채, 조성기 등과 지연, 학연, 당파 등으로 연결된 사람들이 과연 한원진의 주장을 순순히 받아들였을지는 의문이다. 논쟁이 생산적인 결론에 도달하는 경우는 본래 드물지만, 한원진의 경우에는 더더욱 또 다른 다툼의 씨앗이 되었을 듯하다. ◆

▌참고문헌

원전류:

『書經大全』, 四庫全書本.

『中庸章句大全』, 四庫全書本.

『性理大全書』, 四庫全書本.

『宋史』, 中華書局標點本.

『元史』, 中華書局標點本.

權尙夏, 『寒水齋集』, 韓國文集叢刊本.

金謹行, 『南塘先生年譜』, 장서각 소장본(PB9I-19A).

李 滉, 『退溪集』, 韓國文集叢刊本.

朴世采, 『南溪集』, 韓國文集叢刊本.

尹鳳九, 『屛溪集』, 韓國文集叢刊本.

趙聖期, 『拙修齋集』, 韓國文集叢刊本.

韓元震, 『南塘集』, 韓國文集叢刊本.

韓元震, 『經義記聞錄』, 하버드 옌칭도서관 소장본(TK 157/4511).

韓元震, 『朱子言論同異攷』, 국립중앙도서관 소장본(UCI G701:B-00047981690).

韓元震, 곽신환 역, 『주자언론동이고』, 소명출판, 2002.

程敏政, 『心經附註』, 保景文化社 영인본.

程敏政, 성백효 역, 『心經附註』, 전통문화연구회, 2002.

朱熹, 『朱熹集』, 成都: 四川教育出版社, 1996.

朱熹, 『朱子語類』, 北京: 中華書局, 1986.

朱熹, 『四書章句集注』, 北京: 中華書局, 1983.

眞德秀, 『西山讀書記』, 四庫全書本.

韓愈, 『韓昌黎文集校注』, 上海: 上海古籍出版社, 1986.

黃宗羲, 『宋元學案』, 臺北: 華世出版社, 1987.

陳來, 『朱子書信編年考證』, 上海: 上海仁民出版社, 1987.

논문류:

김태년, 「남당 한원진 사상의 배경과 형성 과정」, 『한민족문화연구』 20, 2007.

김태년, 「南塘 韓元震의 '正學' 形性에 대한 연구」, 고려대 박사학위논문, 2006.

謝曉東, 「韓南塘適人心道心思想硏究」『율곡학연구』 32, 2016.
안유경, 「율곡 이이와 남당 한원진 인심도심설의 대비적 고찰」, 『민족문화』 49, 2017.
이상곤, 「남당 한원진의 기질 성리학 연구」, 원광대 박사학위논문, 1991.
이상곤, 「남당 한원진의 인심도심론」『역사와 사회』 23, 1999.
이창규, 「人心道心說에서 朱熹와 韓元震의 문제의식 비교」, 『유교사상문화연구』 72, 2018.
임원빈, 「남당 한원진의 철학과 리에 관한 연구」, 연세대 박사학위논문, 1994.
황준연, 「조선성리학의 인심도심설에 대한 분석」, 『원광대 논문집』 15, 1981.

조선시대 경연에서 『예기』 「악기」가 논의된 양상
-숙종 · 영조조를 중심으로-

조 정 은

* 이 글은 『태동고전연구』 제48집(한림대학교 태동고전연구소, 2022.06)에 게재한 동명의 논문을 본 저서의 간행 취지에 맞춰 일부 수정한 것이다.

1. 서론

이 글은 『예기(禮記)』「악기(樂記)」편이 경연(經筵)에서 논의된 양상을 살피며 조선경학사상사에서 특징적으로 나타난다고 평가할 만한 「악기」 강론의 고유한 관점을 드러내는 것을 목표로 한다.[1] 나아가 본고는 「악기」와 악(樂)이 경연에서 논의되는 정치적 의미가 조선전기와 후기에 따라 정치문화적 다양성을 가지고 해석되는 점에 대하여 살펴보고자 하였다. 구체적으로 전기에는 제도적 시무로서, 후기에는 신하의 입장에서 군주를 제어하는 수양의 수단으로서 또는 군주의 입장에서 왕권 강화의 목적으로서 논의되는 점에서 시대적 정치적 위치에 따르는 문화적 다원성에 주목하여 「악기」를 논의하고 있음을 살펴보고자 한다.

예악을 통치수단으로 보는 유가적 시각이 「악기」에서 뚜렷이 제시되는 만큼[2] 유학을 통치 이념으로 표방한 조선에서 「악기」가 비중 있게 탐색되었을 것 같지만 실상은 그렇지 못하다. 조선 초기 권근(權近, 1352~1409)이 『예기천견록(禮記淺見錄)』을 저술하며 『예기』의

1) 이 글에 인용된 경연 자료는 연세대학교 국학연구원 경연연구팀에서 2005년 한국학술진흥재단(현 한국연구재단)의 지원을 받아 작성한 〈조선조 경연 자료 집성 및 주해〉(한국연구재단 기초학문자료센터 https://www.krm.or.kr)에 근거한다.

2) 「악기」는 '예를 통해 구분하고 악을 통해 조화시킨다'는 상보적 예악 개념이 확립되는 저술로 예악과 통치의 관련성이 다른 어떤 문헌보다 자세히 서술되어 있다. 예를 들어, "위대한 악은 천지와 조화를 함께하고 위대한 예는 천지와 절도를 함께한다[大樂與天地同和, 大禮與天地同節.]"라는 문장은 예악이 서로 보완하며 천지의 운행에 비견될 만한 안정적인 사회 체제를 이루는 데 기여한다는 뜻으로 해석할 수 있다.

여러 편 중 특히 「악기」편에 공을 들여 체재를 재편하고 비교적 상세히 해석한 이래[3] 이와 비슷한 수준의 「악기」에 관한 저술은 찾기 힘들다. 상황이 이러하다 보니 조선 초기 이후 「악기」가 해석된 양상을 개인 저술을 통해 추적하는 것은 쉽지 않다. 따라서 이 글은 개인 저술이 아닌 경연 자료를 분석해 「악기」가 논의된 양상을 살피고자 한다. 「악기」는 제목대로라면 '악(樂)에 관한 기록'이어야 하지만 악이 예와 함께 서술되는 부분도 있다. 따라서 경연에서도 예와 악이 함께 언급되고는 한다. 하지만 이 글에서 다루는 범위는 악에 한정시킨다. 일차 자료를 인용하거나 이에 근거해 서술할 경우 '예악'이라는 용어가 등장하지만 논의는 악에 국한시킨다.[4]

'경연(經筵)'은 글자 그대로라면 '유교 경전을 공부하는 자리'이지만 학술의 장에만 그치지 않고 시무(時務)를 논하는 장이기도 했다. 숙종과 영조조 이전 「악기」를 경연에서 강론한 경우는 드물지만 악은 시무 중 하나였기 때문에 경연에 종종 등장하는 주제였다. 「악기」가 강론 대상인 경우에도 악에 관한 시무를 논하기도 했다. 따라서 이 글에서는 먼저 전기와 후기로 대별해 「악기」에만 국한하지 않고 포괄적으로 악이 어떤 관점에서 주로 논의되었는지를 살피겠다. 다음으로 숙종과 영조조 경연에서 「악기」에 근거해 왕에게 수양의 중요

---

3) 권근은 「악기」에 대해 『예기』의 다른 편들과 차별화될 만큼 가장 정밀하다고 평가한다(『예기천견록』, 「樂記」, "愚竊恐此篇之文最精與諸篇不類"). 또한 권근이 『예기』 전체 편을 통틀어 하나로 된 편을 둘로 분리한 유일한 편이 「악기」이기도 하다.

4) '악(樂)'은 「악기」의 정의대로라면 노래, 악기 연주, 춤이 어우러진 형태를 가리킨다. 이 글에서는 용어 사용의 편의상 악의 범주에 속한 개별 요소도 '악'으로 지칭한다. 예를 들어 노래 가사에 대한 논의도 악에 관한 논의로 지칭한다.

성을 강조하는 논의가 어떻게 전개되는지 살피고, 영조조에 음률에 관한 논의가 등장하는 함의를 다루겠다. 이를 통해 조선시대 경연에서 이루어진 「악기」 강론이 갖는 고유한 특징을 지적하고자 한다.

악에 관한 논의까지 범위를 넓혀 살피는 것은 조선 전기와 후기 경연에서 「악기」가 강론된 양상을 통시적으로 파악하는 데 수반될 수밖에 없는 자료의 비대칭성이라는 한계를 보완하기 위해서이다. 경연 기록은 『조선왕조실록』, 『승정원일기』, 개인 문집을 통해 확인할 수 있는데, 『승정원일기』가 인조조부터 전해지기 때문에 조선 전기는 『조선왕조실록』과 개인 문집을 통해서만 접근할 수 있다. 그런데 『승정원일기』는 이 두 자료에 비해 경연장의 실제 모습을 거의 원형에 가깝게 복원할 수 있을 만큼 현장성이 살아 있고 자세하고 객관적이라고 평가받는다.[5] 조선 전기에 「악기」가 드물게 강론된 데다가 『승정원일기』라는 구체적 기록마저 없기 때문에 조선 전기 경연 기록은 이 글의 주요 분석 대상인 숙종과 영조조 경연 기록에 비해 훨씬 소략하다. 이 같은 자료의 비대칭성 때문에 숙종과 영조조 경연 기록에서 「악기」 강론이 그 이전 시기에 비해 어떠한 특징이 있다는 것을 확인했다고 하여 실제 그러했다고 단정 짓기는 어렵다. 비록 여전히 한계에서 자유롭지는 못하겠지만 악에 관한 경연 기록에 담긴 내용이 「악기」에 관한 논의와 상통하는 점이 있다면 「악기」 강론에 대한 평가를 뒷받침하는 근거가 될 수 있을 것이다.

5) 『승정원일기』에 실린 경연 기사가 갖는 특별한 가치에 대해서는 윤훈표, 「승정원일기 경연 기사의 특징」, 『사학연구』 100, 한국사학회, 2010, 42~49쪽 참고.

2. 조선시대 경연에서 악(樂)이 논의된 양상

1) 조선 전기 양상

조선 전기 경연에서 악은 학술보다 시무로서 다뤄지는 경우가 많다. 학술 논의로 시작하더라도 결국 시무적 주제로 이어지고는 한다. 예를 들어 성종 9년 11월7일 경연에서 「악기」를 강론하는데, 강론 대상으로 삼은 「악기」 구절은 기록되지 않은 채 정창손(鄭昌孫, 1402~1487)의 '악의 쓰임이 크다'는 말로부터 시작해 세종조에 나뉜 아악과 속악이 제대로 구분되어 쓰이지 않고 있는 문제를 다루게 된다.[6] 「악기」에서도 예악을 종묘사직에 쓴다고 하고, 정음・송음・위음・제음은 제사에 쓰지 않는다고 하여[7] 악의 쓰임처에 대해서 말하고 있지만 이를 다루는 것은 이 두 서술에 그친다.

'예악형정(禮樂刑政)'을 다스리는 방도로서 언급하는[8] 「악기」에서 악은 주로 통치 수단으로 제시된다. 따라서 악은 어디에서 연주되느냐가 아닌 그 영향력이 중요하다. 예를 들어, 위대한 악은 천지의 조화에 비견될 만한 영향력을 지니고, 악은 백성을 기르는 방도로서 중요하다.[9] '악의 쓰임이 크다'는 말이 「악기」의 어느 구절과 관련해 언급되었는지는 알 수 없지만 「악기」의 주요 주제인 악의 영향력

6) 『朝鮮王朝實錄』, "講樂記. 領事鄭昌孫啓曰, '樂之爲用大矣. 我世宗每事無不致意, 而於音樂尤用意焉, … 雅俗樂於是始分. 今則混而無別未便. 請分雅俗.'"

7) 『禮記』, 「樂記」, "若夫禮樂之施於金石 … 用於宗廟社稷"; "鄭音好濫淫志, 宋音燕女溺志, 衛音趨數煩志, 齊音敖辟喬志. 此四者, 皆淫於色而害於德, 是以祭祀弗用也."

8) 『禮記』, 「樂記」, "禮樂刑政, 其極一也, 所以同民心而出治道也."

9) 『禮記』, 「樂記」, "大樂與天地同和, 生民之道樂爲大焉."

과 관련시키기 쉬운 말이었음에도 아악과 속악의 마땅한 쓰임처라는 논의로 이어지는 것으로 볼 때, 「악기」에 대한 학술 논의보다는 현재 행해지는 악에 관한 문제가 경연에서 더 중요하게 다뤄진 예라고 할 수 있다.

중종 11년 5월 19일에는 편명은 제시되지 않은 채 『예기』를 강했다고만 기록되어 있는데, '정위지음(鄭衛之音)'을 언급하고 있어서 「악기」편이었을 가능성이 높다. 「악기」는 정나라와 위나라의 음을 난세의 음으로 기록하고 있는데[10], 경연에서는 난세의 음인 정위지음이라는 소재로부터 선대에 음란한 가사를 바로잡은 것과 마찬가지로 불도(佛道)를 칭찬하는 가사를 바로잡아야 한다는 주장이 제기된다.[11] 아악과 속악의 쓰임을 바로잡아야 한다는 성종조 논의와 마찬가지로 중종조에도 어그러진 악을 바로잡을 것을 논하고 있다. 이처럼 「악기」에 대한 강론은 종종 악을 바로잡는 시무적 논의로 이어지게 되는데, 악을 시무로서 다루는 것은 조선 전기 경연에서 악이 논의된 주요 양상이다.

악과 관련된 시무적 주제 중 가장 많이 등장하는 용어는 '여악(女樂)'[12]이다. 여악의 허용 여부가 주로 논의되는데, 이는 여악이 성리학적 시각에서 바르지 못한 음악이라는 인식이 있기 때문이다. 바름

10) 『禮記』, 「樂記」, "鄭衛之音, 亂世之音也."

11) 『朝鮮王朝實錄』, "講禮記. 侍讀官申光漢因鄭衛之音之說, 啓曰, '以其爲亂世之音, 故孔子曰, 放鄭聲, 遠佞人. 人君治國, 固當如是.' … 掌令金希壽曰, '… 在成宗朝樂章, 多有淫詞, 令成俔等改之, 掌樂之官, 因循不用. 今於樂章有稱贊佛道者, 所宜先改.'"

12) '여악'은 여자 악인 혹은 여자가 연주하는 악으로 특정 음악 양식과는 상관없다. 조선시대 여악은 국가 연향과 중궁이 주관하는 궁중 의식에 쓰였고 제향악에는 쓰이지 않았다. 김종수, 「조선 전기 여악 연구 -여악 폐지론과 관련하여-」, 『국악원논문집』 5, 국립국악원, 1993, 173~174쪽.

의 기준이 엄격할 때는 철폐 대상이 되었다가 느슨할 때에는 다시 허용되기도 하면서 수차례 경연 주제로 등장하게 된다.[13] 따라서 여악 역시 악을 바로잡는 주제에 속한다. 여악 외에도 악기, 연주방식, 음률, 장악원 제조 임명 등에서 법도에 어긋난 것을 논하기도 한다. 따라서 조선 전기 경연에서 악은 그 시행 양상 등이 법도에 마땅한가에 주로 초점이 맞춰진다고 볼 수 있다. 「악기」를 강론했던 경연도 이와 별반 다르지 않아서 「악기」 그 자체에 대한 논의보다는 「악기」로부터 단순히 소재를 제공받아 악을 바로잡는 시무를 논하는 경우가 더 많다.

직접적으로 악을 대상으로 악을 바로잡는 것이 조선 전기 악에 관한 주요 논제이지만 간접적 방법으로 예악의 근원 혹은 예악의 시행자인 왕에게 수양을 역설하기도 한다. 예를 들어 중종 29년 3월 4일 기록에는 왕의 마음이 예악의 근원이기 때문에 왕이 심신을 수양해 정사를 베풀어 만사가 순조롭게 운영돼 조화를 얻게 된다면 이것이 곧 예악이 천하에 행해진 것이라고 적혀 있다.[14] 악을 바로잡는 것은 악이 지니는 효용이 현실에서 제대로 발휘되도록 하기 위해서일 텐데 이 효용은 직접적으로 악을 바로잡아 이룰 수도 있지만 간접적으로

---

13) 여악은 조선 건국 초 고려의 관습을 이어 수용됐지만 성리학 이념과 배치하는 음란함 등을 이유로 허용 양상이 여러 차례 바뀌게 된다. 김종수의 연구에 따르면 세종조에는 성리학 이념을 일신하며 금지 조치를 내리기도 하지만, 성리학적 정통성이 약한 세조조에 이르러 복구되고, 연산군이 폐위된 후 중종조에 성리학 이념을 제창할 필요에 따라 개혁성이 강한 신진 사림의 촉구로 금지되지만 기묘사화 이후 다시 허용된다. 이처럼 여악의 허용 양상은 성리학 이념을 강조하는 정도와 궤를 같이한다. 김종수, 「조선 전기 여악 연구 -여악 폐지론과 관련하여-」, 『국악원논문집』 5, 국립국악원, 1993, 205~206쪽.

14) 『朝鮮王朝實錄』, "人主一心, 實禮樂之原也. 得之於心, 行之於身, 施之於政, 則萬事合於天理之正, 事得其序, 物得其和, 禮樂行於天下矣."

예악의 근원인 왕이 수양함으로써 이룰 수도 있다는 것이다.

조선 전기 「악기」가 경연에서 다뤄지는 경우가 드물게 있더라도 당대 악의 폐단을 바로잡는 시무에 관한 논의로 이어지고는 해서 「악기」를 해석한 관점을 유추하기는 어렵다. 하지만 이 시기 악에 관한 논의에서 이후 「악기」 독해 관점과 연결시킬 만한 내용은 지적할 수 있는데 바로 예악과 관련해 왕의 수양을 다루는 내용이다. 이 내용은 「악기」를 강론하는 가운데 나온 것은 아니지만 「악기」의 주요 개념인 예악에 관한 것인 만큼 차후 「악기」 강론에서 다뤄질 만하다. 실제 악과 관련해 왕의 수양을 다루는 논의는 조선 후기에 더 구체화되고, 「악기」를 강론할 때에도 이 같은 내용이 등장하게 된다.

2) 조선 후기 양상

조선 후기에도 악을 바로잡아야 한다는 주장은 제기된다. 예를 들어 인조 10년 4월 29일 경연 기록에 따르면 세종조에 제정된 이후 임진왜란을 거치며 많이 손실된 채 방치돼 온 악을 바로잡는 일환으로 장악원의 인원을 조정하고, 음률에 정통한 이를 물색해 관원으로 임명하고, 잡다하고 급박한 음이 아닌 관대하고 화평한 음을 회복시켜야 한다는 주장이 제기된다.15) 하지만 이처럼 시무로서 악을 다루는 논의는 현저히 줄어들고 그 대신 전기에 상대적으로 적게 등장했던 왕의 수양에 관한 논의가 차지하는 비중이 커진다. 왕의

15) 『承政院日記』, "惟我世宗大王, 始定禮樂. … 壬辰兵火以後, 國家多事, 未遑留意於禮樂者, 四十餘年. … 請令該院, 無踵前轍, 務加盡心, 陪率之濫數者, 省之, 闕額之未塡者, 補之. 廣求中外曉解音律之人, 差爲本院官員, 如法教閱, 而屛去煩促之音, 務回寬平之調, 以爲治化之幸."

수양은 크게 천인상관적 관점 그리고 악과 정치의 상관성에 근거해 중요성이 지적된다.

천인상관적 관점에 근거한 논의는 인조 1년 5월 9일 『논어』를 강론하는 가운데 최현(崔晛, 1563~1640)이 언급한 내용에서 찾을 수 있다.

> 군주의 한 마음은 천하의 중요한 일에 관계되는데, 한번 사욕으로 어지러워져 화평하고 온후한 덕을 잃는다면 백성이 근심하고 원망하며 천지의 기가 어그러져 조화롭지 못할 것입니다. 이러한 군주가 예악을 행한 것은 모두 참람하고 혼란스러워 순서를 잃었고 음란하고 삿되며 살벌하니 비록 옥백이 뒤섞이고 종고가 울린다 한들 이를 어찌 예악이라고 할 수 있겠습니까?[16)]

공자는 인하지 않다면 예악을 어떻게 하겠는가라고 하여 예악이 단지 형식에 그쳐서는 안 되고 인이라는 내용과 어울릴 때 비로소 제대로 완성될 수 있다고 보았다.[17)] 따라서 옥백과 종고를 형식적으로 갖췄다 한들 예악이라고 할 수 없다. 참람한 형식의 예악은 물론 설령 외적으로 표현되는 양상은 흠잡을 데 없을지라도 내면적 바탕이 결여되면 예악을 시행하는 의미가 간과된 것이기에 결국 진정한 예악이라 할 수 없는 것이다. 최현은 형식과 조화를 이루어 예악을 완성시켜 줄 마음의 바탕을 갖춰야 한다는 것에 그치지 않고, 바탕을 제대로 갖춘 마음이 아니라면 외적 표현이 애초 제대로 이루어질

16) 崔晛, 『訒齋集』 卷6, 「經筵講義」, "人君一心, 係天下之重, 一爲私慾所亂而失其和平溫厚之德, 則百姓愁怨, 而天地之氣戾而不和. 其所爲禮樂, 皆僭亂失序, 淫邪殺伐, 雖玉帛交錯, 鍾鼓鏗鏘, 是豈謂之禮樂哉?"

17) 『論語』, 「八佾」, "子曰, '人而不仁, 如禮何? 人而不仁, 如樂何?'"

리 만무하다고까지 주장한다.

외적 표현이 제대로 이루어지지 않았다는 것은 부덕한 군주가 참람한 예악을 시행하는 것을 가리키기도 하겠지만, 사욕으로 덕을 잃은 왕은 백성뿐 아니라 천지의 기에도 부정적 영향을 미친다는 주장의 연장선상에서 해석하면 비록 법도에 맞게 형식을 갖췄어도 군주의 실덕이 기의 운행을 어그러뜨리듯 예악의 전개 양상도 어그러지게 할 수 있다는 것을 뜻할 수도 있다. 관건은 군주의 덕이다. 이것이 전제되지 않은 채 물리적 요소만 구비한다면 이 요소들이 표현하는 양상은 어그러질 수밖에 없다. 최현은 군주의 도덕적 바탕이 천지에 영향을 미친다는 천인상관적 시각을 전제한 후 이 바탕이 예악의 전개 양상까지 좌우한다고 하여 내면적 바탕이 지닌 효과를 강조한다.

비록 천인상관적 관점이 『논어』를 독해하는 적절한 관점은 아니어도 「악기」에 이르러 제시되는 만큼[18] 예악 혹은 예악 시행자의 영향력을 천인상관적 관점에서 강화시키는 것은 무리가 아닐 것이다. 아무리 예악의 요소가 제대로 구비되었다 한들 왕의 덕이 예악의 전개 양상까지 좌우하니 예악을 바로잡는 길은 예악 그 자체를 대상으로 하기보다는 오히려 왕이 제대로 수양하는 것이 더 마땅한 방식이 된다. 왕의 덕은 곧 통치 행위의 바탕이 될 터이니 왕의 통치 행위도 천인상관적 관점에서 그 영향력이 서술된다. 예를 들어 인조 1년 6월 12일 기록에 따르면 왕의 정령이 절도에 맞으면 화평한 기가 돌아 백성이 지극한 조화에서 살게 되므로 이는 곧 고악(古

18) 「악기」는 "대인이 예악을 거행하면 천지가 밝아진다[大人擧禮樂, 則天地將爲昭焉.]"는 것처럼 천인상관적 관점을 보여준다.

樂)과 같은 효과라고 한다.[19] 고악을 현실적으로 시행하기 어려운 상황이더라도 그 효과는 여전히 되살릴 수 있으니 바로 왕이 올바르게 다스리는 것이다. 그리고 이를 위해서는 수양이 필요하다.

악과 정치의 상관성에 근거하는 논의에서는 악은 감정이 표현되어 만들어지고, 감정은 정치에 영향을 받는 만큼 정사를 잘 다스린다면 악을 제대로 바로잡을 수 있다고 주장한다. 이 주장은 효종과 현종조 기록으로 구성할 수 있다. 현종 10년 4월 30일 기록에 따르면 명나라가 망한 이유를 슬프고 원망스러운 음악에서 찾는 신하의 말에 왕은 우리나라 음악이 빠르고 촉박하다는 것을 우려한다. 이에 대한 송준길(宋浚吉, 1606~1672)의 답은 비록 지금 음악은 못쓰게 되었지만 정교(政教)를 밝힌다면 음악은 저절로 바르게 된다는 것이다.[20]

정교를 밝히는 것과 음악이 바르게 되는 것이 어떻게 연결되는지 이 기록을 통해 확인할 수는 없지만 시기를 거슬러 이와 비슷한 주제를 논하는 효종 9년 11월 21일 기록을 통해 유추해 볼 수 있다. 이때에도 명이 망한 원인을 중원의 잘못된 풍속에서 찾는 논의가 전개되는데, 송준길은 악을 살펴 정치를 안다는 맥락에서 「악기」의 "잘 다스려지는 나라의 음은 편안하고 즐거우니 그 정치가 잘 다스려진 것이요, 망한 나라의 음은 슬프고 시름겨우니 그 백성이 혼란한 것이다"[21]를 언급한다. 따라서 이후 현종 10년 기록에 나온 "정

19) 『朝鮮王朝實錄』, "上曰, '後世不可用古樂耶?' 知事鄭曄對曰, '古樂之行, 誠難矣. 惟人君之政令中節, 則和平之氣, 自能致位育, 而民囿於太和之中. 所謂古樂, 亦豈外此哉?'"

20) 宋浚吉, 『同春堂先生別集』 卷6, 「經筵日記」, "鄭太和曰, '大明垂亡, 音樂之哀怨, 甚矣.' 上曰, '我國音樂, 亦急促, 甚不可也. 浚吉曰, 音樂與政相通. 今之樂, 雖甚廢缺, 自上脩明政教, 則音樂自正矣.'"

21) 宋浚吉, 『同春堂先生別集』 卷3, 「經筵日記」, "浚吉曰, '治國之音安而樂, 其政治. 亡

교를 밝힌다면 음악은 저절로 바르게 된다"는 송준길의 말은 정치가 백성의 감정에 영향을 미치고 이것이 악에 반영된다는 「악기」의 주장과 같은 맥락에 있다고 볼 수 있다.[22] 즉, 정교가 바로잡히면 백성의 감정에 좋은 영향을 미쳐 이로부터 유래하는 악도 바로잡힌다고 주장하며 정교의 주체인 왕의 역할을 강조하는 것이다.

천인상관적 관점과 악과 정치의 상관성에 근거해 왕의 수양을 강조하는 논의는 악이 바로잡히는 과정을 달리 제시하기는 해도 왕의 수양이 악을 바로잡는 길이라는 시각을 공유한다. 그리고 이러한 시각은 숙종과 영조조 「악기」를 강론할 때에도 나타난다.

3. 숙종과 영조조 경연에서 「악기」가 논의된 양상

숙종과 영조조에 이르러 「악기」는 여전히 많은 분량은 아니더라도 조선 전기에 비해서는 논의 정도가 심화된다. 「악기」가 직접 강론 대상이 되는 경우도 있고, 『심경(心經)』[23]과 『대학연의보(大學衍義補)』[24]

國之音哀而思, 其民亂.'" 「악기」에는 '治國'이 '治世', '其政治'가 '其政和', '其民亂'이 '其民困'으로 되어 있다.

22) 송준길이 「악기」에서 인용한 부분은 "음은 사람 마음에서 생긴 것이다. (외부 자극에 의해) 감정이 마음속에서 일어나 소리로 드러나고, 소리가 형식을 이룬 것을 음이라 한다[凡音者, 生人心者也. 情動於中, 故形於聲, 聲成文, 謂之音.]"라는 문장 바로 뒤에 나온다. 따라서 정치라는 외부 자극에 영향 받은 백성의 감정이 악에 반영된다고 해석할 수 있다.

23) 진덕수(眞德秀, 1178~1235)가 편찬한 『심경』은 유교 경전과 송대 성리학자

가 경연 자료로 채택되면서 이들 문헌에 수록된 「악기」가 다뤄지기도 한다. 영조조 이후에는 「악기」 구절이 단편적으로 인용되는 경우는 간혹 있어도 「악기」가 경연에서 다뤄진 적은 없는 것 같다.[25)]

조선 후기에 이르러 악에 관한 논의에 자주 등장하는 왕의 수양이라는 주제는 「악기」를 강론한 숙종과 영조조 경연에서도 주요 주제가 된다. 이 시기 경연에서 「악기」가 비교적 비중 있게 다뤄진 경우를 정리하면 아래와 같다.

의 저술에서 발췌한 글로 구성되어 있다. 제목에서 알 수 있듯 마음공부에 도움이 되는 글을 모은 책으로, 전체 37장 중 유교 경전에서 발췌한 글은 서른 장이고 성리학자의 저술에서 발췌한 글은 일곱 장이다. 『심경』에 실린 유교 경전은 『서경』(1장), 『시경』(2-3장), 『주역』(4-8장), 『논어』(9-11장), 『중용』(12-13장), 『대학』(14-15장), 『예기』(16-18장), 『맹자』(19-30장)인데, 『예기』는 「악기」편에서만 발췌된다.

24) 구준(丘濬, 1421~1495)이 편찬한 『대학연의보』는 진덕수가 편찬한 『대학연의』가 '격물'로부터 '제가'까지 여섯 조목만 다루었기 때문에, '치국'과 '평천하'의 요체를 보충한다는 목적에서 작성되었다. 『대학연의보』의 본서 부분은 모두 160권으로 되어 있는데, 이들은 12개 주제로 구분된다. 「악기」는 다섯 번째 주제인 '명예악(明禮樂)'에서 다뤄진다. 『대학연의보』의 성격과 체재에 대해서는 윤정, 「조선 중종·영조대 『대학연의보』 진강의 의미」, 『규장각』 24, 서울대학교 규장각 한국학연구소, 2001, 77~80쪽 참고. 영조조 경연에 나오는 부분은 '예악지도(禮樂之道)'를 다루는 36권, '악률지제(樂律之制)'를 다루는 42권으로, 각 권은 「악기」 및 여타 문헌에서 해당 주제에 관한 구절을 발췌해 싣고 있다.

25) '악기'를 검색어로 하여 〈조선조 경연 자료 집성 및 주해〉를 살핀 결과인데, 치밀하게 살피지는 못하여 추후 재검토가 필요하다. 정조와 초계문신의 학술논의가 발췌돼 실려 있는 『경사강의(經史講義)』에는 「악기」가 수록된 『심경』에 관한 논의도 기록되었으므로 비록 이 글이 검토대상으로 삼은 자료에는 「악기」에 관한 비중 있는 논의가 정조조에 없었지만 『경사강의』에는 등장할 가능성이 높다.

시기	강독 대상 출전	주요 내용
숙종9년 7월20일	『심경』 16장 『농암집』	▹「악기」의 "악을 지극히 해 마음을 다스린다"는 구절이 중요하다. ▹예악은 마음이 공통적으로 소유한 이치이므로 그 도를 지극히 하면 의도하지 않아도 자연스럽게 남을 감동시킨다.
숙종9년 8월11일	『심경』 16장 『농암집』	▹외면을 제어하는 것은 내면을 기르기 위함이니 먼저 예에 의거해야 악에서 완성할 수 있다. 효과에서는 악이 중요하고 공부에서는 예가 중요하다. ▹성왕의 예악은 몸과 마음을 다스리는 수단만이 아니었고 백성 교화와 풍속을 제대로 이루기 위한 것이었다. 하지만 성왕의 예악을 되살릴 길이 없으니 왕이 예악의 근본인 장경(莊敬)과 화락(和樂)으로써 수양해 이를 바탕으로 예악을 제작한다면 백성 교화와 미풍양속의 효과를 거둘 수 있을 것이다.
숙종20년 윤5월10일	미상[26] 『승정원일기』	▹「악기」의 "예악은 잠시라도 몸에서 떠나서는 안 된다"는 구절을 언급한다. ▹악은 성정에 근본을 두니 마음을 다스리는 데는 악이 필수적이다.
영조3년 3월14일	『심경』 16장 『승정원일기』	▹예악의 효과가 매우 큰데 이 효과가 제대로 발휘되려면 평소 존양에 힘써야 한다.
영조10년 4월18일[27]	「악기」 『승정원일기』	▹음은 마음에서 유래하므로 감응에 신중해야 한다. 특히 왕의 마음은 만화(萬化)의 근본이다. 악에서 감응해 백성을 흥기시켜야 한다. ▹종률(鍾律)에 관한 논의 ▹종률은 수양 공부에 비해 덜 중요하다는 신하의 말에 왕은 세종조 율을 바로잡은 사례와 목소리와 행실을 율과 법도로 삼은 우임금을 언급하며 중요성을 지적한다. 신하는 본원 공부에 힘쓸 때 결국 예악이 바로 잡힌다고 한다. ▹궁상각치우의 혼란에서 궁의 혼란이 가장 문제이니 왕은 사욕을 더욱 경계해야 한다. 예악이 붕괴돼 회복하기 어렵지만 형정의 쓰임이 바르다면 문제가 없을 것이다.
영조10년 4월18일	「악기」 『승정원일기』	▹슬 연주에 관해 논한다. ▹'사람이 태어나 고요하다'는 구절로부터 미발 함양을 강조한다.
영조10년	「악기」	▹삼대의 예악은 없으나 예악의 근본은 미루어 알 수

4월19일	『승정원일기』	있다. 삼대의 예악이 있더라도 임금 마음이 바르지 않으면 이를 행할 수 없다. 예악이 한쪽으로 치우치는 폐단은 인의로써 바로 잡고, 마음이 한쪽으로 치우치면 기질을 바로잡아야 한다. ▹신하는 호오의 사사로움을 없애고 현명하고 불초한 자를 구별하기 위해 왕의 수양이 중요하다고 하고 왕은 당파 대립을 비판한다. ▹예악의 근원은 천지이고 예악은 마음에서 나오니 그 근본은 성(性)이다. 따라서 마음을 보존하고 성을 길러 기와 형체를 조화시키면 천지가 제자리를 잡고 만물이 잘 길러지는 예악의 지극한 공이 이루어진다. ▹고악이 전해지지 않아 악으로 가르치는 법을 회복할 수 없으나 예악의 근본에 유의한다면 악으로 가르치는 뜻에 가까울 것이다.
영조14년 9월23일	『대학연의보』 36권[28] 『승정원일기』	▹예악은 천지의 이기(理氣)인 중화(中和)를 성인이 마음에서 운행해 만든 것이다. 왕의 마음은 천하만사의 근본이니 중화공부가 필요하다. ▹율 도량형에 대해 논한다.
영조14년 12월6일	『대학연의보』 42권[29] 『승정원일기』	▹예악이 붕괴돼 음률이 예전만 못하지만 악은 음률뿐 아니라 조화를 위주로 하니 왕이 '제가'와 '치국'에 이른다면 천지와 더불어 조화를 함께할 것이다. 따라서 왕이 중화(中和) 공부에 힘쓰면 된다. 왕은 윗자리에 있으며 성률(聲律)을 알지 못해 부끄럽다고 하며 음률에 대해 아뢸 것을 요구한다.
영조41년 2월22일	『심경』 16-18장 『승정원일기』	▹악으로 마음을 닦고 예로 몸을 다스리면 천하 만물이 잘 다스려지고 자리 잡는다. ▹마음속에 화순(和順)이 쌓이면 영화(英華)가 저절로 밖으로 드러나니 먼저 악으로써 마음을 다스린 뒤에야 예로써 몸을 다스릴 수 있다. 삼대의 성음이 전해지지 않았으나 일용과 동정에 바른 이치를 잃지 않는다면 예악의 효과를 거둘 수 있다.

26) "예악은 잠시라도 몸에서 떠나서는 안 된다[禮樂不可斯須去身.]"라는 문장은 『심경』 16장에 실려 있어서 이날 강독 대상도 『심경』이었을 가능성이 높다.

27) 이날은 경연이 주강(晝講)과 석강(夕講) 두 차례 진행된다.

28) 『서경』 「순전」, 『주례』, 『예기』의 「예기(禮器)」, 「교특생」, 「악기」, 「중니한거」의 구절을 다루고 있다.

29) 대체로 「악기」를 다루고 있으며 후반부에서 『춘추좌전』, 『국어』, 『공자가어』를 다룬다.

위에 정리된 내용에서 가장 자주 나오는 내용은 왕의 수양이다. 이미 조선 전기부터 등장했던 왕의 수양이라는 주제가 후기에 이르러 악에 관한 주요 논제로서 다뤄지게 되고, 「악기」 강론에서도 다르지 않은 것이다. 왕의 수양은 크게 두 가지 방향에서 논의된다. 예악을 방편 삼아 수양하는 것이 그중 하나이고, 다른 하나는 앞서 살핀 것과 유사하게 모범적 예악이 전해지지 않은 상황에서 예악의 효과와 같은 효과를 낼 수 있도록 왕이 수양해야 한다는 것이다. 이 두 논의에 대해 살펴보겠다.

1) 모범적 예악을 방편 삼은 수양

「악기」에서도 예악은 수양의 방편으로 서술되고 있지만 천지의 작용에 비견되는 예악의 영향력과 이를 시행하는 통치자의 강화된 위상이라는 주제와 비교할 때 부수적 수준에 머문다.[30] 그런데 이 부수적 주제를 다루는 부분이 『심경』에 우선적으로 발췌된다.[31] 성

30) 「악기」에 서술된 천지의 조화에 비견되는 악의 효용은 통치자가 악을 시행하는 만큼 통치자의 덕과 상관이 있다. 즉, "악이 행해지면 백성이 올바른 곳을 향하게 되니 이로써 그 덕을 볼 수 있다[樂行而民鄕方, 可以觀德矣.]"라는 문장에 나타나 있듯, 악이 지닌 효용의 근원은 악 시행자의 덕인 것이다. 악과 더불어 통치자의 위상도 높아진 것인데, 그 정도는 "대인이 예악을 거행하면 천지가 밝아지는[大人擧禮樂, 則天地將爲昭焉.]" 경지에까지 이른다. 「악기」에서 무엇보다 강조되는 것은 예악의 작용, 그리고 이것과 연동된 예악 시행자의 위상이라고 할 수 있다.

31) 『심경』 16-18장은 「악기」에서 발췌한 글로 구성되는데, 예악을 마음공부의 방편으로 보고 있는 16장에 실린 부분은 「악기」 서술 순서상 17장과 18장에 발췌된 부분보다 뒤에 있지만 제일 먼저 기록된다.

리학 전통에서는 예악을 수양론 맥락에서 다루는 부분을 무엇보다 우선 주목했기 때문일 것이다. 예악을 방편 삼아 수양해야 한다는 논의는 숙종 9년 7월 20일 경연에서 김창협(金昌協, 1651~1708)이 『심경』 16장을 해석하는 가운데 등장한다.

김창협의 해석을 이해하기 위해서는 『심경』 16장에 실린 내용을 알아야 하기 때문에 먼저 이를 살펴보겠다. 『심경』 16장은 위 표에 열거된 열 개의 경연 중 네 번 강독 대상으로 등장하는 만큼 「악기」에서 『심경』 16장에 해당하는 부분이 중시되었음을 알 수 있다. 『심경』 16장은 아래와 같다.

> 군자가 말했다. 예악은 잠시라도 몸에서 떠나서는 안 된다. 악을 지극하게 하여 마음을 다스리면 편안하고 곧고 자애롭고 선량한 마음이 저절로 생겨난다. 편안하고 곧고 자애롭고 선량한 마음이 생기면 즐겁고, 즐거우면 편안하고, 편안하면 오래가고, 오래가면 하늘과 같아지고, 하늘과 같아지면 신묘해진다. 하늘과 같으면 말하지 않아도 미덥고, 신묘해지면 노하지 않아도 위엄이 있으니 이것이 악을 지극히 하여 마음을 다스리는 것이다. 예를 지극히 하여 몸을 다스리면 장엄하고 경건하게 되고, 장엄하고 경건하면 엄숙하고 위엄이 있다. 마음속[32]이 잠시라도 화락하지 않으면 비루하고 속이는 마음이 들어가고, 외모가 잠시라도 장엄하고 경건하지 않으면 경솔하고 거만한 마음이 들어간다. 그러므로 악이란 안에서 움직이는 것이고, 예란 밖에서 움직이는 것이다. 악이 지극히 조화롭고 예가 지극히 순조로워 안이 조화롭고 밖이 순조로우면 백성이 그 안색을 보고 함께 다투지 않을 것이며, 그 용모를 바라보고 백성이 경솔하고 거만한 마음을 내지 않을 것이다. 그러므로 덕휘가 안에서 움직여 백성 중에 듣지 않는 사람이 없게 되며, 이치가 밖에서 발현되어 백성 중에 순종

---

32) '마음속'에 해당하는 말이 「악기」에는 '心中', 『심경』에는 '中心'으로 나온다.

하지 않는 사람이 없게 된다. 그러므로 '예악의 도를 지극히 하면 그것을 들어 천하에 조치하는 것이 어렵지 않다'고 말하는 것이다.[33]

『심경』 16장에는 예악을 방편 삼아 수양하는 군자가 서술되는데, 수양의 효과는 수양한 이의 내외면 변화에 그치지 않고 그 모습을 보는 백성에게까지 미치게 되어 결국 통치에 긍정적 영향을 준다. 이 부분은 권근도 『예기천견록』에서 중요하게 평가한다. 권근은 「악기」를 상하로 구분하며 상만 경문으로 보고, 하는 성인의 말씀으로 보기에는 신빙성이 부족한 전이라고 하였는데, 『심경』 16장에 실린 부분은 하전(下傳)에 속한다. 그럼에도 권근은 이 부분을 공자 문하에서 나온 것으로 추측하며 가치를 높게 평가한다.[34] 『심경』이 조선경

33) 『心經』 16장, "君子曰, '禮樂不可斯須去身. 致樂以治心, 則易直子諒之心油然生矣. 易直子諒之心生則樂, 樂則安, 安則久, 久則天, 天則神. 天則不言而信, 神則不怒而威, 致樂以治心者也. 致禮以治躬則莊敬, 莊敬則嚴威. 中心斯須不和不樂, 而鄙詐之心入之矣. 外貌斯須不莊不敬而易慢之心入之矣. 故樂也者, 動於內者也. 禮也者, 動於外者也. 樂極和, 禮極順. 內和而外順, 則民瞻其顏色而弗與爭也. 望其容貌而民不生易慢焉. 故德煇動於內而民莫不承聽. 理發諸外而民莫不承順. 故曰, 致禮樂之道, 擧而錯之天下, 無難矣.'" 『심경』 17장과 18장도 수양과 연결시킬 수 있는 내용인데, 16장에 비해 짧고, 경연에서 16장만큼 관심을 받지 못한다. 17-18장은 다음과 같다. 17장, "君子反情以和其志, 比類以成其行. 姦聲亂色, 不留聰明, 淫樂慝禮, 不接心術, 惰慢邪辟之氣不設於身體, 使耳目鼻口心知百體, 皆由順正以行其義." 18장, "君子樂得其道, 小人樂得其欲. 以道制欲, 則樂而不亂. 以欲忘道, 則惑而不樂."

34) 이 부분은 『예기천견록』 「악기」에서 전7장에 해당한다. 전7장은 모두 네 개의 분절로 구성되는데 『심경』에 실린 부분은 처음 세 개 분절까지이다. 권근은 전7장의 두 번째 분절 다음에 "여기에서는 예악으로써 자기를 다스리고 마음을 다스리는 방법을 말하고 있으니 배우는 자는 깊이 유념해야만 한다. 이하 몇 구절은 문의가 모두 정밀하여 편 머리의 경문과 유사하니 아마도 공자 문하에서 나온 것을 기록자가 분류하여 덧붙인 듯하다.[此言禮樂所以治己治心之道, 亦學者所當體念者也. 此下數節, 文義皆精, 與篇首經文相類, 疑亦出於孔門, 而

학사상사에서 중시된 것은 이황(李滉, 1501~1570)이 『심경부주(心經附註)』[35)]를 전면적으로 재검토하며 인심과 인욕에 대한 새로운 견해를 표명한 데 기인한 바가 크다고 평가받는다.[36)] 권근은 조선 초기 인물이므로 이 부분을 높이 평가한 것이 『심경』의 영향이라고 보기는 어렵다. 이 부분은 마음 수양을 강조하는 성리학의 시각에서 「악기」의 다른 어떤 부분보다 중요하게 여겨질 수밖에 없는 부분이었던 것이다. 진덕수(眞德秀, 1178~1235)가 "주자학의 마음공부를 중심으로 유가 경전에 나타난 다양한 공부법들을 정리한"[37)] 『심경』을 저술하며 「악기」에서 제일 먼저 발췌한 부분도 바로 이 부분이고, 권근 역시 『심경』을 거치지 않고서도 이 부분을 중시한다.

비록 성리학적 시각에서 중요하기는 해도 이 부분은 통치 수단으로 예악을 보는 「악기」의 주요 관점과 다르다. 이 부분을 중시하면 「악기」를 수양론으로서 독해하게 되는데 이는 예악의 효용과 함께 예악 제정자의 위상을 높이는 「악기」의 중심 주장과 양립하기에

記者以類而付之也歟.]"라고 의견을 적는다. 따라서 권근의 평가는 『심경』에 실리지 않는 네 번째 분절도 포함되지만 네 번째 분절도 앞의 세 분절과 마찬가지로 예악을 주제로 다루고 있어서 권근이 『심경』 16장에 실린 부분을 중시했다고 평가하는 데에는 무리가 없을 것이다.

35) 『심경부주』는 정민정(程敏政, 1445~1499)이 『심경』 중에 진덕수가 덧붙인 주석이 불완전하다고 생각해 송대 유학자들의 학설을 추가해 보완하고 자신의 의견도 더해 편찬한 저술이다. 퇴계는 1565년 「심경후론(心經後論)」을 저술함으로써 『심경부주』를 성학(聖學)의 지침서로 확고하게 자리 잡게 한다. 한정길, 「마음 수양에 관한 조선 유학자들의 성찰 보고서: 국역 심경 주해총람(상하)」, 『역사와 실학』 62, 역사실학회, 2017, 308쪽, 314쪽.

36) 박성순, 「조선중기 경연과목 『심경』의 정착과정과 그 정치적 의미」, 『한국사상사학』 22, 한국사상사학회, 2004, 168쪽.

37) 한정길, 「마음 수양에 관한 조선 유학자들의 성찰 보고서: 국역 심경 주해총람(상하)」, 『역사와 실학』 62, 역사실학회, 2017, 307쪽.

어색하다.[38] 막강한 영향력을 지닌 예악을 통해 잘 다스릴 수 있는데 여기에 더해 통치자의 수양을 강조하는 것도 어색하고, 모범적 예악을 시행할 만큼 위상이 높은 통치자에게 다시 수양을 강조하는 것도 어색하다. 하지만 효종조에 『심경』이 경연 자료로 채택되면서 「악기」는 『심경』에 실린 부분이 우선적으로 관심의 대상이 되고, 그 결과 왕의 수양이라는 주제는 중심을 차지하게 된다. 이제 그 논의 양상을 김창협의 풀이를 통해 접근해 보자.

> 예는 공경, 겸손, 순종을 근본으로 하는데, 그 상세한 절문, 세밀한 도수, 엄격한 등급과 위엄이 모두 천지의 바른 이치[리(理)]에서 나왔기 때문에, 사람을 법도에 맞게 단속시키고, 뼈와 근육의 결속 및 살과 피부의 결합을 견고하게 할 수 있습니다. 악은 중정과 화평을 중시하는데, 아름다운 성음과 장식하는 채색과 절도 있는 춤이 모두 천지의 조화로운 기에서 나왔기 때문에, 사람의 이목과 혈맥을 기르고 사악함과 더러움을 씻어내어 그 찌꺼기까지 말끔히 녹여 버릴 수 있습니다. 이것이 예악의 특성과 공효이니 잠시라도 몸에서 떠나게 할 수 없는 까닭입니다.[39]

> 예악은 사람 마음이 공통적으로 소유한 이치[리(理)]입니다. 그래서 그 도를 지극히 하면 남들을 감동시키려고 생각하지 않아도 저절로 그렇게

---

38) 필자는 권근이 「악기」를 수양의 관점에서 독해하는 것이 예악과 예악 제정자의 위상이라는 「악기」의 주안점을 제대로 부각시키지 못한다고 평가했는데, 이러한 평가는 「악기」를 수양론으로 해석할 때 공통적으로 적용될 수 있다. 조정은, 「권근의 『예기천견록』 중 「악기」편 분석 -체제 재편과 독해 관점을 중심으로-」, 『태동고전연구』 46, 한림대학교 태동고전연구소, 2021, 116~117쪽.

39) 金昌協, 『農巖集』 卷10, 「經筵講義」, "禮以恭敬遜順爲本, 而其節文之詳, 度數之密, 等威之嚴, 皆出於天地之正理, 故可以約人於規矩準繩, 而固其筋骸之束, 肌膚之會. 樂以中正和平爲主, 而其聲音之美, 采色之飾, 舞蹈之節, 皆本於天地之和氣, 故可以養人之耳目血脉, 而蕩滌其邪穢, 消融其査滓, 此是禮樂之體段功用, 而不可斯須去身者也."

됩니다. 옛날 성인이 윗자리에서 옷자락을 드리우고 팔짱만 끼고 있어도 만백성을 감복시킬 수 있었던 것은 이 때문입니다. 천하를 잘 다스리는 것은 이러한 방도로 하는 데 지나지 않습니다.[40)]

김창협은 천지의 바른 이치와 조화로운 기에서 나온 예악이 갖는 공효를 통치의 맥락에서 말한다. 예악을 잠시라도 몸에서 떠나지 않게 한다면 예악이 근거하고 있는 마음이 공통적으로 소유한 이치를 실현해 낼 수 있고, 이는 곧 백성의 감복을 이끌어낸다. 그렇기 때문에 "이치가 밖에서 발현되어 백성 중에 순종하지 않는 사람이 없게 된다." 김창협은 「악기」의 리(理)를 천지의 이치이자 모든 사람에게 부여된 이치라는 성리학적 리 개념으로 해석하면서 예악을 통한 수양이 어떻게 효과적 통치로 이어지는지 풀이하고 있다.

천지로부터 유래했다는 것을 한편으로는 예악이 갖는 공효의 근거로 삼고 다른 한편으로는 예악을 통해 수양한 이가 갖는 영향력의 근거로 삼는다. 천지의 바른 이치와 조화로운 기에서 유래했기 때문에 예악은 천지의 일부인 사람에게 긍정적 영향을 미치고, 이 긍정적 영향을 체득한 이는 예악이 구현하고 있는 천지의 이치를 몸소 실현한 것이 된다. 이 천지의 이치는 사람들이 모두 지니고 있되 아직 다하지 못했을 뿐인데 예악으로 이를 몸소 실현한 이가 있다면 자연스레 감복하게 될 것이라는 주장으로 해석할 수 있다. 김창협은 성리학적 시각에서 「악기」를 해석해 내고 있으나 이 해석이 경연에서 「악기」를 수양의 관점에서 접근할 때 주류 논점이 되기에는 문제

40) 金昌協, 『農巖集』 卷10, 「經筵講義」, "蓋禮樂, 是人心所同得之理, 故能致其道, 則其感人動物, 自有不期然而然者, 古之聖人所以垂衣拱手於上, 而能使萬民悅服, 天下治平者, 不過以此而已."

가 하나 있다. 바로 「악기」에서 전제하고 있는 수양의 수단으로 삼을 만한 모범적 예악이 현재 존재하지 않는다는 것이다. 따라서 위에서 말한 공효가 현실성을 갖기 어렵다.

2) 모범적 예악이 부재한 상황에서 강조되는 수양

모범으로 삼을 만한 예악이 부재하는 현실은 왕의 수양을 더욱 강조하는 이유가 될 수 있다. 왕이 제대로 수양하기만 한다면 훌륭한 덕에 부합하는 예악을 제정할 수 있다. 혹은 제대로 정사를 펼침으로써 모범적 예악과 같은 효과를 이룰 수도 있다. 이러한 주장도 김창협에게서 확인할 수 있다. 김창협은 숙종 9년 8월 11일 경연에서 다음과 같이 말한다.

> 옛날 예악을 지금은 복원할 수 없으니 이는 진정 어찌할 수 없습니다. 그러나 예는 엄숙과 공경을 근본으로 삼고, 악은 화락을 근본으로 삼는다는 것은 고금의 차이가 없으니, 군주가 만일 엄숙, 공경, 화락으로써 몸과 마음을 다스려서 오랫동안 힘을 쏟아 그 극치에 깊이 나아갈 수만 있다면 그것을 바탕으로 예악을 제작하여 백성을 교화하고 미풍양속을 조성하는 것이 어찌 불가능하겠습니까? 이 일을 비록 쉽게 말할 수는 없지만 그 이치는 이러합니다.[41]

과거의 예악을 복원한다는 거의 불가능에 가까운 과업에 착수하

41) 金昌協, 『農巖集』 卷10, 「經筵講義」, "古禮古樂, 今不可追復, 則是固無可奈何矣. 然其禮以莊敬爲本, 樂以和樂爲本, 則未嘗有古今之殊, 人主苟能以莊敬和樂治其身心, 至於眞積力久, 深造乎其極, 則以之制禮作樂, 而化民成俗, 亦何所不可乎? 此事雖不可易言, 而其理則固有然者矣."

는 대신 왕이 예악의 근본인 엄숙, 공경, 화락에 힘쓴다면 예악을 새로이 제정해 백성을 교화하는 수단으로 삼을 수 있다. 이치상 그러하다는 것으로 볼 때 예악을 제정해 백성을 교화하는 것까지를 실질적 목표로 삼는 것은 아닌 것 같고 왕의 수양을 역설하는 것이다.[42] 모범적인 예악 제정이 실질적 목표가 아니라 왕의 수양 그 자체를 강조한다는 것은 영조 14년 12월 18일 경연[43]에서 언급된 김상중(金尙重, 1700~?)의 말에서도 확인할 수 있다.

> 지금 악과 옛날 악은 참으로 같지 않은데 군주된 자가 진실로 덕으로 교화할 것을 선포하고 지극한 다스림을 이루어 한 시대에 조화로운 기가 왕성하게 일어나게 한다면 악을 행하는 것에 저절로 중화의 소리가 있게 될 것입니다. 만약 덕교의 조화가 없다면 비록 옛날 악을 쓴다 한들 무슨 이익이 있겠습니까? 여기에 나온 도수와 절목은 굳이 깊이 볼 것이 없습니다. 옛날 성왕은 목소리로 율을 삼았고 몸은 척도가 되었으니[44] 여기에 깊이 유념하신다면 깊은 밤에 강론하는 공부가 어찌 가볍겠습니까?[45]

42) 영조 41년 2월 22일 기록에도 비슷한 말이 나온다. 具庠, 『無名子集』 卷10, 「講義·經筵」, “삼대의 성음은 지금 다시 볼 수 없고, 다행히 절문은 겨우 한두 가지만 남아 있으니, 전하께서 일용과 동정에 한결같이 바른 이치를 잃지 않는 것을 근본으로 삼으신다면, 이 장에서 말한 예악의 설이 여기에서 벗어나지 않을 것입니다.[三代聲音, 今不可復見, 幸而節文菫存其一二, 殿下凡於日用動靜之間, 一以不失正理爲本, 則此章所論禮樂之說, 不外於斯.]”

43) 이날 경연은 『대학연의보』 43-44권이 강론 대상이었는데, 여기에는 『논어』에 나온 악에 관한 내용, 『회남자』에 나온 음률 등 여러 문헌의 내용이 포함되어 있고 「악기」는 포함되어 있지 않다.

44) 『사기』 「하본기」에 우임금을 서술하는 말로 “목소리가 율이 되었고 몸이 법도가 되었다[聲爲律, 身爲度.]”라는 구절이 나온다.

45) 『承政院日記』, “今樂古樂, 誠爲不同, 而爲人君者, 苟能宣布德化, 淘鑄至治, 使一世之中, 和氣藹然, 則其爲樂, 自然有中和之聲. 若無德敎之和, 則雖用古樂, 亦何益乎? 今此度數節目, 不必深看, 古昔聖王, 有聲爲律, 身爲度者, 於此深加體念, 則深夜講論之功,

옛날 악은 백성을 교화하는 훌륭한 수단인데 문제는 오늘날 전해지지 않았다는 것이다. 옛 악을 복원하려면 도수와 절목에 해당하는 음률[46] 등을 살펴야 할 텐데 이보다는 옛 악이 발휘했던 효과와 같은 효과를 낼 수 있는 방식을 추구하는 것이 더욱 효율적이다. 바로 왕이 덕으로 교화하며 지극한 다스림을 이루어내는 것이다. 이를 위해서는 열심히 강론하며 왕 스스로 수양해 나가야 한다. 이러한 수양이 없다면 훌륭한 옛 악이 있더라도 무용지물일 뿐이다. 제대로 수양한다면 옛 성왕처럼 스스로 도수와 절목의 모범이 될 것이기에 굳이 이들을 살필 필요가 없다. 관건은 현실에 모범적 예악을 되살리는 것이 아니라 왕의 수양인 것이다.

왕의 수양을 강조하는 것은 영조조 「악기」 강론에서도 다르지 않지만 영조조 기록을 보면 영조가 이러한 논의를 마뜩지 않게 생각했을 것으로 추측할 만한 장면이 등장한다. 위에서 김상중은 도수와 절목은 중요하지 않고 강론 공부가 중요하다고 하며 목소리와 몸을 율과 척도로 삼은 성왕을 언급하는데, 이 구절은 영조 10년 4월 18일, 영조 14년 12월 6일 경연에서도 언급된다. 하지만 이 구절을 인용하는 김상중과 영조의 이유는 다르다. 우선 영조 10년 기록에 따르면 종률에 대한 논의가 이어지자 박필재(朴弼載, 1688~?)는 "궁리(窮理)와 격물(格物) 공부는 어디든 없는 곳이 없고, 명물과 도수는 성학의 급선무가 아닙니다"[47]라는 말로 화제 전환을 시도한다. 이어지는 영조와 박필재의 대화이다.

夫豈淺淺乎?"

46) 음률은 보통 오음(五音)과 육률(六律)을 가리킨다. 오음과 육률을 확정하는 일은 형식을 다스리는 일에 해당하므로 도수와 절목에 관한 일로 분류할 수 있다.

47) 『承政院日記』, "窮格工夫, 無處不在, 而名物度數, 非聖學之急務也."

영조: 그렇다. 그러나 또한 반드시 알아야 할 것이 있다. 『좌전』에 이른바 "종소리가 고르지 않으니 왼쪽이 높다"고 한 것은 임금이 악관의 일을 행하는 것은 말할 만한 것이 아니라는 것이지만,[48] 순 임금이 '소소'를 아홉 번 연주하고 봉황이 와서 춤을 춘 것[49]은 음악과 관계된 바이니 어떻게 봐야 하는가? 또 세조조에 박연이 다시 조금 갈면 반드시 율에 합할 것이라고 여겼는데, 갈고 나니 과연 그러했으니 이로써 삼대의 기상을 충분히 볼 수 있다. 대우(大禹)로 말하자면 목소리가 율이 되고 몸은 척도가 되었으니 율과 척도를 어찌 범연히 볼 수 있겠는가?

박필재: 대우의 목소리가 율이 되고 몸이 척도가 된 것은 움직일 때나 고요할 때, 말할 때나 하지 않을 때 모두 자연스럽게 법도에 맞은 것입니다. 전하께서 만약 본원에 더욱 힘써 이치가 밝아지고 학문이 진보하여 다스림이 이루어지고 제도가 정해져 이로써 예를 일으키고 악을 만드신다면 세상에 어찌 박연이 없겠습니까?[50]

영조는 수양이 급선무라는 박필재의 말에 왕이 악관의 일에 신경 써서는 안 된다고는 하나 꼭 그런 것은 아니라는 것을 『서경』의

---

48) 『승정원일기』에는 『좌전』이라고 기록되어 있으나 이 구절은 『좌전』이 아닌 『전국책』 「위책」에 나온다. 위문후가 종소리가 고르지 않다고 지적하자 전자방은 밝은 군주는 관리에 관한 일을 즐기고 밝지 못한 군주는 음(音)에 관한 일을 즐긴다고 하면서 위문후가 소리를 잘 살피니 관리에 관해서는 막혀 있을까봐 걱정된다고 말한다. 『戰國策』, 「魏策」, "魏文侯與田子方飮酒而稱樂. 文侯曰, '鍾聲不比乎, 左高.' 田子方笑. 文侯曰, '奚笑?' 子方曰, '臣聞之, 君明則樂官不明則樂音. 今君審於聲, 臣恐君之聾於官也.' 文侯曰, '善, 敬聞命.'"

49) 『書經』 「虞書・益稷」에 나온다.

50) 『承政院日記』, "上曰, '然矣. 然亦有不可不知者. 『左傳』所謂鍾聲不比左高者, 此則以人君行樂官之事, 非可言者, 而舜之簫韶九成, 鳳凰來儀, 則音樂之所關, 何如? 且世祖朝朴淵以爲若更磨一分, 則必合律, 磨之果然, 此猶足見三代氣像矣. 且以大禹言之, 聲爲律, 身爲度, 律度豈可泛看耶?' 弼載曰, '大禹之聲律身度, 以其動靜語默, 自然中規者言也. 殿下若於本源上加工, 理明學進, 治成制定, 以之興禮作樂, 則世豈無朴淵者乎?'"

순임금 고사에 근거해 주장한다. 또한 『사기』「하본기」를 인용하며 우임금이 몸소 드러내신 율과 척도인 만큼 이를 소홀히 할 수 없다고 말한다. 앞서 김상중은 도수와 절목이 중요하지 않고 수양이 중요하다는 맥락에서 우임금의 예를 언급했지만 영조는 오히려 도수와 절목이 중요하다는 근거로 언급하는 것이다. 이에 대한 박필재의 답은 김상중과 같다. 우임금이 율과 척도를 몸소 드러내신 것은 수양의 결과인 것이다. 율과 척도도 결국 본원 공부에 힘쓰면 될 일이다. 악에 관한 일은 조선 전기 박연이 한 것처럼 악 그 자체를 대상으로 하기보다는 왕이 수양하여 이뤄야 한다. 하지만 영조는 악 그 자체를 바로잡는 것에 더 관심이 있어 보인다. 비슷한 장면을 영조 14년 12월 6일 이성효(李性孝, 1697~1740)와 나눈 대화에서도 확인할 수 있다.

> 이성효: 악은 조화를 위주로 하니 단지 음률만을 이르는 것이 아닙니다. 군주가 위에서 행하고 미루어 '제가'와 '치국'에 이른다면 천지와 더불어 조화를 함께합니다. 오직 바라건대 성상께서는 중화 공부에 더욱 유의하소서.
>
> 영조: 유신이 아뢴 바가 옳다. "악을 운운하는 것이 종고를 이르는 것이겠는가?"라고 했으니 어찌 한낱 음률만 행하겠는가? (그러나) 하우(夏禹)의 백성은 몸이 율이 되고 소리가 법도가 되었는데 윗자리에 있는 사람이 성률이 어떠한지를 알지 못하였으니 참으로 겸연쩍다. 사광에게 지금의 풍류를 듣게 한다면 어찌 부끄럽지 않겠는가? 입시한 신하들 중 음률을 자세히 아는 자가 있는가? 이 자리는 법강과 다르니 아는 자가 있으면 모두 아뢰라."[51]

---

51) 『承政院日記』, "性孝曰, '樂以和爲主, 非獨音律之謂也. 人君行之於上, 推以至於齊家治國, 則與天地同和矣. 惟願聖上, 益加留意於致中和之功焉.' 上曰, '儒臣所達是矣. 樂

여기에서도 영조는 중화 공부에 힘써야 한다는 신하의 말에 우선 동의하면서도 결국 음률에 대한 논의로 끌고 간다. 「악기」는 악의 효과를 주로 다루지 음률을 정확히 정하는 문제와 같은 음악 이론은 다루지 않는다. 따라서 영조가 그간 논외에 머물던 「악기」의 새로운 주제를 탐색하고자 했다고 보기는 어렵다. 그렇다면 음률 같은 주제에 관심을 보인 이유는 무엇이었을까? 우선 생각할 수 있는 답은 영조가 현실에서 행해지는 악에 관심이 많았기 때문이라는 것이다. 중종조에 이어 영조조에 『대학연의보』가 다시 진강된 사실은 이러한 추측을 뒷받침한다. 『대학연의보』는 용(用)을 통해 체(體)를 구현하는 방법론을 취해 경세를 위한 군주의 실용적 참고서의 성격이 짙다고 평가받는다.[52] 그렇다면 이 책이 경연 자료로 채택되면서 「악기」가 이 책을 강론하는 가운데 다루어졌다면 악에 대해 조선 전기처럼 시무로서 접근했을 가능성을 생각해 볼 수 있다. 시무로서 악에 관심이 있었다는 것은 영조가 아악 부흥에 힘쓰고, 의례를 친행할 만큼 국가 전례를 강화하는 데 관심이 컸다는 평가[53]와도 부합한다.

현실의 악에 대한 관심은 악의 영역에만 머무는 것이 아니고 결

云樂云, 鍾鼓云乎哉? 則豈徒以音律爲哉? 夏禹民則身爲律聲爲度, 而在上者, 不知聲律之爲如何, 良可慊然矣. 如今之風流, 使師曠聽之, 則豈不可愧乎? 入侍諸臣中, 亦有詳知音律者乎? 此則異於法講, 如有知之者, 皆達之, 可也.'"

52) 윤정, 「조선 중종·영조대 『대학연의보』 진강의 의미」, 『규장각』 24, 서울대학교 규장각 한국학연구소, 2001, 84~85쪽. 윤정은 『대학연의보』가 군주의 실용적 참고서로서 성격이 짙었기 때문에 군주의 주도적 정책 운영을 뒷받침하는 전거로서 유용했다고 평가한다.

53) 송지원, 「영조대 국가전례 정책의 제 양상」, 『공연문화연구』 17, 한국공연문화학회, 2008, 201~207쪽.

국 왕권 강화의 의지로 연결된다. 영조는 중흥주로서 자처하며 체제 재정비를 모색하는 등 적극적으로 정국을 주도하려는 의지를 드러냈다고 평가받는데[54] 아악과 국가 전례에 대한 관심도 이러한 체제 재정비의 일환으로 추진되었다고 볼 수 있다.[55] 왕의 수양에 관한 논의를 음률에 관한 논의로 전환시키려는 것도 중흥주로 자처하며 왕권을 강화하려는 영조의 의지가 반영된 것으로 해석할 수 있다. 윤정의 지적처럼, 왕의 수양을 통해 이상을 실현하는 방식에서는 조언하는 신하의 역할이 중요하지만 체제 재정비와 같은 현실의 구체적 문제를 통해 이상을 실현하기 위해서는 정책 결정자로서 왕의 역할이 강조되기 때문이다.[56] 영조 17년에서 19년 사이 악기(樂器)와 악학(樂學) 정비가 군주의 권위를 확립하고자 한 시도에서 이루어졌다는 평가[57]도 이와 부합한다.

왕에게 수양을 역설하는 것은 성리학에 정통한 신하가 왕권을 견제하는 논의로 해석할 수 있다. 체재 재정비의 주체로서 왕권을 확고히 하고자 했던 영조라면 견제받는 대상이 아닌 견제하는 주체

54) 윤정, 「조선 중종·영조대 『대학연의보』 진강의 의미」, 『규장각』 24, 서울대학교 규장각 한국학연구소, 2001, 94쪽.

55) 송지원은 초월적 군주상을 이상으로 삼은 영조가 성왕을 희구하며 아악 부흥에 힘쓰는 등 이상적 음악을 갖추기 위해 노력했다고 평가한다. 송지원, 「조선 후기 국왕의 음악정책 -숙종·영조를 중심으로」, 『한국문학과 예술』 21, 숭실대학교 한국문학과예술연구소, 2017, 190~192쪽. 이 평가에 비추어 볼 때 영조의 예악에 관한 체제 재정비는 궁극적으로 초월적 군주라는 강력한 군주상을 추구한 것으로 볼 수 있다.

56) 윤정, 「조선 중종·영조대 『대학연의보』 진강의 의미」, 『규장각』 24, 서울대학교 규장각 한국학연구소, 2001, 98쪽.

57) 윤태양, 「영조 17~19년 악기·악학의 재정비와 그것의 정치적 함의」, 『국악원논문집』 36, 국립국악원, 2017, 40~41쪽.

가 되고자 했을 것이다. 이는 영조조 『심경』 강론에 대한 평가와도 상통한다. 『심경』은 효종조에 정식 경연과목으로 인준되어 활발히 강론되고 이후 현종·숙종·영조조에도 유지되는데, 강론의 성격이 영조조에 이르러 달라진다는 평가이다. 즉, 영조 이전에는 『심경』 강론이 왕권 견제의 수단으로서 성격이 강했다면 영조조에는 오히려 태만한 신하를 압박하는 수단으로 바뀌어 갔다는 것이다.[58]

왕의 수양이 아닌 신하의 수양을 문제 삼는 것은 영조 10년 4월 19일 경연에서 「악기」를 강론할 때도 확인할 수 있다. 영조는 '호오저즉현불초별의(好惡著則賢不肖別矣)'라는 구절과 관련해 당파별 대립을 비난하고자 하는 의도를 드러내며, "저것이 옳으면 이것이 그르고 저것이 그르면 이것이 옳으니 지금 세상에 어찌 진실로 현명한 사람과 불초한 사람의 구분이 있겠는가?"라고 하며 「악기」 구절이 오늘날에는 유효하지 않다고 말한다. 이에 대해 김재로(金在魯, 1682~1759)는 불초한 이를 변화시켜 현명한 이로 만드는 것은 성왕의 공이니 왕이 호오의 사사로움을 없애 현명한 이와 불초한 이를 구별해야 한다고 답한다. 신하들에 대한 왕의 비판에 결국 이 폐단을 바로잡는 것은 왕의 몫이라고 대응하는 것이다. 이 대화는 "지금 임금 노릇하기가 매우 어려우니 신하가 신하된 신분으로 외경하고 서로 협력하고 공손하다면 어찌 아름답지 않겠는가? 나는 맵고 단 것을 똑같이 써서 마음을 쓰는 것이 매우 괴로웠는데 조정의 신하들은 당론을 고수하여 스스로 높다고 여기니 참으로 개탄스럽다"라는 영조의 말로 마무리된다.[59] 영조도 왕의 호오가 중요하다는 것에는 생각을 같이하고

---

58) 박성순, 「조선중기 경연과목 『심경』의 정착과정과 그 정치적 의미」, 『한국사상사학』 22, 한국사상사학회, 2004, 181, 202쪽.

59) 『承政院日記』, "彼是此非, 彼非此是, 今世安有眞箇賢不肖之分. … 使不肖者, 皆化爲

는 있으나[60] 당론을 고수하는 신하들에 대한 불만을 표출함으로써 경연을 왕뿐 아니라 신하의 수양을 촉구하는 장으로 만들고 있다.

4. 결론

경연 기록을 통해 「악기」가 논의된 주요 관점을 비교적 구체적으로 파악하는 것은 숙종조에 이르러서야 가능하다. 조선 전기에는 경연에 드물게 등장하는 데다가 어쩌다 다뤄지더라도 「악기」 내용과 관련성이 적은 채 당대 직면한 악에 관한 시무를 논하는 내용으로 이어지고는 해서 독해 관점을 파악하기 어렵다. 조선 전기에는 제도를 정비하는 것이 시급한 현안이었을 것이다. 악 역시 제도 중 하나로서 학술 논의보다는 현실에서 행해지는 악을 바로잡는 문제가 주로 논의되었고, 「악기」 강론 역시 이러한 논의 범위 내에 있었다고 평가할 수 있다.

숙종과 영조조 경연에서 「악기」가 논의된 공통된 관점은 왕의 수양을 강조한다는 것이다. 악에 관한 논의에서 왕의 수양이라는 주제는 조선 전기에도 간혹 등장하고 조선 후기에 이르러서는 시무로서의 악보다 더 자주 등장한다. 조선 후기 악에 관한 논의에서는 크

賢者, 聖王之極功, 其要只在於好惡之無私, 而賢不肖之鑑別矣. … 當今爲君甚難, 諸臣若能同寅協恭, 則豈不美哉? 而予則同用辛甘, 用意甚苦, 朝臣則膠守黨論, 自以爲高, 良可嘅也."

60) 대화 중 영조는 요순과 걸주를 예로 들며 군주가 호오를 잘 살피는 것이 중요하다고 말한다. 『承政院日記』, "上曰, '堯・舜, 帥天下以仁, 而民從之, 桀・紂, 帥天下以暴, 而民從之, 上有好者, 下有甚者, 人君之好惡, 不可不審也.'"

게 천인상관적 사유와 악과 정치의 상관성이라는 두 관점에서 왕의 수양을 강조하는데, 이 두 관점 모두 왕이 제대로 수양한다면 악은 바로잡히기 마련이라는 주장을 공유하고 있다. 이러한 주장은 「악기」 강론에서도 제기되며 무엇보다 수양의 관점에서 「악기」에 접근하게 된다. 수양이라는 주제가 「악기」에서 중심을 차지한다고 보기는 어렵지만 성리학적 시각에서는 가장 먼저 주목할 만한 주제였을 것이다. 수양론을 다루는 부분이 『심경』에 가장 먼저 발췌된 것도 이러한 이유에서일 것이고, 『심경』이 경연 자료로 채택되면서 안 그래도 관심을 받을 수밖에 없는 수양이라는 주제가 더욱 관심을 받게 되었을 것이다.

숙종조에는 「악기」의 수양론에 관해 예악이 어째서 유용한 수양의 수단이 되는지, 그 효과는 어떠한지 등 성리학적 시각에서 구체적으로 풀이한 경연 기록을 찾을 수 있다. 이는 「악기」에 관한 성리학적 재해석으로 평가할 수 있지만 이러한 재해석에 근거해 예악을 방편 삼아 수양할 것을 강조하기보다는 모범적 예악이 전승되지 않은 현실에서 예악이 가져다주는 효과와 동일한 효과를 발휘하기 위해 왕의 수양이 중요하다고 주장하게 된다.

영조조에는 「악기」 강론에서 새로운 양상이 발견되는데 바로 음률에 대한 논의가 자주 등장한다는 것이다. 이는 일차적으로는 악에 대한 영조의 관심으로 해석할 수 있고, 나아가 악을 제정하는 주체라는 위상을 확고히 함으로써 왕권을 강화하려는 의지로 해석할 수 있다. 이러한 해석은 영조조에 『대학연의보』가 경연에서 다시 강론되고, 효종조 이래 경연에서 강론되어 온 『심경』에 대한 접근이 영조조에 이르러 왕권 견제에서 신하를 압박하는 방향으로 변화한다는 평가를 통해 설득력을 더할 수 있다. 「악기」 구절에 근거해 당파별 대립을 비판하는 것도 「악기」가 더 이상 왕의 수양을 촉구하는 방향에서만 논의되지는 않는다는 것을 보여준다.

조선시대 경연에서 악에 대한 논의는 현실에서 행해지는 악을 바로잡는 시무적 논의에서 왕의 수양을 강조하는 성리학적 수양론으로 큰 흐름이 이어졌다. 「악기」 강론도 이 흐름 속에 있으며 숙종과 영조조 경연에서는 왕의 수양이 논의의 중심을 차지한다. 비록 「악기」에서 중점적으로 다뤄지는 주제는 아니지만 '수양'은 조선 초기 권근이 「악기」를 독해한 주요 관점이었던 것과 마찬가지로 숙종과 영조조 경연에서도 여전히 주요 관점으로 취해진다. 이 수양이라는 주제가 경연에서 다뤄질 때에는 왕권을 견제하는 수양론을 구성하게 되는데, 영조조에는 이와 대비되어 왕권 강화를 의도한 것으로 해석할 만한 음률에 관한 논의가 등장하기도 한다. 이처럼 조선시대 경연에서 「악기」가 강론된 양상은 제도 정비가 시급한 현안이었을 전기의 상황과 성리학에서 강조하는 수양론에 대한 탐색이 심화되었을 후기의 상황을 반영하고 있으며, 군주와 신하 간 권력 견제도 반영하는 가운데 조선경학사상사에서만 확인할 수 있는 주요 논점의 이동을 보여준다. 이처럼 경연에서 이루어진 「악기」 해석은 조선 전기로부터 후기로 이어지는 역사적 시대적 흐름 속에서 정치적 지위와 입장에 따라 서로 다른 시각에서 이해되는 문화다원론적 의미를 내포하고 있다.

이 글은 서론에서 언급한 자료의 비대칭성에 더해 자료 발췌의 객관성 부족이라는 한계를 지닌다. 숙종과 영조조 경연 기록은 『조선왕조실록』과 개인 문집에 『승정원일기』까지 더해져서 살펴야 할 분량이 방대하다. 방대한 자료에서 발췌하다 보니 발췌 과정에서 필자의 관점을 완전히 배제하기는 어려웠다. 따라서 이 글이 분석대상으로 삼은 경연 자료를 재검토하고 경연 자료 외 악에 관한 신하들의 논의를 담고 있는 자료를 분석해 차후 보완해 가고자 한다. ◆

참 고 문 헌

원전류:

具庠, 『無名子集』.

權近, 『禮記淺見錄』.

金昌協, 『農巖集』.

陳德秀, 『心經』.

『承政院日記』.

『朝鮮王朝實錄』.

〈朝鮮朝 經筵 資料 集成 및 註解〉 (한국연구재단 기초학문자료센터 https://www.krm.or.kr)

논문류:

김종수, 「조선 전기 여악 연구 -여악 폐지론과 관련하여-」, 『국악원논문집』 5, 국립국악원, 1993.

박성순, 「조선중기 경연과목 『심경』의 정착과정과 그 정치적 의미」, 『한국사상사학』 22, 한국사상사학회, 2004.

송지원, 「영조대 국가전례 정책의 제 양상」, 『공연문화연구』 17, 한국공연문화학회, 2008.

송지원, 「조선 후기 국왕의 음악정책 -숙종・영조를 중심으로」, 『한국문학과 예술』 21, 숭실대학교 한국문학과예술연구소, 2017.

윤정, 「조선 중종・영조대 『대학연의보』 진강의 의미」, 『규장각』 24, 서울대학교 규장각 한국학연구소, 2001.

윤태양, 「영조 17~19년 악기・악학의 재정비와 그것의 정치적 함의」, 『국악원논문집』 36, 국립국악원, 2017.

윤훈표, 「승정원일기 경연 기사의 특징」, 『사학연구』 100, 한국사학회, 2010.

조정은, 「권근의 『예기천견록』 중 「악기」편 분석 -체제 재편과 독해 관점을 중심으로-」, 『태동고전연구』 46, 한림대학교 태동고전연구소, 2021.

한정길, 「마음 수양에 관한 조선 유학자들의 성찰 보고서: 국역 심경 주해총람(상하)」, 『역사와 실학』 62, 역사실학회, 2017.

이환모(李煥模)의 『서전기의(書傳記疑)』에 보이는 해석의 다양성

이 은 호

1. 서론: 이환모의 가계와 생애
2. 『서전기의』의 구성과 체계
3. 주자설과 채침설의 동이(同異)에 관한 내용
4. 현토(懸吐)와 언해(諺解)에 관한 내용
5. 결론: 18세기 조선 처사(處士)의 『서경』 읽기

* 이 글은 『태동고전연구』 제46집(한림대학교 태동고전연구소, 2021.06)에 게재한 동명의 논문을 본 저서의 간행 취지에 맞춰 일부 수정한 것이다.

1. 서론: 이환모의 가계와 생애

『서전기의(書傳記疑)』는 이환모(李煥模)의 『서경』 독서기이다. 서명(書名) 그대로 채침의 『서집전(書集傳)』의 일부 경문과 주석의 해석에 관한 내용과 의심가는 부분을 서편(書篇)과 경문(經文)의 차례대로 기록해 놓았다. 『서전기의』는 이환모의 유서(遺書)로 알려진 『두실오언(斗室寤言)』(전6책, 규장각 소장, 奎2984-v.1-6) 제3책에 수록되어 있다. 이환모의 생애에 대해서는 확실하게 알려진 바가 없는데, 기존 규장각(奎章閣)과 『한국경학자료집성(韓國經學資料集成)』의 "해제"에 따르면, 이환모는 1675년에 태어났으며 본관은 덕수(德水) 호는 두실(斗室) 혹은 타괴자(打乖子)로 소개되어 있다.[1]

이환모의 생몰년대와 관련하여 서영대(徐永大)는 기존의 이환모를 숙종 대의 인물로 간주한 것에 대해 회의(懷疑)하면서, 『두실오언』에 실린 선고(先考)의 가장(家狀)에 보이는 이환모의 부친 이유(李潙)가 숙종 26년(1700)에 출생하여 정조 1년(1777)에 사망한 사실과 이환모의 첫째 부인 조씨(趙氏)의 출생년이 을묘년(乙卯年, 1735으로 추정)임을 근거로 이환모의 출생년을 1720~1750년대로 추정하였지만[2], 정확한 생몰년대는 비정하지 못했다.

『덕수이씨세보(德水李氏世譜)』에 따르면 이환모는 명종(明宗) 정묘(丁卯, 1567) 생원과 선조(宣祖) 갑술(甲戌, 1574) 문과(文科)에 급제한 우계

1) 규장각 http://kyudb.snu.ac.kr/search/search.do?searchArea=0&totalSearchString=%E6%96%97%E5%AE%A4%E5%AF%A4%E8%A8%80
한국경학자료집성 http://koco.skku.edu/Haeje.jsp?kind=IK&kyung=E&sj_id=049_13&nav_kind=1

2) 徐永大, 「李煥模의 「東語」에 대하여」, 『한국학연구』 9, 1998, 1쪽.

공(雨溪公) 이광(李洸, 1541~1607)의 후손으로 기록되어 있다.

우계공파(雨溪公派)

13세 이광(李洸, 자 사무(士武), 호 우계(雨溪)) 명종 정묘생원, 선조 갑술문과, 자헌대부 전라도 도순찰사(資憲大夫全羅道都巡察使)

14세 이광의 3자 이안진(李安眞, 1576~1640, 자 보녀(葆汝), 호 청호(靑湖))

15세 이안진의 장자 이위[3](李㙔, 1593~1651, 자 정백(正伯))

16세 이위의 장자 이진하(李震夏, 1616~1674, 자 동주(東周)) 인조 무자문과, 병조정랑

17세 이진하의 장자 이준(李畯, 1637~1701, 자 자치(子治)) 숙종 계해진사, 신미문과, 병조좌랑

18세 이준의 2자 이현석(李賢錫, 1659~1720, 자 봉경(鳳卿), 호 서강(西岡)) 숙종 갑자생원, 종묘서봉사(宗廟署奉事)

19세 이현석의 장자 이유(李㵓, 1700~1777, 자 여우(汝雨), 호 수은처사(睡隱處士))

20세 이유의 3자 이환모(李煥模, 1735~1821, 자 숙장(叔章), 호 두실처사(斗室處士))[4]

『덕수이씨세보』를 통해 『서전기의』의 저자 두실(斗室) 이환모의 생몰년대가 비로소 명백하게 밝혀지게 되었다. 『세보』에 따르면 이환모의 묘는 충남 서천군(舒川郡) 양화면(陽華面) 활동(活洞) 축좌(丑坐)에 위치해 있으며, 순창 조씨(淳昌趙氏)와의 사이에는 자식이 없고, 청송 심씨(靑松沈氏) 사이에 3남 2녀를 두었다.[5]

---

3) 『德水李氏世譜』의 표기를 따랐다.

4) 『德水李氏世譜(增補九刊)』, 「義編」 德水李氏世譜刊行委員會, 2001년 7월, 47쪽; 470~473쪽.

또한 충남 공주(公州)지역 낙론(洛論)의 대표적인 주기(主氣)학자인 녹문(鹿門) 임성주(任聖周, 1711~1788)의 문집에 이환모의 증조부 이준(李畯, 1637~1701)의 묘지명(墓誌銘)이 수록되어 있다. 이 묘지명은 이준의 증손이자 이환모의 종형(從兄)인 이현모(李顯模)의 부탁으로 쓴 것으로 되어 있는데, 그 내용 가운데 이유(李濰)의 삼남(三男)인 익모(益模), 정모(鼎模), 환모(煥模)가 모두 언급되어 있다.[6] 이를 통해 이환모는 1735년(영조11)에 태어나 1821년(순조21)까지 영조, 정조, 순조 등 세 임금을 모시며 매우 장수(長壽)를 누렸고, 충청남도 일대의 낙론의 인사들과 교류하면서 관직의 진출과 명리(名利)를 추구하기보다는 순수한 학문적 탐구를 즐겼던 처사(處士)였음을 확인할 수 있다.

2. 『서전기의』의 구성과 체계

『서전기의』는 『서집전(書集傳)』[7]의 편차에 따라 『서경』을 읽어 가면서 중간중간 해석의 문제나 주석의 차이에 대해서 자신의 의견을 기록한 독서기의 형태를 띠고 있으며, 완전한 형태의 주석서 형태는 갖추지 못했다.

『서전기의』의 내용을 전체적으로 요약하면 다음의 표와 같다.

---

5) 『德水李氏世譜(增補九刊)』, 「義編」 473쪽.

6) 『鹿門集』 卷24, 「兵曹佐郎李公墓誌銘並序」, "…蓋旣沒之七十年, 公之曾孫顯模, 以其尊人命, 家狀一通託余爲幽堂之誌. …濰三男曰益模曰鼎模曰煥模. 二女壻兪漢五, 具命稷."

7) 엄밀히 말하자면 이환모가 본 판본은 『書經大全』本으로 추정된다. 인용 내용 가운데 『朱子大全』(『晦庵集』)이나 『朱子語類』 외에 『書經大全』 「小注」의 내용이 확인된다.

〈표〉『서전기의』의 구성과 체계표

『書集傳』 編次	『書傳記疑』 編次	내용	관련 經文	비고
虞書 堯典	二典	曆象日月 註	01堯典-03	
		"日中"註	01堯典-04	
		"朞三百有六旬有六日"	01堯典-08	
舜典		"疇咨若時登庸"	01堯典-09	
		"巽朕位"	01堯典-12	
		"至于岱宗, 柴, 望, 秩于山川"	02舜典-08	
大禹謨	禹謨	"文命敷于四海, 祗承于帝"	03大禹謨-01	
		"不廢困窮"	03大禹謨-03	
		"乃武乃文"	03大禹謨-04	
		"惟影響"	03大禹謨-05	
		"念玆在玆"	03大禹謨-10	
		"人心", "道心"	03大禹謨-15	
		"敬修其可願"	03大禹謨-17	
皐陶謨	皐陶謨	"邇可遠在玆"	04皐陶謨-01	
		"亦行有九德"	04皐陶謨-03	
		"三德", "六德"	04皐陶謨-04	
		"一日二日萬幾"	04皐陶謨-05	
		"有庸"	04皐陶謨-06	
益稷	益稷	"予思日孜"	05益稷-01	
		"愼乃在位"	05益稷-02	
		"帝曰臣哉"以下至"否則威"	05益稷-02~06	
		"禹曰俞哉"以下	05益稷-07	
		"迪朕德"	05益稷-08	
		"戛擊", "搏拊"	05益稷-09	
夏書 禹貢	禹貢	≪禹貢≫賦法	06禹貢-18	
		○"作十有三載, 乃同"	상동	
甘誓	甘誓	"怠棄三正"	07甘誓-03	
五子之歌	五子詞	"一能勝予"吐	08五子之歌-05	
		○"予視"	상동	
胤征	胤征	"俶擾天紀"	09胤征-04.	
		○"先時", "後時"	상동	
商書 湯誓	湯誓	"爾", "汝"		

『書集傳』編次	『書傳記疑』編次	내용	관련 經文	비고
仲虺之誥	仲虺誥	"生聰明時乂"	11仲虺之誥-02	
		夏反昏亂, 陷民塗炭, 故天乃錫王智勇.	상동	
		○≪傳≫引吳氏云"疑有脫誤."	11仲虺之誥-03	
		若苗粟之有莠, 秕	11仲虺之誥-04	懸吐
		"德懋懋官, 功懋懋賞"	11仲虺之誥-05	
		"東征", "南征"	11仲虺之誥-06	
		○或曰≪中庸≫所謂"治亂持危"者		
		"德日新"	11仲虺之誥-08	
		○"愼終于始"	16太甲下-06	
湯誥	湯誥	"百姓"	12湯誥-03	
		"請罪有夏"	12湯誥-04	
		"請命"	상동	
		小註朱子云云之說	12湯誥-05, 06	
		○於何見其"俾湯輯寧"	12湯誥-06	
		"以承天休"	12湯誥-07	
伊訓	伊訓	"明言烈祖(之)成德"	13伊訓-01	
		勸嗣德謹始, "罔不在初"	13伊訓-04	
		廣求賢哲	13伊訓-06	
太甲上	太甲上	"顧諟(天之)明命"	14太甲上-02	
		"旁求"	14太甲上-05	
太甲中	太甲中	首二句	15太甲中-01~02	
		"自底不類"	15太甲中-03	
		自"修厥身"至"明后"	15太甲中-04	
太甲下	-			
咸有一德	咸有一德	德	17咸有一德	
盤庚上	-			
盤庚中	-			
盤庚下	-			
說命上	說命	"知之曰明哲. 明哲實作則"	21說命上-01	
		"厥修乃來"	21說命上-04	
說命中				
說命下		"遜志", "時敏"	23說命下-04	

『書集傳』 編次	『書傳記疑』 編次	내용	관련 經文	비고
高宗肜日	-			
西伯戡黎	戡黎	朱子嘗疑之	蔡傳序 小注	
微子	-			
周書 泰誓上	泰誓上	"萬物之靈"	27泰誓上-03	
		"同力度德, 同德度義"	27泰誓上-08	
泰誓中	泰誓中	"勗哉夫子"以下	28泰誓中-09	
泰誓下	泰誓下	"不敬上天", "降灾下民"	27泰誓上-04	
		"觀政"	27泰誓上-06	
		"厥志"	27泰誓上-07	
		"力行無度"	28泰誓中-03	
牧誓	-			
武成	-			
洪範	洪範	稱箕子	32洪範 36微子之命	
		"惟天陰騭"	32洪範-02	
		五行, "彝倫攸斁, 叙"	32洪範-03	
		五事	32洪範-06	
		八政分屬五行	32洪範-07	
		至極 "'斂時五福'以錫民" "惟時厥庶民于汝極, 保汝"	32洪範-09	
		"作極""建極"	32洪範-10	
		"錫之福"	32洪範-11	
		"無偏無陂"至"遵王路"	32洪範-14	
		鑽龜爲兆之法	32洪範-20~23	
		"王省"以下	32洪範-35	
		"乂用明"	32洪範-36	
		"庶民惟星"	32洪範-38	
		九疇之序	32洪範	
		(汝弗能使有好于)"而家"	32洪範-13	
旅獒	-			
金縢	金縢	"自以爲功"	34金縢-04	
		"歸俟爾命"	34金縢-08	
		"乃卜三龜, 一習吉"	34金縢-09	

『書集傳』 編次	『書傳記疑』 編次	내용	관련 經文	비고
		“公曰”以下	34金縢-10	
大誥	大誥	天命旣不可格知	35大誥-01	
		“我國有疵”	35大誥-04	
		“肆予冲人，永思艱”	35大誥-08	
		“今天(其)相(民)”以下四句	35大誥-09	
		“弗吊天降割于我家”	35大誥-01	
		龜紹天明	35大誥-03	
		“敉寧武圖功”	35大誥-05	
		“越余小子，考翼”	35大誥-07	
微子之命	-			
康誥	康誥	“速由玆”	37康誥-17	
		“無我殄享”	37康誥-23	
酒誥	酒誥	分作兩篇	38酒誥-蔡序	
		“辜在商邑”	38酒誥-11	
		“我其可不大監撫于時”	38酒誥-12	
		“有斯明享”一章	38酒誥-16	
梓材	梓材	“王啓監”	39梓材-03	
		“惟曰若稽田”	39梓材-04	
召誥	洛誥	語多倒錯		
洛誥	召誥	周公之卜	40召誥-01~03 41洛誥-04	
		○“侯甸男”，“見士于周”	37康誥-01 40召誥-06	
		○“以功作元祀”	41洛誥-05，07 41洛誥-15	諺解
多士	多士	“弗吊”	42多士-02 35大誥-01	
		○“引逸”	42多士-05	
		○“爾惟時”以下	42多士-25	諺解， 懸吐
無逸	無逸	“此厥不聽，人乃訓之”	43無逸-15	
		○“厥或告之”	43無逸-17	
君奭	君奭	“寧王德(延)”，“文王受命”	44君奭-06	
		○“往來玆”	44君奭-13	

『書集傳』編次	『書傳記疑』編次	내용	관련 經文	비고
蔡仲之命	蔡仲之命	"爲善不同, 同歸于治. 爲惡不同, 同歸于亂"	45蔡仲之命-04	
多方	-			
立政	立政	"自一話一言, 我則末惟成德之彦, 以乂我民"	47立政-17	
周官	-			
君陳	-			
顧命	-			
康王之誥	-			
畢命	畢命	"惟周公左右先王, 綏定厥家"	52畢命-03	
		"大訓", "古訓"	52畢命-11	
君牙	君牙	"民心罔中, 惟爾之中",	53君牙-04	
冏命	-			
呂刑	呂刑	"弗用靈, 制以刑"	55呂刑-03	諺解
		○"降格"	55呂刑-06	
		○"報虐以威"	55呂刑-05	
		○"制民于刑之中"(制百姓于刑之中)	55呂刑-09	
		○"越茲麗刑幷制"	55呂刑-03	
		○"穆穆在上"止"乃明于刑之中"	55呂刑-10	
		○"典獄非訖"以下	55呂刑-11	諺解
		○"司政典獄"	55呂刑-12	
		○"朕言多懼"	55呂刑-21	
		○"非天不中"以下	55呂刑-21	
		○"屬于五極咸中"	55呂刑-22	
		○"祥刑"	55呂刑-22	
文侯之命	文侯之命	"先正" ("不二心之臣") ("小大之臣")	56文侯之命-01 51康王之誥-05 54冏命-02	
		○"嗣造天"	56文侯之命-02	
		○"追孝于(前)文人"	56文侯之命-03	懸吐
費誓	-			
秦誓	-			

앞서 언급한 바와 같이 『서전기의』는 규장각에 소장되어 있는 『두실오언(斗室寤言)』에 실려 있고 필사본이다. 필사본의 특성상 이체자(異體字)와 통가자(通假字)가 많이 보이므로, 경문(經文)과 대조해서 읽어야만 오류를 줄일 수 있다.8) 대표적인 예로는 편제(篇題) 「오자지가(五子之歌)」는 「오자가(五子謌)」로 표기되었고, "귀(歸)" 자는 본문에서 "귀(皈)"로 필사되어 있다. 『서전기의』는 불분권(不分卷) 1책으로 되어 있고, 총 글자수는 약 일만여 자인데, 「우하서(虞夏書)」 8편 약 2500자, 「상서(商書)」 9편 약 2000자, 「주서(周書)」 20편 약 5300자 정도의 분량을 보인다.

고문 『상서』 58편과 『서전기의』의 편수가 같지 않은 것은, 『서전기의』의 경우 「요전」과 「순전」을 합하여 「이전(二典)」이라고 표기하였는데, 원래 금문 『상서』에서는 「순전」이 따로 나뉘어지지 않고 「요전」 하나로 되어 있는 것에 영향을 받은 것은 아닌지 조심스레 짐작해 본다. 「상서(商書)」 가운데 「태갑하(太甲下)」, 「반경(盤庚)」 상중하(上中下) 3편, 「고종융일(高宗肜日)」, 「미자(微子)」편의 내용은 보이지 않는다. 그리고 「열명(說命)」 상중하 3편은 「열명」으로만 표제하였는데, 내용을 살펴보면 「열명상」의 2구(句), 「열명하」의 1구(句)에 대해서 언급하였다. 「주서(周書)」 가운데는 「목서(牧誓)」, 「무성(武成)」, 「여오(旅獒)」, 「미자지명(微子之命)」, 「다방(多方)」, 「주관(周官)」, 「군진(君陳)」, 「고명(顧命)」, 「강왕지고(康王之誥)」, 「경명(冏命)」, 「비서(費誓)」, 「진서(秦誓)」 등 12편의 내용이 없다. 「태서(泰誓)」 3편의 경우는 『서전기의』에서도 3편으로 나누어 표기하고 있으나, 실제 「태서하(泰誓下)」 제하(題下)의 내용은 「태

8) 『한국경학자료집성』 DB에는 이체자와 통가자의 이해부족 그리고 경문과의 대조를 간과한 오류가 자주 눈에 띈다.

서」 상중(上中)의 내용으로 채워져 있고, 「태서하」의 경문내용은 보이지 않는다. 또한 편차 가운데 「소고(召誥)」와 「낙고(洛誥)」의 차례가 뒤바뀐 점을 눈여겨보아야 한다.

말이 많이 뒤섞였다. 「소고(召誥)」로 살펴보면, 낙읍(洛邑)이 이미 완성된 이후 주공(周公)은 일찍이 호경(鎬京)으로 돌아왔으므로 또한 신읍(新邑)의 주인이 될 리 없다. 그리고 「낙고」의 "저는 밝은 군주(君主)에게 복명(復命)합니다[朕復子明辟]"[9] 이하가 주공이 신읍에 있고, 성왕은 호경(鎬京)에 있으면서 서로 주고받은 사명(辭命)인 것 같다. 「낙고」 "왕께서 처음 성대한 예(禮)를 거행하다[王肇稱殷禮]"[10] 이하는 주공과 성왕이 서로 수작(酬酢)한 말씀이다. "주공에게 뒤에 남아 있기를 명하다[命公後]"[11] 이하는 다시 성왕이 낙읍에 와서 주공에게 명한 것이다. 이와 유사한 것이 한둘이 아니다. 요약하자면, 경문이 착간(錯簡)되고 탈간(脫簡)된 것이다. 「강고」 "크게 고하다[大誥]"[12] 이하에는 「낙고」 "읍하고 머리

9) 「洛誥」 01, "周公拜手稽首曰, 朕復子明辟.[주공(周公)이 배수계수(拜手稽首)하고 말씀하였다. "나는 그대 명벽(明辟)[밝은 군주(君主)]에게 복명(復命)하노이다."]"

10) 「洛誥」 05, "周公曰, 王肇稱殷禮, 祀于新邑, 咸秩無文.[주공(周公)이 말씀하였다. "왕(王)께서 처음 성대한 예(禮)를 거행하여 새 도읍(都邑)에서 제사(祭祀)하시되 사전(祀典)에 기재되지 않은 것까지 모두 차례로 제사(祭祀)하소서."]"

11) 「洛誥」 18, "王曰, 公予小子, 其退卽辟于周, 命公後.[왕(王)이 말씀하였다. "공(公)아! 나 소자(小子)는 물러가서 곧 주(周)나라에 군주노릇하고 공(公)에게 명(命)하여 뒤에 남게 하겠다."]"

12) 「康誥」 01, "惟三月哉生魄, 周公初基, 作新大邑于東國洛. 四方民大和會. 侯・甸・男邦・采・衛, 百工播民和, 見士于周. 周公咸勤, 乃洪大誥治.[3월 재생백(哉生魄)[16일]에 주공(周公)이 처음 터전을 잡아 새로운 대읍(大邑)을 동국(東國)인 낙(洛)에 만드시니, 사방(四方)의 백성들이 크게 화합하여 모이자, 후(侯)・전(甸)・남(男)・방(邦)・채(采)・위(衛)와 백공(百工)[백관(百官)]들이 인화(人和)를 전파하여 주(周)나라에 와서 뵙고 일하더니, 주공(周公)이 모두 수고한다 하여 크게 다스림을 고하셨다.]"

를 조아리다.[拜手稽首]"13)와 같은 고명(誥命)하는 말이 있는 것 같고, "가르치는 말씀[誨言]"14) 아래는 마땅히 "주공이 낙읍으로부터 와서 호경에 이르렀다[公來自洛, 至于鎬.]"라는 말이 있어야 하며, "왕이 말씀하셨다. '공(公)아! 나 소자(小子)는 물러가라[王曰予小子其退]"15) 위에도 마땅히 "왕이 신읍에 오셨다[王來新邑]"라는 말이 있어야 할 것 같다. "다스려 사보가 되다[亂爲四輔]"16) 이하에는 아마도 주공의 답사(答辭)가 있어야 할 것으로 보인다.17)

주자(朱子) 이전에도 많은 학자들이 「강고(康誥)」의 첫 문장이 「낙

13) 「洛誥」 01, "周公拜手稽首曰, 朕復子明辟.[주공(周公)이 배수계수(拜手稽首)하고 말씀하였다. "나는 그대 명벽(明辟)[밝은 군주(君主)]에게 복명(復命)하노이다."]"

14) 「洛誥」 04, "王拜手稽首曰, 公不敢不敬天之休, 來相宅, 其作周匹休. 公既定宅, 伻來, 來視予卜休恆吉. 我二人共貞. 公其以予萬億年, 敬天之休. 拜手稽首誨言.[왕(王)이 배수계수(拜手稽首)하여 말씀하였다. "공(公)[周公]이 감히 하늘의 아름다움을 공경하지 않을 수 없으시어 와서 집터를 살펴보시니, 주(周)나라에 짝할 만한 아름다운 땅을 만드셨습니다. 공(公)이 이미 집터를 정하시고 사람을 보내 와서 나에게 점괘가 아름다워 항상 길함을 보여주시니, 우리 두 사람이 함께 마땅할 것입니다. 공(公)이 나로써 만억년(萬億年)을 하늘의 아름다움을 공경하게 하시기에 배수계수(拜手稽首)하여 가르쳐주신 말씀에 경의를 표합니다."]"

15) 「洛誥」 18, "王曰, 公予小子, 其退卽辟于周, 命公後.[왕(王)이 말씀하였다. "공(公)아! 나 소자(小子)는 물러가서 곧 주(周)나라에 군주노릇하고 공(公)에게 명(命)하여 뒤에 남게 하겠다."]"

16) 「洛誥」 20, "迪將其後, 監我士・師・工, 誕保文武受民, 亂爲四輔.[그 뒤를 개척하여 크게 해서 우리 사(士)・사(師)와 백공(百工)들로 하여금 보게 해서 문왕(文王)・무왕(武王)께서 하늘로부터 받으신 백성을 크게 보호하여 다스려 사보(四輔)가 될지어다.]"

17) 『書傳記疑』 「洛誥」, "語多倒錯. 以「召誥」觀之, 則洛邑既成之後, 周公蓋嘗還京, 亦無可成新邑之主. 而"朕復子明辟"以下似是公在新邑, 王在鎬京, 相與往復之辭. "王肇稱殷禮"以下, 公與王相對酬酢之言也. "命後"以下, 又是王來洛邑命公也. 似此之類不一而足. 要之, 則錯簡脫簡. "大誥"以下, 似有誥語"拜手稽首", "誨言"下當有"公來自洛, 至于鎬"之語, "王曰予小子其退"上, 亦當有"王來新邑"之語, "亂爲四輔"以下, 疑亦有公之答辭."

고(洛誥)」에서 탈간된 것임을 의심하였는데[18], 「소고」와 「낙고」의 문장에도 많은 탈간과 착간이 있는 것으로 파악하고 기존의 편제와는 상관없이 이환모 자신의 견해로서 독자적인 경문 읽기를 시도했음을 알 수 있다.

3. 주자설과 채침설의 동이(同異)에 관한 내용

『서전기의』에서 가장 눈에 띄는 부분은 역시 『서경』 해석에서의 주자설과 채침설의 차이를 언급한 부분이다. 주지하는 바와 같이 주자(朱子)는 사서(四書)와 『시경(詩經)』 그리고 『주역(周易)』에 관한 주석서를 편찬하였지만, 『서경』의 주석(注釋)은 그의 제자이자 사위인 구봉(九峯) 채침(蔡沈)의 손에서 마무리되었다. 그렇다고 주자가 『서경』에 대해서 전혀 언급하지 않은 것은 아니었다. 현전하는 문집과 『어류』의 『서경』 관련 내용[19]뿐만 아니라, 송대의 『수초당서목(遂初堂書目)』 및 원대 초기의 『문헌통고(文獻通考)』의 기록에서는 주자가 『상서고경(尙書古經)』 5권을 지었다고 했고, 『송사』 「예문지」에 "주자의 『서설(書說)』 7권"을 채록하고 있다.[20] 채침도 『서집전』 「자서」에서 "이전(二典)과 「대우모(大禹謨)」는 선생이 일찍이 시정하시어 손때가 아직

18) 『書集傳』 「康誥」, "蘇氏曰, 此洛誥之文, 當在周公拜手稽首之上.[소씨(蘇氏)가 말하였다. "이는 「낙고(洛誥)」의 글이니, 마땅히 '주공배수계수(周公拜手稽首)'의 위에 있어야 한다."]"

19) 『朱子大全』 卷65, 「雜著・尙書」; 『朱子語類』 卷78~79, 「尙書」.

20) 『상서학사』, 제7장 송대의 상서학 발전과 논변들 제2절 남송 리학에서의 상서연구, 404~405쪽.

도 새로우니, 아! 애석하다"라고 밝혔으니[21], 주자가 직접 『서경』 주석을 시작하였으나, 마무리를 짓지 못했던 것이다.[22]

『서집전』의 첫 부분은 주자가 직접 편찬했다고 하지만, 주석의 대부분은 채침의 손을 거쳤고, 그 내용이 문집이나 『어류』의 것과 상이한 것이 존재했으므로, 많은 학자들이 그 차이를 논하며 『서집전』을 논박하기도 하였다.[23] 그것도 그럴 것이 채침의 『서집전』은 주자의 설만을 고집하지 않고, 「공전(孔傳)」과 송대의 소식(蘇軾), 임지기(林之奇), 여조겸(呂祖謙) 등 제가의 설(說)을 두루 절충하였고, 특히 그의 부친 채원정(蔡元定)으로부터 물려받은 「홍범」에 관한 가학(家學)을 토대로 독자적인 해설을 추구하였다. 이는 주자의 사서(四書) 『집주(集注)』의 편찬에도 적용된 방법론인데도 불구하고 채침의 『서집전』은 종사(宗師) 주자의 설과 위배되는 면이 있다고 해서 혹독한 비판에

21) 『書集傳』 「自序」, "二典禹謨, 先生蓋嘗是正, 手澤尙新, 嗚呼惜哉."

22) 董鼎의 『書傳輯錄纂注』에 「우모(禹謨)」 "정월삭단(正月朔旦)"조 아래의 주에 "주자가 친히 집록한 『서전』은 「공서(孔序)」에서 여기까지이다. 나머지 대의大義는 모두 채씨에게 구두로 전해 주고, 아울러 직접 원고 1백여 단段을 써서 완성하게 하였다"라고 하였다.

23) 송대 말기 張葆舒의 『書蔡傳訂誤』, 黃景昌의 『尙書蔡氏傳正誤』, 원대 초기 程直方의 『蔡傳辨疑』, 余芑舒의 『讀蔡傳疑』 등은 모두 『채전』의 오류를 직접적으로 공격하였고, 주자학을 신봉한 金履祥은 직접적으로 채침을 공격하지는 않았지만 자신의 『尙書表注』에서 채침과는 다른 설을 제시하였다. 그러나 원대에 이르러 과거시험에서 『채전』을 정식으로 사용한 이후, 김이상의 『表注』를 제외한 4부의 反蔡 저작은 모두 실전되고 『표주』만이 『채전』을 그다지 반대하지 않았고 또한 자기만의 정밀한 의의를 지녔다고 하여 유전될 수 있었다. 원의 陳櫟은 처음에는 『書傳折衷』을 지어 『채전』의 잘못을 기롱하였지만, 『채전』을 관학으로 존숭하게 하자 다시 『尙書集傳纂疏』를 지어 『채전』을 추숭하기도 하였다. 『상서학사』 제7장 송대의 상서학 발전과 논변들 제2절 남송 리학에서의 상서연구, 410쪽.

직면한 것이다.

『서전기의』에 보이는 주자설과 채침설의 비교는 「우하서(虞夏書)」와 「홍범(洪範)」편에 집중되어 있는데, 그 일례를 살펴보면 다음과 같다.

(1)

"일중(日中)"24)의 주(注)

『(주자)대전』25)에 "일중(日中)은 낮에 해가 중(中)을 얻은 것이다. 낮과 밤이 모두 50각(刻)인데, 봄은 양(陽)을 주로 하기 때문에 낮으로써 말한 것이다[日中者, 晝得其中也. 蓋晝夜皆五十刻, 春主陽, 故以晝言也.]"라 하였다. 이 말은 실로 간결하여 쉽게 이해되는데, 『서집전』은 허다한 군더더기 말을 덧붙여 의미가 밝게 드러나지 않는다.26)

해당 『서집전』의 주석은 다음과 같다.

일중(日中)은 춘분(春分)의 시각은 여름에는 해가 길고 겨울에는 해가 짧은데 비해 중간에 해당된다. 주야(晝夜)가 모두 50각(刻)이니, 낮을 들어 밤을 나타냈기 때문에 일(日)이라고 한 것이다.27)

---

24) 「堯典」 04, "分命羲仲, 宅嵎夷. 曰暘谷. 寅賓出日, 平秩東作. 日中星鳥, 以殷仲春. 厥民析, 鳥獸孶尾.[희중(羲仲)에게 나누어 명하여 우이(嵎夷)에 머물게 하시니, 양곡(暘谷)이라 하는바, 나오는 해를 공경히 맞이하여 동작(東作)[봄에 시작하는 일]을 평질(平秩)[고르게 차례함]하니, 해는 중간이고 별은 조수(鳥宿)이다. 알맞은 중춘(仲春)이 되게 하면 백성들은 흩어져 살고 조수(鳥獸)는 새끼를 낳고 교미한다.]"

25) 『朱子大全』 卷65, 「雜著・尙書」.

26) 『書傳記疑』 「二典」, "'日中'注. 大全曰: '日中者, 晝得其中也. 蓋晝夜皆五十刻, 春主陽, 故以晝言也.' 此實簡潔易曉, 而蔡傳增以許多衍語, 而義不明暢."

27) 『書集傳』 「堯典」, "日中者, 春分之刻, 於夏永冬短, 爲適中也. 晝夜皆五十刻, 擧晝以見夜. 故曰日."

"일중(日中)"은 「요전」에 나오는 말로서, 오늘날의 용어로는 춘분(春分) 혹은 추분(秋分)의 낮과 밤의 길이가 같은 것을 의미한다. "일중"에 대해서 주자는 간결하게 설명한 반면, 『서집전』의 설명은 다소 장황하다는 것이 이환모의 판단이다.

(2)
『주자대전』에 "자(咨)"는 탄식할 "차(嗟)"로 훈석하고, "시(時)"는 이 "시(是)"로 훈석했으며, 주자는 "약시(若時)"에서 구두를 끊었다. 『서집전』은 "자(咨)"는 물을 "문(問)"으로 훈석하고, "시(時)"는 여자(如字)로 훈석하였으며, "등용(登庸)"과 이어서 구두를 끊었다.[28)]

해당 경문은 「요전」의 "帝曰疇咨若時登庸"인데, 주자의 경우는 "堯帝曰, 疇, 嗟! 若是, 登庸?[누가 아! 이와 같아서 등용할 것인가?]"으로 읽었고, 『서집전』은 "堯帝曰, 疇問若時登庸?[누가 때를 순히 할 사람을 두루 물어서 등용할 수 있는가?]"으로 읽은 것이다. 이에 대한 이환모 자신의 안설(按說)을 바로 기록하고 있다.

안(按):
『주자대전』에 주자가 "약시(若時)"로 구두를 끊은 것은 아래 문장 "누가 아! 일을 따르겠는가[疇咨若采]"[29)]와 문세(文勢)가 서로 합치하며, "등용할 것인가[登庸]"는 아래 문장 "능력이 있으면 다스리게 하다[有能俾乂]"[30)]의 문의(文義)와 서로 비슷하다. 그러나 다만 "자(咨)"의 훈석이 탄

---

28) 『書傳記疑』「二典」, "大全'咨'訓嗟, '時'訓是, 而朱子以'若時'爲句. 蔡傳'咨'訓問, '時'如字, 而連'登庸'爲句."

29) 「堯典」 10, "帝曰, 疇咨若予采. 驩兜曰, 都共工方鳩僝功. 帝曰, 吁靜言庸違. 象恭滔天."

식할 "차(嗟)"이고, "시(時)"의 훈석이 이 "시(是)"인 것은 문의(文義)와는 먼 것 같다. 아마도 판본에 오류가 있는 것이 아닌가 한다. 『채침전』의 구두는 앞뒤 문장의 문세(文勢)가 서로 어긋나므로 실로 기록한 자의 본의가 아닐 것이다. 그러나 "자(咨)"의 훈석이 물을 "문(問)"이고, "시(時)"의 훈석이 여자(如字)로 한 것은 본의를 얻은 것 같다. 지금 다음과 같이 읽고자 한다. "누가 이때를 순히 따를 것을 물으며 등용하겠는가?"[31]

이환모는 주자의 구두와 주석이라고 하더라도 가차 없이 비판하였고, 채침의 설에 대해서도 주석에 대해서는 긍정하지만 구두에 대해서는 인정하지 않는 태도를 견지하였다. 그러면서 현토(懸吐)를 이용한 자신만의 독법으로 『서경』 경문을 읽었다는 점에 주목해야 할 것이다.

(3)

"손짐위(巽朕位)"[32]

『주자대전』: "손(巽)은 순히 따르며 받아들임이다. '너 사악(四岳)이 내 명을 잘 따르니 내 지위에 들어오겠는가?'라는 말이다." 『서집전』: "'손(巽)'과 '손(遜, 사양하다)'은 고대에 통용되었다."[33]

---

30) 「堯典」 11, "帝曰, 咨四岳, 湯湯洪水方割. 蕩蕩懷山襄陵, 浩浩滔天, 下民其咨. 有能俾乂. 僉曰, 於鯀哉. 帝曰, 吁咈哉. 方命圮族. 岳曰, 异哉. 試可, 乃已. 帝曰, 往, 欽哉. 九載績用弗成."

31) 『書傳記疑』 「二典」, "按: 大全朱子以'若時'爲句, 與下文'疇咨若采'文勢相合, '登庸'與下文'有能俾乂'文義相似, 而但'咨'之訓嗟, '時'之訓是, 竊恐文義迂晦. 或疑板本之有誤. 蔡≪傳≫之爲句, 上下文文勢相左, 實非記者之本意. 而'咨'之訓問, '時'之如字, 恐得之. 今欲讀之曰: '疇咨若時ㄠ登庸호리라.'"

32) 「堯典」 12, "帝曰, 咨四岳, 朕在位七十載, 汝能庸命. 巽朕位."

33) 『書傳記疑』 「二典」, "巽朕位. 大全: "巽, 順而入之也. 言'汝四岳能用我之命而入居我之位乎?'" 蔡傳: "巽遜, 古通用.""

"손짐위(巽朕位)"에 대해서 주자는 "사악 그대들이 나(帝堯)의 왕위를 따르겠는가?"라고 읽은 반면, 『서집전』은 "나의 왕위를 사양하다"라고 읽었다. 『서집전』의 내용은 실제 오씨(吳氏: 오역吳棫, 호 재로才老)의 설이다.

(4)

至于岱宗, 柴望秩于山川.

『주자대전』은 "시망(柴望)"에서 구두를 끊었고, 『서집전』은 "시(柴)"에서 구두를 끊었다.[34]

곧 주자는 "시(柴)"와 "망(望)"을 모두 제사(祭祀)의 부류로 파악하여, "대종에 이르러 시(柴) 제사와 망(望) 제사를 올려 산천(山川)을 차례 매겼다"로 읽었다. 이는 「무성(武成)」편의 "3일, 경술일에 시제와 망제를 올려 무업이 완성되었음을 크게 알렸다.[越三日, 庚戌, 柴望, 大告武成.]"의 「공전(孔傳)」 "섶을 태워 하늘에 제사 올리는 것이며, 망(望)이란 산천에 제사하는 것이다[燔柴, 郊天, 望, 祀山川.]"와 상통한다. 이에 비해 『서집전』은 "시(柴)"와 "망질(望秩)"로 구분하고 "대종에 이르러 시(柴) 제사를 올리고, 산천을 차례대로 망(望) 제사를 올렸다"고 읽은 것이다.

(5)

"삼덕(三德)", "육덕(六德)"[35]

---

34) 『書傳記疑』 「二典」, "至于岱宗, 柴望, 秩于山川. 大全"柴望"爲句絶, 蔡傳"柴"爲句絶."

35) 「皐陶謨」 04, "日宣三德, 夙夜浚明有家. 日嚴祗敬六德, 亮采有邦. 翕受敷施, 九德咸事, 俊乂在官, 百僚師師, 百工惟時, 撫于五辰, 庶績其凝.[날마다 세 가지 덕을 밝힐

"날마다 세 가지 덕[三德]을 밝히면 경대부가 될 수 있고, 날마다 두려워하여 여섯 가지 덕[六德]을 공경하면 제후가 될 수 있다[日宣三德可以爲卿大夫, 日嚴祗敬六德可以爲諸侯.]"는 말은 곧 고주설(古註說)이다. 그러나 주자는 임씨(林氏)의 "경대부와 제후가 인재를 등용하는 것[卿大夫諸候用人]"이라는 설을 취하였다.[36] 『서집전』은 "삼덕을 밝히면 대부가 되고, 육덕을 밝히면 제후가 된다[三德而爲大夫, 六德而爲諸侯.]"라고 하였으니, 이는 도리어 고주설을 따른 것이다. 채침이 무엇을 근거로 삼은 것인지 모르겠다. 또 채침은 "날마다 삼덕을 밝히는 것은 그 덕이 더욱 드러나게 하는 것이고, 날마다 두려워하여 육덕을 공경하는 것은 그 덕을 더욱 삼가는 것이다"의 "~하게 하다[使之]" 두 글자는 "채우고 넓히다[充廣]", "공경하다[祗敬]" 다음에 있는데[37], 만약 그렇게 하도록 하는 사람이 있다고 한다면, 어찌 그 말이 절실하지 못하고 도리어 그토록 모호하게 하였는가?[38]

『서전기의』에 보이는 주자설과 채침설에 대한 비교는 대체로 채침설에 관한 공박과 의문의 제시가 대부분이긴 하지만, 주자설

진댄 밤낮으로 소유한 집을 다스려 밝힐 것이며, 날마다 두려워하여 여섯 가지 덕을 공경할진댄 소유한 나라의 일을 밝힐 것이니, 모아서 받고 펴서 베풀면 아홉 가지 덕(德)을 가진 사람들이 다 일하여 준예(俊乂)가 관직에 있어서 백료(百僚)가 서로 스승으로 삼으며 백공(百工)이 때에 따라 오신(五辰:四時)을 순히 하여 모든 공적이 이루어질 것입니다.]"

36) 『朱子大全』 卷60, 「答潘子善」.

37) 『書集傳』 「皐陶謨」, "夫九德有其三, 必日宣而充廣之, 而使之益以著, 九德有其六, 尤必日嚴而祗敬之, 而使之益以謹也."

38) 『書傳記疑』 「皐陶謨」, ""日宣三德可以爲卿大夫, 日嚴祗敬六德可以爲諸侯", 此乃古註說. 而朱子取林氏"卿大夫諸候用人"之說, 蔡傳曰"三德而爲大夫, 六德而爲諸侯", 是反從古註說也. 未知其何所據也. 且"日宣三德, 乃所以益著其德, 而日嚴祗敬六德者, 乃所以益謹其德也," 下得"使之"二字於"充廣", "祗敬"之下, 有若有人使之者, 然何其言之不切而反致模糊耶?"

이라고 하더라도 무조건적으로 수용하는 것이 아니라 비판을 하기도 했다는 사실을 알 수 있다. 또한 『서경대전』에 국한된 독서가 아니라 관련 성리서와 문집 등을 두루 섭렵해 가면서 경문을 올바르게 이해하고 우리말로 해석하는 데 심혈을 기울였다는 사실도 확인할 수 있다.

4. 현토(懸吐)와 언해(諺解)에 관한 내용

이 땅의 식자(識者)들이 중국의 문자인 한문(漢文)을 읽고 쓰기 위한 독창적인 방법을 강구해 왔으니, 통일신라시대에 이미 등장한 것으로 알려진 구두처에 조사와 어미 등을 첨가하는 구결(口訣)과 한자의 음훈(音訓)을 빌어 표기한 이두(吏讀)는 매우 불완전한 방법이었지만, 한문을 우리의 말로 이해하는 나름 유용한 방법이었다. 이 방법은 훈민정음이 창제된 이후인 조선시대에도 여전히 유효하였으며, 퇴계(退溪) 이황(李滉)의 『경서석의(經書釋義)』에서도 현토(懸吐)와 언해(諺解)를 혼합하여 경문을 우리말로 올바르게 옮기려는 노력을 경주하였다. 결국 선조 18년(1585) 교정청(校正廳)이 설치되어 관본(官本) 언해본(諺解本)이 완성되기에 이르는데, 이 언해본은 현재까지도 경서(經書)를 읽는 기본 교과서가 되고 있다.

『서전기의』에는 경문의 독해에 있어서 현토와 언해에 이환모의 견해를 피력한 곳이 7군데 보인다.

그 내용을 나열해보면 다음과 같다.

(1)

「오자지가(五子之歌)」

"한 사람이 우리를 이겨낸다[一能勝予]"의 토(吐)가 비록 "이니(ㆍㅌ)" 라고 하더라도 문의(文義)를 어그러트리지 않는데, 반드시 "~라 하노니(ㅅㅣ ㅈ ㅌ)"라고 한 것은 어째서인가?[39]

이 문장은 「오자지가」의 "내가 천하(天下)를 보건대 미련한 지아비와 부인들도 한 사람이 능히 우리를 이긴다 하니[予視天下, 愚夫愚婦, 一能勝予.]"에 현토 문제를 다룬 것이다. 관본 언해본은 토(吐)는 "~라 하노니(ㅅㅣ ㅈ ㅌ)"이고, 퇴계의 『서석의(書釋義)』에도 "한 사람이 나를 이길 것이라 하니. '한'을 '한결같이'라고 읽는 것은 틀렸다[一이 予를 勝ᄒᆞ리라ᄒᆞ노니 ○ᄒᆞᆫ 골ᄀᆞ티. 此非.]"[40]라고 하여, 당시 주류의 현토는 "~라 하노니(ㅅㅣ ㅈ ㅌ)"임을 알 수 있다. 그러나 이환모는 "이니(ㆍㅌ)"의 토를 달더라도 문의(文義)에 지장이 없다고 판단하였다.

(2)

「중훼지고(仲虺之誥)」

다만 하왕(夏王)이 [탕(湯)이] 유도(有道)한 자로서 그의 무리들을 밝게 선도함을 시기하고 미워함을 말한 것이지, 걸(桀)에게 용납되지 못해서 재앙이 반드시 미치게 될 것이라고 여기고, 나[湯]는 저[桀]를 죽이려 하지 않는데 저가 나를 도모하려 하므로 부득이 정벌하여 재앙을 면하려고 한 것이 아니다. 만약 재앙이 나에게 미치는 것을 두려워하여 군사를 일으켜 걸(桀)을 추방시켰다고 한다면, 이는 후세가 먼저 움직여 사람을 제압하는 사사로운 뜻이지, 천명을 두려워해서 정벌가는 공심(公心)이 아니

---

39) 『書傳記疑』「五子之歌」, ""一能勝予"吐雖曰"ㆍㅌ", 未見其悖於文義, 而必曰"ㅅㅣ ㅈ ㅌ"者何也?"

40) 李滉, 『書釋義』「五子之歌」.

> 다. 이는 대체로 탕(湯)의 '부끄러워하는 덕'을 더한 것이며, 부끄러움을 풀어 주는 말이 아니다. "곡식에 쭉정이가 있다[栗之有秕]"의 토는 미땅히 "하니ㅅ ㄴ"라고 해야 하고, "하여ㅅ ㄱ"라고 해서는 안 될 것 같다.[41]

이 부분은 「중훼지고」의 "마치 싹에 피가 있고, 곡식에 쭉정이가 있는 것과 같다[若苗之有莠, 若粟之有秕.]"[42]의 현토(懸吐)에 관한 변석이다. 『서집전』의 해설에 따르면 싹과 곡식은 걸왕(桀王)을 비유한 것이고, 피와 쭉정이는 탕(湯)을 비유한 말로서, 단지 걸왕에게 용납되지 못하여 자취의 위태로움이 이와 같음을 말했을 뿐이라고 하였다[43] 언해본은 "곡식에 쭉정이가 있다 하여" 그것을 핑계로 혹은 그것이 두려워 탕이 먼저 걸왕을 없애는 것으로 읽는 혐의가 있게 되고, 그렇게 되면 탕의 부끄러움을 없애는 길이 아니며 천하를 안정시키는 공심(公心)이 드러나지 않게 된다는 것이 이환모의 독법이다. 따라서 이환모는 "곡식에 쭉정이가 있다 하니" 그런 사실을 감안해서 천하의 사람들이 원하는 바를 헤아리고 천명을 살펴서 대의를 완성하는 단계로 나아가야 하는 것으로 생각한 것 같다.

---

41) 『書傳記疑』「仲虺之誥」, "特言夏王之忌疾有道以明其庶而已, 非以爲不容於桀而危灾必至, 我不誅彼, 彼將圖我, 故不得不征以免灾也. 若曰恐懼乎灾之及己而稱兵放桀, 則是後世先發制人之私意, 而非畏天往征之□(公)心. 是蓋重湯之慚德, 非釋慚之言也. 若"粟之有秕"吐當曰ㅅ ㄴ,恐不當曰ㅅ ㄱ."

42) 「仲虺之誥」 04, "簡賢附勢, 寔繁有徒. 肇我邦于有夏, 若苗之有莠, 若粟之有秕. 小大戰戰, 罔不懼于非辜. 矧予之德, 言足聽聞.[현자(賢者)를 소홀히 하고 세력에 붙는 자들이 실로 무리들이 많아서 처음 우리나라가 유하(有夏)에게 있어 마치 묘(苗)에 피가 있고, 곡식에 쭉정이가 있는 것과 같아서 작고 큰 자들이 두려워하여 죄가 아닌 것에 두려워하지 않는 이가 없었습니다. 더구나 우리 탕왕(湯王)의 덕(德)이 말하면 사람들의 들음에 흡족함에 있어서이겠습니까.]"

43) 『書集傳』「仲虺之誥」, "以苗粟喩桀, 以莠秕喩湯. 特言其不容於桀, 而迹之危如此."

(3)

「소고(召誥)」(실제는 「낙고(洛誥)」이다)

"공로(功勞)에 따라 원사(元祀)를 만들라.[以功作元祀]"

『서집전』의 의도는 공신(功臣)에게 공로가 드러남을 말한 것이고, "명령하기를[惟命曰]" 이하는 면계(勉戒)하는 말이며, 아래의 "공종(功宗)을 돈독히 하되 큰 예(禮)로 하다[惇宗將禮]"는 앞의 "공(功)이 높은 자를 기록하다[記功宗]"이고, "원사(元祀)를 들어 차례로 제사하되 모두 사전(祀典)에 기재되지 않은 것까지 차례로 제사하다[稱秩元祀, 咸秩無文.]"는 바로 "새 도읍(都邑)에서 제사하시되 사전(祀典)에 기재되지 않은 것까지 모두 차례로 제사하다[祀于新邑, 咸秩無文.]"를 가리키게 함으로써, 저절로 두 가지 사안(공로의 치하와 제사)이 드러나게 한 것이다. 『언해(諺解)』는 두 구절을 하나의 의미로 여겼는데, 그 의도는 "원사(元祀)"와 앞의 "작원사(作元祀)"를 같다고 보았기 때문이다.[44)]

이 부분은 「낙고」의 5장과 7장 그리고 15장이 모두 연관되어 있는데, 『서집전』의 독법은 「낙고」의 유관한 3문장이 유기적 연결될 수 있도록 했다는 점을 긍정하였다. 그러나 『언해』는 다음과 같이 읽었다.

41洛誥-07. 今王卽命曰, 記功宗, 以功作元祀. 惟命曰, 汝受命篤弼.

이졔 王이 命ᄒᆞ야 니ᄅᆞ샤ᄃᆡ 功의 宗을 記ᄒᆞ야 功으로 ᄡᅥ 元祀를 作ᄒᆞ라 ᄒᆞ시고 命ᄒᆞ야 ᄀᆞᆯᄋᆞ샤ᄃᆡ 네 命을 受ᄒᆞ란ᄃᆡ 篤히 弼ᄒᆞ라 ᄒᆞ쇼셔

41洛誥-15. 惇宗將禮, 稱秩元祀, 咸秩無文.

宗의 큰 禮를 도타이 ᄒᆞ야 元祀를 秤ᄒᆞ야 秩호ᄃᆡ 다 文에 업스니 조

44) 『書傳記疑』「召誥」, ""以功作元祀", 傳意似以爲見在之功臣, 而以"惟命曰"以下爲勉戒, 下文"惇宗將禮"即上文"記功宗", "稱秩元祀, 咸秩無文", 即指"祀于新邑, 咸秩無文" 自作兩件事. 諺解將二句爲一項意, 蓋意其"元祀"字與上文"作元祀"同故耳."

차 秩케 ᄒᆞ시다

즉 『언해』의 독법으로는 공로를 기록하는 것과 제사를 지내는 것이 하나의 사안으로 연결되어 구분되지 않으며, 이는 『서집전』의 독법과 다름을 지적한 것이다.

(4)

「다사(多士)」

○"너희들이 이제[爾惟時]" 이하는 너희들이 이와 같이 신읍(新邑)에 편안히 거처한다면 뒷날 너희의 자손들이 흥기함이 있을 것도 너희들이 여기로 옮기는 것으로부터 비롯될 것임을 말한 것으로 기약하고 면려하는 말이다. 『언해』의 토(吐)는 지금 바로 자손들의 흥기가 있는 것과 같은 뜻이 있다. 그러나 백성들을 옮김이 낙읍을 건설하기 이전에 있었음을 밝히고자 하였으므로 "하니ッヒ", "이(가)丶"로 한 것이다. 그러나 잘못된 것을 바로잡으려다 오히려 더 잘못되게 할까 두렵다.45)

42多士-25. 今爾惟時宅爾邑, 繼爾居. 爾厥有幹有年于茲洛. 爾小子乃興, 從爾遷.

이졔 네 이에 네 邑에 宅ᄒᆞ며 네 居를 繼ᄒᆞ야 네 그 이 洛애 幹을 두며 年을 두니 너 小子의 興홈이 너의 天으로 브테니라

「다사」의 이 문장은 시제에 관한 문제로서, 아직 신읍에 정착하지 않는 완민(頑民)들이 장차 정착하게 됨으로써 미래에 자손들의 흥기도 이곳으로 시작되는 것이라고 읽은 『서집전』과는 달리 『언해』는

45) 『書傳記疑』「多士」, "○"爾惟時"以下, 以言夫爾惟如此, 則後日爾小子之有興是自爾遷始也, 蓋期勉之辭. ≪諺解≫吐有若卽今便有小子之興者. 然蓋欲明遷民在作洛之前, 故乃曰ッヒ曰丶. 然恐涉矯枉過直也."

이미 완민들이 신읍에 정착해 있었고, 그것이 지금 진행형이라는 점을 강조하고자 했다는 것이다. 이환모는 주석과 『언해』의 불일치를 지적한 것이다.

(5)

「여형(呂刑)」

"선(善)함을 쓰지 않고 형벌을 제재하다[弗用靈, 制以刑.]"는 선도(善道)로 백성을 교화하지 않고, 형륙(刑戮)으로 백성을 재재함을 말한 것이다. 『서집전』의 의도도 이와 같다. 『언해』는 "靈을 뻐 刑을 刑치 안이 ᄒᆞ고[不以善制刑]"라고 하였는데, 그렇지 않은 것 같다. 만약 이와 같다면, 마땅히 "不用靈制刑"라고 해야지 "制以刑"라고 해서는 안 된다. 대체로 "이(以)" 자를 깊이 완미해야 한다.46)

55呂刑-03. 苗民弗用靈, 制以刑, 惟作五虐之刑曰法. 殺戮無辜, 爰始淫爲劓刵椓黥. 越茲麗刑, 幷制罔差有辭.

苗民이 靈을 뻐 刑을 刑치 안이 ᄒᆞ고 다ᄉᆞᆺ 虐ᄒᆞᆫ 刑을 作ᄒᆞ야 ᄀᆞᆯ오ᄃᆡ 法이라 ᄒᆞ야 無辜를 殺戮ᄒᆞ니 이예 비로소 너모 劓ᄒᆞ며 刵ᄒᆞ며 椓ᄒᆞ며 黥ᄒᆞ야 이예 麗ᄒᆞ니를 刑ᄒᆞ야 다 制ᄒᆞ야 辭로 差치 안이ᄒᆞ니라

이 부분은 언해의 부정확성을 지적하였다. 언해가 비록 당대의 석의(釋義)와 언해의 성과물을 집성하여 관본으로 확정된 것이긴 하지만, "이(以)"와 같은 경문의 한 글자라도 소홀히 넘어가거나 간과해서는 안 된다는 점을 밝히고 있다.

---

46) 『書傳記疑』「呂刑」, ""弗用靈, 制以刑", 言不以善道化民徒, 以刑戮制民. 傳者之意亦如此, 諺解以爲"不以善制刑", 恐未然. 苟如是, 則當曰不用靈制刑, 不應曰制以刑. 蓋於"以"字深玩."

(6)

「여형(呂刑)」

○"형옥(刑獄)을 맡은 자는 위엄을 부리는 자에게만 법을 다할 것이 아니라[典獄非訖]"이하는 순임금 때 형옥을 맡은 관리의 용형(用刑)의 도를 반복해서 말한 것이다. 『서집전』에서 말한 "당시(當時)"[47]는 순(舜)임금 시대를 가리키는 것이지, 목왕(穆王) 시대를 가리킨 것이 아니다. 『언해』는 목왕이 형옥을 담당하는 신하에게 경계함을 보인 뜻으로 잘못 이해하였는데, 틀렸다. 대체로 「여형」의 처음 "왕왈(王曰)"에서 이 문장까지 10구절은 오늘날 사람들이 글을 지음에 이른바 '머리말'과 같다. 그 다음 "왕(王)이 말씀하였다. "아! 사방의 형옥을 맡은 관리들아[王曰嗟四方]" 이하가 바로 자기 신하에게 명령한 말이다.[48]

55呂刑-11. 典獄非訖于威, 惟訖于富. 敬忌罔有擇言在身. 惟克天德, 自作元命, 配享在下.

---

47) 『書集傳』「呂刑」, "訖, 盡也. 威, 權勢也. 富, 賄賂也. 當時典獄之官, 非惟得盡法於權勢之家, 亦惟得盡法於賄賂之人. 言不爲威屈, 不爲利誘也. 敬忌之至, 無有擇言在身, 大公至正, 純乎天德, 無毫髮不可舉以示人者. 天德在我, 則大命自我作, 而配享在下矣. 在下者, 對天之辭. 蓋推典獄用刑之極功, 而至於與天爲一者如此.[흘(訖)은 다함이다. 위(威)는 권세이고 부(富)는 뇌물이다. 당시(순임금 시대)에 옥(獄)을 맡은 관원은 오직 권세 있는 집안에만 법을 다할 것이 아니라 또한 뇌물을 주는 사람에게도 법을 다해야 하니, 위엄에 굽히지 않고 이익에 유혹되지 않음을 말한 것이다. 공경하고 조심함이 지극하여 가릴 말이 몸에 없으면 대공(大公)하고 지정(至正)하여 천덕(天德)에 순수해서 털끝만큼이라도 들어서 남에게 보일 수 없는 것이 없을 것이니, 천덕(天德)이 자신에게 있으면 큰 명(命)이 자신으로부터 만들어져서 짝하여 누려 아래에 있을 것이다. 아래에 있다는 것은 하늘과 상대한 말이니, 옥사를 주관하는 자가 형벌을 쓰는 지극한 공을 미루어서 하늘과 더불어 하나가 됨에 이름이 이와 같은 것이다.]"

48) 『書傳記疑』「呂刑」, "○"典獄非訖"以下, 復言虞時典獄之官用刑之道. 傳所謂"當時"者, 指舜時, 非指穆王之時, 諺解誤認以穆王觀戒其臣之意, 非是. 蓋自"王曰"至此十節, 如今人作文所謂引頭也. "王曰嗟四方"以下, 方是却去敕自家臣下."

獄典ᄒᆞ요미 威예만 訖ᄒᆞᆯ ᄲᅳᆫ니 아니라 富애도 訖ᄒᆞᆯ 디니 敬ᄒᆞ며 忌ᄒᆞ야 擇ᄒᆞᆯ 言이 身애 잇디 아니ᄒᆞ야 능히 天德이라샤 스ᄉᆞ로 元命을 作ᄒᆞ야 配ᄒᆞ야 享ᄒᆞ야 下에 잇시리라

「여형」편은 목왕(穆王) 시대 형벌의 정립을 기록하고 있는데, 그 근본은 바로 「순전」에 보이는 "오형(五刑)"[49]에 신중함에 기인한다. 「여형」편의 구성에서 제1장 왕이 여후(呂侯)에게 명한 사실을 기록한 사관의 기록 외에 2장에서 11장까지는 「순전」에서 보이는 순임금 시대 형벌의 대의를 말한 것이고, 이후 12장에서 끝까지는 목왕 당시에 형벌을 주관하는 관원들에게 고하는 말이다. 『언해』는 이 부분을 간과하고 있다는 점을 지적하였다.

(7)

「문후지명(文侯之命)」

○"전문인(前文人)을 따라 본받다[追孝于(前)文人]"의 토(吐)는 마땅히 "하야ㅅ ㄱ"가 되어야지, "하라ㅅ ㅅ"로 해서는 안 된다. 대체로 "하라ㅅ ㅅ"라는 토는 아직 그러하지 않음을 말한 것이다.[50]

56文侯之命-03. 父義和, 汝克昭乃顯祖, 汝肇刑文武, 用會紹乃辟, 追孝于前文人. 汝多修扞我于艱. 若汝予嘉.

---

49) 「舜典」 11, "象以典刑. 流宥五刑, 鞭作官刑, 扑作教刑, 金作贖刑. 眚災肆赦, 怙終賊刑. 欽哉欽哉. 惟刑之恤哉.[떳떳한 형벌로 보여주되 유형(流刑)으로 오형(五刑)을 용서해 주시며, 채찍은 관부(官府)의 형벌로 만들고 회초리는 학교(學校)의 형벌로 만들되 황금으로 속죄하는 형벌을 만드시며, 과오와 불행으로 지은 죄는 풀어 놓아주고 믿고 끝까지 재범(再犯)하는 자는 죽이는 형벌을 하시되 공경하고 공경하여 형벌을 신중히 하셨다.]"

50) 『書傳記疑』 「文侯之命」, "○"追孝于(前)文人"吐當曰ㅅ ㄱ, 不應曰ㅅ ㅅ. 蓋ㅅ ㅅ者未然之辭也."

父義和아 네 능히 네 顯ᄒᆞᆫ 祖를 昭ᄒᆞ야 네 비로소 文武를 刑ᄒᆞ야 써 네 辟을 會ᄒᆞ며 紹ᄒᆞ아 前文人을 追ᄒᆞ아 孝ᄒᆞ라 네 해 修ᄒᆞ아 나를 艱의 扞ᄒᆞ니 너 ᄀᆞᄐᆞ니ᄂᆞᆫ 내 嘉ᄒᆞ논 디니라

이 부분 역시 『언해』의 독법이 부적절함을 지적하였다.

『서경』의 편차에는 「문후지명」 이후 「비서(費誓)」와 「진서(秦誓)」가 있지만, 『서전기의』는 「문후지명」을 끝으로 종결된다. 미완성이라기보다는 『서전기의』의 전체의 구성을 보면, 앞부분 「우하서」의 분량이 비교적 많은 편이고, 「주서」에서는 「비서」, 「진서」 이외에 빠진 서편(書篇)이 많이 보인다.

5. 결론: 18세기 조선 처사(處士)의 『서경』 읽기

애초 본 연구는 17세기 조선의 경전 해석의 다양성을 추구한 학자를 탐구하는 데 있었고, 그 가운데 『한국경학자료집성』의 해제를 통해 이환모의 『서전기의』라는 저술을 인지하게 되었다. 해제에 따르면 이환모는 17세기의 인물이었고, 행적이나 업적이 크게 알려진 것이 없어서 이를 깊이 탐색해 보는 것이 연구자에게는 매우 흥미롭게 다가왔다. 기존의 이환모에 대한 정보가 정확하다면 덕수 이씨의 『세보』에 그의 기록이 있을 수 있다는 기대감으로 방대한 『세보』를 수색하였고, "모(模)" 자 항렬을 이용하여 "이환모"의 이름을 발견할 수 있었다. 그의 가계가 밝혀짐에 따라 관련된 묘지명(墓誌銘)이나 가

장(家狀)들이 모아지면서 자연스레 이환모의 가계에 대한 정보도 하나둘씩 밝혀지게 되었다. 결과적으로 두실 이환모는 영조, 정조, 순종 3대에 걸쳐 충청남도 서천에 기거했던 인물로 밝혀짐으로써 이전의 규장각 등의 『해제』내용의 오류가 드러났다. 이환모의 집안은 대대로 문과 급제자가 많았지만, 정작 그 자신은 처사(處士)를 자처하며 벼슬하지 않았다. 다만 그가 남긴 『두실오언』을 통해 역사와 철학에 많은 관심을 가지고 연구에 골몰했음을 짐작할 수 있다.

『서전기의』는 『서경』 독서기로서 그 속에는 경문의 해석, 주석의 동이(同異), 언해(諺解)의 독법 등에 관한 내용이 단편적으로 기록되어 있다. 특히 주자설과 채침설이 서로 어긋나는 부분에 대해서 언급한 부분이 많은데, 대부분 채침설을 비판하고 주자설을 지지하였지만, 일부 주자설의 과도함을 지적한 점은 주자의 해석을 무조건적으로 수용한 것은 아니라는 것을 잘 보여준다. 이는 18세기 조선 문인들의 시야의 확장과 독해능력의 향상에서 비롯된 것인데, 기존의 『오경대전』뿐만 아니라 『주자어류』와 다양한 문집의 보급과 어류체(語類體)의 학습은 해석의 다양성을 열어주는 열쇠였다. 또한 관본 언해본의 언해와 주석의 불일치 혹은 독법의 오류 등을 지적한 점은 경해(經解)의 정확성과 아울러 해석의 다양성을 추구하는 열린 학문의 자세를 보여주는 장면이라 하겠다. 이러한 점에서 이환모의 『서전기의』는 그가 살았던 시기의 학문 연구의 수준이 높아지면서 문화다원론적 학술문화의 시대적 특색을 반영하고 있다.

비록 『서경』 58편의 모든 경문에 대한 기록은 아니지만, 경문의 한 글자라도 간과하거나 소홀히 하는 법 없이 꼼꼼하게 경문을 읽으려고 했던 이환모의 독서법이 잘 드러나 있다. 『서전기의』에 많은 분량을 차지하는 편은 역시 「홍범」편이다. 「홍범」편에 대한 내용이 방대하고 그 내용이 복잡하므로 차후 별도의 연구를 기대하는 바이다. ◆

참고문헌

원전류:
『書傳記疑』, 韓國經學資料集成49 書經1.(奎章閣藏本 奎2984 影印本)
『尙書正義』
『書集傳』
『朱子大全』
『朱子語類』
李滉, 『書釋義』
任聖周, 『鹿門集』
『德水李氏世譜(增補九刊)』, 「義編」 德水李氏世譜刊行委員會, 2001년 7월.

단행본류:
劉起釪 著, 李殷鎬 譯, 『尙書學史』, 예문서원, 2016.

논문류:
徐永大, 「李煥模의 「東語」에 대하여」, 『한국학연구』 9, 1998.

두실(斗室) 이환모(李煥模)의 홍범관 연구

이 은 호

* 이 글은 『동양철학연구』 제109집(동양철학연구회, 2022.02)에 게재한 동명의 논문을 본 저서의 간행 취지에 맞춰 일부 수정한 것이다.

1. 서언: 18세기 조선 처사의 「홍범」독법

「서서(書序)」에 따르면, "무왕(武王)이 은(殷)나라를 쳐서 승리한 후, 수(受)를 죽이고 무경(武庚)을 세웠다. 기자(箕子)가 돌아와서 「홍범(洪範)」을 지었다"[1]고 하였고, 「공전」은 「홍범(洪範)」의 홍(洪)은 '대(大)', 범(範)은 '법(法)'이라는 의미로서 곧 "천지(天地)의 대법(大法)"이라고 정의하였다.[2] 또한 역사적으로도 「홍범」편은 「우공」편과 더불어 늘 논쟁의 중심에 서 있었는데[3], 한대(漢代) 이래로 「홍범」의 "하늘이 우에게 홍범구주를 내려주다"[天乃錫禹洪範九疇]라는 말이 「낙서(洛書)」로 규정되어 『주역』 8괘의 시초가 된다는 「하도(河圖)」와 더불어 상제(上帝)가 하사한 신물(神物)로 받들어졌다.

본고는 18세기 조선의 처사 이환모(李煥模)의 『서전기의』 가운데 특히 「홍범」편 분석을 통해 그의 홍범관과 홍범구주(洪範九疇) 해석의 특징을 살펴보는 데 그 목적과 의의가 있다. 이에 『서전기의』 「홍범」편 변설을 총 18항목으로 분류하고, 내용별로 (1)채침설 비판과 변론, (2)주자설과 채침설의 비교, (3)이환모의 독창적 해석 등으로 재분류하였다.

---

1) 『상서정의』 「홍범」 「서서(書序)」, "武王, 勝殷殺受, 立武庚, 以箕子歸, 作洪範."

2) 『상서정의』 「홍범」 「공전」, "洪, 大. 範, 法也. 言天地之大法."

3) 『四庫全書總目提要』 卷12, 『日講書經解義十三卷』條, "尙書一經, 漢以來所聚訟者, 莫過洪範之五行; 宋以來所聚訟者, 莫過禹貢之山川; 明以來所聚訟者, 莫過今文古文之眞僞." "『尙書』에 있어 漢 이래 논쟁을 벌인 학자들은 「洪範」의 오행보다 심한 것이 없었으며, 宋이래 논쟁을 벌인 학자들은 「禹貢」의 山川보다 심한 것이 없었으며, 明 이래 논쟁을 벌인 학자들은 今文·古文의 眞僞문제보다 심한 것이 없었다."

두실(斗室) 이환모(李煥模, 1735~1821)는 충청남도 서천(舒川) 지역에 기거했던 처사(處士)였다. 비록 세간에 잘 알려지지는 않았지만, 그의 저서 『두실오언(斗室寤言)』(6책)의 내용을 살펴보면 그가 경전의 훈고(訓詁), 경의(經義), 성리학뿐만 아니라 조선의 고대사에 관심이 많았다는 사실을 알 수 있다. 그 가운데 『서전기의(書傳記疑)』는 이환모의 『서경』독서기로서 『서경』경문의 해석, 주자와 채침 양자의 주석(注釋) 동이(同異), 언해(諺解)의 독법 등에 관한 내용이 간략하게 기록되어 있다.[4)]

2. 채침설 비판과 변론

[01][5)]

'기자(箕子)'로 칭한 것은 기자가 이미 주(周)나라의 신하노릇을 하지 않았던 것으로 생각된다. 그러므로 조선에 책봉한 이후에 주나라의 관작을 칭했다는 것은 온당치 않을 것이다. 아래의 「미자지명」편과 같은 경우도 '송공(宋公)'이라고 칭하지 않고 '미자(微子)'라고 하였다. 「채전」의 봉작설(封爵說)은 아마도 그렇지 않을 것이다.[6)]

---

4) 이환모의 생존연대와 출신지역에 대한 고찰 등은 졸고 「이환모(李煥模)의 『서전기의(書傳記疑)』에 보이는 해석의 다양성」, 『태동고전연구』 46(2021. 06)에 보인다.

5) 본고에서는 편의상 『서전기의』 「홍범」편의 내용을 기준으로 총 18개 항목의 순번을 매겼다.

6) 『서전기의』 「홍범」01, "稱'箕子', 竊意箕子既不臣周, 故封朝鮮之後, 恐不當稱周之爵. 如下篇〈微子之命〉, 不稱'宋公'而曰'微子'. 〈蔡傳〉封爵之說, 恐未然."

봉작설(封爵說)이란 채침이 말한 "기자(箕子)를 옛 읍(邑)과 작호(爵號)로 칭한 것은 막 상(商)나라로부터 귀순하여 아직 새로 작위(爵位)를 봉하지 않았기 때문이다"7)라는 주석을 가리키는 듯하다. 기자는 은(殷)의 유신(遺臣)으로서 주(周)에 벼슬하지 않았고, 무왕 또한 기자를 책봉하지 않았다는 것이 『사기』의 설명8)인데, 채침은 당시에는 아직 관작을 받지 않았을 뿐 이후 주나라의 관작을 받았다는 어투로 설명한 것을 비판한 것이다.

[05]

홍범(洪範)의 '오사(五事)'9)는 발생하여 드러난 순서로서 오행(五行)의 생겨나는 순서에 속한다. 오사(五事)의 속성을 오행(五行)의 속성에 배속시키고, 오사의 덕성을 오행의 맛에 배속시키면 저절로 맞아떨어진다. 「채전」에서 "보는 것(視)은 흩어짐이므로 나무이다"[散·木]라고 칭했는데, 나무가 어찌 흩어졌었던가? 실로 이해할 수 없다. 오사(五事)의 일은 물(物)과 같다. 용모[貌]·말씀[言]·보는 것[視]·듣는 것[聽]·생각함[思]은 물(物)이다. 공손함[恭]·순종함[從]·눈밝음[明]·귀밝음[聰]·지혜로움[睿]은 성(性)이다. 엄숙함[肅]·다스려짐[乂]·명철함[哲]·헤아림[謀]·성스러움[聖]은 덕(德)이다. 공손함[恭]·순종함[從] 등은 당연(當然)의 법칙이므로 성(性)이라고 말한다. 엄숙함[肅]·다스려짐[乂] 등등은 성취하는 의미를 지니므로 덕(德)이라고 말한다. 아마도 (「채전」에서 말한) '오덕(五德)의 용(用)'이라고 말할 수 없을 것 같다.10)

---

7) 「홍범」02 「채전」, "箕子稱舊邑爵者, 方歸自商, 未新封爵也."

8) 『사기』 「송미자세가」, "於是武王乃封箕子於朝鮮而不臣也."

9) 「홍범」06, "二五事. 一曰貌, 二曰言, 三曰視, 四曰聽, 五曰思. 貌曰恭, 言曰從, 視曰明, 聽曰聰, 思曰睿. 恭作肅, 從作乂, 明作哲, 聰作謀, 睿作聖."

10) 『서전기의』 「홍범」05, "洪範五事, 發見之序, 屬五行之生序. 以五事之性屬王行之性, 以五事之德屬五行之味, 則自然吻合. 蔡〈傳〉稱散·木, 木何嘗散耶? 實未可曉. 五事之

'이(二)오사(五事)'는 용모[貌]·말씀[言]·보는 것[視]·듣는 것[聽]·생각함[思]으로서 발생하여 드러남이 오행(五行)의 생겨나는 순서와 꼭 들어맞는다는 것은 일반적인 인식이다. 그런데 이환모는 채침의 말한 "보는 것은 흩어짐이므로 목(木)이다"[11]라는 설명에 회의(懷疑)하였다. 이어서 오사(五事)를 '물(物)'이라고 하였고, 채침이 오사(五事)의 덕(德)이라고 한 공손함[恭]·순종함[從]·눈밝음[明]·귀밝음[聰]·지혜로움[睿]은 당연지칙(當然之則)으로서의 '성(性)'이라고 정의하였으며, 엄숙함[肅]·다스려짐[乂] 등은 성취(成就)하는 의미를 지니는 오덕(五德)이라고 설명하면서 채침의 '오덕(五德)의 용(用)'이라는 설을 비판하였다.

貌		恭		肅		澤水	水
言		從		乂		揚火	火
視		明		哲		散木	木
聽		聰		謀		收金	金
思		睿		聖		通土	土
五事之敍	物	五事之德	性 (當然之則)	五德之用	五德 (成就)	五行	五行
채침	이환모	채침	이환모	채침	이환모	채침	이환모

[07]

(「채전」에서 '극(極)'을 설명하면서) '지극(至極)'이라고 한 것은 극(極)의 실체이고, '표준(標準)'이라고 한 것은 명칭이다. 이른바 '가운데 서 있

事, 猶物也. 貌·言·視·聽·思, 物也; 恭·從·明·聰·睿, 性也; 肅·乂·哲·謀·聖, 德也. 恭·從等, 當然之則, 故曰性. 肅·乂等等有成就底意, 故曰德. 恐不可謂之'用'也."

11) 「홍범」06 「채전」, "視, 散木也."

다'(中立)라는 것은 천하의 가운데 서 있는 것을 말한 것이 아니다. 비로 사예(四裔: 幽州 · 崇山 · 三危 · 羽山)의 바깥에 서 있더라도 사방의 사람들이 모여들어 둘러보며 거기에서 법칙을 취한다면 그것이 바로 '가운데 서 있는 것(中立)'이다. 예를 들어 어떤 사안으로 말하자면, 순(舜)이 어버이를 모시는 도리를 다하니 "천하의 아버지와 아들된 자들의 자리가 정해진 것"[天下之爲父子者定][12]과 같은 것이 바로 '건극(建極)'이다.[13]

「홍범」 오(五)황극(皇極)장[14]에 대해 「채전」의 설명은 "극(極)은 북극(北極)의 극(極)과 같으니, 지극하다는 뜻이고 표준(標準)의 이름이다. 가운데 서있으면 사방(四方)에서 취하여 바로잡는 것이다. 인군(人君)은 마땅히 인륜(人倫)의 지극함을 다하여야 한다"[15]라고 하였는데, 「채전」에 말한 '지극(至極)', '표준(標準)', '중립(中立)'에 대한 이환모의 보충변론이다. 특히 '중립(中立)'이라는 것을 권력체계나 지형적인 중앙이 아니라 비록 지금 당장 인군이 아니더라도 인군(人君)으로서 자질을 갖춘 자가 있는 자리로 설명한 사고의 유연함이 눈에 띈다.

---

12) 『맹자』 「이루상」, "舜盡事親之道而瞽瞍底豫, 瞽瞍底豫而天下之爲父子者定, 此之謂大孝."(순이 어버이 섬기는 도리를 다하여 고수가 기뻐했다. 고수가 기쁘게 되니, 천하의 아버지와 아들 된 자들의 도리가 정해졌다. 이것을 큰 효도라 한다.)

13) 『서전기의』 「홍범」07, "'至極'者, 極之實也. '標準'者, 名也. 所謂'中立'者, 非謂立於天下之中. 雖立於四裔之外, 四方之人輻湊環觀而取則焉, 此便是中立. 試以事言之, 舜盡事親之道, 而"天下之爲父子者定", 便是'建極'."

14) 「홍범」09, "五皇極. 皇建其有極, 斂時五福, 用敷錫厥庶民. 惟時厥庶民, 于汝極, 錫汝保極."(다섯 번째 황극(皇極)은 임금이 극(極)을 세움이니, 이 오복(五福)을 거두어서 여러 백성들에게 복(福)을 펴서 주면 이 여러 백성들이 너의 극(極)에 대하여 너에게 극(極)을 보존함을 줄 것이다.)

15) 「홍범」09 「채전」, "極, 猶北極之極. 至極之義, 標準之名. 中立而四方之所取正焉者也. 言人君當盡人倫之至."

[13]

거북으로 징조를 점치는 법은 어떤 것인가? 이른바 "비옴[雨], 개임[霽], 몽매함[蒙], 끊어짐[驛], 이김[克]"16)인데 이것은 과연 어떻게 하는 것인가? 「채전」에 "끊어짐[驛], 이김[克], 개임[霽]은 각각 목(木), 금(金), 토(土)에 속한다"[驛, 克, 蒙屬木, 金, 土]라고 설명한 것17)은 딱 맞아떨어지지 않는다. 가만히 생각해 보건대, 비옴[雨]은 수(水), 개임[霽]은 화(火), 몽매함[蒙]은 토(土), 끊어짐[驛]은 목(木), 이김[克]은 금(金)이 된다. 대체로 아래 문장 "나쁜 징조"[咎徵]의 "몽매함"[蒙]은 "바람"[風]에 대응하니18), "바람"[風]은 "토(土)"가 아니겠는가? "역(驛)"에는 이어지는 의미가 있으므로, "역(驛)"은 "목(木)"이 아니겠는가? "극(克)"에는 "강단(剛斷)"의 의미가 있으니 "극(克)"은 "금(金)"이 아니겠는가?19)

---

16) 「홍범」20-22, "七稽疑. 擇建立卜筮人, 乃命卜筮. 曰雨, 曰霽, 曰蒙, 曰驛, 曰克. 曰貞, 曰悔."(일곱번째 계의(稽疑)는 복서(卜筮)할 사람을 가려 세우고서야 이에 명(命)하여 복서(卜筮)한다. 비오듯함과 개임과 몽매함과 끊어짐과 이김이다. 정(貞)과 회(悔)이다.)

17) 「홍범」21 「채전」, "此卜兆也. 雨者, 如雨. 其兆爲水. 霽者, 開霽. 其兆爲火. 蒙者, 蒙昧. 其兆爲木. 驛者, 絡驛不屬. 其兆爲金. 克者, 交錯有相勝之意. 其兆爲土."(이는 거북점의 조짐이다. 우(雨)는 비가 오는 듯한 것이니 그 조짐이 수(水)가 되고, 제(霽)는 개임이니 그 조짐이 화(火)가 되고, 몽(蒙)은 몽매(蒙昧)함이니 그 조짐이 목(木)이 되고, 역(驛)은 낙역(絡驛)하여 이어지지 않음이니 그 조짐이 금(金)이 되고, 극(克)은 번갈아 서로 이기는 뜻이 있으니 그 조짐이 토(土)가 된다.)

18) 「홍범」34, "曰休徵. 曰肅, 時雨若. 曰乂, 時暘若. 曰哲, 時燠若. 曰謀, 時寒若. 曰聖, 時風若. 曰咎徵. 曰狂, 恆雨若. 曰僭, 恆暘若. 曰豫, 恆燠若. 曰急, 恆寒若. 曰蒙, 恆風若."(아름다운 징조(徵兆)는 엄숙함에 제때에 비가 내린다. 조리(條理)가 있음에 제때에 날이 개인다. 지혜로움에 제때에 날이 따뜻하다. 헤아림에 제때에 날이 춥다. 성스러움에 제때에 바람이 분다. 나쁜 징조는 미친 짓을 함에 항상 비가 내린다. 참람한 짓을 함에 항상 볕이 난다. 게으름에 항상 날씨가 덥다. 급박함에 항상 날씨가 춥다. 몽매함에 항상 바람이 분다.)

19) 『서전기의』「홍범」13, "鑽龜爲兆之法若何? 所謂"雨霽蒙驛克", 是果何爲者? 註'驛, 克, 蒙屬木, 金, 土'而未見其吻合也. 竊謂雨爲水, 霽爲火, 蒙爲土, 驛爲木, 克爲金. 蓋下文'咎徵''蒙'之應'風', 風非土乎? '驛'有絡驛之意, 驛非木乎? 克有剛斷之意, 克非金乎?"

칠(七)계의(稽疑) 복조(卜兆)의 오행배속에 관한 변론이다. 복조의 비옴[雨], 개임[霽], 몽매함[蒙], 끊어짐[驛], 이김[克]을 각각 오행의 순서대로 수(水), 화(火), 목(木), 금(金), 토(土)에 배속시킨 「채전」의 설명에 반해 몽매함은 목(木)이 아닌 토(土), 끊어짐은 금(金)이 아닌 목(木), 이김은 토(土)가 아닌 금(金)이라는 시각을 견지한 것이 이환모였다. 이런 관점의 근거로 든 것은 바로 「홍범」 팔(八) 서징(庶徵)장인데, 구징(咎徵)에 보이는 몽(蒙)이 풍(風)에 대응하므로 토(土)에 배속되어야 한다는 것이다. 이외에 역(驛)은 채침과 달리 이어지는 의미로 보아 목(木)에 배속시키고, 극(極)은 강단(剛斷)의 의미가 있으므로 금(金)에 배속시키는 이유를 들었다.

雨	水	水
霽	火	火
蒙	木(蒙昧)	土(風)
驛	金(絡驛不屬)	木(絡驛)
克	土(交錯有相勝)	金(剛斷)
구분	채침	이환모

[15]

"다스려짐이 밝아지다"[乂用明]는 (「요전」의) "모든 공적이 넓혀짐이다"[庶績熙][20]이다. "준걸한 백성이 드러나다"[俊民(用)章]는 현인(賢人)의 등용(登用)이다. "집이 평강함"[家平康][21]은 필부필부(匹夫匹婦)가 각각

20) 「요전」08, "帝曰, 咨汝羲暨和, 朞三百有六旬有六日, 以閏月定四時成歲. 允釐百工, 庶績咸熙."(제요(帝堯)가 말씀하였다. "아! 너희 희씨(羲氏)와 화씨(和氏)야. 기(朞)는 366일(日)이니, 윤달을 사용하여야 사시(四時)를 정하여 해를 이루어 진실로 백공(百工)을 다스려서 모든 공적이 다 넓혀질 것이다.")

거처하는 바를 얻음이다. (왕, 경사, 사윤 등이) 그 직분을 살필 수 있다면 좋은 징조[休徵]를 그 때에 맞추어 나누어 이룰 수 있으나, 그렇지 않다면 도리어 이룰 수 없음을 말한 것으로 조리(條理)가 매우 명확하다. 「채전」으로 미루어보면, 한 해[歲]의 징조는 왕(王)이 담당하고, 한 달[月]과 한 날[日]의 징조는 경사(卿士)와 사윤(師尹)이 담당한다.[22] 한 해[歲]에 가운데 다섯 징조[五徵:雨·暘·燠·寒·風]가 때를 잃지 않고, 한 달[月]과 한 날[日] 가운데 다섯 징조가 때를 잃지 않는다면, 그 효험은 곧 백곡이 풍성하게 되는 등의 일이 있게 된다. 다섯 징조가 그 때를 잃는다면, 그 해로움에 "집안이 편안하지 않음"[家不寧]과 같은 일들이 있게 된다고 하였다. 징조의 좋고 나쁨은 모두 인군(人君)의 소치(所致)인데, 어찌 경사(卿士)와 더불어하며, 날[日]의 징조, 달[月]의 징조, 해[歲]의 징조를 나누었는가? 왕(王)의 득실(得失)은 해[歲]의 징조를 이루고, 경(卿)과 사윤(師尹)의 득실(得失)은 날[日]과 달[月]의 징조를 이루는가? 더욱 이해하기 어려운 것은 (「채전」의) 이른바 '한 날[日]의 이해에 관계됨이 있다[有係一日之利害]' 등의 설이다. 앞에서는 '해[歲]'를 먼저 말했고, 뒤에서는 '날[日]'을 먼저 말했는데, 대체로 한 해 가운데 비오고, 볕이 나는 때가 있은 연후에 바야흐로 백곡이 완성되는 등의 효험을 이룰 수 있다. 한 해 가운데 하루라도 어긋난다면 백곡이 풍성하지 않는 나쁜

---

21) 「홍범」36, "歲·月·日時無易, 百穀用成. 乂用明, 俊民用章, 家用平康."(세(歲)·월(月)·일(日)에 때가 바뀜이 없으면 백곡(百穀)이 풍성하고 다스려짐이 밝아지고 준걸스런 백성들이 드러나고 집이 편안해질 것이다.)

22) 「홍범」35 「채전」, "歲·月·日, 以尊卑爲徵也. 王者之失得, 其徵以歲. 卿士之失得, 其徵以月. 師尹之失得, 其徵以日. 蓋雨·暘·燠·寒·風, 五者之休咎, 有係一歲之利害, 有係一月之利害, 有係一日之利害. 各以其大小言也."(세(歲)·월(月)·일(日)은 존비(尊卑)로 징험을 삼은 것이다. 왕자(王者)의 득실(得失)은 해로써 징험하고 경사(卿士)의 득실(得失)은 달로써 징험하고 사윤(師尹)의 득실(得失)은 날로써 징험한다. 우(雨)·양(暘)·욱(燠)·한(寒)·풍(風) 다섯 가지의 좋고 나쁨은 한 해의 이해(利害)에 관계됨이 있고 한 달의 이해에 관계됨이 있고 하루의 이해에 관계됨이 있으니, 각기 그 크고 작은 것으로 말한 것이다.)

징조가 된다. 비록 하루의 어긋남에도 해로움이 있고 한 달과 한 해는 기다리지 않아도 되므로 그 말이 각각 다른 것이다.[23)]

팔(八)서징(庶徵)에서 한 해, 한 달, 하루가 바뀜이 없다면 백곡의 풍성해지고 다스림이 밝혀지며 준걸한 백성이 드러나서 결과적으로 집안이 편안해진다는 것을 「요전」의 구절을 들어 설명하였다. 이는 이경해경(以經解經)의 독법을 잘 보여주는 대목이라 할 수 있다. 한편 「채전」에서 한 해[歲]의 징조는 왕(王)이 담당하고, 한 달[月]과 한 날[日]의 징조는 경사(卿士)와 사윤(師尹)이 담당한다고 한 설명에 대해서는 징조의 좋고 나쁨은 모두 인군(人君)의 소치(所致)로서 경사(卿士)와 더불어할 수 없는 계제임을 밝히며 비판의 날을 세웠다. 특히 「채전」의 이른바 '한 날[日]의 이해에 관계됨이 있다[有係一日之利害]'는 말에 대해서는 동의하지 못했는데, 경문에서 분명히 한 해, 한 달, 하루의 때가 어긋남이 없으면 백곡이 무르익는 선순환이 되지만, 반대로 하루, 한 달, 한 해의 때가 뒤바뀌면 백곡 등의 익지 못하는 등의 악순환으로 이어지는데, 단지 하루의 어긋남으로도 모든 해로움이 있게 된다면 한 달과 한 해를 기다리지 않아도 되는 모순이 되는 설명으로 받아들였다.

---

23) 『서전기의』 「홍범」15, ""乂用明", "庶績熙"也. "俊民章", 賢人登用也. "家平康", 匹夫匹婦各得其所也. 能'省'其職, 則休徵可致分其時; 不是, 則反是云云, 条理甚明. 以〈蔡傳〉推之, 則歲之徵王當之, 月日之徵卿士師尹當之. 歲中五徵不失時, 一月中, 一日中五徵不朱時, 則此效便有百穀成等事. 五徵失其時, 則其害有"家不寧"以上事云云. 徵之休咎皆人君之所致, 何與於卿士, 而乃分日之徵, 月之徵, 歲之徵? 王之得失致歲之徵, 卿師尹之得失, 致日月之徵乎? 尤難曉者, 所謂'有係一日之利害'等說也. 上先言歲, 下先言日者, 蓋一歲之中雨暘時, 然後方可致百穀等效驗. 一歲之中一日或差, 則便不成百穀等咎徵. 雖一日或差便有害, 不待一月一歲, 故其言各殊."

3. 주자설과 채침설의 비교

[11]

"그에게 복(福)을 주다"[錫之福][24]에 대해서, 주자(朱子)는 "선(善)을 주는 것"[與之以善]이라고 하였다. 대체로 선(善)하다면 오복(五福)의 응함이 있고, 그것으로 하여금 나에게서 법칙을 취하게 하면 선(善)함이 된다. 오복(五福)을 받는 것이 바로 "복을 주는 것"[錫福]과 같으니, 앞 문장의 "복을 거두어 백성에게 준다"[斂福錫民][25], "네가 비록 복을 준다"[汝雖錫福][26]는 이것을 말한 것이다. 구봉(九峯: 蔡沈)의 경우는 사설(師說)을 따르지 않고, '록(祿)'으로 해석하면서 말하길 "선(善)을 준다고 하면 아래의 '네가 비록 복을 주더라도'[汝雖錫福]와 통하지 않게 된다"[27]고

---

24) 「홍범」11, "凡厥庶民, 有猷有爲有守, 汝則念之. 不協于極, 不罹于咎, 皇則受之. 而康而色, 曰予攸好德, 汝則錫之福. 時人斯其惟皇之極."(무릇 서민(庶民)들이 꾀함이 있고 시위(施爲)함이 있고 지킴이 있는 것을 네가 생각하며, 극(極)에 합하지 않더라도 허물에 걸리지 않거든 임금은 받아 주어라. 얼굴빛을 편안히 하여 말하기를 '내가 좋아하는 바가 덕(德)이다'라고 하거든 네가 그에게 복(福)을 주면 이 사람이 이에 임금의 극(極)에 맞게 할 것이다.)

25) 「홍범」09, "五皇極. 皇建其有極, 斂時五福, 用敷錫厥庶民. 惟時厥庶民, 于汝極, 錫汝保極."(다섯번째 황극(皇極)은 임금이 극(極)을 세움이니, 이 오복(五福)을 거두어서 여러 백성들에게 복(福)을 펴서 주면 이 여러 백성들이 너의 극(極)에 대하여 너에게 극(極)을 보존함을 줄 것이다.)

26) 「홍범」13, "人之有能有爲, 使羞其行. 而邦其昌. 凡厥正人, 既富方穀. 汝弗能使有好于而家, 時人斯其辜. 于其無好德, 汝雖錫之福, 其作汝用咎."(사람 중에 재능이 있고 시위(施爲)함이 있는 자를 그 행함에 나아가게 하면 나라가 번창할 것이다. 무릇 정인(正人)들은 부유하게 한 뒤에야 비로소 선하니, 네가 하여금 집에서 좋아함이 있게 하지 못하면 이 사람이 죄에 빠질 것이다. 그리고 덕(德)을 좋아하지 않는 이에게 네가 비록 복(福)을 주더라도 이는 네가 허물이 있는 사람을 씀이 될 것이다.)

27) 「홍범」11 「채전」, 曰祿亦福也. 上文指福之全體而言. 此則爲福之一端而發. 苟謂非祿之福, 則於下文于其無好德, 汝雖錫之福, 其作汝用咎, 爲不通矣.

하였다. 내가 살펴보건대, 일찍이 통하지 않는 것이 보이지 않는다. 또한 기자(箕子)가 중간에 오복(五福) 이외에 별개로 또 하나의 복(福)을 말하지 않았다.28)

오(五)황극(皇極)의 "그에게 복(福)을 주다"[錫之福]의 해석에 관한 사안이다. 채침 이전의 「공전」에서도 "작록(爵祿)"29)으로 읽었다. 주자는 별도로 「황극변皇極辨」을 지었을 만큼 "황극"의 해석에 관심이 많았고, 그 외에도 『주자어류(朱子語類)』 권79 「홍범」편의 다수 조목에 걸쳐 보인다.

대저 사람이 과거의 태도를 바꾸고 임금을 따르면서 덕을 좋아한다고 자칭할 경우에는, 그것이 꼭 실제로 속마음에서 우러나온 것이 아니라 할지라도, 임금으로서는 또한 그가 자칭한 것으로 인하여 그를 선(善)으로 대해 주어야[與之以善] 한다. 그러면 이 사람도 임금을 표준으로 삼아서 실제로 그렇게 되도록 노력할 수 있을 것이다.30)

주자는 철저하게 윤리적인 관점에서 황극을 해석하려고 했다는 것을 알 수 있다. 이환모 역시 "복(福)"이 물질적이거나 인위적인 것

28) 『서전기의』 「홍범」 11, ""錫之福", 朱子曰: '與之以善.' 蓋善則有五福之應, 使之取則於我而爲善. 膺受五福便是"錫福"一樣, 上文"斂福錫民", "汝雖錫福"此之謂也. 九峯則不從師說, 以'祿'釋之, 乃曰: '謂與之以善, 於下文「汝雖錫福」爲不通.' 以愚觀之, 曾未見其不通. 且箕子不應中間五福之外, 別又說一箇福來."

29) 「홍범」, "曰予攸好德, 汝則錫之福." 「공전」, "人曰 我所好者德, 汝則與之爵祿."(사람이 "내가 좋아하는 것은 德이다"라고 하거든 당신은 그에게 爵祿을 주라는 것이다.)

30) 『회암집』 권72 「황극변」, "夫人之有能革面從君, 而以好德自名, 則雖未必出於中心之實, 人君亦當因其自名而與之以善, 則是人者亦得以君爲極而勉其實也."

이 아닌 하늘이 내려주는 일관된 것으로 「홍범」의 경문상에서 이해하려고 했으며, 이런 관점에서 채침설을 비판하였다.

[14]

"임금의 살핌"[王省] 이하는 「채전」과 주자설이 같지 않다. 대체로 주자의 경우는 세(歲), 월(月), 일(日)을 왕(王), 경(卿), 대부(大夫)의 맡은 일로 나누어 생각하면서 말하길 "맡은 임무의 크고 작음이 이와 같다"[職任之大小如此][31]고 하였다. 또 말하길 "군군신신(君君臣臣)은 좋은 징조를 이르게 하고, 이와 반대라면 나쁜 징조가 된다"[君君臣臣休徵可致, 反是則爲咎徵][32]고 하였다. 「채전」의 경우는 왕(王), 경(卿), 대부(大夫)의 득실(得失)로서 세(歲), 월(月), 일(日)의 좋고 나쁨으로 삼고, 때(時)가 바뀜이 없거나 이미 바뀌는 것으로 다섯 가지 징조[五徵:雨·暘·燠·寒·風]의 좋고 나쁨으로 삼는다. 가만히 주자(朱子)의 설(說)로 미루어보건대, 왕(王)은 한 해[歲]의 일을 살피고, 경사(卿士)한 한 달[月]의 일을 살미며, 사윤(師尹)은 한 날[日]의 일을 살핀다. 그 살피는 바의 직임이 그 때를 잃지 않는다면, "백곡(百穀)이 풍성하다"[百穀成], "다스려짐이 밝아지다"[乂用明] 등의 일[33]을 이룰 수 있다.[34]

31) 『주자어류』 권79 「상서2」, "問"王省惟歲, 卿士惟月, 師尹惟日". 曰: "此但言職任之大小如此.""

32) 「洪範」 「大全」, "朱子曰, 此覆說時之徵, 歲統月, 月統日. 職尊者所理大, 而要職小者所理小, 而詳取蒙于歲月日也. 君秉君道, 臣行臣職, 君君臣臣猶歲月日時之不易, 則休徵可致. 反是則為咎徵矣."

33) 「홍범」36, "歲·月·日時無易, 百穀用成. 乂用明, 俊民用章, 家用平康."(세(歲)·월(月)·일(日)에 때가 바뀜이 없으면 백곡(百穀)이 풍성하고 다스려짐이 밝아지고 준걸스런 백성들이 드러나고 집이 편안해질 것이다.)

34) 『서전기의』 「홍범」14, ""王省"以下, 〈蔡傳〉與朱子說不同. 蓋朱子則以歲月日分爲王卿大夫之職事, 曰'職任之大小如此'. 又曰'君君臣臣休徵可致, 反是則爲咎徵'. 〈蔡傳〉則以王卿大夫之得失爲歲月日之休咎, 時之無易, 旣易, 爲五徵之休咎. 竊以朱子之說推之, 王省一歲之事, 卿士省一月之事, 師尹省一日之事. 其所省之職事不失其時, 則能致'百穀

팔(八)휴징(休徵)의 "왕이 살필 것은 한 해이고, 경사가 살필 것은 한 달이며, 사윤이 살필 것은 하루이다"35)에 대한 해석의 차이를 말하였다. 주자는 왕과 경대부의 직임의 크고 작음과 그러한 군군신신(君君臣臣)의 정명(正名)이 바로 서게 되면 좋은 징조를 부르게 된다는 설명인 반면, 채침은 왕과 경대부의 득실(得失)로서 한 해, 한 달, 하루의 휴구(休咎)의 징조로 삼고 때가 바뀌지 않는 것으로 다섯 가지의 징조의 좋고나쁨으로 삼은 것이다. 이환모의 판단은 주자설에 무게를 둔 것으로 보인다. 주자의 설들은 『주자어류』와 「대전(大全)」에서 산견(散見)되는데, 이로써 이환모의 폭넓은 독서법을 알 수 있다.

[18]

"이가(而家)"는 "기가(其家)"의 의미이다. "이(而)"는 "정인(正人:벼슬아치)"을 가리킨다. 이 장(章)은 「채전」과 주자설이 매우 같지 않다. 주자는 "이 사람은 반드시 불의한 데로 빠지고, 덕을 좋아하는 마음을 갖지 못하는 지경에 이른다. 그런 다음에 비로소 가르침을 받게 하고, 복을 구하라고 권한다면 이미 일을 바로잡을 수 없게 되어 그가 몸을 일으켜 너에게 돌려주는 것은 오직 악일 뿐 선은 없게 된다"36)고 하였다. "이 사람이 덕을 좋아함이 없다"[時人無好德]는 것을 한 사람으로 간주한 것이다. "비로소 가르침을 받게 하다"[始欲教之]의 "시(始)"는 (경문의) "바야흐로 착해지다"[方穀]의 "방(方)"자에 대응하고, 앞 문장의 "복을 주다"[錫福]37)와

成' '乂用明' 等事."

35) 「홍범」35, "曰王省惟歲. 卿士惟月. 師尹惟日."

36) 『晦庵集』 권72 「皇極辨」, "此乃陷於不義, 至於無好德之心. 而後始欲教之, 修身勸之以五福, 則無及於事, 而其起而報汝, 有惡無善."

37) 「홍범」11, "凡厥庶民, 有猷有爲有守, 汝則念之. 不協于極, 不罹于咎, 皇則受之. 而康而色, 曰予攸好德, 汝則錫之福. 時人斯其惟皇之極."(무릇 서민(庶民)들이 꾀함이

통하게 된다. 채침은 "시인(時人)"은 "정사(正士)"를 가리키고, "좋아하는 덕이 없다"[無好德]는 또 다른 사람으로 간주하여 사람을 등용하는 설로 여겼다. 무슨 소견으로 그렇게 말했는지 모르겠다.[38]

오(五)황극(皇極)의 "汝弗能使有好于而家"[39]의 "이(而)"자 해석에 관한 문제이다. 「공전」은 "국가(國家)"[40]라고 해석하였으므로 "왕의 집"은 곧 "너의 집"이므로 "이(而)"를 2인칭으로 보았고, 「채전」도 그 설을 그대로 따른 것으로 보인다. 이환모는 주자설을 준용한 것으로 보이는데, "여(汝)"는 왕자(王者)를 가리키는 2인칭이고, 뒤에 "이(而)"는 왕자가 부리는 정인(正人) 곧 벼슬아치의 집안을 가리키는 것으로 보았다. 그리하여 뒤에 오는 허물을 짓거나 덕을 좋아하지 않는 이로 일관되게 가리키는 것으로 해석하여야 문의(文義)가 바르게 되는 것으로 본 것이다.

있고 시위(施爲)함이 있고 지킴이 있는 것을 네가 생각하며, 극(極)에 합하지 않더라도 허물에 걸리지 않거든 임금은 받아 주어라. 얼굴빛을 편안히 하여 말하기를 '내가 좋아하는 바가 덕(德)이다.'라고 하거든 네가 그에게 복(福)을 주면 이 사람이 이에 임금의 극(極)에 맞게 할 것이다.)

38) 『서전기의』 「홍범」 18, ""而家", 其家也. "而", 指正人也. 此章〈傳〉與朱子說大不同. 朱子則曰"此乃陷於不義, 至於無好德之心. 而後始欲教之, 修身勸之以五福, 則無及於事, 而其起而報汝, 有惡無善"云云. '時人無好德', 作一人看. '始欲教之', '始'照應'方穀'方字, 而於上文'錫福'爲通. 蔡氏則'時人'指正士, '無好德'又作別人看, 爲用人之說. 未知何所見而然耶."

39) 「홍범」 13, "人之有能有爲, 使羞其行. 而邦其昌. 凡厥正人, 既富方穀. 汝弗能使有好于而家, 時人斯其辜. 於其無好德, 汝雖錫之福, 其作汝用咎."

40) 「공전」, "不能使正直之人, 有好於國家, 則是人斯其詐取罪而去."

4. 이환모의 독창적 해석

[02]

"하늘이 몰래 (백성을) 안정시키다"[惟天陰騭][41]라고 말한 것은 대저 하늘이 이미 몰래 (백성을) 안정시키고 도와 보존시켰으므로 반드시 그러한 이치가 그사이에 깃들어져 있겠지만 정작 자신(무왕)은 그 이치를 알지 못함을 말한 것이다. "이륜(彝倫)"이란 일용(日用)의 상리(常理)로서 인륜이 저절로 그 가운데 있는 것이다. "서(敘)"란 저절로 펴짐이다.[42]

본 단락에 대한 채침의 해석은 "하늘이 어둡고 어두운 가운데에 묵묵히 백성들을 안정시켜 그 거지(居止)를 보상(輔相)하여 보합(保合)함이 있는데, 나는 이륜(彝倫: 떳떳한 이치)이 펴지는 이유가 어떠한 것인 줄을 모른다"[43]이다. 이환모의 해석을 종합해보면, "하늘이 모르게 백성을 안정시키고 도와 보존시켰고, 그 속에는 반드시 일용의 상리(常理)로서 인륜이 저절로 펴져 그 가운데 있지만, 정작 무왕 자신을 그러한 이치를 알지 못한다"라고 정리할 수 있다. 경문의 "유천음즐(惟天陰騭)", "이륜(彝倫)", "서(敘)"에 대한 구체적인 이해를 통해 「홍범」을 독창적인 독법으로 읽었음을 확인할 수 있다.

[03]

"토(土)"란 "충만한 기"[沖氣]이니, 네 가지[水火木金] 가운데 통하지

41) 「홍범」02, "王乃言曰, 嗚呼箕子, 惟天陰騭下民, 相協厥居. 我不知其彝倫攸敍."

42) 『서전기의』 「홍범」02, ""惟天陰騭"云者, 以言夫天旣陰騭相保, 則必有所以然之理寓乎其間, 而我則不知. 蓋"彝倫"者, 日用之常理, 人倫自在其中. "叙", 自然之叙."

43) 「홍범」02 「채전」, "天於冥冥之中, 默有以安定其民, 輔相保合其居止, 而我不知其彝倫之所以敍者如何也."

않은 바가 없다. "오사(五事)"의 "생각함"[思]도 그러하므로 서로 배속시킨 것이다.[44)]

「서전기의」「홍범」에는 유독 오행(五行)배속의 문제를 많이 다루고 있는데, 이환모는 "토(土)"를 "충기(冲氣)"로서 오행에 모두 통하는 것으로 인식하였고, 뒤에 이어지는 오사(五事)의 오행배속 문제와도 연결하고 있다.

[04]

홍범은 단지 오행(五行)의 이치이고, 수(水)는 오행의 처음에 생겨나는 것이다. 곤(鯀)이 홍수를 막음으로 인해 오행(五行)을 어지럽게 배열되었다, "이륜(彝倫)이 무너지고 또 펴지다"[彝倫攸斁・敘]라고 한 것은 곤(鯀)의 시대에 이륜(彝倫)이 무너졌다가 우(禹)의 시대에 비로소 펴졌다는 것을 말한 것이 아니다. 대체로 구주(九疇)라는 것은 바로 이륜(彝倫)의 도리(道理)를 펼치는 것이다. 곤(鯀)이 물을 막았으므로 구주(九疇)의 펼침 또한 무너지게 되었고, 우(禹)가 물을 다스림으로 인해 구주(九疇)에서의 펼침도 펼쳐지게 된 것일 뿐이다. 천착해서 볼 필요는 없다.[45)]

이환모의 홍범관은 한마디로 "오행(五行)의 이치"로 요약될 수 있다. 『서전기의』「홍범」편에서 그가 오행배속 문제를 언급한 것도 모두 이와 연결된다. 수(水)는 오행의 시작인데, 곤(鯀)이 그 오행의 첫째인 수(水)를 어지럽힘으로 인해 오행의 배열이 어긋났다. 이와는

44) 『서전기의』「홍범」03. ""土"者, 冲氣, 於四者之中, 無所不通. 五事之思亦然, 故相屬耶."

45) 『서전기의』「홍범」04, "洪範只是五行之理, 而水是五行初頭生底物事. 鯀堙洪水便是汩陳五行. 其曰"彝倫攸斁・敘", 非謂鯀之時彝倫斁敗, 到禹方敘. 蓋九疇者, 乃敘彝倫底道理. 鯀堙水, 則九疇之敘亦斁; 禹治水, 則九疇之敘亦敘而已. 不必泥看."

별개로 "이륜(彝倫: 일용의 상리(常理)로서 인륜)"이 곤(鯀)의 시대에 무너진 것이 아니라는 점을 강조하고 있는데, 당시 성군인 요(堯)임금이 버젓이 자리에 있었기 때문일 것이다. 따라서 곤(鯀)이 비록 오행을 어지럽혔지만 그것으로 이륜(彝倫)마저 모두 무너졌다고 하는 것은 억측에 불과하다는 것을 말한 것이다.

[06]

팔정(八政)[46]을 오행(五行)에 분속(分屬)시킨다면, "토(土)는 심고 거두는 것"[土爰稼穡]이니 식(食: 식량)은 토(土)에 속하고, 화(貨: 재화)는 번다(繁多)한 의미가 있으므로 목(木)에 속하고, 사(祀)와 사도(司徒)・빈(賓)은 화(火)에 속하고, 사공(司空)은 수(水)에 속하고, 사구(司寇)와 사(師: 군사)는 금(金)에 속한다.[47]

오행의 이치로서의 홍범은 삼(三)팔정(八政)에도 적용된다.

一曰食					土	土爰稼穡
二曰貨			木			繁多
三曰祀		火				
四曰司空	水					
五曰司徒		火				

46) 「홍범」07, "三八政. 一曰食, 二曰貨, 三曰祀, 四曰司空, 五曰司徒, 六曰司寇, 七曰賓, 八曰師."(세 번째 팔정(八政)은 첫 번째는 먹는 것[식량(食糧)]이요, 두 번째는 재물이요, 세 번째는 제사(祭祀)요, 네 번째는 사공(司空)이요, 다섯 번째는 사도(司徒)요, 여섯 번째는 사구(司寇)요, 일곱 번째는 빈(賓)[외교관]이요, 여덟 번째는 군사이다.)

47) 『서전기의』「홍범」06, "八政分屬五行, 則"土爰稼穡", 食屬土; 貨有繁多之意, 屬木; 祀與司徒・賓屬火; 司空屬水; 司寇與師屬金."

六曰司寇				金		
七曰賓		火				
八曰師				金		

이환모의 설명에 의하면 식(食)은 땅에서 나오는 것이므로 토(土)에 배속시키고, 재화는 번다한 의미가 있으므로 목(木)에 해당된다고 하는데, 그 외 팔정(八政)에 대한 오행 배속에 대한 설명은 없다. 「채전」의 해설을 준용한 것으로 이해하면, 사공(司空)은 토목과 거주에 관련 있으므로 수(水)에 배속시키고, 사구(司寇)와 사(師)는 금지 혹은 제거와 관련 있으므로 금(金)에 배속시켰으며, 그 외의 사(祠), 사도(司徒), 빈(賓) 등은 화(火)에 배속시킨 것으로 보인다.

[08]

"이 오복(五福)을 거두어서 여러 백성들에게 복(福)을 펴서 주다"[斂時五福以錫民][48]라고 말한 것은 오사(五事)를 다 거두어 그것을 가지고 천하의 백성들에게 베풀어 주는 것이 바로 오사(五事)를 다 얻는 것임을 말한 것이다, 오사(五事)를 얻어야만 비로소 오복(五福)을 얻는다. 그러나 이른바 오사(五事)로서 펼친다고 말한 것은 집집마다 다니며 가르치고 깨우쳐 나누어주는 것이 아니다. 단지 임금 자신이 위에서 오사(五事)를 다 얻고, 백성이 아래에서 스스로 보고 느끼며 자기에게서 법칙을 취한다. 이것이 바로 펼치는 것이다.[49]

---

48) 「홍범」09, "五皇極. 皇建其有極, 斂時五福, 用敷錫厥庶民. 惟時厥庶民, 于汝極, 錫汝保極."(다섯 번째 황극(皇極)은 임금이 극(極)을 세움이니, 이 오복(五福)을 거두어서 여러 백성들에게 복(福)을 펴서 주면 이 여러 백성들이 너의 극(極)에 대하여 너에게 극(極)을 보존함을 줄 것이다.)

49) 『서전기의』「홍범」08, ""斂時五福以錫民"云者, 以言夫斂盡得五事, 以此布錫天下之民, 便是使盡得五事. 才得五事, 便有五福. 然所謂以五事錫云者, 非家諭戶說而布頒之

오(五)황극(皇極)의 "이 오복(五福)을 거두어서 여러 백성들에게 복(福)을 펴서 주다"[斂時五福, 用敷錫厥庶民]와 "오사(五事)"를 연결시킨 것은 이환모의 독창적인 견해이다. 오사(五事)란 용모, 말씀, 시각, 청각, 생각이며, 거기에서 당연지칙으로서 성(性)인 공손함[恭], 순종함[從], 눈밝음[明], 귀밝음[聰], 지혜로움[睿]과 엄숙함[肅], 다스려짐[乂], 명철함[哲], 헤아림[謀], 성스러움[聖]의 오덕(五德)이 만들어지는데, 이 오사(五事)를 얻어야만 비로소 오복(五福)을 얻을 수 있다는 것은 「홍범」편을 상호 유기적으로 읽는 독법이라 평가할 수 있다.

[09]

"이 여러 백성들이 너의 극(極)에 대하여 너에게 극(極)을 보존함을 줄 것이다"[惟時厥庶民, 于汝極, 錫汝保極][50]라고 말할 것은 백성들이 모두 임금의 표준에서 법칙을 취하여 실추하지 않게 된다면 그것이 바로 "너의 극을 보존함을 주는 것"[錫保汝極]이다. 대저 "극(極)"이라는 것은 여기에 형체가 바르게 있으면 저기에 그림자가 곧바르게 생기는 것을 말한다. 진실로 가만히 자기만 극(極)을 세워 백성들이 스스로 바라보게 해서는 안 된다. 모름지기 그 아래를 끌어 맞이하여 지극히 관대하고 지극히 광대함에 이르되 하나의 부정(不正)함도 없게 한 연후에 극(極)의 체용(體用)이 빠지는 바가 없게 된다. 그러므로 "너에게 극(極)을 보존함을 준다"[錫汝保極] 아래에 바로 끌어 맞이하는 도(道)를 말하였다.[51]

也. 只是自己盡得五事於上, 而民自觀感於下, 而取則於己也. 這便是錫."

50) 「홍범」09, "五皇極. 皇建其有極, 斂時五福, 用敷錫厥庶民. 惟時厥庶民, 于汝極, 錫汝保極."

51) 『서전기의』 「홍범」09, ""惟時厥庶民于汝極, 保汝"云者, 以言夫民皆取則於己之標準, 而未嘗失墜, 則便是"錫保汝極"也. 大抵"極"者, 形端於此而影直於彼之謂. 固不可兀自建極, 便以爲民自觀化. 須是引接其下至寬至廣無一夫不正, 然後極之體用無所欠闕. 故'錫汝保極'下便說引接之道."

오(五)황극(皇極)의 "극(極)"에 대한 이환모의 독특한 해석을 알 수 있다. "황극(皇極)"에 대한 전통적인 해석은 "대중(大中)"[52]으로서 곧 임금의 자리는 "크고 가운데 위치하고 있는 것"이다. 한편 주자는 "황(皇)"은 임금이며 "극(極)"은 표준(標準)으로 인식[53]하였다. 채침은 "황(皇)은 임금, 극(極)은 북극(北極)의 극(極)과 같으니, 지극하다는 뜻이고 표준(標準)의 이름이니, 가운데 서있으면 사방(四方)에서 취하여 바로잡는 것이다"[54]고 하였다. 이환모는 "극(極)"이란 여기에 형체가 바르게 있으면 저기에 그림자가 곧바르게 생기는 인륜의 기준이나 표준으로서 극(極)을 말하였다. 그런데 이 극(極)은 가만히 서있는 수동적인 것에 그치는 것이 아니라, 아래의 백성들을 적극적으로 끌어들이고 맞이하여 인륜을 순화시키되 지극히 관대하고 지극히 광대함에 이르게 하는 역할을 하면서 바로 다음 구절로 이어진다.

[10]

"무릇 서민들이 사악한 무리를 지음이 없고 지위에 있는 사람들이 소인들과 어울리는 악덕함이 없는 것은 임금이 극(極)을 세웠기 때문이다" [民無有淫朋, 人無有比德, 惟皇作極]라는 것은 자품(姿稟)이 좋은 것이다. 오직 자품(姿稟)의 좋음을 진실로 유념해야 할 것이다. 만약 미처 바라보지 않았는데도 중인(中人)이 선(善)의 향하는 것과 같은 부류와 같이 주고 받는다면 이 또한 임금으로 극(極)을 삼아 선(善)함에 힘쓰는 것이다. 그러므로 그 아래에 바로 "왕의 의로움을 따르다"[遵王], "극(極)으로 돌

52) 「홍범」「공전」, "皇, 大. 極, 中也. 凡立事當用大中之道."

53) 『주자어류』 권79 (90條), ""皇極"二字, 皇是指人君, 極便是指其身爲天下做箇樣子, 使天下視之以爲標準."

54) 「홍범」09 「채전」, "皇, 君. 建, 立也. 極, 猶北極之極. 至極之義, 標準之名. 中立而四方之所取正焉者也."

아오다"[歸極] 등의 설(說)을 말하였다. 임금 자신으로부터 말하면 "건극(建極)"이고, 백성으로부터 말하면 "작극(作極)"이다. "건(建)"과 "작(作)"은 매우 다르다.[55]

바로 앞 문장이 임금으로부터 말한 것이라면, 여기의 "사람들이 악덕함이 없는 것"은 곧 백성으로부터 말한 것이다. 이는 임금이 세운 극(極)이 능동적으로 아랫사람들을 인륜으로 교화하여 바로잡은 결과이다. 이환모는 "건극(建極)"과 "작극(作極)"을 구분하되 황극(皇極)의 적극적이고 능동적인 의미를 부여하면서 임금과 백성의 입장에서 각각 의미를 부여하며 독해하였다.

[12]

"편벽(偏僻)됨이 없고 기욺이 없다"[無偏無陂]에서 "왕(王)의 길을 따르다"[遵王(之)路]라고 말한 것은 공경히 오사(五事)를 이용하여 그 마음을 바로잡고 임금의 극(極)을 모음을 말한 것이다. "편벽됨이 없고 편당함이 없다"[無偏無黨]에서 "왕(王)의 도(道)가 정직(正直)해지다"[王道正直]라고 말한 것은 마음을 씀이 이미 편벽됨과 기욺이 없으므로 일을 일으킴에도 엎어짐이 없이, 천하의 사람들이 모두 이와 같아질 수 있음을 말한 것이니, 황극(皇極)의 지극히 위대하고 지극히 바른 체(體)를 확립하는 것이다. 비록 그렇지만, 여기에서부터 "상제의 가르침이다"[于帝其訓]까지[56]

---

55) 『서전기의』 「홍범」 10, "其曰"民無有淫朋, 人無有比德, 惟皇作極", 是姿禀之好者. 惟此姿禀之好, 固當念之. 乃若未及觀化而中人向善之類, 亦受之錫之, 則亦得以君爲極而勉於善也. 故其下便有'遵王' '歸極'等說. 自君身言之, 曰"建極"; 自民人言之, 曰"作極". "建"與"作"大不同."

56) 「홍범」 14, "無偏無陂, 遵王之義. 無有作好, 遵王之道. 無有作惡, 遵王之路. /無偏無黨, 王道蕩蕩. 無黨無偏, 王道平平. 無反無側, 王道正直. /會其有極, 歸其有極."
「홍범」 15, "曰, 皇極之敷言, 是彝是訓, 于帝其訓."

는 백성을 가르치는 말씀인데, 여기에 삽입한 것은 어째서인가? 주자(朱子)가 말하였다. "'무편무피(無偏無陂)' 이하는 반복 찬탄(贊嘆)함으로써 바로 황극(皇極) 형체를 말한 것이다."[無偏無陂以下反覆贊嘆, 正說皇極體段][57] 진실로 황극의 형체를 말하였는데, 백성에게 치중한 것은 무엇이겠는가?[58]

오(五)황극(皇極) "무편무피(無偏無陂)"장(章)에 대한 변설로서, 「홍범」 14장과 15장을 세 부분으로 나누어 읽은 독법이 눈에 띈다.

(14)無偏無陂, 遵王之義. 無有作好, 遵王之道. 無有作惡, 遵王之路.	오사(五事)로서 황극을 모음
無偏無黨, 王道蕩蕩. 無黨無偏, 王道平平. 無反無側, 王道正直.	황극의 체(體)확립 천하사람들과 동기화
會其有極, 歸其有極. (15)曰, 皇極之敷言, 是彝是訓, 于帝其訓.	백성을 가르치는 말씀

이환모의 황극(皇極)의 능동성과 적극성으로 교육적인 측면을 강조하는 독법으로 이해할 수 있다.

[16]

"서민은 별이다"[庶民惟星] 이하는 인심(人心)을 거스르지 않을 수 있다면 비바람이 제때에 응하는 좋은 징조를 맞게 되고, 그렇지 않으면 나

57) 『晦庵集』 권44 「書」 「答梁文叔」.

58) 『서전기의』 「홍범」 12, ""無偏無陂"至"遵王路"云者, 以言夫敬用五事以正其心, 會君之極也. "無偏無黨"至"王道正直"云者, 以言夫用心旣無偏陂, 故作事亦無反側, 天下之人皆能如此, 則皇極至大至正之體立矣云云. 雖然自此至"于帝其訓"是訓民之辭, 其所插入於此何也? 朱子曰: '「無偏無陂」以下反覆贊嘆, 正說皇極體段.' 固是說皇極體段, 然其歸重於民者何耶?"

쁜 징조를 맞게 됨을 말한 것이다.[59)]

팔(八)서징(庶徵)에서 민(民)을 별로 비유한 것은 백성의 마음과 천기(天氣)의 변화를 동기화된 것으로 이해하고 임금이 백성의 마음을 순응한다면 날씨 또한 어긋나지 않는다는 전통적인 민심즉천의(民心卽天意)설로 이해하였다. 이는 채침이 하늘에 걸려 있는 별과 땅에 발붙이는 백성을 기계적으로 비유하고 날씨를 기호(嗜好)로 파악한 것[60)]과는 확실히 구별되며, 임금의 백성에 대한 적극적인 관심과 행동으로 이해하려는 독법이다.

[17]

구주(九疇)의 차례를 순리대로 말한다면, 오행(五行)이 주(主)가 되고 팔주(八疇)는 모두 오행으로부터 나온 것이다. 오행과 삼덕(三德: 正直, 剛克, 柔克)[61)]은 수(水)에 속하는데, 수(水) 또한 오행 가운데 기(氣)인데 오행이 어떻게 수(水)에 속하는가? 대체로 수(水)라는 것은 기(氣)의 시작이며, 사기(四氣: 火木金土)를 통솔하므로 속하다고 한 것이다. 오사(五事)와 계의(稽疑)는 화(火)에 속하고, 팔정(八政)과 서징(庶徵)은 목(木)에 속하고, 오기(五紀)와 복극(福極)은 금(金)에 속하고, 황극(黃[皇]極)은 토(土)에 속한다. 구주(九疇)를 일오행(一五行)으로 섞어 말한다면, 황극(皇

59) 『서전기의』 「홍범」 16, ""庶民惟星"以下, 言能順人心則致休徵如風雨之應, 反是則致咎耳."

60) 「홍범」 38 「채전」, "民之麗乎土, 猶星之麗乎天也. 好風者箕星, 好雨者畢星."

61) 「홍범」 17, "六三德. 一曰正直, 二曰剛克, 三曰柔克. 平康正直, 彊弗友剛克, 燮友柔克. 沈潛剛克, 高明柔克."(여섯 번째 삼덕(三德)은 첫 번째는 정직함이요, 두 번째는 강(剛)으로 다스림이요, 세 번째는 유(柔)로 다스림이니, 평강(平康)은 정직(正直)이고, 강(彊)하여 순하지 않은 자는 강(剛)으로 다스리고, 화(和)하여 순한 자는 유(柔)로 다스리며, 침잠(沈潛)한 자는 강(剛)으로 다스리고, 고명(高明)한 자는 유(柔)로 다스린다.)

極)이 벼리(綱)가 되고, 팔주(八疇)가 황극으로부터 갖추어졌다. 오행(五行)의 이치를 따르고, 오사(五事)의 덕(德)을 들이며, 팔정(八政)을 세우고, 오기(五紀)에 있는 것이 건극(建極)의 체(體)이다. 삼덕(三德)으로 다스리고, 계의(稽疑)을 밝히며, 오징(五徵)을 이루고, 오복(五福)을 모으는 것은 건극(建極)의 용(用)이며 효험이다. '서징(庶徵)'을 오징(五徵)이라 하지 않고 서징(庶徵)이라고 한 것은 좋은 징조를 갖추었기 때문이다. 오복육극(五福六極)을 복극(福極)이라 하지 않고 오복육극(五福六極)이라 한 것은 그 수를 말하지 않으면 드러나지 않기 때문이다. 앞의 사주(四疇)는 선악(善惡)이 겸하지 않고 마지막 이주(二疇)에서 비로소 길흉(吉凶)을 말한 것은 비록 건극(建極)하여 삼덕(三德)을 운용하고 계의(稽疑)를 밝게 한 이후에, 혹여라도 삼가지 않는다면 하늘에 나쁜 징조가 있기 때문이다. 사람에게 육극(六極)이 있는 것은 (「多方」의) "생각이 없으면 미치광이가 되는"[罔念作狂][62] 의미이다.[63]

建極之體	一五行	水				
	二五事		火			
	三八政			木		
	四五紀				金	

62) 「다방」17, "惟聖罔念作狂. 惟狂克念作聖. 天惟五年須暇之子孫, 誕作民主. 罔可念聽."(성인(聖人)이라도 생각하지 않으면 광인(狂人)이 되고, 광인(狂人)이라도 능히 생각하면 성인(聖人)이 되니, 하늘이 5년 동안 자손에게 기다리고 여가를 주어 크게 백성의 군주가 되게 하였으나 생각하고 들을 만함이 없었다.)

63) 『서전기의』 「홍범」17, "九疇之序, 順而言之, 則"五行"爲主, 八疇皆自此出. "五行""三德"屬水, 水亦五行中一氣, 五行何以屬水? 蓋水者, 氣之始也. 統四氣, 故屬焉. "五事""稽疑"屬火, "八政""庶徵"屬木, "五紀""福極"屬金, "黃[皇]極"屬土. 九疇"一五行"錯而言之, 則皇極爲綱, 八疇之所由該. 順五行之理, 內五事之德, 立八政, 在五紀, 建極之體也. 用三德, 明稽疑, 致五徵, 集五福者, 建極之用與效也. 庶徵不曰五徵而曰庶徵者, 該休咎也. 五福六極不曰福極而曰五福六極者, 不言其數則無以著也. 上四疇不兼善惡而最下二疇始言吉凶者, 以言夫雖能建極, 而運用三德, 明用稽疑之後, 一或不謹則便天有咎徵. 人有六極, 蓋'罔念作狂'之意也."

綱	五皇極					土
建極之用	六三德	水				
	七稽疑		火			
	八庶徵			木		
	九五福六極				金	

홍범구주(洪範九疇) 전체의 오행(五行) 배속에 관한 논의이다. 이환모가 「홍범」을 오행으로 파악하고 건극(建極)의 체용(體用)으로서 구주(九疇) 이해를 한눈에 알 수 있다.

5. 결언: 이환모 홍범해석의 특징

『서전기의』는 두실 이환모(李煥模)의 『서경』독서기로서, 특히 『서경』의 해석에 있어서 주자설과 채침설의 동이(同異)의 비교와 언해(諺解)의 해석의 판정 등 나름대로의 주관적인 독법을 견지하려는 노력이 보이는 저작이다. 그 가운데 「홍범」편은 전서 가운데서도 비교적 많은 분량을 차지하고 있으며, 전서를 관통하는 해석의 다양성과 비판정신 그리고 주관적인 독서법이 잘 투영되어 있다. 우선 『서전기의』 「홍범」편을 내용별로 분석하였다.

〈표〉 『서전기의』 「홍범」편 내용 분류

일련 번호	내 용	관련 「홍범」편장	비고
01	稱"箕子", 封爵說 비판	01序說	채침설 비판

02	"惟天陰騭", "彝倫", "叙" 해석	02序說	독창적 해석
03	"土"와 "五事"의 "思"의 관계 (五行 배속)	05一五行 06二五事	독창적 해석
04	五行의 水와 "彝倫攸斁·叙"의 관계	03序說	독창적 해석
05	五事의 五行 배속	06二五事	채침설 비판
06	八政의 五行 배속	07三八政	독창적 해석
07	"極"해석	09五皇極	채침설 비판
08	"斂時五福以錫民"과 "五事"의 연결	09五皇極	독창적 해석
09	"惟時厥庶民于汝極, 保汝" 해석	09五皇極	독창적 해석
10	"民無有淫朋, 人無有比德, 惟皇作極" 해석 ("建極"과 "作極"의 차이)	10五皇極 14五皇極	독창적 해석
11	"錫之福" 해석 비교	11五皇極	주자설과 채침설 비교
12	"無偏無陂"章 분류와 해석	14五皇極 15五皇極	독창적 해석
13	"雨霽蒙驛克"의 五行 배속	21七稽疑 34八庶徵	채침설 비판
14	"王省"이하 해석 비교	35八庶徵	주자설과 채침설 비교
15	"乂用明" 해석	36八庶徵 37八庶徵	채침설 비판
16	"庶民惟星" 해석	38八庶徵	독창적 해석
17	九疇의 五行 배속과 體用관계 분석	03序說 04序說	독창적 해석
18	"而家" 해석 비교	13五皇極	주자설과 채침설 비교

이상 18개의 항목의 주관적인 분류로서 내용상으로 혹은 편제상으로 가감이 될 수도 있을 것이다. 본고에서는 18개의 항목을 크게 ①채침설 비판, ②주자설과 채침설의 비교, ③이환모의 독창적 해석 등 세 가지로 분류하여 「홍범」해석의 특징을 분석하였다. 이 가운데 채침설의 비판과 독창적 해석의 경계가 모호한 것도 있을 수 있다. 「홍범」의 편제로 본다면, 홍범의 구주를 모두 언급하지 않았고, 오

(五)황극(皇極)에 관한 내용이 7항목, 서설(序說)과 팔(八)서징(庶徵)에 관한 내용이 각각 4항목 등으로 많은 분량을 차지하는 등의 편차를 보인다.64)

이환모의 「홍범」해석의 특징은 크게 3가지로 요약할 수 있다. 그 가운데 가장 주목할 만한 점은 첫째, 오행(五行)의 리(理)로서 홍범(洪範)을 파악했다는 점이다. 구주(九疇) 전체를 하나의 오행으로 보고 각 범주를 수화목금토(水火木金土)에 배속시킨 것을 물론, 이(二)오사(五事), 삼(三)팔정(八政), 칠(七)계의(稽疑)의 오행배속를 언급하면서 중간중간 채침설과의 차별화도 시도하였다. 특히 홍범구주 전체를 체용(體用)으로 보고, 일(一)오행(五行)에서 사(四)오기(五紀)는 건극지체(建極之體)로, 육(六)삼덕(三德)에서 구(九)오복육극(五福六極)은 건극지용(建極之用)이 되며, 중앙의 오(五)황극(皇極)은 벼리[綱]가 된다고 하였다.

둘째, 주자설과 채침설의 비교를 통한 비판적 독서법을 추구했다는 점이다. 일찍이 주자는 「황극변(皇極辨)」편을 따로 저술하였고 「홍범」에 대한 관심을 드러냈었다. 또한 『주자어류』 등에도 「홍범」편과 관련한 문답내용이 다수 기록되어 있어 별도의 주석서가 없는 주자의 「홍범」설을 이해하는 데 많은 도움이 되고 있다. 이환모는 채침의 『서집전』만을 고집하지 않고, 「황극변」, 『주자어류』, 『서경대전』

64) 洪範九疇별 『書傳記疑』 「洪範」 편의 관련 내용

洪範九疇	『書傳記疑』 「홍범」 관련 항목	洪範九疇	『書傳記疑』 「홍범」 관련 항목
0序說	01, 02, 04, 17	五皇極	07, 08, 09, 10, 11, 12, 18
一五行	03	六三德	-
二五事	03, 05	七稽疑	13
三八政	06	八庶徵	13, 14, 15, 16
四五紀	-	九五福六極	-

등에 보이는 주자의 설을 두루 참조하여 주로 채침설에 대해 비판의 날을 세웠다.

셋째, 이환모는 채침설에 대한 비판을 넘어 자신만의 독창적 해석을 통한 해석의 다양성을 추구했다. 『서전기의』 「홍범」편의 18개 항목 가운데 10항목 이상에서 경문에 대한 주관적인 판단과 독창적인 견해를 피력하고 있음을 발견할 수 있다. 주자설과 채침설을 비교하면서도 자신만의 독자적인 학설을 제시하고 있다는 점에서 이환모의 『서전기의』는 문화다원론적 해석의 방향을 취하고 있다고 할 수 있다. ◈

참 고 문 헌

원전류:

『書傳記疑』：〈韓國經學資料集成〉 49 〈書經〉1 (奎章閣藏本 奎2984 影印)

『尙書正義』

『書經集傳』

『晦庵集』

『朱子語類』

『史記』

『孟子』

『서경(書經)』 형(刑) 개념에 관한 정조(正祖)의 이해와 적용

서 세 영

* 이 글은 『양명학』 제65집(한국양명학회, 2022.06)에 게재한 동명의 논문을 본 저서의 간행 취지에 맞춰 일부 수정한 것이다.

1. 서론

정조(正祖, 1752~1800)는 재위 기간 『흠휼전칙(欽恤典則)』(1778, 정조 2)을 시작으로 『추관지(秋官志)』(1781), 『대전통편(大典通編)』(1785), 『증수무원록언해(增修無冤錄諺解)』(1792), 『심리록(審理錄)』(1800) 등 일련의 형정(刑政) 관련 법제서를 편찬하였다. 다수의 법제서 편찬은 형정에 관한 정조의 각별한 관심을 보여준다.

구체적 법률 조항을 재정비하는 작업들 속에서, 정조는 형(刑) 적용의 기본 정신을 '신중함[愼]'으로 제시하고, 그 근거로 『서경(書經)』을 적극 활용하였다. 『심리록(審理錄)』 해제에서, 「순전(舜典)」의 "삼가고 삼가라[欽哉欽哉]", 「대우모(大禹謨)」의 "형벌을 쓸 때는 다시 형벌을 쓰는 일이 없도록 하는 것을 목표로 한다[刑期於無刑]" 등의 구절을 인용하여 형벌은 신중하게 다루어야 함을 말하였다.[1] 또한 「흠휼전칙서(欽恤典則序)」에서 "이 상서로운 형벌을 거울삼으라"라는 「여형(呂刑)」의 구절을 인용하여 정치의 보조 수단으로서 '형벌'의 불가피성을 인정한 동시에, 형벌의 집행은 '신중함'을 바탕으로 하여 "삼가고 신중히 하여[欽哉恤哉] 형벌이 없기를 기약[期于無刑]"[2]하고자 하였다. 곧 『서경』의 '흠휼(欽恤)', '형기무형(刑期無刑)', '상형(祥刑)' 등의 개념을 근거로 활용하는 것이다. 흠휼 정신은 '살리기를 좋아하는 덕' 곧 호생

1) 『弘齋全書』 卷182, 「羣書標記4○御定[四]」, 〈審理錄二十六卷 寫本〉, "我列朝舊法則然. 古昔明王惟刑之愼. 其見於經. 則曰明愼用刑. 曰欽哉欽哉. 曰要囚服念五六日. 曰刑期於無刑. 曰監于玆祥刑. 此其大較也."

2) 『弘齋全書』 卷8, 序引1, 「欽恤典則序 戊戌」, "然經曰. 監于玆祥刑. 刑而爲祥. 則布刑於布德之辰. 可以見聖人之心也. 蓋刑者. 輔治之具也. 使民而遠罪. 以有是也. 使民而遷善. 亦以有是也. 欲其不干于是也. 如其干也. 而又底愼於適輕適重之分. 惟辟匪辟. 惟宥匪宥. 欽哉恤哉. 期于無刑. 豈非祥歟."

지덕(好生之德)으로 발현한다. 이는 실제 형을 적용함에 있어 적극 고려할 사안이었기에, 정조는 사형죄의 심리(審理)에서 "죽을죄에서 살릴 수 있는 면이 있는가를 찾기"[3]를 고심하여, 사형을 감하여 주는 '관대한 처분'을 시행하고자 하였다. 곧 법제서 편찬에 있어, 형 적용의 기본 정신을 『서경』에서 찾고 있음을 알 수 있다.

흠휼과 무형(無刑) 등으로 제시되는 형정관은 정조의 법제관에서만 나타나는 특수한 것은 아니다. 이는 "덕주형보(德主刑輔)와 예주법종(禮主法從)을 강조하는 유가의 예치의 법사상"의 핵심으로[4] 중국 역대 형법지에서 지속적으로 거론되었다. 흠휼 정신과 호생지덕은 연좌 금지, 속금제도, 원심정죄(原心定罪), 피의자에게 유리한 시제법(時際法) 등의 형태로 법제화되기도 하였다.[5] 국가통치에 있어 주 역할은 덕치와 예치가 담당하고, 형정은 보조적인 역할을 맡을 뿐이다. 유가에서 지향하는 이상사회는 형벌이 사라지고 덕치와 예치로 다스려지는 사회이다. 곧 유가 예치 법사상의 원형으로 『서경』을 지목할 수 있다.

본고는 형정에 관한 정조의 인식과 이해가 『서경』의 형 개념에 기반하고 있음을 논하고자 한다. 『서경』에서 형 개념은 「순전」 11장, 「강고」, 「여형」 등에서 주로 논의되었으며, 흠휼, 호생지덕, 형기무형, 상형 등 유가 법사상에서 주요하게 논의되는 개념들이 등장한다. 정조는 최고 재판관으로서 옥사(獄事)를 판결하고 집행하며, 형정 관련 법제서를 편찬하는 등 직접적으로 형정을 수행하였다. 형의 적용에 있어 정조가 중요하게 여겼던 가치들이 곧 흠휼, 무형 등의 개

3) 『弘齋全書』 卷182, 「羣書標記4○御定[四]」, 〈審理錄二十六卷 寫本〉.

4) 김지수, 『전통중국법의 정신』, 전남대학교출판부, 2011, 30쪽 참조.

5) 김지수, 앞의 책, 458~465쪽 참조.

념으로, 기반이 되는 사유의 원형이 『서경』에서 비롯되었다고 할 수 있다. 정조가 『서경』의 형 개념을 어떻게 받아들이고 이해하는가를 살핀다면, 형정에 관한 그의 정치관을 살필 수 있다. 또한 『서경』이라는 경학에 대한 탐구가 경세학의 측면에서 어떠한 영향을 주고받았는지 살필 수 있는 단서를 열어준다. 본고는 또한 형과 흠휼 개념을 통하여 정조의 경세론이 유가의 도덕적 이상을 지향하고 있음을 논함으로써, 조선 전기와 비교해 볼 때 조선 후기 정치 문화의 특수한 문화다원론적 의미를 살펴볼 것이다.

본고는 다음의 내용으로 구성되었다. 『서경』에서 제시되는 형 개념을 흠휼과 무형의 개념을 중심으로 체계화하고 살펴보았다. 이어서 정조가 이들 개념을 어떠한 방식으로 이해하고 있는지 『경사강의(經史講義)』 「상서강의(尙書講義)」를 중심으로 검토하였다. 그 특징으로 형정 개념의 현실 적용을 고려한 입체적 이해에 기반하여, 채침(蔡沈)의 『서경집전(書經集傳)』 및 경문을 비판적으로 이해하고 있음을 논하였다. 그리고 『서경』 형 개념에 대한 이해가 실제 형정을 실시할 때 어떠한 방식으로 적용되고 실현되는지 형정 관련 법제서와 『일득록(日得錄)』 등의 기록을 중심으로 살펴보았다.

2. 『서경』 형(刑)에 대한 이해

『서경』에서 '형(刑)'에 대한 논의는 「순전」 11장, 「여형」, 「강고」 등의 편을 중심으로 이루어졌다. 선행연구는, 『서경』의 문헌 맥락 속에서 형 개념에 관한 일관적인 이해를 제시하고자 하였으며, 「여형」의 속형 제도를 중심으로 역사적으로 구체적 문물 사례 고증을 시도하였다. 김종수는, 『서경』 '흠휼설'에서 '휼(恤)' 자에 대한 두 가지 해석의 갈래가 있음을 논하여, 주희는 '피해자를 불쌍히 여긴다'는 긍휼설(矜恤說)을 주장하여 엄형주의의 특징을 가지는 데 반해[6] 조선 후기 박세당과 정약용은 '범죄자를 관대히 처벌한다'는 관휼설(寬恤說)을 채택하였음을 논하였다.[7] 또한 「순전」의 오형과 「여형」의 속금제를 중심으로 채침의 형벌고증 해석을 살피고 이들이 형서(刑書)의 이념적 · 원리적 차원의 담론이 됨을 논하였다.[8] 유영옥은, 『서경』 형정의 근본이념으로 「우서(虞書)」는 형정의 '관대함'을, 「주서(周書)」는 형정의 '공정성'을 강조하였음을 밝히고, 이어 「여형」의 속형에 관한 논의가 역사 속에서 어떻게 진행되었는지를 살폈다.[9] 오진솔은, 『서경집전』에 등장하는 형벌과 법제의 역사를 재구성하고, 주자학의 법제와 형벌 의식을 파악하였다. 주희와 채침의 형벌 · 법제 의식의 특징으로, 형벌 · 법제의 근원이 천리(天理) · 도(道)라는 점, 엄형(嚴刑)을 주장하였다는 점을 제시하였다.[10] 선행연구는 대체적으로 형정의 내용을 『서경』 문헌 속에서 역사적으로 재구성하고자 하였으며, 형정의 주요 개념을 '관대함'으로 지적하였다. 그러나 '관대함'만으로는 『서경』에서 제시되는 형 개념을 포괄적으로 이해하는 데 한계가 있다.

---

6) 김종수, 「朱熹의 刑罰觀 一考」, 『아주법학』 4-1, 2010.

7) 김종수, 「17~19세기 刑罰考證 談論과 人權意識」, 2015 동아시아 실학 국제학술회의, 『批判談論으로서의 實學』, 한국실학학회, 2015, 289쪽.

8) 김종수, 「蔡沈의 刑罰考證 立論」, 『民族文化』 47, 2016.

9) 유영옥, 「『상서』 형정의 이념과 현실 적용」, 『한국한문학연구』 62, 2016.

10) 오진솔, 「형벌과 법제에 대한 주자학의 인식 연구 -주희(朱熹)와 채침(蔡沉)의 『서경(書經)』 해석을 중심으로」, 『유학연구』 49, 2019.

본고에서는 『서경』의 형정과 관련하여 특히 흠휼, 호생지덕, 형기무형, 상형 등의 개념들에 주목하고 이들을 '흠휼'과 '무형'이라는 두 개념을 중심으로 체계화할 것이다. 이들 개념에 주목한 것은, 정조가 형정 관련 법제서를 편찬하며 형 집행의 정신으로 제시하였던 가치로서 『서경』의 형정에 대한 정조의 이해를 살피기에 적합한 개념들이기 때문이다. 또한 이들 개념에 대한 검토는 『서집전』의 해석을 중심으로 이루어질 것인데, 다음 장에서 본격적으로 논의할 『서경』에 대한 정조의 이해가 주로 『서집전』에 대한 비판적 이해로 제시되기 때문이다. 『서집전』의 해석과 정조의 개념 체계에 착안하여, '흠휼'이 법 집행자의 입장에서 고려되고 요구되어야 하는 가치로서 권형과 호생지덕의 의미를 포괄하여 확장되며, '무형'은 상형과 동일한 맥락의 의미로 형정의 역할과 효과의 측면에서 논의되는 가치임을 논할 것이다.

1) 흠휼(欽恤) : 권형(權衡)과 호생지덕(好生之德)

『서경』의 형과 관련한 가장 대표적인 논의는 「순전」 11장의 구절이다.

> ① 떳떳한 형벌로 보여주되 유형(流刑)으로 오형(五刑)을 용서해주시며, 채찍은 관부(官府)의 형벌로 만들고 회초리는 학교(學校)의 형벌로 만들되 황금으로 속죄하는 형벌을 만드셨다. ② 과실이나 재난 때문에 저지른 죄는 용서하였고 전의 잘못을 뉘우치지 않고 다시 죄를 저지른 자는 사형하였다. ③ 삼가고 삼가하여 형벌을 신중히 하셨다.[11)]

이는 유가 법사상의 기본 정신인 '흠휼' 정신을 제시하는 대표적인 구절이다. 형의 적용을 삼가고 신중히 할 것을 말하고 있는데, 형을 신중하게 적용해야 하는 이유는 재판관은 법을 일률적으로 적용하는 것이 아니라 경우에 따라 달리 적용해야 하기 때문이다. 과실이나 재난 때문에 지은 죄는 관대히 처벌하여 경감하고, 이전의 잘못을 뉘우치지 않고 재범하는 경우는 무겁게 처벌하여 가중 처벌한다. 그렇기에 오형(五刑)이나 사형(死刑)에 처할 죄에 대해 '관대히 처벌하여' 유형(流刑)이나 속형(贖刑)으로 감해줄 수도 있고, 반대로 유형이나 속형에 처할 죄를 '무겁게 처벌하여' 사형에 처할 수도 있다. 경우와 사례에 맞추어 법을 재량에 따라 적용해야 하기에, 법의 적용을 신중하게 할 수밖에 없다.

채침의 해석에 따르자면, ①과 ②의 두 구절은 법을 세우고 형벌을 제정한 본말을 설명하고 있으며, ③은 이를 시행하는 정신으로써 ①과 ②에 모두 관통되어 있다. 가벼움과 무거움, 취할 것과 버릴 것 등 법을 적용할 때 고려해야 할 사항이 다양하지만, 그 사이를 관통하는 법 적용의 정신은 '신중함'이다. 그의 해석을 보자.

> 이 두 구절은(①과 ②구절-필자) 혹 무거운 것에서 가벼운 것으로 나아가거나 가벼운 것에서 무거운 것으로 나아가니, 이는 법을 쓰는 '권형(權衡)'이니, 이른바 법 밖의 뜻이라는 것이다. 성인(聖人)이 법을 세우고 형벌을 제정한 본말을 이 일곱 말씀(①과 ②구절)에서 대략 다하였다. 비록 경중(輕重)과 취사(取捨), 양(陽)으로 펴주고 음(陰)으로 참혹하게 함이 똑같지 않으나, 삼가고 삼가하여 형벌을 신중히 하는 뜻은 일찍이 그

11) 『書經』, 「舜典」, "象以典刑, 流宥五刑, 鞭作官刑, 扑作教刑, 金作贖刑. 眚災肆赦, 怙終賊刑. 欽哉, 欽哉, 惟刑之恤哉!"

> 사이에 행해지지 않음이 없는 것이다.
>
> 가볍고 무거움이 털끝만 한 사이에 각각 해당하는 바가 있으니, 이는 바로 천토(天討)의 바꿀 수 없는 정해진 이치이며, 삼가고 신중히 하는 뜻이 그 사이에 행해지니, 여기에서 성인이 '살려주기를 좋아하는[好生]' 본심을 볼 수 있다.[12)]

특히 채침의 해석에서 주목할 점은, 「순전」 11장에 직접적으로 등장하지 않는 개념을 사용하여 이 구절을 해석하고 있다는 점인데, 바로 '권형(權衡)'과 '살려주기를 좋아함[好生]'이라는 개념이다. 곧 '흠휼' 정신을 '권형'과 '호생'으로 설명하고 있다는 것이다. 이러한 그의 관점은 '형'에 관한 논의를 『서경』 전체로 확장하여 살핀다면 설득력을 얻는다.

채침은 재량에 따른 법 적용에 대해 "법을 쓰는 권형이니, 이른바 법 밖의 뜻이라는 것이다"라고 설명하였다. 곧 법을 적용할 때는 '권형'과 '법 밖의 뜻'을 염두에 두어야 한다는 것이다. 성문화된 법의 규정과 원칙이 있으나 상황과 정리에 따라 법의 경중을 달리하여 적용해야 하며, 이것이 "법을 쓰는 권형"이다. 법 적용에 있어 권형을 적용할 것을 주장하는 것은 『서경』의 원문에서도 보인다.

> 죄목(罪目)이 상형(上刑)이라도 가벼움에 적당하거든 아래로 적용하며,

---

12) 『書經集傳』, 「舜典」, "此二句者, 或由重而卽輕, 或由輕而卽重, 蓋用法之權衡, 所謂法外意也. 聖人立法制刑之本末, 此七言者, 大略盡之矣. 雖其輕重取舍陽舒陰慘之不同, 然欽哉欽哉惟刑之恤之意, 則未始不行乎其間也. 蓋其輕重毫釐之間, 各有攸當者, 乃天討不易之定理, 而欽恤之意, 行乎其間, 則可以見聖人好生之本心也." 이하 본고에서 인용한 『서경』 원문과 『서경집전』의 번역은 성백효 역주, 전통문화연구회본을 따르고 맥락에 따라 필자가 수정하였다.

죄목이 하형(下刑)이라도 무거움에 적당하거든 위로 적용하라. 여러 벌을 가볍게 하고 무겁게 함이 권도가 있으며, 형과 벌을 세상에 따라 가볍게 하고 무겁게 하여야 하니, 똑같지 않은 형벌로 가지런히 하나 질서가 있고 요점이 있는 것이다.[13]

「여형」의 구절로, 정황에 따라 법을 달리 적용해야 한다는 맥락에서 위의 「순전」 11의 구절과 의미가 닿아 있다. 법을 달리 적용해야 하는 정황에 대해 『서경』에서는 여러 차례 설명하고 있다. 대표적으로 위의 「순전」 11구절에서 언급된 것처럼, 과오와 불행으로 지은 죄는 가볍게 처벌하고 일부러 저지르거나 재차 저지른 죄는 무겁게 처벌한다. 또 「강고」에서는, 모르고 지은 죄나 재앙으로 인해 어쩔 수 없이 지은 죄는 죄가 비록 무겁더라도 죽이지 말고, 스스로 떳떳하지 않아서 죄라는 것을 알았음에도 지은 죄는 죄가 작더라도 죽일 것을 주문하였다. 곧 과오와 고의 여부가 형벌의 경중을 결정하는 중요한 기준이 됨을 볼 수 있다.

너의 형벌을 공경히 밝혀라. 사람들이 작은 죄가 있더라도 모르고 지은 죄가 아니면 바로 끝까지 저지른 것으로, 스스로 떳떳하지 않은 일을 하여 이같이 된 것이니, 그 죄가 작더라도 죽이지 않을 수 없다. 큰 죄가 있더라도 끝까지 저지름이 아니면 바로 모르고 지은 죄이거나 재앙으로 마침 이같이 된 것이니, 이미 그 죄를 말하여 다하였거든 이에 죽이지 말아야 한다.[14]

---

13) 『書經』, 「呂刑」, "上刑適輕, 下服; 下刑適重, 上服. 輕重諸罰有權. 刑罰世輕世重, 惟齊非齊, 有倫有要."

14) 『書經』, 「康誥」, "敬明乃罰. 人有小罪, 非眚, 乃惟終自作不典; 式爾, 有厥罪小, 乃不可不殺. 乃有大罪, 非終, 乃惟眚災: 適爾, 既道極厥辜, 時乃不可殺."

위의 구절들이 형벌 적용의 권도에 있어 무겁게 하거나 가볍게 하는 사례를 고르게 언급하고 있는 것이라면, 가볍게 적용할 것 일변만을 언급하는 구절도 다수 있다. 곧 죄가 '의심스러울 경우'는 가볍게 적용하라는 것이다.

> 오형(五刑)에 의심스러운 것은 사면함이 있고, 오벌(五罰)에 의심스러운 것도 사면함이 있으니, 살펴서 능하게 하라. 진실을 조사하여 믿을 만한 것이 많거든 얼굴을 상고함이 있으니, 진실하지 않거든 듣지 말아서 모두 하늘의 위엄을 두려워하라.15)

오형(五刑)을 비롯한 고대의 형벌은 대부분 신체형에 해당하였고, 사형이 그렇듯 신체 훼손의 경우 다시 회복이 불가능하다. 그렇기에 처벌을 신중하게 해야 하며, 특히나 그 죄가 의심스러워 합당한 처벌의 정도를 가늠하기 힘들 경우에는 가볍게 처벌해야 한다. 신체형을 함부로 가하여 무고한 사람을 죽이기보다는 차라리 죄 지은 이를 살려주는 오류를 범하는 것이 낫다.

죄가 의심스러울 경우 가볍게 처벌하는 것의 맥락에서 『서경』의 형벌관은 관형(寬刑)이라 평가되며, '호생' 역시 이러한 맥락에서 등장한다. 「대우모」에서 고요(皐陶)는 순 임금을 "살려주기를 좋아하는 덕[好生之德]"을 지녔다고 찬양하였다.

> 고요가 말하였다. "황제의 덕이 잘못됨이 없으시어 … 과오로 지은 죄는 용서하되 큼이 없고 고의로 지은 죄는 형벌하되 작음이 없으시며, 죄

15) 『書經』, 「呂刑」, "五刑之疑有赦, 五罰之疑有赦, 其審克之! 簡孚有衆, 惟貌有稽. 無簡不聽, 具嚴天威."

가 의심스러운 것은 가볍게 형벌하시고 공이 의심스러운 것은 중하게 상주시며, 무고한 사람을 죽이기보다는 차라리 떳떳한 법대로 하지 않은 실수를 범하겠다 하시어, 살려주기를 좋아하는 덕이 민심에 흡족하십니다. 이 때문에 백성들이 유사(有司)를 범하지 않는 것입니다."[16]

순 임금이 법을 적용할 때 두 가지 방식으로 권형이 작동되고 있음을 알 수 있다. 하나는 과오와 고의 여부에 형벌의 경중을 달리 적용하는 것이고, 다른 하나는 의심스러운 경우 가볍게 처벌하는 것이다. 의심스러운 경우에는 법을 어길지라도 가볍게 적용하여 살려주어야 한다. 이러한 법 적용의 정신을 '살려주기를 좋아하는 덕' 곧 호생지덕이라 하였다. 법 적용의 권도는, 정황에 따라 가볍게도 혹은 무겁게도 적용될 수 있으나, 오류를 범할지라도 살려주는 '호생지덕'으로도 작용하게 된다.

호생지덕의 맥락과 결합하면 '흠휼'의 의미가 풍부해진다. 곧 흠휼의 '신중함'에 '관대함'의 의미가 포함되는 것이다. 재량에 따른 법 적용을 허용하기에 법 재판관에게 상황과 정리에 맞는 판결을 내리도록 '신중함'이 요구되며, '의심스러운' 경우는 살려주어야 하므로 역시 법 재판관에게는 신중함이 요구된다. 흠휼의 정신은 관대함을 포함하지만 관대함 일변만으로 해석해서는 안 된다.

2) 형기무형(刑期無刑)과 상형(祥刑)

흠휼과 권형, 호생지덕이 법 집행자의 입장에서 고려해야 할 사

16) 『書經』, 「大禹謨」, "皐陶曰: '帝德罔愆, … 宥過無大, 刑故無小; 罪疑惟輕, 功疑惟重; 與其殺不辜, 寧失不經; 好生之德, 洽于民心, 玆用不犯于有司'."

안이라면, 형기무형과 상형은 형정의 역할과 효과의 측면에서 논의되는 가치이다. 「대우모」의 구절을 보자.

> 고요야, 이 신하와 백성들이 혹시라도 나의 정사를 범하는 자가 없는 것은 네가 사사(士師)가 되어서 오형(五刑)을 밝혀 오품(五品)의 가르침을 도와 나를 다스려짐에 이르도록 기약하였기 때문이다. 형벌을 쓰되 형벌이 없는 경지에 이를 것을 기약하여 백성들이 중도(中道)에 맞는 것이 너의 공이니, 힘쓸지어다.[17]

형벌은 죄를 저지르지 않도록 예방하는 기능을 가진다. 죄를 지었을 때 처벌의 기능을 통해 악을 제어하고 선으로 유도할 수 있다. 죄를 저지른 이에게 형벌을 적용함으로써 범죄자를 직접적으로 처벌하는 동시에, 앞으로 죄를 저지를 수도 있는 이들에게 경계를 주고 죄를 저지르지 않도록 교화한다. 이를 통해 백성들은 더 이상 죄를 저지르지 않도록 교화된 단계, 곧 중도(中道)에 이를 수 있게 된다. 그렇기에 지금 당장은 형벌을 사용하지만, 형벌이 없어지게 되는 경지를 기약할 수 있는 것이다. 채침은 이를 "백성들이 중도에 맞아서 애초과와 불급의 잘못이 없으니, 이렇다면 과연 형벌을 시행할 곳이 없을 것"[18]이라 설명하였다. 곧 백성이 중도에 맞게 되어 더 이상 형벌이 필요 없게 되는 방편으로써 형벌이 역할을 하는 것이다.

백성이 중도에 도달하여 형벌이 없어지기를 기약하는 형별의 효과는 「여형」에서 언급되는 '상형(祥刑: 상서로운 형벌)'과 상통한다.

---

17) 『書經』, 「大禹謨」, "皐陶, 惟茲臣庶, 罔或干予正. 汝作士, 明于五刑, 以弼五教. 期于予治, 刑期于無刑, 民協于中, 時乃功, 懋哉."

18) 『書經集傳』, 「大禹謨」, "故民亦皆能協於中道, 而初無有過不及之差, 則刑果無所施矣."

아, 사손(嗣孫)아! 지금으로부터 무엇을 보아야 할 것인가? 덕으로 백성의 중(中)을 온전히 함이 아니겠는가. 부디 분명히 들을지어다. 철인(哲人)이 형벌하여 무궁한 칭찬의 말을 듣는 것은 오극(五極)에 붙여 모두 맞아서 경사가 있는 것이니, 왕의 아름다운 무리를 받은 자들은 이 상서로운 형벌을 거울삼을지어다.[19]

위 구절에 보이는 것처럼, 상형 역시 형벌로 인한 교화를 통해 백성이 중(中)을 온전히 한다는 점에서 '형기무형'과 동일한 구조로 설명된다. 형벌이 상서로울 수 있는 이유로 채침은 "형벌은 흉기(凶器)인데 상서라고 말한 것은, 형벌은 형벌이 없음을 기약하여 백성들이 중에 맞으면 그 상서로움이 이보다 클 수 없어서이다"[20]라고 제시하여, 백성이 중도에 맞게 되어 더 이상 형벌이 필요 없게 되기 때문에 형벌이 상서로운 것이라 해석하였다. 곧 형벌이 없어지기를 기약하는 '무형'과 동일한 의미이다. 또한 덕을 완성하고 백성을 교화하는 하나의 방편으로 형벌이 기능하여 "형벌을 써서 덕을 이루어 백성들이 받은 바의 중을 온전히 한다."[21] 이러한 역할과 효과로 인해 형벌을 '상서롭다'고 표현하는 것이다.

이는 「여형」의 서술 맥락을 살펴보면 더욱 분명해진다. 「여형」에서는 형벌의 시작에 관한 목왕(穆王)의 언급을 서술하였다. 간략히 정리하자면, 형벌은 치우의 작란(作亂)에서 시작하였고 삼묘의 군주가 이를 이어받아 잔악한 형벌을 남용하였다. 이후 순 임금이 상제의 뜻에 따라 삼묘를 죄주어 대를 끊고, 덕으로 위엄을 보이고 덕으로

---

19) 『書經』, 「呂刑」, "王曰: '嗚呼! 嗣孫, 今往何監, 非德? 于民之中, 尙明聽之哉! 哲人惟刑, 無疆之辭, 屬于五極, 咸中有慶. 受王嘉師, 監于玆祥刑'."

20) 『書經集傳』, 「呂刑」, "夫刑凶器也, 而謂之祥者, 刑期無刑, 民協于中, 其祥莫大焉."

21) 『書經集傳』, 「呂刑」, "言今往, 何所監視. 非用刑成德, 而能全民所受之中者乎."

밝혀 천하를 밝혔다. 백이(伯夷)에게 예(禮)를 관장하게 하여 백성들이 형벌에 들어가지 않도록 하고, 고요(皐陶)에게 형관(刑官)을 관장하게 하여 형(刑)의 알맞음[中]으로 민심을 검속하여 덕을 가르쳤다. 이로써 군신(君臣)이 사방에 빛나서 덕을 부지런히 힘쓰게 되어, “마침내 형벌의 알맞음을 밝혀서 백성을 모두 다스려 떳떳한 성품을 도왔다.”[22] 곧 「여형」에서 제시하는 순 임금의 형정은, ‘예로써 교화하고 이어 형정으로 검속하여 백성들이 떳떳한 성품을 갖추도록 하는 것’이다. 순 임금이 백이에게 예를 관장하게 하고 고요에게 형을 관장하게 하여 덕치를 완성하였듯, 예와 형은 “덕으로 백성의 중을 온전히 하고자 하는” 유가 왕도정치의 목표를 완수하는 수단 중의 하나이다. 그러나 먼저 백이에게 예를 말하고 이후 고요에게 형을 말하였듯, 그 순서에 있어 형은 예보다 후순위에 위치한다.

형기무형과 상형은 『서경』의 형정관이 교화를 목표로 하고 있음을 보여준다. 형벌은 일차적으로는 당장 눈앞에 저지른 범죄를 처벌하여 범죄자에게 응분의 대가를 치르게 하나, 이차적으로는 이를 통해 이후 범죄를 저지르지 않도록 예방하고 교화하는 역할을 한다. 『서경』의 형정관은 이차적 목표에 더 중점이 있다. 당장 눈앞에 저지른 범죄를 처벌하는 것을 우선으로 하기보다는 이후 범죄를 저지르지 않도록 예방하고 교화하는 것을 형정의 목표로 삼고 있는 것이다. 이를 표현하는 것이 ‘형기무형’과 ‘상형’이다. 이러한 지향은 덕을 근본으로 하면서 형벌을 보조수단으로 삼는 ‘덕주형보(德主刑輔)’의 정치사상으로 발전하였다.

---

22) 『書經』, 「呂刑」, “穆穆在上, 明明在下, 灼于四方, 罔不惟德之勤, 故乃明于刑之中, 率乂于民棐彝.” 「여형」에서 보이는 형정의 역사에 대해서는 유영옥, 앞의 논문, 47~49쪽 참조.

무형과 상형은 형정에 있어 모순적인 성격을 가져올 수밖에 없다. 형벌은 보조수단에 불가할 뿐이지만 불가피하다. '백성의 중을 온전히 한다'는 목표를 달성하기 위해서 형벌은 필요 불가결하지만, 그 자신의 소멸[無刑]이야말로 목표의 완성이다. 그러나 무형이라는 진정한 목표의 완성은 아마도 이전에도 이후로도 결코 도래하지 않을 것이다. 그렇기에 현실 정치에서 형정은 소홀히 다루어지지 않았으며 보조적인 역할에 머물지 않았다.

3. 정조(正祖)의 형 개념 이해

『서경』 형 개념에 관한 정조의 이해를 살펴볼 수 있는 가장 대표적인 문헌은 『경사강의(經史講義)』의 「상서강의(尙書講義)」로, 『서경』의 형정 관련 논의를 직접적으로 살펴볼 수 있다. 『경사강의』는 정조의 조문인 어제조문(御製條文)과 이에 대한 초계문신들의 답변인 재가조대(在家條對)로 구성되어 있다. 1781년 여름 혹심한 더위로 인해 초계문신을 대상으로 한 교육과정인 강제(講製)를 실시할 수 없게 되자 이를 중단하고 초계문신 각자가 집에서 강제를 실시하였는데, 이때부터 더위와 추위가 심한 계절에는 강제를 중단하고 정조의 조문에 대한 답을 초계문신이 각자 집에서 작성하여 제출하게 하였다. 정조의 조문과 문신의 답을 기록한 것이 『경사강의』이다.[23] 정조의 조문은 질문의 형식으로 구성되고, 문신들은 이에 대한 답을 제시함으로

23) 『경사강의』의 시행과 구성에 대해서는 김문식, 「상서강의를 중심으로 본 정조의 경학사상」, 『한국사연구』 75, 1991 참조.

써 자신의 의견을 피력하고 있다. 그렇기에 『경사강의』는 18세기 후반 정조와 문신들 간의 학문적 논쟁 내용 및 논의의 수준을 파악할 수 있는 텍스트로 평가되며[24], 정조의 의견은 질문의 형식으로 제시되기에 정조가 자신의 경학관을 직접적으로 피력하였다고 보기에는 어렵다. 그러나 정조의 질문은 그 자신의 경학 지식과 관심을 바탕으로 하기에 정조의 경학관을 반영할 수밖에 없다.[25]

「상서강의」는 1781년, 1783년, 1784년 세 차례 시행되었으며, 강의의 내용을 통해 『서경』에서 제시된 형정의 개념을 어떻게 이해하고 있는지 검토할 수 있다. 선행연구에서는, 「상서강의」의 특징으로 금고문 논쟁에 대한 관심과 채침 『서집전』에 대한 비판을 언급하였다. 김문식은, 정조는 「상서강의」에서 『서경』 58편의 전수를 둘러싼 금고문 논쟁에 관심을 기울였고 또 채침의 주석에 대한 의문을 표시하였음을 논하고, 이는 정조가 주자학을 자신의 학문적 근거로 하고 있음에도 주자설을 그대로 묵수한 것이 아니라 비판적 계승에 초점이 있었던 것이라 평하였다.[26] 이영준은, 정조의 『서경』 해석과 이해에는 금고문에 대한 관심과 문헌 고증적 해석 측면을 가지며,

---

24) 함영대, 「경사강의(經史講義)의 안과 밖 -조선학술사에서 군사(君師)라는 지위-」, 『태동고전연구』 44, 2020, 10~11쪽 참조.

25) 특히 김문식은 경학 연구에 있어 13경의 연혁을 통해 경전의 전수와 주석의 성립 시기를 명확히 하고 『대전』의 비판을 통해 경직화된 연구 분위기를 바로잡으려 한 정조의 의도를 드러낸다고 평가하였다. 김문식, 앞의 논문, 122쪽 참조.

26) 김문식, 앞의 논문, 123~125쪽; 135쪽 참조. 김문식은 「상서강의」에서 제시된 채침주에 대한 비판을 세 가지로 분류하였는데, 첫째 주자와 채침의 해석은 동일하지만 그것이 다른 학자들의 해석과 차이가 나는 경우, 둘째 채침의 해석이 다른 해석과 다르거나 잘못된 경우, 셋째는 주자와 채침의 해석이 서로 다른 경우이다.

"경문 자체 내에 보이는 정황 논리, 선후관계를 파악하고 다른 서적을 근거로 삼아 자신의 주장을 증명"하여 『서집전』의 근거 제시와 입증방식을 논하였는데, 이는 "표면상으로 이질적인 질문을 통해 신하들의 올바른 대답 '정주성리학적 경전 해석'을 유도해 낸 것"이라 평하였다.27)

선행연구에서 공통적으로 지적한 『서집전』에 대한 비판은, 앞으로 논의할 정조의 형정 개념에 대한 이해에서도 여실히 드러난다. 선행연구에서 제시하였듯 정조의 『서집전』 비판에는 '주자학의 비판적 계승'이나 '정주성리학적 경전 해석의 유도' 등의 요인이 있다. 그러나 '형' 개념에 집중하여 살핀다면 이 외의 새로운 요소를 제시할 수 있을 것이며, 이를 『서경』의 형 개념에 대한 정조의 이해이자 그 특징으로 제시할 수 있을 것이다. 본장에서 탐구하고자 하는 것이 바로 이것으로, 미리 언급하자면, 형 개념과 관련해서는 『서집전』뿐만 아니라 경문에 대해서도 비판적 이해를 하고 있으며, 이는 실제 형 적용을 염두에 둔 입체적 이해에 기인한 것이다. 앞서 체계화한 흠휼과 무형을 중심으로 정조의 형정 개념 이해의 특색을 살펴보겠다.

1) 흠휼의 시행 : 권형과 호생지덕

(1) 권형

권형에 관한 논의는 「순전」 세 번째 강의에서 본격적으로 등장한다.

27) 이영준, 「『尙書』 講義를 통해서 본 正祖의 程朱性理學에 관한 인식과 해석 방식에 대하여」, 『한문학논집』 59, 2021, 35쪽 참조.

> "과실이나 재난 때문에 저지른 죄는 용서하였다[眚災肆赦]" 하였으나 잘못으로 사람을 살상한 사람은 완전히 석방해서는 안 된다. "전의 잘못을 뉘우치지 않고 다시 죄를 저지른 자는 사형하였다[怙終賊刑]" 하였으나 지은 죄에 해당하는 형벌이 본래 채찍이나 회초리로 때리는 정도라면 죽이는 데에 이르러서는 안 된다. 경문(經文)은 간략하고 심오하므로 다만 그 대강만을 말하였지만, 『집전』에서 상세히 말하지 않은 곡절은 무엇 때문인가?[28]

이 정조의 질문에서 『서경』 경문 이해에 대한 정조의 입장의 특색을 두 가지로 제시할 수 있다. 하나는 경문에서 제시되지 않은 다양한 사례를 함께 고려하여 경문을 입체적으로 이해하고 있다는 것이고, 다른 하나는 채침의 『서집전』 해석과 비교하여 자신의 의견을 피력하고 있다는 것이다.

정조는 「순전」 11구절의 두 번째 문장에서, 경우에 따라 형을 달리 적용해야 하는 사례로 제시된 내용이 간략하여, 실제 적용하는 경우 경문의 내용과 다르게 적용해야 하는 사례가 있음을 언급하였다. 과실이나 재난으로 저지른 죄는 용서하더라도 살인을 저지른 이는 완전히 석방해서는 안 되고, 재범하는 경우 가중 처벌하지만 지은 죄가 작다면 경문의 내용대로 사형에 처해서도 안 된다. 이러한 정조의 지적은, 경문에 대한 이해가 단면적 해석으로만 그치지 않고, 실제 법 적용 시 발생할 수 있는 사례를 고려하여 경문을 입체

---

28) 『弘齋全書』 卷97, 「經史講義」 34, 〈書[五] [舜典]〉, "眚災肆赦. 而誤傷殺人者. 不可全釋. 怙終賊刑. 而罪本在鞭扑者. 不可至於殺. 經文簡奧. 故只言其大綱. 而集傳之不詳言. 此曲折何歟." 이하 본고에서 인용한 『홍재전서』는 한국문집총간본을 대본으로 하였고, 번역은 한국고전번역원 출간 『국역 홍재전서』를 기본으로 하였다.

적으로 이해하고자 한 것임을 보여준다.

또한 정조는 『서집전』과 비교하여 자신의 견해를 드러내며, 『서집전』에 대해 문제제기를 하였다. 구체적으로는, 경문에서 언급되지 않은 다양한 사례를 『집전』에서 상세히 언급하지 않은 데 대해 문제제기한 것이다. 이 역시 형벌의 현실적 적용을 고려하였을 때 발생할 수 있는 다양한 사례에 대한 고민이 없음을 지적한 것이다. 이에 대해 이서구는 다음과 같이 답하였다.

> 살인한 사람은 죽여야 합니다. 그런데 과실이나 재난 때문에 저질렀다 하여 형벌을 덜어 줌은 비록 완전히 석방하지는 않았으나 역시 용서하였다고 할 수 있습니다. 지은 죄가 채찍이나 회초리를 맞는 데 해당하여도 전의 잘못을 뉘우치지 않고 다시 죄를 저질렀다 하여 용서하지 않음은, 비록 반드시 죽이지는 않더라도 역시 사형하였다 할 수 있습니다. 그 경중은 오직 성왕(聖王)이 실정(實情)을 따져 죄를 정하는 데 있을 뿐입니다. 『집전』에서 언급한 '법 밖의 뜻'이 말은 간략하면서 뜻이 요약되었다 할 수 있습니다.[29]

곧 이서구의 견해는 '용서함'과 '사형함'을 글자 그대로 해석할 것이 아니라 의미를 확장하여 사용해야 한다고 보았다. 경우와 사례에 맞추어 형벌을 가볍게도 무겁게도 적용할 수 있는데 가볍게 적용하게 되면 이는 '용서'한 것으로, 무겁게 적용하게 되면 이는 '사형'한 것으로 표현할 수 있다고 본 것이다. 의미의 맥락과 사례에 맞추어 경문의 뜻을 확장하여 해석한 것이다.

---

29) 『弘齋全書』 卷97, 「經史講義」 34, 〈書[五] [舜典]〉, "書九對. 殺人者死. 以其眚災而減律則雖不全釋. 亦可謂肆赦也. 罪在鞭扑. 以其怙終而不宥則雖不必殺. 亦可謂賊刑也. 其輕其重. 惟在聖王原情定罪而已. 集傳所云法外意者. 可謂言簡旨要矣."

또한 이서구의 답은 '법을 쓰는 권형'에 대한 논의를 보여준다. 법을 가볍게 적용할 것인가, 무겁게 적용할 것인가 여부는, 개개의 경우와 사례에 맞추어서 결정해야 한다. 경문의 해석 혹은 법률 조항에서 일일이 규정하기보다는 "성왕이 실정을 따져 죄를 결정해야" 한다. 이것이 곧 법 집행자가 법을 쓰는 권형이며, "법 밖의 뜻"이다. 법의 테두리 안에서 규정하는 것이 아니라 법 집행자의 재량에 달려 있다.

(2) 속형(贖刑)

「여형」 첫 번째 강의에서 이루어지는 정조와 문신들 간의 논의는 권형과 호생지덕의 관점에서 읽을 수 있다. 「여형」은 목왕(穆王)이 여후(呂侯)를 사구(司寇)로 삼아 형정을 시행하게 한 내용으로, 전편에서 형정 법제를 상세히 다루고 있다. 그중 가장 중요하게 다루어지는 부분은 속형(贖刑)이다. 「여형」에서는 의심스러울 경우 돈으로 대신 내는 속형을 시행할 것을 주문하였고, 이때 속형의 대상은 대벽(大辟)을 비롯한 오형(五刑) 전체를 포함하며 구체적인 액수까지 제시하였다. 이에 대해 채침은, 「여형」이 "전적으로 속형만을 가르치고 있으며", 목왕이 속형을 제정한 것은 재물이 부족하여 백성들의 재물을 거두기 위해서라고 하였다.[30] 정조는 이 점에 대해 질문하여, 「여형」은 목왕의 형서(刑書)일 뿐이고 다른 논의거리가 많은데도 채침은 왜 오로지 속형으로만 해석하였는지를 물었다.[31] 이 역시 『서

---

30) 『書經集傳』, 「呂刑」, "序: 按此篇 專訓贖刑, …穆王巡遊無度, 財匱民勞, 至其末年, 無以爲計, 乃爲此一切權宜之術, 以斂民財, 夫子錄之, 蓋亦示戒."

31) 『弘齋全書』 卷94, 「經史講義」31, 〈書[二] [呂刑]〉, "此篇只是穆王之一部刑書也. 正于五罰以下三段之外. 自多格論之可取. 而篇題之必以爲專訓贖刑者何也."

집전』의 해석에 바탕한 질문이다. 이에 대해 홍이건은 다음과 같이 답하였다.

> 형벌은 절충하는 것이니, 죄의 경중을 참작하여 절충하는 것입니다. 만일 죄의 경중을 논하지 않고 모두 속죄(贖罪)한다면 재물이 있는 자는 형벌을 면할 수 있으나 재물이 없는 자는 반드시 죽게 될 것입니다. 이를 어떻게 성인이 형벌을 마련한 본의라 할 수 있겠습니까. 편제에서 오로지 속형으로 해석한 것은 목왕을 꾸짖어 말폐를 막으려는 것입니다.[32]

여기에서, 경중에 따라 형벌을 참작하여 절충하여 시행하며, 이는 돈으로 형벌을 대신하는 속형에서도 동일하게 적용해야 한다는 사유방식을 확인할 수 있다.

채침이 「여형」이 전적으로 속형만을 가르친다고 해석한 이유에 대해, 홍이건은 목왕이 속형을 시행한 것을 비판하여 이를 경계하기 위해서라고 보았다. 속형은 '죄가 의심스러울 경우' 형벌을 시행하는 대신 돈으로 내게 하는 것으로, 「여형」뿐만 아니라 「순전」 11의 "황금으로 속죄하는 형벌을 만드셨다[金作贖刑]"라는 구절에서도 등장한다. 의심스러울 경우 죄를 가볍게 처벌하는 흠휼과 호생지덕 정신과 맥락을 같이한다. 그러나 목왕의 속형 시행을 비판한 것은, 「순전」과 달리 「여형」에서는 속형의 금전을 구체적으로 명시하고 오형을 모두 속형의 대상으로 삼았기 때문이며, 무엇보다 무분별한 지출로 인한 국고의 손실을 속형으로 메우려 했기 때문이다.

---

32) 『弘齋全書』 卷94, 「經史講義」 31, 〈書[二] [呂刑]〉, "履健對. 刑者衷也. 所以酌其罪之輕重而折衷之也. 若不論罪之輕重而竝贖之. 則用賄者獲免. 無財者必死. 此豈聖人設刑之本意哉. 篇題之專訓贖刑. 所以責穆王而杜末弊也."

속형은 정황에 따라 법을 낮추어 적용하는 것이기에, 이를 시행하는 데는 법 적용의 권형이 필요하다. 그러나 속형을 무분별하게 시행한다면 부자는 형벌을 면하게 되고 가난한 자는 형벌을 면할 수 없게 된다. 속형은 신중하게 권형을 적용해야 하며, '살리기를 좋아하는' 호생지덕의 정신을 반영해야 한다.

(3) 육형(肉刑)

이어서 정조는 오형(五刑)을 비롯한 육형(肉刑)의 제정 시기에 관한 논의를 이어간다. 정조는 오형의 가혹함에 대해 지적하며, 삼대의 시절에 이미 오형이 있었으니, 이는 삼대의 성왕의 애민 정신이 미치지 못한 것이라 말하였다. 앞서 살펴보았듯, 「여형」에서는 형벌의 시작을 치우의 작란(作亂)으로 보며, 삼묘의 군주가 이를 이어받아 잔악한 형벌을 남용하였고, 이후 순 임금이 상제의 뜻에 따라 삼묘를 죄주어 대를 끊고 덕으로 위엄을 보이고 덕으로 밝혀 천하를 밝혔다고 설명하였다.

정조는, 순 임금이 삼묘를 죄줄 때 오형으로 하였고, 이것이 오형의 시작이라고 보았다.33) 순 임금이 신체에 형벌을 가하는 가혹한 오형을 만들었다는 것인데, 이는 한나라, 수나라에 와서 육형을 폐지한 것에 비하면 호생지덕의 인정이 미치지 못한 것이다.

> 삼묘의 백성에 의해 형벌을 만들었느냐 않았느냐를 말할 것 없이, 삼대에 육체에 가하는 형벌이 있었다는 것 역시 이미 명백하다. 한대(漢代)

---

33) 『弘齋全書』 卷94, 「經史講義」 31, 〈書[二] [呂刑]〉, "而經文明曰惟作五虐之刑. 又曰爰始淫爲劓刵椓黥. 則不可謂不始作也. 且蚩尤爲作亂之始. 苗民爲作刑之始. 故竝書之也. 則五刑之作. 果始於苗民. 而先王之法. 因之而不廢歟."

에 육체에 가하는 형벌을 없앰으로써 문제(文帝)와 경제(景帝)의 정치는 오히려 소강(小康) 시대를 누렸는데, 선왕이 백성을 사랑하는 마음으로 유독 여기에 미치지 못한 것인가.[34)]

앞서 2장에서 신체형을 신중하게 적용하여 오류를 범할지라도 법을 가볍게 적용하는 정신을 호생지덕이라고 논하였다. 이러한 논의를 따르자면, 애초 신체형을 제정한 것 자체가 호생지덕을 훼손하는 일이며 신체형의 폐지는 호생지덕을 확장한 것이다. 이 맥락에서 육형을 제정한 순 임금은 인함과 성스러움을 갖추었음에도 불구하고 애민의 정신이 미치지 못하였으며, 오히려 육형을 폐지한 오늘날의 법이 성왕의 법보다 더 낫다.

이러한 관점은 「순전」 두 번째 강의에서도 이어진다.

오형(五刑)이란 육형이다. 위대한 순 임금의 인함과 성스러움으로도 이러한 육형을 창제한 것은 무엇 때문인가? 한 문제(漢文帝)는 육형을 없앴으나 궁형(宮刑)만은 없애지 않았고, 수(隋)의 개황(開皇)에 이르러서야 비로소 궁형을 없앴다. 한나라와 수나라에서 없앤 것을 순 임금이 창제하였다 하겠구나. 옛날의 오형은 묵형(墨刑)・의형(劓刑)・비형(剕刑)・궁형(宮刑)・대벽(大辟)이며, 수당(隋唐) 이후에는 태형(笞刑)・장형(杖刑)・도역(徒役)・유배(流配)・사형(死刑)을 오형이라 하였다. 어쩌면 오늘날의 법이 고대보다 더 나은 것이 아니겠는가.[35)]

---

34) 『弘齋全書』 卷94, 「經史講義」 31, 〈書[二] [呂刑]〉, "勿論苗民之作不作. 而三代有肉刑則亦已明矣. 漢人除肉刑. 而文景之治. 猶爲小康. 則以先王愛民之心. 獨不及於此哉."

35) 『弘齋全書』 卷95, 「經史講義」 32, 〈書[三] [舜典]〉, "五刑是肉刑. 以大舜之仁之聖. 而創此肉刑何也. 漢文除肉刑. 惟宮刑未除. 至隋開皇. 始除宮刑. 則曾謂漢隋之所除. 大舜創置之耶. 古之五刑. 曰墨曰劓曰剕曰宮曰大辟. 隋唐以後則若笞若杖若徒若流若死爲五刑. 豈今之法. 勝於古耶."

육형을 누가 제정하였는가라는 문제에 대해 정조는 두 차례에 걸쳐 순 임금으로 확정하였다. 그러나 다른 의견도 있었는데, 이 질문에 대한 답으로 제시된 김희조(金熙朝)의 견해에 따르면 "육형은 요순에서 나오지 않았"다. 「순전」에서 언급한 오형은 숫자만 있을 뿐 명목(名目)이 있지 않으며 「태갑(太甲)」에서 묵형이, 「반경(盤庚)」에서 의형이, 「강고(康誥)」에서 이형(刵刑)이 등장한다. 곧 그는 육형은 요순보다 이후에 발생한 것이라고 파악하였다. 그래서 "'중화(重華)의 정치가 행해질 때 이를 창제하고, 한나라와 수나라의 혼란기에 이 형벌이 없어졌다.'라는 말과 같은 것은 어떻게 옳다고 말할 수 있겠습니까"라고 하여 정조의 의견에 직접적으로 반대를 표하였다.[36]

김희조가 정조의 의견을 전면 부정하였다면, 「여형」 첫 번째 논의에서 제시된 이석하의 대답은 정조의 의견을 수긍하고 애민과 호생의 측면에서 육형의 의미를 설명하고자 하였다. 그는 "삼대(三代)에 이 형벌이 있었던 것은 마지못한 마음으로 용서할 수 없는 죄인에게 행한 것입니다. 그렇다면 법을 세운 뜻은 바로 백성으로 하여금 피하는 것은 쉽고 범하는 것은 어렵게 하기 위한 것입니다"[37]라고 하여 삼대에 육형을 시행한 것이 불가피하였음을 인정하였다. 이는 교

---

36) 『弘齋全書』 卷95, 「經史講義」32, 〈書[三] [舜典]〉, "熙朝對. 或云五刑施自苗民. 而荀卿辨之曰唐虞五刑. 即畫衣菲屨截領之類而已. 班固刑法志曰禹承堯舜之後. 自以爲德衰而制肉刑. 其言雖不足信. 而肉刑之非出唐虞則亦可知矣. 左傳昭五年子產鑄刑書. 叔向貽書曰夏有亂政而作禹刑. 商有亂政而作湯刑. 周有亂政而作九刑. 以此推之. 極辟亂刑. 尙不在禹湯文武之時. 何況唐虞之世乎. 且夫虞書五刑. 但有五數. 未有名目. 而至商周之書. 然後太甲有墨刑. 盤庚有劓刑. 康誥有刵刑. 今若曰重華之治焉而刱之. 漢隋之亂焉而除之. 豈其可乎哉."

37) 『弘齋全書』 卷94, 「經史講義」31, 〈書[二] [呂刑]〉, "三代之有是刑. 蓋以不得已之心. 待不可宥之罪. 則其立法之意. 正在於使民易避而難犯也."

화의 측면에서 형벌의 불가피성을 인정한 것으로 무형을 위해 육형을 시행하였다고 말한 것이다.

육형 제정에 관한 논의는 정조가 『서경』 경문에 대해서도 비판적으로 평가하고 있음을 보여준다. 정조는 육형 제정 시기와 관련하여 『서경』의 기록을 역사적 사실로 인정하고 경문 자체 내에서 논리를 구성하고 사실 관계를 확정하였다. 그리고 후대의 역사적 사실과 비교하여 평가하였는데, 한 문제·수 문제 등과 비교하여 전설상 성왕인 순 임금의 한계를 지적하였다. 호생지덕의 훼손이라는 점에서 육형을 제정한 순 임금의 한계를 후대의 임금과의 비교를 통해 더욱 선명하게 제시하였다.

순 임금에 대한 비판의 근거는 흠휼과 호생지덕의 훼손이다. 이는 형정에 관해서는 판단의 근거가 성인의 정치와 성인의 말이 아니라 '흠휼'이라는 가치라는 것을 보여준다. 성인일지라도 흠휼의 가치를 훼손하였다면 비판할 수 있다. 이러한 정조의 관점은 실제 형 적용을 고려하였기에 나온 것이며, 이는 역사와 현실 정치의 맥락에서 비판적으로 경문을 이해하고 있음을 보여준다.

(4) 재판의 신속함과 신중함

정조는 「강고」 세 번째 강의에서 재판의 신속함과 신중함에 대해 논의하였다. 정조는 「강고」의 "죄를 판결하려면 5~6일 동안을 두고 깊이 생각하고도 10일이나 3개월쯤 더 지나서 죄를 판결하라" 구절을 논하며, "형벌을 판단하는 생각은 실로 십분 살피고 삼가야 마땅하지만, 3개월이라는 오랜 시일이 걸리는 것은 너무 지나치다."라고 하였다.[38]

정조는 재판은 신속하게 진행해야 한다고 보았는데, 재판을 질질 끌면 백성이 힘들기 때문이다. 의심스러운 경우 의혹이 없기 위해서 재판은 신중해야 하지만, 신중한 나머지 재판이 길어지면 백성들이 힘들게 된다. 그래서 정조는 신중한 재판과 동시에 신속한 재판을 말하였다. 이러한 기준에서 보자면, 3개월이라는 시일동안 재판을 신중히 할 것을 주문한 「강고」의 구절은 부족한 점이 있다. 이 역시 경문에 대한 직접적 비판이 드러나는데, 형정의 실제 시행에 근거한 비판이다.

2) 무형 : 형정의 역할과 의미

(1) 형정의 역할

정조는 「강고」 첫 번째 강의에서, 덕치를 우선으로 하는 정치체에서 '형정'이 가지는 의미에 대해 주목하였다. 그는 오고(五誥 : 「대고」, 「강고」, 「주고」, 「낙고」, 「소고」)의 내용이 "선왕의 인정(仁政)이 깊이 스며 있고 장차 덕으로써 그들을 감동시키고자 하였다"고 하여 덕치를 우선으로 하였음에 반해, 「강고」에서는 "어느 문장에서든지 형정을 기준으로 말하지 않은 것이 없다"고 하며 「강고」의 주된 내용이 형정을 다루고 있음을 말하였다. 이어서 "시종 형정에 대해 말한 것은 과연 무슨 뜻인가?"라고 신하들에게 질문하였는데,[39] 이는

---

38) 『弘齋全書』 卷99, 「經史講義」36, 〈書[七] [康誥]〉, "要囚服念五六日. 至于旬時. 諸疑獄皆念之至旬時耶. 或念五六日或念十日或念至三月. 以獄疑之有輕重. 斷決之有難易. 爲時日久速耶. 刑獄思慮. 固當十分審愼. 而至於三月之久則太過. 季文三思之惑. 於刑無害. 而子路之片言折獄. 不足爲賢歟."

39) 『弘齋全書』 卷94, 「經史講義」31, 〈書[二] [康誥]〉, "周人之於殷民也. 方且開譬曉析.

형정 그 자체의 온전한 의미를 묻는다기보다는 인정(仁政)과 덕치를 우위에 두는 정치체에서 형정의 의미와 효용에 대해 물은 것이다. 이는 이익운(李益運)의 답에서 더욱 구체화된다.

> 선왕의 정치는 덕으로써 백성을 교화하는 데 있으며, 그 덕으로 교화되지 못한 곳에는 형벌을 쓰지 않을 수 없습니다. 하물며 강숙을 봉한 곳은 은나라 주(紂)의 옛 도읍이었기에 백성의 풍속이 사나워 천명을 알지 못한 까닭에 비유를 들어 깨우쳐 준 나머지 형정을 들어 말하지 않을 수 없었습니다.40)

형정은 덕치를 보완하는 역할을 한다. 정치는 덕으로 백성을 교화하는 것을 우선으로 삼고, 덕으로 교화하지 못하면 이를 보완하는 것이 형벌의 역할이다. 특히 「강고」에서 형정만을 논한 것은 강숙의 봉지는 풍속이 사납기 때문에 교화보다는 형벌을 더 써야 했기 때문이다. 이렇듯 덕주형보의 관점에서 「강고」편을 논의하고 있음을 볼 수 있다.

(2) 형정과 교화

덕주형보의 관점에서 형정은 교화라는 목표를 실현하기 위한 보

惻怛反復以天命之不可逆人心之有所歸. 五誥之文. 不嫌其覼縷而重複者. 知先王仁政之深入. 而將欲以德意感之也. 而今觀康誥一篇. 無一節非刑政上立說. 左傳雖云武王之母弟八人. 康叔爲司寇. 而此非命司寇之誥. 乃是命衛侯之誥. 則終始言刑政者. 果何義歟."

40) 『弘齋全書』 卷94, 「經史講義」31, 〈書[二] [康誥]〉, "益運對. 先王之政. 以德化民. 而其德之不能化處. 不可不用刑也. 況康叔所封. 卽殷紂故都. 而民俗頑獷. 不知天命. 故開譬曉析之餘. 不得不以刑政說去. 若以爲康叔職在司寇而掌邦刑. 故如是云爾. 則康叔之作司寇久矣. 何難於未就封之前告之. 而反復致意者. 必在於就封之日耶."

조 수단이다. 그러나 경문 자체 내의 논리를 따지자면 교화와 형정의 관계에서 덕주형보를 그대로 적용하여 이해하기 어려운 구절이 있다. 대표적으로 「순전」의 18장~24장이다. 내용을 간략히 요약하면, 순 임금은 기(棄)를 후직(后稷)으로 삼아 곡식을 관장하게 한 뒤(18장), 설(契)을 사도(司徒)로 삼아 교화를 관장하게 하고(19장), 고요를 형관으로 삼아 형정을 관장하게 하였다(20장). 이어서 백이(伯夷)에게 전례(典禮)를 주관하게 하고(23장), 기(夔)에게 전악(典樂)을 주관하게 하였다(24장). 「순전」에서 제시된 일련의 정사에 대해, 정조는 그 순서와 효용과 관련하여 다음의 질문을 던졌다.

> (18~20장의 내용은) 백성을 기르는 것을 우선으로 하고 백성을 교화하는 것을 뒤로 여긴 것이다. 성왕의 정치가 참으로 그러하여, 이미 가르쳤다면 당연히 악을 변화시켜 선으로 옮겨 가는 교화에 이르렀을 것인데 또 무엇 때문에 형벌을 제정하였는가? 또 정치하는 차례는 예악이 형벌을 제정하기 이전에 있어야 할 것인데 백이의 전례와 기(夔)의 전악이 도리어 그 뒤에 있는 것은 무엇 때문인가?[41]

이는 교화와 형벌의 효용, 그리고 예악과 형벌의 순서에 대한 질문이다. 「순전」에서 보이는 순 임금의 정치는 덕주형보와 예주법종의 개념과 어긋나 보인다. 성왕의 정치대로 덕으로 교화를 이루었다면 형정이 필요 없을 것인데도 형정을 제정한 것은 덕의 교화가 미진함을 반증하고, 예악으로 인한 교화를 우선으로 하는데도 형정을 제정한 뒤에 예악을 제정한 것은 예주법종의 개념과 어긋난다. 그래

41) 『弘齋全書』 卷95, 「經史講義」 32, 〈書[三] [舜典]〉, "先命棄播百穀. 次命契敷五教. 次命咎繇作士. 先養而後教也. 聖王之政固然. 而旣教矣. 當致之於變之化. 又何以制刑耶. 且爲政之序. 禮樂當在制刑之前. 而伯夷之典禮. 夔之典樂. 反在其後者何也."

서 정조는 순 임금의 정치가 덕과 예로 인도하여 '부끄러운 마음을 가지고서 선에 이르게' 하는 것이 아니라, 법과 형벌로 인도하여 '죄만 면하고 부끄러움이 없는' 정치를 한 것이 아닌지 반문하였다.42) 이 역시 덕주형보라는 가치를 기준으로 하여 경문을 비판적으로 독해한 것이다.

이러한 시각은 현실 정치에 있어 교화와 형정이 중심과 보조의 역할로 분명하게 나누어지지 않음을 반영한다. "형벌은 정치를 보조하는 기구"라고는 하지만, 형벌이 없이는 정치가 완성되지 않으며, 교화 역시 완성되지 않는다. 이어지는 김희조의 대답 역시 형벌을 보조적 수단으로 취급할 수 없다는 관점을 보여준다. 그는 "덕과 형벌은 어느 한쪽도 버릴 수 없다"라는 선유의 말을 인용하여, "형정을 내버려두고 먼저 '악을 변화시켜 선으로 옮겨 가도록 하는' 정치를 구하려 한다면, 이는 이루어지지 않을 것"이라고 하였다. 형정이 보조적인 역할에만 머무는 것이 아니라 선으로 옮겨가기 위한 주도적 역할을 함을 말하였다. 또 백이의 전례와 기의 전악이 형벌보다 뒤에 있었던 것에 대해 "예악의 기풍이 일어나는 것은 반드시 교화가 먼저 이루어짐을 필요로 하고, 교화가 이루어지는 것은 반드시 형전(刑典)이 먼저 밝혀짐을 기다려야 하기에 그런 것"43)이라고 대답

42) 『弘齋全書』 卷95, 「經史講義」32, 〈書[三] [舜典]〉, "孔子曰道之以政. 齊之以刑. 民免而無恥. 道之以德. 齊之以禮. 有恥且格. 以此觀之. 舜之敎民. 不能使民恥且格. 而只做民免無恥之治耶."

43) 『弘齋全書』 卷95, 「經史講義」32, 〈書[三] [舜典]〉, "熙朝對. 先儒曰刑者. 輔治之具也. 又曰德與刑. 不可偏廢. 然則有虞氏之先命契以掌五敎. 次命咎繇以掌五刑者. 正爲此也. 如欲舍刑政而先求於變之治. 臣恐其不可得也. 六官之序. 先禮後刑. 而伯夷之禮后夔之樂. 乃反居後者. 蓋以禮樂之興. 必待乎敎化之先成. 敎化之成. 必待乎刑典之先明而然也. 王炎之說. 豈欺我哉."

하여, 오히려 형전을 우선으로 두었다. 예악과 형벌의 순서에 있어서도, 형벌이 예악의 보조적 단계에 머무는 것이 아니라 예악보다 먼저 시행되어야 하는 것이다.

또한 「대우모」 세 번째 강의에서 형벌과 교화의 의미에 대해 논하였다. 이 논의는 형벌이 교화를 목표로 하며 교화를 실현하기 위한 한 방법이므로 교화에 포괄될 수 있음을 보여준다. 정조는, 「대우모」의 "형벌로 교화를 돕는다[刑以弼教]"라는 구절은 형별과 교화를 구분한 데 반해, 『중용장구(中庸章句)』의 "도를 닦는 것을 교화라고 한다[修道之謂教]"라는 구절에서는 형벌과 교화를 하나의 일로 보고 있어, 그 차이에 대해 이유를 물었다. 『서경』 자체만이 아니라 다른 경전(『중용장구』)과의 연계 속에서 형정의 개념을 파악하고자 한 것이다. 이에 대해 이서구는 "'교'는 백성들에게 착한 일을 하도록 교화하는 것이고 '형'은 백성들이 나쁜 짓을 하는 것을 금지하는 것입니다. 나누어서 말하면 비록 두 가지 일이지만 교화함에 미치지 못하는 바가 있은 뒤에 형벌로 도우니 이도 역시 '교(教)'입니다"44)라고 하여 『서경』과 『중용』에 의미 차이가 있지 않다고 답하였다.

(3) 형정의 중요성

「여형」 세 번째 강의에서는 예와 형의 관계에 대한 논의가 제시되었다. 「여형」에서 순 임금이 먼저 백이에게 예를 말한 뒤 고요에게 형을 말하였다는 구절로 인해, 형을 예보다 후순위로 보는 시각

---

44) 『弘齋全書』 卷97, 「經史講義」 34, 〈書[五] [大禹謨]〉, "刑以弼教. 觀中庸修道之教章句則刑是教之一事. 尙書之文則刑與教爲二何哉. 書九對. 教所以化民爲善. 刑所以禁民爲惡. 分而言之. 雖是二事. 教有所不逮然後. 刑以弼之. 則是亦教也. 尙書及中庸章句. 互相發明. 恐無歧異矣."

에 관해, 정조는 비판을 제기하였다.

> 고요가 삼후(三后)의 반열에 끼지 못했기 때문에 후세에 드디어 형관을 가볍게 여겼다. 그러나 고요를 명하여 사(士: 형관)로 삼은 것이 삼후를 명한 뒤에 있었으니, 다만 예의가 있고 토지가 있으며 곡식이 있은 뒤에 형벌을 사용하여 교화를 도울 수 있어서이지, 어찌 형관이 중대한 임무가 아니라서 그러했겠는가. 아래 글의 '배향재하(配享在下)'라는 말로 본다면, 옥사(獄事)를 전담하고 형벌을 집행하는 지극한 공은 하늘과 일치하는데, 저들 형관을 가볍게 여기는 자들은 어찌 매우 무식한 것이 아닌가.[45)]

정조는 예를 우선으로 하고 형을 그 뒤로 삼은 것에 대해 문제제기하였다. 예를 먼저 하고 형을 뒤로 한 것은, 정치에 있어 예와 형에 우열의 차이가 있는 것이 아니라, 정치 시행의 순서에 따라 발생한 것이다. 이러한 문제제기는 『서경』의 형정론이 덕주형보의 이념을 제시하지만, 현실 정치에서 형정은 예치를 보완하는 보조적 역할로만 머무는 것이 아니라 그 자체로 중요한 역할을 함을 인식하기 때문에 가능한 것이다.

지금까지 「상서강의」에 나타난 형 개념에 대한 논의를 살펴보았다. 형 개념은 흠휼과 무형으로 체계화할 수 있다. 정조는 『서집전』을 비판적으로 이해할 뿐 아니라 일부 경문에 대해서도 비판적 관점을 취한다. 이러한 태도는 주자학과의 관련성이 아닌 다른 요소를 찾게

45) 『弘齋全書』 卷100, 「經史講義」37, 〈書[八] [呂刑]〉, "皐陶不與三后之列. 故後世遂以刑官爲輕. 然命皐陶爲士. 在命三后之後. 特以有禮有土有穀而後. 可用刑以弼教也. 豈以刑官爲非重任而然哉. 以下文配享在下之語觀之. 典獄用刑之極功. 與天爲一. 彼以刑官爲輕者. 豈非蔑識之甚歟."

한다. 정조는 형의 현실 적용을 고려하였기에 경문과 『서집전』에 대해 비판적 해석이 가능하였다. 그의 비판은 실제 형 적용의 사례를 고려하고, 흠휼과 무형이라는 형정 개념의 원칙적 적용에 근거한 것이다.

4. 정조의 형 개념 적용

1) 형정 관련 법제서

정조가 『흠휼전칙』과 『심리록』 등의 형정 관련 법제서를 편찬하며 강조한 형 집행의 기본 정신은 '신중함[愼]'이었다. 이를 찾아볼 수 있는 것은 『군서표기(群書標記)』에 실린 『흠휼전칙』과 『심리록』 해제이다. 『군서표기』는 정조대 간행된 서적의 해제가 실린 도서 목록으로,[46] 정조가 지은 서문이나 발문을 수록하고 있어 간행된 서적의 편찬 의도와 동기를 직접적으로 살펴볼 수 있다. 『흠휼전칙』과 『심리록』 해제에서 정조는 이들 서적의 간행 동기를 '형 집행의 신중함'으로 언급하고 있으며, '신중함'의 근거를 『서경』을 비롯한 경서에서 찾았다.

46) 『군서표기(群書標記)』는 정조대에 간행 또는 필사된 서적을 해제한 도서 목록으로, 전 분야의 서적을 어정(御定)과 명찬(命撰)으로 나누고 이를 연대순으로 배열하였다. 책의 주제, 편찬자, 편찬 시기, 속찬(續撰) 또는 교정을 맡은 각신의 이름을 표시하고, 해제의 끝에는 정조가 지은 서문이나 발문을 수록하였다. 어정서에는 88종 2489권의 서적이, 명찬서에는 63종 1474권의 서적이 수록되어 있다. 『국역 홍재전서』 해제 참조.

> 우리나라의 형구(刑具)는 본래 정해진 제도가 있으니, 태장(笞杖)의 길이·너비·둘레·직경과 칼과 수갑의 길이·무게가 죄의 경중에 따라서 모두 법전에 기록되어 있다. 이는 열성조(列聖朝)가 죄인에게 형벌을 내림에 신중히 하려는 마음의 표현이니, 아, 훌륭하도다. 다만 법은 오래되면 폐단이 생기게 마련인 데다, 아전들이 이를 기화로 간악한 짓을 행하여 근년에 와서는 형구의 크기와 무게가 법과 맞지 않는 경우가 많아졌다. 나는 즉위 초에 중외(中外)에 윤음(綸音)을 내려 법에 맞지 않는 형구를 바로잡도록 하고 이 내용을 책으로 엮었다.[47]

위의 해제에서 밝히고 있듯, 『흠휼전칙』은 형구의 규격과 사용범위를 일정하게 정리한 형정서이다. 정조는 즉위년에 『흠휼전칙』을 편찬하도록 명하고, 이듬해 완성하였다. 정조가 『흠휼전칙』을 편찬하도록 명한 이유는, "형구의 크기와 무게가 법과 맞지 않는 경우가 많아져" 이를 바로잡고자 한 것이다. 이는 악형(惡刑) 폐지와 같은 영조(英祖)대 일어난 형사사법제 개혁을 계승한 것으로, '관형주의라는 유교적 형률관에 기초하고, 현실 변화에 기초하여 실천이 뒷받침된 조치'라고 평할 수 있다.[48]

정조는 열성조에서 형구의 제도를 정해 법전에 기록한 이유로 "죄인에게 형벌을 내림에 신중히 하려는 마음의 표현"으로 보았다. 곧 형 적용의 정신을 '신중함'으로 보고 있다. 이러한 '신중함'은 『서경』의 구절을 빌려, 여러 개념으로 표현된다. 친찬서(親撰序)의 구절

47) 『弘齋全書』 卷179, 「羣書標記一○御定[一]」, 〈欽恤典則一卷〉, "我朝刑具. 本有制度. 笞杖之長廣圓徑. 枷杻之尺寸斤兩. 視罪淺深. 該載典憲. 列聖朝欽恤之德. 猗歟盛哉. 惟是法久弊生. 吏緣爲姦. 近年以來. 大小輕重. 或多有不如式者. 予以臨御之初. 頒綸中外. 釐正刑具. 仍著于篇."

48) 심재우, 「정조대 『흠휼전칙』의 반포와 형구 정비」, 『규장각』 22, 1999, 143쪽 참조.

을 보자.

> 따스한 봄이 덕을 펼 때면 천지에 생동감이 넘치게 되니, 자연을 본받아 정치를 행하는 왕으로서도 덕을 펴 나가야지 형을 펴서는 안 되는 것이다. 그러나 『서경』에도 "이 상서로운 형벌을 거울삼으라" 하였으니, 형벌인데도 그것을 상서로 여긴 것에서 덕을 선포해야 할 때 형을 선포했던 성인의 마음을 알 수가 있는 것이다.
>
> 대개 형벌이란 것은 정치의 보조 수단이다. 백성들에게 죄의 무서움을 알게 하는 것도 이것이 있기 때문이고, 백성들을 선한 쪽으로 가게 하는 것도 이것이 있기 때문이다.
>
> 백성들이 이 법을 범하지 않기를 바라지만, 만일 그들이 범하면 그때는 또한 경중에 맞게 신중히 구분하여 죄줄지의 여부와 용서할지의 여부를 놓고 오직 삼가고 불쌍하게 여기고, 형을 쓰는 일이 없게 되는 날이 오기를 목표로 삼는 것이니, 어찌 상서로운 일이 아니겠는가.[49]

이 인용문은 형에 대한 정조의 관점이 '덕주형보'라는 유가의 법 인식을 전형적으로 따르고 있음을 보여준다. 나아가 정조는 덕주형보의 관점을 『서경』의 개념을 통해 쌓아올리고 있음을 알 수 있다. 곧 「여형」의 '상형', 「순전」의 '흠휼', 「대우모」의 '형기무형' 등의 개념을 활용하고 있다.

이러한 관점은 『심리록』의 편찬에도 이어진다. 정조는 『심리록』 해제에서는 직접적으로 『서경』의 구절을 인용하고 있다.

---

49) 『弘齋全書』 卷179, 「羣書標記一○御定[一]」, 〈欽恤典則一卷 刊本. 親撰序〉, "夫陽春布德. 生意藹然. 王者體天行政. 可布德不可布刑也. 然經曰監于玆祥刑. 刑而爲祥. 則布刑於布德之辰. 可以見聖人之心也. 蓋刑者輔治之具也. 使民而遠罪. 以有是也. 使民而遷善. 亦以有是也. 欲其不干于是也. 如其干也. 而又底愼於適輕適重之分. 惟辟匪辟. 惟宥匪宥. 欽哉恤哉. 期于無刑. 豈非祥歟."

> 옛날의 훌륭한 임금들은 오직 형벌의 문제를 신중하게 다루었다. 그중 경서(經書)에 나타나 있는 것을 들어 보면, "분명하고 신중하게 형(刑)을 적용하라" 한 것이라든지, "삼가고 삼가라" 한 것이라든지, "죄를 판결하려면 5~6일 동안을 두고 깊이 생각하라" 한 것이라든지, "형벌을 쓸 때는 다시 형벌을 쓰는 일이 없도록 하는 것을 목표로 한다" 한 것이라든지, "이 상형(祥刑)을 잘 살피라" 한 것이 그중 많이 알려진 것이다.50)

정조는 형벌을 적용할 때 중요한 것으로 '신중함'을 들고 있으며, 그 근거로 제시하는 것이 경서, 특히 『서경』이다. 정조는 『서경』의 구체적 구절을 인용하고 있는데, "삼가고 삼가라[欽哉欽哉]"라는 것은 「순전」에서, "죄를 판결하려면 5~6일 동안을 두고 깊이 생각하라[要囚服念五六日]"라는 것은 「강고」에서, "형벌을 쓸 때는 다시 형벌을 쓰는 일이 없도록 하는 것을 목표로 한다[刑期於無刑]"라는 것은 「대우모」에서, "이 상형을 잘 살피라[監于茲祥刑]"라는 것은 「여형」에서 가져왔다. 곧 형벌을 신중하게 적용함을, 흠휼·형기무형·상형 등의 개념으로 설명하고 있다. 이는 앞서 살핀 『흠휼전칙』과 동일하다.

2) 『일득록(日得錄)』

이러한 형 적용의 정신은 법제서 편찬에서만 보이는 것이 아니라 실제 형정에서도 드러난다. 『일득록』의 기록은, 형정을 시행할 때 정조의 태도를 보여준다.

---

50) 『弘齋全書』 卷182, 「羣書標記四○御定[四]」, 〈審理錄二十六卷 寫本〉, "古昔明王惟刑之愼. 其見於經. 則曰明愼用刑. 曰欽哉欽哉. 曰要囚服念五六日. 曰刑期於無刑. 曰監于玆祥刑."

내가 처음 왕위에 올랐을 때는 망녕되이 스스로를 헤아리지 않고 곧 삼대(三代)의 융성함을 손쉽게 따라갈 수 있을 것이라 여겼다. 그런데 하루 이틀 갈수록 정치가 뜻대로 되지 않아 인심(人心)과 세도(世道)에 이따금 교화시켜 나갈 수 없는 부분이 있으니, 바야흐로 한(漢)·당(唐) 이래 오로지 형명(刑名)만을 주로 하여 다스렸던 것은 오로지 이에 말미암는다는 것을 믿게 되었다.[51)]

유가 예치의 법사상에서 형정은 보조적인 역할에 머문다. 그러나 현실 정치에서 형정은 소홀히 할 수 없다. 정조 역시 현실 정치에서 형정의 필요성을 인정하였다. 덕을 통한 교화는 이상적 목표로 현실의 정치에서는 달성하기 어렵다. "인심과 세도에 교화할 수 없는 부분이 있다"는 인정은 성리학의 세계관의 한계를 인정한 것이다. 최고통치자로서 '왕위에 올라' 직접 정치를 시행한 군주였기에 나올 수 있는 솔직한 고백이다.

정조는 심리(審理)와 결옥(決獄)에 있어 흠휼의 정신을 강조하였는데, 이는 최고 법집행관인 자신이 갖추어야 할 덕목이었다. 『일득록』에는 심리에 임하는 정조의 태도가 여러 차례 기록되어 있다. 특히 심리의 신중함과 신속함을 강조하였는데, 심리는 사람의 생명과 관계되므로 신중하고 신속하게 판단해야 한다. 그렇기에 정조는 형정을 어떤 정사보다 중요하고 신중히 할 것으로 여기고,[52)] 자신의 신체적 심리적 수고로움을 마다하고 신속히 형정을 마치고자 하였다. 특히 신체적 수고로움을 여러 차례 언급하였는데, "심리와 결옥에

---

51) 『弘齋全書』 卷167, 「日得錄」 7, 〈政事[二]〉, "予於御極之初. 妄不自揆. 便謂三代之隆. 唾手可追. 一日二日. 治不徯志. 人心世道. 往往有陶鑄不得處. 方信漢唐以來專主刑名之治者. 職由此耳."

52) 『弘齋全書』 卷169, 「日得錄」 9, 〈政事[四]〉, "萬幾之繁. 何莫非難愼. 而愼獄爲最."

밤을 새우기도 하였"[53]고, 각 도의 심리 문안이 100여 통 수북이 쌓여 있는데 "한여름에 친히 살펴보느라 어삼(御衫)에 땀이 배었"으며[54], 가뭄의 시기에 중죄수의 옥안을 신속히 판결하기 위해 "100여 건을 7일 만에 판결하느라 몸과 마음이 피곤해지기도" 하였으며,[55] "한 번 옥안을 판결할 때마다 번번이 한 층씩의 정신적 기능을 손상하였다."[56] 정조가 이렇게까지 하였던 것은 형정이 사람의 생명과 관계되기 때문이다. 정조는 자신의 건강을 염려하는 신하들이게 이렇게 답하였다.

> 이는 백성의 생명에 관계되는 것이다. 터럭만 한 것 하나라도 그냥 지나치면 살아야 할 자가 혹 억울하게 죽고 죽어야 할 자가 혹 살게 되니, 어찌 크게 두려워할 일이 아니겠는가. 감옥의 죄수들이 형틀에 매여 호소하는 모습을 상상하면 마음에 근심스럽다. 그래서 이와 같이 심한 무더위 때라 해도 몸소 파헤쳐 점검해 보지 않을 수 없으니, 피곤한 줄 모르겠다.[57]

자신의 몸을 혹사하면서도 판결에 힘을 쓴 것은 흠휼과 호생지

---

53) 『弘齋全書』 卷166, 「日得錄」6, 〈政事[一]〉, "每當審理決獄之時. 諸路獄案. 積案堆丌. 上親自閱覈. 或至達朝."

54) 『弘齋全書』 卷166, 「日得錄」6, 〈政事[一]〉, "諸道審理文案百餘度. 堆積御案暑月親閱. 汗透御衫."

55) 『弘齋全書』 卷170, 「日得錄」10, 〈政事[五]〉, "憫旱時. 親閱中外重囚案. 七日而疏決畢."

56) 『弘齋全書』 卷167, 「日得錄」7, 〈政事[二]〉, "予每決一番獄案. 輒損一層神用也."

57) 『弘齋全書』 卷166, 「日得錄」6, 〈政事[一]〉, "教曰. 此係民命. 一毫放過. 則當生者或寃死. 當死者或傳生. 豈不大可懼乎. 想像獄囚桎梏呼號之狀. 於心慽慽. 雖如此極暑. 不得不躬自披檢. 不知其疲矣."

덕을 실현하기 위해서이다. 그래서 정조는 몸과 마음이 피곤하더라도 "살아나게 된 자가 자못 많으니 힘들게 애썼던 고통을 잊을 수 있고 또한 스스로 힘쓰는 계기로 삼을 만하였다"[58]라고 하여 스스로 만족을 표하고 있다.

정조는 또한 신중함을 강조하였다. 살옥(殺獄)을 자세히 살피고 또 재차 살펴보아 몇 년 전의 일이라도 관련자의 이름을 기억할 정도였으며,[59] 안건을 판결할 때마다 신중하게 하여 "줄마다 따져 보고 글자마다 살펴보아 철두철미하게 한 번 보고는 또다시 살펴보면서 캐내었다. 이와 같이 하기를 거의 네다섯 번씩 하고 나서 다시 다른 안건을 가지고 또한 이와 같이 하였다. 게다가 작은 책자에 가느다란 글씨로 한두 가지씩 초록(鈔錄)해 두고서 이른 아침부터 밤늦게까지 이를 쳐다보고 내내 생각하여 반드시 맥락과 줄거리가 앞에 분명하게 드러난 뒤에야 비로소 판결하였다."[60] 정조는 이렇게 옥안을 신중하게 살피는 것을 '경서(經書)' 독법에 견주었다. 의심할 곳이 없는데도 의심하고 구절마다 따지고 글자마다 분석하는 경서 독법을 옥안에도 적용하여 거듭 자세히 살펴보고 소홀함이 없도록 하여 "반드시 죽게 된 가운데서 살릴 만한 단서를 찾"고자 하였다.[61]

---

58) 『弘齋全書』 卷170, 「日得錄」10, 〈政事[五]〉, "得活者頗多. 是足以忘勞瘁之苦. 而亦可爲自強之端矣."

59) 『弘齋全書』 卷167, 「日得錄」7, 〈政事[二]〉, "予之所審愼. 莫如殺獄. 故凡於獄案. 一再披閱. 雖數年前事. 輒不忘干連姓名. 非有記性而然也. 誠之所到故也."

60) 『弘齋全書』 卷167, 「日得錄」7, 〈政事[二]〉, "上每判京外死囚. 累牘聯牒. 堆積左右. 而必拈取一案. 逐行尋字. 徹首尾一回看下. 又復閱而繹之. 如是者殆四五. 更就他案而亦如之. 且以小冊細字. 一二鈔錄. 自早至暮. 常目孜孜. 必待段絡緊緖. 瞭然于前而後. 始判焉. 敎曰. 一判之下. 殺活卽分. 凡折大獄斷死囚之際. 少或放過. 則仁者豈爲是也. 予每決一番獄案. 輒損一層神用也."

61) 『弘齋全書』 卷166, 「日得錄」6, 〈政事[一]〉, "看獄案. 如看經書. 看經書. 必於無疑

사물의 이치를 궁구함에는 반드시 깊이 생각하고 힘써 캐내어 의심할 것이 없는 곳에 의심을 일으키고 의심을 일으킨 곳에 또 의심을 일으켜 곧장 충분히 의심이 없는 경지에 이른 뒤에야 환하게 깨달았다고 할 만하다. 옥사를 판결하는 것 또한 이와 같으니, 실정이나 법에 있어 털끝만큼도 의심할 만한 것이 없다 해도 또 의심할 것이 없는 곳에서 의심을 일으키고 의심하고 또 의심하여 또 곧 충분한 시점에 이르러 의심할 것이 없은 뒤에야 비로소 판결을 내릴 수 있는 것이다. 이러한 방법으로 미루어 나가면 잘못 처리한 부분이 드물 것이다.[62]

정조는 '의심이 없는 경지'에 이르러 사물의 이치를 환히 깨닫는 것처럼, 옥사의 판결 역시 '의심할 것이 없은 뒤'라야 정확한 판결을 내릴 수 있다고 보았다. 경서를 보듯이, 사물의 이치를 깨닫듯이, 의심하고 따지고 분석하고 자세히 살핀 뒤에야 판결을 내리고자 하였다. 이렇게 판결을 신중하게 한 것은, 옥사는 사람의 생명을 좌우하기 때문이다.

판결의 신속함과 신중함은 호생지덕의 실현으로 귀결된다. '잘못 처리하지 않고' 정확하게 판결하기 위해 신중함을 강조하였으며, 의심할 것이 없은 뒤에 내리는 정확한 판단은 사건에 관한 정확한 사실을 알아내어 "죽게 된 가운데서 살리기를 구하는" 데에 필요하다.

處會疑. 然後方爲善看. 獄案亦然. 實因詞證. 就其已具之說而略綽看過. 便爾決折. 則安得無枉. 必也參驗考校. 如所謂句句而論之. 字字而析之. 於其必死之中. 求其可生之端. 然後可生者生. 而死者亦可以無寃. 故予每看獄案. 不厭詳複. 無少放忽. 實自看經中推得也."

62) 『弘齋全書』 卷166, 「日得錄」 6, 〈政事[一]〉, "窮格必熟思力究. 無疑處起疑. 起疑處又起疑. 直到十分無疑地. 然後方可謂豁然. 決獄亦類此. 情與法. 雖無毫分可疑. 亦當從無疑處起疑. 疑之又疑. 又便到十分地無疑. 然後始可決折. 以此推將去. 鮮有誤了處."

> 살인한 자를 죽이는 것은 떳떳한 법이다. 실정이나 법으로 따져 모두 용시해 줄 만한 점이 없으면 실로 애석할 것도 없지만, 이 옥사에 연좌된 자는 반드시 모두 죽이고야 말겠다는 생각을 가지고서 그렇게 한 것은 아닐 것이다. 우연히 만나 이렇게 된 경우도 이따금 있으니, 그 실정으로 따질 때 불쌍히 여길 만하다. 그런데 법을 집행하는 관리가 한결같이 법으로 단죄하니, 자못 불쌍히 여겨 처리해야 하는 뜻에 어긋난다. 그래서 심리 계본(啓本)에 대해서는 반드시 반복하여 살펴보아 반드시 죽게 된 가운데서 살리기를 구하는 것이다.[63)]

이 정조의 언급은, 흠휼을 위해 법 적용에 있어 권형을 적용해야 한다는 의미를 포함하고 있다. 일률적으로 법으로 단죄할 것이 아니라, 정황과 실정을 따져 반복해서 살펴봐서 권형을 적용하여 "죽게 된 가운데 살리기를 구해"야 한다. 특히나 정조의 권형은 주로 '죄가 의심스러울 경우 가볍게 적용하는' 호생지덕으로 작용하였다. 정조는 "옥사를 다스릴 즈음에 관대하게 용서하는 쪽으로 힘써서 혹 이미 죄상을 자백했더라도 의심할 만한 점이 있으면 대부분 용서하여 풀어 주었다"[64)]라고 하여 실정에 의심스러운 경우는 가볍게 처리하여 살리는 덕을 시행하였다.

정조가 "죽게 된 가운데 살리기를 구하는" 데 특히 관심을 기울인 것은 그가 담당한 판결이 사형죄의 옥사라는 현실적인 이유도 존재하겠으나, 흠휼과 호생지덕의 실현하는 것이 곧 "마음의 본체"이

---

63) 『弘齋全書』 卷166, 「日得錄」6, 〈政事[一]〉, "殺人者死. 自是常法. 論以情法. 俱無可原. 則固不足惜. 而大抵坐此獄者. 未必擧皆有必殺之心而然也. 邂逅致此者. 往往有之. 論其情實有可矜. 而執法之吏. 一斷以法. 殊非哀矜之意. 故於審理啓本. 則必反覆考閱. 求生於必死之中."

64) 『弘齋全書』 卷166, 「日得錄」6, 〈政事[一]〉, "治獄之際. 務從寬恕. 雖或已輸款. 有可疑者. 多從有釋."

고 자신의 완성으로 귀결되기 때문이다.

> 삼척의 법이 지극히 중대하니 비록 쉽게 가벼운 죄에 붙일 수는 없더라도 간혹 한 가닥 살릴 길이 있어 재차 분명하게 다스릴 것을 논의할 만한 경우에는 나 자신도 모르게 기쁜 마음이 든다. 이는 만물을 살리려는 충만한 마음이 곧 마음의 본체이어서 그러한 것이다.[65]

『일득록』의 기록은 정조가 직접 정사를 시행하며 형정의 가치를 어떻게 실현하였는지를 보여준다. 정조는 군주이자 최고 법집행가로서, '흠휼'을 자신이 갖추어야 할 덕목으로 삼고 형정에서 직접적으로 실현하고자 하였다.

5. 결론

형정에 관한 정조의 인식과 이해는 『서경』의 형 개념에 기반하고 있다. 『서경』에서 제시되는 형정 개념은, 국가통치에서 덕치와 예치가 주 역할을 담당하고 형정은 보조적인 역할을 하는 유가 예치의 법사상의 원형을 제시한다. 『서경』에서 형 개념은 법 집행자의 입장에서 법을 신중하게 적용할 것을 주문하는 흠휼, 권형, 호생지덕과, 형정의 역할과 효과의 측면에서 교화의 의미를 강조하는 형기무형과 상형으로 제시할 수 있다.

---

65) 『弘齋全書』 卷170, 「日得錄」 10, 〈政事[五]〉, "三尺至重. 雖不得容易傅輕. 或有一線生路. 可議審克. 則予不覺欣然于中. 蓋藹然生物. 卽心之本體而然也."

정조는 재판의 판결과 집행 및 형정 관련 법제서 편찬 등 직접적으로 형정을 수행하였으며, 이때 형의 적용에 있어 중요하게 여겼던 가치들이 『서경』에서 비롯되었다. 『경사강의』 「상서강의」를 통해 『서경』을 직접적으로 논의하고 있으며, 형정의 현실 적용을 고려하여 경문을 입체적이고 비판적으로 해석하는 것이 그 특징이다. 이러한 정조의 지적은, 경문에 대한 이해가 단면적 해석으로만 그치지 않고, 실제 법 적용 시 발생할 수 있는 사례를 고려하여 경문을 입체적으로 이해하고자 한 데서 비롯한 것이다. 현실 정치에서 형정은 소홀히 다루어지지 않았으며 보조적인 역할에 머물지 않았다. 유가의 덕치를 이루기 위해 필수적인 것으로 그 자체로 중요한 의미를 가진다. 『서경』의 형 개념에 대한 정조의 비판적 이해는 현실 정치에서 흠휼과 무형의 의미를 실현하고자 한 데서 비롯한 것이다. 특히 유학적 이상정치론의 관점에서 형정을 흠휼과 무형으로 나아가는 수단으로 바라보고자 한 정조의 형정론과 정책 방안은 애민 정신과 함께 유가적 문치를 보여준다는 점에서 전후 시대와 비교하여 문화적 다원성을 담지하고 있다고 할 수 있다.

정조는 『서경』에서 제시된 흠휼과 무형 등의 이념을 실제 형정에서 실현하고자 하였다. 형정 관련 법제서를 편찬하며 형 집행의 기본 정신을 『서경』에서 근거한 '신중함'으로 제시하였으며, 흠휼의 정사를 시행하여 호생지덕을 발휘하여 "죽게 된 가운데서 살리기"를 구하였다. 흠휼의 정신을 자신이 갖추어야 할 덕목으로 삼고 이를 실현하기 위해 힘썼다.

본고에서는 『서경』의 형 개념에 기초하여 정조의 형정관을 살펴보았으며, 이러한 시도를 통해 경학에 대한 탐구가 현실에서 실제

어떻게 활용되는지 확인할 수 있다. 특히 정조는 군주이자 최고 법집행자로서 국가 통치의 주체였으므로, 직접적 통치의 영역에서 그의 경학관이 경세학에 어떻게 적용되는지 확인하기 용이하다. 본고에서는 법제서, 『일득록』 등의 기록만을 연구 대상으로 삼아 형 적용의 구체적 사례를 다루지 못하였다는 한계가 있다. 『심리록』 등 구체적인 옥안의 판결에서 어떠한 방식으로 형정 이념을 적용하는지 사례를 중심으로 탐구한다면, 경학에 대한 탐구가 경세학의 측면에서 어떠한 방식으로 발현되는지 정확한 평가가 가능하리라 기대된다. 이는 후속의 연구로 남겨두겠다. ◈

참고문헌

원전류:

蔡沈, 『書經集傳』.

正祖, 『弘齋全書』, 韓國文集叢幹.(한국고전종합DB)

성백효 역주, 『서경집전』, 전통문화연구회, 1998.

『국역 홍재전서』(한국고전종합DB)

단행본류:

김지수, 『전통중국법의 정신』, 전남대학교출판부, 2011.

논문류:

김문식, 「상서강의를 중심으로 본 정조의 경학사상」, 『한국사연구』 75, 1991.

김종수, 「朱熹의 刑罰觀 一考」, 『아주법학』 제4권 1호, 2010.

김종수, 「17~19세기 刑罰考證 談論과 人權意識」, 2015 동아시아 실학 국제학술회의, 『批判談論으로서의 實學』, 한국실학학회, 2015.

김종수, 「蔡沈의 刑罰考證 立論」, 『民族文化』 47, 2016.

심재우, 「정조대 『흠휼전칙』의 반포와 형구 정비」, 『규장각』 22, 1999.

유영옥, 「『상서』 형정의 이념과 현실 적용」, 『한국한문학연구』 62, 2016.

오진솔, 「형벌과 법제에 대한 주자학의 인식 연구 -주희(朱熹)와 채침(蔡沉)의 『서경(書經)』 해석을 중심으로」, 『유학연구』 49, 2019.

이영준, 「『尙書』 講義를 통해서 본 正祖의 程朱性理學에 관한 인식과 해석 방식에 대하여」, 『한문학논집』 59, 2021.

함영대, 「경사강의(經史講義)의 안과 밖 -조선학술사에서 군사(君師)라는 지위-」, 『태동고전연구』 44, 2020.

정조의 『춘추』 이해와 정치적 활용

이 경 구

* 이 글은 『태동고전연구』 48집(한림대학교 태동고전연구소, 2022.06)에 게재한 동명의 논문을 본 저서의 간행 취지에 맞춰 일부 수정한 것이다.

1. 들어가는 말

조선 시대 『춘추』 관련 연구는 전반적으로 빈약하지만 정조와 『춘추』를 주제로 한 연구는 그나마 몇 편이 있다. 선행 연구는 정조 혹은 정조 시대 경학(經學) 전반을 다루면서 『춘추』를 함께 평가하였다.[1] 정조와 『춘추』에 집중한 연구로는 김동민의 일련의 연구가 본격적이었다. 그는 『홍재전서(弘齋全書)』의 「책문(策問)」과 「경사강의(經史講義)」 가운데 『춘추』 관련 자료를 중심으로 정조의 『춘추』 인식을 고찰했다.[2]

최근에는 주제가 세분화되었다. 신재식은 청대 경학 특히 고염무(顧炎武)의 『춘추』 연구가 미친 영향을 천착하였다.[3] 『승정원일기』와 『정조실록』을 대조하며 정조 즉위 초의 『춘추』 독서를 분석한 연구도 나왔다.[4] 이들 연구들은 당대 경학의 흐름에서 춘추학을 평가하고, 정조의 『춘추』에 대한 이해와 평론, 『춘추』 관련 서적 편찬, 독서 스타일을 천착하였다. 또 『조선왕조실록』에서 『춘추』의 용례를 분석한 연구도 있었다.[5] 이에 따르면 『정조실록』에서 『춘추』는 '정

1) 김문식, 『정조의 경학과 주자학』, 문헌과해석사, 2000 ; 심경호, 「정조의 경학 연구 방법에 관한 규견」, 『태동고전연구』 21, 2005.

2) 김동민, 「正祖의 「策問 : 春秋」를 통해 본 조선조 春秋學의 문제의식」, 『동양고전연구』 56, 2014(a) ; 「正祖의 『經史講義』를 통해 본 春秋學의 핵심 쟁점 -『經史講義』, 「總經 1: 『春秋』」를 중심으로-」, 『유교사상연구』 56, 2014(b) ; 「정조(正祖)의 『경사강의(經史講義)』를 통해 본 『춘추』(春秋)』 경전의 이해」, 『동양철학연구』 79, 2014(c).

3) 신재식, 「正祖朝 經學의 顧炎武 經說 수용 양상」, 부산대 박사학위논문, 2017.

4) 김중권, 「朝鮮朝 經筵에서 正祖의 讀書歷 考察」, 『서지학연구』 83, 2020.

5) 이경구, 『조선왕조실록』의 『춘추』 기사 분석과 국왕별 용례」, 『남명학연구』

쟁·처단', '유교·사상', '경연·서책'의 분야에서 높은 빈도로 검색되었다. 그중 '유교·사상'과 '경연·서책' 분야는 위에 소개한 정조의 『춘추』 독해와 겹치거나 정조의 사상 정책과 겹친다.

본 연구에서는 정조가 자신이 내건 의리론 및 그에 기반하여 수행한 정치적 처분에 『춘추』를 적극적으로 활용한 면모에 주목하며 정조대 『춘추』 연구의 전망으로 제시하였다. 정조의 정치와 관련해서 기존에 정조의 의리탕평 선포, 군사(君師)의 표방과 국왕의 의리주도권, 권도론(權道論) 등이 주목되었는데 이들 연구에서는 정조가 경전을 적극적으로 원용(援用)했던 면모는 충분히 조명되지 못했다. 그런데 『춘추』의 사례만 보더라도 정조는 『명의록』을 조선의 『춘추』로 비유하고, 공자의 미언대의(微言大義)를 강조하며 자신의 정치적 처분에 적극적으로 활용하였다. 따라서 정조의 정치 행위와 『춘추』 활용에 대한 연구는 정조 시대 정치사와 사상사의 정합을 해명하는 하나의 단초가 되리라고 본다.

특히 본고에서는 정조가 탕평론과 같은 경세론을 위한 경학적 토대를 『춘추』로부터 도출하면서, 당시의 정치적 상황을 다스리고자 한 태도에 내포되어 있는 문화다원론적 특성에 주목하고자 한다. 구체적으로 말하면 정조가 서로 다른 시대와 문화적 차이에 대응하는 현실적 기준이 단일하지 않고 다양하게 연역될 수 있다고 보는 점에서 『춘추』를 문화적 다원론적 입장에서 이해하고 있다는 점이다.

본 연구에서는 자료 활용에서도 범주를 확장하였다. 이제까지 정조의 경학에 대한 연구에서 주로 참고가 된 자료는 『정조실록』과 『홍재전서』였다. 그런데 정조의 『춘추』 관련 자료는 『일성록』에도 알찬

70, 2021.

정보가 축적되어 있다. 본고에서는 『일성록』과 『정조실록』, 『홍재전서』를 종합적으로 분석하여 『춘추』에 대한 정조의 이해와 활용을 전반적으로 조명하고자 한다.

2. 『춘추』 공부와 편찬

1) 『춘추』 공부

정조는 세손 시절에 유희춘이 질정한 『춘추언독(春秋諺讀)』을 시강원에 있던 서유신(徐有臣)을 시켜 정정(訂正)하도록 하였다. 서유신이 이를 완성하자, 이만수(李晩秀)와 윤광안(尹光顔)에게 다시 정정하도록 하였고 훗날 경연에서 보았다.[6] 서유신이 시강원에 재직한 때는 1773년(영조 49) 전후이고 정조 나이는 당시 대략 20세 전후였다. 기록으로 확인할 수 있는 『춘추』와의 첫 인연이다. 하지만 이때부터 『춘추』를 전적으로 공부했는지 아니면 더 이른 나이에 『춘추』를 공부했는지 여부는 알 수 없다. 다만 『춘추』에 대해 '부지런하게 마음을 쏟았다' 했고, 공자의 춘추대의에 깊이 공감하고 있음을 밝혔으니 일찍부터 중시했음은 확실하다.

『일성록』에 의하면 정조는 1776년(영조 52) 1월 6일부터 『춘추』를 집중적으로 공부하였다. 첫날 공부에는 문학 서유방, 겸사서 홍국영이 『춘추집전』을 가지고 입대하였다.[7] 이 공부는 이듬해인

6) 정조, 『弘齋全書』 권184, 羣書標記, 「春秋左氏傳」.

1777년(정조 1) 10월 20일까지 계속되었다.[8] 당시 정조의 나이는 만 24세~25세였고, 대략 22개월의 기간이었다. 『일성록』에는 이 시기에 '진강했다'는 기록이 총 69회이다.

이때의 공부는 1777년 10월 18일에 남학문이 상소하여 '『춘추』가 중요하긴 하지만 경문의 글이 은미하고 축약되어 전문 학자도 알기 어렵다'면서 다른 경전과 사서를 권하면서 마감되었다.[9] 공부 텍스트는 초반부는 강원(講員)들이 『춘추집전』을 가지고 들어왔다. 성종대 편찬된 『춘추집전대전』인 듯하다. 그러나 1777년 1년 1월 13일에 정조는 "지금 강독하는 책은 바로 『호전(胡傳)』이다. 범례가 (『춘추집전』과) 같지 않은 듯하니 『집전』을 들이라"고 하였다.[10] 이로 미루면 처음에 『춘추집전』으로 공부하다 어느 시기엔가 『춘추호전』으로 바꾸었고 다시 『춘추집전』으로 바꾼 듯하다.

다만 『일성록』에는 구제적인 진도, 『춘추』 이해를 알려주는 언급 등은 서술되어 있지 않다. 그런데 『승정원일기』에는 간간히 진도를 알려주었다. 이에 따르면 대략 1777년 9월에 『춘추』 6권 '夏四月…夫已多乎道'까지 읽었다.[11] 이후에도 『춘추』에 대한 공부를 놓지 않았다. 국사를 보는 틈틈이 『춘추』를 전심으로 연구하였다고 한다.[12]

집중적인 공부는 정조 20년에 다시 있었다. 당시 정조는 초계문신들과 활발하게 강독하였는데 『논어』를 마치고 『춘추좌전』(이하 '『좌

---

7) 『일성록』 영조 52년 1월 6일(15).

8) 『일성록』 정조 1년 10월 20일(1).

9) 『정조실록』 1년 1월 13일(1).

10) 『일성록』 정조 1년 1월 13일(1).

11) 김중권, 앞 논문, 81쪽; '夏四月 … 夫已多乎道'은 『春秋』 「魯桓公」 '九年(戊寅)'이다.

12) 『일성록』 정조 21년 12월 20일(1).

전』')을 시작하였다. 그즈음 정조는 문신들이 『좌전』을 제대로 공부하지 않은 데에 큰 문제의식을 느끼고 있었다. 애초 사서삼경을 모두 강독한 뒤에 『좌전』을 하도록 되어 있었지만, 정조가 『논어』 다음에 『좌전』으로 하라고 명령하여 차례가 바뀌었다.13) 이후 정조는 『춘추』를 몇 차례 전강(殿講)하고 시제(試題)로도 냈다.

마지막 집중 공부는 1799년(정조 23)이었다. 정조는 매년 한가한 때에 책 한 질씩을 학습하였는데, 이해에는 새로 인쇄한 『춘추』를 11월 18일에서 12월 8일까지 20일 동안 완독(完讀)하였다. 독서를 끝내자 모친 혜경궁은, 정조가 어릴 적에 책씻이해 주던 일을 기억하며 조촐한 음식상을 마련해 주었다. 정조는 『춘추』의 감인(監印)과 현토(懸吐)에 참여한 신하 22명과 음식을 나누고, 신하들과 함께 시를 화답하였다.14)

2) 『춘추』 관련 서적 편찬

정조가 세손 시절인 1773년(영조 49)에 『춘추언독(春秋諺讀)』을 시강원의 서유신(徐有臣)과 이만수(李晩秀)·윤광안(尹光顔)에게 두 차례에 걸쳐 정정하도록 한 것은 앞 절에서 본 바이다.

1791년(정조 15)에는 기간의 조문(條問) 및 1784년에 뽑은 강의(講義)를 초계문신 서유구(徐有榘)에게 명하여 『좌전강의(左傳講義)』로 편찬하였다. 『좌전강의』는 '조문은 두예(杜預)의 주(註)를 위주로 하였지만

13) 『일성록』 정조 20년 12월 5일(2).

14) 『일성록』 정조 23년 12월 8일(2); 정조, 『弘齋全書』 권182, 羣書標記, 「賡載軸」, 「春秋完讀日賡載軸」.

널리 제가(諸家)의 학설을 인용하여 상호 증명하였고, 서법(書法)은 경(經)을 가지고 전(傳)을 보았으며 사실(事實)은 전(傳)을 가지고 경(經)을 따랐다'고 했다. 또한 진부량(陳傅良)의 『춘추전좌씨장지(春秋傳左氏章指)』와 고염무(顧炎武)의 『좌전두해보정(左傳杜解補正)』도 참조하였다.[15] 이 시기 정조의 『춘추』 공부는 여러 학설을 종합 비판하는 수준에 이르러 있었다.

1796년(정조 20)에는 『춘추좌씨경해(春秋左氏經解)』를 새로 간인하여 성균관의 존경각에 보관하였다.[16]

1796년 12월경에 정조는 『좌전』의 기존 주해가 미흡한 점이 많아 다시 편찬하겠다는 구상을 밝혔다. 큰 방향은 주자의 『자치통감강목』처럼 경문(經文)은 큰 글자로 쓰고 전문(傳文)은 작게 쓰는 것이었다. 이 방식은 내용을 찾는 데에도 편리하였다. 정조는 자신의 취지를 성대중에게 알리고 범례를 만들고 편집을 시작하였다.[17] 편찬의 책임자는 이서구였다. 『춘추』를 중간(重刊)하는 작업은 선조가 『춘추』의 강(綱)과 목(目)을 나누어 편찬했지만 마침내 인쇄하지 못한 일을 계승하는 작업이기도 했다.[18]

편찬 작업은 순조롭게 진행되어 1797년(정조 21) 3월 초에 편집이 대략 완성되었다. 정조는 혹시 부적절한 편집이 있다면 예전대로 두는 게 오히려 나을 것이라며 새삼스레 걱정하였다. 이에 책임자인 이서구는 작업의 진행과 내용에 대해 간략히 보고하였다.

---

15) 정조, 『弘齋全書』 권180, 羣書標記, 「左傳講義」.

16) 『일성록』 정조 22년 5월 3일(10).

17) 『일성록』 정조 20년 12월 12일(3).

18) 『일성록』 정조 21년 1월 22일(2).

경전에 강(綱)을 세우고 목(目)을 나누는 것은 각각 부류대로 붙이는 것에 불과하니 특별히 잘못될 우려는 없습니다. 혹시라도 전(傳)에는 전년도의 일에서 보이는데 경(經)에는 그 일이 다음 해에 실려 있는 부분이 있으면 대략 옮겨 붙여서 바르게 이해될 수 있게 하였습니다. 주설(註說)은 전적으로 두예(杜預)의 주(註)를 위주로 삼고 여러 유학자들의 성씨는 모두 써넣지 않아서 간소하고 엄정하게 한 뜻을 보였습니다. 그러나 그 가운데 『춘추좌씨전』에 대해서까지 평론한 자는 특별히 성씨를 써넣었습니다. 다만 이와 같은 대질(大秩)을 9권 안으로 요약했으니 후에 열람하는 자들이 이러쿵저러쿵 비난하는 일이 없으리라고 신이 어찌 감히 확신할 수 있겠습니까. 지금 원편(原編)이 이미 완성되었으니 권수를 다시 편집해 넣어야 합니다.[19]

1797년 6월 24일에는 교열하고 선사(善寫)하는 작업이 진행되었다. 이때에 『춘추좌씨전』은 10책이고 교정된 것으로 나온다.[20]

6월 29일에는 합천군수 황운조의 서법이 전아(典雅)하고 박실(朴實)하다 하여 경문을 필사하게 하였다.[21] 결국 큰 글씨로 쓰인 경문(經文)은 전 참판 조윤형(曺允亨)과 황운조가 쓰게 되었다.[22]

윤6월 29일에 『춘추좌씨전』 편교도 끝나자 정조는 주자소에 명하여 간행하게 하였다.[23]

12월 20일에 인쇄가 끝나고 총 27권의 간행 작업이 완료되었다. 책머리에는 「기년도(紀年圖)」, 「유례(類例)」, 「세계도(世係圖)」, 「국명보(國名譜)」, 「인명보(人名譜)」 등을 두었다.[24] 새로 편찬된 『춘추좌씨전』은

19) 『일성록』 정조 21년 3월 3일(16).
20) 『일성록』 정조 21년 6월 24일(12).
21) 『일성록』 정조 21년 6월 29일(1).
22) 『일성록』 정조 21년 12월 20일(1).
23) 『일성록』 정조 21년 윤6월 29일(19).

이후 강연과 과시(科試)의 대본이 되었다.[25] 정조가 기획하고 일일이 감독하며 간인한 이 책은 새로운 체제와 내용 그리고 일부 주석을 재조정하였으므로 조선의 독자적인 『좌씨전』 정본 텍스트로 평가받고 있다.[26]

1798년(정조 22) 5월에는 『오경백편(五經百篇)』을 간인하였다.[27] 『오경백편』에 『춘추』는 10조목이 들어 있다.

1800년(정조 24)에 정조는 『춘추좌씨전』이 주로 두예와 임요수(林堯叟)의 설을 취해 만들었으나 미비점이 있으므로 마침내 이서구와 성해응(成海應)에게 명하여 『춘추주해고이(春秋註解考異)』 2권을 만들도록 하였다. 이는 사마광이 『자치통감(資治通鑑)』을 저술하고 다시 『통감고이(通鑑考異)』를 만든 취지를 따른 것이다.[28]

3. 『춘추』 이해

1) 『춘추좌전』 강조

정조는 『춘추』에 대한 대가로 9인을 꼽았다. 주(周)의 좌씨(左氏)·

---

24) 『일성록』 정조 21년 12월 20일(1).

25) 『정조실록』 22년 11월 29일(3); 『일성록』 정조 22년 12월 13일(8).

26) 정조가 편찬한 『춘추좌씨전』의 정본 텍스트로서의 의미는 김동민의 「조선조 간행본 『춘추(春秋)』 주해서(註解書)의 특징 -규장각 소장 『춘추』 자료를 중심으로」(『한국문화』 73, 2016.) 25~33쪽 참조.

27) 『일성록』 정조 22년 5월 3일(10).

28) 정조, 『弘齋全書』 권184, 羣書標記, 「春秋註解考異」.

공양씨(公羊氏)·곡량씨(穀梁氏), 당(唐)의 담조(啖助)·조광(趙匡)·육순(陸淳), 송(宋)의 손명복(孫明復)·호안국(胡安國)·장흡(張洽)이다.[29] 춘추학에 대해 해박하고 고르게 평가한 듯하지만 강령처럼 높이 평가한 대상은 『좌전』, 『공양전』, 『곡량전』인 이른바 삼전(三傳)이었다.

> 『춘추』를 읽을 만한 곳이 없다고 하면서 삼전(三傳)을 묶어 높은 시렁에 얹어놓지 말라. 이 의리는 길이 우주 사이에 남아 해와 별과 함께 광채를 보전할 것이니, 어찌 강구하여 밝힐 방도를 생각지 않을 수 있겠는가.[30]

춘추학에서 삼전이 갖는 높은 권위를 감안할 때 정조의 호평이 이채롭다고 할 수는 없다. 오히려 눈길을 끄는 것은 당시 조야에서 춘추의리의 전거로서 중시하였던 『춘추호전』이 크게 강조되지 않고 주석가의 하나 정도로 여겨진 일이다. 필자는, 정조가 『춘추호전』을 집중적으로 평가한 자료도 찾지 못했다. 다만 간접적인 자료는 있다. 『논어』 「헌문(憲問)」을 강의하며 정조는, 난적에 대해 호안국(胡安國)이 '먼저 토벌하고 나중에 아뢰어도 된다'고 주석한 것을 비판하였다. 공자의 본의를 잘못 보았고, 정자(程子)와도 다르다는 이유에서였다.[31]

『춘추호전』에 대한 정조의 무관심은 그가 『좌전』을 높이 평가했던 점이 더 직접적인 요인일 듯하다. 정조가 강독과 서적 편찬에서 『좌전』을 위주로 한 것은 앞 절에서 본 바이다. 삼전에 대한 비교에서는 『좌전』에 대한 인식이 직접적으로 드러났다.

29) 정조, 『弘齋全書』 권106, 經史講義, 「總經」.

30) 정조, 『弘齋全書』 권34, 「贈左議政忠武公李舜臣加贈領議政敎」.

31) 정조, 『弘齋全書』 권74, 經史講義, 「論語」.

좌씨는 사학자(史學者)이고 공양씨와 곡량씨는 경학자(經學者)이다. 사실을 기록한 것은 좌씨가 공양씨와 곡량씨보다 상세하고, 의리를 풀이한 것은 공양씨와 곡량씨가 좌씨보다 정밀한데, 이는 진실로 3전에 대한 정평이다. 그리고 의리는 일의 이치이고 일은 의리의 자취이니, 자취를 버리고 의리를 말한다면 그 의리는 빈말이 되며 이치를 도외시하고 일을 논한다면 그 일은 참다운 자취가 아닐 것이다. … 그래서 나는 일찍이 『춘추』에 있어서는 마땅히 좌씨를 위주로 해야 한다고 생각했는데, 그것은 그가 직접 국사(國史)를 보아 공양씨와 곡량씨처럼 모호하지 않기 때문이다. 그런데 공양씨와 곡량씨의 학문은 모두 자하(子夏)에게서 나온 것이니, 그 깊이 있는 내용과 뜻은 공자에게서 얻은 것이 반드시 많을 것인데 도리어 좌씨의 과장된 것만 못한 것은 어째서인가?[32]

정조는 삼전의 특징을 나름대로 평가하였다. 좌씨는 사학자이고 사실 기록에 충실한 반면, 공양씨와 곡량씨는 경학자이고 의리의 풀이가 정밀하다. 그런데 공자-자하를 계승하여 의리에 밝은 공양씨와 곡량씨가, 때론 과장이 있는 좌씨보다 오히려 못한 것은 왜일까. 좌씨의 장점은 국사를 맡아 기록에 모호하지 않고 의리를 증빙하고 있기 때문이었다. 정조는 다른 자리에서도 “여러 전(傳) 중에서 좌씨의 전이 가장 나은 것은 옛날과 멀리 떨어지지 않아 기사가 매우 상세하기 때문이다”고 분명하게 밝혔다.[33]

정조는 ‘『좌전』의 문사를 지독히 좋아해서 교정·간행하였고 긴 여름낮과 겨울밤의 여가에 읽었다’고 하였다. 개인적인 독서 취향도 작용했겠지만 무엇보다 ‘대의리(大義理)와 좋은 문장에는 이만한 책이 없기 때문’이었다.[34] 결국 가장 큰 이유는 사실[史]로서 의리[經]를 잘

32) 정조, 『弘齋全書』 권108, 經史講義, 「總經」.

33) 『일성록』 정조 22년 12월 13일(8).

드러냈다는 점이었다.

> 『좌전』은 사건을 극도로 자세하게 서술한 대목도 있고 글을 지극히 간략하고 오묘하게 쓴 곳도 있지만, 전편에서 말한 바는 조빙(朝聘), 회맹(會盟), 전진(戰陳), 공벌(攻伐)에 관련된 일에 지나지 않는다. 그런데 단락마다 곡절이 각각 다르기 때문에 처음 보았을 때는 뒤섞여서 어지러운 듯하지만, 꼼꼼히 따져 보면 피차와 빈주(賓主)가 모두 분명하다. 옛사람이 '『좌전』은 과장되었다'라고 말하였지만, 과장된 가운데 간결하고 정연하면서 신묘한 수단이 있기 때문에 『춘추』 삼전 중에서 가장 읽을 만하다. 그렇지만 읽는 자들이 만약 문자만을 알고 이렇듯 정밀하고 미세한 필법을 이해하지 못한다면 작자의 본뜻을 크게 놓치는 것이 되니, '결코 잘 이해하지 못한 채로 읽어 나가서도 안 되고 데면데면한 마음으로 봐 넘겨서도 안 된다'고 한 것이 바로 이 책을 가리킨다.[35]

『좌전』은 기술이 때론 과장까지 있었지만 사실에 가장 충실하였고, 맥락까지 따져 읽으면 미세한 부분에서 대의를 읽어낼 수 있었다. 어렵고 따라서 대중적으로 읽히는 경서도 아니었지만 기실은 가장 중요한 의리를 은연중에 드러내었다. 이른바 '공자의 미언대의(微言大義)'에 도달하는 발판이 된다. 때문에 정조는 주자가 『주역』, 『시경』, 『서경』을 강인하고 『춘추』는 단지 좌씨의 경문(經文)만을 취해 따로 한 책을 만들고 사경(四經)으로 강인한 것[36]도 높이 평가하였다.

한편 정조의 『좌전』 이해는 당대의 학자들 특히 고염무(顧炎武)의 견해를 수용하는 등 제설(諸說)을 종합했다는 면모도 밝혀지고 있

34) 정조, 『弘齋全書』 권165, 日得錄, 「文學」.

35) 정조, 『弘齋全書』 권164, 日得錄, 「文學」.

36) 『일성록』 정조 22년 5월 3일(10).

다.[37] 정조가 고염무를 중시했던 사실은 당시 조선의 학자들에게도 일정하게 인정되었다. 홍석주는 "정조께서 『춘추좌씨전』를 편수하도록 하고 그 첫머리에 여러 유학자들의 이름을 특별히 쓰고 '명나라 고염무의 지조가 이제야 비로소 크게 만세에 밝혀졌다'고 말씀하셨다"라고 전한다.[38]

2) 춘추의리 인식

정조는 공자의 공덕 가운데 『춘추』 저술을 으뜸으로 꼽았다. 또 『춘추』의 의리는 존왕(尊王)이 가장 중요하다고 했다.[39] 『춘추』가 위

37) 주지하듯 현존하는 『춘추』는 노나라 隱公에서 시작하고 공자가 편수했다고 한다. 은공 이전을 기록한 『춘추』에 대한 공자의 관계 여부는 공자가 『춘추』를 述而不作했는지 아니면 『춘추』를 짓고[作] 微言大義를 전했는지를 결정하는 중요한 문제였다. 정조 또한 『춘추』에서 이 문제를 중시하였고 대략 '은공 이전의 『춘추』는 공자가 술이부작 하였는데 이후 사라졌고, 은공 이후는 공자가 지었다'고 여겼다. 이 같은 견해는 고염무의 견해(『日知錄』 권4, 「魯之春秋」)를 수용한 듯하다.(김동민, 앞 논문, 2014(c), 253~256쪽.); 신재식은 정조와 서유구, 성해응 등이 고염무의 '春秋曆法'을 적지 않게 참조한 사실을 밝혔다.(신재식, 앞 논문, 112~129쪽.)

38) 홍석주, 『鶴岡散筆』 권4, "正廟朝, 命修春秋左氏傳, 其首卷列諸儒名氏特書, 曰 : '明顧炎武亭林之志, 於是乎, 始大白于萬世矣.'"(신재식, 앞 논문, 50쪽 재인용); 정조가 편찬한 『춘추좌씨전』의 서두에 「諸儒姓氏」 항목이 있고 周의 공양씨와 곡량씨부터 시작해, 漢 8인… 宋 26인, 元 4인, 明 10인의 주석가 이름이 나열되었다. 마지막 인물은 고염무이다. 그러나 이름만 적혀 있을 뿐 홍석주가 전한 정조의 언급은 없다. 따라서 『학강산필』 외에 정조의 말을 확인할 자료는 없다. 하지만 경화의 이름난 학자였던 그의 전언을 무시할 수는 없고 또 그가 '이후 청의 사자가 올 때 이 부분을 삭제했다'는 뒷얘기까지 서술했으니 신빙성이 있다고 판단된다.

39) 정조, 『弘齋全書』 권7, 「謹題敬奉閣 -幷小序」.

대한 이유는, 경서는 도리를 말하였고 사서는 사적을 말했는데 『춘추』는 경서이자 사서였으므로 경사가 보완되었기 때문이다. 도리와 사적이 겸비되었으므로 '정치의 이상적인 기준[三重之柯則]'이었다. 때문에 『춘추』를 읽는 이가 많아질수록, (비록 깊은 이해에는 이르지 못하더라도) 왕도를 존숭하고 군자를 끌어들이게 되므로 효과도 지대하였다.[40]

『춘추』의 공덕과 효과는 여러 춘추의리 중에서 존왕의 의리가 가장 중시되었기 때문이다. 정조가 『춘추』를 들어 존왕의 의리를 언급한 것은 여러 차례였다. 즉위 초인 1778년(정조 2)에 정조는 산림 송덕상을 만났다. 송덕상은 정조가 효종-송시열의 뜻을 계승하고, 송시열의 만동묘 건립 추진을 비판했던 이명휘에 대한 처단[41]을 찬양하였다. 그러나 이어지는 정조의 답변은 뜻밖이었다.

> 『춘추(春秋)』 1부(部)를 사람들은 모두 '난적(亂賊)을 베고 난역(亂逆)을 토죄하는 책이다'라고 하지만, 나는 이뿐만이 아니라고 생각한다. … 전편의 대의를 논한다면 '천륜(天倫)을 밝히고 인기(人紀)를 확립시킨다[明天倫立人紀]'는 것이다. 주토(誅討)하는 의리에 이르러서는 이것이 천륜을 밝히고 인기를 확립시키는 가운데의 한 가지 일인데, … 비록 현재의 일을 가지고 논하여 보더라도 이미 악역(惡逆)을 범하여 용서할 수 없는 죄인은 진실로 주토하지 않을 수 없겠지만, 사후(嗣後)한 도리에 있어서는 그 대본(大本)을 밝혀서 범하는 일이 없도록 기필하는 것이 가한 것이다. 무엇을 대본이라고 하는가 하면, 곧 위에서 이른바 천륜을 밝히고 인기를 확립시키는 것이 이것이다. 진실로 조정에 이런 천륜을 밝히고 인

40) 정조, 『弘齋全書』 권45, 「春秋編印摠裁左議政蔡濟恭右議政李秉模辭賞箚批 -二首」.

41) 정조가 이명휘를 국문하고 귀양 보낸 일은 『정조실록』 즉위년 4월 18일(1)에 보인다.

기를 확립시키는 것을 순(舜)이 설(契)에게 명한 때처럼 한다면, 태평성대가 되어 이웃이 모두 착해지는 효험을 발돋움하여 기다릴 수 있을 것인데, 다시 어떻게 주토(誅討)를 일삼을 수 있겠는가? 이것이 내가 천륜을 밝히고 인기를 확립시키는 것이 『춘추』의 대의가 되고, 주토하는 것이 대의 가운데 한 가지 일이 된다는 이유이다.[42]

정조는, 자신의 처분이 춘추의 토죄(討罪)하는 의리에서 비롯하지 않았고, '위에서 천륜을 밝히고 기강을 세우는 일'이라는 대본과 대의에 기초한 것이라고 하였다. 또 난역자에 대한 처리에서도 자신은 '순이 설에게 한 것'처럼 하겠다고 했다. 이는 '백관이 친목하지 않고 오륜이 어지러워지자, 순이 설을 사도로 삼아 오륜을 가르친 일'을 말한다. 다시 말해 정조는 자신이 즉위 초에 송시열을 비판한 이들을 처단했지만 이는 군주가 천륜과 기강을 세우는 차원에서 수행하였고 그것이 『춘추』의 대의이므로 난역자에 대한 처리에서도 군주가 천륜과 기강을 세운다는 원칙에 따라 처리하고, 조정을 화합하겠다고 밝혔다.

정조의 논리대로라면 존주의리는 군왕이 세우는 기강이 핵심이고, 토죄는 그 과정에 종속되었다. 이는 춘추의리를 빌어 토죄의 정당성을 확보하는 통념과 크게 달랐으므로, 송덕상은 당황하였다. 그는 정조의 발언이 마치 하나인 의리를 둘로 쪼개놓은 듯하다고 보았다. 그리고 '토죄는 천리를 밝히는 것이고, 일의 단서와 같아서 이를 통해 전체가 밝아진다'고 하였다. 정조가 내건 논리를 강경하게 부정하지는 않았지만 토죄는 꼭 필요한 순서라고 못 박은 셈이다. 정조도 한발 물러서서 순서로 보면 옳다고 동의했다.[43] 어

42) 『정조실록』 2년 12월 12일(1).

색한 상호 동의에도 불구하고 송덕상과 정조의 견해차는 크다. 송덕상은 불가피한 순서로 보거나 혹은 동전의 양변처럼 여기는 데 반해 정조는 본말로 나누어 군주의 처분에 따라 토죄를 생략할 수도 있기 때문이다.

『춘추』의 대의가 군주가 세우는 기강이라면 군주가 주도권을 쥐고 『춘추』의 의리를 해석하거나 적용하는 일이 중요해진다. 그런데 의리는 쉽게 살필 수 없고 특히 공자가 『춘추』를 지을 때 미세하게 혐의를 분별해 놓았으므로 이를 밝히는 일은 더욱 쉽지 않았다.44) 정조가 생각한 의리와 이에 대한 올바른 해석은 다음과 같다.

> 공자는 이 장(『논어』 「팔일」편-필자)에서 의당 성왕(成王)과 백금(伯禽)의 잘못을 말씀해야 했을 터인데도 언사 가운데 조금도 언급함이 없었으니, 이것이 이른바 『춘추』의 은미하면서도 곡진한 의리 중의 하나일 것이다. … 어떤 일이나 어떤 대상에도 의리가 없는 것은 없고, 의리 중에 또한 두뇌와 지엽이 없는 것은 없다. … 얕은 곳을 말미암고 깊은 곳을 말미암으며 무거운 곳을 말하고 가벼운 곳을 말하더라도 귀결되는 곳은 모두가 의리이니, … 그러므로 성인의 문(門)을 보면 실로 형용하거나 엿보아 헤아리기가 어렵지만, 천만 마디 말씀이 같으면서도 다르고 다르면서도 같아서, 필경에는 지극히 정미한 의리는 그 오묘함이 신(神)의 경지에 들고 중정(中正)의 이치는 황극(皇極)이 되는 것으로 귀추된다. 배우는 자가 여기에서 『춘추』의 깊은 뜻을 『논어』의 은미한 말에서 구하기도 하고 『논어』의 실마리를 인하여 『춘추』의 지파(支派)를 탐색하기도 하여 유별로 취하여 보고 체득해 낸다면, 오랫동안 힘을 쓰는 사이에 반드시 조금씩이나마 깨닫게 되어 거의 자득하는 바가 있게 될 것이다.45)

43) 정조와 송덕상의 대화는 『일성록』 정조 2년 12월 12일(2)에 더 자세하여 이를 통해 보충하였다.

44) 『일성록』 정조 22년 7월 20일(1).

정조는 『논어』를 읽을 때에 『춘추』를 대하듯 은미한 뜻을 터득하려 노력했다. 사실 모든 경서에 흐르는 의리는 천변만화하여 중요하거나 지엽적이고, 동이(同異)가 있다. 그러나 정조는 궁극적으로 하나의 의리로 귀결한다고 보았다. 문제는 이를 활연(豁然)하게 깨닫는 일이다. 특히 군주의 경우라면 더욱 그렇다.

정조는 미언대의를 깨닫기 위해 각고의 노력을 기울였다. 40년 동안 실천한 것이 오로지 여기에 있으며 일상생활의 행동거지와 언행에 있어서 비록 남들은 알지 못하는 급한 순간이나 아주 짧은 시간이더라도 공력을 쏟으며 잠시도 손을 놓지 않았다고 하였다.[46)]

정조는 1797년(정조 21) 『춘추좌씨전』의 편찬이 마감될 무렵 『춘추』의 다단(多端)한 의리를 관통하고 정리할 수 있었다. 편찬에 참여했던 채제공이 상전(賞典)을 사양하며 "『춘추』의 뜻은 대략 10가지가 있는데 그중 하나는 주(周)나라의 문(文)을 계승하여 질(質)로 돌아가는" 의리를 말하였다. 이에 대해 정조의 답변이다.

> 이는 문(文)이 우세하기 때문일 뿐이다. 이제 문을 변화시켜 질(質)로 되돌아가려고 한다면 이는 강물을 옮겨 산으로 가게 하려는 것과 같으니 너무 우활한 듯하지만 시중(時中)의 뜻을 이것 말고 어디에서 구하겠는가. 그러므로 '『춘추』에 대해 무엇으로 표준을 삼아야 할 것인가. 『중용(中庸)』만한 것이 없다'[47)]라고 한 것이다.[48)]

성인의 은미한 의리는 결국 시중(時中)을 잡는 『중용』으로 귀결하

45) 정조, 『弘齋全書』 권122, 魯論夏箋, 八佾篇, 「孔子謂季氏章」.
46) 『일성록』 정조 22년 7월 20일(1).
47) 程頤의 말로서 『二程遺書』 또는 『近思錄』 「致知」 편에 보인다.
48) 『일성록』 정조 21년 12월 23일(1).

였다. 정조는 이 견해를 승하할 때까지 견지하였다. 『춘추』의 의리를 강조하는 좌의정 심환지와 우의정 이시수에 대해 정조는 "천지의 도(道)는 평이하고 간략할 따름이고, 천하의 일은 두루 다스리는 것일 뿐이다. 지금에는 이것이 더욱 시기에 맞춰 적절하게 조처하는 것이니, 나는 이것으로써 저울로 삼고 자로 삼으려고 한다"고 하였다.[49] 평이, 간략, 두루 적절한 조처와 저울과 자는 모두 임금의 공평과 때에 따른 균형을 말한다.

4. 『춘추』의 적용

1) 국왕의 의리 해석과 신하의 수용

『춘추』에서 중용과 권도를 강조하는 논리는 정치 현장에서는 어떻게 작동할 것인가. 먼저 정조가 생각한 경학의 과정과 군주의 위상을 간략히 점검할 필요가 있다.

경학은 성인의 행적이 담긴 경서의 본의를 해석하는 작업이다. 공자가 미언(微言)으로 대의(大義)를 부식했다는 『춘추』의 경우 주석으로 공자의 본의를 드러내는 작업이 더욱 중요하다. 정조 또한 "의리가 미세한 것은 그 말이 은미한데, 은미한 것은 성인(聖人)에게 달렸고, 미세한 것을 드러내고 은미한 것을 나타내는 일은 후세에게 달렸다"[50]며 후세의 현양을 강조하였다.

49) 『일성록』 정조 24년 2월 5일(4).

정조의 군사론(君師論)에 대한 연구는 학계에서 충분히 축적되었다. 최근에는 정조가 경학 이해를 통해 자신과 신료들 사이에 넘을 수 없는 분계를 제기했다는 점도 조명되었다.[51] 이에 기초하여, 군주의 위상과 경전 해석에 대한 정조의 견해를 종합해 본다면 군주는 공자와 주자의 후인으로서 성인들의 은미한 의리를 해석하여 드러내며 은미하고도 상징적인 의리를 제창하거나 행사할 수 있었다.

그런데 정조의 논리대로라면, 『춘추』의 불변하는 의리를 강조하여 국왕권을 제약해 왔던 신하들의 역할은 약해지거나 수동적이 되지 않을 수 없었다. 의리가 정미한 부분에 대해 군주가 때에 따라 해석하므로, 신하들은 직접적으로 참여하고 다른 견해를 제기하기가 어렵다. 임금이자 스승인 군주가 '의리에 대해 분명히 분변하고 깊이 살피며 굳게 지키고 독실하게 믿고 있으므로 지금 조정에 있는 신하는 다만 가르침을 따르기에도 겨를이 없어야 한다.'[52] 만약 혹자가 '큰 의리의 가장 중요한 부분이기 때문에 한쪽을 배척하고 한쪽을 편들더라도 안 될 것이 없다'라고 다른 견해를 낸다면, 정조는 '어찌 사람마다 이와 같이 하여 막중한 의리를 저들의 장난거리로 삼게 하겠는가. … 이른바 의리라는 것이 도리어 이들 때문에 무너지고 있는데 막지도 못하고 중지시키지도 못하는 상황'이라며[53] 신하들의 구구한 의리 해석을 비판하였다.

정조의 이 같은 논리가 잘 적용된 사례는, 인조반정 이후 자결한 박승종(朴承宗)에 대한 처분을 내릴 때였다. 박승종의 후손들은 1790

50) 『일성록』 정조 16년 5월 22일(1).

51) 백민정, 「정조의 경학 이해와 정치의 문제」, 『한국문화』 89, 2020.

52) 『일성록』 정조 22년 7월 20일(1).

53) 『일성록』 위 기사.

년(정조 14) 이후 지속적으로 박승종과 그의 아들 박자흥에 대한 신원을 요청했다. 1799년 9월에 박승종의 후손 박기덕이 상언하자 정조는 시대가 흘렀으므로 처분을 재고해야 한다는 취지를 밝혔다.

> (박승종의 일은) 연전에 그의 집안사람이 호소했을 때 마땅히 참작할 점이 있다고 판하했었다. 이 일은… 그대로 논하지 말도록 하는 것은 아무래도 시대 상황에 맞게 조처하는 법도에 어긋나는 듯하다. 성조(聖祖, 인조)께서 반정했던 초기에는 조정의 처분이 그와 같이하지 않을 수 없었으나 오늘의 시점에서 성조의 마음을 내 마음으로 삼아 밖으로 드러내지 못했던 깊은 뜻을 드러내려고 한다면 또한 시대 상황에 맞게 조처하지 않을 수 없는 것이다. 이것이 이른바 『춘추』의 대의는 '풍경을 구경할 때 발걸음을 옮길 때마다 모양이 바뀌는 것'[54]과 같다는 것이다. 대신(大臣)과 전임 의금부 당상 등에게 물어서 아뢰도록 하라.[55]

정조는 인조반정 초기의 처분은 인정하지만, 지금은 인조가 밖으로 드러내지 못했던 깊은 뜻을 드러내는 일이 맞다고 보았다. 마치 성인의 미언대의를 계승하듯, 자신이 성조를 계승하여 기존과는 다른 조치를 암시하였다. 그리고 『춘추』의 대의는 사례에 따라 달라진다는 주희의 말을 인용하였다.

박승종의 사례는 정조가 말한 "형적에는 용서할 만한 점이 있지만 마음이 용서할 수 없는 경우에는 그 마음만을 주벌하고, 형적은 용서할 수 없지만 마음에는 용서할 만한 점이 있는 경우에는 특별히 그 형적을 용서하였다"[56]는 경우에 해당할 수 있을 것이다.

---

54) 주희의 말이다. 朱熹, 『晦庵集』 권39, 「答柯國材」, "春秋一事, 各是發明一例, 如看風水移步換形."

55) 『일성록』 정조 23년 8월 22일(27).

박승종에 대한 사안은 사실 중요한 문제가 아니었으므로 신하들도 불가를 굳게 주장하지 않고 정조의 재결에 따른다는 정도로 그쳤다. 정조도 참작할 바가 있다는 점은 분명히 했지만 소청을 윤허하지 않았다. 여담이지만 박승종·박자흥의 신원은 1857년(철종 8)에 이루어졌다.

정조 말년에 화완옹주를 처분하는 문제에서는 『춘추』 의리에 대한 해석이 관건이었다. 정조의 군왕의 천륜을 강조하고 군왕이 기강을 세우는 것이 춘추의 대의이자 대본이라는 논리를 구체적으로 논하였다.

『춘추』가 지어진 뒤로 임금은 임금답고 신하는 신하답고 아비는 아비답고 자식은 자식다워야 하는 대륜(大倫)이 바루어지고 대강(大綱)이 정립되어… 우뚝하여 뽑을 수 없는 형세가 있게 된 것은 부자(夫子)의 공이다. 그러나 이른바 그 대의라는 것은 수십 개의 은미한 말과 뜻으로 상황에 따라 합당하게 대응해야 하는 것이니, 정미한 뜻이 신(神)의 경지에 들어선 바로서 어떤 것에 응하든 모두 합당하여 마치 걸음을 옮기면 그림자가 변하는 것과 같아 획일적으로 논할 수 없다. 공이 있는 자를 억누르는가 하면 죄가 있는 자를 놓아두기도 하며, 자취가 드러나지 않았는데도 그 마음을 주벌하여 빼앗는가 하면 뜻이 이루어지지 않았는데도 그 마음을 이해하여 인정해 주기도 하며, 중국의 일을 물리치는 경우가 있는가 하면 이적의 일이라도 끌어올려 주는 경우가 있다. 그러므로 『춘추』를 배우는 사람은 반드시 묵묵히 이해하고 마음으로 통하여야 그 은미한 경지에 나아갈 수 있다고 하는 것이니 예에 구애되는 사람과는 대사를 말할 수 없고 법에 제어되는 선비와는 다스림을 논할 수 없다. 난적을 주벌하는 것은 대체로 군부를 높이기 위해서이다. 그러나 친족 사이의 화목

56) 『일성록』 정조 22년 6월 21일(2).

을 온전히 하는 것이 혹 난적을 주벌하는 것보다 중요할 경우도 있으니, 그때그때 상황에 따라 경중을 달리하는 것이다.[57]

정조는 대의는 수십 개의 은미한 말과 뜻으로 상황에 따라 합당하게 대응한다고 보았다. 획일적인 포폄, 토죄, 존화양이 등은 없다. 예·법에 구애되는 선비와 다스림을 논할 수 없으며, 친족의 화목을 온전히 하는 의리가 난적을 주벌하는 의리보다 중요한 경우도 있다.

기존에 죄를 범한 왕의 친족에 대해서는 은전은 사친(私親)이고, 주벌은 공의(公議) 형식으로 다루어졌다. 그러나 정조는 국왕의 은전 또한 천륜을 세우는 대의(大義)에 기반했음을 분명히 하였다.

2) 『춘추』와 『명의록(明義錄)』

정조는 즉위 초에 홍인한·정후겸 등을 숙청하고 『명의록』을 간행하였다. 편찬 과정에서 내장한 일기(『존현각일기』)를 『춘추』의 경문(經文)을 본받아 대문(大文)으로 할 정도로 『춘추』를 의식하였고, 편찬 후에는 "『명의록』은 일부(一部)의 『춘추』 또는 우리 동방의 『춘추』"라고 자주 언급하였다. 이 표현은 고종 때까지 이어졌다. 정조는 "마음속 『춘추』가 따로 있다"[58]고도 했는데 그 구체물이 바로 『명의록』이라 할 수 있다.

정조가 밝힌 『명의록』의 취지를 보면 '『춘추』 필법을 빌려 난역

---

57) 『일성록』 정조 23년 3월 24일(3).

58) 정조, 『弘齋全書』 권7, 「春秋完讀日慈宮設饌識喜唫示諸臣 -幷小序」.

자를 처리했다'는 것이 명확하다. '명의(明義)'라는 제목 자체도 그렇고, 역적의 근원을 밝히고 징토의 대상들의 자취를 게시하여 명확히 하였기 때문이다.[59]

한편 정조는 선대에서 너그럽게 처분한 사안에 대해서 후대가 일일이 감죄하는 것은 계지(繼志)가 아니라고도 했다.[60] 이 관계는 『명의록』에도 적용된다. 『명의록』에서 『춘추』의 뜻을 취한 이유는 '선후(先后)가 모든 것을 받아들였던 아름다움을 드높여 후사를 이은 임금으로서 선대의 업을 이어받는 방도'를 취했다는 것이다.[61]

두 원칙은 표면상 충돌하는 듯하다. 앞에서 본 바와 같이 정조는 『춘추』에서 존군의 의리를 대의로 보고 징토의 의리를 그에 종속시켰고, 역모에 관련된 종친들에 대해서는 예법에 구애되는 획일적인 처분이 아니라 마음을 헤아리고 친목을 다지는 처분을 정당화하였다.[62] 정조의 이 같은 면모는 일찍부터 '권도론'으로 불리며 주목받았고 절대적이고 전제적인 면모로 평가되곤 한다.[63]

그러나 신하들의 입장은 정조와 달랐다. 역적을 드러내면 신하들은 엄히 징토하지 않을 수 없었다. 때문에 『명의록』은 정조 당대는 물론 이후에도 『춘추』 의리와 병칭되며 엄격한 토죄의 근거가 되었다. 『명의록』 때문에 종친 또한 엄격한 처벌을 피해갈 수 없었던 것이다.

59) 정조, 『弘齋全書』 권163, 日得錄-三, 「文學-三」.

60) 정조, 『弘齋全書』 권168, 日得錄-八, 「政事-三」.

61) 정조, 『弘齋全書』, 윗글.

62) 『일성록』 정조 23년 3월 24일(3).

63) 박현모, 「정조의 정치현실 인식과 權道論」, 『한국학보』 97, 1999; 이진경, 「정조 군주론의 한송절충적 양상」, 『율곡학연구』 45, 2021.

1786년(정조 10) 12월에 정순왕후가 전교를 내려 홍국영-은언군-상계군 등을 성토한 큰 사건이 일어났다. 정조와 정순왕후는 이 일로 크게 대립했지만 결국 정조는 왕대비에게 존호를 올리는 등으로 정국을 수습하려 했다. 하지만 이듬해 김종정이 『명의록』을 들어 정순왕후의 오빠 김귀주를 논척하는[64] 등 『명의록』이 피아를 가리지 않고 동원되는 양상이 빚어졌다. 『명의록』의 취지를 따라 징토를 엄히 하라는 상소에 대해 정조는 '충신과 역적을 드러내는 일은 그대들의 말을 따르지 않는다'며 과도한 동원을 차단하였다.[65]

이후에도 신하들은 『명의록』을 제기하여 역적을 분명하게 밝혀 토죄하였고, 정조는 반대로 『춘추』에 의거해 은미하게 처리한 것이니 자신의 의도를 왜곡하거나 과도하게 해석하지 말라 하며 계속 대립하였다.

1792년 임오의리 문제가 불거지자 시파와 남인을 중심으로 토죄 논의가 크게 일어났다. 시파의 영수인 서유린은 '『명의록』은 우리나라의 『춘추』이니… 징토하는 의리는 하나이고 난신역자의 근원도 하나이니 1748년(영조 24) 이래의 역적을 토죄하고 책으로 반포할 것'을 청하였다.[66]

우의정 김이소 역시 『춘추』와 『명의록』을 거론하였다.

> 『명의록』 한 부가 우리 동방의 『춘추』가 되어 우레와 천둥처럼 번쩍이고 해와 달처럼 빛나는데… 역적을 토죄하는 것이기에, 선유(先儒)들은 '신하된 자는 『춘추』의 의리를 몰라서는 안 된다'라고 했지만 신은

64) 『일성록』 정조 11년 1월 14일(9).
65) 『일성록』 정조 11년 4월 26일(8).
66) 『일성록』 정조 16년 5월 5일(4).

또한 '오늘의 신하된 자는 『명의록』의 의리를 몰라서는 안 된다'고 생각합니다.67)

『춘추』와 『명의록』을 들어 역적의 뿌리를 낱낱이 명백하게 밝히라는 신하들의 요구에 대해 정조는 은미하고 완곡한 『춘추』 의리로 대응하였다.

경은 모쪼록 『춘추』를 보라. 그 수십 가지의 대의(大義)는 은미하면서도 완곡하고 완곡하면서도 은미하여 얕은 식견으로는 쉽게 이해할 수 있는 것이 아니고 깊이 연구하고 힘써 탐구한 뒤에야 겨우 그 대의가 해와 별처럼 찬란히 빛나는 것을 엿볼 수 있을 것이니, 이것이 『춘추』가 성인의 훌륭한 문장인 까닭이다.68)

『춘추』에서 의리를 처리한 방식은 『명의록』에서도 마찬가지였다.

의리가 미세한 것은 그 말이 은미한데, 은미한 것은 성인(聖人)에게 달렸고, 미세한 것을 드러내고 은미한 것을 나타내는 것은 후세 사람에게 달렸다. … 한 권의 『명의록』에서 어떤 역적이 모년의 역적이라고 말하지 않았던 것은 『춘추』의 필법에 부치려 한 나의 뜻이었다. 역적 구선복의 일은, 몹시도 흉악한 그의 짓을 어찌 하루라도 용서할 수 있겠는가마는, 또한 반드시 스스로 천주(天誅)를 범하기를 기다린 뒤에 그를 주벌하였다. … 전후의 처분을 꼼꼼히 따져보면 내 의도가 어디에 있는지 거의 알아 깨달았을 것이다. … 천리가 밝지 못하고 사람의 기강이 서지 못하였는데 모든 백성들이 바라보는 자리에 있으면서 천명할 방도를 생각하지 않을 수 있겠는가.69)

67) 『일성록』 정조 16년 10월 18일(2).
68) 『일성록』 정조 16년 5월 5일(4).

정조는 군주의 천명(闡明)은 『춘추』를 본받아 은미하게 처리하는 것이기에 낱낱이 밝히지 않아도 때가 되면 스스로 드러난다 하였다.

정조의 논리는 상대 정파를 원천적으로 단죄하는 단순한 흑백논리를 차단하는 효과가 분명하다. 하지만 군주의 은미하고 완곡한 영역에 대해 신하들이 이의를 제기할 여지는 협소해진다. 공론장 자체가 위축될 수 있었고, 실제 신하들이 이 논리에 깊이 공감하지도 않았다. 1795년 이후 화완옹주에 대한 정조의 관대한 처분이 큰 문제를 야기했을 때 정조와 신하들이 나눈 대화이다.

좌의정 유언호 : 『명의록』은 하나의 『춘추』와 같습니다. 만약 이 사람(화완옹주-필자)에 대해 엄하게 하지 않는다면 나라는 나라 구실을 못하고 사람은 사람 구실을 못하게 될 것입니다. …

정조 : 성 밖에 출치(黜置)하는 형전은 죄를 완전히 용서해 주는 것과 차이가 있으니 공법과 사사로운 은혜가 모두 행해졌다고 할 수 있다.

유언호 : 성상의 이 하교는 신들로 하여금 더 이상 말하지 못하게 하시려는 것 같습니다. 『명의록』은 금석과 같으니 다시 심사숙고해 주소서.

우의정 채제공 : 전하께서 온전히 보전하신 것은 바로 사사로운 은혜이고 신들이 계속 간쟁하는 것은 바로 공법입니다. … 게다가 정처의 죄악은 『명의록』에 실려 있습니다. 『춘추』와 같은 『명의록』을 팔방에 공포하시고 지금 전하께서는 이것은 우선 놔두고 내 말만 들으라고 하시니 무슨 하교란 말입니까?

정조 : 『명의록』에 본래 그렇게 되어 있는 이상 그의 죄는 원래 그대로 남아있지만, 선조(先朝, 영조)께서 총애하신 뜻을 본받고 가법(家法)으로 볼 때 인륜을 돈독히 하는 정리를 계술(繼述)하여 그로 하여금 편한 대로 거주하게 한 것이니, 경도(經道)나 권도(權道)에 있어 중도(中道)를

69) 『일성록』 정조 16년 5월 22일(1).

얻었다고 할 만한데 경들이 무슨 간쟁할 단서가 있겠는가.70)

신하들은 『춘추』와 『명의록』을 동일시하며 정조의 관대한 처분을 반대하였다. 화완옹주의 죄가 이미 『명의록』에 실려 있기에 사실 정조의 논리는 궁색한 점이 있다. 때문에 정조는 『명의록』을 통해 명분은 정해졌고 화완옹주에 대한 은전은 영조의 뜻을 이어받은 권도라고 결정하였다. 그러면서 신하들의 간쟁하는 의리 또한 양립한다고 하였다.

선조의 아름다운 덕을 드날리는 것은 자식의 도리상 당연한 일이요, 임금의 아름다운 덕을 선양하는 것은 신하의 분의(分義)상 당연한 일이다. 경의 말이 나의 말이요, 나의 마음이 곧 경의 마음이라 하겠다. … 경이 평소 소신으로 삼는 하늘과 땅을 지탱시키는 진정한 대의리가 조금이라도 흠이 생기거나 한쪽으로 기울어지는 일이 없이 지금까지 나와 뜻을 함께한 점이 천년 억년토록 영원히 할 말이 있게 되기를 바란다. … 대신과 여러 신하들이 피눈물을 흘릴 정도로 통분함을 느꼈던 것은 그들의 분의로 볼 때 감히 그렇게 하지 않을 수 없었을 것이다.71)

논쟁이 치열한 와중에 정조가 유언호에게 보낸 전교이다. 결국 정조는 자신의 의리와 신하들의 의리가 양립하는 분의(分義)를 긍정하게 되었다. 즉위 초에 송덕상이 정조의 논리대로라면 '대의를 쪼갤 수 있다'고 비판하였던 그 지점까지 도달한 것이다.

유교의 공리(公理)가, 특히 정치 명분에서 전제처럼 작동하였던 당시 상황에서 처지의 다름에 대한 긍정은 분명 진일보한 측면이 있

70) 『일성록』 정조 19년 3월 28일(17).

71) 『일성록』 정조 19년 10월 29일(5).

다. 하지만 그에 대한 격렬한 반대를 억누르기 위해 존왕(尊王)이 동원되는 것은 또한 공공성을 억제하는 역기능을 불렀다. 정조가 정치명분에서 시중(時中)을 택했다면 이는 피할 수 없는 수순이었다.

5. 맺음말

정조는 『춘추좌전』를 중시하며 평생을 궁구하고 새 간본을 편찬하기도 했다. 그의 『좌전』 공부에는 개인적인 호오도 작용했지만, 『춘추』의 성격과 이를 대하는 후인의 태도와 관련 있었다. 후인들에겐, 공자가 사실을 정리하며 『춘추』에 전한 미언대의(微言大義)를 밝히는 일이 무엇보다 중요하다고 정조는 보았다. 경(經)에 기반한 명징한 의리보다 사(史)에 기반한 은미하고 완곡한 의리를 깊게 아는 일이 중요하므로, 사(史)에 장점이 있는 『좌전』을 중시한 것이다.

『춘추』를 이해하고 당대의 의리를 바르게 천명하는 일은 군주의 책무였다. 군주는 경도(經道)를 사안에 따라 적절하게 행사하는 권도(權道)의 당사자가 되었고, 그것이 공자가 강조한 시중(時中)의 실현이었다. 신하들의 반대에도 불구하고 정조가 『춘추』에 기반해 인친[은전군, 화완옹주]에 대한 은전을 정당화했을 때 존군(尊君)의 위상은 절대화하는 듯했다.

정조의 『춘추』에 대한 견해는 조선후기 춘추의리가 갖는 사상적, 정치적 담론에서 또 다른 위상을 지닌다. 송시열 및 노론에서는 춘추의리를 이념화하여 중화와 이적, 유학과 이단, 군자와 소인 등의 분별 질서를 강조하는 자산으로 활용하였다. 그러나 정조는 절대적인 이념의 위치에, 상황에 따른 군주의 의리 해석권을 올려놓았다. 군주가 토죄와 은전을 적절히 행사할 수 있는 토대를 마련한 것이므로 군주는 왕실에 대한 과격한 처분이나 과열된 정치 공방을 적극적으로 조정하거나 바꿀 수도 있었다. 예컨대 임오의리에 대해서도 정조의 처지와 후대 국왕의 처지가 다르므로 순조의 경우에는 영조가 내린 처분의 변개가 가능하였다.

하지만 정조의 논리가 사대부 일반에 보편화되지는 않은 듯하다. 정조의 의리 천명(闡明)에 대해 신하들은 신하들대로 알아서 수용할 따름이었다. 정조가 『춘추』와 『명의록』을 들어 관대한 처분을 합리화했지만, 신하들 또한 『춘추』와 『명의록』을 들어 정조의 처분에 반대하는 일이 비일비재하였다. 『춘추』 의리의 핵심을 토죄로 보는 관료 일반의 관습, 사고, 어투 등은 여전하였다. 결국 정조는 자신의 의리는 의리대로 인정하고, 신하들의 처지는 처지대로 인정하는 분의(分義)를 수용하였다. 결과적으로 정조의 『춘추』 활용은 존왕론, 권도론, 분의론으로 다양하였다.

마지막으로 정조의 『춘추』 이해와 활용이 현실에서 갖는 다층적 함의를 생각하지 않을 수 없다. 권도론과 분의론 등은 상황과 처지의 인정이라는 점에서 다원성을 긍정하지만, 존왕론은 전제적이다. 정조가 『춘추』에서 절대적인 이념이 아니라 시중, 권도, 분의를 인정한 것은 전진적이지만, 정치 현장에서 정조의 논리는 참여자의 해석과 논의를 제한했고 공의(公議)를 차단할 위험이 있었다. 신하들의 『춘추』 활용은 반대이다. 그들의 『춘추』 이해는 정치적 시비를 가리는 의리에 충실하다. 그 의리가 정치 현장에서 토죄로 작용한다면 구체적인 사실에 근거하여 합리적으로 논증하는 여지는 협소해진다.

그러나 경도에 기반한 의리론은 군주의 사심(私心), 사적 영역의 팽창, 나아가 군주권 자체를 상대화시킨다.

정조와 신하들의 『춘추』 활용은 긍정성과 부정성의 두 얼굴을 지니고 있었다. 우리로서는 경학 자체의 논의와 정치 활용의 맥락과 양면을 모두 고려하며 다면성을 검증해 나갈 수밖에 없다.

『춘추』가 정조와 신하들에 의하여 때로는 그 보편적 원칙의 측면을 때로는 군신 사이의 정치문화적 입장의 차이에 따르는 특수한 측면을 강조한다는 점에서 정치문화적 계층상의 다원론적 상대성을 조화시키고자 하는 의미를 갖는다. 이 점에서 정조의 『춘추』에 대한 이해는 기본적으로 정치 문화상에서 다원적 지향성을 내포하고 있다고 할 수 있다. ◆

참고문헌

사료:
『日省錄』.
『正祖實錄』.
정조, 『弘齋全書』.
홍석주, 『鶴岡散筆』.

단행본류:
김문식, 『정조의 경학과 주자학』, 문헌과해석사, 2000.

논문류:
김동민, 「正祖의 「策問 : 春秋」를 통해 본 조선조 春秋學의 문제의식」, 『동양고전연구』 56, 2014(a).
김동민, 「正祖의 『經史講義』를 통해 본 春秋學의 핵심 쟁점 -『經史講義』, 「總經 1: 『春秋』」를 중심으로-」, 『유교사상연구』 56, 2014(b).
김동민, 「정조(正祖)의 『경사강의(經史講義)』를 통해 본 『춘추(春秋)』 경전의 이해」, 『동양철학연구』 79, 2014(c).
김동민, 「조선조 간행본 『춘추(春秋)』 주해서(註解書)의 특징 -규장각 소장 『춘추』 자료를 중심으로」, 『한국문화』 73, 2016.
김중권, 「朝鮮朝 經筵에서 正祖의 讀書歷 考察」, 『서지학연구』 83, 2020.
박현모, 「正祖의 정치현실 인식과 權道論」, 『한국학보』 97, 1999.
백민정, 「정조의 경학 이해와 정치의 문제」, 『한국문화』 89, 2020.
신재식, 「正祖朝 經學의 顧炎武 經說 수용 양상」, 부산대 박사학위논문, 2017.
심경호, 「정조의 경학 연구 방법에 관한 규견」, 『태동고전연구』 21, 2005.
이경구, 「『조선왕조실록』의 『춘추』 기사 분석과 국왕별 용례」, 『남명학연구』 70, 2021.
이진경, 「정조 군주론의 한송절충적 양상」, 『율곡학연구』 45, 2021.

※ 이 책에 수록된 논문은 다음의 학술지에 수록된 내용을 수정 보완한 것이다.

권수	주제	저자	제목	학술지	연도
6	1부	이원석	조선 중기 『춘추』 해석의 두 가지 양상 -은공(隱公) 원년 및 11년 조목에 대한 신민일의 해석과 조익의 비평을 중심으로-	태동고전연구	2022.06 제48집
		차영익	미수(眉叟) 허목(許穆)의 시경관 연구	태동고전연구	2022.06 제48집
		이해임	송시열 춘추관 연구	태동고전연구	2022.06 제48집
		한정길	하곡 정제두의 예제 인식에 나타난 문화다원론적 의의	양명학	2022.06 제65집
		김수경	병와(甁窩) 이형상(李衡祥) 『시경』 독법의 확장성과 다층성	한문학논집	2022.06 제62집
		강경현	조선시대 경연에서 『서경』 「우공」편 강독의 의미	공자학	2022.10 제48집
		엄연석	이만부의 『역통(易統)』과 『역대상편람(易大象便覽)』의 역학적 특징과 문화다원론적 지향	대동철학	2022.06 제99집
	2부	윤상수	한원진의 인심도심론 -'형기'에 관한 논의를 중심으로-	태동고전연구	2022.06 제48집
		조정은	조선시대 경연에서 『예기』 「악기」가 논의된 양상 -숙종·영조조를 중심으로-	태동고전연구	2022.06 제48집
		이은호	이환모(李煥模)의 『서전기의(書傳記疑)』에 보이는 해석의 다양성	태동고전연구	2021.06 제46집
		이은호	두실(斗室) 이환모(李煥模)의 홍범관 연구	동양철학연구	2022.02 제109집
		서세영	『서경(書經)』 형(刑) 개념에 관한 정조(正祖)의 이해와 적용	양명학	2022.06 제65집
		이경구	정조의 춘추 이해와 정치적 활용	태동고전연구	2022.06 제48집